Prof. Dr. Ir. H.J.J. Kals
Ir. C.A. van Luttervelt
Ir. K.A. Moulijn

INDUSTRIËLE PRODUCTIE

- het voortbrengen van mechanische producten -

Prof. Dr. Ir. H.J.J. Kals
Ir. C.A. van Luttervelt
Ir. K.A. Moulijn

Industriële Productie

- het voortbrengen van mechanische producten -

1e druk 1996

De Vey Mestdagh BV

1e druk 1996

CIP-GEGEVENS KONINKLIJKE BIBLIOTHEEK, DEN HAAG

Industriële Productie door Prof. Kals, H.J.J., Luttervelt, C.A. van, Moulijn K.A.
De Vey Mestdagh BV

Trefw: vervaardigingskunde
NUGI 841
ISBN 90 6376 0582

Zet-, druk- en bindwerk: PZC Grafische Bedrijven, Middelburg/Vlissingen

VOORWOORD

Dit boek is samengesteld door een redactiecommissie bestaande uit prof.dr.ir. H.J.J. Kals (UT/TUD), ir. C.A. van Luttervelt (TUD), ir. K.A. Moulijn (Hogeschool Haarlem), mevr.ir. Cs. Buiting-Csikós (TUD), ir. J.M. Ponsen (UT) en ir. A.H. Streppel (UT), onder verantwoordelijkheid van eerstgenoemde.
De eindredactie is in handen van de drie eerstgenoemde personen.

De totstandkoming van het boek vindt zijn oorsprong in het streven naar verbetering van de kwaliteit en de doelmatigheid van het productietechnisch onderwijs op het niveau van universiteit en hogeschool. Een andere belangrijke doelstelling van het boek is bij te dragen tot een betere herkenbaarheid en een duidelijke beeldvorming van het vakgebied.

Bij het samenstellen van de inhoud hebben de volgende overwegingen een belangrijke rol gespeeld:

- Het aanbieden van kennis op gepast niveau aan eerstejaars studenten van technische universiteiten en hogescholen, die geen voorkennis van het vakgebied bezitten.
- Het bieden van een context, waarin het belang van de productietechniek binnen de disciplines die zich bezig houden met het ontwerpen en voortbrengen van producten tot uitdrukking komt.
- Een presentatie van de kennis, rekening houdend met behoeften van de industrie, waarbij ruime aandacht besteed wordt aan de technische bedrijfsvoering.

De verschillende hoofdstukken zijn ingebracht door een reeks van auteurs. Alle teksten zijn echter door de redactie grondig doorgenomen, op elkaar afgestemd en getoetst op inhoud en vorm van presentatie. Er is bijzondere aandacht besteed aan de kwaliteit van de figuren. De eindredactie is geheel verantwoordelijk voor de inhoud. Hoewel bij elk hoofdstuk meer dan een auteur betrokken kan zijn, wordt in onderstaand overzicht bij ieder hoofdstuk slechts die persoon aangegeven die de belangrijkste inhoudelijke inbreng heeft gehad. Tussen haakjes zijn de nummers van de hoofdstukken aangegeven.

Inleiding (1), Verspanen (5), Productiemachines en Automatisering (11):
ir. K.A.Moulijn (docent Hogeschool Haarlem)
Vormen en gieten (2):
ir. Th. Luijendijk (universitair hoofddocent TUD)
Omvormen (3):
mevr.ir. Cs. Buiting-Csikós (universitair docent TUD)
Scheiden (4):
ir. A.H. Streppel (universitair docent UT)
Niet-conventionele bewerkingen (6), Verbinden (8), Productievoorbereiding (12):
ir. C.A. van Luttervelt (universitair hoofddocent TUD)
Materiaalgedrag in de fabricage (7):
dr.ir. J.H. Dautzenberg (universitair hoofddocent TUE)
Kwaliteit (9):
ing. F. Langereis (Langereis Metrology Services)
Montage (10):
dr.ir. J.P. Baartman (TUD)
Het productiebedrijf (13):
prof.dr.ir. H.J.J. Kals (hoogleraar UT/TUD)
Productiekosten (14):
ir. J.M. Ponsen (universitair docent UT)
Productiegericht ontwerpen (15):
ir. M. Tichem (TUD)

De figuren zijn verzorgd door Technisch Tekenbureau Pehlemann te Schiedam.

Afgezien van de auteurs en de leden van de redactie, hebben medewerkers van de TUD en de UT meegewerkt aan de totstandkoming van dit boek. Hun bijdragen variëren van redactionele bijdragen, adviezen, het maken van figuren, foto's, typewerk, e.d. Mijn bijzondere dank gaat hierbij uit naar H.E. de Bruyn, ing. A.J. Deurloo, mevr. I. Dos Santos, dr.ir. J.H.M. van der Drift, mevr. drs. M.E.M. Guffens, H. Kempers, G.C. Schrumpf, dr.ir. T. Storm en ir. P.J.M. Wentzel.

De redactie stelt het zeer op prijs kritieken en suggesties te ontvangen welke tot verbetering kunnen leiden van toekomstige edities. Het redactie-adres luidt: Redactie 'Industriële Productie', p/a secretariaat Produktietechniek, Technische Universiteit Delft, Landbergstraat 3, 2628 CE Delft.

Delft, juli 1996,

Prof.Dr.Ir. H.J.J Kals.

TEN GELEIDE

Dit boek is ontstaan door samenwerking van docenten van de Faculteit der Werktuigbouwkunde en Maritieme Techniek van de Technische Universiteit Delft en van de Faculteit Werktuigbouwkunde van de Universiteit Twente. Binnen deze faculteiten werd de behoefte gevoeld aan een boek ter ondersteuning van de inleidende colleges en practica op het gebied van de productietechniek.

Tijdens de opzet van het boek is rekening gehouden met de groeiende behoefte van de industrie aan pas afgestudeerde ingenieurs die zowel geoefend zijn in het oplossen van problemen op het gebied van ontwerpen en produceren als kennis bezitten van het integrale proces van het voortbrengen van produkten.

Als gevolg van handel en concurrentie op wereldschaal is het belang van de productietechniek als multidisciplinair vakgebied het afgelopen decennium belangrijk toegenomen.
Tegelijkertijd heeft de scherpe concurrentie geleid tot omvangrijke reorganisaties van vooral grote bedrijven waarbij gestreefd wordt naar schaalverkleining (business-units), uitbesteding en "platte" organisaties (lean-production). Vooral de kleinere bedrijven worden geconfronteerd met het toenemend belang van technologische kennis.
Een gevolg is dat de vraag naar ingenieurs in belangrijke mate verschoven is van de grote bedrijven (die vroeger het overgrote deel van de pas afgestudeerde ingenieurs afnamen) naar middelgrote en kleine bedrijven. Gelijktijdig hiermee zijn de mogelijkheden voor opleiding en training in de bedrijven afgenomen. Daarmee kan de toenemende vraag worden verklaard naar pas afgestudeerde ingenieurs met voldoende operationele kennis op het vakgebied en een goed inzicht in de behoeften van de industrie.

Het boek is breed opgezet. Gezien de aard en de omvang van het vakgebied is het echter onmogelijk om in een studieboek enige vorm van volledigheid te bereiken. In plaats daarvan wordt een overzicht gegeven van de belangrijkste onderwerpen. Naast een elementaire behandeling van bewerkingsprocessen en de daarmee samenhangende productietechnische aspecten, wordt een inleidend overzicht geboden van het gehele voortbrengingsproces en van de belangrijkste aspecten van de technische bedrijfsvoering in een industriële omgeving. De nadruk ligt hierbij voornamelijk op het produceren, maar er wordt ook ruimschoots aandacht besteed aan de relatie tussen ontwerp en productie.

Het boek is in de eerste plaats gericht op de studierichtingen werktuigbouwkunde, vliegtuigbouwkunde, industrieel ontwerpen en verwante studierichtingen in het Wetenschappelijk Onderwijs en het Hoger Beroeps Onderwijs. Daarnaast is het boek geschikt voor andere studierichtingen, zoals technische bedrijfskunde en bedrijfsinformatie-technologie, waar een elementair inzicht in de uitvoering van bewerkings- en productieprocessen niet mag ontbreken.
Afhankelijk van de studie- of afstudeerrichting zal het nodig zijn, aansluitend aan de hier aangeboden stof, een of meer van de behandelde onderwerpen verder uit te werken. Voor studierichtingen zoals technische bedrijfskunde zal de diepgang van de geboden stof, voor wat de technische onderwerpen betreft, in het algemeen voldoende zijn. Het is overigens goed mogelijk bepaalde delen over te slaan, hetzij omdat ze van minder belang worden geacht, hetzij omdat ze op een ander moment in de studie uitvoeriger aan de orde komen.

Afgezien van het gebruik in het onderwijs ziet de redactie toepassingsmogelijkheden van het boek als naslagwerk voor ontwerpers, constructeurs en productie-ingenieurs die, naast hun bedrijfsgebonden kennis en ervaring, behoefte hebben aan een algemeen en gestructureerd overzicht van het vakgebied en de daarin toegepaste technologieën.

Het gebruik van dit boek

Het boek is geschikt voor zelfstudie. Daartoe is een groot aantal oefenvragen opgenomen. Een deel van deze vragen is erop gericht de student te stimuleren, actief met de stof bezig te zijn en is minder geschikt als tentamenvraag. Het gegeven antwoord is in zo'n geval niet het enige juiste, maar meer een aanwijzing voor de juiste denkrichting. Andere vragen komen wel in aanmerking voor tentamenvragen.

Begin pas met het beantwoorden van de vragen wanneer u de stof grotendeels kent. Probeer eerst de antwoorden te formuleren zonder op de tekst in het boek terug te vallen. Wanneer dit bij herhaling niet lukt,

beheerst u de stof onvoldoende. Ga dan eerst verder met het bestuderen van de tekst en tracht u voor te stellen welke vragen u kunt verwachten. Probeer daarna opnieuw de vragen te beantwoorden. Na het beantwoorden kunt u op de tekst teruggrijpen om te kijken of u het goed had. Gebruik pas op het laatst de antwoorden achterin het boek om zekerheid te krijgen.
Naast het uitwerken van de oefenvragen wordt het oefenen in het maken van schetsen (een vaardigheid die iedere ingenieur moet bezitten) sterk aanbevolen.

Bij de tekeningen komen verschillende typen pijlen voor, elk met een eigen betekenis:

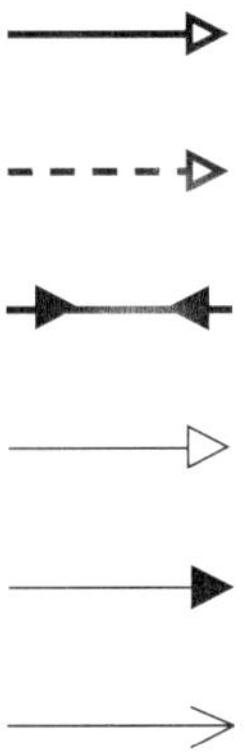

gereedschapbeweging

instelbeweging

vormdeling

werkstukbeweging

krachtpijl

maatpijl.

Vaktermen worden op de plaats waar ze worden geïntroduceerd, vet gedrukt weergegeven.
Een trefwoordenregister bevindt zich achter in het boek.

De redactie wenst u veel succes bij de bestudering van de inhoud van dit boek en hoopt dat de verworven kennis bij zal dragen tot een grotere interesse voor het vakgebied.

prof.dr.ir. H.J.J. Kals
ir. C.A. van Luttervelt
ir. K.A. Moulijn

INHOUD

Hoofdstuk 4: Scheiden

Hoofdstuk 5: Verspanen

Hoofdstuk 6: Niet-conventionele bewerkingen

Hoofdstuk 7: Materiaalgedrag in de fabricage

Hoofdstuk 8: Verbinden

Hoofdstuk 9: Kwaliteit

Hoofdstuk 13: Het productiebedrijf

Hoofdstuk 14: Productiekosten

Hoofdstuk 15: Productiegericht ontwerpen

INLEIDING

DOEL VAN DIT HOOFDSTUK:

Dit hoofdstuk geeft de samenhang weer tussen de technieken voor het vervaardigen van producten en de andere disciplines in het productiebedrijf. Aan de hand hiervan wordt duidelijk gemaakt waarom ook de productontwerper kennis van en inzicht in het vak gebied productietechniek moet bezitten.

Het geeft tevens een overzicht van de belangrijkste aspecten van het produceren, en van de inhoud van de volgende hoofdstukken.

1.1 De ontwikkeling van de industriële productie

De productietechniek vindt zijn oorsprong tegen het eind van de achttiende eeuw. De meest voor de hand liggende illustratie hiervan is de stoommachine, zie figuur 1.1. Deze werd onder andere toegepast voor het oppompen van water uit kolenmijnen. De opkomst van de stoommachine markeert het tijdstip waarop men in staat was om de principes van de natuurkunde, mechanica en productietechniek toe te passen voor het ontwerpen en fabriceren van bruikbare en rendabele werktuigen.

Voor het bouwen van een stoommachine was de beschikbaarheid van kennis en middelen om cilinders en zuigers te vervaardigen met voldoend nauwkeurige vorm en afmetingen een essentiële voorwaarde.

De stoommachine leverde energie nu eenmaal op een centraal punt en die moest ook ter plaatse worden afgenomen, zie figuur 1.2. Het beschikbaar komen van zeer grote hoeveelheden energie op één plaats luidde de eerste industriële revolutie in. Deze werd gekenmerkt door de opkomst van grote, **industriële,** bedrijven die in de plaats kwamen van de kleine ambachtelijke bedrijfjes uit de tijd van wind- en watermolen. Een van de belangrijkste kenmerken van de industrialisatie is het bijeenbrengen van productiemiddelen, zoals arbeid, machines en gereedschappen in een georganiseerd verband. De opkomst van de spoorwegen en de stoomscheepvaart was van grote betekenis om grondstoffen en materialen over grote afstanden aan te voeren en om producten over een groot afzetgebied te verspreiden. Dit stimuleerde op zijn beurt weer de machine-industrie en de bouw van civiele werken (spoorlijnen, bruggen, waterwegen).

Figuur 1.1 Balansstoommachine uit 1830 (Techniek Museum, Delft)

Figuur 1.2 *Centrale werkplaats van de Technische Hogeschool Delft omstreeks 1938. De machines werden oorspronkelijk aangedreven door een stoommachine via aandrijfassen en riemschijven*

De ontwikkeling van industriële bedrijven bracht zeer grote sociale problemen met zich mee. De massale trek van de bevolking naar de industriesteden, de daaruit voortvloeiende huisvestingsproblemen, schrijnende armoede en onmenselijke arbeidsomstandigheden zijn onverbrekelijk verbonden met de industriële revolutie. Vanaf het einde van de negentiende eeuw, zo'n 100 jaar na het begin, kwam hierin heel geleidelijk verbetering door de ontwikkeling van de parlementaire democratie en van de vakbeweging.

Een van de eerste tekenen van massale onvrede onder de arbeiders was de opstand omstreeks 1815 van de "Luddieten", Engelse textielarbeiders die onder aanvoering van Ned Ludd de voor die tijd moderne weefgetouwen vernielden uit vrees voor verlies van hun werkgelegenheid.

Opmerking: De betreffende machines zijn de voorlopers van de huidige productiemachines: Het te weven patroon kwam tot stand met behulp van een reeks ponskaarten, zie figuur 1.3. Het gatenpatroon in de kaarten bepaalde het weefpatroon. De informatie over het product en de manier waarop dat moest worden gemaakt was in code ingevoerd met een gemakkelijk te verwisselen informatiedrager. Met behulp van deze informatie verliep het productieproces geheel of grotendeels automatisch. Afgezien van de ponskaart of ponsband is deze omschrijving nog steeds van toepassing op de moderne numeriek bestuurde (computergestuurde) gereedschapwerktuigen! Numerieke besturing wordt meestal aangeduid met de Engelse afkorting NC (Numerical Control). Dit onderwerp wordt behandeld in hoofdstuk 11.

De Luddieten hebben hun moderne navolgers: In de zeventiger jaren van de twintigste eeuw werd in de Nederlandse politiek de invoering van een heffing voorgesteld om de automatisering af te remmen en daardoor werkgelegenheid te behouden.

Andere problemen die ontstonden bij het produceren op grote schaal waren gebrek aan kapitaal en geschoolde werkkrachten, de spreiding van taken en de daarmee gepaard gaande specialisatie. Als gevolg van dit laatste werd de organisatie van de productie en de communicatie tussen de verschillende afdelingen steeds moeilijker.

In het begin van de twintigste eeuw volgden nieuwe belangrijke ontwikkelingen: De opkomst van de elektrificatie, de auto, het vliegtuig, radio en televisie en tenslotte, na de tweede wereldoorlog, de ruimtevaart, de micro-elektronica en de informatietechnologie. Ook hier waren steeds technische doorbraken nodig om technieken, die in principe al bekend waren, ook praktisch toe te kunnen passen. Voorbeelden: Geen vliegtuig zonder een lichte verbrandingsmotor, geen ruimtevaart zonder micro-elektronica.

Figuur 1.3 *Jacquard weefgetouw uit 1815. Het weefpatroon wordt door ponskaarten gestuurd*

1.2 Organisatie en communicatie

Hierboven noemden we al de veranderingen waardoor ambachtelijke bedrijfjes, gevormd door een eigenaar, tevens productontwikkelaar, vakman en verkoper geassisteerd door één of meer leerlingen, uitgroeiden tot industriële ondernemingen met veel werknemers, ieder met hun eigen taak. Bij het verder groeien van de ondernemingen en het voortschrijden van de technische ontwikkeling werden de producten en de processen steeds ingewikkelder.

Dit leidde, in de eerste helft van de twintigste eeuw, tot een onderscheid van de verschillende **bedrijfsfuncties** en zelfs tot onderscheid binnen de bedrijfsfuncties. Heel duidelijk ziet men dit bij de productiefunctie. Vooral bij massaproductie werden de opeenvolgende bewerkingen opgesplitst in eenvoudige, steeds terugkerende handelingen die elk door een werknemer werden uitgevoerd. Op deze wijze kon de productiviteit ver worden opgevoerd en het werk worden overgelaten aan niet of beperkt geschoolde en laag betaalde arbeiders. Charley Chaplin laat in de film "Modern Times" op karikaturale wijze zien waar dit toe kan leiden!

Gelijksoortige taken werden bijeengebracht in afzonderlijke organisatorische eenheden binnen het bedrijf. Als we kijken naar de huidige onderneming is een scheiding in bedrijfsfuncties, te weten verkoop of marketing, productontwikkeling en vervaardiging, nog steeds terug te vinden. Het duidelijkst is deze "natuurlijke" opdeling terug te vinden in de bouwwereld waar de makelaar, de architect en de aannemer vaak onafhankelijk van elkaar opereren.

Naarmate de onderneming groeit, gaat de taakverdeling steeds verder. De bedrijfsfuncties moeten elkaar ondersteunen en daartoe is **communicatie** nodig. Het is bij de functiegerichte structuur zeer moeilijk te vermijden dat communicatie-stoornissen en scheidingsmuren tussen afdelingen ontstaan. Als de communicatie tussen de bedrijfsfuncties niet behoorlijk werkt is het vrijwel onmogelijk om aan alle eisen, die aan het product worden gesteld (kwaliteit, levertijd en kostprijs), te voldoen.

Communicatie vraagt in de eerste plaats de bereidheid om overleg te plegen met mensen uit andere vakgebieden. Dit blijkt vaak veel moeilijker dan men op het eerste oog zou verwachten. Een commercieel ingesteld persoon volgt een andere manier van denken en redeneren als een ontwerper. Hij heeft zijn eigen jargon, zijn eigen prioriteiten en verwacht onmiddellijk antwoord op een vraag waarmee de ontwerper eerst nog een tijd aan de slag moet.

Hetzelfde geldt voor de communicatie tussen ontwerpers en het personeel in de werkplaats. Ook bij hen moet er bereidheid zijn naar elkaar te luisteren, zich te verdiepen in elkaars problemen, en samen naar een oplossing te zoeken. Maar al te vaak worden productontwerpen doorgeschoven naar de werkplaats zonder dat de ontwerper zich in voldoende mate heeft afgevraagd hoe het product gemaakt moet worden; "dat is mijn probleem niet" (figuur 1.4).

Figuur 1.4 Communicatie

Figuur 1.5 geeft het resultaat weer van verschillende onderzoeken, uitgevoerd in de industrie. Weergegeven is het aandeel in de productkosten van ontwerp, productievoorbereiding, onderdelenfabricage en montage. Tevens is aangegeven op welke plaats deze kosten worden bepaald. Het aandeel van de ontwerpkosten is beperkt, maar de ontwerper legt voor een zeer groot deel de productiemethoden en daarmee de kostprijs van het product vast. Een, uit het oogpunt van kosten, ongunstig ontwerp kan dus nooit worden goedgemaakt door een efficiënte productiemethode.

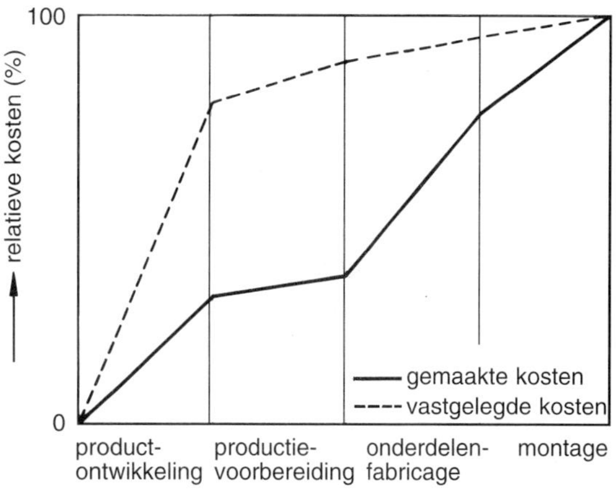

Figuur 1.5 Schematisch verloop van de kosten

Goed overleg is dus van levensbelang voor het voortbestaan van de onderneming. Behalve de bereidheid om te communiceren is voor vruchtbaar overleg ook een voldoende mate van deskundigheid nodig. Daarnaast moet het betrokken personeel natuurlijk over de benodigde gegevens kunnen beschikken of toegang hebben tot de communicatiekanalen die deze gegevens kunnen leveren. De ontwerper zal een goede kennis van en inzicht in de productietechnieken moeten bezitten om zelfstandig goede voorstellen uit te kunnen werken.

1.3 Productvoorbeelden en productkentallen

In dit boek wordt de stof geïllustreerd met praktijkvoorbeelden die zoveel mogelijk betrekking hebben op dezelfde producten.

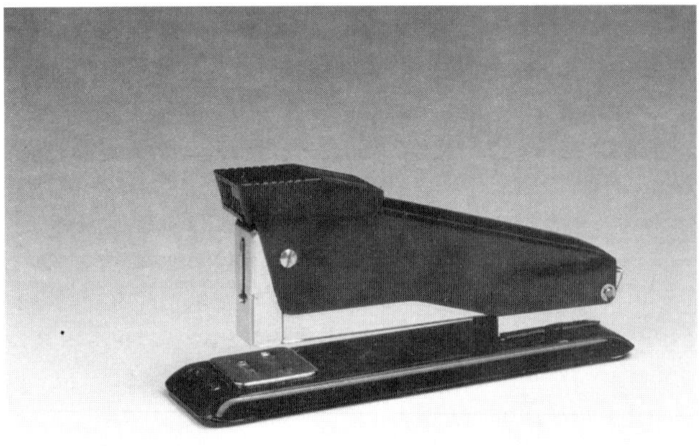

Figuur 1.6 Nietmachine

Als productvoorbeelden zijn gekozen:

- Een nietmachine (figuur 1.6). Dit eenvoudig gebruiksvoorwerp dient als voorbeeld om de indeling van de productie technieken duidelijk te maken en de keuzen, die een productontwerper moet maken, te laten zien.
- Een scheerapparaat (figuur 1.7), een schijnbaar eenvoudig product, waarvoor echter zeer geavanceerde fabricagemethoden worden toegepast en dat in zeer grote aantallen gemaakt wordt, tot enkele miljoenen per jaar van één model.
- Het rompvoorstuk van een verkeersvliegtuig, de Fokker 100 (figuur 1.8). Hier gaat het om een zeer complex product waarvan er slechts enkele tientallen stuks per jaar worden gemaakt. Alleen al door het geringe aantal zijn de fabricageprocessen geheel anders dan voor een massaproduct.

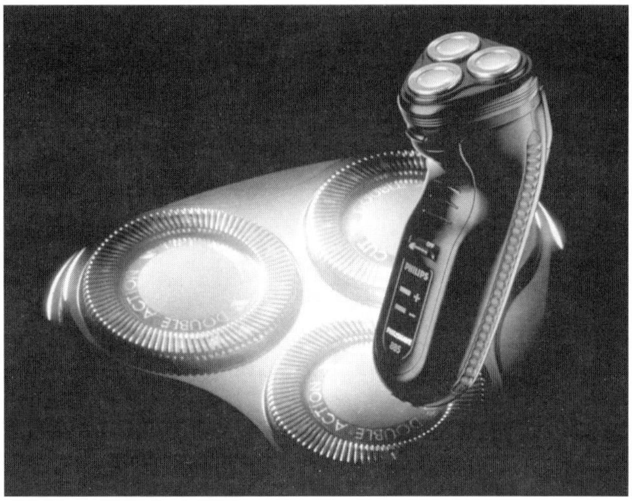

a

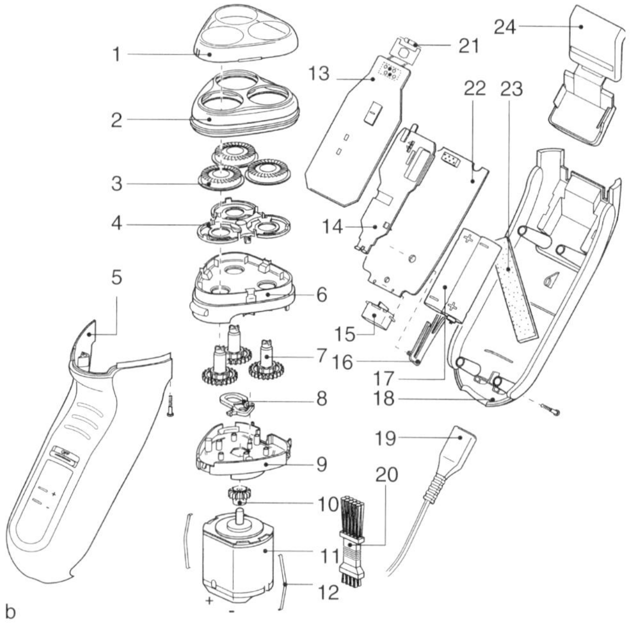

b

Figuur 1.7 Philips scheerapparaat (a) met exploded view (b)

Figuur 1.8 Het rompvoorstuk van de Fokker 100

Product	Totaal-serie	Product-levenscyclus	Ontwikke-lingstijd	Product-levensduur	Aantal componenten
Scheerapparaat	10^7	1 jaar	1 jaar	5 jaar	50
Personenauto	10^6	5 jaar	5 jaar	10 jaar	10000
Vliegtuig	10^3	25 jaar	7 jaar	25 jaar	100000
Zeiljacht	10^2	5 jaar	$^1/_2$ jaar	30 jaar	1000
Baggermolen	10^0	Bouwtijd	1 jaar	15 jaar	50000

Figuur 1.9 Productvoorbeelden met productkentallen

Deze voorbeelden zouden nog met andere kunnen worden aangevuld om daarmee het hele scala van productieprocessen tussen massa- en enkelstuksfabricage te behandelen.

Figuur 1.9 geeft van een aantal producten, die karakteristiek zijn voor het gebied van de mechanische productie een aantal kenmerkende grootheden. De voorbeelden bestrijken het gehele gebied van massaproductie tot het vervaardigen van een uniek product. De productkentallen hebben een grote invloed op de inrichting en op de gang van zaken bij een productiebedrijf.

a

b

Figuur 1.10 Prototype Fokker 27 (a), eerste vlucht in 1955, en Fokker 50 (b), 40 jaar later in productie

De **totaalserie** geeft de orde van grootte aan van het totaal aantal stuks dat van één model (met eventuele varianten) wordt geproduceerd. De aantallen gelden voor producten die als een commercieel succes mogen worden beschouwd.

De **productlevenscyclus** is de tijdsduur waarin een product met succes kan worden verkocht. Opvallend zijn de zeer korte productlevenscyclus van consumentenproducten en de zeer lange productlevenscyclus van vliegtuigen. De Fokker F-27 (figuur 1.10a), directe voorganger van de Fokker 50 (figuur 1.10b), stamt uit 1955. Het laatstgenoemde vliegtuig blijft mogelijk nog tot het jaar 2000 in productie. Daarna volgt dan nog een productlevensduur van ca. 25 jaar!

De **ontwikkelingstijd** is de tijdsduur van het ontwikkeltraject tot een productierijp ontwerp. De **productlevensduur** de is gemiddelde levensduur van een exemplaar van het product.

De totaalserie is de belangrijkste factor bij het vaststellen van de productiemethode. De productlevenscyclus en de ontwikkelingstijd bepalen de gang van zaken bij de productontwikkeling. De productlevensduur bepaalt de inspanningen benodigd op het gebied van serviceverlening en van de archivering van gegevens. Het aantal componenten is een indicatie van de complexiteit, zowel van de productontwikkeling als van het fabricageproces.

Keuzeproblemen bij het ontwerpen

De ontwerper heeft voortdurend te maken met keuzeproblemen. De keuzen die hij maakt beïnvloeden zowel zijn ontwerp als de fabricagemethode. Als voorbeeld dienen twee alternatieve ontwerpen voor een

nietmachine, zie figuur 1.11. De ontwerper moet met elkaar samenhangende keuzes maken ten aanzien van:
- materiaal,
- vormgeving,
- fabricagemethode,
- zelf maken of uitbesteden.

De keuze wordt bepaald door verschillende overwegingen, zoals:

Functie: Functionele eisen, die aan de onderdelen van het apparaat gesteld worden zijn sterkte, stijfheid en nauwkeurigheid.

Esthetische eisen: Het gewenste uiterlijk van het apparaat. Van belang zijn bijv. aanpassing aan een lijn van aanverwante producten (ponsapparaat, ontnieter) of bureaumeubilair en wensen van de markt, bijv. zakelijk of modieus.

Overwegingen bij de mogelijke combinaties van materiaalkeuze en fabricagemethoden zijn:

Kostprijs: Hierbij zijn de seriegrootte en de te verwachten varianten en het aantal onderdelen bepalend.

Levertijd: Een matrijs voor het spuitgieten van een kunststof product heeft een lange levertijd.

Beschikbare productietechnieken: De vraag of de vereiste techniek binnen het bedrijf beschikbaar is, en of men bereid is uit te besteden of juist alles zelf wil doen geeft een grote verruiming of juist beperking van de keuzemogelijkheden.

Leverbaarheid: Het uitgangsmateriaal (soort, vorm en hoeveelheid moet op de gewenste termijnen ook in de toekomst leverbaar zijn.

Onderhoud: Het product moet goed toegankelijk zijn voor onderhoud. Het gebruik van productgebonden gereedschap ten behoeve hiervan moet zoveel mogelijk worden vermeden.

Recycling: Het product moet gemakkelijk demonteerbaar en het materiaal opnieuw bruikbaar zijn.

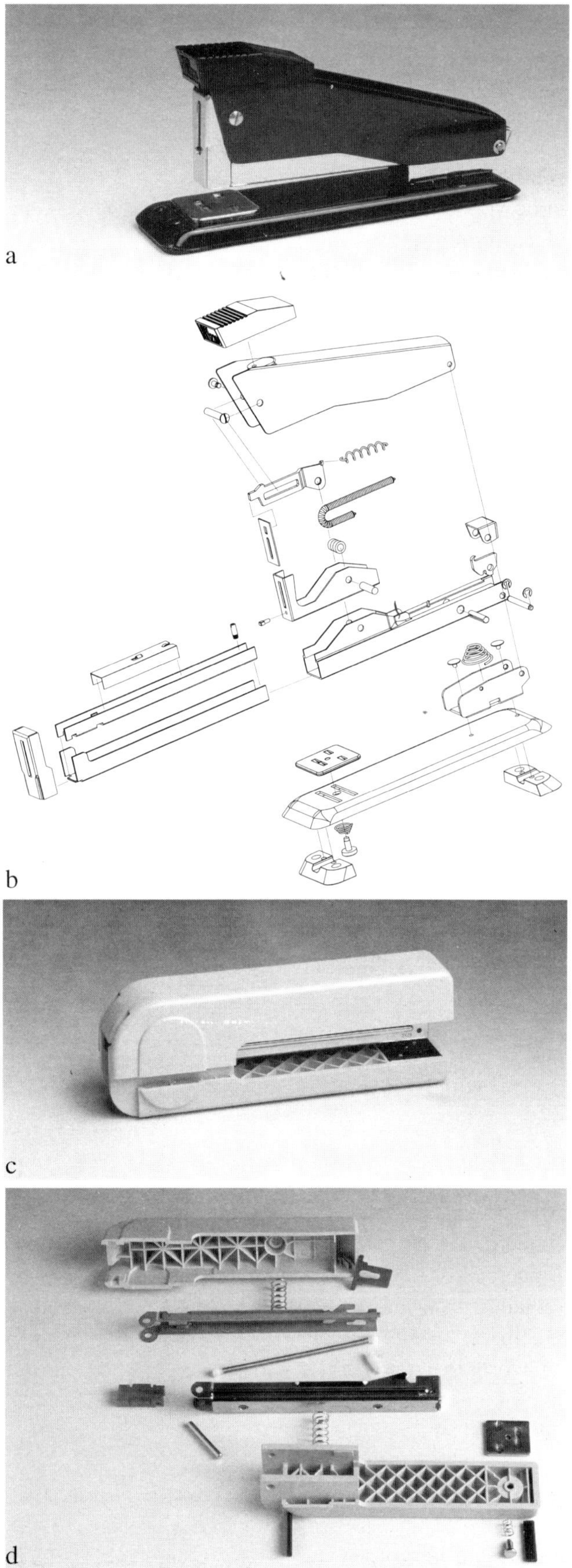

Figuur 1.11 Nietmachine uit staalplaat (a) met exploded view (b) en kunststof nietmachine (c) met exploded view (d)

1.4 Indeling van vervaardigingstechnieken

De beschouwde vervaardigingstechnieken omvatten het aanmaken en bevestigen van onderdelen.

Als illustratie gebruiken we opnieuw de nietmachine, in de versie die voornamelijk is vervaardigd uit staalplaat, figuur 1.11a, b.

1.4.1 De hoofdgroepen

DIN 8580 geeft een indeling van de vervaardigingstechnieken gebaseerd op de veranderingen in de samenhang van het werkstukmateriaal. Langs deze weg zijn de volgende hoofdgroepen gevormd:

Oervormen,
Omvormen,
Scheiden en afnemen,
Verbinden,
Opbrengen van lagen,
Veranderen van materiaaleigenschappen.

Alle vervaardigingstechnieken zijn in één van deze hoofdgroepen onder te brengen. Er bestaan gevallen waarin een combinatie van twee of meer hoofdgroepen aan de orde is. Bij het maken van een product uit vezelversterkte kunststof is er bijvoorbeeld tegelijkertijd sprake van oervormen, verbinden en veranderen van materiaaleigenschappen.

1.4.2 Omschrijvingen, toepassingen, voorbeelden

Oervormen

Bij het **oervormen** wordt materiaal met een niet gedefinieerde vorm rechtstreeks omgezet in een wel gedefinieerde vorm. In verreweg de meeste gevallen is het uitgangsmateriaal een vloeistof; we spreken dan over vloeibare vormgeving ofwel **gieten**. Vloeibaar materiaal wordt in een vorm gegoten. Na stolling of, bij sommige kunststoffen, uitharding is er een vormvast product ontstaan.

Een tweede mogelijkheid is uit te gaan van materiaal in poedervorm dat onder hoge druk in een vorm geperst en vervolgens verhit wordt tot temperaturen dichtbij het smeltpunt. Deze laatste stap noemt men **sinteren**. Ook op deze manier verkrijgt men een samenhangend onderdeel. Bij het verwerken van metalen of metaallegeringen spreekt men van **poedermetallurgie**.

De **materiaal-aangroeitechnieken** vormen een nieuwe familie van methoden behorende tot het oervormen. Het onderdeel wordt opgebouwd uit vormloos materiaal zonder dat een vormbepalend gereedschap, bijv. een gietvorm, nodig is.

Alle materialen die niet worden gebruikt in de vorm waarin ze in de natuur voorkomen (bijv. hout en steen), komen door een oervormproces tot stand, eventueel in een aantal stappen. Bij het gieten kan onderscheid gemaakt worden tussen het gieten van uitgangsmateriaal voor het maken van halffabrikaten, zoals plaat, staf of profiel, en het rechtstreeks gieten van als zodanig te gebruiken onderdelen.

Voorbeeld van gieten:

De drukknop van de nietmachine wordt gemaakt door vloeibare kunststof onder hoge druk in een metalen gietvorm, de matrijs, te spuiten; het proces heet dan ook spuitgieten. Hetzelfde geldt voor de meeste onderdelen van de in kunststof uitgevoerde nietmachine.

Oervormen wordt behandeld in hoofdstuk 2, de materiaal-aangroeitechnieken in hoofdstuk 6.

Omvormen

Bij het **omvormen** gebruiken we het vermogen van materialen om onder invloed van krachten blijvende vervormingen te ondergaan. De samenhang van het materiaal blijft behouden, de massa en het volume blijven constant.

De omvormtechnieken voor metalen zijn te verdelen in twee groepen, massief omvormen en plaatomvormen. Bij het **massief omvormen** kan het materiaal in alle richtingen grote vormveranderingen ondergaan. De benodigde krachten zijn groot in vergelijking met de krachten die optreden bij het omvormen van plaatmateriaal. Bij **plaatomvormen** zijn de vervormingen loodrecht op het vlak van de plaat van ondergeschikt belang voor het vormen van het onderdeel.

Voorbeeld van massief omvormen:

De nietmachine is grotendeels uit staalplaat vervaardigd. Staalplaat ontstaat door een gegoten blok staal in een groot aantal stappen in dikte te reduceren door middel van walsen. Dit is een massief omvormproces.

Voorbeeld van plaatomvormen:

Een aantal onderdelen van de nietmachine wordt uit vlak plaatmateriaal gemaakt door middel van buigen.

Omvormen wordt behandeld in hoofdstuk 3.

Scheiden en afnemen

Bij deze bewerkingen wordt de samenhang van het uitgangsmateriaal verbroken. Het product komt tot stand door het verwijderen van overtollig materiaal.

Bij het **scheiden** blijft het overtollige materiaal in principe als zodanig bruikbaar, bijvoorbeeld in het geval van het knippen van een brede plaat in smallere stroken.

Bij het **afnemen** wordt het overtollige materiaal fijn verdeeld of zelfs chemisch gebonden, zodat er geen bruikbaar materiaal overblijft. Bij de vervaardiging van bepaalde vliegtuigonderdelen wordt op deze wijze ca. 95% van het uitgangsmateriaal omgezet in spanen die alleen door recycling weer in bruikbaar materiaal zijn om te zetten.

Een scheidende bewerking kan op zichzelf een afnemende bewerking zijn, bijv. het in schijven zagen van een lange staaf. De zaagbewerking is een afnemende bewerking. Het eindresultaat is een aantal bruikbare stukken materiaal en een beperkte hoeveelheid spanen.

Voorbeeld van het scheiden:

Vóór het omvormen van de plaatdelen van de nietmachine moet eerst een stuk plaat met de juiste omtrekvorm, de uitslag, worden gemaakt. Plaatmateriaal wordt eerst in smalle stroken geknipt. Een snijstempel ponst vervolgens de uitslag met daarin de eventueel benodigde gaten uit de strook. Soms kan het afvalmateriaal nog voor andere delen worden gebruikt.

Voorbeeld van het afnemen:

De bolvormige uiteinden van de scharnierpen (figuur 1.12) ontstaan door het afnemen van het overtollige materiaal door middel van draaien. Dit geldt ook voor de groefjes waarmee het borgplaatje wordt vastgezet. De spaantjes zijn uiteraard niet meer bruikbaar.

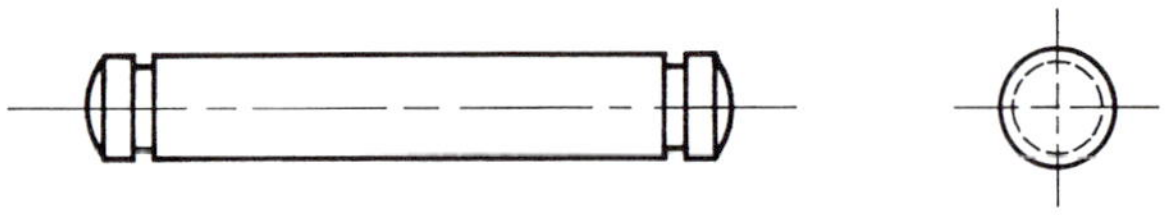

Figuur 1.12 Scharnierpen van de nietmachine uit figuur 1.11a, b

Een algemeen kenmerk van de mechanische afnemende bewerkingen is dat de vorm van het product wordt verkregen door het sturen van een **universeel** (niet voor een bepaald product bestemd) **gereedschap** langs het product. Dit noemt men het **genereren** van de vorm.

Bij oervormen, omvormen en scheiden is de vorm van het eindproduct meestal vastgelegd in een **productgebonden** (speciaal voor het product bestemd) **gereedschap**. Hier is dus sprake van het **reproduceren** van een al bestaande vorm. Reproduceren verloopt in de regel veel sneller dan genereren en verdient dus in principe de voorkeur bij het vervaardigen van producten in grote aantallen.

De scheidende bewerkingen worden behandeld in de hoofdstukken 4 en 6, de afnemende bewerkingen in hoofdstukken 5 en 6.

Bij alle bovengenoemde vervaardigingstechnieken is het doel het verkrijgen van de gewenste geometrie van het werkstuk. Bij de volgende twee hoofdgroepen is het doel het veranderen van de materiaaleigenschappen.

Opbrengen van lagen

Er bestaat een grote verscheidenheid aan technieken voor het opbrengen van lagen. Ze kunnen worden onderscheiden naar:

- functie, (verbeteren van de duurzaamheid, verfraaien),
- opgebrachte materialen (organisch, metallisch, keramisch),
- toegepaste processen (chemisch, electrochemisch, fysisch).

Voorbeelden van het opbrengen van lagen:

De plaatdelen van de nietmachine zijn deels gelakt, dit wil zeggen bedekt met organisch materiaal, opgebracht door middel van spuiten of dompelen. Andere delen zijn verchroomd, dus voorzien van een metallische deklaag, opgebracht met een elektrochemisch proces. Bovendien zijn voorafgaand aan deze behandelingen de plaatdelen gereinigd en chemisch behandeld ter verbetering van de hechting van de oppervlaktelaag.

Voorbeeld van een toegepast proces:
Aluminium delen (die geen deel uitmaken van de nietmachine) worden vaak geanodiseerd. Dit is een elektrochemisch proces waarbij het materiaal aan het oppervlak wordt omgezet in een harde en dichte oxidelaag die verdere oxidatie tegengaat.

Veranderen van materiaaleigenschappen

Het veranderen van de materiaaleigenschappen betreft voornamelijk thermische behandelingen van metalen. Dit behoort tot het vakgebied van de materiaalkunde. Men verandert de materiaaleigenschappen:

- Om gewenste eigenschappen van het eindproduct te verkrijgen, bijv. slijtagebestendigheid.
- Om het product beter te kunnen bewerken, bijv. ter verbetering van de omvormbaarheid.

Verandering van eigenschappen kan ook optreden als gevolg van het fabricageproces.

Voorbeeld van gewenste veranderingen:
Bij het fabriceren van staalplaat ontstaat door een combinatie van walsbewerkingen en warmtebehandelingen plaat met de gewenste dikte en mechanische eigenschappen.

Voorbeeld van ongewenste veranderingen:
Bij het omvormen van een halffabrikaat tot een onderdeel kan materiaal door versteviging hard en daardoor moeilijk vervormbaar worden.

Het belang van de materiaaleigenschappen en de procescondities voor het verloop van de bewerkingen wordt behandeld in hoofdstuk 7. Het opbrengen van lagen blijft, wegens het specialistisch karakter van dit onderwerp, verder buiten beschouwing.

Verbinden

Bij het **verbinden** worden onderdelen verenigd tot een star geheel. De verbindingstechnieken zijn ruwweg in te delen in vijf hoofdgroepen:

- Pen/gatverbindingen, verder onder te verdelen in wel en niet losneembare verbindingen.
- Verbindingen die tot stand komen door het materiaal van de onderdelen tot smelten te brengen (lasverbindingen).
- Verbindingen met behulp van een tussenlaag (lijmen, soldeerverbindingen).
- Omvormverbindingen waarbij de verbinding tot stand komt door het omvormen van één of meer van de onderdelen.
- Verbindingen door elastisch vervormen, zoals krimp- en persverbindingen, waarbij het onderling verschuiven van de delen wordt verhinderd door wrijving.

De laatstgenoemde vier groepen verbindingen zijn geen van alle losneembaar zonder de delen te beschadigen.

Voorbeeld van het verbinden:
De plaatdelen van de nietmachine zijn vast verbonden met klinknagels (niet-losneembare pen/gatverbindingen).

De verbindingstechnieken worden behandeld in hoofdstuk 8.

1.5 Het mechanisch materiaalgedrag in de fabricage

De materiaaleigenschappen die bepalend zijn voor de **bewerkbaarheid**, het gedrag van materialen tijdens de fabricage, verschillen sterk van aard met de eigenschappen die van belang zijn voor het functioneren van het product. Bij het ontwerpen van het product is het dus nodig bij de materiaalkeuze ook rekening te houden met de bewerkbaarheid, dit in samenhang met de keuze van het bewerkingsproces.

Bepalend voor het materiaalgedrag zijn:

- De eigenschappen van het uitgangsmateriaal bepaald door de samenstelling en de structuur.
- De tijdens de bewerking optredende verandering van de materiaaleigenschappen afhankelijk van de procescondities, onder andere bepaald door de spanningen, rekken en temperaturen.

Tijdens sommige bewerkingen ondergaat het werkstukmateriaal grote veranderingen van de structuur en daardoor van de eigenschappen. In deze gevallen zijn het proces en de procescondities mede bepalend voor de materiaaleigenschappen tijdens de bewerkingen en van het voltooide product. Zeer duidelijk is dit bij de fabricage van producten uit kunststoffen, waarbij de polymere structuur tijdens de fabricage ontstaat. Iets dergelijks treedt echter ook op bij metalen, waarbij als gevolg van plastische vervorming versteviging optreedt. Dit kan leiden tot een aanzienlijke toename van de sterkte van het materiaal, maar ook tot scheurvorming en breuk. In het laatste geval zijn de eigenschappen van de constructie als geheel dus verslechterd.

In sommige gevallen moet het materiaal een voorafgaande warmtebehandeling ondergaan om de voor de bewerking vereiste structuur te verkrijgen. In andere gevallen moeten de procescondities zodanig worden aangepast dat bewerking van het materiaal mogelijk wordt. Een voorbeeld hiervan is dat het materiaal wordt voorverwarmd om weerstand tegen plastisch omvormen of de kans op scheurvorming te verminderen. Bij hogere temperaturen zijn de meeste materialen gemakkelijker te vervormen.

Bij vrijwel alle bewerkingen ontstaat warmte door de vervorming in het materiaal of door de wrijving tussen gereedschap en product. Vrijwel alle energie, die aan een mechanisch bewerkingsproces wordt toegevoerd, wordt omgezet in warmte. In sommige gevallen wordt dankbaar gebruik gemaakt van deze warmte, zoals bij het warmwalsen. Hierdoor blijft het materiaal op de juiste temperatuur. In andere gevallen is geforceerde koeling nodig om de materiaaleigenschappen te beheersen en om vervorming en slijtage van het gereedschap te voorkomen.
Alle conditiebepalende factoren zijn terug te brengen tot enkele fysische principes waarvan wrijving het belangrijkste is. Dit betreft vooral wrijving tussen werkstuk en gereedschap. Sommige processen, zoals walsen, zijn slechts mogelijk door het optreden van wrijving tussen walsrol en materiaal. Bij andere processen, zoals extruderen zijn de wrijvingskrachten tussen gereedschap en werkstukmateriaal juist de beperkende factor. Bij snel verlopende processen zoals verspanen leidt wrijving tot zeer hoge temperaturen en dus tot intensieve slijtage van het gereedschap. Het toepassen van smering kan de wrijving beperken.

De grenzen van de uitvoerbaarheid van bewerkingsprocessen worden in de regel gevormd door:

- Het ontstaan van extreme thermische en mechanische belasting van het gereedschap, leidend tot hoge slijtage en/of breuk.
- Ongewenste vervorming (bijvoorbeeld bij dunwandige producten), scheurvorming (bij te grote lokale vervorming) en breuk van het product.
- Beperkingen in de mogelijkheden van gereedschapwerktuigen door het geïnstalleerd vermogen, de toelaatbare respectievelijk bereikbare krachten en de stijfheid, dit laatste in verband met nauwkeurigheid en trillingen.

Door deze grenzen zijn er voor elke vervaardigingstechniek, afhankelijk van materiaalsoort, grenzen aan de realiseerbare vormen, afmetingen en toleranties.

1.6 Produceren in een industriële omgeving

Kwaliteit is de mate waarin een product voldoet aan de verwachtingen van de klant. **Totale kwaliteitszorg** bestrijkt het gehele voortbrengingsproces van marktverkenning via ontwerp en productie tot serviceverlening. Veel kwaliteitsproblemen zijn meer van organisatorische dan van technische aard. Bij de technische kwaliteitsproblemen spelen, met name bij de fabricage van onderdelen, de **werkplaatsmeettechniek** en het **niet-destructief onderzoek** een belangrijke rol. Kwaliteit is het onderwerp van hoofdstuk 9.

Assembleren of monteren is het toepassen van de verbindingstechnieken behandeld in hoofdstuk 8. Hoofdstuk 10 behandelt de opzet van en de werkwijze in montage-afdelingen.

Hoofdstuk 11 behandelt de productiemachines en gaat in op het automatiseren van de fabricage.

De schakel tussen de ontwerp- en fabricage-afdeling is de **productievoorbereiding**. Deze afdeling stelt aan de hand van het productontwerp de fabricagemethode vast, en zorgt voor de benodigde gereedschappen en werkinstructies. Dit is het onderwerp van hoofdstuk 12.

Hoofdstuk 13 beschrijft het productiebedrijf als geheel. Dit hoofdstuk gaat vooral in op de organisatie en de procedures die nodig zijn om van alle losstaande activiteiten, zoals die in de voorgaande hoofdstukken zijn behandeld, een goed lopend geheel te maken.

Figuur 1.5 laat zien dat de ontwerper voor het grootste deel de kostprijs van het product bepaalt. Hoofdstuk 14 behandelt de relatie tussen de fabricagemethode en de kostprijs van het product.

Hoofdstuk 15, tenslotte, behandelt het **productiegericht ontwerpen**. Dit is het zodanig ontwerpen dat het product zo efficiënt mogelijk kan worden geproduceerd.

De onderstaande paragrafen geven een inleiding op een aantal algemene onderwerpen. Sommige daarvan zullen in verschillende van de volgende hoofdstukken meer uitvoerig terugkeren.

1.7 Criteria voor het beoordelen van fabricagemethoden

Al enkele malen is er op gewezen dat het productontwerp in hoge mate bepalend is voor de fabricagemethode. Vooruitlopend op meer gedetailleerde beschrijvingen van de verschillende fabricagemethoden geven we hier een globaal overzicht van de aspecten die de ontwerper in zijn overwegingen moet betrekken.

De doelmatigheid van een fabricagemethode is af te meten aan:

- productiekosten,
- productiesnelheid,
- flexibiliteit,
- kwaliteit,
- milieuschade.

Men kan deze criteria ook toepassen voor een volledig productiesysteem.

1.7.1 Productiekosten

De kosten van een product zijn te splitsen in éénmalige, herhaal- en repeterende kosten.

Eénmalige kosten. Dit zijn kosten die één keer gemaakt moeten worden om het product te kunnen vervaardigen. Voorbeelden hiervan zijn:

- Ontwerp- en ontwikkelingskosten.
- Voorbereidingskosten, bijv. het maken van werkinstructies.
- Gereedschapkosten, bijv. het vervaardigen van een gietmodel.

Deze kosten worden verdeeld over het totaal aantal producten, de **totaalserie**.

Kosten voor **herhaalopdrachten**. Dit zijn de kosten die gemaakt moeten worden om een serie producten (herhalingsorder) te vervaardigen. Onderdelen van producten, die gedurende een langere tijd worden gebouwd, zoals personenauto's, fabriceert men in series. De kosten voor herhaalopdrachten komen bij elke **fabricageserie** terug. Voorbeelden zijn:

- Administratiekosten,
- Kosten om een machine in te richten voor de fabricage van het betreffende product, de **inrichtkosten**.

Deze kosten worden verdeeld over het aantal producten van de fabricageserie.

Repeterende (uitvoerings-) kosten. Dit zijn de kosten die voor elk product terugkeren. Voorbeelden zijn:
- Materiaalkosten,
- Machinekosten,
- Arbeidskosten.

De keuze van de fabricagemethode hangt dus in hoge mate af van de grootte van de totaalserie en de fabricageserie. Het belang van de seriegrootte keert in het hele boek steeds weer terug. De daling van de kostprijs bij toenemende productaantallen staat bekend als het **seriegrootte-effect**. De berekening van kostprijzen wordt behandeld in hoofdstuk 14.

1.7.2 Productiesnelheid

Vrijwel steeds gaat een hoge productiesnelheid samen met lage repeterende kosten. Fabricageprocessen met een hoge snelheid zijn veelal sterk geautomatiseerd. Dit betekent dan weer dat de voorbereidingskosten en de kosten voor herhaalopdrachten betrekkelijk hoog zijn en dus dat dit soort fabricageprocessen vooral geschikt is voor grote productaantallen.

Een even belangrijk aspect van de productiesnelheid is de onderlinge afstemming van de snelheden van de verschillende processen in een reeks van opeenvolgende fabricage- of montageprocessen. Het duidelijkst komt dit tot uiting bij montagelijnen, behandeld in hoofdstuk 10.

1.7.3 Flexibiliteit

De flexibiliteit van een fabricage- of montagesysteem is de mate waarin het systeem kan worden aangepast aan nieuwe of gewijzigde producten of aan andere productaantallen. In de afgelopen decennia heeft de markt, zowel die voor consumenten-producten, als die voor kapitaalgoederen, zich ontwikkeld in de richting van een toenemende verscheidenheid aan producten. Ook is er vraag naar een grotere mate van aanpassing aan de wensen van de afnemer en kortere, maar vooral meer betrouwbare levertijden. Processen die vooral geschikt zijn voor het produceren van zeer grote aantallen identieke producten zullen in het algemeen zeer efficiënt produceren maar hebben een lage flexibiliteit. Hoofdstuk 11 geeft een uitvoerige behandeling van deze materie.

1.7.4 Kwaliteit

De kwaliteit van een product is de mate waarin het voldoet aan de verwachtingen van de klant. Ook de te betalen prijs, levertijd en service maken deel uit van deze verwachtingen. Kwaliteit gaat dus niet zonder meer samen met hoge nauwkeurigheid of kostbare grondstoffen. De kwaliteit van het product wordt bepaald door:

- De mate waarin het productontwerp overeenkomt met de wensen of verwachtingen van de klant,
- De mate waarin het product overeenkomt met de productspecificatie,
- De ondersteuning van het product in de vorm van handleidingen, onderhoud, onderdelenvoorziening en garantieverlening,
- De milieubelasting die bij productie, gebruik en sloop optreedt.

Een hoge kwaliteit hoeft niet altijd samen te gaan met een hoge kostprijs. Hoofdstuk 9 laat zien dat het verhogen van de kwaliteit vaak zelfs samengaat met een lagere kostprijs!

1.7.5 Milieuschade

De activiteiten om milieuverontreiniging terug te dringen werden in het verleden, en vaak ook nu nog, voornamelijk gericht op het opheffen van vervuiling en op het verantwoord verwerken van afval. Tegenwoordig zien we het geleidelijk ontstaan van een meer doelgerichte aanpak, namelijk het voorkómen van het ontstaan van schadelijke stoffen en schadelijke effecten. Een bekende voorbeeld hiervan vormt het gebruik van CFK's (chloor-fluor-koolwaterstoffen). Deze zijn algemeen bekend wegens hun schadelijke invloed op de ozonlaag. Deze stoffen werden algemeen gebruikt als drijfgassen in spuitbussen en als koelmedium. Voor deze toepassingen zijn inmiddels vervangers ingevoerd. CFK's zijn momenteel echter nog steeds onmisbaar onder andere voor het steriliseren van medische apparatuur.

Bij de oude benadering hoort het milieuvriendelijk slopen van koelkasten, bij de nieuwe het zoeken naar vervangende koelmedia. Hierbij loopt men echter het risico dat de oude, bekende schadelijke invloed wordt vervangen door nieuwe, nog onbekende, effecten. Het is vaak moeilijk om het totale effect van een milieubeschermende maatregel van begin tot eind te overzien.

In de productie staan wij voor de taak om de schadelijke milieueffecten van de voortbrengingsprocessen zoveel mogelijk te beperken. Een goed voorbeeld is het anodiseren van aluminium, reeds eerder genoemd in paragraaf 1.4.2. Hierbij wordt het materiaal in een chroomzuur-oplossing gedompeld. Tot dusverre heeft men zich ingespannen de verontreiniging door chroom zo veel mogelijk terug te dringen, maar tegelijkertijd wordt gezocht naar een vervangend proces. Naast de eis dat het milieuprobleem op effectieve wijze moet worden opgelost, geldt dat het technisch resultaat van het vervangende proces op zijn minst gelijkwaardig moet zijn, en dat het proces praktisch uitvoerbaar dient te zijn. Maar zonodig moet men hogere kosten accepteren. In enkele gevallen bleek dat bij een vervangend proces door minder verbruik van energie en hulpstoffen zelfs kostenbesparing mogelijk is.

Meer in het algemeen geldt dat het ontwerp de grootste invloed heeft op de milieueffecten van het product, zowel tijdens de fabricage als gedurende het gebruik en na het beëindigen van de levensduur. Het ontwerp legt het toegepaste materiaal vast en daarmee voor het overgrote deel ook de fabricagemethode. Voorbeeld: De fabricage van aluminium vraagt veel energie. Bij een stationaire constructie kan een minder energie-intensief materiaal de voorkeur verdienen. Bij de toepassing van aluminium in bijv. metrotreinstellen kan tijdens het gebruik, door de gewichtsverlaging, een veelvoud van de extra energie terugverdiend worden. Wanneer al bij het ontwerpen rekening wordt gehouden met hergebruik is het toepassen van aluminium uit het oogpunt van energieverbruik in nog meer gevallen voordelig.

1.7.6 Samenhang tussen de criteria

Figuur 1.13 geeft aan dat de hier besproken aspecten onverbrekelijk met elkaar samenhangen. Het kiezen van de beste oplossing betekent dus het tegen elkaar afwegen van de effecten van de vijf genoemde variabelen.

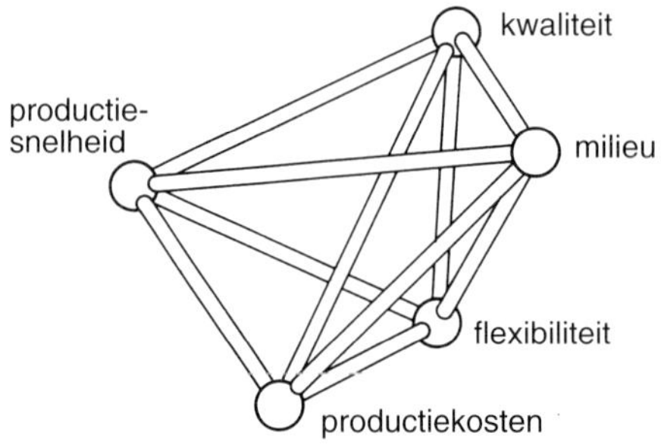

Figuur 1.13 De samenhang tussen de beoordelingscriteria

	Oervormen	Omvormen	Scheiden en Afnemen	Verbinden	Veranderen van materiaaleigenschappen
Kosten	gs: hoog a: laag	gs: hoog a: laag	gs: gemiddeld a: hoog	k: laag a: hoog	k: gemiddeld tot hoog a: laag
Productiesnelheid	hoog	hoog	gemiddeld tot laag	gemiddeld tot laag	laag
Kwaliteit	gemiddeld tot laag	gemiddeld tot laag	gemiddeld tot laag	gemiddeld tot laag	hoog
Flexibiliteit	laag	laag	hoog	hoog	gemiddeld tot laag

gs = gereedschapskosten a = arbeidskosten k = kapitaalkosten

Figuur 1.14 Waardering van verschillende bewerkingsprocessen ten aanzien van de beoordelingscriteria

Figuur 1.14 geeft een overzicht van de waardering van de verschillende bewerkingsprocessen ten aanzien van de bovengenoemde criteria.

SAMENVATTING

In een korte schets van de ontwikkeling van de industriële onderneming is aangegeven welke rol de productietechniek hierbij gespeeld heeft.

Doordat productieprocessen complexer worden, is steeds meer communicatie en samenwerking tussen verschillende bedrijfsfuncties nodig. Het is daarom noodzakelijk dat ook ontwerpers voldoende inzicht in deze processen hebben.

De productkentallen totaalserie, productlevenscyclus, ontwikkelingstijd, productlevensduur en aantal componenten hebben grote invloed op de aard en werkwijze van een productiebedrijf.

Bij het ontwerpen moeten steeds keuzen worden gemaakt. Belangrijk zijn de materiaalkeuze en de vormgeving. De keuzen beïnvloeden zowel de eigenschappen van het product als de fabricagemethode.

Het vakgebied van de productietechniek is systematisch in kaart te brengen door de indeling in de hoofdgebieden oervormen, omvormen, scheiden en afnemen, verbinden, opbrengen van lagen en veranderen van materiaaleigenschappen.

Het mechanisch materiaalgedrag in de fabricage wordt in belangrijke mate bepaald door spanningen en temperatuur. Het effect van wrijving kan hierbij niet buiten beschouwing blijven.

De doelmatigheid van productieprocessen kan worden beoordeeld aan de hand van de criteria kosten, productiesnelheid, flexibiliteit, kwaliteit en milieu-effecten.

LITERATUUR

[1.1] Winkler Prins Technische Encyclopedie, Elsevier, Amsterdam, 1975-1978. ISBN 90-10-10550-4

[1.2] Lintsen, H.W. (red.): Geschiedenis van de techniek in Nederland, Walburg Pers, Zutphen, 1992-1995. ISBN 90-6011-811-1.

[1.3] Jones, D.T., Womack, J.P.: The Machine that changed the World, Harper, New York, 1990. ISBN 0-06-097417-6.

[1.4] Kalpakjian S., Manufacturing Engineering and Technology (3rd edition), Addison-Wesley, 1995. ISBN 0-201-53846-6
General Introduction
Part VIII: Manufacturing in a Competitive Environment

OEFENVRAGEN

1.1 Waarom was de stoommachine het startpunt van de overgang van het ambachtelijke naar het industriële bedrijf?
Noem enkele kennisgebieden die nodig waren om een bruikbare stoommachine te kunnen bouwen.

1.2 Noem een aantal kenmerken waarin ambachtelijke en industriële bedrijven zich van elkaar onderscheiden.

1.3 Welke kennis en technische middelen waren nodig om met een door mankracht aangedreven vliegtuig het Engelse Kanaal over te steken?
Opmerking: Deze vlucht vond plaats in 1979.

1.4 Welke conclusie trekt U uit figuur 1.5.

1.5 Waarom is de productlevenscyclus van een vliegtuig zo lang?

1.6 Omschrijf de begrippen oervormen, omvormen, scheiden en afnemen.

1.7 Noem en omschrijf vier belangrijke verbindingstechnieken.

1.8 Noem een aantal redenen voor het opbrengen van lagen.

1.9 Geef het verschil aan tussen de "oude" en de "nieuwe" benadering van het beperken van milieu-schade.

1.10 Som de factoren op die in aanmerking genomen dienen te worden bij de afweging tussen melkverpakkingen in karton en glas.

1.11 Omschrijf de volgende begrippen:

Fabricageserie	Totaalserie
Eénmalige kosten	Instelkosten
Repeterende kosten	Seriegrootte-effect

Geef van elke kostensoort tenminste één voorbeeld.

1.12 Wat wordt bedoeld met flexibiliteit? Waarom wordt het belang van flexibiliteit steeds groter?

1.13 Omschrijf het begrip kwaliteit. Noem enkele belangrijke aspecten van de productkwaliteit.

OERVORMEN

DOEL VAN DIT HOOFDSTUK:

2

Het geeft een beschrijving van de principes van de vloeibare vormgeving, het gieten, en van de poedermetallurgie; deze laatste methode wordt gewoonlijk, naar de belangrijkste stap in dit proces, aangeduid met sinteren.

Het behandelt de belangrijkste technieken voor het gieten van metalen en van kunststoffen en het sinteren van metalen. Het geeft regels voor de vormgeving van producten die met deze processen worden vervaardigd.
Het geeft richtlijnen voor het kiezen van het gunstigste gietproces.

2.1 Inleiding

De techniek van het vervaardigen van voorwerpen via de vloeibare vormgeving wordt al meer dan 3000 jaar door de mensheid benut. Fraaie staaltjes van gouden, zilveren, bronzen, tinnen en ook ijzeren voorwerpen zijn terug te vinden in diverse musea. Het gaat hierbij niet alleen om gebruiksvoorwerpen van geringe omvang, maar ook om voorwerpen met een gewicht van enige tonnen, zie figuur 2.1.

Om een gietstuk te kunnen vervaardigen is een afdruk van het product in een vorm nodig. In de oudheid heeft men niet alleen gebruik gemaakt van zand als vormmateriaal voor het vervaardigen van een éénmalige vorm, maar ook van permanente vormen in steen voor seriefabricage van wapens en andere voorwerpen, zie figuur 2.2. Naast deze twee methoden beheerste men ook de verloren-wasmodelmethode, zie paragraaf 2.5.

Figuur 2.1 Gietijzeren leeuw uit China (954-959 nC, 6 m hoog en 5,4 m lang)

Bovengenoemde vormgevingstechnieken worden ook heden ten dage gebruikt voor het vervaardigen van gegoten producten. Gieten is niet alleen een vervaardigingsproces uit het grijze verleden, maar ook een springlevende techniek voor het maken van hoogwaardige producten. In vergelijking met het vervaardigen van producten met omvormtechnieken of verspanende bewerkingen geldt een enorme vormvrijheid. Een voorbeeld, waarmee de mogelijkheden van

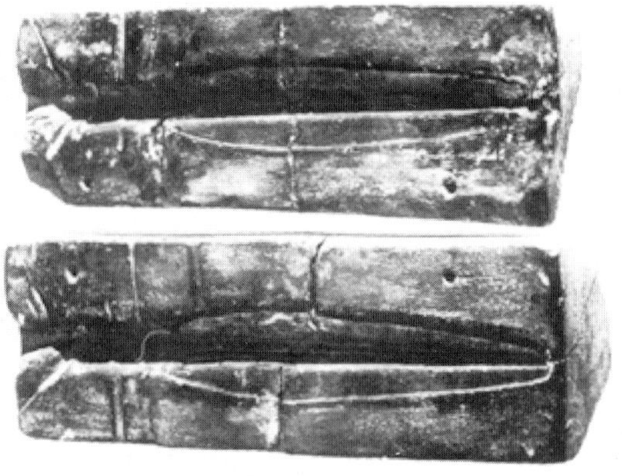

Figuur 2.2 *Permanente vormen uit zandsteen voor het vervaardigen van een bronzen keildolk (a) en mes (b)*

het gietproces goed worden geïllustreerd, is de eindreductiekast van een auto, zoals in figuur 2.3 weergegeven. Een dergelijk product is alleen door gieten te vervaardigen.

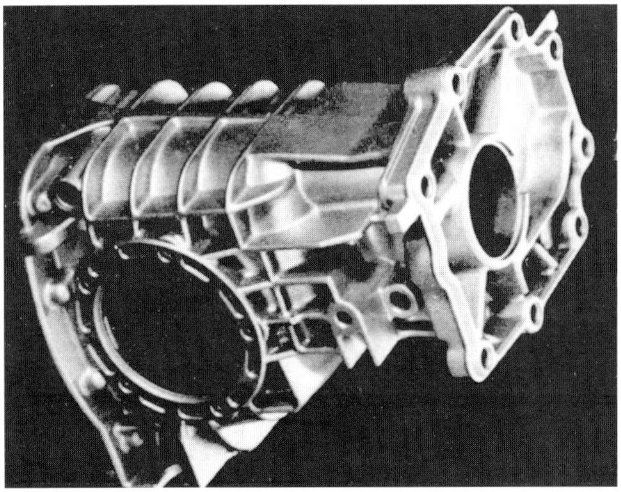

Figuur 2.3 *Eindreductiekast van de Volvo 300 serie (AlSi-legering)*

2.2 Kenmerken van het gietproces en de gietstukken

Een metalen product of een onderdeel ervan kan op een groot aantal manieren worden vervaardigd. Gieten is de kortste weg tussen uitgangsmateriaal en product.

Afhankelijk van de gekozen gietmethode enerzijds en de gevraagde toleranties en oppervlaktekwaliteit anderzijds kan na het gieten worden volstaan met een beperkte mate van nabewerking, meestal door verspanen. Vaak is die nabewerking niet nodig en wordt met gieten een kant en klaar product verkregen.

Mechanische eigenschappen

Gietstukken hebben een **gietstructuur**. De afmetingen van de kristallen zijn daarbij in het algemeen groter dan die van kneedlegeringen (materialen die hun eindvorm via warm- en koudomvormen krijgen, zie hoofdstuk 3). Verder treedt tijdens het stollen **segregatie** op. Dit is het verschijnsel dat bij het stollen van een legering de samenstelling in de kern van een kristal anders wordt als aan de omtrek. De mate van segregatie is afhankelijk van de afkoelsnelheid. Mede hierdoor worden de micro- en macrostructuur van een gietstuk en dus ook de mechanische eigenschappen beïnvloed door de snelheid waarmee het gietstuk tijdens en na het stollen afkoelt. Door een warmtebehandeling kan men een betere structuur en daarmee betere mechanische eigenschappen verkrijgen. De eigenschappen van de gietlegeringen worden verder beïnvloed door de mogelijke aanwezigheid van macro- en micro-poreusheid als gevolg van een volume-afname tijdens de stolling.

Bij kneedlegeringen treedt korrelverfijning op tijdens het productieproces, worden holtes (macro- en microporeusheid) gesloten en vindt een herverdeling van de gesegregeerde elementen plaats. In het algemeen zijn de mechanische eigenschappen van kneedlegeringen, zoals sterkte en taaiheid, beter dan die van gietlegeringen. Om in sterkte te kunnen concurreren met kneedlegeringen bevatten gietlegeringen in het algemeen een hoger percentage aan legeringselementen dan kneedlegeringen. Een vergelijking in eigenschappen tussen gietlegeringen en kneedlegeringen gaat door dit verschil meestal mank.

Speciale gietlegeringen

Naast de traditionele gietlegeringen zijn in de afgelopen jaren speciale gietlegeringen ontwikkeld, die producten opleveren die qua sterkte en taaiheid kunnen concurreren met kneedlegeringen. Tegenwoordig zijn alle krukassen in personenauto's gemaakt uit nodulair gietijzer, zie figuur 2.4. Dit materiaal heeft een mechanische sterkte en taaiheid vergelijkbaar met smeedstaal en heeft daarnaast betere dempings- en noodloopeigenschappen (het vermogen om na het wegvallen van de olietoevoer te blijven functioneren).

Het is niet mogelijk om uitvoerig in te gaan op de eigenschappen van de gangbare gietlegeringen. Figuur 2.5 geeft een overzicht van de eigenschappen en toepassingen van een beperkt aantal gietlegeringen.

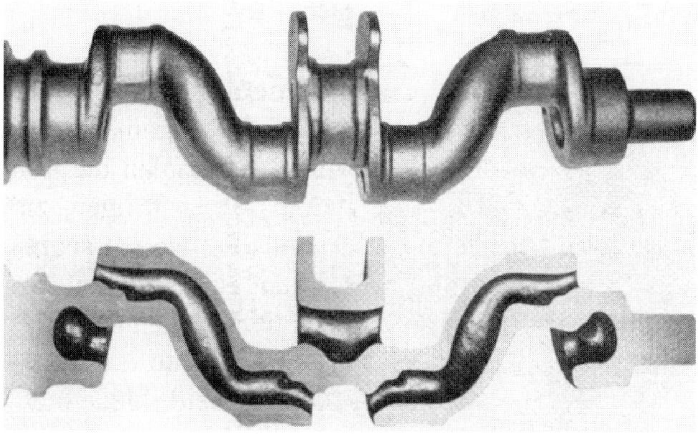

Figuur 2.4 Hol gegoten krukas van nodulair gietijzer

Vrijheid van vormgeving

Van alle vervaardigingstechnieken geeft het gieten de grootste vrijheid in vormgeving. Krommingen in het oppervlak, zoals zadelcontouren en holle ruimtes in het gietstuk, kunnen op eenvoudige wijze worden gerealiseerd. De kenmerkende hoekige vorm van producten, opgebouwd uit halffabrikaten, is bij gietstukken meestal afwezig. Met weinig moeite kunnen vloeiende materiaalovergangen worden gerealiseerd, die een fraai ogend product opleveren. Bij een gietstuk kan de wanddikte aangepast worden aan de plaatselijke mechanische belasting, zodat overdimensionering op minder hoog belaste plaatsen voorkomen kan worden. Dit leidt tot gewichtsbesparing in vergelijking tot een gelaste constructie, zelfs wanneer de sterkte van de gietlegering lager is dan die van de kneedlegering. Gieten wordt ook veelvuldig toegepast voor producten met een complexe geometrie, die met andere vormgevingstechnieken slechts met veel moeite te realiseren zijn. Een beperking van de vloeibare vormgeving is de minimaal te bereiken wanddikte. Deze is afhankelijk van de gietlegering, de gietmethode en de afmetingen van het product, zie paragraaf 2.7.

Seriegrootte

Het vervaardigen van producten door gieten wordt afhankelijk van de gebruikte methode en de geometrie van het product slechts toegepast bij een bepaalde seriegrootte. Voor spuitgieten bijv. bedraagt het minimum aantal gietstukken enige duizenden stuks. Bij zandgieten is ook enkelstukfabricage mogelijk, vooral bij grote, complexe delen of bij vervanging van kapotte onderdelen.

2.3 Indeling gietmethoden naar de aard van het vormmateriaal

Om een gietstuk te kunnen maken moet eerst in zand of in metaal een **vormholte** (gietvorm) gemaakt worden, die het negatief is van het product dat vervaardigd moet worden. Na het vullen van de vormholte met het vloeibare metaal en de stolling daarvan, kan het gietstuk, als het voldoende is afgekoeld, uit de vorm worden genomen. Afhankelijk van het materiaal waarin de vormholte wordt gerealiseerd, spreekt men van:

- Eénmalige vormen; deze vormen gaan na het gieten verloren en moeten voor elk volgend gietstuk opnieuw worden vervaardigd. Hiertoe behoren het gieten in zand en de verloren-modelmethode.

- Permanente vormen; hieronder vallen coquillegieten en spuitgieten, waarbij van een metalen vorm, **matrijs**, gebruik wordt gemaakt.

Type legering	Treksterkte (MPa)	Rek bij breuk (%)	Toepassingen en specifieke eigenschappen
Lamellair gietijzer	150 - 400	0,6 - 0,75	machineframes, fittings, motorblokken, uitstekende giet- en dempingseigenschappen
Nodulair gietijzer	350 - 900	2 - 22	landbouwmachine-onderdelen, motoren, hogere taaiheid dan lamellair gietijzer
Gietstaal	430 - 1200	6 - 22	turbinehuizen, pompen
Messing	170 - 600	10 - 45	kleppen, fittings, scheepsschroeven
Brons	160 - 330	2 - 12	tandwielen, lagers, goede corrosie-eigenschappen
Al-zandgietlegeringen	120 - 300	1 - 8	breed toepassingsgebied, meest toegepast: AlSi12
Al-spuitgietlegeringen	150 - 360	1 - 12	carters van motoren
Zn-spuitgietlegeringen	275 - 410	1 - 13	voor dunwandig gietwerk

Figuur 2.5 Overzicht en eigenschappen van een beperkt aantal gietlegeringen

Bij het vormen in zand wordt meestal uitgegaan van een houten of kunststof **model**, een replica (positieve afbeelding) van het gietstuk. Hout en kunststof zijn beide uitstekend verspanend te bewerken. Een ingewikkeld model kan gemakkelijk worden opgebouwd uit eenvoudige onderdelen die met elkaar verlijmd worden. Het fabriceren van een metalen model is lastiger en daardoor duurder, maar metalen modellen slijten minder dan modellen van hout of kunststof en worden daarom toegepast bij grotere productaantallen. Het vormen in zand kan volledig worden gemechaniseerd.
Voor coquillegieten en spuitgieten worden metalen vormen gebruikt. Het vervaardigen van een metalen vorm of matrijs is veel lastiger en brengt veel hogere kosten met zich mee. Bovendien is een coquille- of een spuitgietmachine aanzienlijk duurder dan een eenvoudige zandvormmachine. Het gietproces wordt dan wel gemechaniseerd uitgevoerd.

Het gieten in metalen vormen beperkt zich tot de laagsmeltende metaallegeringen zoals de zink-, aluminium- en magnesiumlegeringen. Coquillegieten van messing is bijv. nog mogelijk, maar voor spuitgieten zijn de aluminiumlegeringen de grens. Hoogsmeltende materialen als gietstaal, roestvast staal en nikkellegeringen zijn eigenlijk alleen in zand of in keramische vormen te gieten. Gietijzer kan nog wel in coquilles worden gegoten, maar het betreft dan meestal eenvoudige gietstukken zoals lagerbussen.

De principes van het vorm- en gietproces zijn het gemakkelijkst uit te leggen voor het **handvormen** in zand voor eenvoudige en kleine gietstukken. Dit proces zal dan ook als eerste worden behandeld. Daarna zullen achtereenvolgens het coquillegieten en het spuitgieten worden behandeld.

2.4 Gieten in zand

2.4.1 Handvormen van een eenvoudig gietstuk

Figuur 2.6 toont de werkwijze voor het vervaardigen van de vormholte voor een eenvoudig gietstuk. Uitgaande van de werktekening wordt een model gemaakt. De afmetingen van het model wijken daarbij af van de maten in de werktekening zoals hierna zal blijken. Het proces verloopt als volgt: Het model wordt op een **vormplaat** gelegd, daarop wordt rondom het model een metalen **vormkast**, de **onderkast** geplaatst. De vormkast wordt daarna gevuld met zand. Om de zandvorm de benodigde stevigheid te geven, wordt het zand verdicht met de hand met behulp van

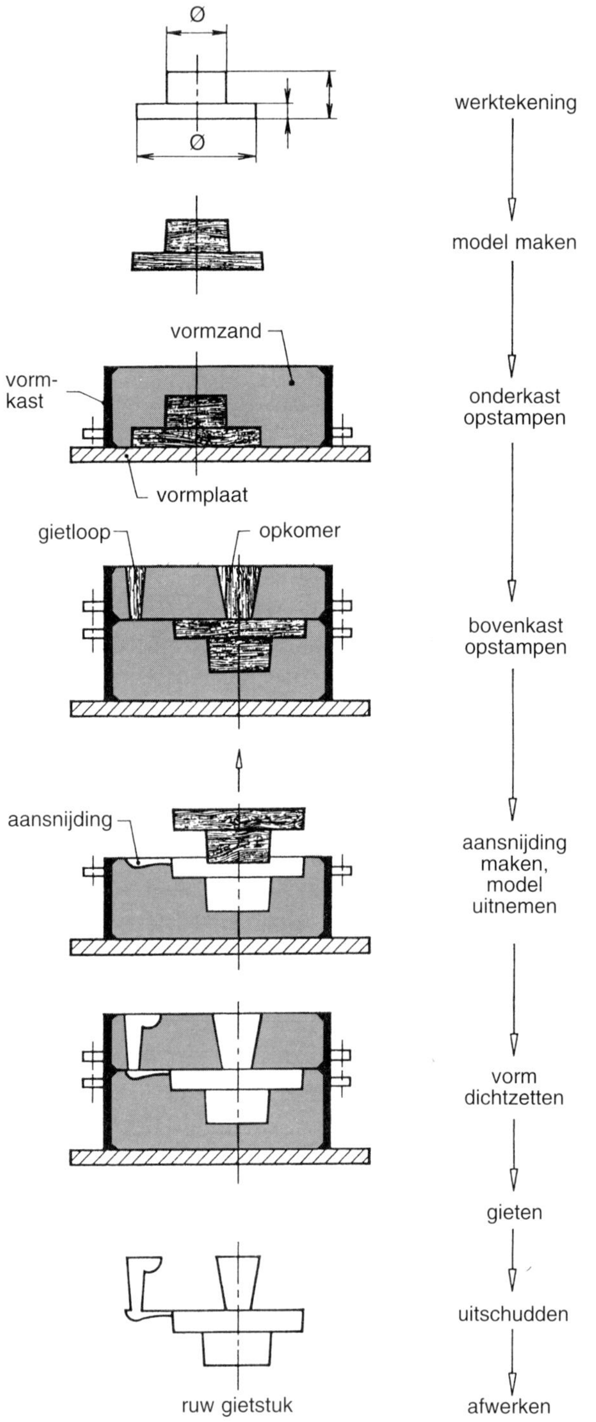

Figuur 2.6 Stadia in de vervaardiging van een eenvoudig gietstuk in zand met behulp van een ongedeeld model

een stamper of machinaal door een combinatie van schokken en persen. De bovenkant van de vorm wordt daarna glad gestreken. De vormkast met daarin het model wordt dan omgekeerd.
Op de onderkast wordt nu de **bovenkast** geplaatst. De bovenkast kan nog niet volgestort worden met zand, omdat er eerst nog voorzieningen getroffen moeten

worden om het metaal vanaf de bovenkant in de vormholte te kunnen gieten. Nabij en op het model worden twee langwerpige kegels geplaatst die nodig zijn om de **gietloop** en **opkomer** te vormen. De opkomer heeft als doel poreusheid in het gietstuk te voorkómen, zie paragraaf 2.4.2. Na het plaatsen van de kegels voor de gietloop en opkomer kan de bovenkast volgestort worden met zand en eveneens verdicht worden. Vóór het afnemen van de bovenkast van de onderkast worden de kegels voor de gietloop en opkomer verwijderd. Om te voorkómen dat zand aan de gietloop en opkomer blijft plakken, wordt er licht tegenaan getikt met een plastic of houten hamer. Hierdoor ontstaat enige ruimte tussen de gietloop, de opkomer en de zandvorm. Nu wordt de bovenkast omgekeerd. Vóór het verwijderen van het model moet eerst met een vormspatel de **aansnijding** in de zandvorm van de onderkast worden aangebracht. Deze aansnijding is nodig om het vloeibare metaal uit de gietloop in de vormholte te laten stromen. De gietloop en de aansnijding vormen samen het **gietsysteem**. Om het model uit de vorm te kunnen nemen zonder de zandvorm te beschadigen moet er opnieuw enige ruimte tussen model en zandvorm worden geschapen. Dit kan weer gedaan worden door tegen het model te tikken. Na het uitnemen van het model kan de bovenkast weer op de onderkast worden geplaatst en is de zandvorm gereed voor het gieten.

Het gietsysteem en met name de aansnijding moet zo ontworpen zijn dat een rustige en geleidelijke vulling van de vormholte wordt verkregen. De aansnijding wordt altijd in de onderkast op de vormdeling aangebracht. Voorkómen moet worden dat het vloeibare metaal vanaf "grote" hoogte in de vorm valt, zodat er geen vormzand wordt losgespoeld. De plaats van de aansnijding moet daarom met zorg te worden gekozen. De doorsnede van het gietsysteem neemt af in de richting van de aansnijding. Op die manier wordt vermeden dat er slak, oxiden of lucht met het vloeibare metaal in de vormholte worden meegesleept. Opkomers worden zoveel mogelijk op het hoogste punt van het gietstuk geplaatst. De opkomer staat in verbinding met de buitenlucht en aan het vollopen van de opkomer kan de gieter het vullen van de vorm volgen.

Na voldoende afkoeling van het gietstuk worden de vormkasten leeggeschud en het nog aan het gietstuk klevende zand verwijderd door stralen. Na afbreken, afslaan of afzagen van de gietloop en de opkomer is het ruwe gietstuk gereed voor verdere afwerking.

2.4.2 Slink, krimp en lossing

Bij het stollen van de meeste metaallegeringen treedt volumevermindering op. Deze volumevermindering wordt **slink** genoemd. Het tekort aan vloeibaar materiaal wordt aangevuld vanuit de opkomer. Dit voorkomt het optreden van macro- en microporeusheid in het gietstuk. De plaats op het gietstuk en de afmetingen van de opkomer moeten zodanig zijn dat daar het laatste restje vloeibaar metaal stolt. Door aanpassen van de wanddikte van het gietstuk kan een stolling bewerkstelligd worden die plaatsvindt in de richting van de opkomer. Men spreekt dan van een **gerichte stolling**, zie figuur 2.7. De tijd, waarin het materiaal

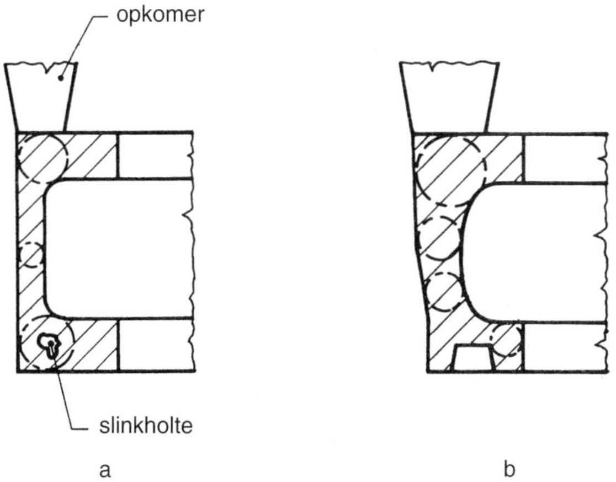

Figuur 2.7 Gerichte stolling

op een gegeven punt stolt is ongeveer evenredig met het oppervlak van de ingeschreven cirkel in dat punt. Door te zorgen dat de wanddikten zo verlopen, dat de diameters van deze cirkels steeds toenemen in de gewenste richting voor het stollen, voorkomt de ontwerper het optreden van **slinkholtes**. Ook worden vaak opkomers op de hoogst gelegen punten van het

Gietlegering	Lineaire krimp
gietijzer	max. 1%
gietstaal	max. 3%
temperijzer, frisijzer	max. 2,5%
brons	max. 1,5%
messing	max. 2%
koper en tin	max. 0,5%
zink	max. 1,5%
lood	max. 1%
aluminium- en magnesiumlegeringen	max. 1,5%

Figuur 2.8 Richtwaarden voor de lineaire krimp

gietstuk geplaatst om de in de gietvorm aanwezige lucht en de gevormde gassen te laten ontsnappen. Zo wordt een porievrij en gaaf gietstuk verkregen.

Bij het vervaardigen van de vorm moet de modelmaker ook rekening houden met de **volumekrimp** van het gietstuk bij afkoelen na het stollen. Aan het model wordt een **krimptoeslag** gegeven. De grootte van deze krimptoeslag wordt bepaald door de afmetingen en de geometrie van het gietstuk en is bovendien afhankelijk van de gietlegering. Gietstaal heeft daarbij de grootste krimp, zie figuur 2.8 voor enkele getalwaarden.

Aan oppervlakken die door verspanen worden nabewerkt moet ook nog een **bewerkingstoeslag** worden gegeven. De grootte van de bewerkingstoeslag komt aan de orde in hoofdstuk 12. Het uitnemen van het model gaat gemakkelijker wanneer het model **lossend** wordt gemaakt door het aanbrengen van een **lossingshoek**, zie figuur 2.9. De lossingshoek hangt af van de afmetingen en de geometrie van het gietstuk en bedraagt gewoonlijk 2 á 8°. De afmetingen van het model zullen dus afwijken van de afmetingen van het eindproduct.

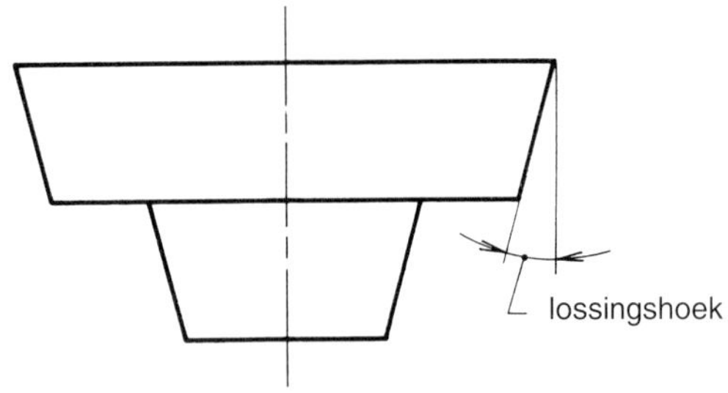

Figuur 2.9 Model van figuur 2.6 met daarin overdreven aangegeven de lossingshoek

2.4.3 Ondersnijding en deling

Het model van het gietstuk uit figuur 2.6 bestaat slechts uit één deel. Meestal kan niet met een ongedeeld model worden gewerkt. In figuur 2.10 wordt een viertal gietstukken getoond waarbij de modellen voor de gietstukken a en c uit één stuk bestaan. De modellen van de gietstukken b en d moeten echter worden gedeeld om deze uit de zandvorm te kunnen verwijderen. In de tekeningen van de modellen is het **deelvlak** aangegeven. Bij het vaststellen van de **model**- en daarmee ook de **vormdeling** zijn de volgende punten van belang:

- De model-deling moet bij voorkeur vlak zijn. Een versprongen model-deling, maakt het vormen moeilijker en daardoor onnodig duur. De vormdeling wordt in het algemeen zo gekozen dat deze het model in twee gelijke delen verdeelt. In de modellen van de gietstukken b en d zijn twee modeldelingen mogelijk.

- De vormdeling zal altijd op het gietstuk terug te vinden zijn. De boven- en onderkast worden ten opzichte van elkaar gecentreerd door middel van stalen pennen en bussen. Enige verschuiving van de vormkasten kan altijd optreden. Op het deelvlak van de vorm ontstaat daardoor een oneffenheid op het gietstuk. Ook zal altijd een kleine hoeveelheid vloeibaar metaal in de vormdeling stromen. De braam die daardoor gevormd wordt moet worden verwijderd, bijvoorbeeld met een slijptol. Een dergelijke bewerking laat altijd sporen op het gietstuk achter. Dit geldt natuurlijk niet wanneer het betreffende vlak later nog verspanend bewerkt wordt. Om esthetische redenen kan voor een vormdeling worden gekozen waarbij de vormdeling op een niet zichtbare plaats van het product ligt. Het verdient dan ook aanbeveling om bij consumentenproducten het gietstuk zo te ontwerpen dat het geheel in de onderkast gevormd kan worden.

Om het vormen gemakkelijk te maken moet het model bij voorkeur lossend zijn. Toch is het mogelijk gietstukken te vervaardigen waarvan het model niet lossend is. Het niet-lossende rechter deel van het gietstuk in figuur 2.11 wordt **ondersnijding** genoemd. Het model kan alleen uit de vorm worden verwijderd als het voorzien is van een **losse prent** (a). Tijdens het gedeeltelijk vullen van de vorm met zand is de prent met een metalen pen aan het model bevestigd. Het zand rondom de prent wordt verdicht en vervolgens wordt de metalen pen uit de prent getrokken. Dan wordt de rest van de vorm met zand gevuld en het zand verder verdicht. Na het verwijderen van het model kan de losse prent zijdelings uit de zandvorm

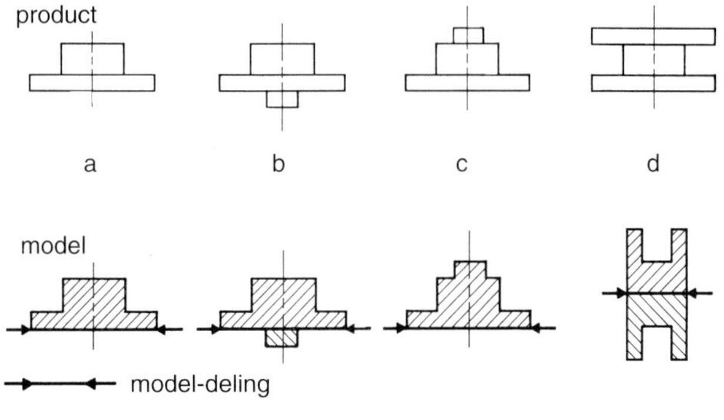

Figuur 2.10 Voorbeelden van een ongedeeld model (a) en (c) en van een gedeeld model (b) en (d)

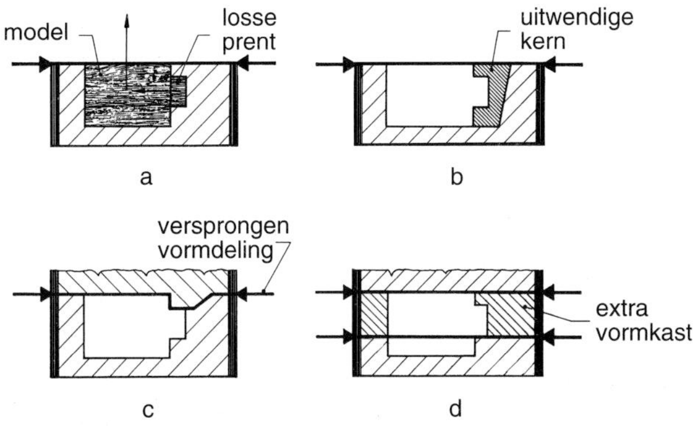

Figuur 2.11 Oplossingen voor het vormen van een gietstuk met ondersnijding: model met een losse prent (a), uitwendige kern (b), versprongen modeldeling (c) en extra vormkast (d)

worden gehaald. Voor het verkrijgen van een hoge maatnauwkeurigheid verdient deze methode geen voorkeur, omdat de losse prent tijdens het verdichten van het zand gemakkelijk kan verschuiven ten opzichte van het model. Een tweede oplossing voor deze ondersnijding is een uitwendige kern (b), zie paragraaf 2.4.4. Een derde oplossing is het toepassen van een niet-vlakke vormdeling (c). Het zand boven de prent wordt hierbij met een spatel weggehaald. Een nog duurdere oplossing is het gebruik van een extra vormdeling en vormkast (d).

Het zal duidelijk zijn dat een niet-lossend model de kostprijs van een gietstuk zal verhogen. Belangrijk is dan ook dat de constructeur bij het ontwerpen van het gietstuk al dient na te gaan hoe het gietstuk gemaakt gaat worden en ondersnijdingen vermijdt. Het giettechnisch ontwerpen wordt uitvoeriger behandeld in paragraaf 2.8

2.4.4 Het toepassen van kernen

Inwendige kernen

Door gebruik te maken van een kern kan een holle ruimte in het gietstuk worden gerealiseerd. Bij het gieten in zand zal altijd van een kern uit zand gebruik worden gemaakt. Figuur 2.12 toont de toepassing van een kern voor een pijpstuk met twee flenzen. De deling van het model loopt in lengterichting door het midden van het pijpstuk. Het model is aan beide kanten voorzien van een **kernprent**. Deze zijn nodig om de zandkern te centreren in de gietvorm en het opdrijven ervan, als gevolg van opwaartse krachten, tijdens het gieten te voorkómen. Voor het maken van de kern is een houten of metalen matrijs nodig, die **kernbak** of **kerndoos** wordt genoemd. De kernbak is in de lengte-

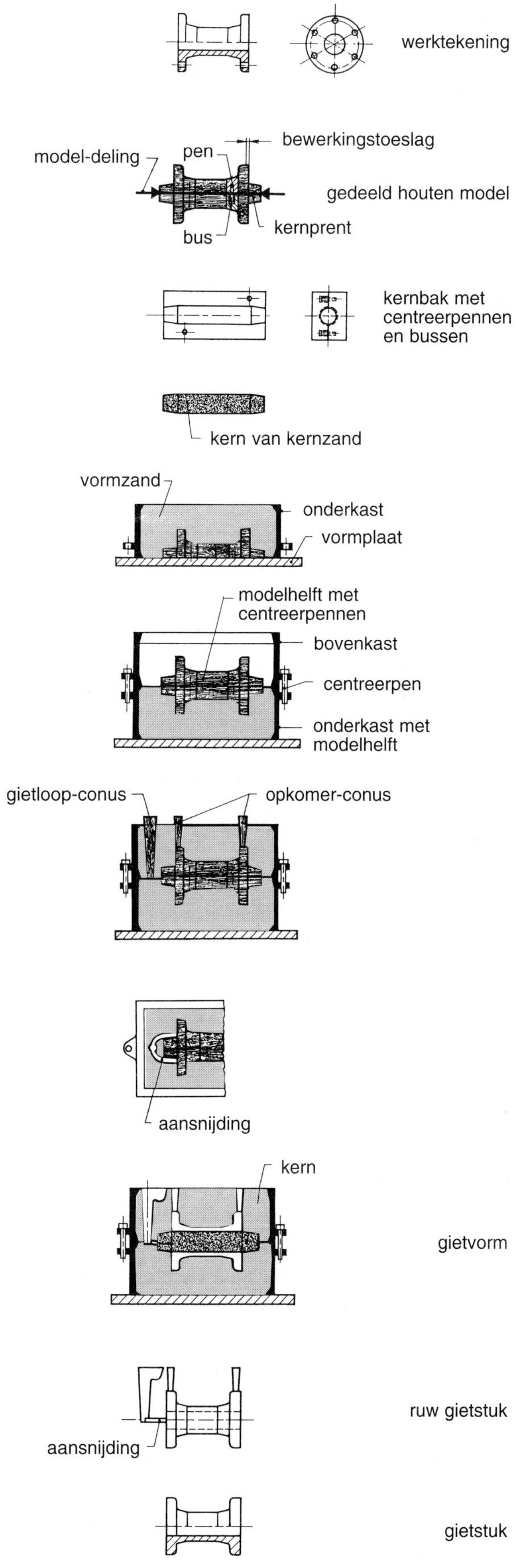

Figuur 2.12 Het vormen van een pijpstuk met kern

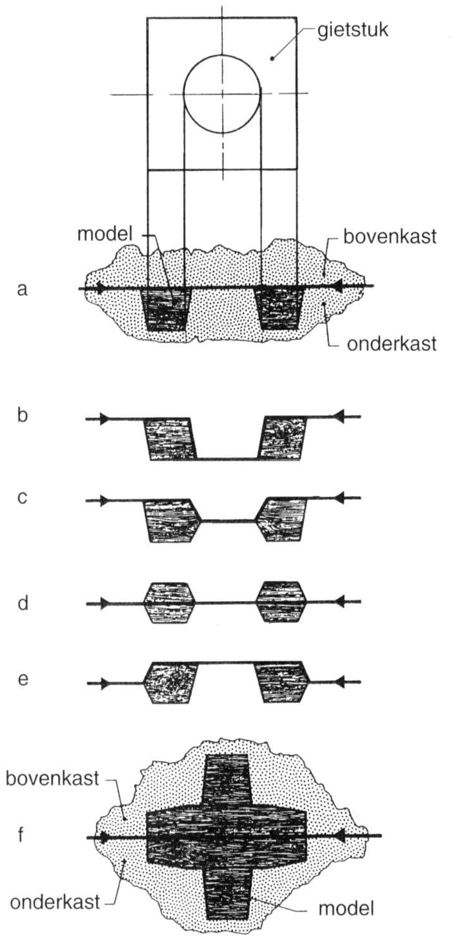

Figuur 2.13 Het vormen van een plaat met een gat op verschillende manieren

richting van de kern gedeeld om de kern te kunnen verwijderen.

Om een gat of holte in een gietstuk te realiseren is niet altijd een kern nodig. In figuur 2.13 wordt dit geïllustreerd voor een vlakke plaat met een rond gat. Als de afmetingen van de gaten niet te klein zijn en de dikte van de plaat niet te groot kan door een juiste keuze van de vormdeling de kern worden uitgespaard. Bij toenemende dikte van de plaat en afnemende diameter van het gat zal een kern toegepast moeten worden. Dit is nodig omdat het opstaande zandgedeelte, dat het gat vormt, mechanisch te zwak wordt en kan afbreken bij het vormen of tijdens het instromen van het vloeibare metaal. Bij een verticale plaatsing van de plaat is altijd een kern nodig (f).

Uitwendige kernen

Grote en ook zeer complexe kleine gietstukken kunnen nog op een geheel andere manier worden vervaardigd. In plaats van een groot en/of complex, en daardoor kostbaar, model wordt dan uitgegaan van een eenvoudig model en een aantal **uitwendige kernen**. Figuur 2.14 toont deze werkwijze voor gietstuk d uit figuur 2.10. De vormholte wordt geheel in de onderkast gemaakt. De uiteindelijke gietvorm ontstaat door het plaatsen van de kern(en).

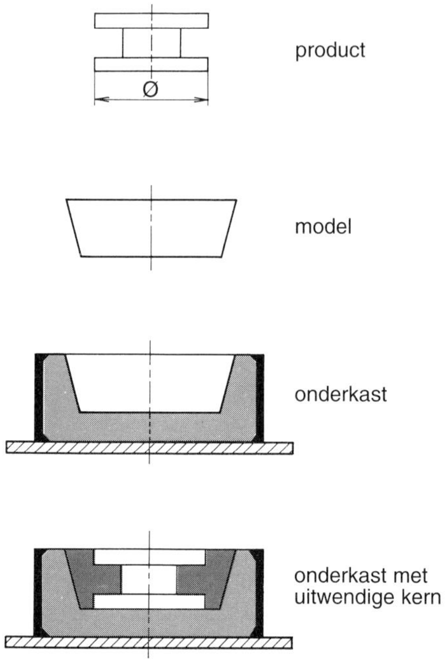

Figuur 2.14 Toepassingsvoorbeeld van een uitwendige kern

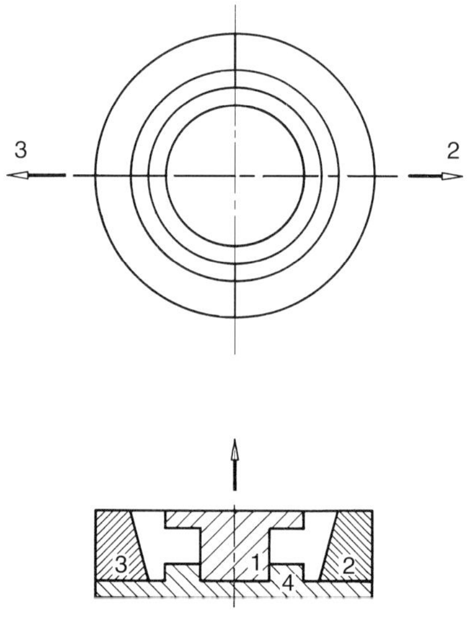

Figuur 2.15 Kerndoos voor het vervaardigen van de uitwendige kern uit figuur 2.14

Deze werkwijze heeft een aantal voordelen:

- Het is gemakkelijker lossende kerndelen te maken dan om het gehele model lossend te maken. De kerndoos voor dit gietstuk is opgebouwd uit vier delen, zie figuur 2.15, die gemakkelijk uit elkaar zijn te nemen.

- Het gietstuk is in één gietkast ondergebracht. Verschuiving van de onder- en bovenkast ten opzichte van elkaar zal dan niet tot maatafwijkingen in het gietstuk leiden.

Voorbeelden van gietstukken die vervaardigd worden door gebruik van uitwendige kernen, zijn frames van grote bewerkingsmachines, cilinders van grote scheepsmotoren, pomphuizen van grote centrifugaalpompen en turbinehuizen. Bij dergelijke gietstukken wordt om de gietvorm te realiseren een vormholte (vormput) in de grond uitgespaard. De kernen worden als een blokkendoos in elkaar gepast. Voor dit grote gietwerk wordt gebruik gemaakt van vormzand dat door een chemische reactie hard wordt, zoals in paragraaf 2.4.6 verder wordt toegelicht. Verdichten van het zand is dan niet meer nodig.

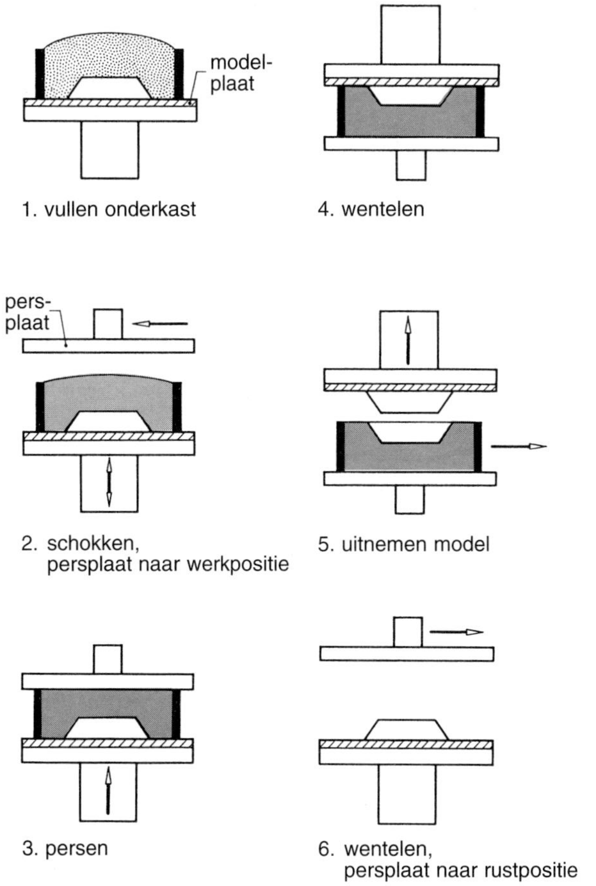

Figuur 2.16 Principe van de schok-pers-wentel-vormmachine

2.4.5 Mechanisatie van het zandgieten

Het maken van vormen met een vormmachine

De eerste toegepaste mechanisatie was het gebruik van de **schok-pers-wentel-vormmachine**. De **modelplaat** is bij een dergelijke machine bevestigd op een tafel, zie figuur 2.16. Via een vultrechter, geplaatst boven de tafel, wordt de vormkast volgestort met zand. Verdichting van het zand wordt bereikt door een schokbeweging van de tafel gevolgd door het persen met een stempel aan de bovenkant van de vormkast. Bij het schokken van de tafel zal voornamelijk het zand om het model worden verdicht en bij het persen zal hoofdzakelijk de bovenkant van het zand in de vormkast een grotere dichtheid verkrijgen. Na het wentelen van de tafel over 180° kan het model worden uitgenomen. De onderste helft van de gietvorm is dan gereed. Op dezelfde manier kan de bovenste helft worden vervaardigd. Afhankelijk van het type vormmachine gebeuren alle handelingen, waaronder het keren van de onderkast en het plaatsen van de onder- en bovenkast op elkaar, volledig gemechaniseerd of nog gedeeltelijk met de hand.

Vorm- en gietautomaten

De volgende stap in de mechanisering van het zandgieten is de ontwikkeling geweest van **vorm- en gietautomaten**. Met dergelijke machines vindt het vormen en het gieten volledig automatisch plaats en zijn de vormer en gieter vervangen door een operator. Er zijn twee soorten vormautomaten, vormautomaten waarbij gebruik gemaakt wordt van vormkasten en vormautomaten waarmee kastloos wordt gevormd. Bij het kastloos vormen wordt zowel met een horizontale als verticale vormdeling gewerkt. Een bekend kastloos systeem met een verticale vormdeling is het **Disamatic** (merknaam) systeem. De werking van dit systeem is weergegeven in figuur 2.17.

De kast waarin wordt gevormd maakt deel uit van de vormmachine. De modelplaten sluiten daarbij de zij-

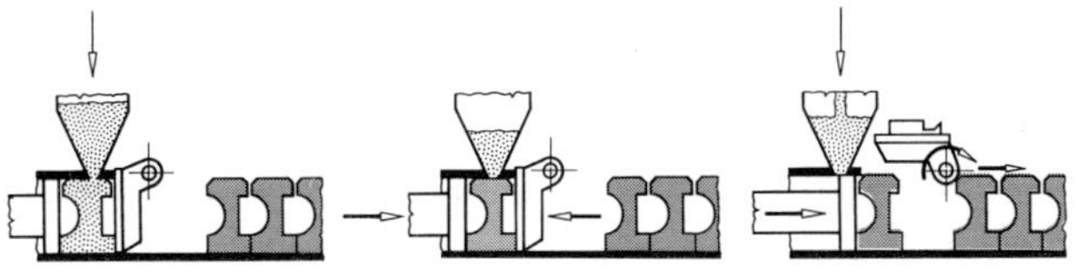

Figuur 2.17 Principe van de Disamatic-vormmethode

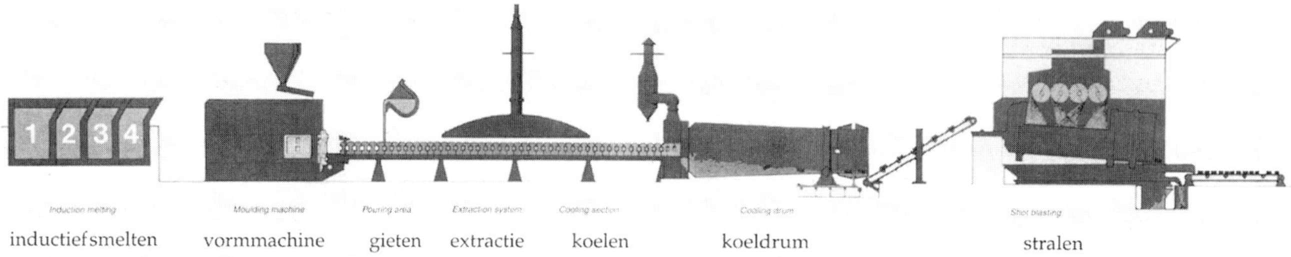

Figuur 2.18 Complete gietstraat met een Disamatic vormautomaat

kanten van de kast af. De modelhelften bevatten elk de helft van het gietsysteem en de opkomers. Na het vullen van de vormkast met zand (a) en het samenpersen van het zand (b) wordt de rechter modelplaat teruggetrokken en weggeklapt (c). Met de linker modelplaat wordt de vorm daarna naar rechts uit de vormkast gedrukt en tegen de voorlaatste vorm aangeschoven. Hierdoor schuift de gehele rij vormen één vormdikte op. Vervolgens kunnen kernen worden geplaatst, dit kan zowel met de hand als geautomatiseerd gebeuren. Het gehele proces herhaalt zich, waarbij steeds de volgende vorm op de vorige vorm aansluit. Op deze wijze ontstaat een aaneengesloten rij van zandblokken met telkens op het scheidingsvlak het gietsysteem. Het gieten vindt vrijwel direct na het vormen plaats. Het gieten kan met de hand gebeuren of volledig automatisch. Met een dergelijke vormautomaat is het mogelijk meer dan 300 vormen per uur te vervaardigen. In één vorm kunnen, afhankelijk van de afmetingen, diverse gietstukken worden ondergebracht, zodat in korte tijd een groot aantal gietstukken kan worden vervaardigd. De afmetingen van de gietstukken zijn bij het Disamatic systeem begrensd en kernen zijn moeilijker in de vorm te leggen dan bij een horizontale vormdeling.
Figuur 2.18 toont een complete gietstraat (vormen, gieten, stollen, afkoelen, uitbreken van de gietvorm en reinigen door stralen).

Bij vormautomaten met een horizontale modeldeling kan zowel met als zonder vormkasten worden gewerkt, hoewel vormkasten de voorkeur genieten, vooral bij grotere gietstukken. Een systeem waarbij vormkasten worden gebruikt is gecompliceerder dan een systeem zonder vormkasten omdat er naast de zandtoevoer ook een toevoer van vormkasten is. De productiesnelheid bij vormautomaten met vormkasten ligt daarom lager dan bij vormautomaten zonder vormkasten, zoals het Disamatic systeem.

De laatste ontwikkelingen op het gebied van het mechaniseren van het vormen in zand concentreren zich op de methode van het verdichten van het zand. In het **Seiatsu-proces** gebeurt dit door perslucht door het zand te blazen die via fijne roostertjes in de vormplaat weer wordt afgevoerd. Rondom het model wordt zo een zeer gelijkmatige verdichting van het zand verkregen. Er kunnen gietstukken gemaakt worden met een grotere hoogte dan bij het traditionele schokken en persen.

2.4.6 Vormmaterialen

Bij het handmatig vormen wordt in het algemeen gebruik gemaakt van **kleigebonden vormzand**. Aan kwartszand wordt 5-7 % klei (bentoniet) en 2-3 % water toegevoegd. In een speciale menger (kollermolen) worden zand, klei en water gemengd. Tijdens het mengen komt de klei als een dunne film om de zandkorrels te liggen. Tijdens het verdichten "versmelten" de kleifilms met elkaar en vormen als het ware kleibruggen, en verkrijgt het zand zijn samenhang en sterkte. De sterkte van de zandvorm neemt toe met toenemend kleigehalte en met toenemende verdichting. Met toenemende verdichting neemt echter de gasdoorlaatbaarheid af. Hierdoor kunnen tijdens het gieten de in de vormholte aanwezige gassen niet snel genoeg ontsnappen, waardoor poreusheid in het gietstuk kan ontstaan. Om die reden is het kleigehalte en de mate van verdichting en daarmee de sterkte van het kleigebonden vormzand aan een maximum gebonden.

De oppervlaktekwaliteit van zandgietwerk kan voor gietijzer en gietstaal verbeterd worden door aan het vormzand een geringe hoeveelheid grafietpoeder (0,5 %) toe te voegen. Het grafietpoeder, dat in aanraking komt met het vloeibare metaal, verbrandt en voorkomt door gasafscherming een eventuele chemische reactie tussen het vloeibare metaal en het vormmateriaal. Kleigebonden vormzand waaraan grafietpoeder is toegevoegd is te herkennen aan de zwarte kleur.

Een belangrijk voordeel van het kleigebonden vormzand is de mogelijkheid het zand na reiniging opnieuw te gebruiken. De installatie die nodig is om het kleigebonden vormzand te regenereren neemt een aanzienlijk deel van de ruimte in de gieterij in beslag.

Chemisch gebonden vormzand

Chemisch gebonden vormzand verkrijgt zijn sterkte door een reactie van aan het vormzand toegevoegde bestanddelen. Verdichten van het zand is nauwelijks nodig. Voorbeelden hiervan zijn: **CO_2-zand** of **waterglaszand, furaanzand** en **cementzand**. Bij deze zandsoorten vindt de chemische reactie (het uitharden) bij kamertemperatuur plaats. Bij zandsoorten waaraan kunstharsen zijn toegevoegd, zoals bij het schaalvormen, gebeurt het uitharden bij verhoogde temperatuur.

Bij CO_2-zand wordt een geringe hoeveelheid waterglas (natriumsilicaat) aan het vormzand toegevoegd. Uitharding van dit zand vindt plaats door reactie met in de lucht aanwezige CO_2 en zal afhankelijk van de afmetingen van de vorm enige uren tot dagen kunnen duren. Door CO_2 door de zandvorm te leiden wordt een uithardingstijd verkregen van enkele minuten. Deze methode wordt zowel voor vormen als voor kernen toegepast.

Furaanzand hardt bij kamertemperatuur uit door polymerisatie van het furaanhars onder invloed van fosforzuur of van organische zuren. Door de hoeveelheid fosforzuur is de opstijftijd te regelen en deze kan variëren van circa 10 minuten tot enige uren. De sterkte van dit vormzand is hoog; dit resulteert in een betere maatnauwkeurigheid dan bij kleigebonden vormzand. Dit type zand wordt veelvuldig toegepast bij kleine series voor middelgrote en grote delen. Furaanzand wordt ook veel gebruikt voor grote uitwendige kernen.

Een nog hogere sterkte kan bereikt worden met cementzand. Aan het zand wordt ca. 10 % cement en wat water toegevoegd. De vormmassa verhardt aan de lucht in enige tientallen uren. Dit zand is derhalve niet geschikt voor seriewerk van kleine gietstukken en wordt voornamelijk toegepast bij het maken van grote gietstukken waarbij de vorm is opgebouwd uit kernen.

Kernzand

Aan kernzand worden in het algemeen hogere eisen voor sterkte, vuurvastheid en gasdoorlaatbaarheid gesteld dan aan vormzand. De kern wordt volledig door vloeibaar metaal omgeven en zal ook vaak op buiging worden belast als gevolg van de opwaartse druk door het vloeibare metaal. Voor een kern is ook belangrijk dat deze na het stollen van het gietstuk zijn sterkte grotendeels verliest, zodat het uitbreken van de kern gemakkelijk verloopt.

Voor het maken van kernen wordt gebruik gemaakt van zand waarbij de reactie van de aan het zand toegevoegde bestanddelen zowel bij kamertemperatuur als bij verhoogde temperatuur plaatsvindt. De chemische reactie komt tot stand door het doorleiden van een gas. Vindt de reactie plaats bij verhoogde temperatuur dan spreekt men van de **hot-box** methode en vindt deze plaats bij kamertemperatuur dan spreekt men van de **cold-box** methode.

Schaalvormen

Bij het **schaalvormen** wordt gebruik gemaakt van een zandsoort waarvan de korrels omgeven zijn door een thermohardende kunststof. Dit zand wordt op een (elektrisch) verwarmde (T=300°C) metalen vorm-

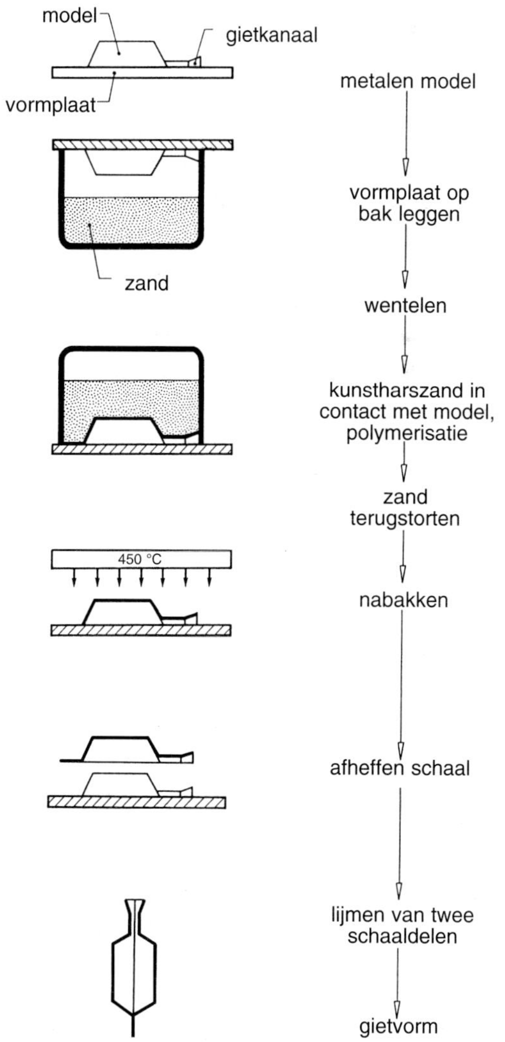

Figuur 2.19 Principe van de schaalvormmethode

plaat, met model en gietsysteem, gestort. Door polymerisatie van de kunststof vormt zich een harde laag, de schaal, rondom het model. Na enige tijd is een schaal van voldoende dikte gevormd. De modelplaat wordt dan gekeerd zodat het niet gepolymeriseerde zand naar beneden kan vallen en voor de volgende schaalvorm gebruikt kan worden. Voordat de schaal van het model wordt gelicht wordt deze nagebakken bij een temperatuur van ca. 450°C. Door twee van deze schalen aan elkaar te lijmen ontstaat een complete gietvorm, zie figuur 2.19.

Voor het schaalvormen wordt gebruik gemaakt van relatief fijn zand; de hoge warmsterkte van het vormzand voorkomt het uitbreken van zandkorrels tijdens het gieten. Dit levert een scherp afgetekend en nauwkeurig gietstuk met een hoge oppervlaktekwaliteit.

Het schaalvormen is uitermate geschikt voor vlakke en dunwandige gietstukken met niet te grote afmetingen. Bij grote en hoge gietstukken zullen de beide schaalhelften als gevolg van de hydrostatische druk van het vloeibare metaal gaan doorbuigen. Om doorbuiging te voorkomen worden verscheidene gietvormen in een bak met staalgrit geplaatst voor een goede ondersteuning. Tevens wordt dan een betere warmteafvoer en een snellere stolling verkregen, wat gunstig is voor de mechanische eigenschappen van het gietstuk.

Met het schaalvormproces kunnen niet alleen gietvormen maar ook kernen worden gemaakt. Door een aantal schaalkernen en schaalvormen als een blokkendoos in elkaar te laten passen kunnen gecompliceerde gietstukken worden vervaardigd.

Het schaalvormen is een proces geschikt voor zowel hoog- als laagsmeltende legeringen. De metalen modellen zijn echter kostbaar. Het proces leent zich dus alleen voor grote productaantallen. Door de ontwikkeling van de vormautomaten, waarmee vergelijkbare nauwkeurigheden en oppervlaktekwaliteiten behaald kunnen worden, heeft het schaalvormen terrein verloren.

2.5 Verloren-modelmethode

De meest toegepaste en bekendste variant van het **verloren-modelproces** is de vormtechniek waarbij een model uit was wordt gebruikt. Het **verloren-wasmodelproces** is al meer dan 3000 jaar oud en werd gebruikt voor het vervaardigen van sieraden en kunstvoorwerpen. De gietstukken kenmerken zich door een uitstekende oppervlaktegesteldheid en een hoge maatnauwkeurigheid, zodat meestal geen of slechts weinig nabewerking nodig is. Moeilijk te verspanen hoog smeltende materialen worden vaak op deze manier gegoten. Voorbeelden hiervan zijn onderdelen voor straalmotoren en gasturbines, en gecompliceerde fijnmechanische onderdelen.

Het proces verloopt in een aantal stappen, zie figuur 2.20. Eerst wordt een matrijs vervaardigd, het negatief van het model. Vervolgens wordt de matrijs gevuld met vloeibare was. Meestal gebeurt dat onder enige druk in een **waspers**. Om kosten te sparen wordt een aantal kleine modellen samengevoegd met een gietsysteem tot een **wasboom**. Grotere modellen zijn uiteraard zelf voorzien van een gietsysteem. Na het maken van het wasmodel of het samenstellen van de gietboom wordt deze ondergedompeld in een zelfopstijvende keramische "slurry" bestaande uit fijnkorrelig zirkoonoxyde, ethylsilicaat, water en alcohol. Op

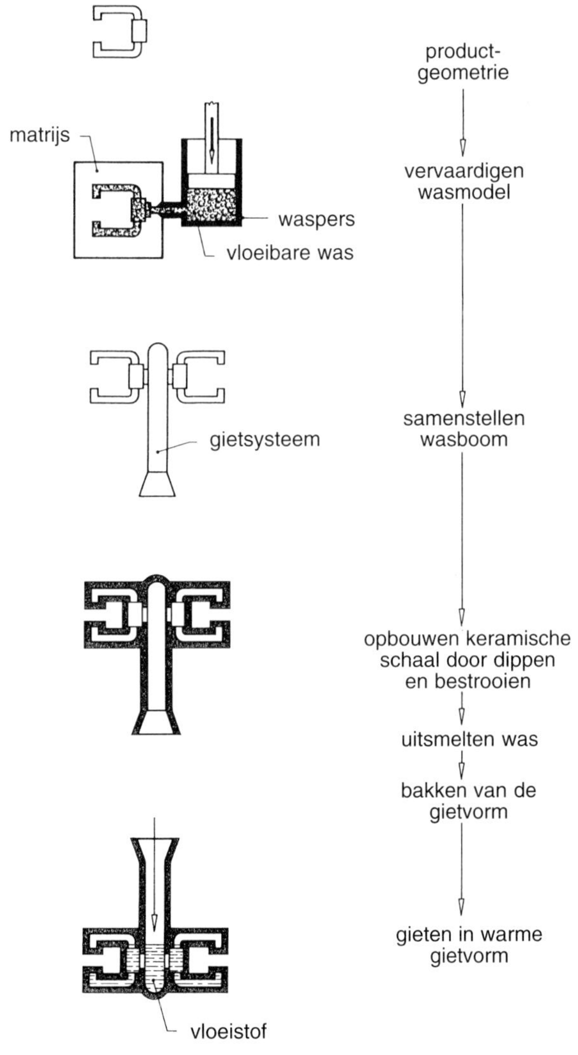

Figuur 2.20 Principe van de verloren-wasmodelmethode

Figuur 2.21 Keramische gietvorm voor 24 onderdelen

het model vormt zich een dunne keramische laag. Door herhaaldelijk onderdompelen in de keramische "slurry" neemt de laagdikte van de keramische schil toe. Het model wordt verwijderd door de was uit te smelten bij een temperatuur van ca. 120°C. Na het uitsmelten van de was en het bakken van de keramische vorm op ca. 1000°C is de vorm gereed voor het gieten, zie figuur 2.21.

Omdat het model wordt uitgesmolten hoeft dit niet lossend te zijn. Voor het maken van een gering aantal modellen uit was worden rubber matrijzen gebruikt. Voor grootserie- en massafabricage worden altijd metalen matrijzen toegepast. Bij een metalen matrijs kan, in het geval van een complex model, met verschillende matrijsdelingen gewerkt worden om het niet-lossende model uit de matrijs te kunnen halen. Ook kan het wasmodel uit afzonderlijke lossende delen opgebouwd worden waardoor de matrijzen eenvoudiger kunnen zijn.

Het verloren-wasmodel procédé is een duur proces, omdat zowel het model als de vorm slechts éénmaal gebruikt kunnen worden. De methode wordt dan ook

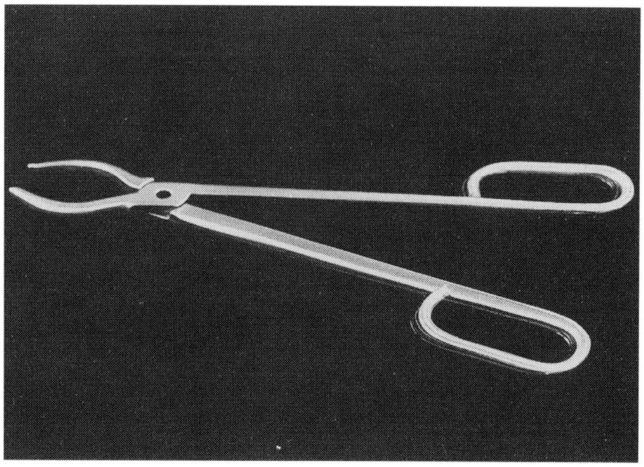

Figuur 2.22 Barbeque-tang opgebouwd uit twee gelijke onderdelen vervaardigd via het verloren-wasproces

voornamelijk toegepast voor kleine ingewikkelde gietstukken uit materialen die moeilijk verspanend zijn te bewerken. De grote maatnauwkeurigheid van het gietproces maakt nabewerken vaak overbodig; een voorbeeld daarvan is de barbeque-tang afgebeeld in figuur 2.22. Dat de methode zich niet alleen beperkt tot kleine onderdelen blijkt uit het in figuur 2.23 getoonde, uit titaan gegoten deel van een straalmotor. Dit ene gietstuk vervangt een constructie die bestond uit 12 giet- en smeedstukken. Het toepassen van het verloren-wasmodelproces levert in dit geval een aanzienlijke kostenbesparing op.

Een variant op het wasmodel is een model uit kunststofschuim. De modellen uit polystyreenschuim zijn daarbij groter dan de modellen uit was. In figuur 2.24 wordt het **verloren-schuimmodelproces** schematisch weergegeven. Om beschadiging van het model tijdens

Figuur 2.23 Ventilatorhuis (titaanlegering, ϕ 1000 mm x 500 mm)

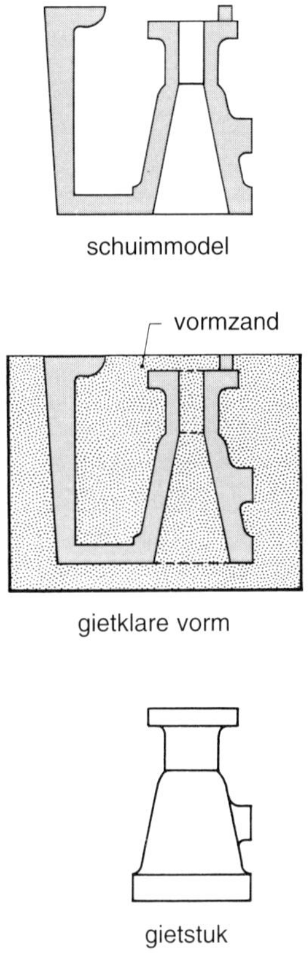

Figuur 2.24 Schematische voorstelling van het verloren-schuimmodelproces

het vormen in zand te voorkomen, is het model voorzien van een 0,1 mm dikke keramische coating. Tijdens het gieten zal het polystyreenschuim ontleden en de ontstane gassen zullen door het omringende zand worden opgenomen. De kwaliteit van het oppervlak van het gietstuk wordt bepaald door de korrelgrootte van het model uit polystyreenschuim. Gietstukken gemaakt met de verloren-schuimmodelmethode hebben geen braam. Een belangrijk voordeel van dit proces ten opzichte van het gieten in kleigebonden vormzand is ook de grotere vormvrijheid omdat het model ook nu niet lossend hoeft te zijn.

2.6 Gieten in permanente vormen

Bij alle tot nu toe behandelde vorm- en gietmethoden moet de gietvorm worden vernietigd om het gietstuk uit de vorm te kunnen halen. De gietvorm kan dus slechts éénmaal gebruikt worden. Bij grote productaantallen is het vaak gunstiger om het steeds terugkerende en vaak arbeidsintensieve vormproces te vervangen door de éénmalige fabricage van een metalen gietvorm. De permanente vorm of **matrijs** is voor het gieten van metaallegeringen vervaardigd uit gereedschapstaal. Een absolute voorwaarde is dat het gietstuk, inclusief het gietsysteem, lossend is. De matrijs heeft in het algemeen een vlakke deling.

De éénmalige kosten van de matrijs worden voor een groot deel bepaald door de vorm en afmetingen van het gietstuk en de eigenschappen van het gereedschapstaal. De levensduur van de matrijs wordt bepaald door de giettemperatuur, die in het algemeen ca. 100°C hoger ligt dan de smelttemperatuur van de betreffende legering, en door de vorm en afmetingen van het gietstuk.

Op grond van de wijze van het vullen van de metalen gietvorm wordt een onderscheid gemaakt tussen de volgende processen:

- **coquillegieten**, waarbij gebruik gemaakt wordt van de zwaartekracht om de vorm te vullen,
- **lage-drukgieten**, waarbij de vorm gevuld wordt onder een geringe overdruk en tegen de zwaartekracht in,
- **spuitgieten**, waarbij de vorm onder hoge druk wordt gevuld.

2.6.1 Coquillegieten

Een **coquille** bestaat uit twee of meer metalen matrijsdelen die goed op elkaar aansluiten en in gesloten toestand door middel van pennen ten opzichte van elkaar gefixeerd zijn, zie figuur 2.25. Een beugel zorgt ervoor dat de beide coquillehelften tijdens het gieten op elkaar geklemd blijven. Het coquillegieten wordt vaak nog met de hand uitgevoerd, maar kan ook geheel of gedeeltelijk worden gemechaniseerd. Met een gietlepel wordt de coquille gevuld en onder invloed van de zwaartekracht stroomt het vloeibare metaal in de vormholte, zoals dat ook bij zandgieten het geval is. Bij coquillegieten kan gebruik gemaakt worden van zandkernen en metalen kernen, zodat het maken van inwendige holten geen probleem vormt. Metalen kernen moeten lossend zijn. Met dit proces kunnen betrekkelijk complexe gietstukken worden gemaakt.

Het coquillegieten wordt voornamelijk toegepast voor het maken van gietstukken uit niet-ijzerlegeringen. Het gieten van gietijzer is mogelijk wanneer de vorm van de producten betrekkelijk eenvoudig is. De levensduur van de coquille neemt af met toenemende giettemperatuur van de gietlegeringen. Bij aluminium legeringen kunnen met een coquille 20.000 tot 30.000 gietstukken worden gemaakt. Bij messing zijn er dat 10.000 tot 20.000 en bij gietijzer slechts 2.000 tot

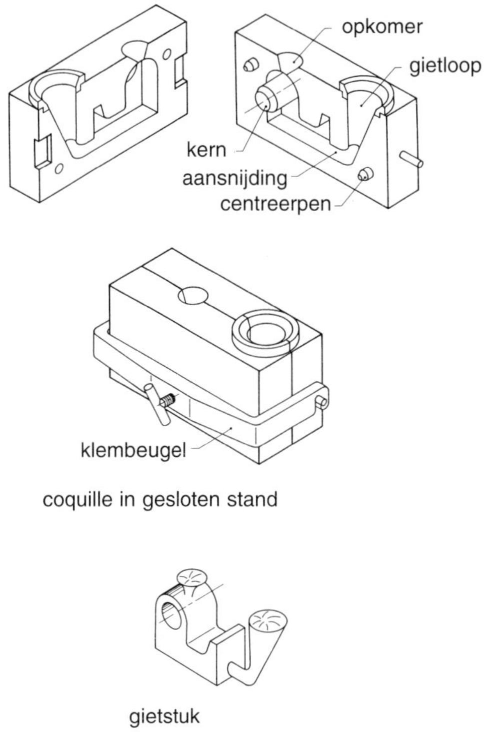

Figuur 2.25 Coquille voor handmatig gieten

3.000 stuks. Bij gietijzer mag de afkoeling na het gieten niet te snel verlopen, omdat anders na het stollen een zeer bros materiaal ontstaat, dat niet verspanend te bewerken is.

Het coquillegieten wordt in het algemeen toegepast voor kleine en relatief eenvoudige gietstukken, waarvan een groot aantal moet worden gemaakt. Coquillegieten is minder nauwkeurig dan de verloren-wasmodelmethode. Wanneer echter de coquillehelften in goede conditie worden gehouden, zijn een goede maatnauwkeurigheid en een glad oppervlak kenmerken van dit gietproces, zodat weinig nabewerking van het gietstuk nodig is.

2.6.2 Lage-drukgieten

Het lage-drukgieten kan zowel met een metalen als bij een zandvorm worden toegepast. De vorm wordt boven op de smeltoven geplaatst, zie figuur 2.26. Door de oven onder een geringe overdruk (30 - 100 kPa) te brengen stroomt het vloeibare metaal door een stijgbuis in de vormholte. Door de geleidelijke en rustige vulling van de vorm vanaf de onderzijde kunnen lucht en gassen goed ontsnappen. Het koudste metaal bevindt zich aan de bovenzijde van de metalen vorm en de stolling zal daar beginnen. De stolling verplaatst zich dan in de richting van de toevoer van het vloeibare metaal waardoor deze tevens dienst doet als

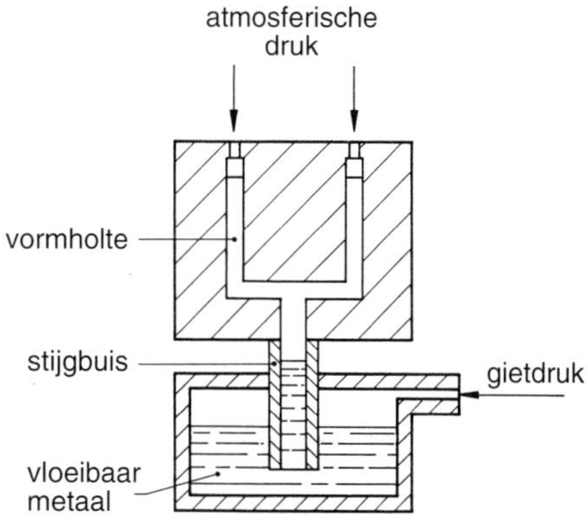

Figuur 2.26 Principe van het lage-drukgieten

opkomer. Deze methode levert porievrije gietstukken met een goede oppervlaktekwaliteit. Naast het gebruik van metalen kernen is ook het toepassen van zandkernen mogelijk.

Bij het gebruik van een metalen vorm bestaat deze, evenals bij het coquillegieten, uit twee helften. Het openen en sluiten van de matrijsdelen en het uitwerpen van het gietstuk gebeurt automatisch. Een cyclus duurt 2 tot 6 minuten. Het lage-drukgieten wordt hoofdzakelijk gebruikt voor de vormgeving van aluminium- en magnesiumlegeringen. Typische voorbeelden zijn motorblokken, cilinderkoppen, inlaatspruitstukken en autowielen.

2.6.3 Spuitgieten

Bij het spuitgieten wordt het vloeibare metaal onder hoge druk in de metalen vorm of matrijs gespoten. Het is een volledig gemechaniseerd proces. De spuitgietmachine (zie figuur 2.27) bestaat uit een pompgedeelte dat het vloeibare metaal in de vorm perst en een

Figuur 2.27 Opbouw van een spuitgietmachine

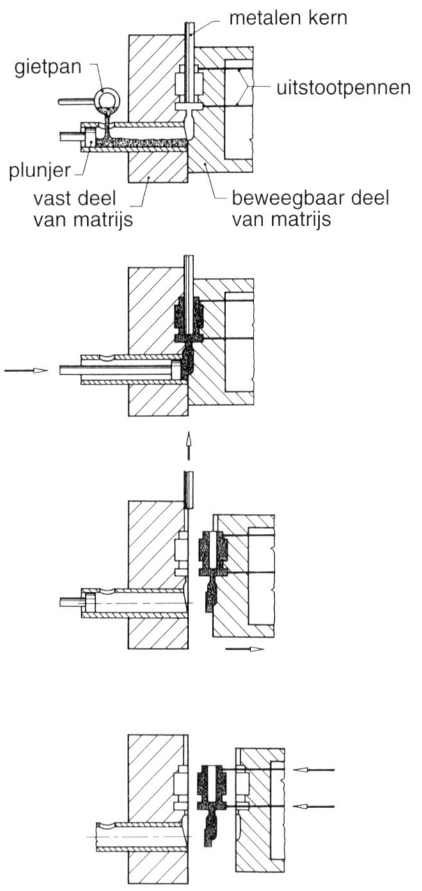

Figuur 2.28 Principe van het spuitgieten volgens de koudportaal methode

mechanisme dat de metalen vorm sluit, de druk tijdens het gieten opvangt en aan het einde van de gietcyclus de matrijs opent en het gietstuk uitstoot.

Naar de wijze waarop het vloeibare metaal uit de oven in de matrijs wordt gebracht, onderscheidt men twee verschillende spuitgietmethoden:

- De **koudportaal** methode, waarbij het injectiekanaal voor elk "shot" van de benodigde hoeveelheid vloeibaar metaal wordt voorzien, zie figuur 2.28. Deze methode leent zich goed voor aluminium- en magnesiumlegeringen. Messing kan nog juist worden verspoten, maar het spuitgieten van dit materiaal komt toch nauwelijks voor. De drukken zijn hoog en variëren van 70 tot 200 MPa. De levensduur van de matrijs ligt tussen 50.000 en 250.000 stuks, afhankelijk van de gewenste oppervlaktekwaliteit.

- De **warmportaal** methode, waarbij het injectieportaal permanent is ondergedompeld in het gesmolten metaal, zie figuur 2.29. De methode werkt sneller dan de koudportaalmethode en is gemakkelijker te automatiseren. Deze werkwijze is alleen geschikt voor laagsmeltende legeringen, zoals lood- en zinklegeringen. Legeringen met een hoger smeltpunt zoals aluminiumlegeringen zouden het injectiesysteem te veel aantasten. De toegepaste drukken bij deze methode zijn betrekkelijk laag en variëren van 3 tot 30 MPa. De metalen vorm kan bij zinklegeringen voor ongeveer 250.000 gietstukken worden gebruikt.

Met het spuitgietproces kunnen complexe en dunwandige ($\geq$ 0,5 mm) gietstukken worden vervaardigd, mits ze lossend zijn en door **uitstootpennen** gemakkelijk uit de matrijs zijn te verwijderen. Alleen metalen kernen, die lossend moeten zijn, kunnen gebruikt worden, omdat zandkernen door de hoge spuitdruk zouden verpulveren. Wanddikten boven 6-8 mm moeten bij dit proces vermeden worden omdat navulling van het gietstuk om de slink op te heffen onmogelijk is en omdat bij dergelijke wanddikten de stolling van het gietstuk te lang duurt en de matrijs thermisch te zwaar wordt belast. Door de hoge druk wordt een uitstekende vormvulling en scherpe aftekening van de matrijs verkregen. De maatnauwkeurigheid en de oppervlaktegesteldheid zijn derhalve zeer goed en een nabewerking van de gietstukken beperkt zich in het algemeen tot het verwijderen van het gietsysteem. De vervaardiging van de matrijs is een kostbare zaak; ook zijn de investeringskosten voor de spuitgietmachine hoog. Het gevolg is dat deze methode alleen geschikt is voor het vervaardigen in grootserie- en massafabricage.

Voorbeelden van spuitgietproducten zijn carters, cilinderkoppen en versnellingsbakken, zie figuur 2.3. De afmetingen van de gietstukken zijn in verband met de hoge spuitdrukken en de daarmee samenhangende hoge sluitkrachten beperkt. De grens ligt bij een op het deelvlak geprojecteerd productoppervlak van ca. 0,5 m^2.

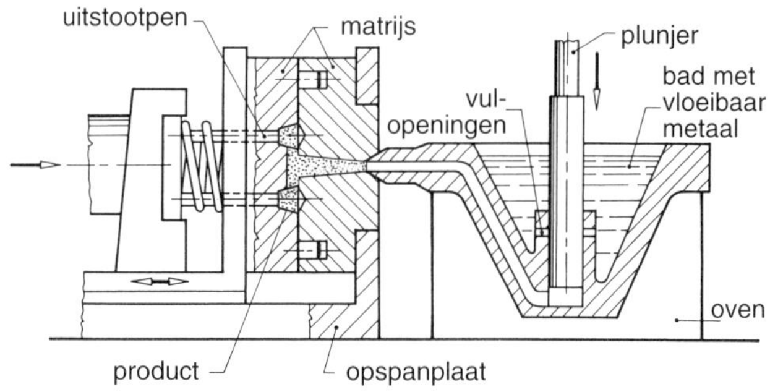

Figuur 2.29 Principe van het spuitgieten volgens de warmportaal methode

Bij coquillegieten en spuitgieten van aluminium-, magnesium- en zinklegeringen worden vaak stalen onderdelen (voor een betere slijtvastheid) meegegoten. Die onderdelen (**inserts**) worden dan van tevoren in de matrijs aangebracht. Bij metalen inserts mag de wanddikte om de insert niet te klein worden in verband met de kans op koudloop (voortijdige stolling), waardoor de insert niet volledig met vloeibaar metaal wordt omringd. Voor inserts is een goede verankering nodig om te voorkómen dat deze bij belasting uit het materiaal worden getrokken, zie figuur 2.30.

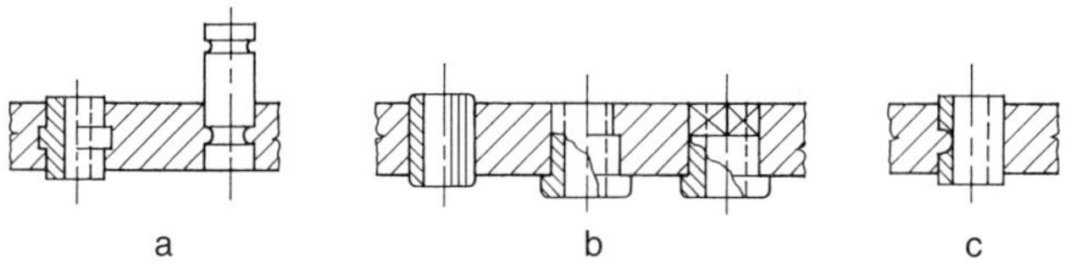

Figuur 2.30 Voorbeelden van verankering van ingegoten onderdelen tegen uittrekken (a), verdraaien (b) en uittrekken en verdraaien (c)

2.6.4 Speciale giettechnieken

Speciale giettechnieken waarbij van een permanente vorm gebruik wordt gemaakt zijn wentelgieten, centrifugaal- en rotatiegieten. Het zijn gietprocessen die geschikt zijn voor het maken van producten met een op deze processen afgestemde vormgeving.

Wentelgieten

Bij het gieten in een metalen matrijs begint de stolling van het materiaal aan het binnenoppervlak van de koude matrijs, onder de vorming van een schil. De dikte van de schil neemt toe met de stollingstijd. Bij het **wentelgieten** wordt de matrijs in alle richtingen gekanteld; hierdoor ontstaat een hol product. Na het bereiken van de gewenste wanddikte kan de rest van het vloeibare metaal door omkeren van de matrijs worden uitgeschonken. Op deze manier is het mogelijk zonder kern holle gietstukken met een geringe wanddikte te maken. Dit proces is geschikt voor het maken van kleine series. De methode wordt gebruikt voor het maken van ornamenten, decoratieve voorwerpen en speelgoed uit legeringen met een laag smeltpunt zoals zink-, tin- en loodlegeringen, voor het maken van chocoladefiguren, en is ook geschikt voor keramiek.

Centrifugaalgieten en rotatiegieten

Bij deze gietprocessen wordt gebruik gemaakt van de middelpuntvliedende kracht om de binnenzijde van de matrijs met een laag vloeibaar metaal te bedekken. Het **centrifugaalgieten** (zie figuur 2.31) wordt gebruikt voor het maken van cilindrische gietstukken zoals pijpen en straatlantaarns. Het vloeibare metaal wordt in een om een horizontale as draaiende vorm gegoten. Zo worden gietstukken verkregen waarvan het binnenoppervlak altijd cilindervormig in doorsnede is. Het buitenoppervlak kan in doorsnede rond, vierkant of veelhoekig zijn. Op deze wijze worden voorwerpen met een diameter van 15 mm tot 3000 mm bij een lengte tot 15 m vervaardigd. De druk bij het centrifugaalgieten is afhankelijk van de rotatiesnelheid van de vorm. Voor dikwandige gietstukken is een hogere rotatiesnelheid nodig dan voor dunwandige gietstukken.

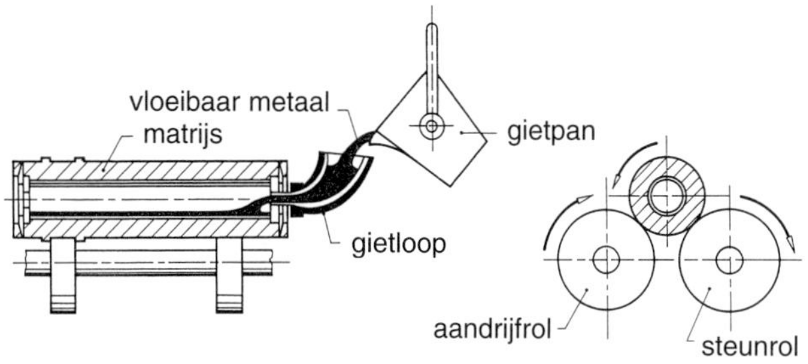

Figuur 2.31 Principe van het centrifugaalgietproces

Rotatiegieten wordt gedaan met lagere snelheden en kan toegepast worden voor rotatie-symmetrische producten zoals een wiel met spaken, zie figuur 2.32. De techniek wordt behalve voor laagsmeltende metalen ook voor kunststoffen toegepast.

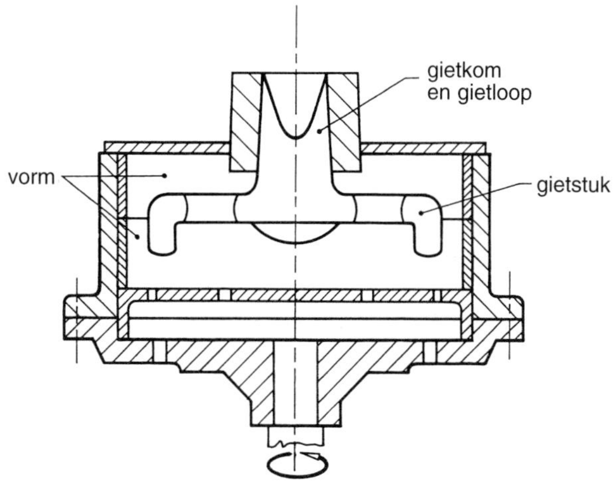

Figuur 2.32 Schematische voorstelling van het rotatiegieten

2.7 De keuze van de gietmethode

In het voorgaande zijn de belangrijkste vorm- en gietmethoden besproken. Deze paragraaf gaat kort in op een aantal aspecten die de keuze van de gietmethode bepalen. Niet alleen technische overwegingen zoals vorm, afmetingen, oppervlaktegesteldheid en materiaalsoort spelen een rol, ook economische overwegingen zijn van belang voor de keuze van het proces. Wanneer op technische gronden meer alternatieven beschikbaar zijn wordt gekozen voor de oplossing waarbij de som van de kosten van gieten, nabewerken en eventueel niet-destructief onderzoek (zie paragraaf 9.10) minimaal is.

De factoren die een rol spelen bij de keuze van het gietproces zijn:
- de vereiste mechanische eigenschappen,
- de gewenste maatnauwkeurigheid en oppervlaktegesteldheid,
- de giettemperatuur van de toe te passen legering,
- de vorm en afmetingen (vooral de wanddikte) van het gietstuk,
- de grootte van de totaalserie en de fabricageseries,
- de gewenste levertijd van het eerste product.

Figuur 2.33 geeft hiervan een overzicht voor de belangrijkste gietprocessen.
De mechanische eigenschappen van een gietstuk wor-

	Zandvormen					Keramische vorm	Permanente vormen	
	kleigebonden vormzand			furaan-zand	schaal-vormen	verloren wasmodel methode	coquille-gieten	spuit-gieten
	hand-vormen	machinaal vormen	vorm-automaat					
te gieten legering	staal, gietijzer, niet-ijzer legeringen			staal, gietijzer, niet-ijzer legeringen		alle giet-legeringen	gietijzer, niet-ijzer legeringen met $T_{sm}<1000°C$	niet-ijzer legeringen met $T_{sm}<900°C$
grootte	klein tot groot	klein tot midden	klein tot midden	midden tot zeer groot	klein	klein	klein tot midden	klein tot midden
bereikbare complexiteit	eenvoudig tot vrij hoog	middel-matig	middel-matig	vrij hoog	vrij hoog	zeer hoog	matig	hoog
bereikbare detaillering		middelmatig		laag	vrij hoog	zeer hoog	vrij hoog	zeer hoog
maat-nauwkeurigheid	matig	middel-matig	middelmatig tot vrij goed	middel-matig	vrij goed	zeer goed	goed	zeer goed
bereikbare ruwheid: R_a (μm)	12,5 - 25	12,5 - 25	6,3	12,5	3,2	1,6 - 3,2	3,2	0,8 - 1,6
nabewerking	matig	matig tot weinig	weinig	matig	weinig	geen of zeer weinig	weinig	geen of zeer weinig
minimum aantal	1	50	200	1	500	5	1000	5000
aanlooptijd (weken)	4 - 8	4 - 8	4 - 12	4 - 8	4 - 20	6 - 12	6 - 26	15 - 52

Figuur 2.33 Overzicht van de kenmerken van een aantal vorm- en gietmethoden voor metalen

den enerzijds bepaald door de chemische samenstelling van de legering en anderzijds door de afkoelsnelheid in de gietvorm. Een hogere afkoelsnelheid levert een fijnere kristalstructuur. De afkoelsnelheid in metalen vormen is groter dan die in zandvormen. Hierdoor ligt bijvoorbeeld de treksterkte van een aluminiumlegering bij zandgieten lager dan bij spuitgieten. Een vergelijking tussen twee gietprocessen is niet altijd mogelijk, omdat voor het spuitgieten vaak wordt uitgegaan van andere legeringen dan bij zandgieten.

De maatnauwkeurigheid en de oppervlaktegesteldheid spelen bij de uiteindelijke keuze van de vorm- en gietmethode eveneens een belangrijke rol. Met toenemende maatnauwkeurigheid en oppervlaktekwaliteit zal de noodzaak tot nabewerking afnemen. Richtwaarden over de ruwheid van het oppervlak voor de diverse gietprocessen worden in figuur 2.33 gegeven. De gegevens uit deze figuur kunnen gebruikt worden voor keuze van de gietmethode.

Wegens de hoge giettemperatuur zijn gietijzer en gietstaal eigenlijk alleen in zand of in keramische vormen te gieten. De keuze wordt dan in eerste instantie bepaald door het aantal te vervaardigen producten. Dit in verband met het handmatig, gedeeltelijk of volledig gemechaniseerd vervaardigen van de gietvormen.

Naast de vorm en afmetingen (lengte, breedte en hoogte) zijn de maximale en minimale wanddikte van grote invloed op de keuze van de gietmethode. De minimum te gieten wanddikte wordt niet alleen bepaald door het proces, maar is ook afhankelijk van de gietlegering. In figuur 2.34 zijn voor vier materialen richtwaarden gegeven voor de minimaal te gieten wanddikte, afhankelijk van het gekozen proces.

Minimale wanddikte (mm)				
Gietmethode	Zink	Aluminium	Magnesium	Gietijzer
Zandgieten	-	3	4	6
Verloren-was	-	1-1,5	1-1,5	1-1,5
Coquillegieten	-	2,5	3	-
Spuitgieten	0,5-1	1-2	1,5-2	-

Figuur 2.34 Richtwaarden voor de minimum wanddikte

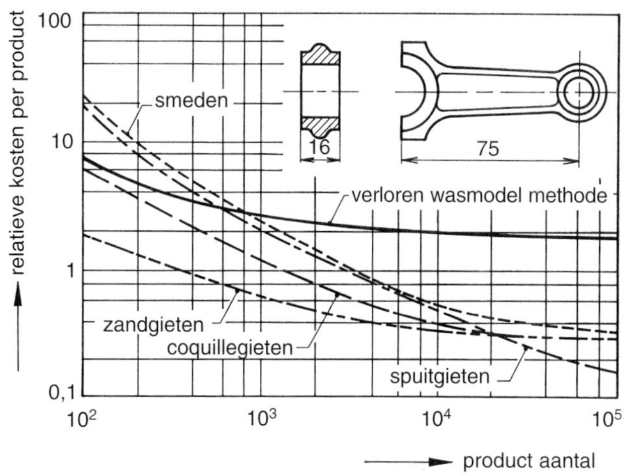

Figuur 2.35 Kosten van een onbewerkte drijfstang als functie van het aantal en de vervaardigingsmethode

Het verband tussen het aantal te vervaardigen producten en de productiekosten is in paragraaf 1.7.1 al kort weergegeven. Hoofdstuk 14 geeft een uitgebreide behandeling van de kostprijsberekening. In vergelijking met geautomatiseerde processen zijn bij het handvormen de repeterende kosten hoog en de éénmalige kosten en kosten voor herhaalopdrachten laag. In figuur 2.35 wordt een kostprijsvergelijking gegeven tussen vier gietmethoden en het smeden van een drijfstang. Bij een totaalserie van ca. 20.000 stuks is het spuitgieten de goedkoopste methode. Uit figuur 2.36

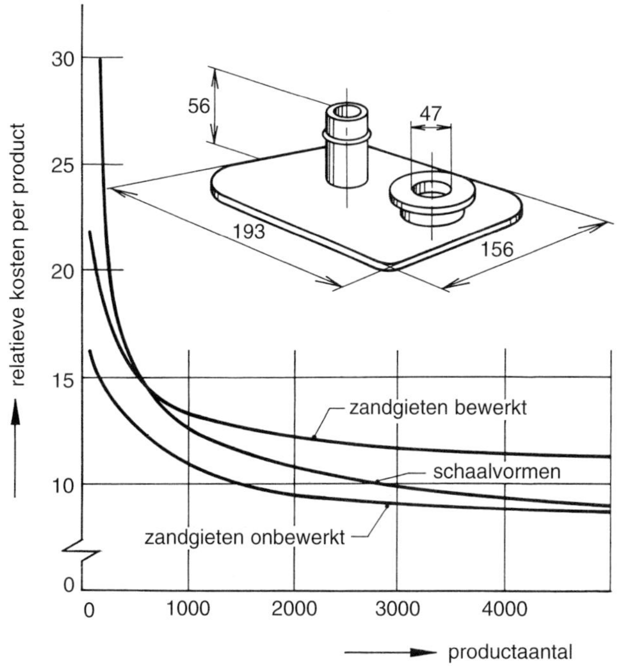

Figuur 2.36 Kostenvergelijking tussen zandgieten en schaalvormen; let op de invloed van verspanend bewerken

blijkt dat een op zichzelf duurdere gietmethode, het schaalvormen, bij een betrekkelijk gering aantal gietstukken al economisch interessant is wanneer de nabewerkingskosten in de vergelijking worden betrokken.

Opmerking: Bij een oppervlakkige beschouwing lijken de kosten per product in figuur 2.36 veel sterker te dalen bij toenemend productaantal dan in figuur 2.35. Beide figuren zijn echter niet op dezelfde schaal weergegeven.

2.8 Ontwerpregels voor gietwerk

Deze paragraaf geeft een beperkt aantal ontwerpregels voor het gieten in zand, voor coquillegieten en voor spuitgieten. Deze regels moeten leiden tot een ontwerp dat de gieterij in staat stelt een "gaaf" gietstuk (zonder gietfouten) tegen een lage kostprijs te vervaardigen. Het is niet mogelijk het ontwerpen van gietstukken in deze paragraaf uitvoerig te behandelen. Voor een juiste vormgeving van het gietstuk is overleg met de gieterij al in het ontwerpstadium gewenst. Dit geldt met name voor grootserie- en massafabricage.

Paragraaf 2.8.1 geeft algemeen toepasbare regels; de regels in paragraaf 2.8.2 gelden voor coquillegieten en spuitgieten.

2.8.1 Ontwerpregels voor zandgietwerk

Voorkomen van materiaalopeenhopingen

Om poreusheid ten gevolge van slink te voorkomen luidt de belangrijkste regel voor giettechnisch construeren: voorkom **materiaalopeenhopingen** en construeer zo veel mogelijk in gelijke wanddiktes door het gehele gietstuk. Materiaalopeenhoping treedt op bij

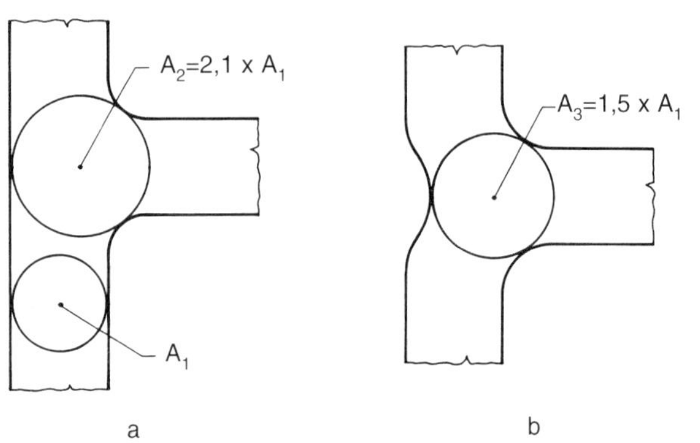

Figuur 2.37 Methode van de ingeschreven cirkel om de materiaalopeenhoping in een knooppunt te bepalen

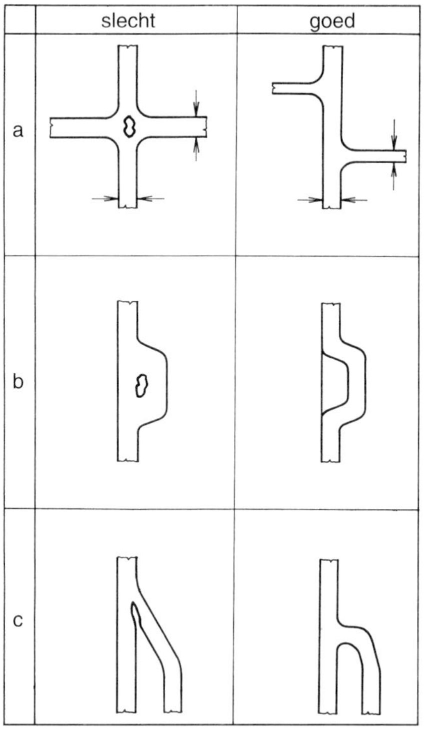

Figuur 2.38 Voorbeelden voor slechte en goede vormgeving van knooppunten en wanddikte-overgangen

aansluiting van wanden, zie figuur 2.37. De materiaalopeenhoping is uit te drukken in het oppervlak A van de ingeschreven cirkel, figuur 2.37a. In figuur 2.37b is door een simpele aanpassing van de geometrie de materiaalopeenhoping in het knooppunt met 60 % teruggebracht. Materiaalopeenhopingen worden vaak niet onderkend omdat de ontwerper geen rekening houdt met de bewerkingstoeslag. Figuur 2.38 geeft een drietal voorbeelden van goede en slechte ontwerpen van knooppunten en wanddikteovergangen.

Materiaalopeenhopingen in een gietstuk zijn niet altijd te voorkomen. Door constructieve aanpassingen en giettechnische maatregelen (koelblokken en beter of slechter warmtegeleidende zandsoorten) kan men toch een gietstuk maken zonder poreusheid. Een gieterij komt vaak via "trial en error" tot een oplossing, waarbij ervaring en intuïtie een grote rol spelen. Een belangrijk hulpmiddel voor het maken van porievrije gietstukken is het simuleren van het stollingsproces met behulp van speciaal daarvoor ontwikkelde computerprogramma's. Op een snelle wijze kan dan worden nagegaan welke invloed een verandering van het ontwerp zal hebben op het stollingsgedrag. Figuur 2.39 geeft een voorbeeld van een dergelijke stollingssimulatie.

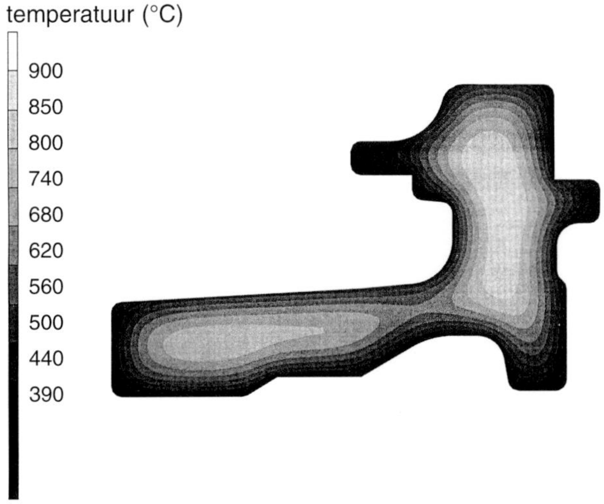

Figuur 2.39 Voorbeeld van de temperatuurverdeling in een gietstuk na een stollingstijd van 20 s.

Beperken van krimpspanningen

Materiaalopeenhopingen en ongelijke wanddiktes geven niet alleen poreusheid, maar zijn ook de oorzaak van **krimpspanningen**. Vooral bij ongelijke wanddiktes zullen krimpspanningen optreden als gevolg van verschil in afkoelsnelheid. Krimpspanningen kunnen vervorming van het gietstuk veroorzaken. Zijn delen van het gietstuk zo stijf of is de gietvorm zo sterk dat geen vervorming mogelijk is, dan kan zelfs scheurvorming in het gietstuk optreden. Figuur 2.40a geeft een voorbeeld van de vervorming van een gietstuk met een T-vormige doorsnede als gevolg van de hogere afkoelsnelheid van het dunnere horizontale deel van de T. Verschil in afkoelsnelheid hoeft niet altijd tot vervorming van het gietstuk te leiden. Dit is het geval in de symmetrische constructie van figuur 2.40b. Het gietstuk is echter niet vrij van krimpspanningen en bij het eenzijdig verspanend bewerken zal dit toch nog tot vervorming leiden.

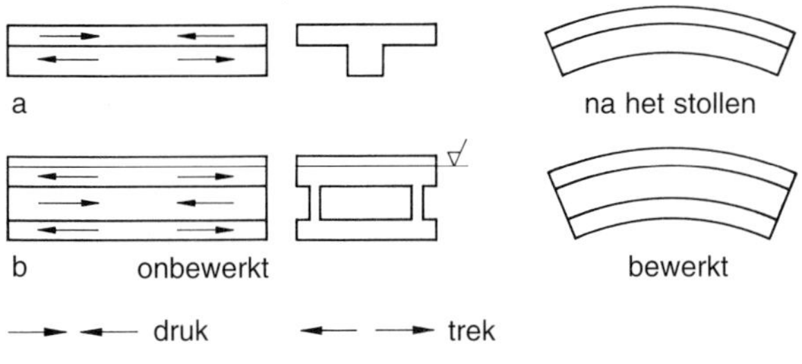

Figuur 2.40 Vervorming van een gietstuk door krimpspanningen als gevolg van asymmetrische doorsnede (a) en als gevolg van verspanend bewerken (b)

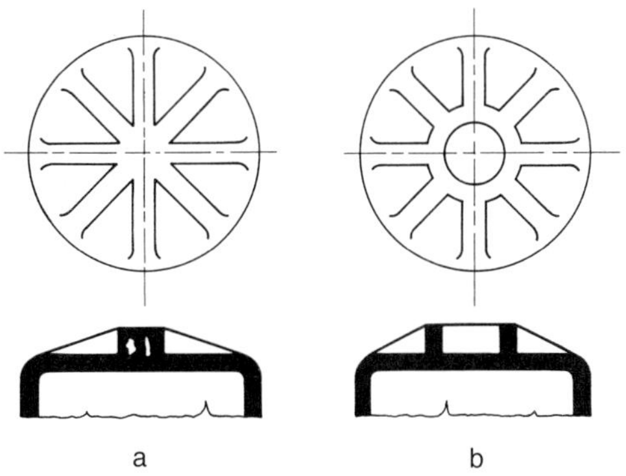

Figuur 2.41 Beperking van krimpspanningen en materiaalopeenhoping in een deksel (a) door wijziging van het ontwerp (b)

Krimpspanningen kunnen tot een minimum worden beperkt door zo veel mogelijk in gelijke wanddiktes te construeren, door voor geleidelijke wanddikte-overgangen te zorgen en door een juist ontwerp van verstevigingsribben. Een juist ontwerp van een met ribben versterkte deksel van een vat (zie figuur 2.41) vermindert niet alleen de krimpspanningen, maar vermindert ook de materiaalopeenhoping in het deksel.

Krimpspanningen mogen niet te hoog zijn in verband met de mechanische belastbaarheid van een gietstuk. Door een warmtebehandeling kunnen krimpspanningen tot een aanvaardbaar niveau worden teruggebracht. Bij deze warmtebehandeling, het **spanningsarm gloeien**, wordt het gietstuk, afhankelijk van de wanddikte en de vorm, gedurende enige uren op een temperatuur van 0,4 tot 0,5 maal de smelttemperatuur (in Kelvin) gebracht. Bij die temperatuur is plastische vervorming van het gietstuk mogelijk als gevolg van een daling van de rekgrens van het materiaal. Wordt na het gloeien voldoende langzaam afgekoeld, dan zullen de krimpspanningen niet hoger zijn dan de bij de gloeitemperatuur behorende rekgrens van het materiaal. De veel gebruikte term spanningsvrij gloeien is echter onjuist.

Richtlijnen ter vereenvoudiging van het vormen

Bij het zandvormen van kleine series bepalen de modelkosten voor een groot deel de kostprijs van een gietstuk. Het model moet om die reden zo eenvoudig mogelijk zijn en ondersnijdingen moeten vermeden worden, zie ook paragraaf 2.4.3. Vaak is slechts een geringe ontwerpwijziging nodig om een gietstuk lossend te maken. Het maken van een zandvorm kan vereenvoudigd worden door het aantal kernen te beperken. Figuur 2.42 geeft een voorbeeld waarin het aantal kernen van 5 tot 3 is teruggebracht.

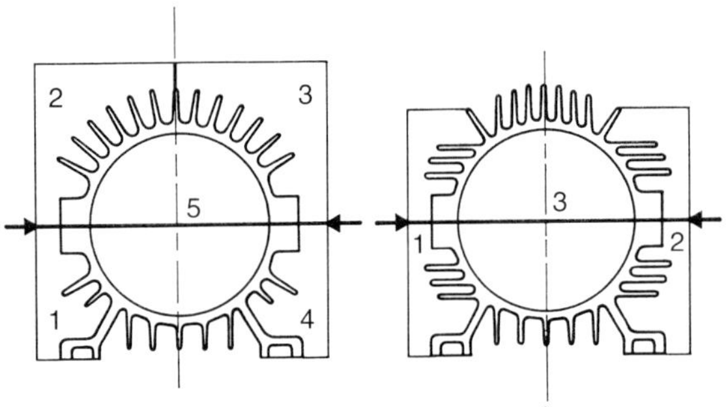

Figuur 2.42 *Huis van een elektromotor: oorspronkelijk ontwerp met 5 kernen (a) en aangepast ontwerp met 3 kernen (b)*

Afrondingen op het deelvlak van een gietstuk (zie figuur 2.43) zijn alleen bij het handvormen te realiseren en moeten bij machinaal vormen vermeden worden. Bij het machinaal vormen in zand moet de vormdeling vlak zijn en mag er maar één vormdeling zijn.

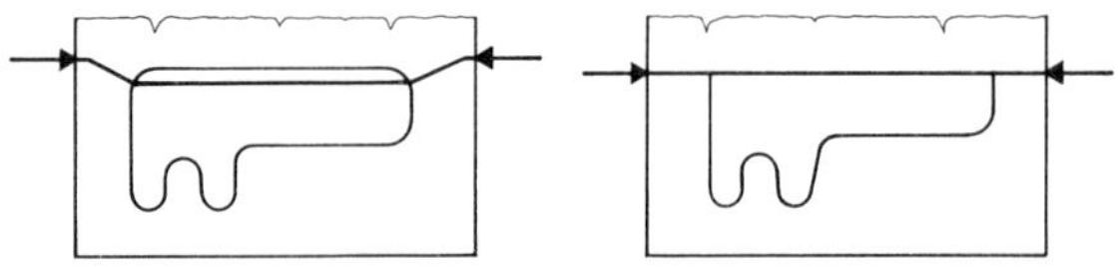

Figuur 2.43 *Aanpassing van het ontwerp in verband met de vormdeling*

Richtlijnen voor mechanische bewerking

Bij zandgietwerk vereisen pasvlakken bijna altijd een mechanische nabewerking. Vaak is het ook nodig om de lossingshoek te verwijderen. Het gietstuk moet dan zo geconstrueerd zijn dat er voldoende bewerkingstoeslag aanwezig is (zie hiervoor hoofdstuk 12) en dat de bewerking mogelijk is en zo goedkoop mogelijk kan worden uitgevoerd. Er moet bijvoorbeeld voldoende uitloopmogelijkheid zijn voor het bewerkingsgereedschap. Aan die voorwaarde lijkt in het voorbeeld van figuur 2.44 voldaan te zijn. Echter, wanneer

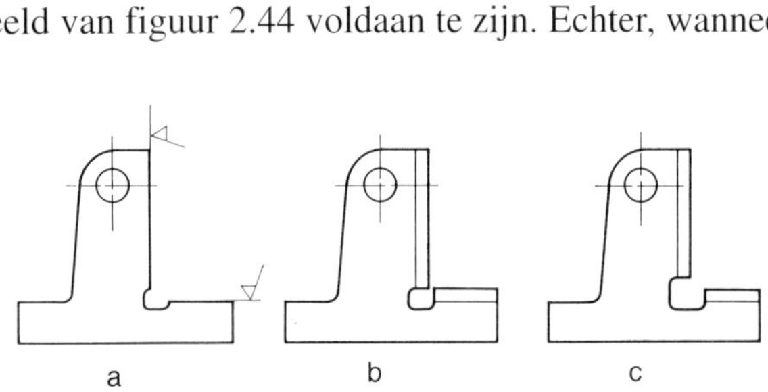

Figuur 2.44 *Voorbeeld van een ontwerp (a) dat in verband met nabewerking (zie toeslagen bij b) moet worden aangepast (c)*

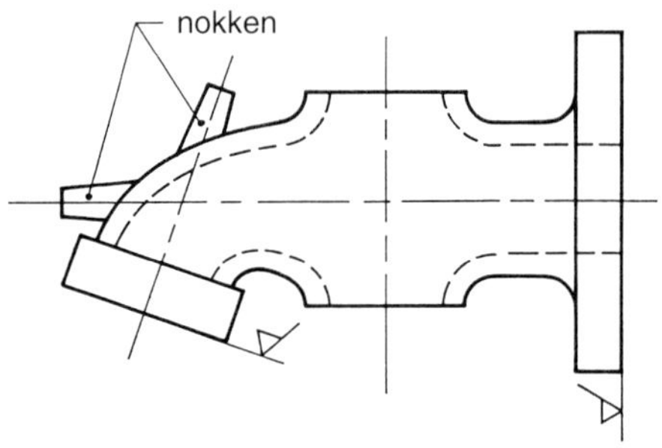

Figuur 2.45 *Huis van een kraan met meegegoten nokken*

in de tekening de beide bewerkingstoeslagen zijn aangebracht, is er onvoldoende uitloopmogelijkheid voor het gereedschap, situatie b. Door een wijziging in het ontwerp kunnen beide vlakken door frezen worden bewerkt, situatie c.

Door het aangieten van nokken kan het opspannen bij de mechanische nabewerking van een gietstuk vereenvoudigd worden. In figuur 2.45 wordt dit getoond voor het huis van een kraan.
Gaten, die niet loodrecht op het wandoppervlak staan, geven problemen, doordat de boor wordt weggedrukt waardoor een schuin gat ontstaat. Figuur 2.46 laat zien hoe het ontwerp in dat geval kan worden verbeterd.

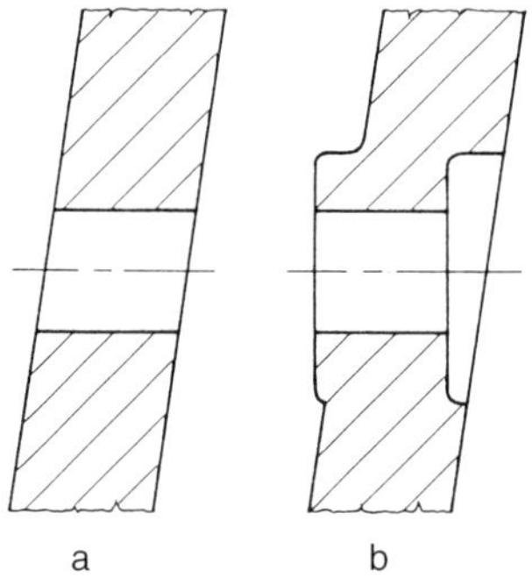

Figuur 2.46 *Aanpassing van het ontwerp om niet in een schuin vlak hoeven te boren*

2.8.2 Ontwerpregels voor coquillegieten en spuitgieten

De afkoelsnelheid ligt bij het coquillegieten en spuitgieten aanzienlijk hoger dan bij het zandgieten. Het voorkómen van materiaalopeenhopingen is bij coquillegieten en vooral bij spuitgieten nog belangrijker dan bij zandgieten. Het zorgen voor gelijke wanddiktes en gelijkmatige wanddikte-overgangen is dan ook een eerste vereiste. Bij het coquillegieten kan nog wel gebruik worden gemaakt van opkomers om poreus-

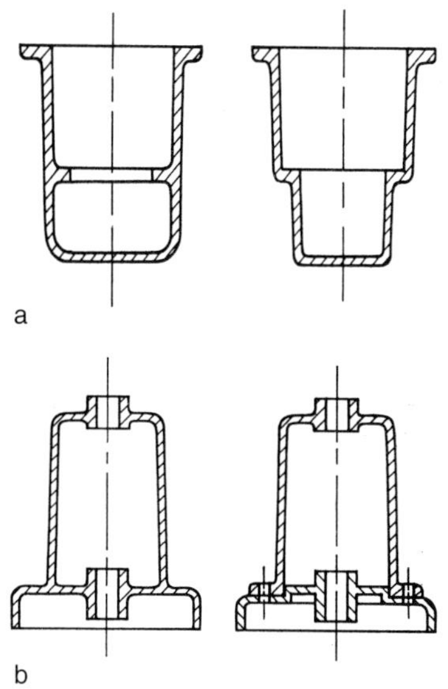

Figuur 2.47 Aanpassingen van het ontwerp om ondersnijding te vermijden

heid te voorkómen. Bij spuitgieten kunnen echter geen opkomers worden gebruikt en zullen materiaalopeenhopingen poreusheid veroorzaken. Het vermijden daarvan is bij spuitgietwerk dan ook moeilijk.

Bij coquillegieten kunnen ondersnijdingen met behulp van zandkernen gerealiseerd worden. Bij spuitgieten zijn ondersnijdingen onmogelijk. In figuur 2.47a wordt ondersnijding door aanpassing van het ontwerp opgeheven, terwijl dit in figuur 2.47b is gerealiseerd door het gietstuk uit twee delen te maken. Andere mogelijkheden om ondersnijdingen te vermijden toont figuur 2.48: het naar buiten brengen van de ogen (b) en het toepassen van ogen met uitsparingen (c).

Bij het spuitgieten wordt het gietstuk door middel van pennen uit de matrijs gestoten. Het gietstuk blijft altijd enigszins in de matrijs plakken en moet met enige

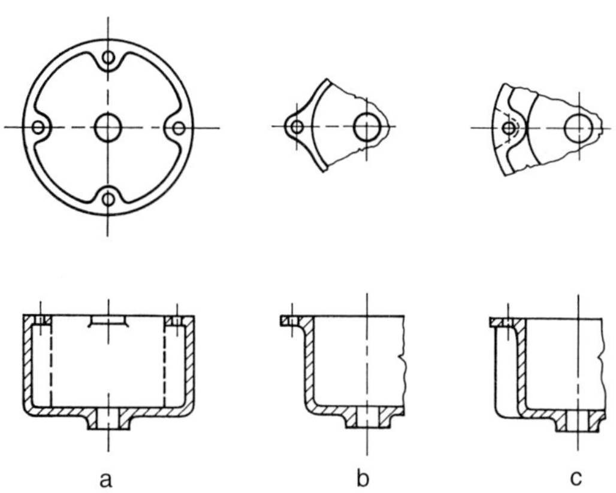

Figuur 2.48 Ontwerpvoorbeelden om ondersnijdingen (a) bij het spuitgieten te vermijden (b, c)

kracht uit de matrijs worden gedrukt. Tijdens het uitstoten is de temperatuur van het gietstuk nog betrekkelijk hoog en zullen de uitstootpennen een afdruk op het gietstuk achterlaten. Bij geringe wanddiktes zijn meestal plaatselijke wanddikteversterkingen (**uitwerp-ogen**) nodig als aangrijpplaats voor de uitstootpennen.

Het is voor een ontwerper niet eenvoudig om al tijdens de ontwerpfase met alle giettechnische details rekening te houden. Overleg met de gieterij in een zo vroeg mogelijk stadium van het ontwerp is dan ook noodzakelijk. Dit overleg kan de kosten van het gietstuk tot een minimum beperken.

2.9 Vormgeven van kunststoffen in visceuse toestand

Voor het verwerken van kunststoffen is het van belang onderscheid te maken tussen **thermoplasten, thermoharders** en **elastomeren** (rubberachtigen). Thermoharders zullen bij temperatuurverhoging niet smelten maar ontleden en zijn daarom niet geschikt voor warm omvormen. Thermoplasten daarentegen kennen een geleidelijke overgang van de vaste fase (**glasfase**) via de plastische fase (**rubberfase**) naar de vloeibare fase (**viskeuze fase**). Het is daardoor soms niet geheel duidelijk of verwerkingsprocessen van kunststoffen thuishoren bij oervormen of bij omvormen. Sommige processen bestaan bovendien uit een combinatie van vloeibare en plastische vormgeving. Dit geldt bijvoorbeeld bij het extruderen en blazen van folie en flessen.

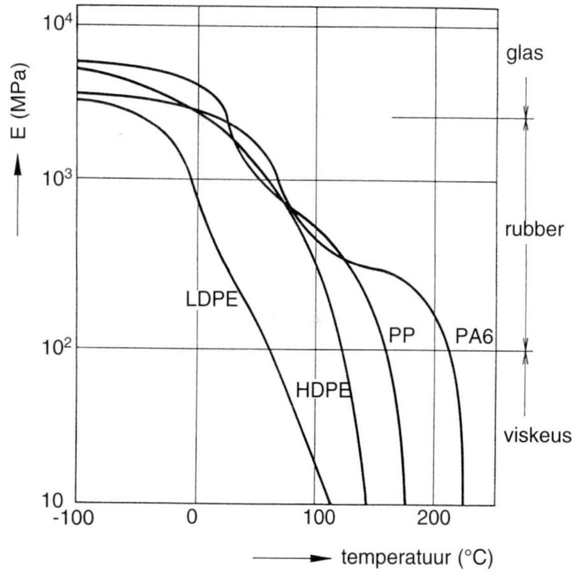

Figuur 2.49 De elastisiteitsmodulus (E) als functie van de temperatuur voor vier kunststoffen

Naam		Eigenschappen	Toepassing
Thermoplasten			
PE HDPE	polyetheen, hoge dichtheid	k; zeer taai, Lage E, licht, grote krimp, HDPE sterker, goedkoop	verpakking (ook onder 0°C), emmers, kratten, flessen
PP	polypropeen	k; taai, licht, grote krimp, goedkoop	kratten, scharnieren, auto-industrie, vezels, hard schuim
PVC	polyvinyl-chloride	hard: a; zonder weekmaker, sterk en bros, goedkoop zacht: a; met weekmaker,taai, grote kruip, goedkoop	dakgoten, rioolpijpen, gevelpanelen, flessen, folie, kleding, slangen
PS	polystyreen	a; hard, stijf en bros, goedkoop	dekoratie, koffie-bekers, TL-Lichtbak, piepschuim
ABS	acrylonitril- butadieen-styreen	a; stijf, hard en relatief taai, krasvast, verchroombaar	constructiemateriaal, behuizing van telefoon, auto-industrie, speelgoed (LEGO)
PMMA	polymethyl-metha- crylaat (pexiglas)	a; stijf, hard, bros en sterk, krasvast en optisch hoogwaardig	baden, verlichting, lichtreclames, veiligheidsglas
PA	polyamide (nylon)	k; taai, sterk en slijtvast, goede lagereigenschappen	tandwielen, lagers, auto-industrie, (textiel)vezels
PTFE	polytetra- fluoretheen (teflon)	k; zacht , geringe sterkte, zwaar, goede , lagereigenschappen, grote krimp, neiging tot kruip, groot gebruikstemperatuurgebied	afdichtingen, isolatiefolie, geneeskunde (hartklep, bloedvat),chemische industrie
Thermoharders			
PF	fenol-formal dehyde (bakeliet)	stijf, bros en hard, temperatuurbestendig	elektrotechniek, gelamineerde plaat, knoppen, handgrepen
EP	epoxy (hars)	taai, sterk (hoge E) en hard, slijt- en maatvast, duur	elektrotechniek, als isolator, ski's, (giet)matrijzen, lakken en lijmen
PUR	polyurethaan elastomeer	zacht, trekvast, hoge E slijt- en maatvast, goede demping, hecht op metalen	(tand)riemen, schoenen, schuimen

afkortingen: a - amorf; k - kristallijn; E - elasticiteitsmodulus

Figuur 2.50 Overzicht van de eigenschappen en de toepassingen voor een aantal kunststoffen

Enige overlap tussen de hoofdstukken 2 en 3 is daardoor niet te vermijden.

Om het gedrag van thermoplasten te beschrijven wordt vaak gebruik gemaakt van het verloop van de elasticiteitsmodulus als functie van de temperatuur. Figuur 2.49 toont het verloop van de elasticiteitsmodulus als functie van de temperatuur voor enkele thermoplasten. Verreweg de meeste vormgevingsprocessen voor thermoplasten vinden in het visceuze gebied van het materiaal plaats. De bekendste hiervan zijn extruderen (zie paragraaf 2.10) en spuitgieten (paragraaf 2.11). Het omvormen van thermoplasten gaat het gemakkelijkst in de rubberfase; deze processen worden in paragraaf 3.7 behandeld.

Zoals reeds vermeld zijn thermoharders en elastomeren niet geschikt voor omvormprocessen. Spuitgieten van thermoharders is wel mogelijk omdat de polymerisatie dan plaatsvindt in de verwarmde matrijs. Het extruderen van elastomeren is mogelijk door een vulcanisatie-inrichting na de extrusiematrijs te plaatsen.

Figuur 2.50 geeft een summier overzicht van een aantal kunststoffen, hun voornaamste eigenschappen en toepassingen.

2.10 Extruderen van kunststoffen

Het **extruderen** van thermoplasten is mogelijk wanneer deze bij verhoging van de temperatuur voldoende week (vloeibaar) worden om onder druk door de matrijsopening te worden geperst. Men gaat uit van granulaat of poeders. Daardoor is de extrusiemachine bij kunststoffen anders van opzet dan bij metalen. De extrusie van thermoplasten en rubbers is vrijwel altijd

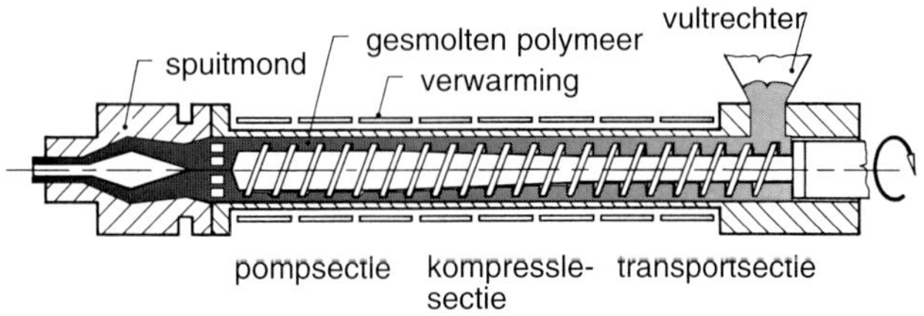

Figuur 2.51 Schematische voorstelling van het extrusieproces in een schroefextruder

een continu proces. Figuur 2.51 geeft de doorsnede van een **schroefextruder** schematisch weer.

Het meest essentiële onderdeel van de extruder is de worm of schroef. Deze past in een cilinder waarvan de wand is voorzien van verwarmingselementen en koelkanalen, zodat een bepaald temperatuurverloop ingesteld en gehandhaafd kan worden. De verhitting van de kunststof in de extruder vindt gedeeltelijk ook plaats door middel van wrijving. Aan het ene uiteinde van de worm bevindt zich de vulopening voor toevoer van het materiaal; aan het andere uiteinde kan de gesmolten massa door een **spuitmond**, c.q. matrijs, de extruder verlaten om daarna gekoeld te worden.
De schroefextruder transporteert, comprimeert en perst het vloeibare materiaal in de spuitmond. Deze veelheid van functies maakt dat voor de diverse polymeren verschillende schroeven nodig zijn. Ieder polymeer stelt zijn eigen eisen in verband met korrelgrootte, benodigde kompressieverhouding, smeltgedrag, risico's van thermische afbraak, etc. Vrijwel ieder thermoplastisch materiaal is te extruderen. Materialen met vezelversterking kunnen alleen geëxtrudeerd worden als de vezels kort zijn.

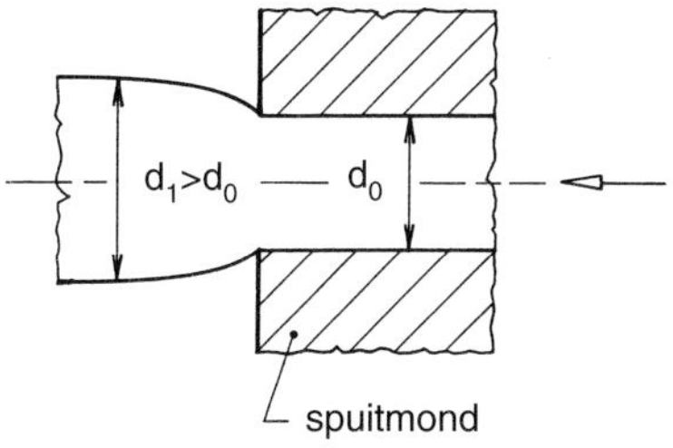

Figuur 2.52 Die-swell

Na het verlaten van de spuitmond moet het materiaal zo snel mogelijk worden gekoeld met water of lucht. Bij rubbersoorten doorloopt het product een vulcaniseerinrichting, bijvoorbeeld een buis gevuld met stoom. De vulcanisatiesnelheid moet aan de extrusiesnelheid worden aangepast. Bij het verlaten van de matrijsopening treedt een spontane diktevergroting van de materiaalstreng op. Deze diktevergroting is een gevolg van elastische terugvering van het materiaal. Deze elastische terugvering wordt **die-swell** genoemd, zie figuur 2.52. Als de doorsnede van het te extruderen profiel niet rotatie-symmetrisch is, zal die-swell ook nog een verandering van de vorm van het doorsnedeoppervlak tot gevolg hebben. Figuur 2.53 laat zien hoe de doorsnede bij extrusie door een vierkante spuitmond vervormt en hoe door een aanpassing van de spuitopening hiervoor gecorrigeerd kan worden. Een tweede gevolg van het elastische gedrag van de kunst-

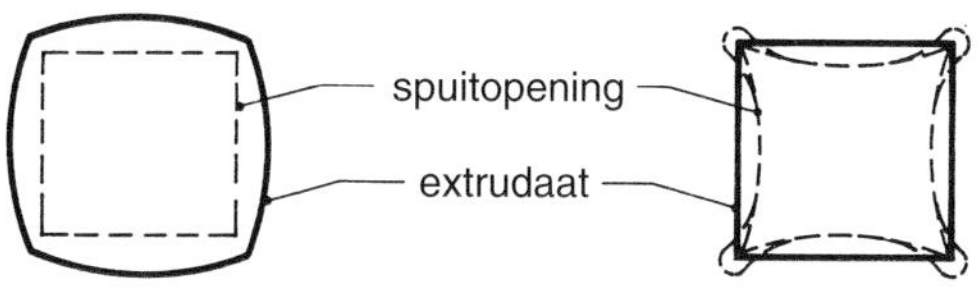

Figuur 2.53 Doorsnedeverandering bij extrusie

stof kan het optreden van **smeltbreuk** zijn. Bij grote veranderingen in de extrusiesnelheid door niet-geleidelijke overgangen in de matrijs kunnen de elastische vervormingen zo groot worden dat ze plaatselijk tot breuk leiden en daardoor aanleiding geven tot een vervormd product of minstens tot een ruw oppervlak.

Voor de productie van buizen en profielen met hoge maatnauwkeurigheid is een kalibreereenheid vereist. Na extrusie wordt de buis opgevangen in een iets wijdere, inwendig glanzend gepolijste cilinder. Door middel van luchtdruk of vacuüm wordt de kunststof gedwongen af te koelen tegen de wanden van de kalibreermatrijs.

Met het extrusieproces kunnen op goedkope wijze producten (halffabrikaten) vervaardigd worden. Het aantal mogelijke producten is zeer groot: draad, staaf, buis, slang, plaat, folie, profiel, kabelisolatie, etc. Ook kunnen ingewikkelde profielen worden vervaardigd, zie figuur 2.54. De minimale wanddikte bedraagt 0,3 tot 0,4 mm. Geëxtrudeerde profielen bevatten aanzienlijke inwendige spanningen; ook treedt anisotropie van de mechanische eigenschappen over de doorsnede van het product op. Aan de spuitmond van de extrusiematrijs worden hoge eisen gesteld omdat een beschadiging van de spuitmond strepen in lengterichting op het product zal veroorzaken.

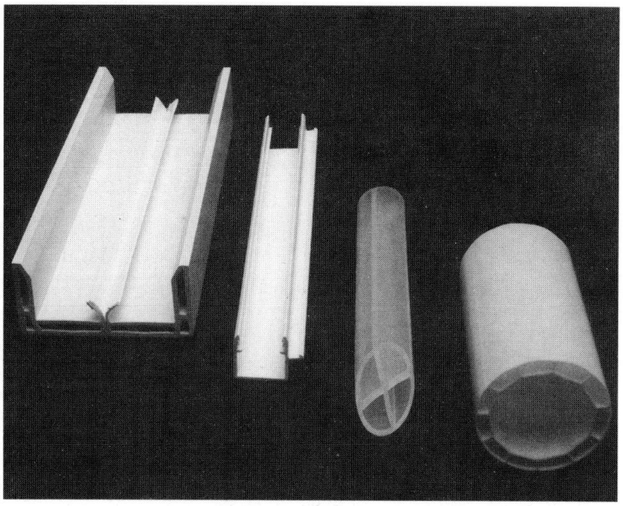

Figuur 2.54 Voorbeelden van geëxtrudeerde profielen

Voorbeelden van geëxtrudeerde profielen zijn: raamkozijnen, tochtstrips, wissellijsten, kabelgeleidingen, regenpijpen en dakgoten.

2.10.1 Varianten van het extrusieproces

Extrusie van buis

Voor het extruderen van buis is een ringvormige spuitmond nodig. Voor het bereiken van de juiste buitendiameter is een kalibreerinrichting of kalibreerbus vereist. **Buisextrusie** wordt toegepast voor buizen met relatief kleine wanddikten. De extrusiesnelheid bedraagt maximaal 0,5 m/s. In figuur 2.55 is het ontwerp van een spuitmond voor buis weergegeven.

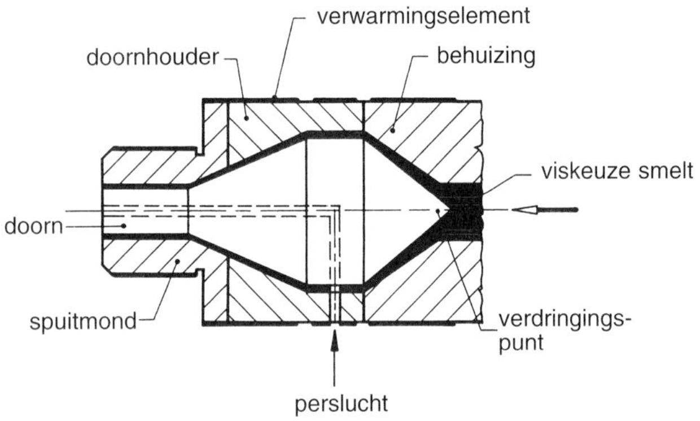

Figuur 2.55 Spuitmond voor de extrusie van buis

Draadmantelextrusie

Koperdraad, waslijn en dergelijke kunnen van een plastic of rubberen isolatie worden voorzien door **draadmantelextrusie**. De spuitmond is hierbij dwars op de extruderrichting geplaatst, zie figuur 2.56.

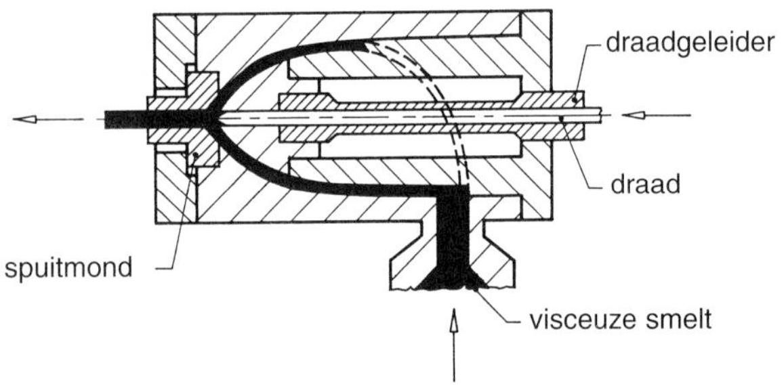

Figuur 2.56 Draadmantelextrusie met haakse extrusiekop

Plaatextrusie

Plaatextrusie vereist een brede spuitmond met een gelijkmatige verdeling van de stroom gesmolten polymeer over de breedte van de spuitmond. Platen worden geëxtrudeerd tot breedten van maximaal 3-4 m in dikten tot 50 mm. De snelheid van extruderen hangt af van de extrudeerbaarheid van de kunststof en bedraagt ca. 0,05 m/s.

Nadat de plaat de spuitmond heeft verlaten, kan het product met een walsinstallatie worden gekalibreerd en/of gekoeld. Zonodig kan in de plaat een golfprofiel worden aangebracht door de nog warme plaat tussen twee geprofileerde rollen door te voeren.

Voor de extrusie van folie en extrusie gecombineerd met het blazen van flessen wordt verwezen naar paragraaf 3.7.

Coëxtrusie

Coëxtrusie is op te vatten als het gelijktijdig uitvoeren van meerdere extrusiprocessen in een extrusiekop of spuitmond. Op die manier kan profiel, plaat of folie gemaakt worden dat opgebouwd is uit verschillende lagen kunststof, afkomstig uit de verschillende extruders.

Bij coëxtrusie kan door de gelaagde opbouw een product worden vervaardigd met een combinatie van eigenschappen die niet met één kunststof is te bereiken. Worden bijv. eisen gesteld aan het uiterlijk en de oppervlaktekwaliteit van het product, dan kan daarvoor een duurdere kunststof worden gebruikt dan voor het inwendige van het product. Niet alle kunststoffen kunnen gecombineerd worden in verband met onderlinge hechting en verschil in verwerkingstemperatuur.

Als gevolg van de hoge matrijs- en machinekosten is coëxtrusie alleen geschikt voor massafabricage. Een voorbeeld van een gecoëxtrudeerd product is bijv. een tochtstrip die bestaat uit een flexibel en een stijf deel. Een ander voorbeeld is een fles voor motorolie met een smal doorzichtig strookje om te controleren hoeveel olie nog in de fles zit.

2.11 Spuitgieten van kunststoffen

Naast de verwerking van metalen leent het spuitgietproces zich ook uitstekend voor het maken van producten uit kunststoffen. Spuitgieten is zelfs het meest toegepaste proces bij de verwerking van thermoplasten. In tegenstelling tot het spuitgieten van metalen wordt het uitgangsmateriaal bij kunststoffen in vaste vorm (granulaten) aangevoerd. Het granulaat wordt in de cilinder van een spuitgietmachine gesmolten waarna de gesmolten kunststof met een schroefplunjer onder hoge druk in

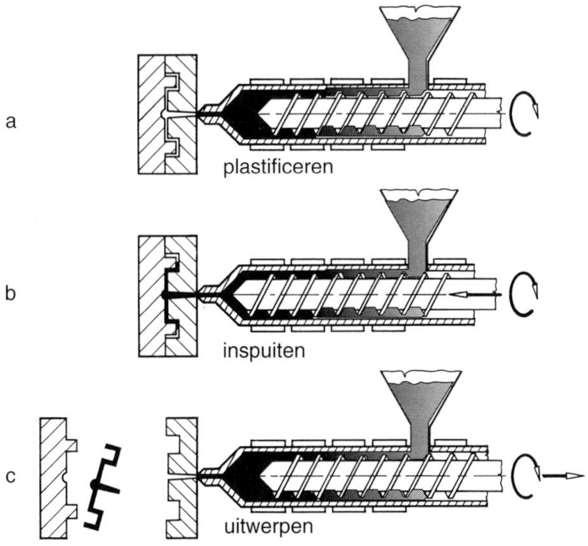

Figuur 2.57 Principe van het spuitgieten van kunststoffen

de matrijs wordt gespoten, zie figuur 2.57. De druk varieert daarbij van 70 tot 200 MPa.

Met het spuitgieten kunnen de volgende materialen worden verwerkt:

- thermoplasten, in een gekoelde matrijs,
- elastomeren, in een verwarmde matrijs om de vulcanisatie te bewerkstelligen,
- kunststofschuimen, waarbij de verschuiming geschiedt in de matrijs,
- thermohardende kunststoffen, in een verwarmde matrijs, waarbij de uitharding plaatsvindt in de matrijs.

Gesmolten kunststof gedraagt zich veel stroperiger dan een vloeibaar metaal. De viscositeit van een gesmolten kunststof ligt een factor 100 tot 1000 hoger dan die van metaal. Het stromingsgedrag en de viscositeit van een kunststofsmelt zijn bepalend voor de vulling van een matrijsholte en daarmee voor de te realiseren productgeometrie. Met spuitgieten kunnen uit kunststof minder complexe producten vervaardigd worden dan uit metaal. Ook wordt bij kunststof een minder scherpe aftekening van de matrijs verkregen en kunnen minder scherpe wanddikte-overgangen worden gerealiseerd. Een kwantificeerbare indruk omtrent de vormgevingsmogelijkheden geeft de **vloeiwegverhouding** weer. Dit is het quotiënt van de door een materiaaldeeltje vanaf de spuitmond af te leggen weg en de dikte van het stromingskanaal, c.q. de wanddikte van het product. Voor zeer goed vloeiende thermoplasten is de vloeiwegverhouding maximaal

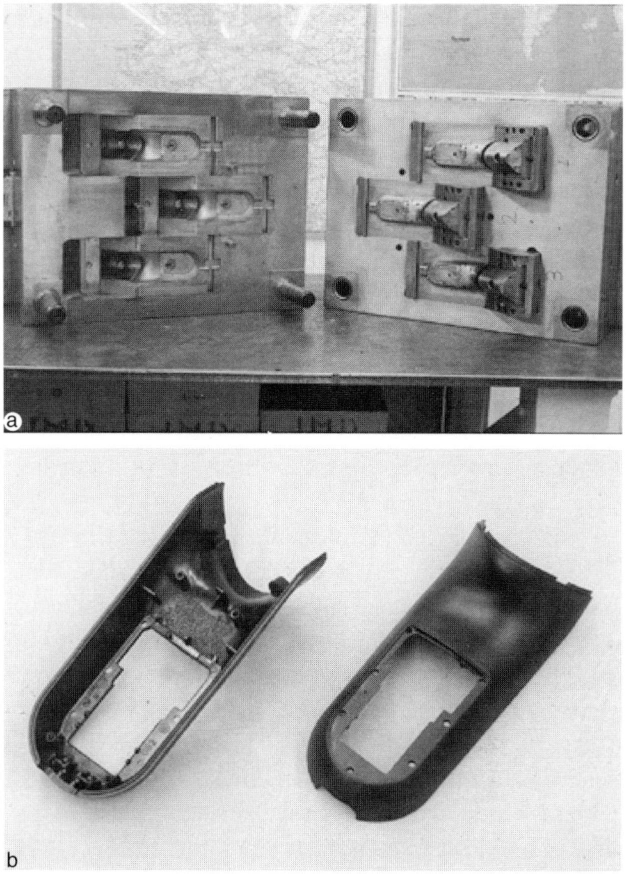

Figuur 2.58 Spuitgietmatrijs (a) en bijbehorend product: behuizing van het Philips scheerapparaat (b)

gelijk aan 300; voor kunststofschuim ligt de grens bij ca. 100 bij wanddikten tussen 6 en 18 mm. Voor metalen is de maximale vloeiwegverhouding groter dan voor kunststoffen.

De kenmerken van het spuitgieten van kunststoffen komen overeen met die van metalen: hoge maatnauwkeurigheid, glad oppervlak, kleine wanddikten, gecompliceerde producten, dure matrijzen en hoge inrichtkosten. Het proces is alleen geschikt voor grootserie- en massafabricage. Zie voor een toepassing figuur 2.58.

Evenals bij metalen treedt bij afkoeling krimp van het product op. Als gevolg van de grotere uitzettingscoëfficiënt moet bij kunststoffen nog meer dan bij metalen gelet worden op een gelijkmatige afkoelsnelheid om verschillen in dichtheid en in spanningen of vervormingen van het product te voorkómen. De invloed van het ontwerp van het product en de matrijs op het stromingsgedrag in de matrijs en op de afkoeling van het product kunnen met de reeds voor het spuitgieten van metalen besproken programma's worden gesimuleerd.

Het spuitgieten leent zich voor bijna alle thermoplasten met uitzondering van de soorten die bij de benodigde hoge temperatuur ontleden, zoals teflon. Het spuitgieten van schuimmaterialen vindt steeds meer toepassing, vooral als het gaat om producten met grote afmetingen, zoals stoelen en andere meubelstukken. De buitenwand van het product bestaat uit compact materiaal. Bij het spuitgieten van kunststofschuimen kunnen de injectiedrukken lager zijn en het ontwerp van de matrijs eenvoudiger. Dit betekent dat het totale productoppervlak groter kan zijn. Het verschuimen van het materiaal geeft materiaalbesparing en minder krimp, waardoor grotere verschillen in materiaaldikte kunnen worden toegepast.

Het spuitgieten van thermohardende kunststoffen is in de laatste jaren sterk toegenomen. Thermoharders worden toegevoerd als een niet uitgehard granulaat of in de vorm van twee visceuze componenten die kort voor het spuiten worden gemengd. In dit geval wordt geen schroefplunjer toegepast.

Voor het spuitgietproces van kunststoffen zijn veel varianten ontwikkeld, die tot doel hebben de mogelijkheden van het spuitgieten van kunststoffen te vergroten, de oppervlaktekwaliteit te verbeteren en de kostprijs te verlagen.
Een aantal bekende varianten wordt hieronder opgesomd:

- Spuitgieten van twee of meer componenten, waarbij in de matrijs gelijktijdig twee of meer verschillende kunststoffen worden verspoten.
- Sandwich spuitgieten, waarbij een matrijs met verschillende kunststoffen in verschillende stappen wordt gevuld.
- Precisie spuitgieten voor het maken van kleine onderdelen, zoals het huis van een compactcamera, onderdelen van een vulpen of balpen, het huis van een horloge etc.
- Gasinjectie spuitgieten, waarbij een inert gas in het inwendige van het gietstuk wordt gespoten om holle producten te vervaardigen.
- Verloren-kern spuitgieten voor het maken van producten met een inwendige holte.
- Spuitgietblaasproces, voor het vervaardigen van holle voorwerpen, zie paragraaf 3.7.
- Opnemen van inserts in het gietstuk, zoals reeds vermeld bij het spuitgieten van metalen, zie paragraaf 2.6.3.

Voor het spuitgieten van schuimmaterialen zijn speciale technieken ontwikkeld die alle tot doel hebben de oppervlaktekwaliteit van de producten te verbeteren. Het meest bekende proces daarvan is het gastegendruk-systeem waarmee een product met een harde en dichte schil verkregen kan worden.

2.12 Andere vormgevingstechnieken voor kunststoffen

Persen

Het koud- en warmpersen zijn vervaardigingstechnieken voor thermohardende kunststoffen. Bij het **koudpersen** wordt in een geopende matrijs een afgepaste hoeveelheid vloeibare kunststof (hars) gebracht, in sommige gevallen samen met vezelwapening in de vorm van matten. Na het sluiten van de matrijs wordt bij een in vergelijking met spuitgieten lage druk (3 tot 20 MPa) geperst en hardt de kunststof uit, eventueel in een licht verwarmde vorm.
Alle koudhardende thermoharders kunnen voor dit proces worden gebruikt. Een belangrijk nadeel van het koudpersen is de lange cyclustijd die kan variëren van ca. 6 tot 30 minuten, afhankelijk van de hars en de afmetingen van het product. Voorbeelden van met deze techniek gemaakte producten zijn bootrompen en bassins.

Het **warmpersen** (zie figuur 2.59) is qua techniek gelijk aan het koudpersen met als enig verschil de matrijstemperatuur. Een voordeel van het warmpersen, dat bij een temperatuur van 100 tot 160 °C plaats-

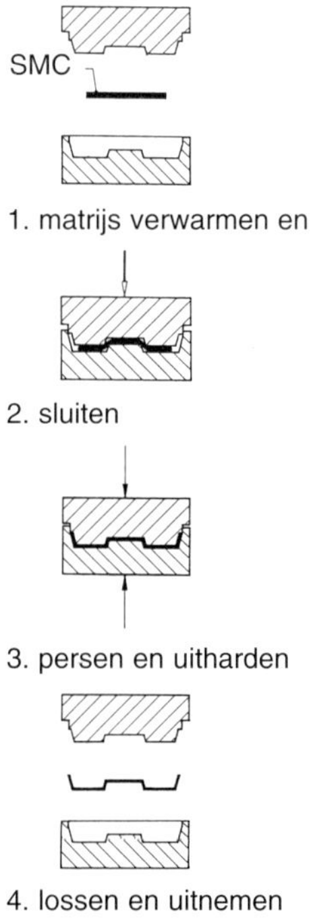

Figuur 2.59 Principe van het warmpersen

vindt, is de kortere cyclustijd (2 á 8 minuten). Een ander voordeel is dat ten opzichte van het koudpersen meer complexe vormen gemaakt kunnen worden.

Een grondstof voor het warmpersen waarbij gebruik gemaakt wordt van glasvezelmatten met lange vezels (enkele centimeters lang) gedrenkt in een thermoharddende hars, wordt **sheet moulding compound** (**SMC**) genoemd. SMC wordt gebruikt voor producten waaraan hogere mechanische en maatnauwkeurigheidseisen worden gesteld dan aan producten vervaardigd met koudpersen. Voorbeelden zijn: brievenbussen, schotelantennes, autobumpers, autocarrosseriepanelen.
Deegachtige thermohardende kunststof gemengd met glasvezels, vulmiddel en bindmiddel, wordt **bulk moulding compound** (**BMC**) genoemd. De lengte van de glasvezels is korter dan bij SMC. BMC wordt gebruikt bij de fabricage van kleine onderdelen. Het gaat meestal om eenvoudige producten, zoals schakelaars en relaishuizen. Chassis van CD-spelers worden ook uit BMC gemaakt.

Handmatig gieten

Het handmatig gieten is mogelijk met thermoharders en thermoplasten. Alleen laag-visceuse kunststoffen kunnen worden gegoten. Thermoharders worden daarbij het meest toegepast. Bij thermoharders wordt de polymerisatie in werking gezet door harders, versnellers en katalysatoren. De bij de harding vrijkomende warmte moet via de vorm worden afgevoerd omdat anders de temperatuur zo hoog oploopt dat ontleding van de kunststof optreedt. Dit beperkt de toe te passen wanddikte.

Thermohardende kunststoffen, zoals polyester- en epoxy-gietharsen leveren slijtvaste producten op. De harsen worden vaak nog van vulstoffen of vezelversterking, bijv. glasvezels, voorzien. Epoxy-gietharsen worden veel toegepast voor het ingieten van elektrotechnische onderdelen, zoals spoelen en transformatoren.

Rotatiegieten en centrifugaalgieten

Het rotatiegieten en centrifugaalgieten van kunststoffen verschilt nauwelijks van deze twee gietprocessen voor metalen, zie paragraaf 2.6.4, en is alleen geschikt voor laag visceuse kunststoffen.

Door middel van rotatiegieten kunnen cilindrische voorwerpen met betrekkelijk grote afmetingen worden vervaardigd. Materiaaldikten van 1 tot 15 mm zijn gebruikelijk al naar gelang de aard van het materiaal en het product. De maximale wanddikte bij dit proces is ongeveer 30 mm. Bij het rotatiegieten moet met wanddiktevariaties van 10-20 % worden gerekend. Maatafwijkingen van ca. 5 % ontstaan als gevolg van een ongelijkmatige temperatuurverdeling in het gesmolten materiaal tijdens het roteren en als gevolg van de niet altijd nauwkeurig reproduceerbare afkoelsnelheid.

Het rotatiegieten wordt toegepast voor kleine series van producten met relatief grote afmetingen en is niet geschikt voor massafabricage van kleine voorwerpen. Aan de oppervlaktekwaliteit van de producten mogen geen hoge eisen worden gesteld. Voorbeelden van rotatiegegoten producten zijn vaten, tanks en silo's.

Bij het centrifugaalgieten is de rotatiesnelheid hoger dan bij het rotatiegieten. Bij centrifugaalgieten kan wel een gelijkmatige wanddikte worden verkregen en zijn de mechanische eigenschappen beter dan bij het rotatiegieten. Met centrifugaalgieten worden grote producten gemaakt die eenvoudige van vorm zijn, zoals lagerbussen, tandwielen, onderdelen voor silo's, watertanks en pijpleidingen.

2.13 Poedermetallurgie

2.13.1 Inleiding

Poedermetallurgie (**PM**) is een vervaardigingstechniek waarbij een metallisch poeder in een vorm (matrijs) wordt samengeperst en na het persen volledige samenhang verkrijgt door gloeien op hoge temperatuur, **sinteren**. Ook het volledige proces wordt vaak (ten onrechte) sinteren genoemd. Producten die door spuitgieten, warmpersen, smeden of met de verlorenmodelmethode, gemaakt kunnen worden, kunnen vaak ook met PM worden vervaardigd. Het is een vervaardigingstechniek voor eenvoudige producten met nauwe toleranties, zodat nabewerking vaak niet nodig is. Dit maakt PM uitermate geschikt voor het maken van producten uit harde, slijtvaste metaallegeringen en keramische materialen, die heel moeilijk zijn na te bewerken. Een bekende toepassing in de productietechniek is **hardmetaal**, een legering met metaalcarbiden, gebruikt als snijmateriaal voor verspanende bewerkingen, zie hoofdstuk 5. PM-producten worden verder toegepast in de automobielindustrie voor onderdelen van de transmissie, in de luchtvaartindustrie voor turbineschijven van straalmotoren, bij landbouwwerktuigen voor hefbomen en tandwielen, voor onderdelen van printers, sloten, plunjers voor pompen, spangereedschappen voor bewerkingsmachines en messen voor het snijden van kunststof, papier en rubber.

2.13.2 Fabricagemethode

In het algemeen wordt uitgegaan van gelegeerde poeders met een gering gehalte aan verontreinigingen. Aan het poeder worden meestal bindmiddelen en smeermiddelen toegevoegd om het persen van het poeder te vergemakkelijken en de sterkte van het product na het persen, de **groene sterkte**, te verhogen. Na het afwegen van de benodigde hoeveelheid wordt het poedermengsel in een matrijs gebracht, koud samengeperst met behulp van een bovenstempel en daarna uit de matrijs gestoten met het onderstempel, zie figuur 2.60. De voor het persen benodigde drukken,

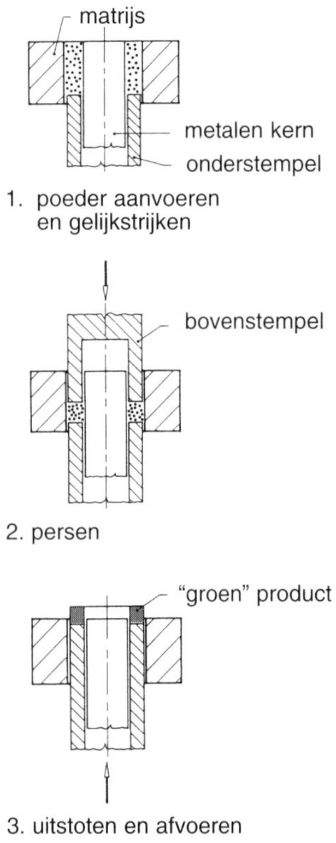

Figuur 2.60 Poederpersen

die variëren van 300 tot 1000 MPa, zijn afhankelijk van de gewenste dichtheid, de geometrie van het product en de aard van het poeder. Het na het persen gevormde **groene product** wordt in een oven op hoge temperatuur gesinterd in een licht reducerende of neutrale atmosfeer, of onder vacuüm. Figuur 2.61 geeft de stappen voor de vervaardiging van een gesinterd product schematisch weer. Afhankelijk van de aan het product gestelde eisen is na het sinteren het product gereed, of volgt nog een nabewerking, bijvoorbeeld

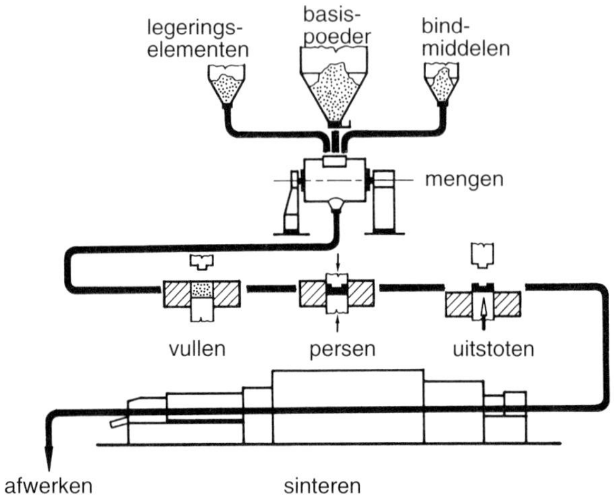

Figuur 2.61 Processtappen bij poedermetallurgie

kalibreren om de maatnauwkeurigheid te vergroten, of een warmtebehandeling ter verbetering van de mechanische eigenschappen, zie figuur 2.62. Bepalend voor de treksterkte en vooral voor de rek bij breuk is de dichtheid van het product na sinteren, zie figuur 2.63.

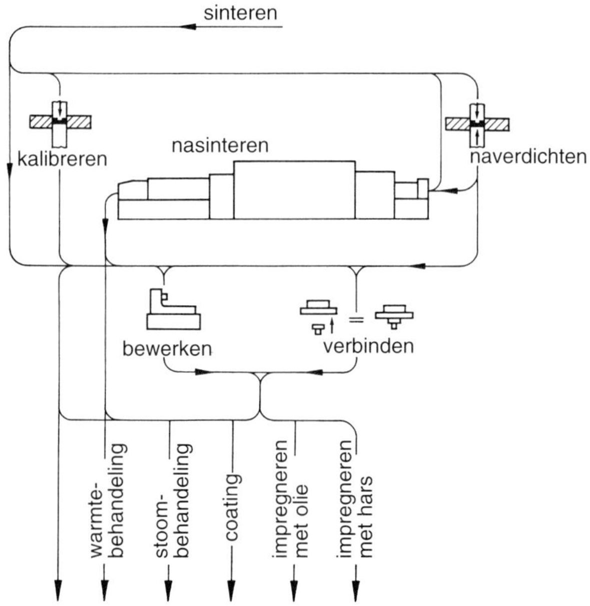

Figuur 2.62 Mogelijke processtappen na het sinteren

De dichtheid die met persen alleen verkregen kan worden is afhankelijk van de grootte van de persdruk. Voor een ijzerpoeder wordt in figuur 2.64 de dichtheid gegeven als functie van de persdruk. De theoretische dichtheid van 7800 kg/m^3 wordt niet bereikt. Dit houdt in dat het geperste product altijd poreus is. Door sinteren groeit het metaalpoeder aaneen, soms treedt ook rekristallisatie op. De grootte van het contactvlak tussen de diverse poederdeeltjes neemt daarbij toe en de

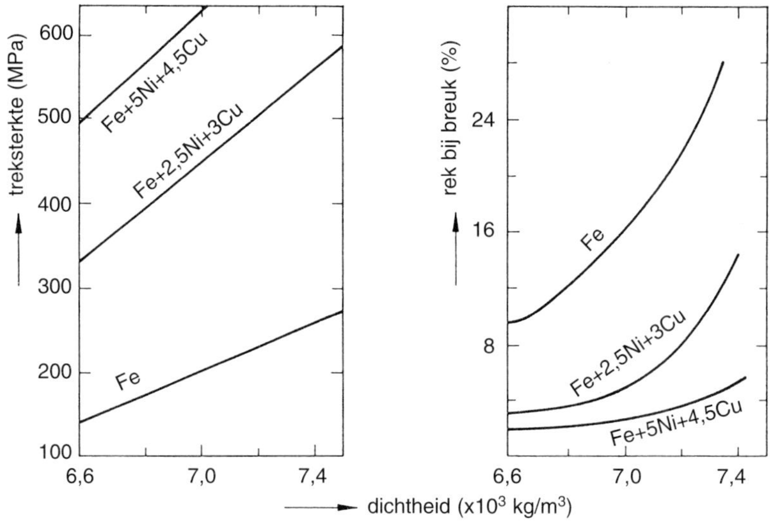

Figuur 2.63 *Treksterkte en rek bij breuk voor een drietal materialen als functie van de dichtheid*

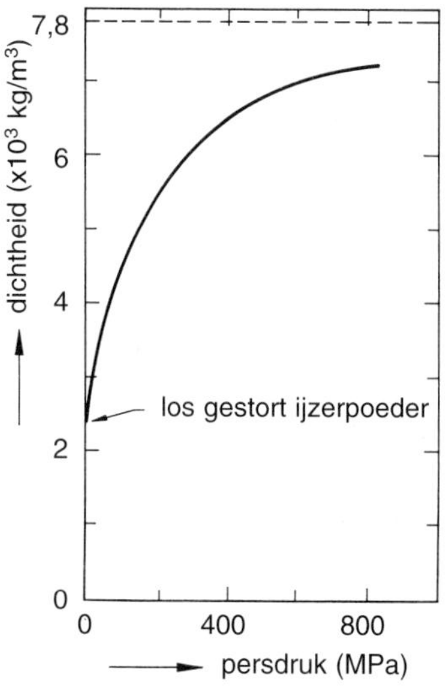

Figuur 2.64 *Dichtheid van ijzerpoeder als functie van de persdruk*

poreusheid neemt af. Hoe dit in zijn werk gaat is schematisch weergegeven in figuur 2.65. Bij de hoge temperaturen waarop wordt gegloeid, zal na verloop van tijd korrelgroei gaan optreden. De mate van de poreusheid, de verdeling daarvan en de grootte van de kristallen wordt in hoge mate bepaald door de sintertemperatuur en de verblijftijd in de oven.

Naast de grootte van de persdruk, de sintertijd en de sintertemperatuur wordt de dichtheid ook bepaald door de vorm van de poederdeeltjes en de grootteverdeling. De vorm van de poederdeeltjes wordt bepaald door de manier waarop het poeder wordt gemaakt. Een veel toegepaste methode is het **atomiseren**, waarbij met behulp van een gasstroom of een waterstraal vloeibaar metaal tot kleine ronde druppeltjes wordt verstoven.

Met het afnemen van de poreusheid zullen de afmetingen van het product kleiner worden, het product krimpt. De uiteindelijke afmetingen van het product

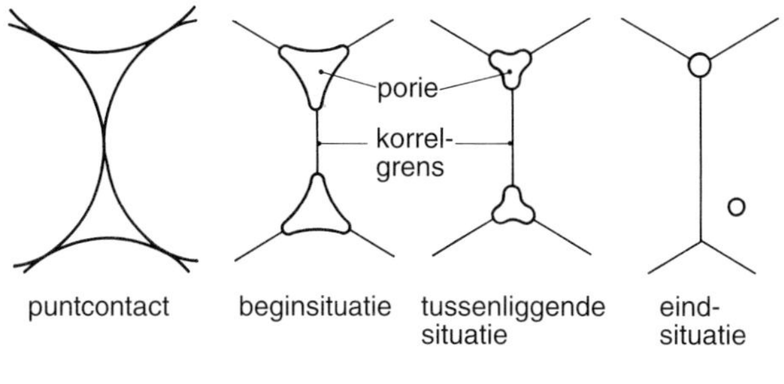

Figuur 2.65 *Afname van de poreusheid tijdens het sinteren, door het aaneengroeien van de poederdeeltjes en de vorming van korrelgrenzen*

zullen bepaald worden door de grootte van de persdruk, de vorm, afmetingen en verdeling van de deeltjes, de sintertijd en -temperatuur en de geometrie van het product. De dichtheid in persrichting (axiale richting) is groter dan in radiale richting waardoor de krimp in beide richtingen verschillend is. Bij complexe en asymmetrische producten kunnen plaatselijke variaties in dichtheid na het compacteren (persen) tot onverwachte maatafwijkingen leiden. Door een nauwkeurige procesbeheersing en op grond van ervaringen met gelijksoortige producten kan een sinterbedrijf de krimp en daarmee de afmetingen van het gesinterde product nauwkeurig voorspellen. Figuur 2.66 geeft richtlijnen voor de bereikbare toleranties.

Productiestap	Dichtheid (x10³ kg/m³)	Maattoleranties voor ijzerlegeringen		
		in persrichting	loodrecht op de persrichting	concentriciteit
Sinteren	≤ 6,6	IT 10	IT 11	IT 9
	6,6 - 7,2	IT 10	IT 12	IT 10
Sinteren en kalibreren	≤ 6,6	IT 8	IT 10	IT 9
	6,6 - 7,2	IT 9	IT 10	IT 9
Sinteren, harden en ontlaten	≤ 6,6	IT 11	IT 11	IT 10
	6,6 - 7,2	IT 11	IT12	IT 10

Figuur 2.66 *Maattoleranties bij het sinteren van ijzerlegeringen*

Vormgeving

Gesinterde producten zijn in het algemeen eenvoudig van vorm. De geometrie van een PM-product wordt

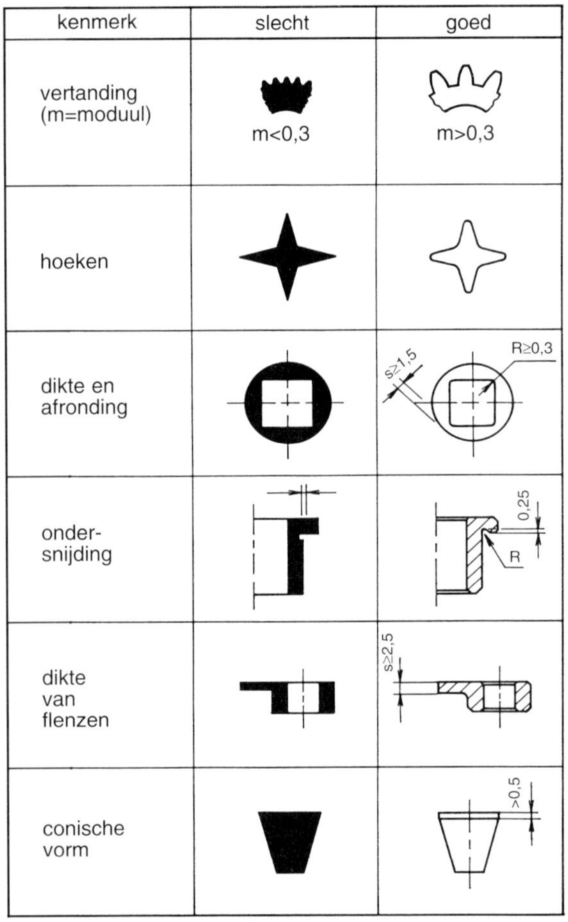

Figuur 2.67 Richtlijnen voor de vormgeving van PM producten

bepaald door beperkingen bij het vullen van de matrijs, het verdichten van het poeder door het naar elkaar toe bewegen van beide stempels, het terugtrekken van de bovenste stempel en het uitstoten van het gecompacteerde product. Figuur 2.67 geeft voorbeelden van slechte en goede vormgeving van PM-producten.

Materiaaleigenschappen

Door een variatie in persdruk, sintertijd en sintertemperatuur en een eventuele nabehandeling kan een grote variëteit in eigenschappen worden verkregen. Voor lagermaterialen wordt gebruik gemaakt van de poreusheid van gesinterde producten. De mate van poreusheid kan aangepast worden aan de aard van het smeermiddel, dat onder enige druk in het product wordt geïmpregneerd. Van de poreusheid kan ook gebruik worden gemaakt bij doseerventielen voor gassen en vloeistoffen.

Bij het sinteren wordt veelvuldig gebruik gemaakt van ijzerlegeringen waaraan koper is toegevoegd voor het verkrijgen van een hogere dichtheid. Figuur 2.68 geeft een overzicht van een aantal sintermaterialen, hun eigenschappen en hun toepassingsgebied.

Materiaal	Treksterkte (MPa)	Rek (%)	Vermoeiingssterkste (MPa)	Toepassingsgebied en specifieke kenmerken
koolstofstaal				meest toegepaste
- gesinterd	160-380	1-15	60-150	sintermaterialen
- warmtebehandeld	400-650	0,5	150-250	
staal met 1-10% Cu				onder andere toegepast
- gesinterd	200-510	0,5-5	70-200	voor lagers en dragende
- warmtebehandeld	380-690	< 0,5	150-260	onderdelen
staal met 2-4% Ni				voor mechanisch hoog
- gesinterd	250-650	0,5-8	100-240	belaste onderdelen
- warmtebehandeld	500-900	0,5-1	250-380	
roestvaststaal				meest toegepast bij hogere
- 18Cr-10Ni	360-430	4-7	-	eisen aan corrosiebestendig-
- 18Cr-10Ni-2Mo	280-380	3-4	-	heid, hogere hardheid
- 13Cr (ferritisch)	290-380	0,5-1	-	
brons	55-300	1-20	-	lagermaterialen
messing	120-285	8-26	-	
aluminiumlegeringen				combinatie van goede
- gesinterd	100-200	3-10	35-45	corrosieweerstand en
- geprecipiteerd	140-310	0,5-7	45-52	goede taaiheid

Figuur 2.68 Mechanische eigenschappen van de meest gebruikte PM materialen en hun toepassingsgebied

2.13.4 Recente ontwikkelingen

Warm isostatisch persen en metal injection moulding zijn recente ontwikkelingen op het gebied van de poedermetallurgie. Bij het **warm isostatisch persen** wordt een zeer gelijkmatige verdichting van het product verkregen. De vorm bestaat uit een dunwandige metalen container. Na het vullen wordt de container vacuüm gezogen en afgesloten, zie figuur 2.69. Het geheel wordt in een oven, die met een inert gas of met een glasachtige vloeistof is gevuld, onder hoge druk en temperatuur (ca. 1100 °C) gebracht. Met dit proces bereikt men dichtheden van vrijwel 100 % en zeer goede mechanische eigenschappen. Het proces is kostbaar; een belangrijke toepassing is de vervaardiging van onderdelen van gasturbines met een grote warmtebelasting.

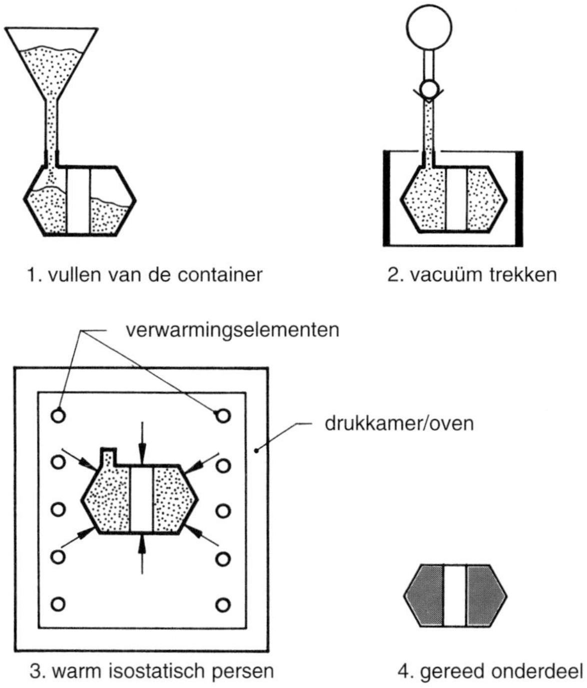

Figuur 2.69 Principe van het warm isostatisch persen

Bij **metal injection moulding** worden zeer fijne metaalpoeders gemengd met een kunsthars. Dit mengsel wordt met een schroefextruder in een metalen matrijs gespoten op dezelfde wijze als het spuitgieten van een kunststof. De kunststofhars wordt in een oven op lage temperatuur uitgebrand, waarna het sinteren plaatsvindt op hoge temperatuur.
Dit proces combineert de materiaaleigenschappen van gesinterd metaal met de vormgevingsmogelijkheden van spuitgieten. Het is dus geschikt voor gecompliceerde fijnmechanische delen in grote aantallen. Voorbeelden van dergelijke producten zijn onderdelen voor automobielen, geweren en chirurgische instrumenten.

SAMENVATTING

Oervormen is het vervaardigen van producten of halffabrikaten uit vormloos materiaal, meestal vloeistof, in enkele gevallen metaalpoeder.

Gieten kan plaatsvinden in éénmalige vormen uit zand, die na het gieten van het product niet opnieuw bruikbaar zijn. Het blijvende gereedschap is dan het model. Een variant hierop is het verloren-modelproces, waarbij ook het model éénmalig bruikbaar is. Het blijvende gereedschap is dan een matrijs waarin per werkstuk een nieuw model wordt gemaakt. Een andere mogelijkheid is het gieten in blijvende, metalen vormen. Afhankelijk van de seriegrootte kan het gieten in meer of mindere mate worden gemechaniseerd.

Alle gietprocessen hebben hun specifieke voor- en nadelen, waardoor de juiste keuze van het gietproces van groot belang is voor de kwaliteit, de kostprijs en de levertijd.

Naast het gieten van metalen is ook het gieten van kunststoffen van groot belang. Dit gebeurt vrijwel steeds in blijvende, metalen vormen. De processen hiervoor hebben meestal belangrijke overeenkomsten met die voor metalen. Ook andere vormgevingsprocessen voor kunststoffen, zoals extruderen en koud- en warmpersen, kwamen in dit hoofdstuk aan de orde.

Poedermetallurgie, het persen en vervolgens sinteren van poedermengsels, is vooral van belang voor het maken van kleine delen uit vaak zeer hoogwaardig materiaal. Met de variant metal injection moulding is het mogelijk complexe producten met een hoge nauwkeurigheid te maken.

Voor het verkrijgen van gietstukken met een goede kwaliteit moet het ontwerp van het gietstuk zijn afgestemd op de mogelijkheden van het gekozen gietproces. Hiervoor is een groot aantal ontwerpregels geformuleerd. Niettemin is vroegtijdig overleg tussen ontwerper en gieterij-deskundige onmisbaar voor het succesvol ontwerpen van een gietstuk.

LITERATUUR

[2.1] Kalpakjian S., Manufacturing Engineering and Technology (3rd edition), Addison-Wesley, 1995, ISBN 0-201-53846-6.
[2.2] Den Ouden G., Korevaar B.M., Metaalkunde, Delftse Uitgevers Maatschappij, 1992, ISBN 90-6562-117-2.
[2.3] Van der Vegt A.K., Polymeren van keten tot kunststof, Delftse Uitgevers Maatschappij, 1992, ISBN 90-6562-130-x.
[2.4] Edwards L., Endean M., Manufacturing with Materials, The Open University, 1990, ISBN 0408-02770-3.

OEFENVRAGEN

2.1 Voor welk type gietwerk wordt bij voorkeur furaanzand toegepast?

2.2 a) Welke factoren bepalen de maatnauwkeurigheid bij zandvormen?
b) Welke factoren bepalen de maatnauwkeurigheid bij de verloren-wasmodelmethode?

2.3 Welke mogelijkheden heeft de ontwerper om de gevolgen van slink te beperken?

2.4 Om welke redenen wordt het aantal kernen in een gietstuk zo veel mogelijk beperkt?

2.5 Waarom wordt voor het vullen van een spuitgietmatrijs met een aluminiumlegering een andere methode toegepast als in het geval van een zinklegering?

2.6 Bij welke soorten producten en bij welke materialen zou u kiezen voor poedermetallurgie?

2.7 Vergelijk de invloed van materiaalopeenhopingen en wanddikteverschillen bij het spuitgieten van kunststoffen en van metalen.

2.8 Geef aan waarom aluminium gietstukken met een wanddikte van meer dan ca. 6 mm niet met spuitgieten vervaardigd kunnen worden.

2.9 Welke twee vorm-/giettechnieken komen in aanmerking voor aluminium gietstukken met een wanddikte van meer dan 10 mm?

2.10 Vergelijk het spuitgieten van een aluminiumlegering met het spuitgieten van een thermohardende kunststof.

In welke opzichten verschillen ten aanzien van beide materialen:
a) de methode om het materiaal vloeibaar te maken,
b) de constructie van de matrijs,
c) de constructie van de spuitgietmachine.

2.11 Van het aluminium onderdeel volgens bijgaande tekening moet een serie van 3000 stuks worden vervaardigd door gieten. De vlakken voorzien van een ruwheidsteken moeten na het gieten nog machinaal worden bewerkt.

a) Met welke vorm- en gietmethode vervaardigt u dit product?
- handvormen in kleigebonden vormzand
- machinaal vormen in kleigebonden vormzand
- schaalvormen
- verloren-wasmodelmethode
- gieten in CO_2-zand
- gieten in furaanzand
- coquillegieten
- spuitgieten.

b) Motiveer uw keuze en geef daarbij ook aan waarom u de andere gietmethoden hebt verworpen.

c) Geef in de tekening aan hoe de gietvorm of de matrijs er uit zal zien. Denk daarbij aan de vorm- of matrijsdeling, plaatsing van eventuele kernen, het gietsysteem en de opkomer(s). Welke vlakken moeten van een lossing worden voorzien? Geef die lossing eveneens in de tekening aan.

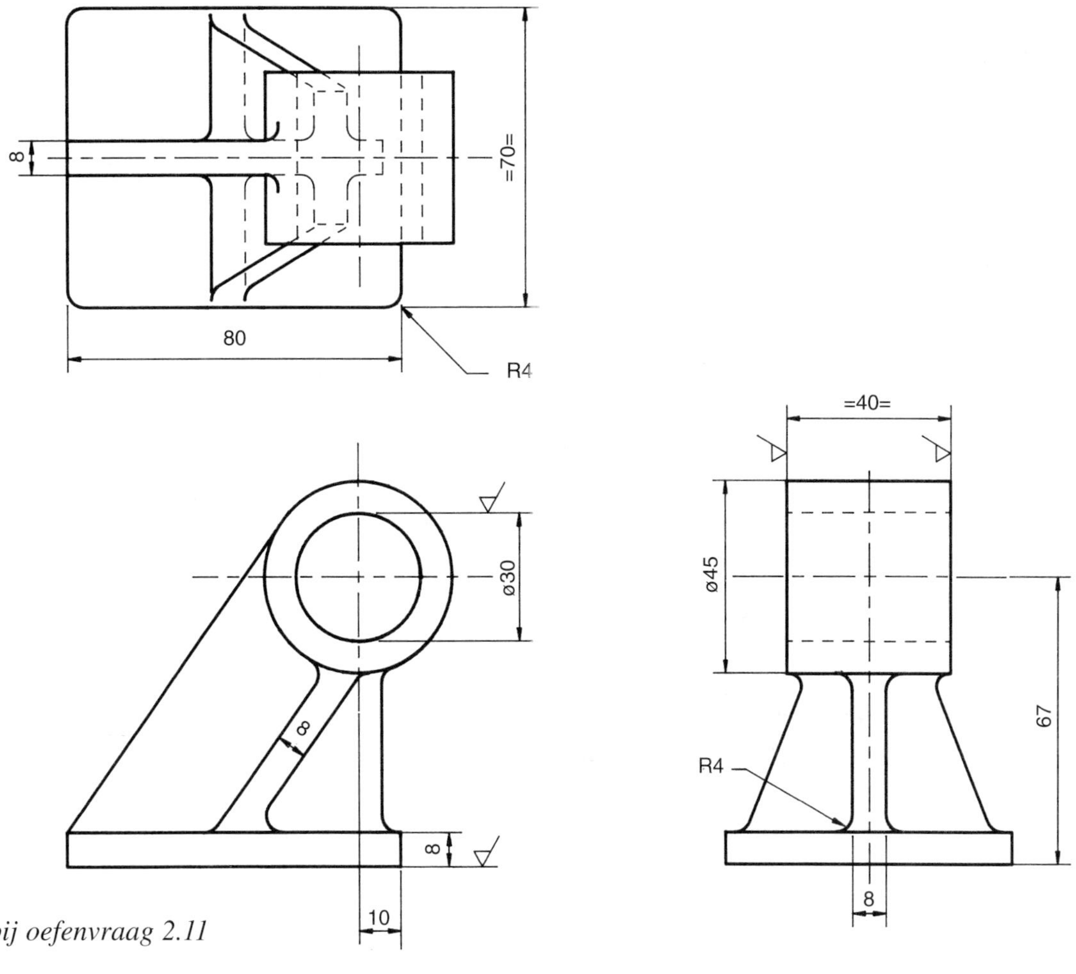

Figuur bij oefenvraag 2.11

2.12 Beantwoord de vragen a) en b) van vraag 2.11 ook voor het onderdeel afgebeeld in de onderstaande tekening, waarbij het aantal 100 stuks is en het materiaal grijs gietijzer.

c) Kies een deelvlak en schets de kern(en).

d) Schets de contouren van het model voor de gekozen gietmethode.

e) Welke wijziging zou u in het gietstuk aanbrengen om het vormen aanzienlijk te vereenvoudigen?

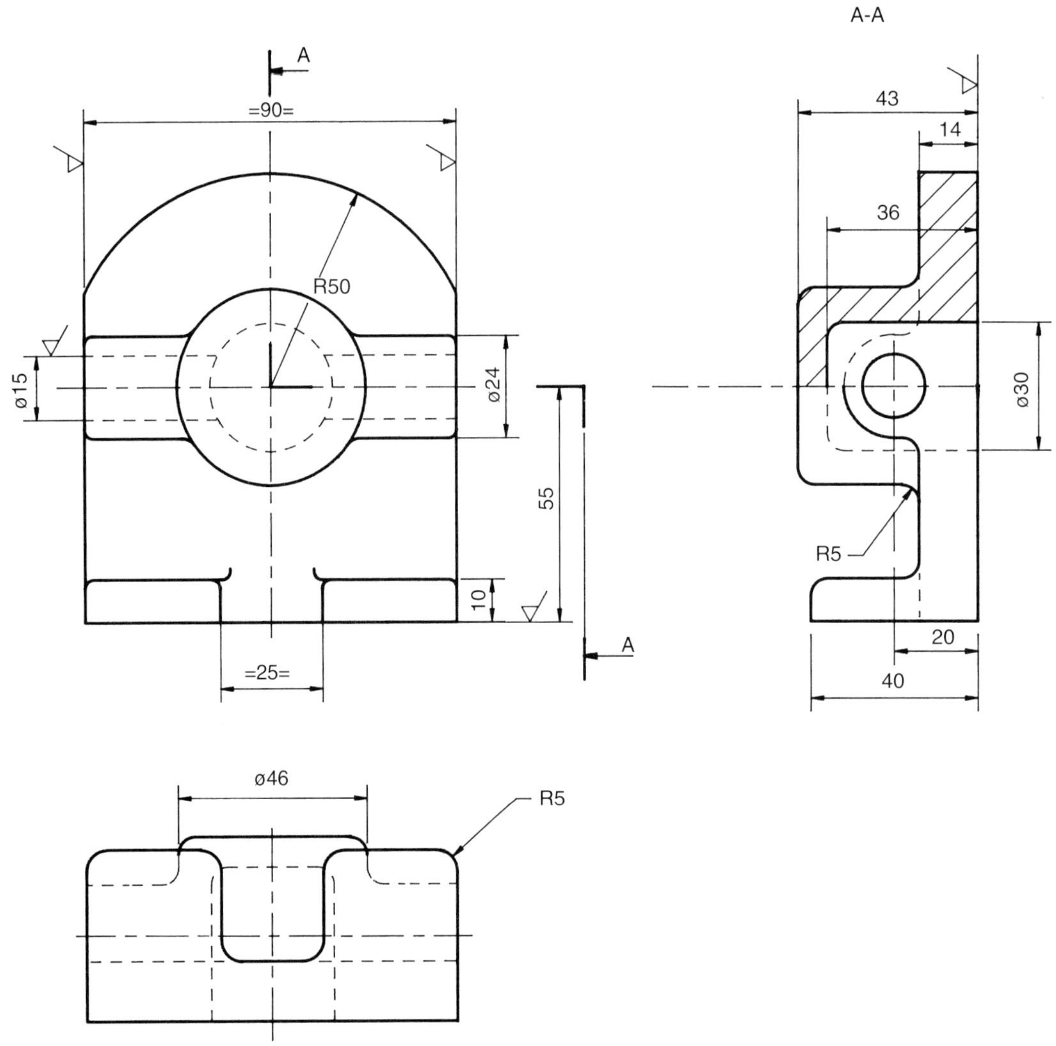

Figuur bij oefenvraag 2.12

OMVORMEN

3

DOEL VAN DIT HOOFDSTUK:

Het behandelt de principes van het omvormen van metalen en in mindere mate die van kunststoffen. Het laat zien wat er met het materiaal bij het omvormen gebeurt, welke invloed de mechanische eigenschappen van het werkstukmateriaal op het omvormproces en de omvormbaarheid hebben.
In dit hoofdstuk wordt een algemeen overzicht gegeven van de belangrijkste omvormprocessen, alsmede de hiervoor benodigde gereedschappen en gereedschapswerktuigen.

3.1 Inleiding

In hoofdstuk 2 is de vormgeving van producten via de vloeibare fase behandeld. Met deze gietprocessen kunnen zowel directe eindproducten vervaardigd worden als blokken (ingots), die weer als uitgangsmateriaal dienen voor het maken van halffabricaten, zoals plaat, staf, draad, buis en profiel. Deze vormen zijn met gieten moeilijk te realiseren en worden door een vormverandering in de vaste toestand verkregen. Vaak zijn ook de gewenste mechanische eigenschappen met gieten niet realiseerbaar. Door omvormen kan de minder gunstige gietstructuur worden omgezet in een meer fijnkristallijne structuur zonder gasholten.

In hoeverre de omvormtechnologie in staat is om een bepaald product te vervaardigen hangt in hoofdzaak af van het mechanisch gedrag van het werkstukmateriaal tijdens de bewerking, alsmede van de productgeometrie.

3.2 Omvormen van metalen

3.2.1 Het begrip omvormen en omvormbaarheid

Het begrip **omvormen** kan als volgt gedefinieerd worden:
Omvormen is het op beheerste wijze plastisch veranderen van de vorm van een vast lichaam, zodanig dat de materiaalsamenhang en dus ook de massa van het lichaam behouden blijft.
Onder het begrip **omvormbaarheid** van een materiaal verstaat men de mate waarin een materiaal vervormingen kan ondergaan zonder dat de samenhang van het materiaal verstoord wordt, in combinatie met de mate van inspanning en voorzorg, nodig om de gewenste plastische vormverandering te bereiken.

3.2.2 Verstevigingsgedrag

De verklaring van datgene wat er bij plastische deformatie van een materiaal in een afzonderlijk kristal gebeurt, alsmede de globale beschrijving van het gedrag van polykristallijne metalen, hoort feitelijk thuis in het vakgebied van de materiaalkunde [3.1]. Op dit gebied wordt dan ook enige voorkennis verondersteld. In deze paragraaf zullen alleen de hoofdzaken nog eens worden samengevat.

Uit de materiaalkunde is bekend, dat bij plastische deformatie afschuiving plaatsvindt over de dichtst gestapelde roostervlakken als de capasche schuifspanning overschreden wordt. Omdat bij plastische deformatie de gemiddelde roosterafstand niet verandert, zal het volume constant blijven.
Bij het plastisch vervormen neemt de dichtheid van dislocaties (roosterverstoringen) aanzienlijk toe met de vervormingsgraad. Aangezien deze dislocaties bij toenemend aantal elkaar steeds meer in beweging gaan hinderen, neemt de vervormingsweerstand van

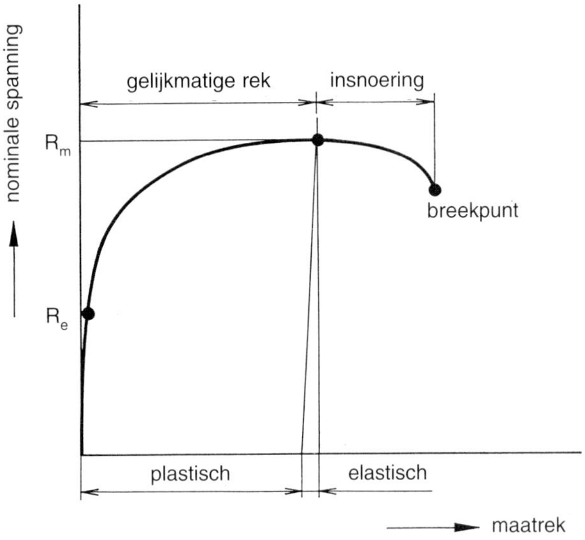

Figuur 3.1 De trekkromme

een materiaal toe bij toenemende vervorming. Dit verschijnsel wordt **versteviging** genoemd. Versteviging zorgt voor een gelijkmatige verdeling van de deformatie over het om te vormen product.

Het plastische gedrag van polykristallijne metalen kan met behulp van een **trekproef** goed bestudeerd worden. De trekproef legt het verloop van de trekkracht als functie van de lengte- en/of diameterverandering vast (figuur 3.1).

Ten behoeve van de omvormtechnologie kan het materiaalgedrag alleen maar zinvol met de ware spanning σ (kracht gedeeld door werkelijke doorsnedeoppervlak) en de hieronder gedefinieerde **ware** of **natuurlijke rek** ε worden omschreven.

$$\varepsilon = \int_{l_0}^{l} \frac{1}{l} dl = \ln \frac{l}{l_0}$$

In deze definitie staat l_0 voor de oorspronkelijke en l voor de momentane lengte van het (proef)stuk.

Een groot voordeel van de gebruikte rekdefinitie is, dat de ware rekken in tegenstelling tot de maatrekken probleemloos optelbaar zijn. Bij de vervaardiging van een product door middel van een aantal deelbewerkingen kan de totale vervorming dus bepaald worden door de deelrekken eenvoudig bij elkaar op te tellen. Zo zal de totale rek in een frisdrankblikje gevonden kunnen worden als de som van de rekken ten gevolge van het koudwalsen (zie paragraaf 3.4.1), het dieptrekken en de duntrekbewerkingen (zie paragraaf 3.5.4):

$$\varepsilon_{tot} = \varepsilon_{koudw} + \varepsilon_{dieptr} + \varepsilon_{duntr}$$

Als de ware spanning als functie van de ware rek wordt uitgezet dan leidt dit tot de **verstevigingskromme** of vloeikromme (figuur 3.2a). Deze kromme kan voor uitgegloeide metalen goed benaderd worden door het wiskundig verband:

$$\sigma = C \times \varepsilon^n$$

In deze verstevigingsfunctie is C de **karakteristieke spanning** en n de **verstevigingsexponent.** De waarde van de verstevigingsexponent is bij de trekproef een maat voor de grootte van het gebied waarin uniforme deformatie (rek tot insnoering) optreedt, en in zijn algemeenheid een maat voor de omvormbaarheid.
De waarden van C en n bepaalt men met behulp van

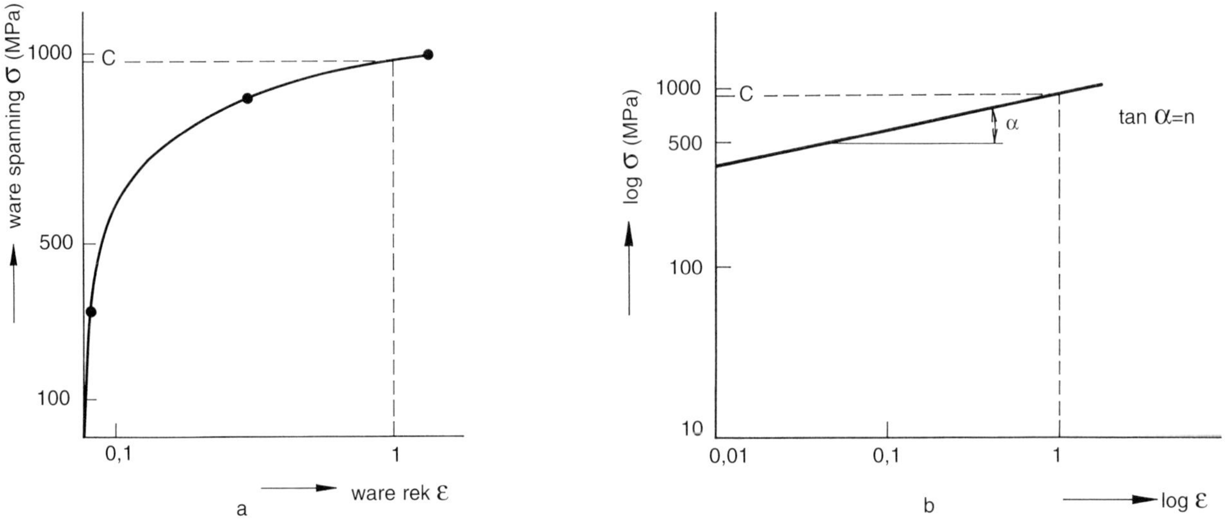

Figuur 3.2 De verstevigingskromme

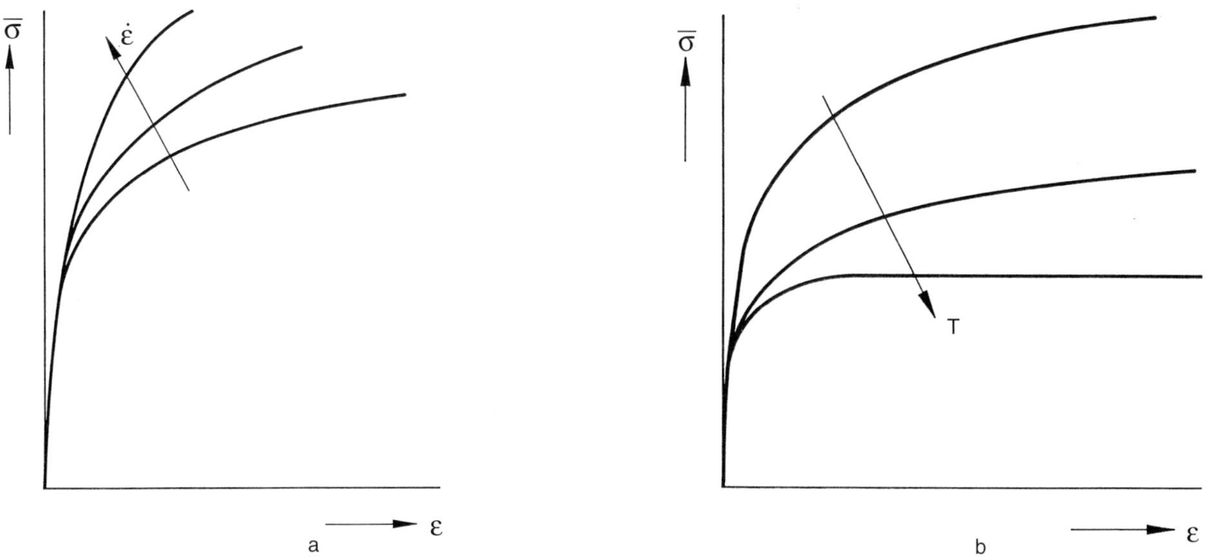

Figuur 3.3 *Invloed van de vervormingssnelheid (a) en van de omvormtemperatuur (b) op de verstevigingskromme*

een intermitterende trekproef. De in een aantal punten gemeten krachten en lengte- of dikteveranderingen worden omgerekend in waarden voor de ware spanning en de ware rek. Door nu de gevonden waarden in een grafiek met dubbellogaritmische schaal uit te zetten (fig. 3.2b) vindt men de waarde van de verstevigingsexponent als de richtingscoëfficiënt van de rechte lijn, die zo goed mogelijk door de meetpunten gelegd is. Substitutie in de formule van de waarden van een punt op de rechte lijn leidt tot de gezochte waarde van C. Het is ook mogelijk de waarden van C en n door middel van regressie te berekenen.

De hierboven besproken verstevigingskromme is met behulp van een trekproef bepaald, dat wil zeggen voor het geval van een éénassige spanningstoestand. Vaak worden werkstukken echter aan een samengestelde belasting onderworpen. Hoe het verband gelegd moet worden tussen meer- en éénassige spanningstoestanden, wordt goed beschreven in [3.2].

Bij een éénassige spanningstoestand (bijv. de trekproef) kan het vloeigedrag van een metaal met de spanning-rek-functie $\sigma = \sigma(\varepsilon)$ beschreven worden. Op dezelfde wijze kan dit bij een meerassige spanningstoestand met de **effectieve spanning** $\overline{\sigma} = \overline{\sigma}(\varepsilon)$. Het verloop van deze effectieve spanning $\overline{\sigma}$ als functie van de rek ε is identiek aan het verloop van de verstevigingsfunctie. Het verstevigingsgedrag van een materiaal kan dus, bij een bepaalde temperatuur en snelheid, door de C- en n-waarde van het materiaal worden gekarakteriseerd. Figuur 3.3 geeft aan hoe dit vloeigedrag nog door de vervormingssnelheid en de omvormtemperatuur wordt beïnvloed.

Bij de praktische uitvoering van omvormprocessen blijkt meestal een aanmerkelijk hogere kracht nodig te zijn dan uit de verstevigingskromme volgt. De benodigde kracht wordt niet alleen bepaald door het materiaal, doch ook door de vorm van het product en vooral door de wrijving van het werkstukmateriaal langs de oppervlakken van het gereedschap. Om deze eigenschap van de omvormprocessen te kunnen karakteriseren spreekt men wel van de **omvormweerstand** (k_w). De proceseigenschap omvormweerstand is dus altijd groter dan de materiaaleigenschap effectieve spanning. De verhouding wordt weergegeven door het **omvormrendement:**

$$\eta_k = \frac{\overline{\sigma}}{k_w}$$

3.2.3 Ductiliteit

Als eerste kenmerk van de omvormbaarheid van metalen, hebben wij de weerstand tegen vervorming leren kennen. Als tweede en in veel gevallen in de praktijk belangrijkste kenmerk richten wij ons thans op de hoeveelheid vervorming die het materiaal kan ondergaan totdat de samenhang verloren gaat. Men spreekt dan van de **ductiliteit** van het materiaal. Dit is niet zo eenvoudig uit te drukken, omdat er meer factoren een rol spelen, die allemaal samenhangen met de aard van de uit te voeren bewerking. Daartoe behoren de optredende rekken, de reksnelheden, de spanningen en de temperatuur. Het eenvoudigste is om weer te beginnen met de éénassige spanningstoestand. Bij de trekproef treedt na enige rek insnoering op. Het maximum in de trekkracht wordt bereikt. De vermindering van de

doorsnede (dA<0) ter plaatse van de insnoering compenseert nu juist het effect van de versteviging (dσ>0), zodat $dF = A \times d\sigma + \sigma \times dA = 0$.
Nadat de **plastische instabiliteit** (dF=0) bereikt is, neemt de rek slechts plaatselijk toe op een in het algemeen onbeheersbare wijze. De ware rek, behorend bij het punt waar de materiaalsamenhang verbroken wordt, noemt men de (ware) **breekrek** ε_b.

Bij omvormprocessen die onder invloed van trekspanningen verlopen is de versteviging essentieel: het zorgt voor het uitstellen van de plastische instabiliteit. Zonder versteviging is maar zeer geringe rek realiseerbaar onder trekbelasting.
Bij een drukbelasting zal theoretisch geen plastische instabiliteit optreden. Bij een gecombineerde spanningstoestand heeft de gemiddelde spanning invloed op de ductiliteit; hoe lager de gemiddelde spanning des te groter de ductiliteit zal zijn.

3.2.4 Omvormtemperatuur

De temperatuur, waarbij het omvormproces plaatsvindt, heeft een grote invloed op het materiaalgedrag. Het in de vorige paragraaf besproken verstevigingsgedrag treedt op wanneer het uitgangsmateriaal niet of nauwelijks verwarmd wordt; men spreekt dan van **koudomvormen**.

Bij een verhoging van de temperatuur zal in eerste instantie de kristalstructuur van het materiaal (nog) niet veranderen, maar zullen de dislocaties zich, vanwege het hogere energieniveau, gemakkelijker verplaatsen. Hierdoor neemt de vormveranderingsweerstand af en de breekrek toe. Dit **halfwarm omvormen** vindt plaats in het temperatuurgebied van $0{,}3 \times T_{sm} < T < 0{,}5 \times T_{sm}$, waarbij T_{sm} de smelttemperatuur in Kelvin voorstelt.

Wanneer de temperatuur nog verder wordt verhoogd, zal bij een temperatuur $T \approx 0{,}6 \times T_{sm}$ rekristallisatie beginnen op te treden. Boven een bepaalde drempelwaarde in de deformatie zullen de gedeformeerde kristallen worden omgezet in nieuwe kristallen, waarvan de eigenschappen ongeveer gelijk zijn aan die van het niet-vervormde materiaal. Het effect van de versteviging zal dus door rekristallisatie verdwijnen. Bij omvormen boven de rekristallisatietemperatuur ($0{,}7 \times T_{sm} < T < 0{,}8 \times T_{sm}$) spreekt men van **warmomvormen**. Hierbij treedt dus geen versteviging op, waardoor de omvormkrachten lager zijn en onder een drukbelasting grote vervormingen kunnen worden gerealiseerd.

3.3 Indeling van omvormprocessen

Voor het classificeren van omvormprocessen kunnen verschillende kenmerken worden gebruikt, zoals de soort belasting, de mate en/of de manier van deformatie, de procestemperatuur, de invloed van de versteviging, de continuïteit van het proces, de aard en/of de vorm van het uitgangsmateriaal, etc. Dat al dit soort classificaties toch met de nodige flexibiliteit gehanteerd moeten worden, blijkt uit de reeds behandelde indeling tussen koud-, halfwarm en warmomvormen. Het smeden van staal wordt traditioneel als een warmomvormproces gezien, maar het munten en het kopstuiken van bijv. spijkers zijn in feite smeedprocessen, die bij kamertemperatuur plaatsvinden.

Bij de verdere behandeling van de stof zal de onderstaande indeling op basis van de aard of vorm van het uitgangsmateriaal, alsmede het type eindproduct, worden aangehouden:

1) **Massief omvormen**
   Hierbij wordt uitgegaan van staf-, draad-, buis- of profiel-materiaal en kenmerkt het werkstuk zich door een relatief kleine oppervlakte/volume verhouding.
   Het krachtenspel is 3-dimensionaal en drukspanningen spelen meestal een hoofdrol. Het omvormproces veroorzaakt zowel in vorm als dikte een grote verandering, waarbij de elastische terugvering meestal te verwaarlozen is.
   Op basis van de vorm van de eindproducten kan een verdere onderverdeling gemaakt worden in:
   - **Continu verlopende processen**, zoals walsen, extruderen en trekken, voor de vervaardiging van halffabricaten.
   - **Cyclisch verlopende processen** zoals smeden, voor de vervaardiging van discrete (ruwe) eindproducten.

2) **Omvormen van plaat**
   Hierbij wordt uitgegaan van gewalste plaat en kenmerkt het werkstuk zich door een zeer groot oppervlak in vergelijking tot het volume.
   De spanningen in de richting loodrecht op de plaat zijn in het algemeen verwaarloosbaar klein ten opzichte van die in het vlak van de plaat. De uitgeoefende krachten zijn trekkrachten of een combinatie van trek- en drukkrachten. Het omvormproces veroorzaakt een grote vormverandering, maar een kleine (vaak ongewenste) verandering in dikte, waarbij een aanmerkelijke elastische terugvering kan optreden. Bij de omvormprocessen voor plaat,

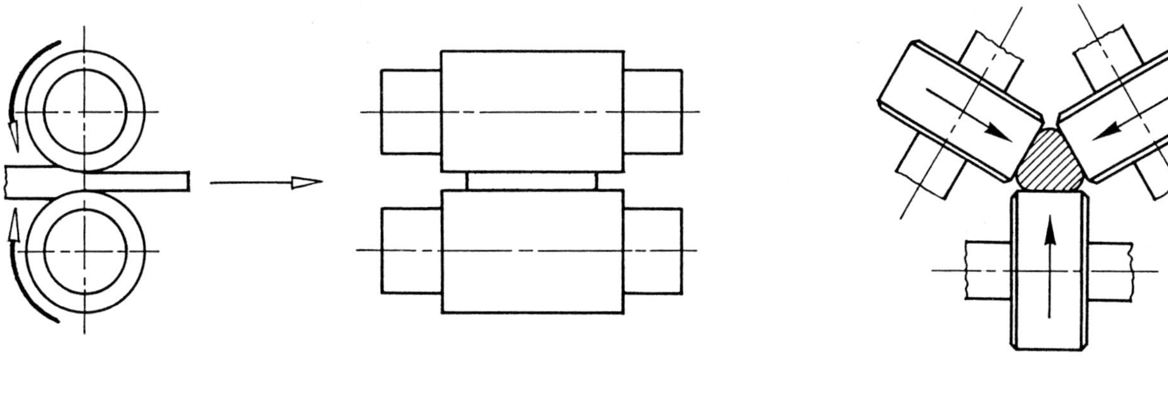

a b

Figuur 3.4 Vlak- (a) en profielwalsen (b)

zoals buigen, rekvormen, forceren en dieptrekken, ontstaan hoofdzakelijk discrete producten.

3.4 Massief omvormen

3.4.1 Walsen

Walsen is een proces, waarbij de doorsnede van een relatief lang werkstuk door middel van drukkrachten met behulp van één of meer paren draaiende walsrollen in afmeting en/of vorm veranderd wordt; meestal gaat het om het aanbrengen van een diktevermindering (figuur 3.4a). Hierbij kan een onderscheid gemaakt worden tussen **langs- en schuinwalsen** (figuur 3.5). Bij het langswalsen beweegt het materiaal zich loodrecht op de as van de walsrol. Bij het schuinwalsen is er een draaibeweging van het materiaal en een voedingsbeweging in de richting van de lengte-as van het materiaal.
Deze twee groepen kunnen verder in het **vlak- en profielwalsen** worden onderverdeeld (figuur 3.4). Door profielwalsen kunnen zowel massieve als holle profielen worden vervaardigd.

Het proces kan zowel warm, halfwarm als koud verlopen. De grove, brosse gietstructuur van het uitgangsmateriaal (de ingot) wordt bij het warmwalsen door middel van rekristallisatie omgezet in een fijnkristallijne, ductile kneedstructuur. Warmgewalste producten hebben een vrij ruw oppervlak en een beperkte maatnauwkeurigheid. Platen en profielen met hoge eisen ten aanzien van de maatnauwkeurigheid en oppervlaktekwaliteit worden na warmwalsen koudgewalst. Door koudwalsen wordt via de ingebrachte koudversteviging ook de sterkte van het materiaal verbeterd en wordt bovendien bij zacht staal gezorgd voor een continue overgang tussen het elastisch en plastisch gebied, hetgeen bij uitgegloeid zacht staal niet het geval is. Op deze wijze wordt blanke dunne plaat tot ca. 3 mm vervaardigd; een bijzondere kwaliteit daarvan is de dieptrekkwaliteit (zie paragraaf 3.5.4).
Bij warmwalsen ligt de walstemperatuur rond de 450°C voor aluminium-legeringen, maximaal op ca. 1200°C voor ongelegeerde staalsoorten en maximaal op ca. 1650°C voor hittebestendige legeringen.

Het basisproces is **vlakwalsen**, waarbij het gewalste product een plaat of folie is. De walsbreedte bedraagt maximaal 5 m en de dikte van het gewalste product varieert tussen ca. 150 mm en 0,0025 mm. Zoals in

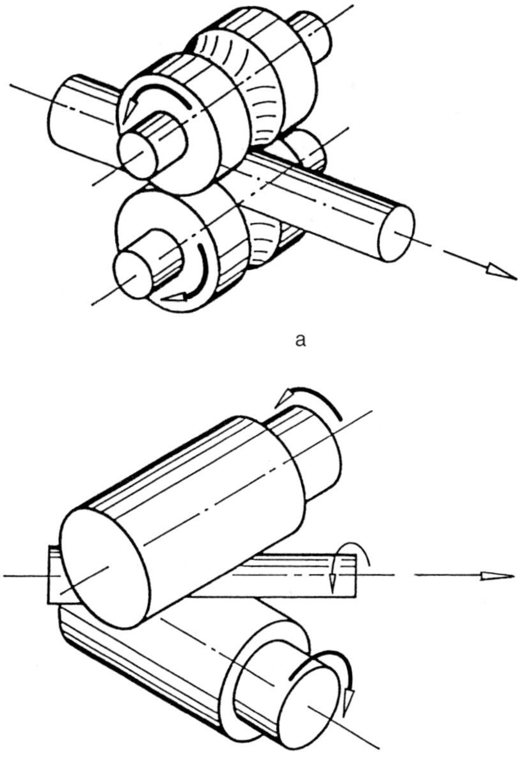

a

b

Figuur 3.5 Langs- (a) en schuinwalsen (b)

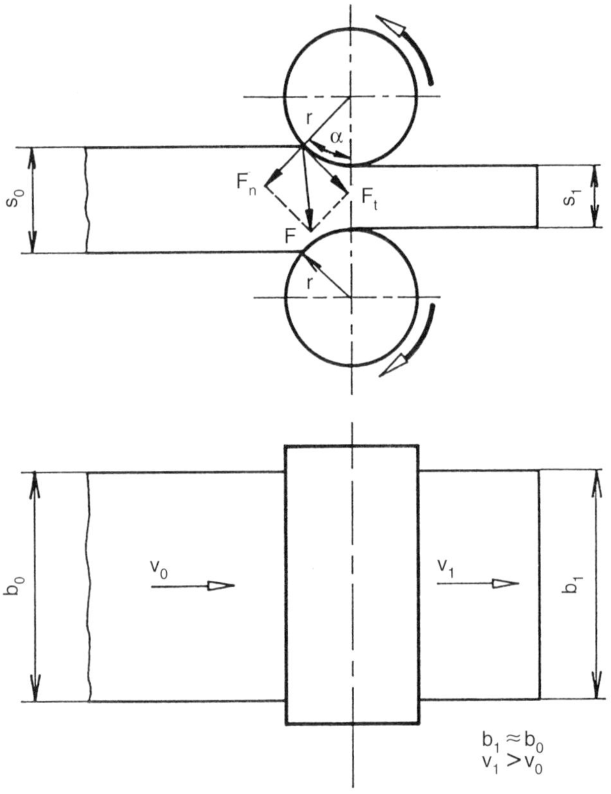

Figuur 3.6 Het walsen van plaat

figuur 3.6 weergegeven, wordt de plaat met dikte s_0 in de walsspleet met behulp van een paar draaiende walsrollen gereduceerd tot een dikte s_1. Plaat wordt, in tegenstelling tot strip, gekenmerkt door een zeer grote verhouding tussen breedte en dikte. De wrijving zorgt er in dat geval voor, dat ondanks een aanzienlijke diktereductie, de plaatbreedte b bij goede benadering constant blijft. Omdat, zoals bij iedere plastische vervorming, ook het volume V constant blijft, leidt dit tot de volgende betrekking:

$$V_0 = s_0 \times b \times l_0 = s_l \times b \times l_1 = V_1$$
$$\Downarrow$$
$$s_0 \times l_0 = s_1 \times l$$

De materiaal- of volumestroom vóór en na het walsen is:

$$s_0 \times b \times v_0 = s_1 \times b \times v_1$$
$$\Downarrow$$
$$s_0 \times v_0 = s_1 \times v_1$$

De deformatie, waardoor het verschil tussen begin- en eindsnelheid (v_0 en v_1) ontstaat, wordt verwezenlijkt door de wrijvingskrachten, die tussen de plaat en de walsrollen optreden. De wrijving is dus essentieel voor de uitvoering van het walsproces, hetgeen ook uit onderstaande formule voor de maximaal haalbare **diktereductie** $(s_0\text{-}s_1)_{max}$ blijkt:

$$(s_0 - s_1)_{max} \approx \mu^2 \times r$$

Hierin is μ de wrijvingscoëfficiënt tussen de plaat en de walsrollen, en r de straal van de walsrollen.

Bij het invoeren wordt het materiaal slechts dan in de walsspleet getrokken als aan de **meeneemvoorwaarde** voldaan is (zie figuur 3.6):

$$F_t \times cos\alpha \geq F_n \times sin\alpha$$

Daaruit volgt met $F_t = F_n \times \mu$ dat

$$F_n \times \mu \times cos\,\alpha \geq F_n \times sin\,\alpha$$
$$\Downarrow$$
$$tan\,\alpha \leq \mu$$

De grootte van de **meeneemhoek** α wordt door de walsroldiameter alsmede de diktereductie bepaald.

Bij een verkleining van de walsroldiameter zal de walskracht afnemen. Bovendien zal de buigstijfheid van de walsrol hierdoor aanzienlijk verminderd worden. De elastische doorbuiging van de walsrollen leidt tot een productdoorsnede met een niet-constante dikte (figuur 3.7a), hetgeen echter in belangrijke mate vermeden kan worden door het toepassen van tonvormig geslepen walsen (figuur 3.7b) of het toepassen van steunrollen (figuur 3.9d).
Zowel uit de meeneemvoorwaarde als uit de formule voor de maximaal haalbare diktereductie blijkt dat een grote wrijvingscoëfficiënt gunstig is. Daar staat echter tegenover dat met toenemende wrijving ook de wals-

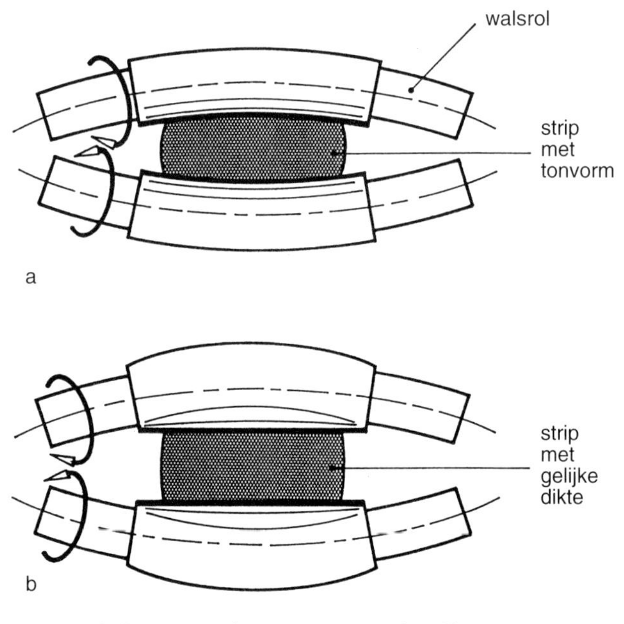

Figuur 3.7 Doorbuigen van walsrollen

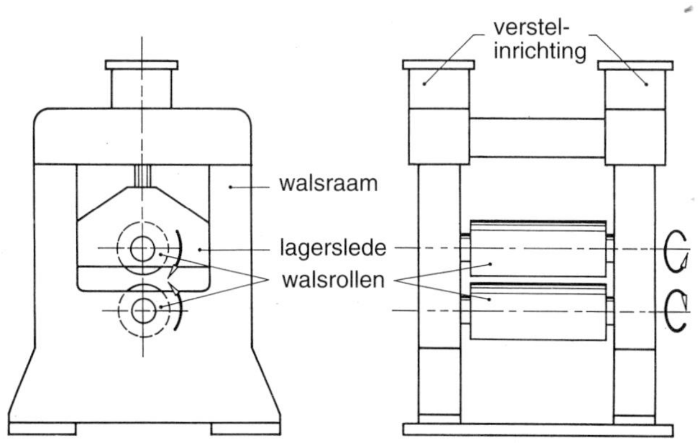

Figuur 3.8 Het walswerktuig

krachten alsmede het benodigd walsvermogen toenemen. Bovendien zullen de walsrollen dan sterker slijten en zal de oppervlaktekwaliteit van de gewalste plaat afnemen. In de praktijk zal dus een compromis gevonden moeten worden.

Een **walswerktuig** bestaat in feite uit een walsraam voorzien van walsrollen (figuur 3.8). Walsramen uit één stuk zijn doorgaans stijver dan die met een gemonteerde dwarsbalk aan de bovenzijde. Onder belasting zal het walsraam in meerdere of mindere mate uitveren, en om te voorkomen dat de walsspleet hierdoor te groot wordt, zullen de walsrollen dichter naar elkaar gesteld moeten worden.

Bij het vlakwalsen van producten met een geringe breedte-dikte verhouding neemt de stripbreedte wel degelijk toe, dit in tegenstelling tot het walsen van plaat. Deze verbreding kan worden voorkómen door gebruik te maken van verticale rollen, zgn. kantrollen.

De werkingsprincipes van de belangrijkste walswerktuigen zijn in figuur 3.9 te zien.

Duo- en trio-walswerktuigen (figuur 3.9a,b) worden vooral voor warmwalsen in de beginfase van het proces gebruikt. In het trio-walswerktuig wordt de richting van de materiaalbeweging na elke doorgang omgekeerd. De plaat wordt per cyclus doorgeleid naar de bovenste walsspleet, gewalst en weer neergelaten naar het onderste rollenpaar.

Quarto- of vierling-walswerktuigen (figuur 3.9c) en het walstuig in **tros** opstelling (figuur 3.9d) zijn ontwikkeld op basis van het principe, dat walsen met kleinere diameters minder walskracht en vermogen vereisen. Bovendien kunnen dunnere walsen gemakkelijker en goedkoper vervangen worden. De problematiek van het doorbuigen van dunnere walsrollen is met de steunrollen opgelost. Het tros-walstuig is bijzonder geschikt voor het koudwalsen van dunne strip en/of van materialen met grote sterkte.

Dikwijls wordt een aantal walswerktuigen achter elkaar gegroepeerd zodanig dat een **continue walsstraat** (figuur 3.10) ontstaat. Dit vraagt evenwel een lange fabriekshal. Aangezien de doorvoersnelheid bij

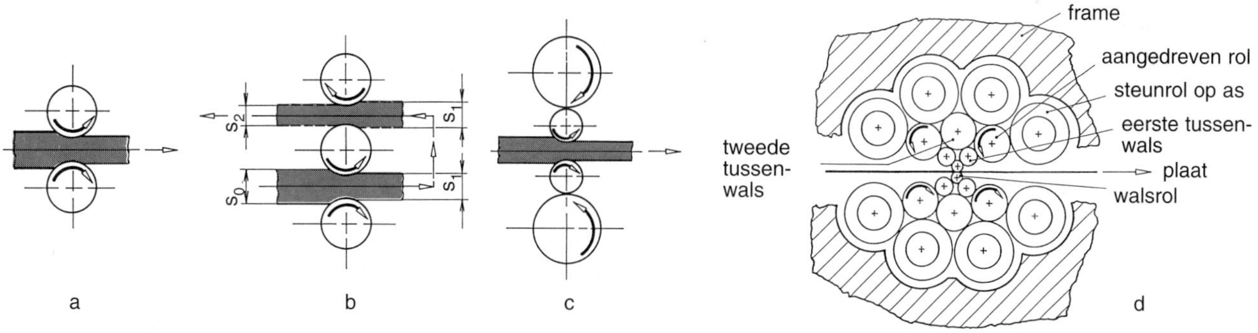

Figuur 3.9 Werkingsprincipes van walswerktuigen: duo (a), trio (b), quarto (c) en tros (d) walstuig

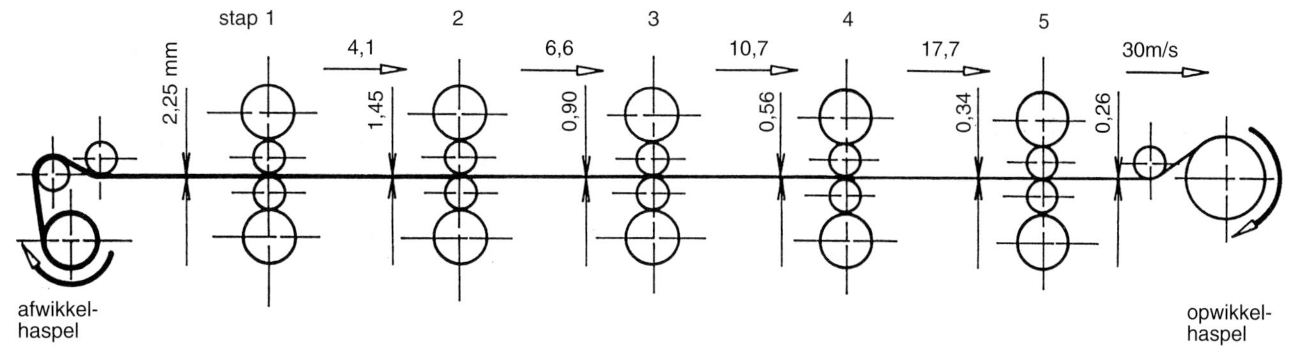

Figuur 3.10 Continue walsstraat

iedere deformatiestap toeneemt is de besturing van een continue walsstraat niet eenvoudig. Behalve plaat kan ook profiel, zoals staf met een ronde of rechthoekige doorsnede, buis, spoorrails en staalprofiel, gewalst worden door gebruik te maken van een aantal speciaal ontworpen, geprofileerde walsrollen. Figuur 3.11 laat als voorbeeld zien hoe een H-profiel in zes stadia tot stand komt.

Schuinwalsen is geschikt voor het reduceren van cilindrische profielen. Een bijzondere uitvoering is het **Mannesmann-proces** (figuur 3.12). Hiermee kunnen naadloze dikwandige buizen worden gewalst. Het schuinwalsen van de ronde massieve staf in het warmomvormgebied doet een holte op de hartlijn van het stafmateriaal ontstaan. Een vaste doorn zorgt ervoor dat deze holte uitzet en brengt de binnendiameter op de juiste maat. Hierbij is het van wezenlijk belang dat het uitgangsmateriaal van goede kwaliteit is.

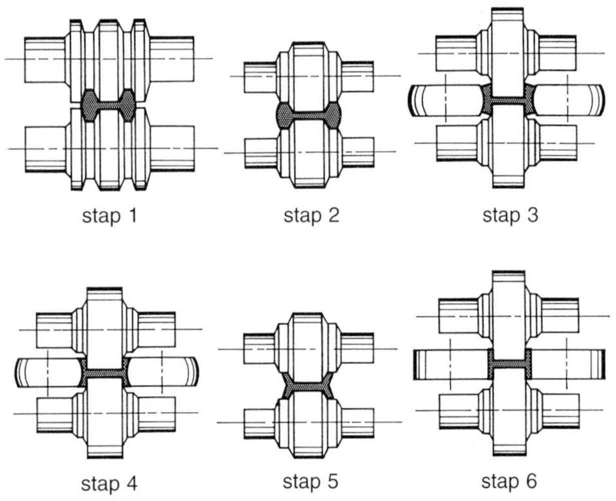

Figuur 3.11 Het walsen van een H-profiel

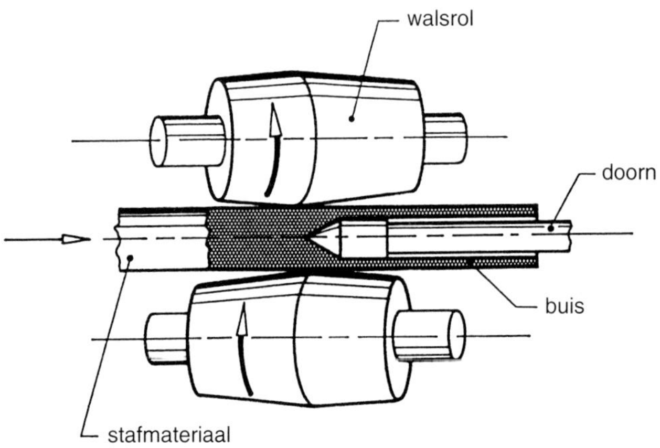

Figuur 3.12 Het walsen van naadloze buis

Figuur 3.13 toont hoe uitgaande van ronde buis vierkante buis vervaardigd kan worden door vlakke walsen in een geschikte opstelling.

Ook het rollen van schroefdraad kan als een vorm van profielwalsen gezien worden (figuur 3.14). Het cilindrische werkstuk ligt op een steun tussen de walsen waarop het gewenste schroefdraadprofiel is aangebracht. De diameter van de schroefdraad van het werkstuk wordt door de ingestelde walsspleet en de uitgangsdiameter bepaald.

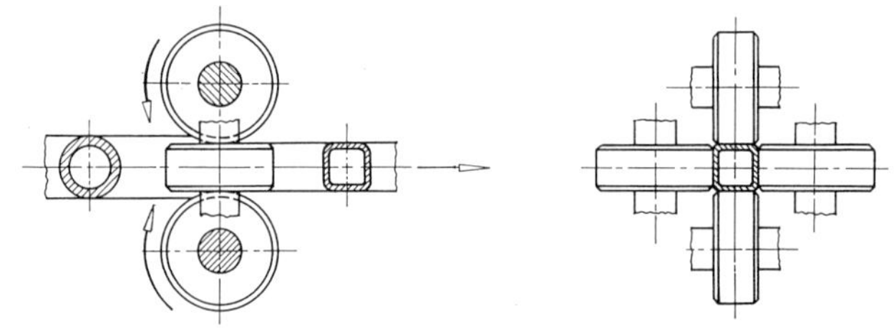

Figuur 3.13 Profielwalsen van buis

3.4.2 Extruderen

Bij het extruderen wordt het uitgangsmateriaal met behulp van een stempel door een matrijsopening geperst (figuur 3.15a). Het product, een staf, buis of profiel, kan nagenoeg alle doorsnede-vormen hebben. Afhankelijk van de eindvorm onderscheidt men staf- en buisextrusie. De extrusielengte wordt bepaald door

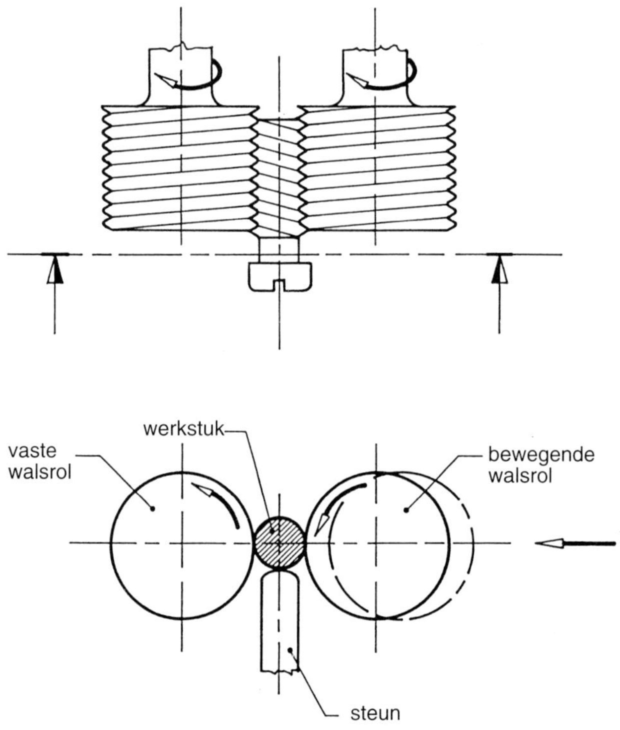

Figuur 3.14 Schroefdraad rollen

het volume van de uitgangsblenk. Door het extrusieproduct op de gewenste maat af te korten, ontstaan discrete onderdelen (figuur 3.16). Materialen die in de praktijk dikwijls geëxtrudeerd worden, zijn aluminium, koper, lood, magnesium, gelegeerde en C-staalsoorten. Omdat de lengte van de blenk in verband met de slag en de perskracht van de machine beperkt is (zie paragraaf 3.6), is extrusie een semi-continue proces. Voor de "seat-rail" van de Fokker 100 (zie figuur 3.17a) wordt geëxtrudeerd profiel (figuur 3.17b) als uitgangsmateriaal gebruikt.

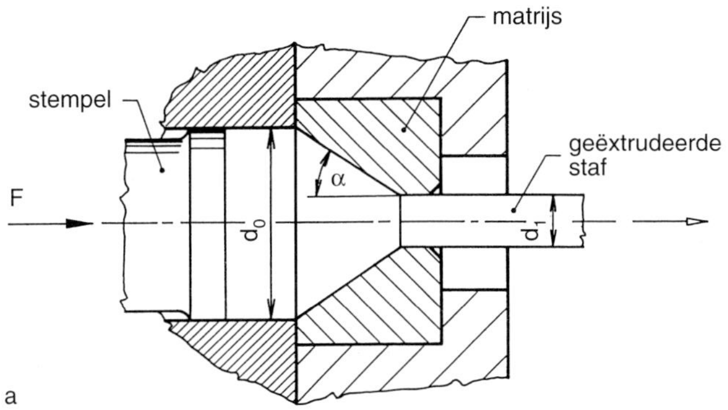

a

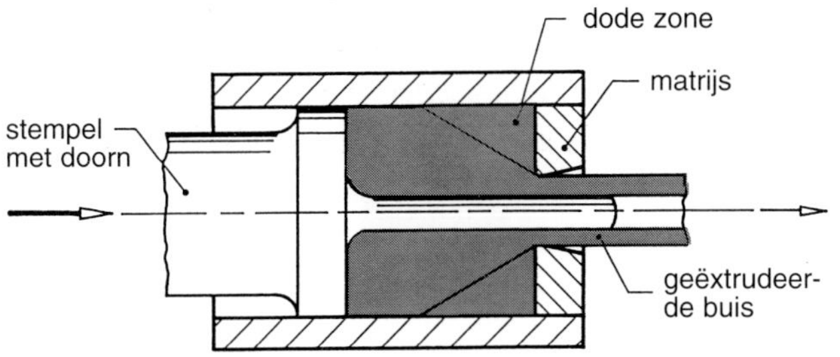

b

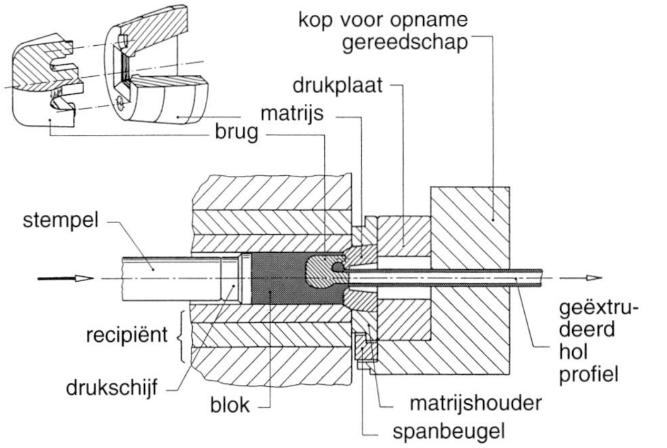

c

Figuur 3.15 Meelopende extrusie van staf (a), van buis (b) en van holle profielen m.b.v. brugmatrijs (c)

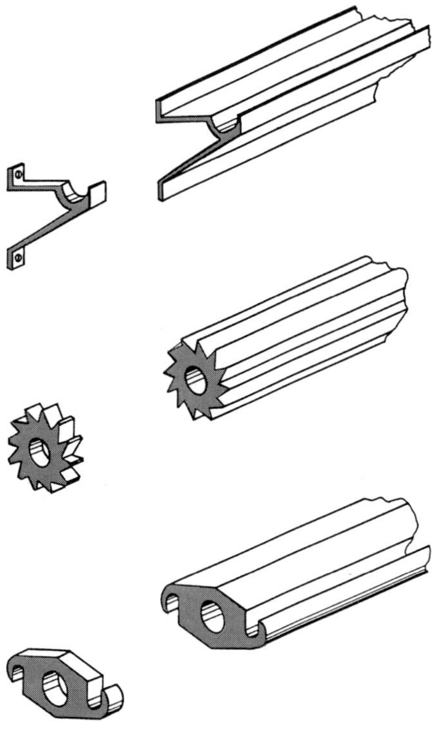

Figuur 3.16 Extrusieproducten

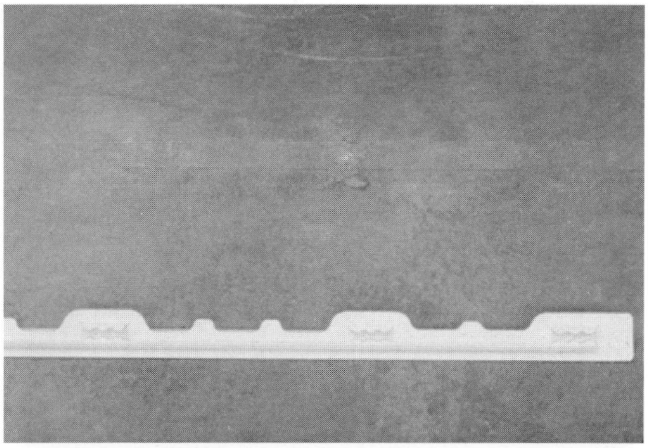

a

b

Figuur 3.17 De "seat-rail" van de Fokker 100 (a) en het daarvoor gebruikt extrusieprofiel (Al-legering, ca. 80×40 mm) (b)

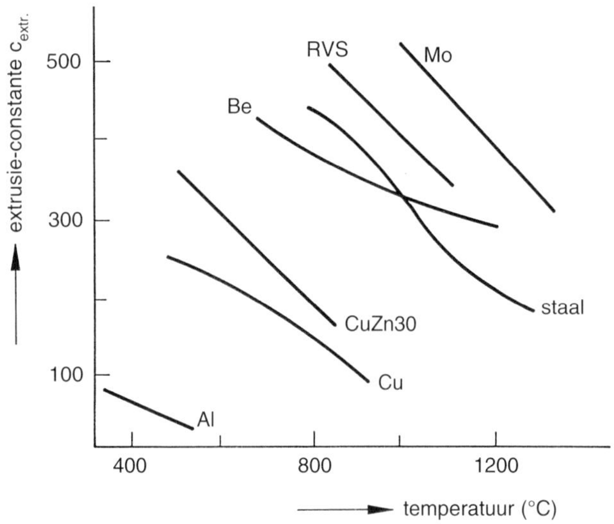

Figuur 3.18 De extrusie-constante voor diverse metalen

Bij het basisproces, het **meelopend extruderen**, verplaatst het materiaal zich in dezelfde richting als het stempel (figuur 3.15a). De matrijs bepaalt de vorm en afmetingen van de doorsnede van het product. Bij buisextrusie is het gereedschap van een doorn voorzien (figuur 3.15b) of wordt een brugmatrijs gebruikt (figuur 3.15c); hierdoor ontstaan holle profielen.
Bij meelopend extruderen wordt de geometrie van de extrusiematrijs mede bepaald door de matrijshoek α (figuur 3.15a). Bij grote waarden van α (in de praktijk vaak 90°) ontstaat een **dode zone** (figuur 3.15b). Het achtergebleven materiaal, de **blokrest**, dient later van het product te worden gescheiden.
De voor extrusie benodigde kracht is afhankelijk van de sterkte van het werkstukmateriaal, de doorsnedeverandering, de wrijving tussen het werkstuk en de matrijs en van procesparameters zoals temperatuur en extrusiesnelheid. De kracht voor koudextrusie kan worden benaderd met de empirische betrekking:

$$F_{extr-k} = A_0 \times a \times H^m \times \left(ln \frac{A_0}{A_1} \right)^n$$

waarin A_0 en A_1 de doorsneden zijn resp. van de blenk en van het product. In deze formule stelt H de materiaalhardheid in HV voor en zijn a en m constanten, terwijl n de verstevigingsexponent is.
In het geval van warmextrusie geldt voor de kracht:

$$F_{extr-w} = A_0 \times c_{extr} \times ln \frac{A_0}{A_1}$$

Het verloop van de waarde van de extrusie-constante c_{extr} als functie van de temperatuur is voor een aantal materialen in figuur 3.18 is weergegeven.

Bij **tegenlopend extruderen** beweegt het materiaal zich tegen de stempelbeweging in (figuur 3.19). Op deze wijze kunnen zowel massieve als holle profielen worden gemaakt.
Hulsextrusie is een vorm van tegenlopende extrusie, waarbij het niet-geëxtrudeerde restant van de blenk de bodem van het product vormt (figuur 3.20). Dit is dus een cyclisch verlopend proces. De wand van het hulsvormig product kan zeer dun zijn, zelfs minder dan 1% van de productdiameter; de wrijving vormt dan de fysische begrenzing van het proces.

Voor metalen en legeringen, die bij kamertemperatuur onvoldoende omvormbaar zijn, wordt het extrusiepro-

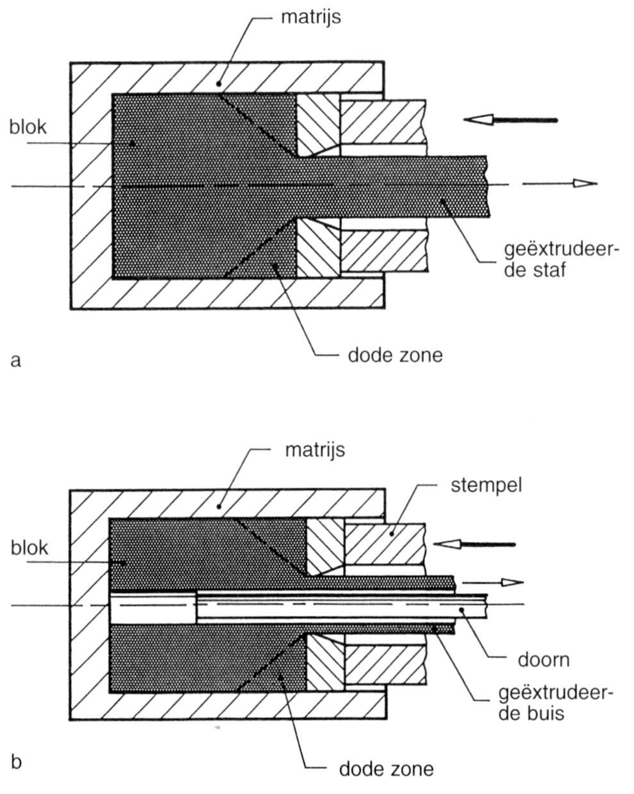

Figuur 3.19 Tegenlopende extrusie van staf (a) en van buis (b)

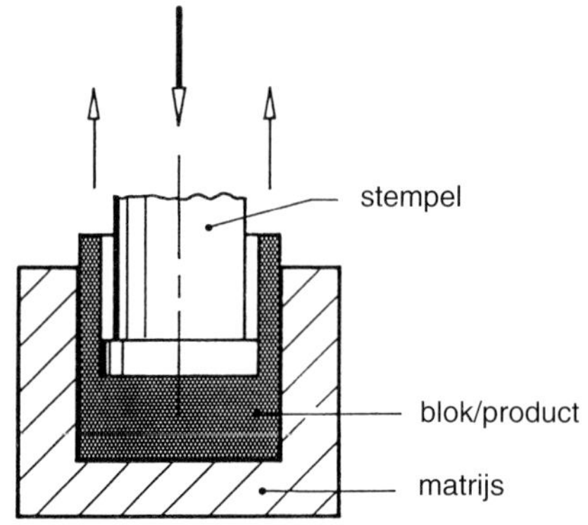

Figuur 3.20 Hulsextrusie

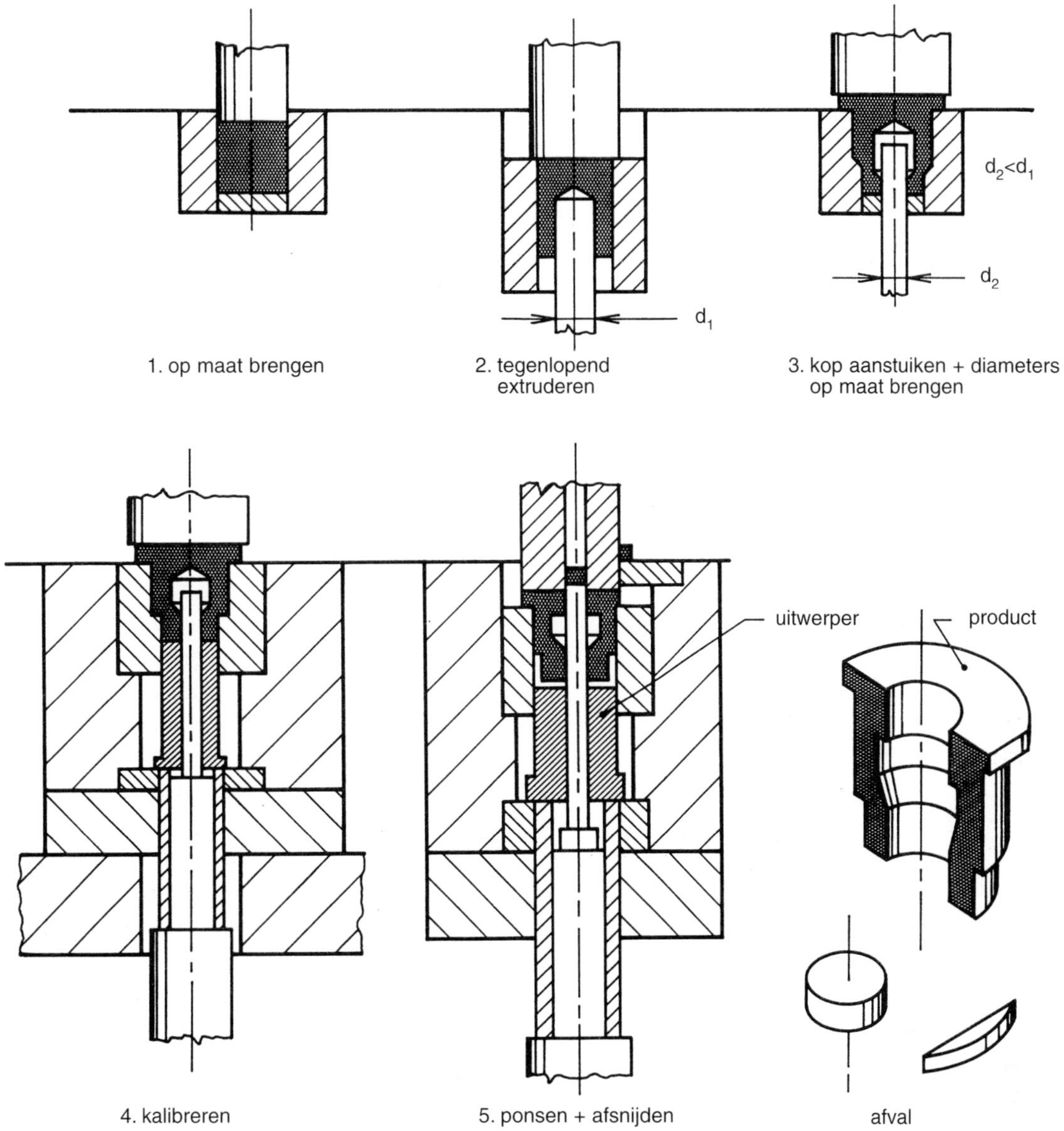

Figuur 3.21 Combinatie van extrusie met andere bewerkingen

ces op hogere temperatuur uitgevoerd. Een andere reden om warm te extruderen zouden de lagere proceskrachten kunnen zijn, en in verband hiermee de grotere haalbare oppervlaktereducties. Extrusie bij hogere temperatuur heeft echter ook nadelen. De gereedschapslijtage kan zeer groot zijn. Daarom worden snel slijtende gereedschaponderdelen meestal zo gemaakt, dat ze gemakkelijk uitwisselbaar zijn.
Tenzij de blenk in een oven met schutgas verhit is, ontwikkelt zich hierop een oxydelaag. Deze oxydelaag beïnvloedt het wrijvingsgedrag tussen gereedschap en werkstukmateriaal, en daarmee ook de oppervlaktekwaliteit van het eindproduct.
Naarmate de omvormtemperatuur stijgt, levert de noodzakelijke smering van het proces steeds meer problemen op. Vloeibaar glas is een voortreffelijk smeermiddel voor het warm extruderen van staal en hittebestendige legeringen.

De meeste lange geëxtrudeerde producten, in het bijzonder die met een kleine doorsnede alsmede die warmgeëxtrudeerd zijn, hebben een correctie-bewerking nodig. De rechtheid kan door koud natrekken aanzienlijk worden verbeterd, en verdraaiingen kunnen door torderen worden gecorrigeerd.
Koudextrusie wordt vaak als gecombineerde techniek toegepast, waarbij mee- en tegenlopende extrusie, soms zelfs nog tesamen met koudsmeden, in één bewerking worden gecombineerd. Zo zijn met een grote vrijheid in vormgeving discrete producten te vervaardigen met een goede maatnauwkeurigheid, oppervlaktekwaliteit en sterkte. Figuur 3.21 laat een

voorbeeld zien van een product, dat op één machine in 5 stappen vervaardigd is.

Omdat extrusie een drukproces is, waarbij geen insnoering in het materiaal verwacht behoeft te worden, zullen de maximaal toelaatbare vlaktedruk op het gereedschap en de wrijving als begrenzing van het proces fungeren. In dit verband is zowel de keuze van het gereedschap-materiaal als van het smeermiddel essentieel.

Bij **hydrostatische extrusie** wordt de benodigde drukkracht door een vloeistof op de blenk overgebracht (figuur 3.22b). Dit medium omsluit het uitgangsmateriaal, waardoor de wrijvingskrachten nagenoeg nul zijn. Een ander zeer gunstig gevolg is, dat de radiale en de axiale (druk)spanning in de blenk gelijk zijn. Moeilijk omvormbare materialen, zoals zink, wolfram en gietijzer kunnen door de hydrostatische spanningstoestand toch geëxtrudeerd worden.

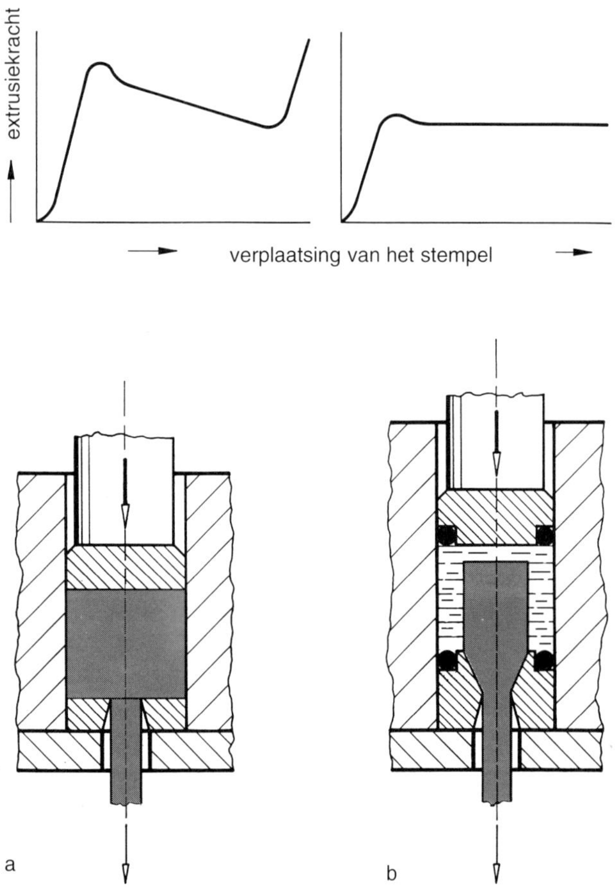

Figuur 3.22 Vergelijking tussen conventioneel meelopende (a) en hydrostatische extrusie (b)

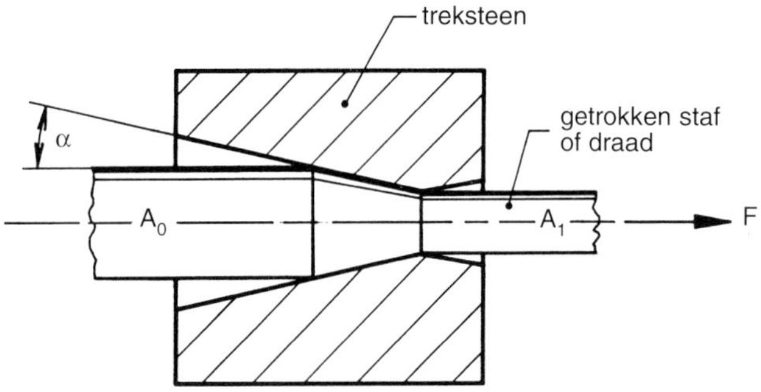

Figuur 3.23 Trekken

Een vergelijking tussen het walsen en het extruderen van profielen laat zien dat:
- Bij walsen zijn grotere profieldoorsneden mogelijk;
- Bij extruderen is de vrijheid in vormgeving groter;
- Door het aanbrengen van uitsparingen in de walsrollen kan een gewalst profiel van ribbels voorzien worden, zoals voor betonstaal;
- Een extrusiematrijs is aanzienlijk goedkoper dan een overeenkomstige set walsrollen. Walsen wordt dan ook alleen maar toegepast voor genormaliseerde profielen; met extrusie kunnen ook door de klant gespecificeerde profielen, in relatief kleine hoeveelheden, economisch verantwoord worden vervaardigd. In een bepaald geval bleek dit bij duizend meter reeds het geval te zijn.

3.4.3 Trekken

Trekken is een omvormproces, waarbij de dwarsdoorsnede van een massieve staaf, draad of buis wordt gereduceerd en/of in vorm veranderd door het uitgangsmateriaal door een matrijs of treksteen te trekken (figuur 3.23). Op deze wijze kunnen verschillende massieve profielen getrokken worden, uitgaande van

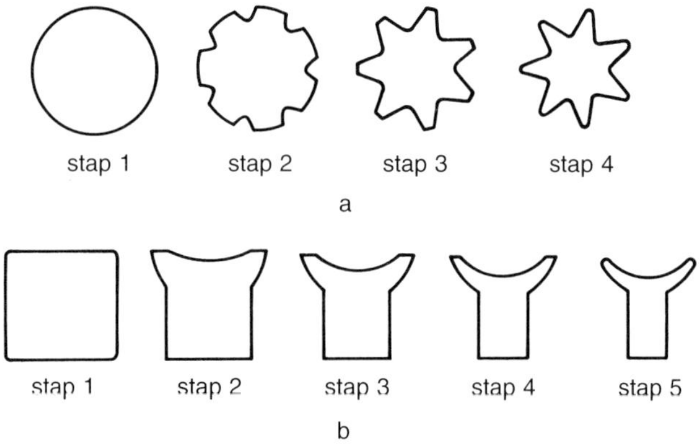

Figuur 3.24 In meer stappen getrokken producten

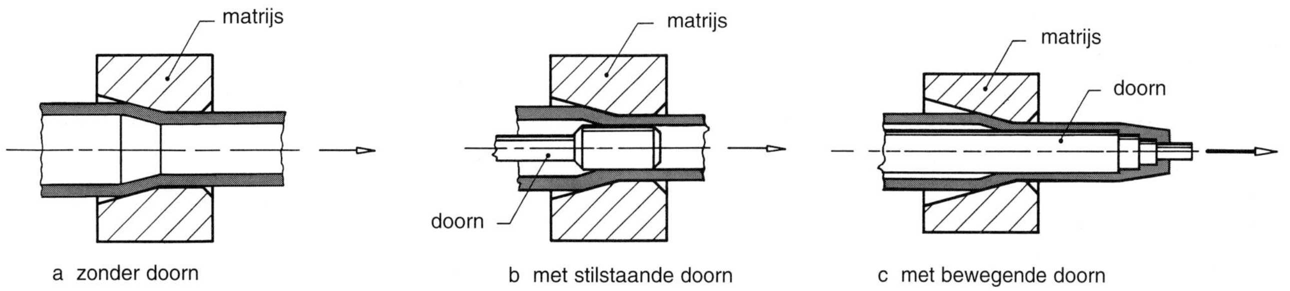

Figuur 3.25 Het reduceren van buis d.m.v. trekken

een walsdraad met een ronde of vierkante doorsnede (figuur 3.24). Ook buis (tot ca. 0,3 m diameter) kan door middel van trekken in wanddikte en/of diameter worden gereduceerd (figuur 3.25).

Bij trekken is versteviging essentieel voor een goed procesverloop, omdat de trekkracht in feite op de kleinste materiaaldoorsnede wordt uitgeoefend en daarbij geen draadbreuk mag optreden. Daarom kan trekken alleen koud worden uitgevoerd.

Het gereedschap heeft een conisch gedeelte, waarin de feitelijke reductie plaatsvindt, en een cilindrisch kalibreerdeel. De vervorming komt tot stand onder invloed van een axiale trekspanning in combinatie met de radiale drukspanningen in de deformatieconus. Om de wrijving te verminderen, moet de matrijs glad en hard zijn en goed gesmeerd worden.
Bij het trekken van grote lengtes draad neemt de binnendiameter van de treksteen langzamerhand toe door slijtage. De matrijs kan dan alleen nog op een grotere diameter worden nageslepen. Trekstenen worden vervaardigd van speciaal gereedschapstaal, hardmetaal, CBN (kubisch boriumnitride) en voor kleine diameters zelfs diamant (zie paragraaf 5.4).

Bij trekken is het uitgangsmateriaal in de regel draad met een diameter van 8 à 10 mm, of staf of buis. Behalve staal kunnen ook metalen zoals koper, aluminium en hun legeringen en zelfs wolfraamdraad worden getrokken.

De doorsnedereductie per trekstap ligt meestal rond 20%, maar kan soms meer dan 40% bedragen. Hoe groter de verstevigingsexponent des te groter de haalbare reductie. De begrenzing ligt in de treksterkte van het getrokken profiel. Grotere reducties zijn mogelijk door een aantal trekstenen achter elkaar te plaatsen. Als de taaiheid van het materiaal na een aantal trekstappen te gering wordt, dan moet het materiaal een gloeibehandeling ondergaan, voordat weer verder getrokken kan worden. De treksnelheid varieert van

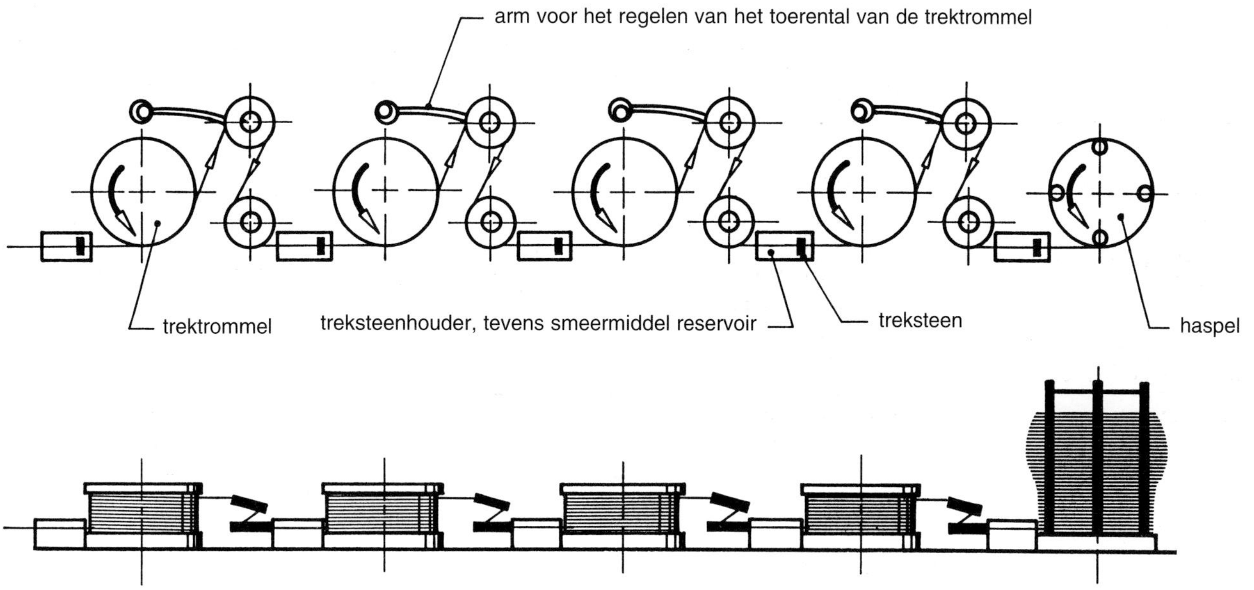

Figuur 3.26 Het trekken van draad in meer stappen met tussenaandrijving

zo'n 1-2 m/s voor zware staven tot 100 m/s voor dunne draad. Bij hoge treksnelheden neemt de temperatuur van de draad aanzienlijk toe, waardoor de (gewenste) versteviging beperkt wordt.

Er zijn in principe twee soorten trekmachines. Een trekbank met één enkele matrijs, die wordt gebruikt voor het trekken van staven en buizen van beperkte lengte, en machines met meerdere trekstenen en meerdere aangedreven trektrommels (figuur 3.26), waarop vaak kilometers lange draad wordt getrokken in meerdere stappen.

3.4.4 Smeden

Smeden is de verzamelnaam van cyclisch verlopende omvormprocessen, waarbij het werkstuk door drukkrachten wordt omgevormd. In tegenstelling tot de voorafgaande omvormprocessen (walsen, extruderen en trekken) is smeden een vervaardigingsmethode voor discrete producten. In vergelijking met gegoten materiaal is gesmeed materiaal sterker en taaier als gevolg van een aanmerkelijk betere homogeniteit en fijnere structuur. Het smeedproces is dan ook geschikt voor de fabricage van hoog belaste constructie-onderdelen, zoals onderdelen van de wielophanging en aandrijfcomponenten van auto's, landingsgestellen en andere vliegtuigonderdelen. Figuur 3.27 laat twee verstijvingselementen van de Fokker 100 zien, beide bevinden zich tussen de zijramen van de cockpit.

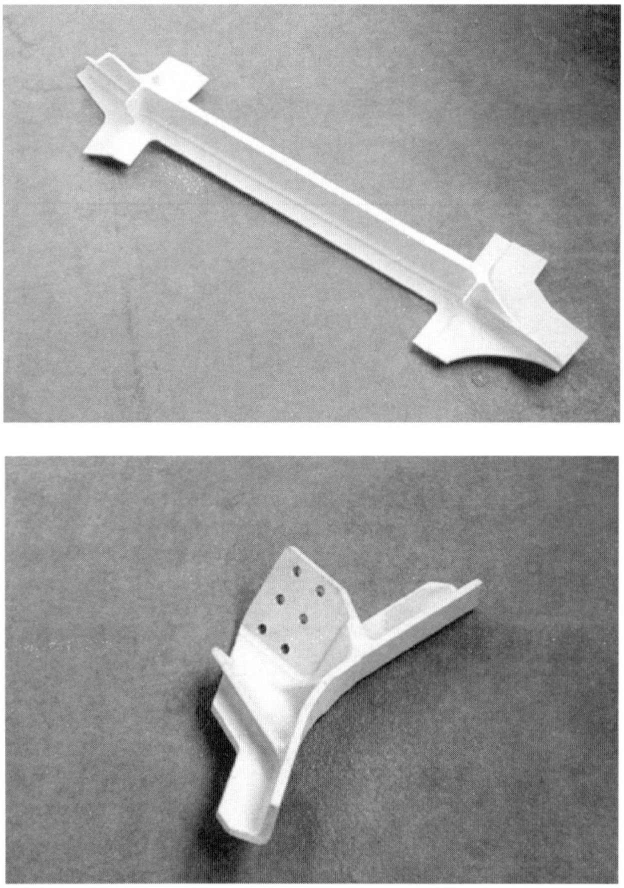

Figuur 3.27 Matrijsgesmede Fokker 100 onderdelen: raamstijl (Al-legering, ca. 940 mm lang) (a), en "boomerang" (Al-legering, ca. 300×100 mm) (b)

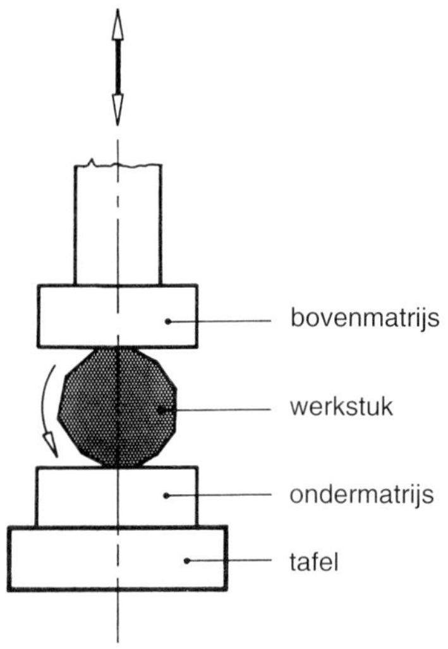

Figuur 3.28 Vrij smeden

Hoewel smeden in het algemeen een warmomvormproces is, kan het ook op kamertemperatuur worden uitgevoerd. Warmsmeden vereist een relatief lage drukbelasting. De bijbehorende maatnauwkeurigheid en oppervlaktekwaliteit zijn echter ook matig. Daarom moeten warmgesmede producten in het algemeen nog een mechanische nabewerking ondergaan. Koudsmeden (vaak ook koudpersen genoemd) kenmerkt zich door hoge proceskrachten, waarbij het werkstukmateriaal voldoende ductiliteit op kamertemperatuur moet hebben. Koudgesmede producten hebben een goede oppervlaktekwaliteit en maatnauwkeurigheid.

Afhankelijk van het type gereedschap kunnen de smeedbewerkingen in twee hoofdgroepen worden onderverdeeld:

- **Vrij smeden**, waarbij de vorm van het werkstuk niet of slechts gedeeltelijk is vastgelegd in het gereedschap, doch door het manipuleren van het werkstuk ten opzichte van het gereedschap moet worden verkregen.
- **Matrijssmeden**, waarbij alle benodigde geometrische informatie van het smeedstuk in het gereedschap is vastgelegd.

Het vrij smeden wordt bij grotere werkstukken machinaal uitgevoerd (figuur 3.28). Bij het meest eenvoudi-

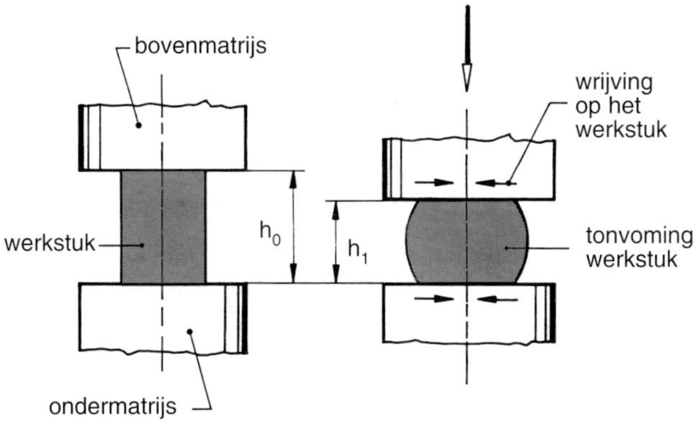

Figuur 3.29 Stuiken

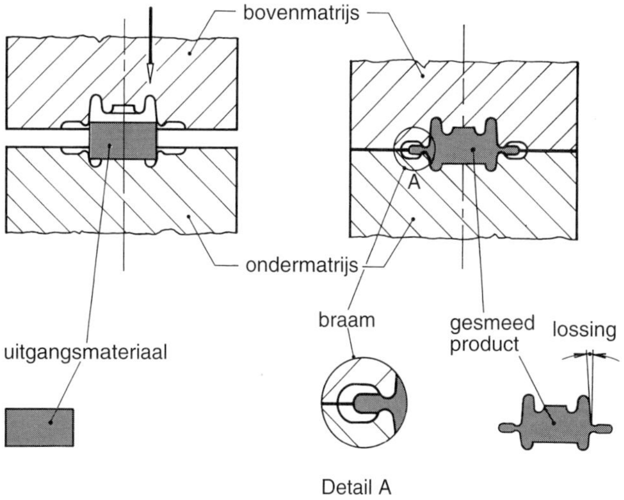

Figuur 3.31 Matrijssmeden

ge proces, het **stuiken**, wordt een werkstuk tussen een vlakke onder- en bovenmatrijs door een drukkracht in hoogte gereduceerd. Als gevolg van de wrijving en/of de temperatuurverdeling in het werkstuk en gereedschap (bij warmstuiken) zal een tonvormig werkstuk ontstaan (figuur 3.29). Om dit effect te minimaliseren moet voor een effectieve smering gezorgd worden en kan het gereedschap worden voorverwarmd.

De kracht, nodig voor het warm stuiken van een cilindrisch werkstuk, is te bepalen met de betrekking:

$$F_{stuik} = R_e \times \pi \times \frac{d_1^{\,2}}{4} \times \left(1 + \frac{\mu \times d_1}{3 \times h_1}\right)$$

waarin R_e de vloeigrens is van het werkstukmateriaal, μ is de wrijvingscoëfficiënt tussen het werkstuk en het gereedschap en d_1 en h_1 zijn resp. de diameter en de hoogte van het product. In de vergelijking vertegenwoordigt het rechter gedeelte van de term tussen haakjes de invloed van de wrijving.
Het vrij smeden wordt meestal in een aantal stappen uitgevoerd waardoor de smeedkrachten per stap en hiermee de benodigde capaciteit van de machine beperkt blijven. Omdat geen kostbaar, productgebonden gereedschap nodig is, kunnen op deze wijze zeer grote werkstukken voor een gunstige prijs vervaardigd worden. Afhankelijk van de configuratie kan onderscheid gemaakt worden tussen stuiken, **rekken, verbreden** en **rondsmeden** (figuur 3.29 en 3.30).

Bij het matrijssmeden wordt in de regel gebruik gemaakt van een gesloten matrijs met braamspleet (figuur 3.31). Het smeedproduct wordt gevormd door de sluitbeweging van de bovenmatrijs naar de ondermatrijs waarin zich het uitgangsmateriaal bevindt. Om de matrijsholte geheel met materiaal te vullen is een bepaald volume aan materiaal nodig. In de praktijk blijkt het vaak een probleem om dit volume met de vereiste nauwkeurigheid te verkrijgen. Om ervan verzekerd te zijn, dat de matrijsholte geheel wordt gevuld, dient het uitgangsmateriaal een iets groter

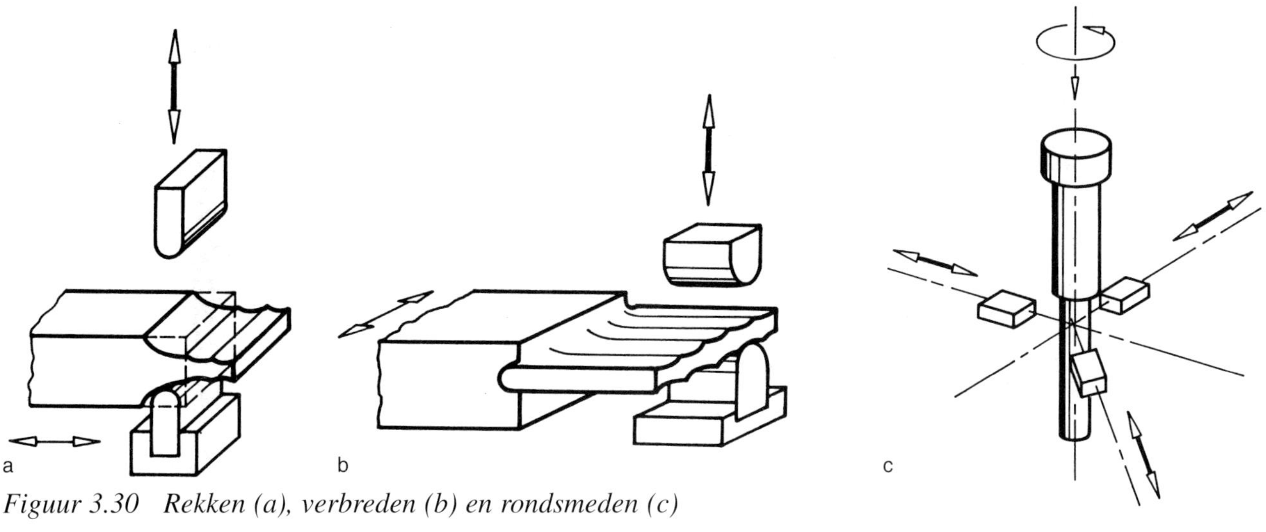

Figuur 3.30 Rekken (a), verbreden (b) en rondsmeden (c)

volume te bevatten dan het volume van de matrijsholte. Het overtollige materiaal vloeit tussen de vormholten uit en vormt een **braam**. Om dit overtollige materiaal in de braamspleet te drukken dient een hoge wrijvingsweerstand overwonnen te worden. Ook koelt het materiaal ter plaatse van de braam af. Beide verschijnselen zijn er de oorzaak van dat de druk in de matrijsholte aanzienlijk toeneemt, hetgeen een complete vulling van de holte bevordert.

Het uitgangsmateriaal is warmgewalst staf van bepaalde lengte. In het algemeen zal het gewenste product via meerdere tussenstappen worden vervaardigd, omdat de materiaalverplaatsing per stap beperkt wordt door de grootte van de perskracht. Voor iedere stap is een aparte matrijs(holte) nodig. De eerste persstappen zijn gericht op het verdelen van het materiaal, overgaand naar het aanbrengen van de ruwe vorm. Daarna wordt de uiteindelijke vorm bereikt. Tenslotte wordt de braam afgesneden. Soms is een warmtebehandeling en/of een kalibratiestap (in een nauwkeurige matrijs) vereist. Figuur 3.32 laat de verschillende stadia bij het smeden van een drijfstang zien.
Bij het vaststellen van de opwarmtemperatuur van het materiaal moet met warmteverliezen tijdens het wachten en transport rekening gehouden worden. Voordat het opgewarmde materiaal in de matrijs geplaatst wordt, moet - om de matrijs te sparen - de oxydehuid verwijderd worden. Dit gebeurt door borstelen of spuiten met water onder druk.

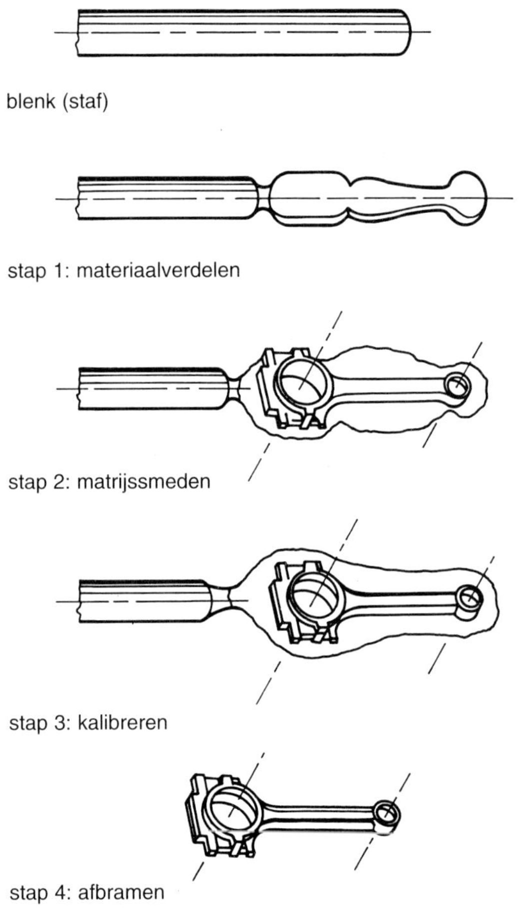

Figuur 3.32 Het smeden van een drijfstang

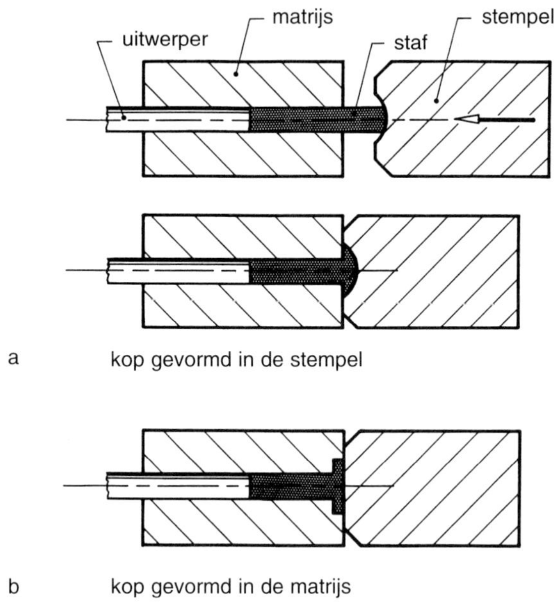

Figuur 3.33 Kopstuiken

Om economische redenen streeft men bij het smeden naar een steeds grotere nauwkeurigheid, dit om de benodigde nabewerkingen te verminderen. Dit proces wordt **precisiesmeden** (near-net-shape forging) genoemd. Hierbij is de hoeveelheid overtollig materiaal, die verwijderd moet worden, minimaal. Het proces vraagt meer tussenstappen, grotere proceskrachten en een aangepast matrijsontwerp. Ook worden hogere eisen aan de dimensionering en de eigenschappen van het uitgangsmateriaal en de beheersing van de temperatuur gesteld. Vanwege hun lage omvormweerstand zijn aluminium- en magnesium-legeringen het meest geschikt voor dit proces. Het precisiesmeden van staal is aanzienlijk moeilijker.

Bij het **munten** wordt zowel de vorm van de onderals van de bovenmatrijs (gravures) gelijktijdig in het werkstukmateriaal geperst, waarbij dit zijdelings in een ring is opgesloten. Munten is een voorbeeld van een braamloos koudsmeedproces.

Kopstuiken is een smeedproces, uitgevoerd op het uiteinde van een staf of draad. Met behulp van een stuikmatrijs wordt plaatselijk een vormverandering aangebracht (figuur 3.33). Gevaar voor knik begrenst de uitsteeklengte en daarmee het volume van de kop.

Het gereedschap voor matrijssmeden bestaat uit een boven- en een ondermatrijs. Deze matrijshelften worden of uit één stuk gemaakt of opgebouwd uit delen die in een matrijshouder zijn geplaatst. Soms moet een matrijshelft noodgedwongen gedeeld worden, zodat niet-lossende vormen uit de matrijs kunnen worden genomen. Richtlijnen voor het ontwerpen van smeedmatrijzen zijn in de literatuur [3.3] te vinden. Het gereedschapmateriaal moet taai, slijt- en warmvast zijn en tevens bestand tegen belasting- en temperatuurwisselingen. Als gevolg van het ontstaan van oppervlaktescheuren en maatafwijkingen door slijtage zal de levensduur beperkt zijn. Hierbij speelt de contacttijd tussen het hete werkstukmateriaal en de matrijs een belangrijke rol. Bij eenvoudige werkstukken bereikt men met gereedschappen van Cr-Ni-staal 10000 tot 20000 stuks en met matrijzen van Cr-W-staal 20000 tot 50000 stuks. Bij complexe werkstukken kan de levensduur van de matrijs tot 50-70% korter zijn.

Smeren vermindert de wrijving en dus ook de slijtage. Dit heeft een gunstige invloed op de proceskracht en de verdeling van het materiaal in de matrijsholte. De smeerfilm kan ook dienen als warmte-isolator tussen het hete werkstuk en het relatief koude gereedschap. Zo wordt de afkoeling van het werkstuk vertraagd, waardoor een betere rekverdeling in het materiaal ontstaat. Verder voorkomt een smeermiddel dat producten aan de matrijs hechten.

3.5 Omvormen van plaat

Bij het omvormen van plaat zijn de spanningen loodrecht op het vlak van de plaat in het algemeen verwaarloosbaar ten opzichte van de spanningen in het vlak van de plaat. De in het vlak van de plaat uitgeoefende krachten zijn trekkrachten of een combinatie van trek- en drukkrachten. De strekprocessen onder invloed van trekspanningen worden door het insnoerverschijnsel (gevolgd door breuk) begrensd. Drukspanningen in het vlak van de plaat kunnen tot ongewenste **plooivorming** leiden.

In verband met deze verschillende begrenzingen is het beoordelen van de geschiktheid van een plaatmateriaal voor omvormprocessen ingewikkelder dan bij het massief omvormen. Ten aanzien van de eigenschappen van het uitgangsmateriaal spelen niet alleen de verstevigingsexponent en de voordeformatie een belangrijke rol, maar ook de anisotropie. Een hoge n-waarde en een geringe voordeformatie zijn gunstig voor de omvormbaarheid.

Onder **anisotropie** verstaat men de richtingsafhankelijkheid van eigenschappen als gevolg van het productieproces. Na het walsen vertoont het plaatmateriaal vaak voorkeursrichtingen. Men bepaalt de mate van anisotropie met enkele trekproeven en drukt deze uit in de **anisotropiefactor** R_α Dit is de verhoudingsfactor tussen de ware rek in breedte- (ε_{br}) en in dikterichting (ε_{dik}):

$$R_\alpha = \frac{\varepsilon_{br}}{\varepsilon_{dik}} = \frac{ln(b/b_0)}{ln(s/s_0)}$$

Het is gebruikelijk, om de anisotropiefactor R_α te bepalen in de walsrichting (R_0), onder 45° met de walsrichting (R_{45}) en onder 90° met de walsrichting (R_{90}).

De **normaalanisotropie** R_n is het gemiddelde van deze waarden, ze is als volgt gedefinieerd:

$$R_n = \frac{R_0 + 2 \times R_{45} + R_{90}}{4}$$

De **planaire anisotropie** R_p karakteriseert de verschillen tussen R_0, R_{45} en R_{90}, in formulevorm weergegeven:

$$R_p = \frac{R_0 - 2 \times R_{45} + R_{90}}{2}$$

Bij het dieptrekken neemt de dieptrekbaarheid toe met de waarde van R_n. Voor koudgewalst koolstofstaal geldt dat $1,3 < R_n < 2,1$. Het dieptrekken van plaat met een planaire anisotropie ongelijk nul ($R_p \neq 0$) leidt tot oorvorming (figuur 3.34).

De invloed van het proces op de omvormbaarheid wordt bij plaat weergegeven in de **grensvervormingskromme** (figuur 3.35). Voor verschillende plaatmaterialen, verstevigingsexponenten en voordeformaties gelden steeds andere krommen. In de grafiek is de grootste optredende (positieve) rek ε_1 uitgezet als functie van ε_2, de eveneens in het vlak van de plaat werkzame rek loodrecht op ε_1. De getekende lijnen in

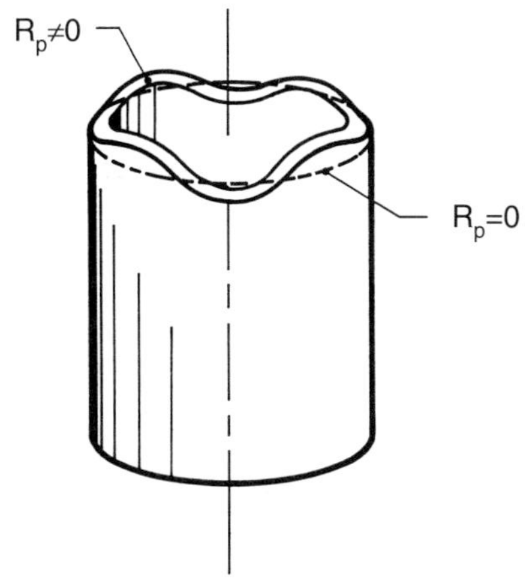

Figuur 3.34 Oorvorming

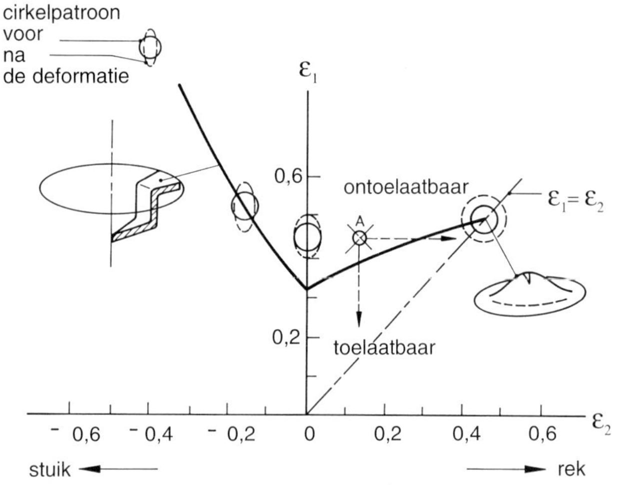

Figuur 3.35 De grensvervormingskromme

het diagram begrenzen het gebied waarin insnoering gevolgd door breuk zal optreden.

De grafiek laat zien dat de maximaal toelaatbare waarde voor ε_1 het kleinst is als ε_2=0, en dat bij negatieve waarden van ε_2 de hoogste waarden voor ε_1 mogelijk zijn. Men dient zich hierbij te realiseren, dat de rek ε_3 in de dikterichting van de plaat met ε_1 en ε_2 mee verandert, zodanig dat het totale volume constant blijft. Voor plaatmateriaal met een lagere verstevigingsexponent en/of een grotere voordeformatie verschuiven de lijnen in de grafiek naar beneden.

Als tijdens productie scheurvorming optreedt, die door een proef bijvoorbeeld in punt A gelocaliseerd wordt (zie figuur 3.35), dient één van de volgende maatregelen overwogen te worden:

1. De rek ε_2 vergroten, bijvoorbeeld door beter klemmen in die richting.

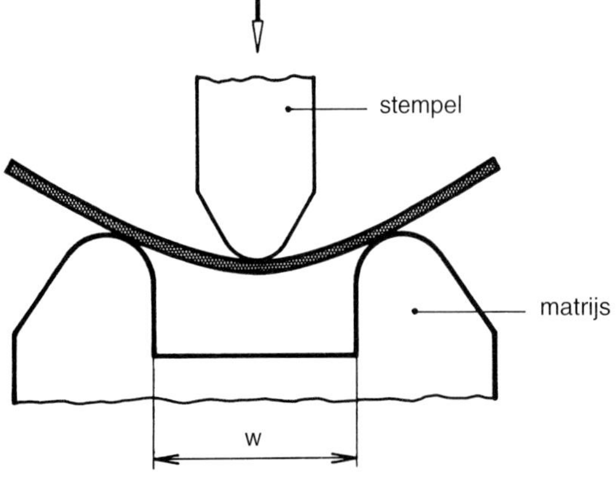

Figuur 3.36 Vrij buigen

2. Het herontwerpen van het product zodanig dat ε_1 kleiner wordt.
3. De smering verbeteren, om de rekken zich beter te laten verdelen.
4. Het toepassen van een materiaal met een grotere ductiliteit en/of een geringere voordeformatie.

3.5.1 Buigen

Buigen is een omvormproces, waarbij het materiaal onder invloed van een buigmoment aan één zijde plaatselijk zal rekken en aan de andere zijde stuiken. Buigen wordt zowel toegepast voor plaat, strip, draad, buis als profiel.

Bij het **vrij buigen** wordt een plaat met behulp van een buigstempel in een matrijsopening zodanig doorgezet (figuur 3.36), dat een driepuntsbuiging optreedt. Het spanningsverloop in de doorsnede van de plaat is in figuur 3.37 weergegeven; aan de buitenzijde treden tangentiële trekspanningen op, aan de binnenzijde tangentiële drukspanningen en in de overgangszone bevindt zich een spanningsvrije **neutrale laag**. Bij het begin van het buigproces zal deze neutrale laag in het midden van de plaat liggen, maar zodra de binnenradius van de gebogen plaat r_b kleiner dan ca. 5 maal de plaatdikte s_0 wordt, zal de neutrale laag naar de binnenzijde gaan verschuiven.

De buigradius r_b wordt van twee kanten begrensd. Enerzijds neemt de rek in de buitenste vezellaag met afnemende r_b/s_0 verhouding toe. Om mogelijke insnoering en scheurvorming te voorkomen, mag de buigradius nooit kleiner worden dan een bepaalde minimumwaarde, afhankelijk van het materiaal en de plaatdikte. Anderzijds moet de buigradius voldoende klein zijn om ook dichtbij de neutrale laag plastische deformatie te verkrijgen.
Tijdens het buigen maakt de inwendige spanningsverdeling evenwicht met het uitwendige buigend

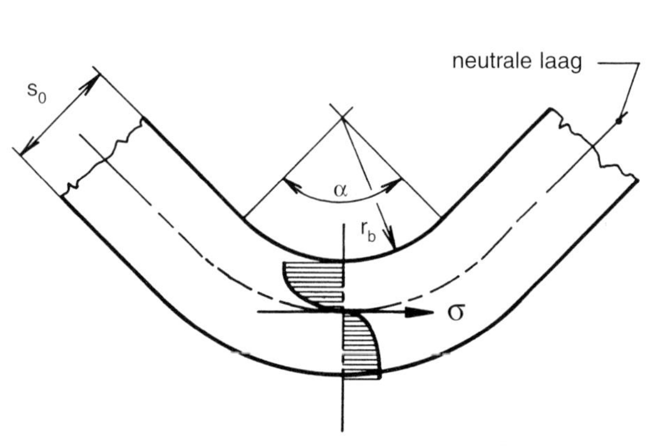

Figuur 3.37 Buigspanningen

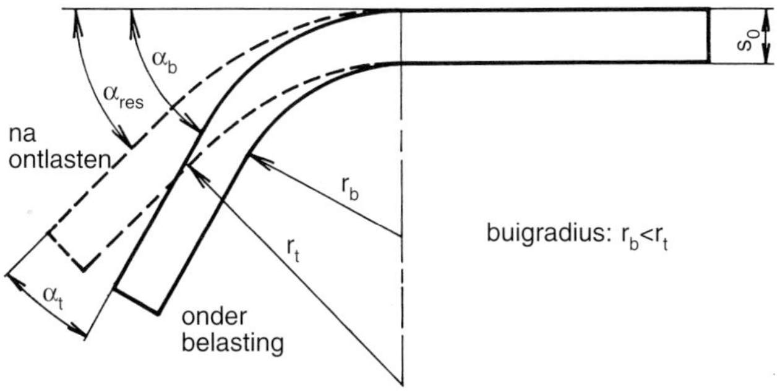

Figuur 3.38 Terugvering na het buigen

moment. Bij ontlasten zal het materiaal elastisch **terugveren** om het inwendige momentenevenwicht te herstellen (figuur 3.38). Deze terugvering neemt toe met een toenemende r_b/s_0 verhouding, alsmede een toenemende vloeigrens (R_e) en afnemende elasticiteitsmodulus (E) van het materiaal. De **terugveerhoek** wordt aangegeven met α_t, als functie van de buighoek (α_b) geeft dit:

$$\alpha_t = 3 \times \frac{R_e}{E} \times \frac{r_b + 1/2 \times s_0}{s_0} \times \alpha_b$$

De resulterende hoek na terugvering is:

$$\alpha_{res} = \alpha_b - \alpha_t.$$

Een eenvoudige schatting van de **buigkracht** bij vrij buigen onder 90° kan worden verkregen met de formule:

$$F_b = c_b \times \frac{b \times s_0^2 \times R_m}{w}$$

waar b de breedte van de strip (de lengte waarover gebogen wordt), R_m de treksterkte en w de breedte van de buigopening (zie figuur 3.36) zijn. De waarde van c_b ligt tussen de grenzen $0{,}75 < c_b < 1{,}2$ waarbij $c_b = 0{,}75$ voor het zuivere (driepunts-) vrij buigen geldt en $c_b = 1{,}2$ voor het buigen met enig nadrukken.

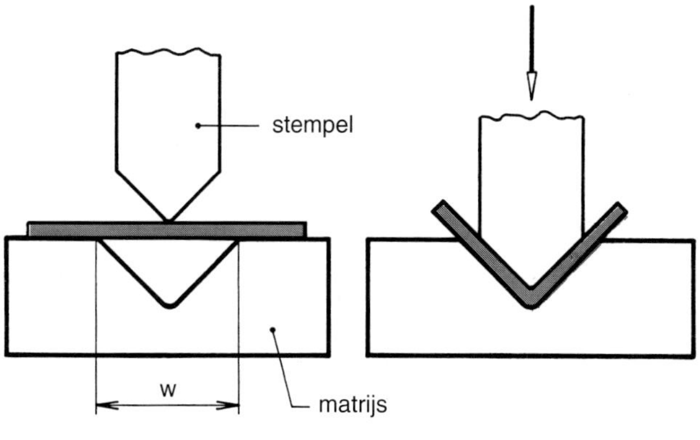

Figuur 3.39 Matrijsbuigen

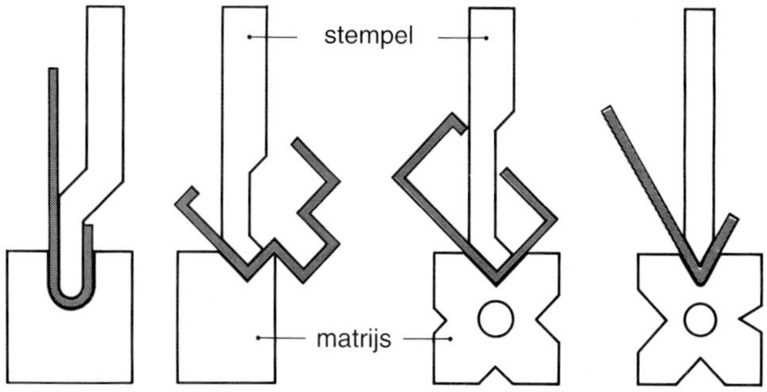

Figuur 3.40 Op een kantpers gebogen profielen

Het essentiële verschil tussen **matrijsbuigen** (figuur 3.39) en vrij buigen is dat de plaat in de matrijs nu zodanig wordt doorgedrukt, dat de kracht in de laatste fase op het gehele contactoppervlak wordt uitgeoefend. Hierdoor vereist dit proces een meer dan twee keer grotere kracht tot de maximale grootte van de perskracht. Door de grotere plastische zone zal de terugvering veel geringer zijn.

Vrij- en matrijsbuigen worden op een **kantpers** uitgevoerd. Kantpersen zijn in de regel zo breed, dat zij de te bewerken profiellengte over de hele lengte buigen (tot 16 m). Men verwerkt op deze machines plaatdikten van 0,5 mm tot 20 mm. Bij het matrijsbuigen wordt aan de beweegbare bovenbalk een buigstempel en op de vaste onderbalk een ondermatrijs bevestigd. Figuur 3.40 toont een aantal profielen, dat op een kantpers kan worden gebogen.

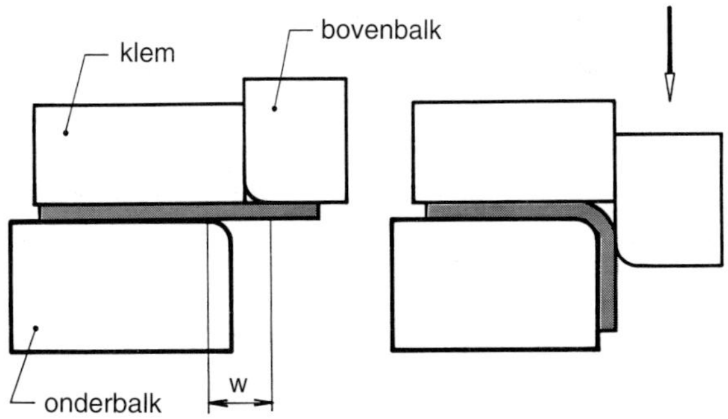

Figuur 3.41 Strijkbuigen

Bij het **strijkbuigen** (figuur 3.41) wordt de plaat op de onderbalk geklemd en verplaatst de bovenbalk zich ten opzichte van de onderbalk verticaal omlaag.
Bij matrijs- en strijkbuigen ligt de buighoek vast in de gereedschapgeometrie.

Door middel van **zwenkbuigen** worden hoeken met een kleine buigradius in plaatmateriaal aangebracht op een **zetbank**. Hierbij wordt de (dunne) plaat met behulp van een kantelende buigbalk in de gewenste

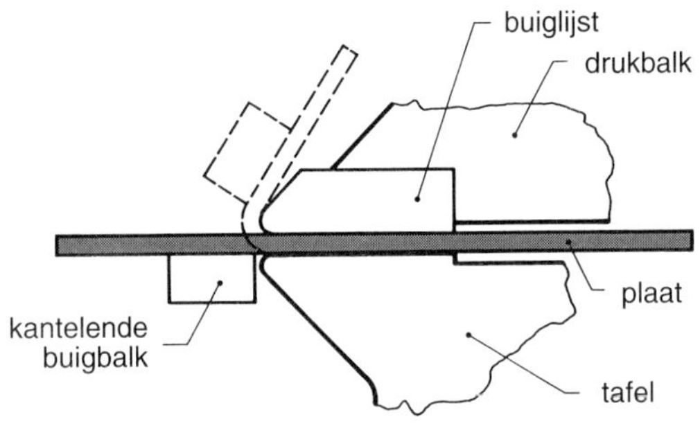

Figuur 3.42 Zwenkbuigen

hoek gebogen (figuur 3.42). Zowel het strijk- als het zwenkbuigen zijn als gevolg van de wrijving moeilijk beheersbare processen. Dit kan een grote spreiding in de buighoek alsmede beschadiging van het product tot gevolg hebben.

Bij het **rolbuigen** worden plaat en profiel met een relatief grote buigstraal door middel van buigrollen gebogen. Het materiaal wordt hierbij tussen drie buigrollen doorgevoerd, waarbij een driepuntsbuiging optreedt (figuur 3.43). Ter plaatse van de middelste rol heerst het maximale buigend moment M_b, dat de gewenste plastische vervorming veroorzaakt. Met dit proces kunnen ronde cilindermantels vervaardigd worden, en na schuinstelling van de buigwalsen ook conische werkstukken.

Bij het rolbuigen wordt de doorvoerkracht geleverd door aandrijving van de buigwalsen, en via de wrijving op de plaat overgebracht. Voor het buigen van dikke plaat is dit proces niet bruikbaar, omdat de optredende wrijvingskracht niet toereikend is om de plaat door te voeren. In dergelijke gevallen wordt de (dikke) plaat tussen twee vaste steunpunten met een buigstempel gebogen volgens het vrij buigproces.

Rolprofileren is een continu proces om bandmateriaal in een vrij groot aantal stappen met geprofileerde walsen in een gewenste profielvorm te brengen (figuur 3.44). De band wordt door de wrijving tussen de roterende walsrolparen doorgevoerd. Dit proces is alleen rendabel voor een groot productievolume. Een algemene toepassing is de fabricage van langsgelaste buis. Het profiel, dat in figuur 3.45 is te zien, wordt in de bagageruimte van de Fokker 100 toegepast.

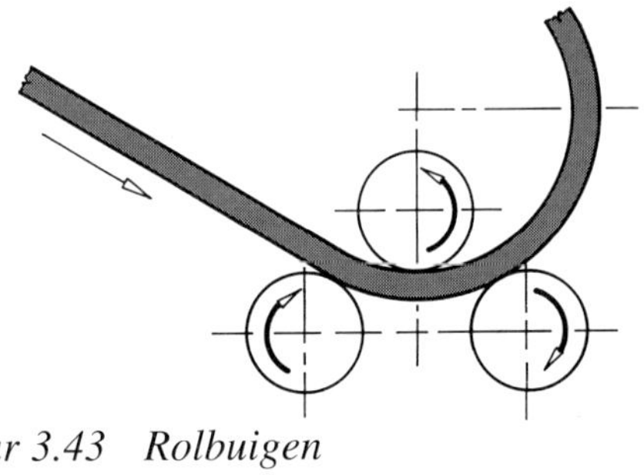

Figuur 3.43 Rolbuigen

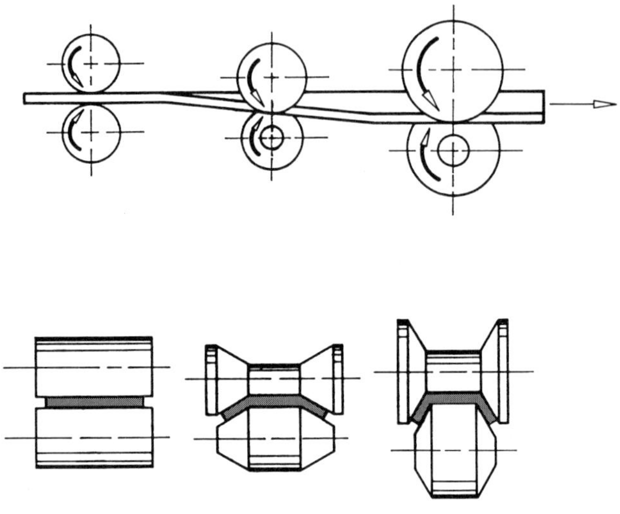

Figuur 3.44 Rolprofileren

Het uitgangsmateriaal voor plaatbuigen is in de regel uitgesneden of afgeknipt plaat- en bandmateriaal. De door het snijden verstevigde randzone loopt gevaar tijdens het buigen te scheuren. Dit gevaar kan verminderd worden door het gloeien van de plaat, het verwijderen van de snijbramen en door dwars op de walsrichting te buigen.

Het **buigen van pijp** (figuur 3.46) en ander hol profielmateriaal vereist speciaal gereedschap. Bij het vrij buigen van een pijp treedt ter plaatse van de bocht een ongewenste vervorming van de doorsnede op (figuur 3.47). Om dit te voorkomen wordt gebruik gemaakt van flexibele doornen. In figuur 3.48 wordt een pijpstuk van de Fokker 100 getoond met de hiervoor gebruikt flexibele doorn. Pijpen met een grote diame-

Figuur 3.45 Gerold aluminium profiel voor de Fokker 100, dikte 1,4 mm

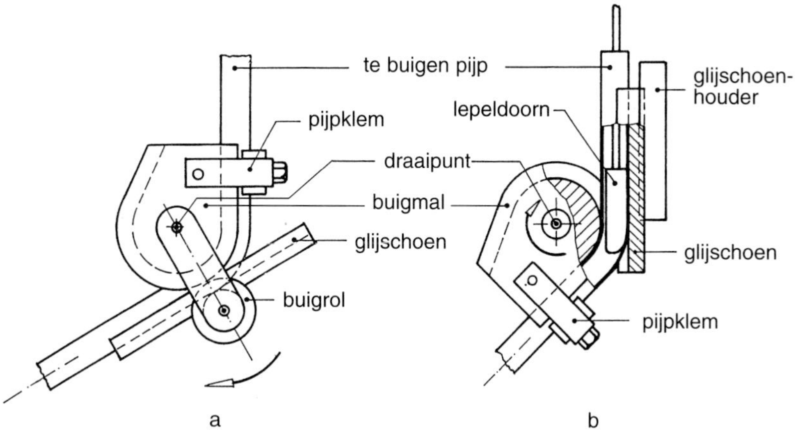

Figuur 3.46 Het pijpenbuigen zonder (a) en met behulp van een doorn (b)

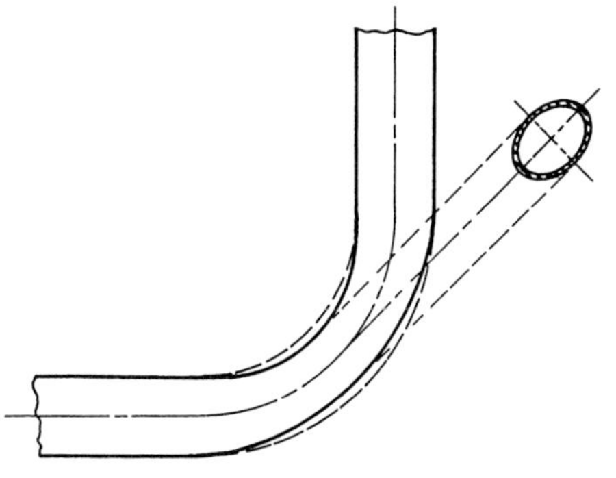

Figuur 3.47 Verandering van de doorsnede bij het pijpenbuigen

ter worden gevuld met zand. Om knikken tijdens het buigen te voorkomen zal, afhankelijk van het materiaal, voor de pijpdiameter en de wanddikte een zekere minimale buigradius moeten worden aangehouden.

3.5.2 Strekbuigen

Bij **strekbuigen** wordt een plaat of strip, die aan de randen is ingeklemd, in de gewenste vorm gerekt (figuur 3.49). Het werkstuk wordt door de beweging van het stempel of vormblok tot plastisch vervormen gebracht. Het oppervlak van het plaatmateriaal wordt plaatselijk vergroot en, omdat het volume constant blijft, zal de plaatdikte afnemen. Tijdens de uitvoering van het proces mag geen insnoering optreden, zodat vooral materialen met een grote verstevigingsexponent en een lage rekgrens zeer geschikt zijn. Bij strekbuigen is de dwarsrek ε_2 meestal zeer gering. De grensvervormingskromme (par 3.5) laat zien dat in dit geval de toelaatbare rek ε_1 een waarde heeft die aanzienlijk lager is dan de breekrek die uit de trekproef volgt. Voor een veel gebruikte Al-legering geldt een maximale waarde van ca. 7% in plaats van de breekrek van ca. 18%.

Strekbuigen wordt in de praktijk toegepast met dieptrekstaal, zilver, koper-, aluminium- en magnesiumlegeringen. Met dit proces kunnen zeer grote (tot boven de 20 m^2) werkstukken met ondiepe, vaak dubbelgekromde vormen met grote kromtestralen worden vervaardigd. Strekbuigen kenmerkt zich door een goede oppervlaktekwaliteit en het vrijwel ontbreken van terugvering. Het omslachtig werken met de kleminrichtingen en het materiaalverlies van de inklemranden maken dit proces slechts rendabel voor producten, die in kleine series worden vervaardigd. De toepassing treft men hoofdzakelijk aan in de vliegtuigindustrie en voor nulseries in de auto-industrie. Een voorbeeld van gestrekte dubbelgekromde plaat is de "topskin" (dakje van de cockpit) van de Fokker 100, zie figuur 3.50. De gereedschappen zijn in het algemeen van zinklegeringen, staal, kunststof of (hard)hout vervaardigd.

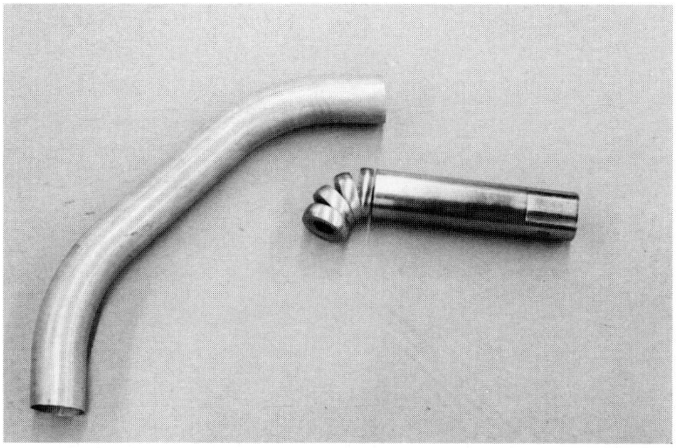

Figuur 3.48 Gebogen aluminium pijpstuk voor de Fokker 100, ⌀55×1 mm, met de daarvoor gebruikt flexibele doorn

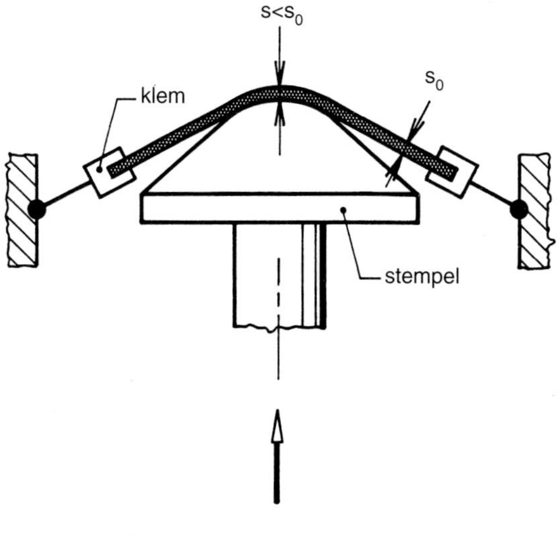

Figuur 3.49 Strekbuigen

Figuur 3.50 Gestrekt plaatonderdeel: de "topskin" van de Fokker 100 (Al-plaat, 3,2 mm dik, ca. 1150×1400 mm)

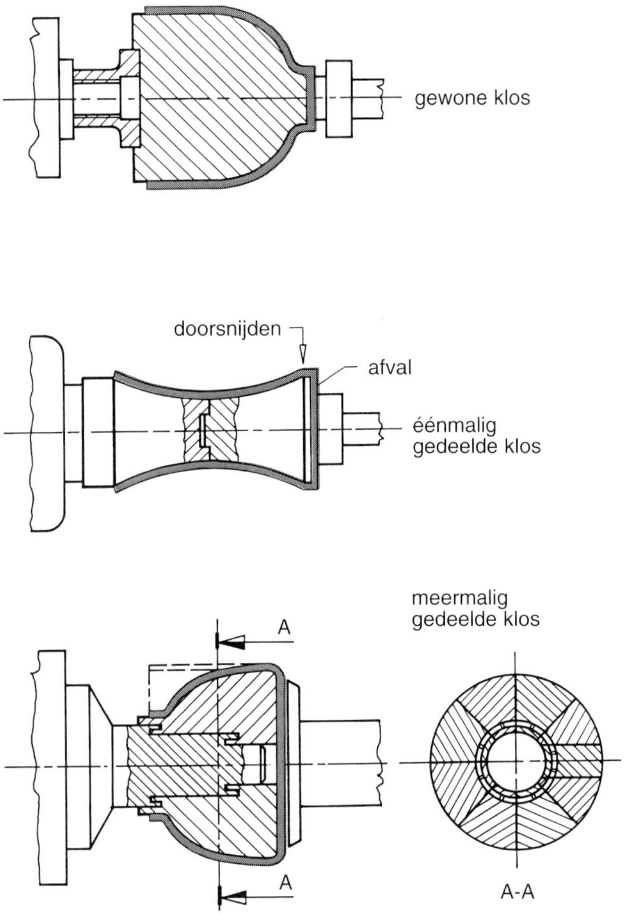

Figuur 3.52 Forceerklossen

3.5.3 Forceren en vloeidraaien

Bij het **forceren** wordt een vlakke of een voorgevormde ronde plaat tegen een draaiende mal, de **klos**, gedrukt met behulp van een **forceerstaal** dat het materiaal langs de klos vervormt (figuur 3.51).
Er ontstaat op deze wijze een omwentelingslichaam, waarvan de inwendige vorm overeenkomt met die van de klos. Men streeft naar een gelijkmatige wanddikte van het hele werkstuk. Dit wordt bereikt door beurtelings te rekken en te stuiken. De blenk moet uiteraard een grotere diameter hebben dan het te vervaardigen product. Voor lossende werkstukken kunnen de klossen uit één stuk bestaan. In geval van ondersnijding zullen gedeelde klossen moeten worden toegepast (figuur 3.52).

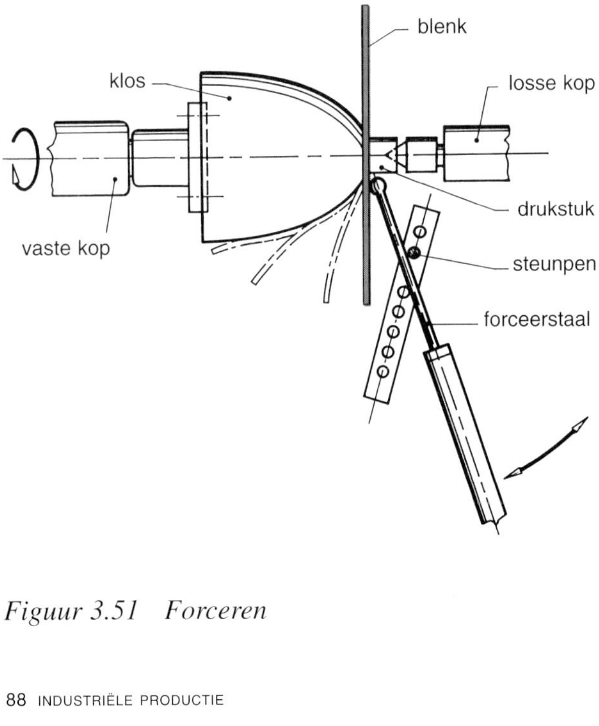

Figuur 3.51 Forceren

Als gereedschappen worden forceerrollen toegepast, alsmede forceerstalen waarvan de uiteinden nog op diverse wijzen gevormd kunnen zijn. In geval van grotere drukkrachten wordt het gereedschap niet handmatig, maar hydraulisch aangedreven.
Voor het forceren zijn alle omvormbare materialen met een geringe versteviging geschikt. Dit proces wordt met plaat tot een diameter van 6 m toegepast; moeilijk vervormbare materialen en grotere diktes (tot 150 mm) worden warmgeforceerd. Bij plaat dunner dan 0,5 mm vormen in het algemeen plooivorming en golving een probleem.

Het **vloeidraaien** lijkt qua uitvoering op het forceerproces. Bij het vloeidraaien wordt echter, in tegenstelling tot het forceren, onder invloed van een schuifbelasting doelbewust een aanzienlijke wanddiktevermindering gerealiseerd (figuur 3.53a). Dit is dus eigenlijk een massief omvormproces. In het algemeen zal de maximale diameter van het product gelijk zijn aan die van de blenk. Bij een variant op dit proces wordt van een buisvormige blenk uitgegaan (figuur 3.53b).

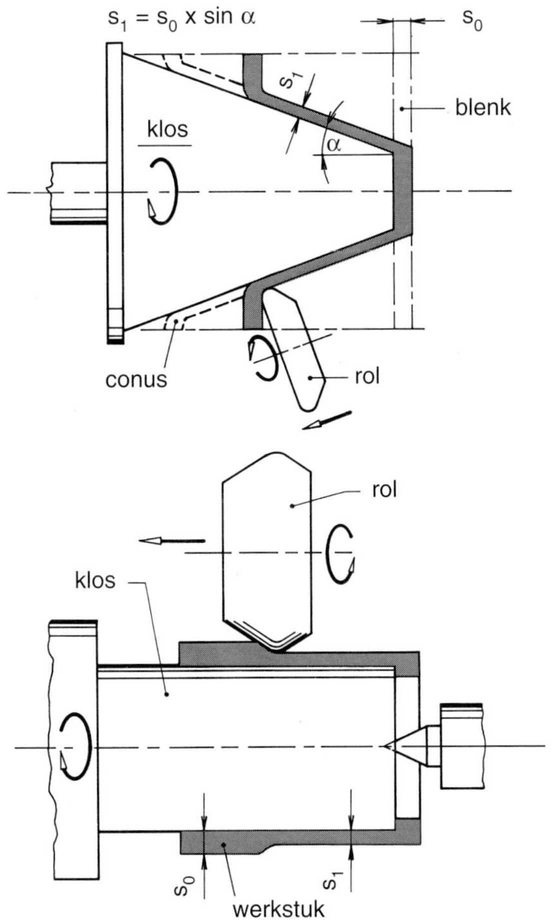

Figuur 3.53 Vloeidraaien van een blenk (a) en van buis (b)

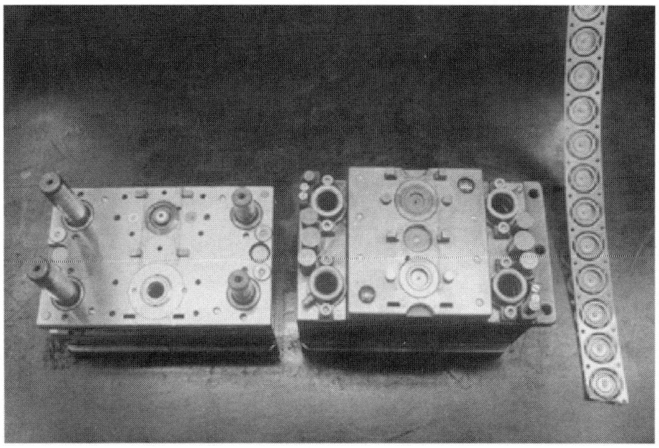

Figuur 3.54 Één van de matrijzen voor het dieptrekken van de Philips scheerkappen (Cr-staal, 200×135×130+90 mm)

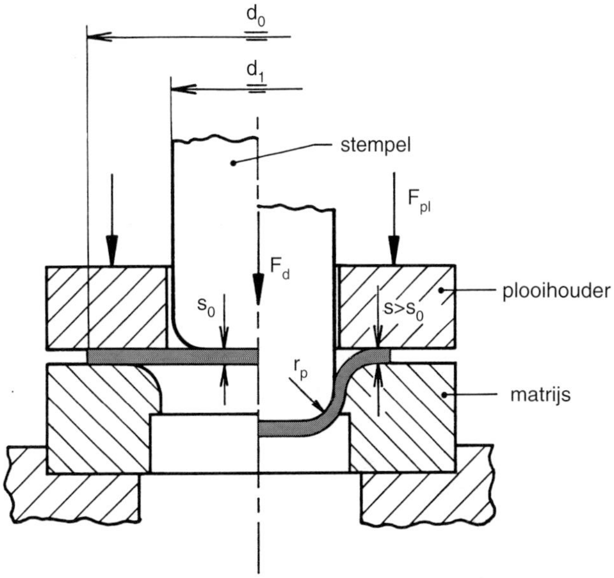

Figuur 3.55 Dieptrekken met plooihouder

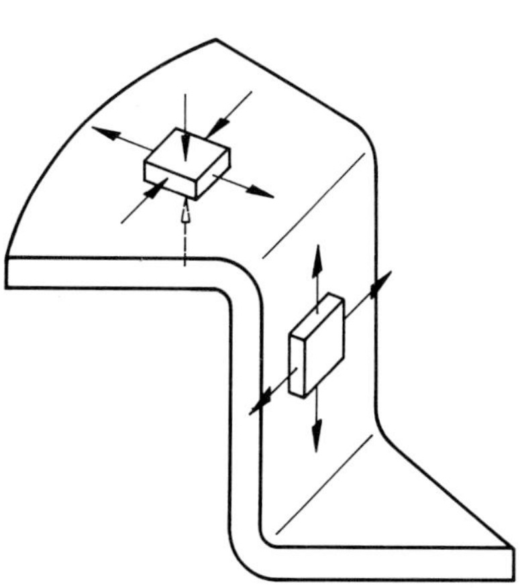

Figuur 3.56 Spanningen bij het dieptrekken met plooihouder

3.5.4 Dieptrekken

Dieptrekken is een omvormproces om producten met diverse gesloten contouren (rond, rechthoekig, ovaal, etc.) uit plaatmateriaal te vervaardigen. De scheerkappen van het Philips scheerapparaat worden in meer stappen diepgetrokken. In figuur 3.54 is slechts één van de benodigde tien matrijzen te zien. In tegenstelling tot wat de benaming doet vermoeden, worden ook vrij ondiepe werkstukken (bv. carrosseriedelen) op deze wijze vervaardigd.

Bij het **dieptrekken met plooihouder** trekt een stempel de rand van de blenk onder een plooihouder uit, en tegelijk het middendeel van de blenk door een trekring of matrijs, waarna de rest van de blenk volgt (figuur 3.55). De gemiddelde wanddikte van het product komt nagenoeg overeen met de dikte van de blenk.
Bij een rotatiesymmetrisch product vervormt een segmentje uit de blenk tot een rechthoek in de zijwand. De vervorming vindt voornamelijk plaats in de flens, dus in het gedeelte dat zich tussen de plooihouder en

de trekring bevindt. De vervorming bestaat hier uit radiaal rekken en tangentiaal stuiken (figuur 3.56). De grote optredende stuik (dus $\varepsilon_2<0$) wordt veroorzaakt door een tangentiale drukspanning. De plooihouder voorkomt het uitknikken (plooien) van de flens. In de zijwand werken zowel in axiale als in tangentiale richting trekspanningen. Hier vindt minder vervorming plaats. Het verloop van de trekkracht als functie van de verplaatsing van het trekstempel, het **kracht-weg-diagram**, zie paragraaf 3.6, is in figuur 3.57 weergegeven.

De grensvervormingskromme (paragraaf 3.5) laat zien dat bij dieptrekken betrekkelijk hoge waarden van ε_1 mogelijk zijn.

Hoewel het streven naar een constante wanddikte gemiddeld gezien goed gerealiseerd wordt, blijkt er van plaats tot plaats verschil in wanddikte op te treden. De dikte van de bodem komt goed overeen met die van het uitgangsmateriaal. In de zijwand vlakbij de bodem is door de werkzame trekspanningen een verdunning (max. 20%) opgetreden en aan de bovenkant is, als gevolg van de stuik bij de diameterreductie onder de plooihouder, een diktetoename te constateren (max. 30%).

De in te stellen **plooihouderkracht** wordt op twee wijzen begrensd. Bij een te lage waarde zullen de tangentiale drukspanningen in het materiaal van de flens, die naar binnen getrokken wordt, toch plooivorming veroorzaken. Bij een te hoge waarde kan, ten gevolge van de grote optredende wrijving, het materiaal niet meer van onder de plooihouder de trekspleet worden ingetrokken, waardoor de reeds gevormde productwand doorgaans onderin scheurt. Figuur 3.58 laat een gescheurd bochtstuk met plooien zien.
De grootte van de in te stellen plooihouderkracht F_{pl} is

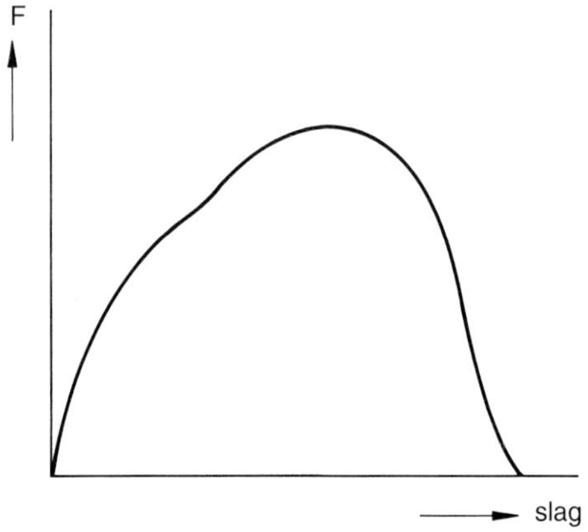

Figuur 3.57 Het kracht-wegdiagram van dieptrekken

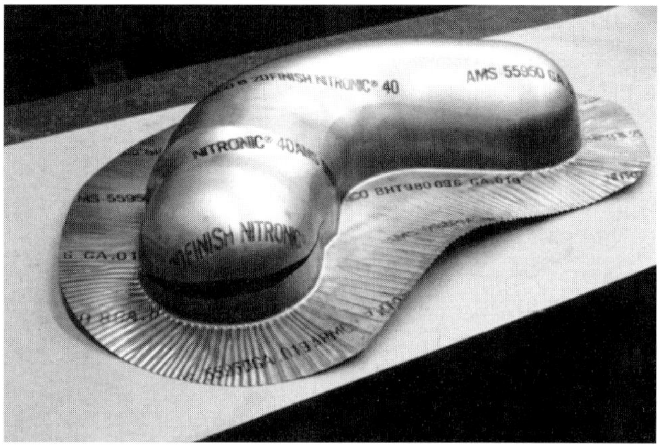

Figuur 3.58 Scheur- en plooivorming bij een dieptgetrokken bochtstuk (RVS-plaat 0,5 mm dik, ca. 950×550×145 mm)

afhankelijk van de rekgrens R_e en de treksterkte R_m van het plaatmateriaal, alsmede van het contactoppervlak A_{pl} tussen de plooihouder en de blenk. In formulevorm geldt:

$$F_{pl} = c_{pl} \times A_{pl} \times (R_e + R_m)$$

De waarde van de constante c_{pl} variërt tussen 0,007 en 0,01.

De **dieptrekkracht** F_d, die door het stempel moet worden uitgeoefend, is met de treksterkte (R_m), de geometrie van de blenk (d_0, s_0) en met de stempeldiameter (d_1) als volgt te bepalen:

$$F_d = d_1 \times \pi \times s_0 \times R_m \times \left(\frac{d_0}{d_1} - 0,7 \right)$$

Dieptrekken zonder plooihouder kan worden uitgevoerd indien het plaatmateriaal dik genoeg is om plooivorming te voorkomen, dat wil zeggen, wanneer er voor de blenkdiameter d_0, de trekstempeldiameter d_1 en de plaatdikte s_0 geldt:

$$s_0 > \frac{1}{5} \times (d_0 - d_1)$$

In dit geval is een speciaal ontworpen matrijs nodig, zie figuur 3.59.

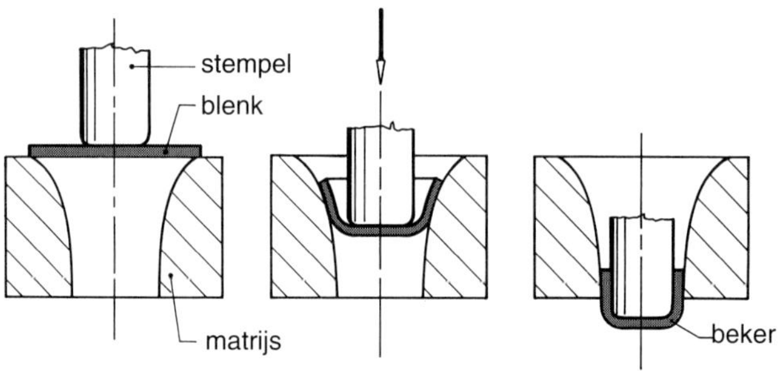

Figuur 3.59 Dieptrekken zonder plooihouder

De **trekverhouding** β is gedefinieerd als de verhouding tussen de blenkdiameter en de diameter van het trekstempel. Onder de grenstrekverhouding β_{max} verstaat men het quotiënt van de grootst mogelijke blenkdiameter ($d_{0,max}$) en de diameter van het trekstempel, waarmee in één trekbewerking nog een goed product getrokken kan worden.

$$\beta = \frac{d_0}{d_1}, \qquad \beta_{max} = \frac{d_{0,max}}{d_1}$$

Wanneer de gewenste totale trekverhouding groter is dan de grenstrekverhouding β_{max} dan zal het product in meer trekken gemaakt moeten worden, waarbij de trekverhouding bij elke volgtrek steeds kleiner dient te worden genomen.

De grenstrekverhouding wordt primair bepaald door de verstevigingsexponent en de normaalanisotropie van het materiaal en ligt voor staal meestal tussen $1{,}5 \leq \beta_{max} \leq 2{,}2$.

Ook de geometrie van het trekgereedschap speelt een wezenlijke rol. Bij een te kleine afrondingsradius aan het stempel en/of de trekring zal de bodem losscheuren, voordat de zijwand gevormd is. Te grote afrondingsstralen brengen het gevaar van plooivorming met zich mee.

De trekspleet tussen het trekstempel en de trekring moet iets groter zijn dan de oorspronkelijke plaatdikte, opdat de (ongewenste) diktetoename onder de plooihouder redelijk kan worden opgevangen. De trekspleet is meestal ca. 10% groter dan de plaatdikte. Dieptrekgereedschap wordt gewoonlijk van gereedschapstaal en/of gietijzer vervaardigd, alhoewel ook andere materialen zoals hardmetaal worden toegepast.

Figuur 3.60 Houten dieptrekstempel voor een bochtstuk van de Fokker 100

Vaak worden de trekranden tegen slijtage hardverchroomd. Voor onderdelen van de Fokker 100 wordt het stempel vaak van geperst hout (met kunsthars bindmiddel) gemaakt, zie figuur 3.60.

Door smering wordt de wrijving en de benodigde dieptrekkracht verlaagd en de gereedschapslijtage verminderd. Wel zal de smering van het stempel tot een minimum beperkt moeten blijven als een grote trekverhouding moet kunnen worden gehaald, omdat de wrijving de trekspanningen in het product juist vermindert.

Producten van staal alsmede van koper, magnesium, aluminium en hun legeringen kunnen worden diepgetrokken. De staalindustrie heeft speciaal **dieptrekstaal** met gunstige anisotropie-waarden ontwikkeld dat aan hoge eisen van oppervlaktekwaliteit voldoet.

Cilindrische werkstukken met een diameter van ca. 0,75 m, een hoogte van 0,5 m en een plaatdikte van 1,5 mm worden in één trek vervaardigd; relatief ondiepe carrosserie-onderdelen worden zelfs diepgetrokken in afmetingen tot 3,5 x 2 m.

Duntrekken is een volgtrekbewerking (figuur 3.61), waarbij de binnendiameter van het getrokken product onveranderd blijft en de wanddikte gereduceerd wordt, zodat de hoogte toeneemt.

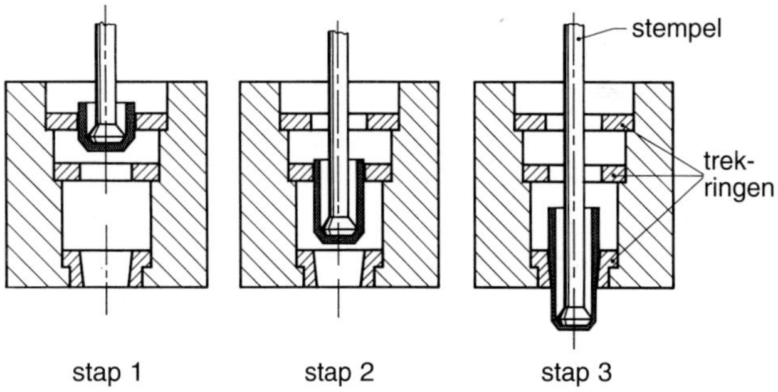

Figuur 3.61 Duntrekken in drie stappen

3.5.5 Krachtoverdragende media

De kosten van starre, meestal metalen gereedschappen zijn over het algemeen vrij hoog. Zeker voor complexe werkstukken en/of kleine series hebben de gereedschapkosten een grote invloed op de productiekosten van het product. Door nu één van de beide gereedschaphelften - meestal de ondermatrijs - te vervangen door een **elastisch werkmedium**, kan een aanzienlijke kostenbesparing worden bereikt.

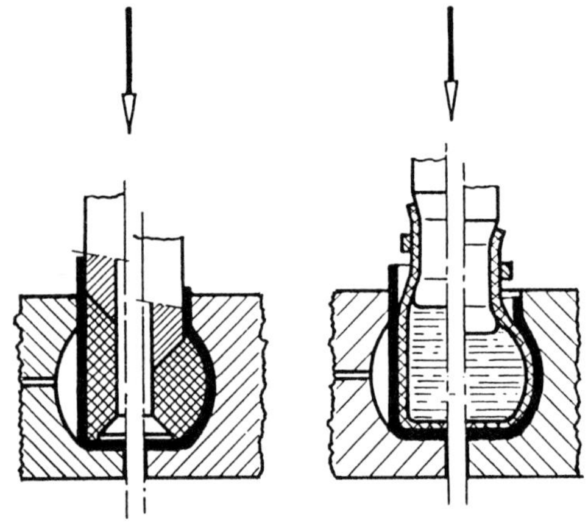

Figuur 3.62 Krachtoverdragende media

Als elastisch werkmedium kan rubber of kunststof (polyurethaan) gebruikt worden, zie figuur 3.62a. Daarnaast worden ook met vloeistof gevulde balgen toegepast (figuur 3.62b). Deze elastische gereedschappen passen zich goed aan het veranderende werkstukoppervlak aan en beschadigen dit niet. Ze zorgen voor een min of meer constante vlaktedruk op het werkstuk, waardoor complexe vormen goed en relatief goedkoop geperst kunnen worden. Nadelen zijn de extra hoge benodigde drukkrachten en de beperkte nauwkeurigheid.

Het plaatonderdeel van de Fokker 100 in figuur 3.63 wordt met behulp van een rubber matrijs en een houten stempel geperst.

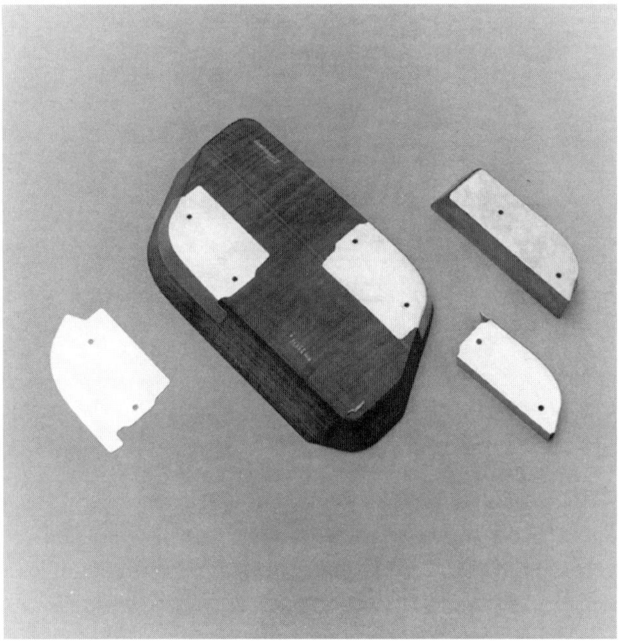

Figuur 3.63 Stempel met rubbergeperste onderdelen en gebogen product met buigstempel

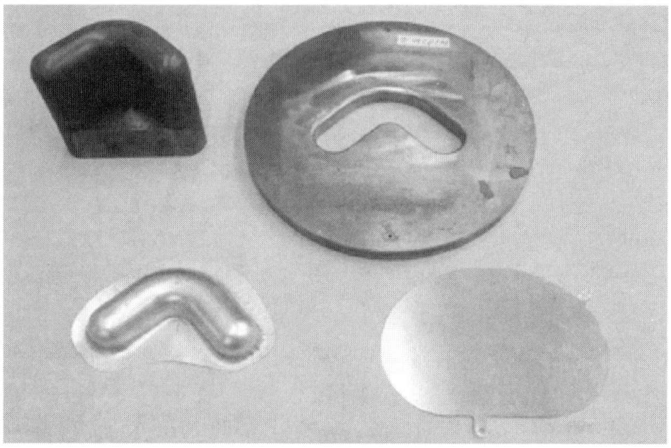

Figuur 3.64 Hydroform-product (Al-plaat 0,6 mm dik, ca. 250×150 mm) voor de Fokker 100 met uitgangsblenk, stempel en plooihouder

Het bochtstuk in figuur 3.64 is een hydroform product: de rol van de matrijs is aan een hogedruk-oliekamer, die met een rubbermembraan is afgesloten, overgedragen. Als de olie onder druk wordt gebracht, drukt het membraan de blenk op het stempel.

De voor het omvormen benodigde energie kan ook aan een andere energiebron dan een elektromotor worden ontleend. Bij het **explosieve omvormen** (figuur 3.65) wordt door detonatie een schokgolf opgewekt, waarvan de druk in staat is het werkstukmateriaal om te vormen.

3.6 Machines

Er zijn veel verschillende typen machines voor omvorm-bewerkingen in gebruik met grote verschillen in **kracht-wegdiagram** en snelheid. Een krachtwegdiagram van een machine geeft weer welke kracht in ieder punt van de werkzame **slag** beschikbaar is.

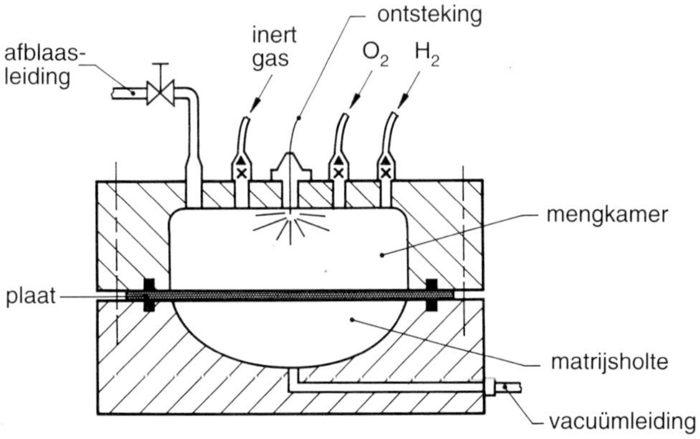

Figuur 3.65 Explosief omvormen

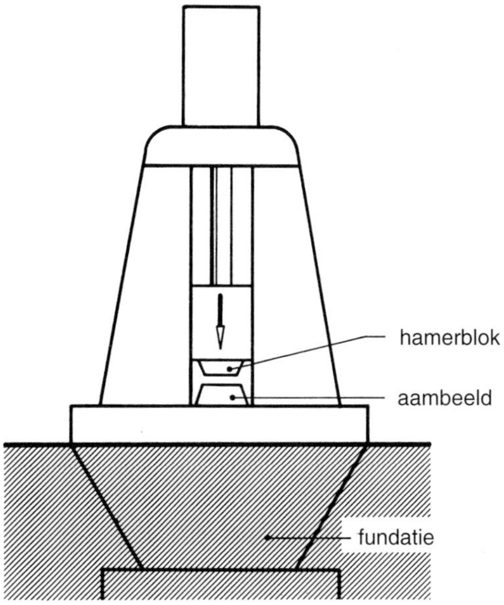

Figuur 3.66 De valhamer

Globaal gezien dient onderscheid gemaakt te worden tussen persen en hamers, waarbij de persen op basis van hun kracht-wegdiagram weer verder kunnen worden onderverdeeld in krachtgebonden, weggebonden en arbeids- of energiegebonden gereedschapwerktuigen. Hamers zijn uiteraard energiegebonden machines.

Bij de conventionele **valhamer** (figuur 3.66) wordt de potentiële energie van het hamerblok tijdens de valbeweging in kinetische energie omgezet. Deze energie wordt vervolgens (voor het grootste gedeelte) gebruikt voor de deformatie van het werkstuk. Een vergroting van de geleverde energie kan door een grotere massa van het hamerblok of een grotere valhoogte bereikt worden. Als alternatief kan naast de valenergie ook een andere energiebron gebruikt worden om het hamerblok te versnellen (persluchthamer, stoomhamer, hydraulische hamer, explosiehamer).
Een nadeel van de genoemde hamers is de grote restimpuls op de fundatie van de machine, waardoor sterke trillingen en geluidsoverlast optreden. Bij een **tegenslaghamer** (figuur 3.67) wordt de impuls van de hamer gecompenseerd door het aambeeld (met werkstuk) een aan de hamer tegengestelde beweging te geven.

Persen zijn werktuigen, waarbij de stoter een op- en neergaande beweging uitvoert ten opzichte van een vaste tafel. Tafel en stoter zijn de dragers van het onder- en bovengereedschap, die de vorminformatie van het te vervaardigen werkstuk bevatten. Binnen het

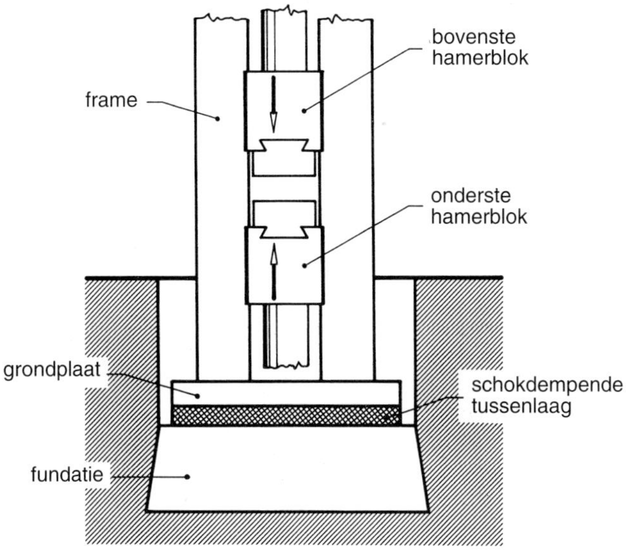

Figuur 3.67 De tegenslaghamer

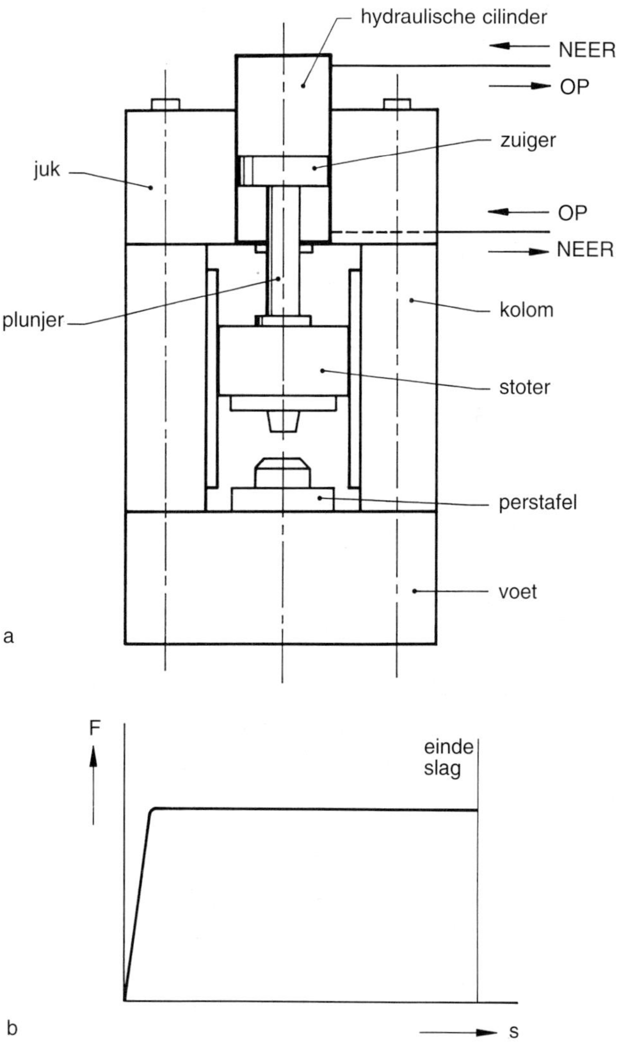

Figuur 3.68 De hydraulische pers (a) met kracht-wegdiagram (b)

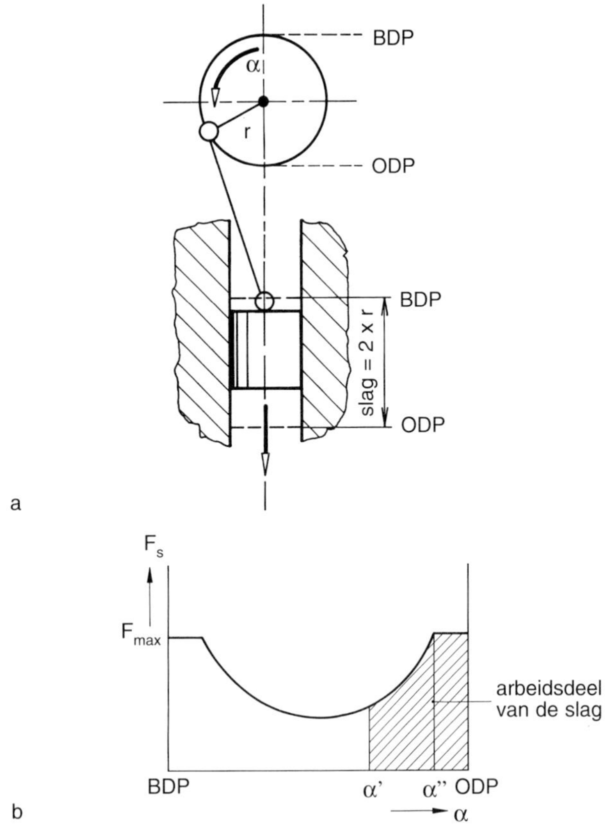

Figuur 3.69 Het kruk-drijfstangmechanisme (a) met kracht-wegdiagram (b)

persframe is een gesloten krachtcircuit, waardoor het persframe tijdens het persen krachten opneemt en elastisch vervormt. Bij het instellen van de slaglengte moet hier rekening mee gehouden worden.

De krachtgebonden pers

De stoter van een **hydraulische pers** (figuur 3.68) wordt aangedreven door in een cilinder oliedruk op een zuiger te laten werken. Omdat de oliedruk een gegeven maximale waarde niet kan overschrijden, is de perskracht begrensd; de pers is dus krachtgebonden, zoals ook uit het kracht-wegdiagram blijkt.

De weggebonden pers

Een **krukpers** wordt aangedreven door middel van een kruk-drijfstangmechanisme (figuur 3.69) met een vaste slag. Bij een eenparige beweging van de krukas is het snelheidsverloop van de stoter bij benadering sinusvormig en keert de beweging in het onderste dode punt (ODP) om; de pers is dus weggebonden. In figuur 3.69 is ook het kracht-wegdiagram weergegeven. Bij een grote krukhoek α, dicht voor het ODP (tussen α'' en het ODP in figuur 3.69b) wordt de F_{max}-lijn bepaald door de sterkte van de drijfstang en het frame. Bij kleinere krukhoeken (α'<α<α'') bepaalt de sterkte van de krukas de toelaatbare perskracht.

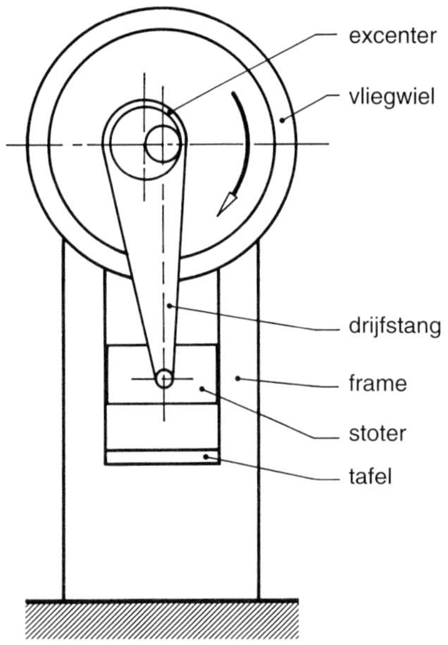

Figuur 3.70 De excenterpers

Andere weggebonden persen zijn de **excenterpers** (figuur 3.70), die wel een verstelbare slag heeft, en de **kniehefboompers**, een pers die aangedreven is door een kniehefboom-mechanisme (figuur 3.71).

De arbeidsgebonden pers

Bij een **schroefslagpers** (figuur 3.72) beweegt de stoter zich omlaag totdat alle in het vliegwiel verzamelde energie verbruikt is. De arbeid wordt hierbij grotendeels door het werkstuk opgenomen als omvormarbeid; de rest wordt in de vorm van elastische energie in het gereedschap en de machine opgenomen en komt bij de omkering van de beweging weer vrij.

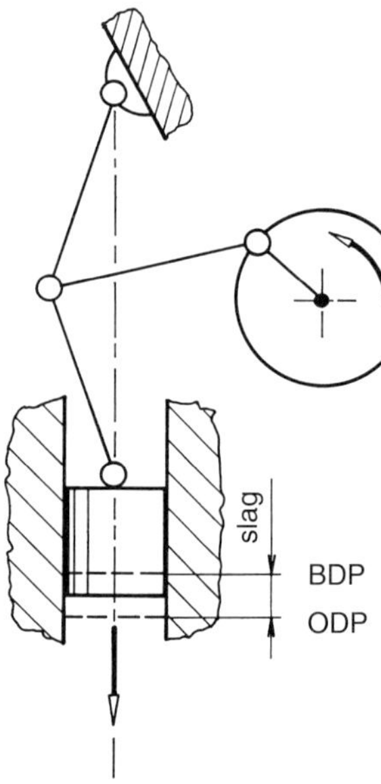

Figuur 3.71 Het kniehefboom-mechanisme

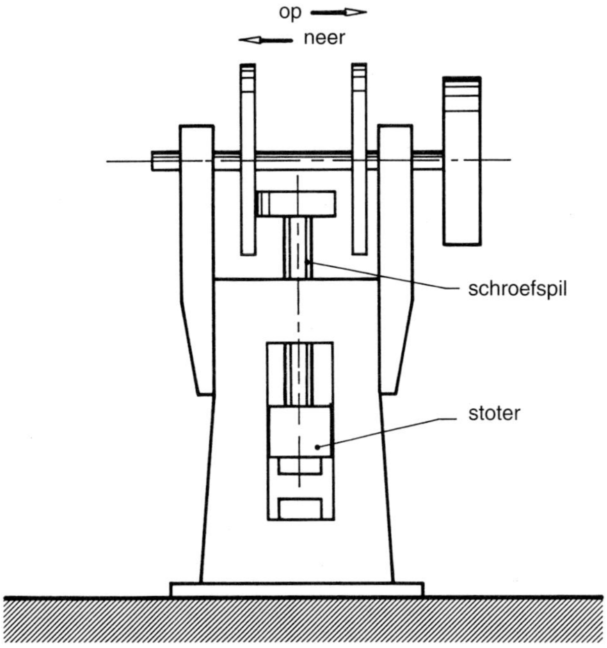

Figuur 3.72 De schroefslagpers

Bij de karakterisering van persen spelen behalve de primaire eigenschappen, zoals het kracht-wegdiagram (perskarakteristiek), de nauwkeurigheid en stijfheid, ook de secundaire eigenschappen als stotersnelheid, contacttijd, slagbegrenzing en productiesnelheid een rol.

3.6.1 Machinekeuze

Ieder omvormproces stelt specifieke eisen aan de te gebruiken pers. Een rol spelen hierbij de maximaal benodigde perskracht, de perssnelheid, de vereiste nauwkeurigheid, de inbouwruimte, de contakttijd tussen het gereedschap en het, al of niet van tevoren opgewarmde, werkstuk, de stijfheid, enz.

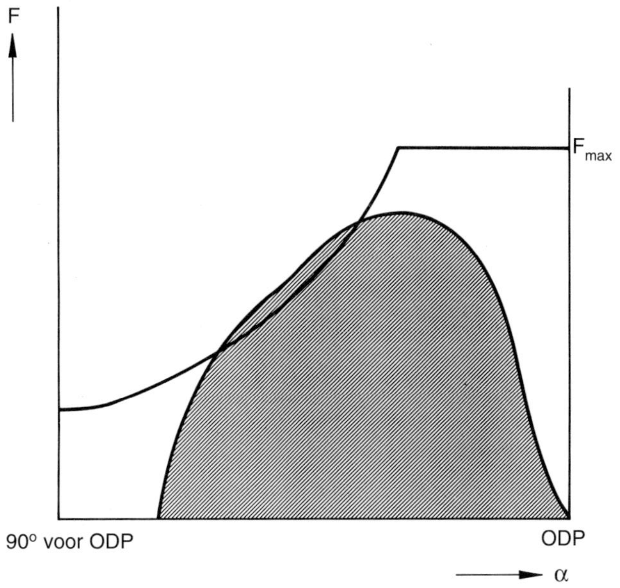

Figuur 3.73 Kracht-wegdiagram van dieptrekken op een krukpers

Het is van wezenlijk belang dat de machine- en de proceskarakteristiek (kracht-wegdiagram) zo goed mogelijk op elkaar worden afgestemd, waarbij ervoor gezorgd moet worden dat de proceskarakteristiek geheel, dus over de gehele slag, onder de machinekarakteristiek komt te liggen. Dit wordt met het volgende voorbeeld geïllustreerd.

In figuur 3.73 zijn het kracht-wegdiagram van het dieptrekproces en dat van de krukpers in één grafiek weergegeven. Het feit dat de maximale dieptrekkracht hier kleiner is dan de F_{max}-lijn van de pers is niet voldoende! De proces-karakteristiek snijdt immers de F_{max}-lijn van de pers, waaruit geconcludeerd moet worden dat de beschouwde pers overbelast zou worden en dus niet geschikt is voor de betreffende dieptrekbewerking.

3.7 Omvormen van kunststoffen

De belangrijkste vormgevingsprocessen van kunststoffen, zoals extruderen en spuitgieten, vinden plaats in het viskeuse gebied van het materiaal en zijn derhalve in hoofdstuk 2 behandeld.
Vormgevingsprocessen van kunststoffen, die hoofdzakelijk in het **rubbergebied** (figuur 3.74) van het mate-

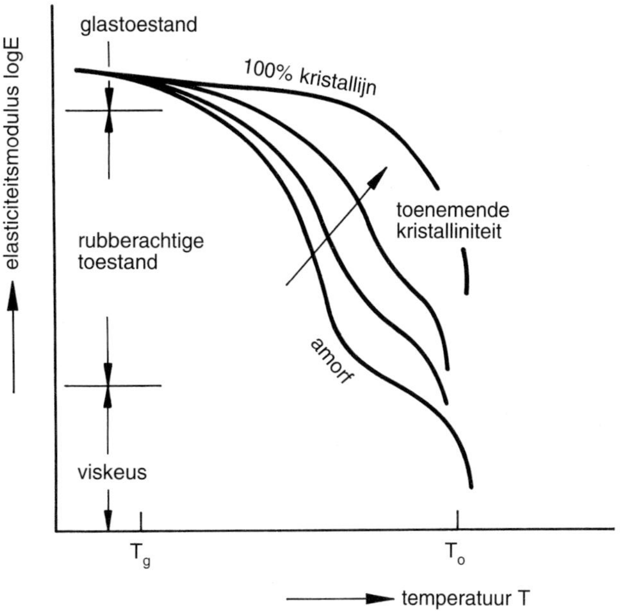

Figuur 3.74 Het gedrag van polymeren als functie van de temperatuur en de kristalliniteit

riaal plaatsvinden, zijn het blazen van flessen en folie en het thermovormen. Ze worden in deze paragraaf kort behandeld. Tenslotte kunnen diverse kunststoffen, zoals polypropeen, polycarbonaat, ABS en PVC, ook goed bij kamertemperatuur omgevormd worden, waarbij de toegepaste processen, zoals walsen, extruderen, dieptrekken en koudpersen, niet wezenlijk afwijken van die voor de metaalbewerking. Wanneer deze processen met kunststoffen worden toegepast, zal de terugvering als gevolg van de lage elasticiteitsmodulus veel groter zijn dan bij metalen. Als voorbeeld kan het koudbuigen van elektriciteitsbuis van polyetheen met behulp van een buigveer genoemd worden.

Met het **extrusie-blaasproces** worden flessen en andere holle voorwerpen geblazen onmiddellijk volgend op het extrusieproces. De nog weke buis van een thermoplastisch materiaal, dat de extruder verticaal verlaat, wordt door een uit twee helften bestaande matrijs omsloten en van binnenuit m.b.v. lucht (druk van 350-700 kPa) tegen de gekoelde binnenwanden van de matrijs geblazen (figuur 3.75). Hierbij wordt de hals van de fles gekalibreerd met een doorn en wordt de bodem dichtgelast. Bij producten met een grotere wanddikte is de afkoeltijd relatief groot en zal met een met de buis meebewegende matrijs gewerkt worden. Nadelen van dit proces zijn ondermeer de ongelijkmatige wanddikte en de naad in de bodem.
Op deze wijze worden niet alleen op grote schaal kleinere flessen geblazen, maar ook flessen tot 60 liter en zelfs vaten tot 10 m^3. De meest gebruikte materialen voor dit proces zijn polyetheen, PVC, polyamide en polycarbonaat.

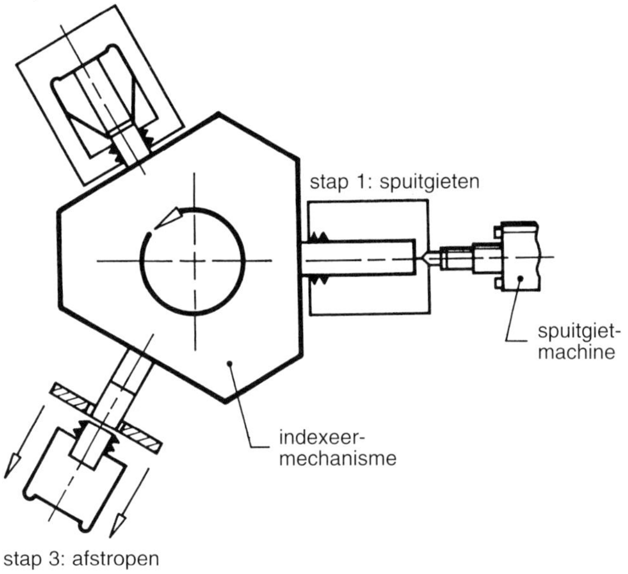

Figuur 3.76 Het spuitgiet-blaasproces

Een variant op dit proces is het **spuitgiet-blaasproces.** Hierbij wordt op een spuitgietmachine eerst een voorgevormde huls gemaakt, die zo gedimensioneerd is dat na het blazen een nagenoeg constante wanddikte ontstaat. Vervolgens wordt in nog weke toestand de voorgevormde huls op een volgend station met behulp van perslucht tegen de binnenwanden van de blaasmatrijs geblazen en afgekoeld (figuur 3.76). Soms worden de

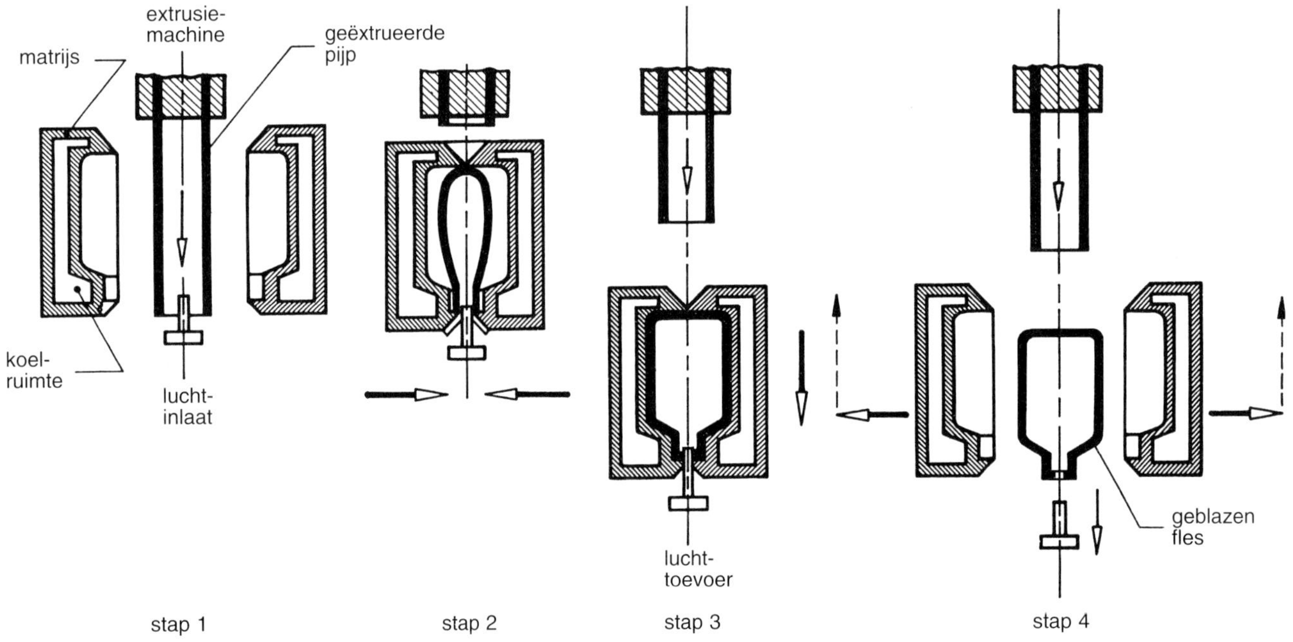

Figuur 3.75 Het extrusie-blaasproces

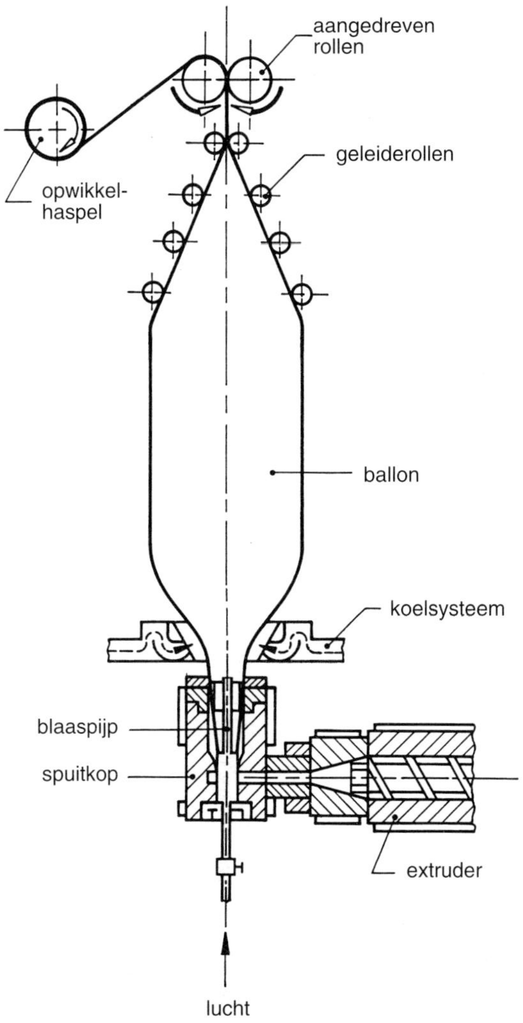

Figuur 3.77 Het folieblazen

voorgevormde hulzen bij een speciaal spuitgietbedrijf vervaardigd en met een nog relatief klein volume naar de "bottling companies" getransporteerd, waar ze weer worden verhit tot in het rubbergebied en tot flessen geblazen.
Op deze wijze wordt bijv. de hoogwaardige PETP-fles (zonder naad in de bodem) vervaardigd.

Ook het **folieblazen** wordt met het extrusieproces gecombineerd. Een extruder met een verticaal geplaatste extrusie-opening vervaardigt dunwandige buis, die door een inwendige overdruk tot een veelvoud van zijn oorspronkelijke diameter wordt opgeblazen (figuur 3.77). De op deze wijze in een continu proces gevormde buisfolie wordt met lucht gekoeld en daarna opgewikkeld, of door snijden en lassen direct verwerkt tot bijv. vuilniszakken of draagtassen. Folieblazen wordt het meest met polyetheen uitgevoerd.

Het **thermovormen** is een proces waarbij van kunststof plaat of folie wordt uitgegaan. Het plaatmateriaal

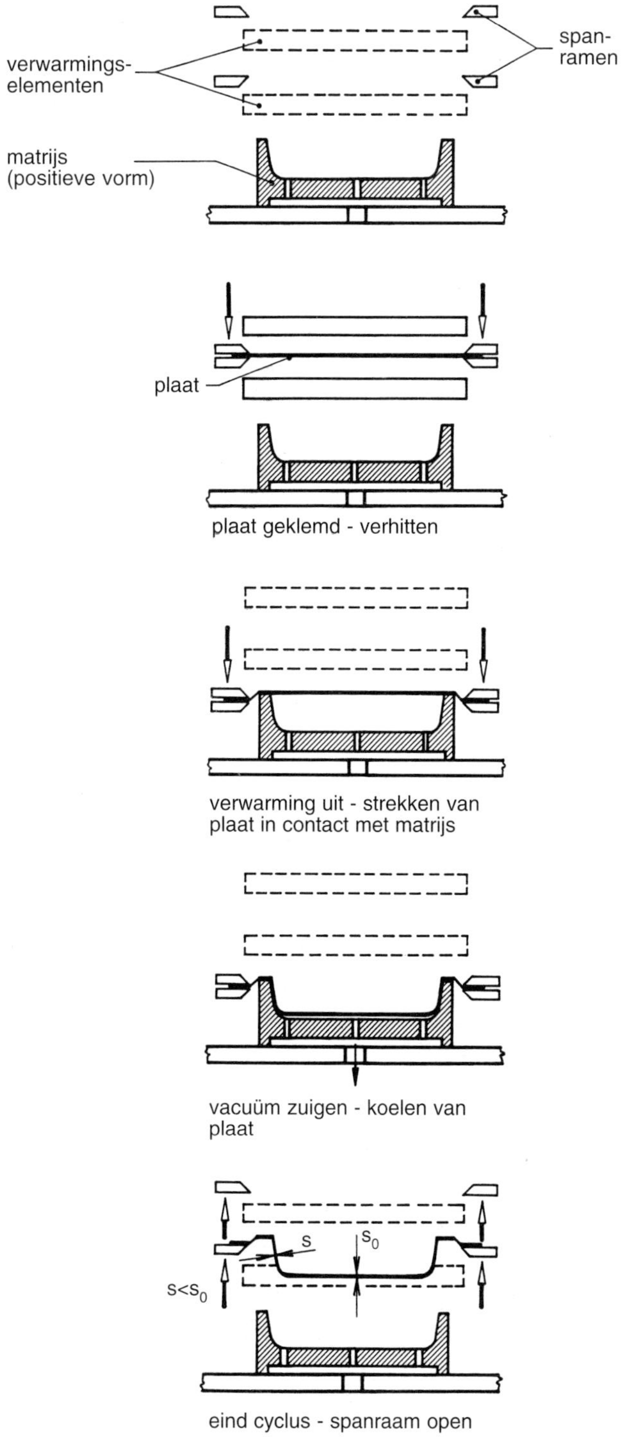

Figuur 3.78 Vacuümvormen

wordt in een oven of door middel van infraroodstraling verhit tot in het rubbergebied, in een matrijs gevormd en daarin weer afgekoeld. De meest toegepaste techniek is vacuümvormen, waarbij de verwarmde plaat door middel van vacuüm in de matrijs getrokken wordt en daarmee de matrijsvorm aanneemt (figuur 3.78). Bij grotere wanddikten en/of meer complexe vormen is vacuüm dikwijls niet meer voldoende

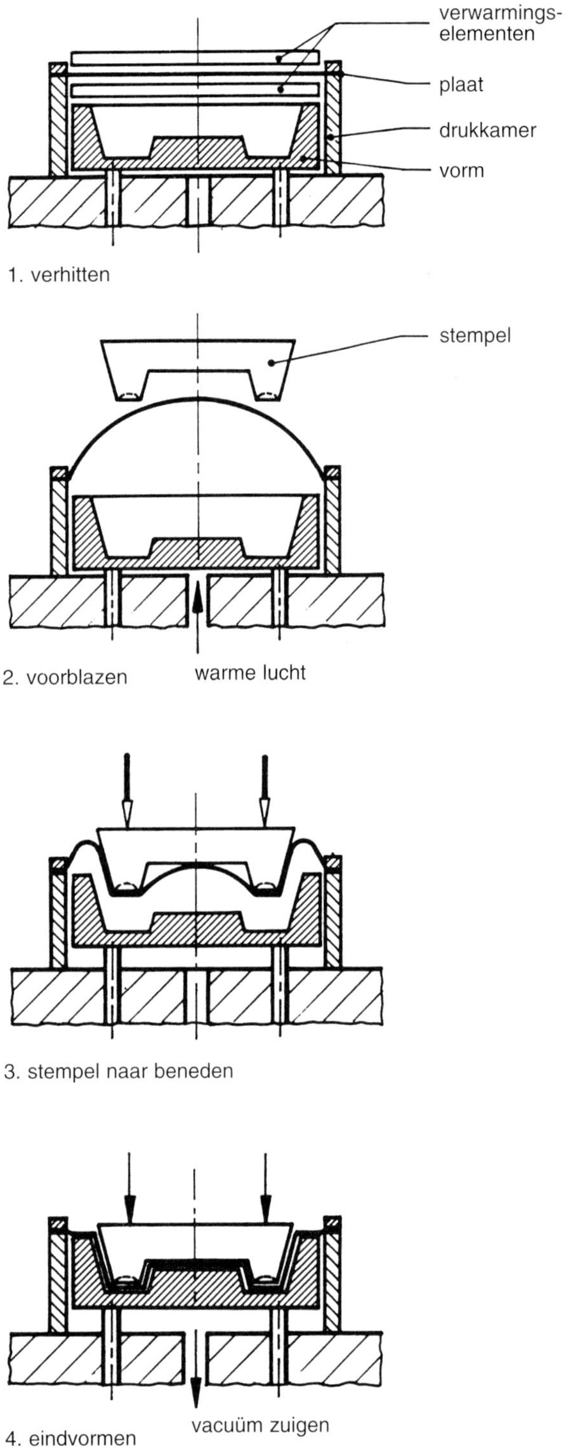

Figuur 3.79 Vacuümvormen m.b.v. stempel

en wordt in combinatie hiermee een overdruk aan de andere zijde of zelfs een persstempel toegepast (figuur 3.79).

In verband met de relatief lage krachten (o.a. in vergelijking met spuitgieten) worden de matrijzen doorgaans van aluminium of epoxyhars gemaakt en zijn betrekkelijk goedkoop. Een nadeel van het thermovormen is de ongelijkmatige wanddikte van het product.

Amorfe thermoplasten als PVC, polystyreen, PMMA (plexyglas) en ABS laten zich het beste door dit proces verwerken. Veel wegwerp-artikelen als koffiebekertjes en verpakkingsmateriaal worden door thermovormen vervaardigd, maar ook producten met een groot oppervlak, zoals lichtbakken, aanrechtbladen, badkuipen en roeiboten.

SAMENVATTING

Kenmerkend voor de omvormtechnieken is het behoud van de samenhang van het uitgangsmateriaal.

De technieken zijn te onderscheiden in de massieve omvormprocessen en de omvormprocessen van plaat.

Bij de eerstgenoemde groep zijn, onder invloed van voornamelijk drukspanningen, zeer grote vervormingen in alle richtingen te bereiken. Ze worden zowel voor het maken van halffabricaten, zoals plaat, staf en profiel, als voor het maken van onderdelen, zoals smeedstukken, toegepast.

Bij het omvormen van plaat spelen de vormveranderingen zich voornamelijk in het vlak van de plaat af. Trekspanningen of combinaties van trek- en drukspanningen spelen de hoofdrol. Plaatomvormen wordt bij het fabriceren van onderdelen gebruikt.

Vaak moeten de omgevormde producten nog een warmtebehandeling ondergaan gevolgd door één of meer afnemende bewerkingen om de juiste mechanische eigenschappen, de vereiste toleranties en oppervlaktekwaliteit te realiseren.

Bij de keuze van de machine moeten de machine- en de proceskarakteristieken op elkaar worden afgestemd. Het is essentieel dat het kracht-wegdiagram van het omvormproces in zijn geheel onder de machinekarakteristiek ligt.

Het omvormen van kunststoffen op kamertemperatuur gebeurt analoog aan dat van metalen. Blaas- en thermovormprocessen vinden hoofdzakelijk in het rubbergebied van het materiaal plaats. Blaasprocessen zijn aan extruderen of spuitgieten (processen die in het viskeuze gebied plaatsvinden) gekoppeld.

LITERATUUR

[3.1] Kalpakjian S., Manufacturing Engineering and Technology (3rd edition), Addison-Wesley, 1995, ISBN 0-201-53846-6.
paragraaf 1.3: 'Deformation and Strength of Single Crystals'
paragraaf 1.5: 'Plastic Deformation of Polycristalline Metals'

[3.2] Ramaekers J.A.H., Houtackers L.J.A., Peeters P.B.G., Plastisch bewerken van metalen, OMTEC, 1987, ISBN 90-6808-007-5.

[3.3] Kalpakjian S., Manufacturing Engineering and Technology (3rd edition), Addison-Wesley, 1995, ISBN 0-201-53846-6.
paragraaf 14.6: 'Forging-Die Design'

[3.4] Pichol K., Omvormtechniek, De Vey Mestdagh BV, Middelburg, 1990, ISBN 90-6376-016-7.

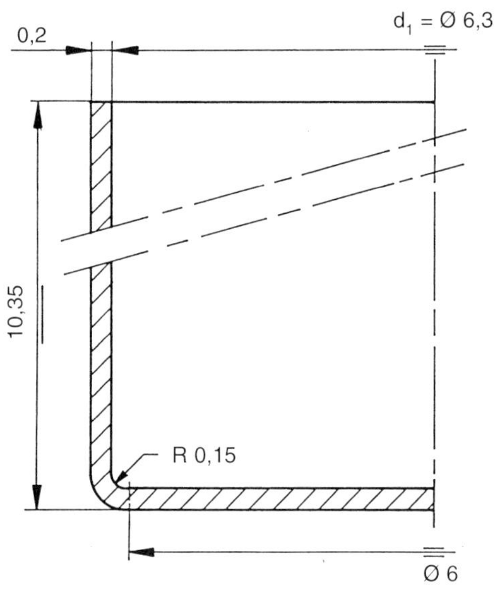

Figuur bij oefenvraag 3.7

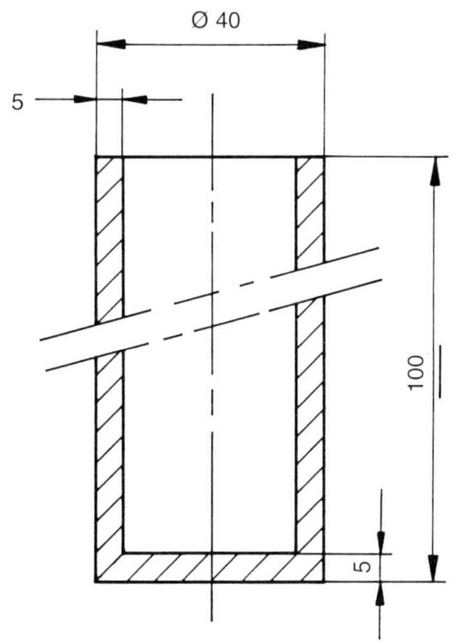

Figuur bij oefenvraag 3.8

3.7 Er moet een beker met een binnendiameter van 6,3 mm en met een totale hoogte van 10,35 mm uit 0,2 mm dik staalplaat worden diepgetrokken. De afrondingsradius van het stempel is 0,15 mm. De treksterkte van het plaatmateriaal is 450 MPa en de grenstrekverhouding is 2,1.

a) Als wordt aangenomen dat de gemiddelde wanddikte van de beker met de dikte van de uitgangsplaat overeenkomt, bepaal dan de diameter van de blenk.

b) Kan deze beker in één stap worden diepgetrokken?

c) Hoe groot is de benodigde dieptrekkracht als de beker in de eerste stap slechts tot 85% van de grenstrekverhouding wordt diepgetrokken (met plooihouder)?

3.8 De huls in bovenstaande figuur dient door middel van hulsextrusie op een krukpers te worden vervaardigd. De krukstraal van deze machine is 200 mm.

a) Bereken over welke slag de pers kracht moet uitoefenen.

b) Bepaal bij welke krukhoek het eerste contact tussen het werkstuk en het extrusiestempel plaatsvindt.

3.9 Bij het extrusie-blaasproces zijn tijdens het opblazen van het geëxtrudeerde thermoplastische materiaal de procesparameters temperatuur en vervormingssnelheid van wezenlijk belang.

Geef in een grafiek, waarin de temperatuur van de smelt (de plastisch kunststof) als de functie van de vervormingssnelheid is uitgezet, globaal weer, op welke wijze de instelling van het proces begrensd wordt. Licht bij iedere begrenzingslijn kort toe, wat er fout gaat als de begrenzingslijn overschreden wordt en wat de oorzaak hiervan is.

SCHEIDEN

4

DOEL VAN DIT HOOFDSTUK:

Dit hoofdstuk behandelt de scheidende bewerkingen. Deze worden in de regel toegepast op plaat- en stafmateriaal. Onder scheiden wordt verstaan: Het verwijderen van materiaal zonder de structuur ervan te veranderen. Het restmateriaal blijft in principe bruikbaar.

Het behandelt de mechanische, niet verspanende bewerkingen. Dit zijn het knippen, en het ponsen en uitsnijden. Hierbij komen de technologie (het deformatieproces), de benodigde machines en gereedschappen en de toepassingen aan de orde.

Vervolgens worden de mechanische, verspanende bewerkingen, dit zijn zagen, doorslijpen en omtrekfrezen, besproken. De technologie blijft hierbij buiten beschouwing. Deze wordt behandeld in hoofdstuk 5. Wel kijken we naar zaagbreedte en nauwkeurigheid.

Tenslotte behandelt het hoofdstuk enkele fysische scheidende bewerkingen. Dit zijn brandsnijden, plasmasnijden, lasersnijden, draadvonken en waterstraalsnijden. Ook hier gaat het vooral om de toepassingen. Voor de technologie van deze bewerkingen wordt verwezen naar hoofdstuk 6.

4.1 Mechanische, niet verspanende scheidende bewerkingen

Bij deze bewerkingen is een grote variëteit aan vormen en afmetingen van producten mogelijk. Ze worden toegepast voor zeer uiteenlopende plaatdelen: van onderlegringen tot onderdelen van autocarrosserieën. Allereerst zal het deformatieproces worden besproken. Omdat dit deformatieproces bij de verschillende bewerkingen hetzelfde is, volstaan we hier met één proces uit de groep, namelijk het ponsen van een rond gat (zie ook paragraaf 4.1.4). Hierbij komen ook de optredende krachten en de kwaliteit van de gesneden rand aan de orde.

Daarna volgt een aparte beschrijving van elk van de bewerkingen en de bijbehorende gereedschappen en machines.

4.1.1 Het deformatieproces

Het **ponsen** wordt getoond in figuur 4.1. Het deformatieproces vindt plaats in een smalle zone langs de omtrek van snijder en snijplaat. In deze zone vindt eerst elastische, daarna plastische vervorming plaats. Vervolgens treedt er een plotselinge breuk op; de plaatdelen zijn nu gescheiden.

Het deel van de **ponskracht**, dat door dit afschuifproces wordt bepaald volgt uit:

$$F_{th} = \tau \times l \times s_0$$

Hierin is τ de schuifsterkte van het werkstukmateriaal; wanneer deze niet bekend is neemt men daarvoor 0,75 à 0,8 maal de treksterkte.
Verder is l de lengte van de snijlijn en s_0 de plaatdikte.
In figuur 4.1 is

$$l = \pi \times \left(d_s + d_p\right)/2$$

De bovenstaande formule geeft een grove benadering van de theoretische ponskracht. In de praktijk is de ponskracht, behalve van het werkstukmateriaal, ook nog afhankelijk van de ponssnelheid en de optredende wrijving.

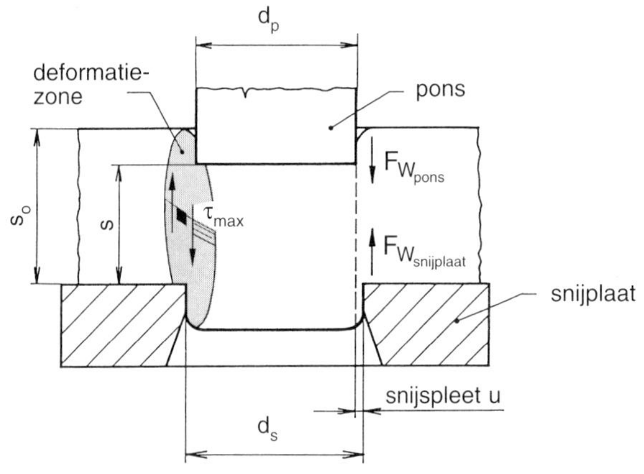

Figuur 4.1 Het ponsproces

Figuur 4.2 geeft een voorbeeld van een kracht-wegdiagram voor ponsen weer. Voor twee materialen worden zowel het theoretische als het gemeten krachtverloop weergegeven. Behalve door de materiaaleigenschappen wordt de vorm van het kracht-wegdiagram beïnvloed door de scheurvorming, de wrijving, de ponssnelheid en de breedte van de **snijspleet** u, $u = (d_s - d_p)/2$. In de figuur is voor C45 het moment van scheurvorming zo vroeg dat het theoretisch maximum niet wordt bereikt.

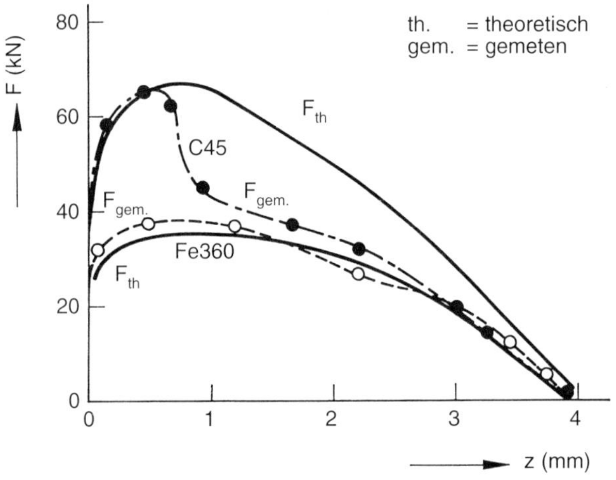

Figuur 4.2 Kracht-wegdiagram voor ponsen van Fe 360 en C 45

4.1.2 Kwaliteit van de gesneden rand

Het gesneden oppervlak bestaat voor een deel uit een glad gesneden oppervlak en voor een deel uit een breukvlak. Op het gesneden oppervlak kunnen de volgende gebieden worden onderscheiden (figuur 4.3):

1 = afronding van plaat en dop (glad)
2 = afschuif- of snijzone (glad)
3 = breukzone
4 = braam

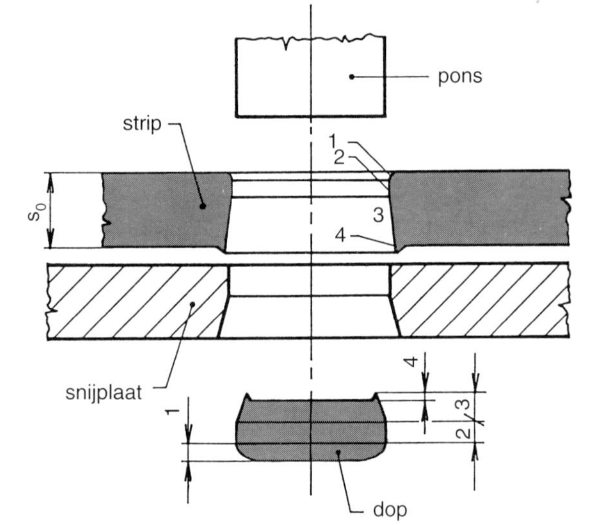

Figuur 4.3 De vervormings- en breukzones bij een geponst product

De belangrijkste factor die de vorm en de kwaliteit van de gesneden rand bepaalt is de snijspleet (zie figuur 4.1). De gebruikelijke snijspleet variëert tussen 2 en 10 procent van de plaatdikte, afhankelijk van het werkstukmateriaal. Als de grootte van de snijspleet toeneemt, worden de randen ruwer en de **deformatiezone** groter. Het materiaal wordt in de snijspleet gedrukt en de randen van de gesneden zone worden steeds meer afgerond. Als de snijspleet te groot is wordt het plaatmateriaal gebogen en onderworpen aan trek- in plaats van aan schuifspanningen. Met toenemende snijspleet wordt de hoogte van de gevormde braam groter. Dit is ook het geval bij toenemende ductiliteit van het materiaal en bij stomp gereedschap. Een te kleine snijspleet leidt tot te grote ponskrachten, sterke gereedschapslijtage en kans op gereedschapbreuk doordat snijder en snijplaat elkaar raken.

De verhouding tussen het gladde oppervlak en het breukvlak op het gesneden oppervlak neemt toe met toenemende ductiliteit van het werkstukmateriaal. Deze verhouding neemt af met toenemende materiaaldikte en snijspleet. De weg die de snijder af moet leggen om het afschuifproces te completeren, neemt toe naarmate de (schuif)rek, die het materiaal kan ondergaan voordat er breuk optreedt, groter is.

Bij brosse materialen kunnen bij knippen en ponsen kleine scheurtjes ontstaan. Bij wisselende belastingen op het product kunnen deze aanleiding geven tot het optreden van vermoeiingsscheuren. Deze processen mogen dan alleen als voorbewerking gebruikt worden. Dit geldt bijv. voor de meeste vliegtuigonderdelen.

4.1.3 Knippen

Onder **knippen** wordt spaanloos snijden verstaan, waarbij de snijkant van één van de beide gereedschapsdelen (messen) een hoek γ maakt met het vlak van de plaat. (Deze hoek is de spaanhoek; voor een definitie zie hoofdstuk 5). Knippen geschiedt meestal langs rechte lijnen, maar kan ook langs gebogen lijnen plaatsvinden. Bij het knippen is er nooit sprake van productgebonden gereedschap. Het principe van de bewerking is weergegeven in figuur 4.4.

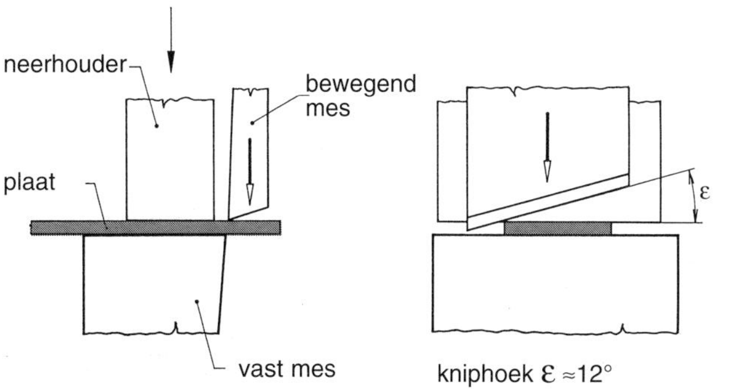

Figuur 4.4 Het knippen

Tijdens het knippen wordt er een koppel uitgeoefend dat de plaat wil doen kantelen. De neerhouder zorgt ervoor dat dit niet kan gebeuren. Aan de messen is een vrijloophoek α = 1 à 3° aangebracht (zie figuur 4.5). Dit dient om de wrijving tussen het plaatmateriaal en de messen te verminderen. De spaanhoek γ dient om de snijkrachten te verkleinen en om het tijdens het knipproces optredende buigend moment te beperken. Om toch een redelijke **standtijd** (levensduur tussen het herslijpen) van de messen te kunnen realiseren, wordt een wighoek β van 70 à 80° aangehouden: hiermee verkrijgt het mes een zekere vormstabiliteit. De speling (snijspleet) tussen de messen is afhankelijk van de plaatdikte. Deze bedraagt ongeveer 5% van de plaatdikte. De vorm van het gescheurde snedeoppervlak wordt, evenals bij ponsen, bepaald door de grootte van de snijspleet, de ductiliteit, (schuif)rek en de dikte van het werkstukmateriaal. Men kiest een zodanige speling tussen de messen dat de scheuren, die van beide snijkanten uit optreden, in elkaars verlengde liggen, zie figuur 4.6.

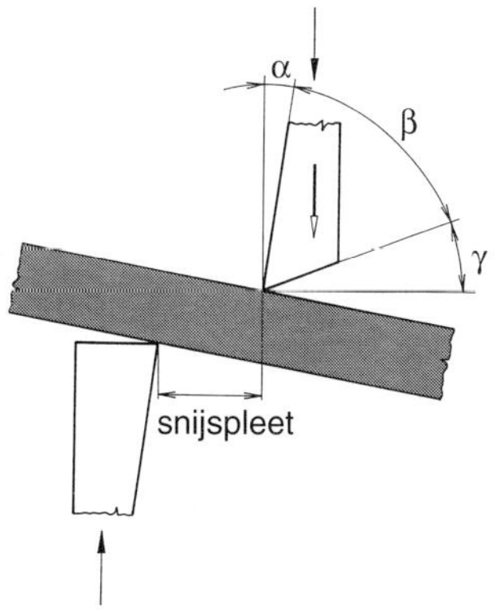

Figuur 4.5 Het kantelen van de plaat

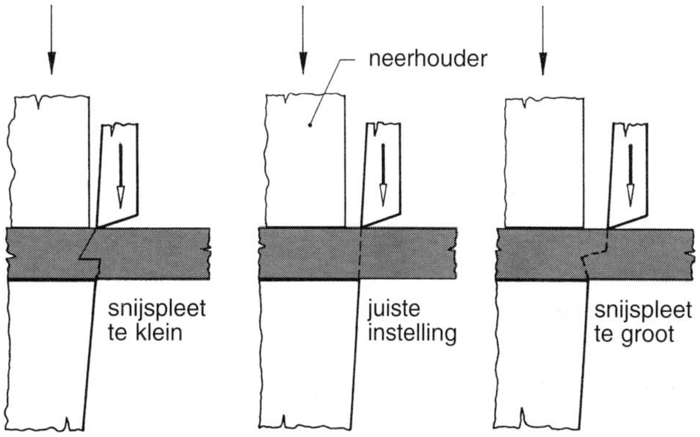

Figuur 4.6 De invloed van de snijspleet op de scheurvorming

Om te voorkomen dat de plaat door het schuin geplaatste mes wordt weggedrukt, mag de **kniphoek** ε, zie figuur 4.4, niet te groot zijn. Een gangbare waarde is 12°.

Gereedschappen en machines

Afhankelijk van de vorm en de afmetingen van de snijlijn kunnen verschillende schaarconstructies worden toegepast. De belangrijkste schaartypen zijn de slagschaar, de draaischaar en de rolschaar.

Slagscharen: dit zijn scharen met langs elkaar bewegende rechte messen, waarvan de beweging zowel rechtlijnig als scharnierend kan zijn. Hierbij kunnen de volgende typen worden onderscheiden (zie figuur 4.7):

- **Plaatschaar:** een slagschaar met korte, scharnierende messen, geschikt voor het knippen van kleine plaatdelen.
- **Guillotineschaar:** een slagschaar met lange messen, die een rechtlijnige bewe-

ging maken. De toepassing vormt het in rechhoekige stukken knippen van grote platen.

- **Knuppelschaar:** een slagschaar met korte messen, waarvan de snijkantsvorm is aangepast aan de dwarsdoorsnede van het aangevoerde (staf)materiaal.
- **Knabbelschaar:** een slagschaar met zeer korte messen. Deze schaar is geschikt voor het knippen (**knabbelen**) volgens gebogen snijlijnen. Bij deze bewerking wordt de gebogen snijlijn gerealiseerd door besturing van de gereedschapbaan en niet door de vorm van het gereedschap.

Draaischaren: dit zijn scharen met draaiende cirkelvormige messen. Voorbeelden zijn (zie figuur 4.8):

- **Strokenschaar:** een draaischaar met messen gemonteerd op assen evenwijdig aan het vlak van de te knippen plaat. De strokenschaar snijdt een brede plaat in smalle stroken.
- **Figuurschaar:** een draaischaar met messen gemonteerd op assen die een hoek maken met het vlak van de plaat. Met deze schaar kan men (met handbesturing) willekeurige contouren snijden.

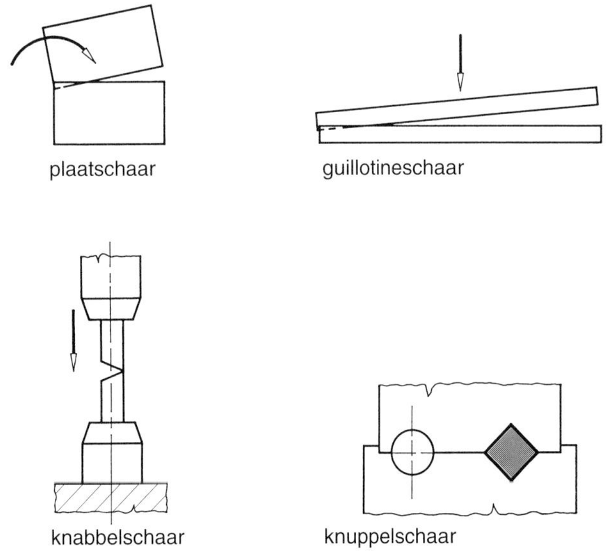

Figuur 4.7 De verschillende typen slagschaar

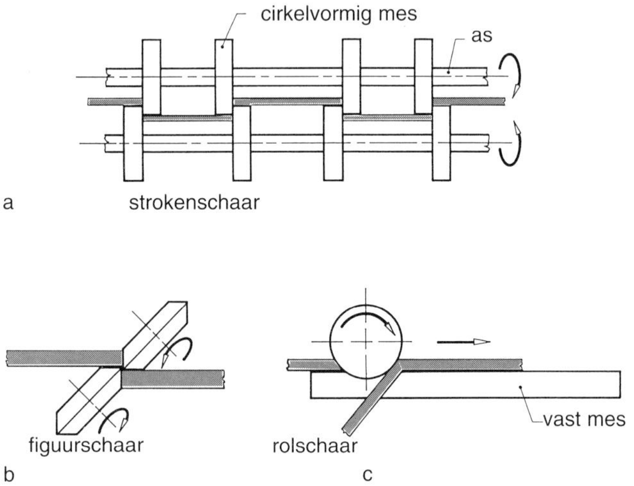

Figuur 4.8 Draaischaren (a, b) en rolschaar (c)

Rolscharen: Dit zijn scharen, voorzien van één of meer gebogen of rechte vaste messen waarlangs één of meer cirkelvormige messen rollen (zie figuur 4.8).

4.1.4 Ponsen en uitsnijden (stansen)

Ponsen is een snijdende bewerking met een gesloten snijlijn voor het maken van een inwendige werkstukbegrenzing. Bij **uitsnijden** (ook wel **stansen** genoemd) gaat het om de uitwendige werkstukbegrenzing.

Het ponsen van ronde gaten wordt in de serie- en massafabricage toegepast als een goedkoop alternatief voor de verspanende bewerking boren. Behalve ronde gaten worden ook veel niet ronde gaten geponst, bijvoorbeeld vierkante en ovale. Het spreekt voor zich dat het ponsgereedschap een vorm- en maatgebonden gereedschap is. De vorminformatie is geheel vastgelegd in het gereedschap.

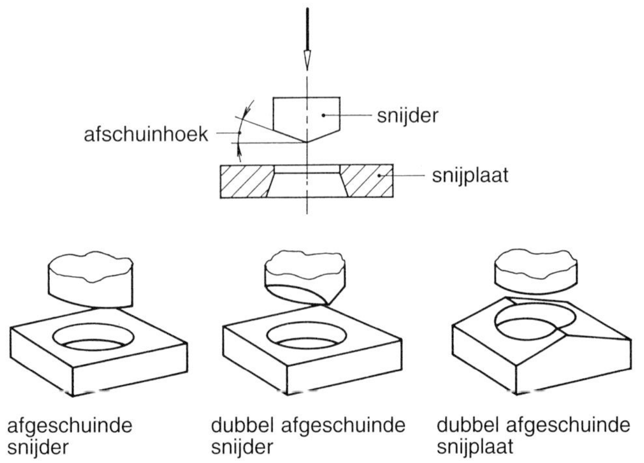

Figuur 4.9 Afgeschuind ponsgereedschap

Als de oppervlakken van de snijder en de snijplaat vlak zijn, bereikt de ponskracht zeer snel een hoge waarde. Om dit te voorkomen worden deze oppervlakken vaak afgeschuind. Dit kan op verschillende manieren worden uitgevoerd, zie figuur 4.9.

Minimale dambreedte

Als er producten uit een plaat worden gesneden, is het zaak dat het overblijvende deel voldoende stevigheid bezit. Met andere woorden: de overblijvende verbindingsdammen moeten een bepaalde minimale breedte hebben. Dit is belangrijk omdat:

- De dammen niet mogen breken als de snijplaat er op drukt.
- Het overblijvende materiaal niet in het gat van de snijplaat mag gaan zitten.
- Het overblijvende materiaal geen bramen mag veroorzaken.
- Het materiaal de handen van de bediener niet mag verwonden.

De dammen moeten dus wat dit betreft zo breed mogelijk zijn. Aan de andere kant levert dit natuurlijk veel materiaalverlies op of beperkingen in de vormgevingsmogelijkheden. Het is niet mogelijk om een analytische formule op te stellen voor de minimale dambreedte. Deze zal daarom bepaald moeten worden op grond van experimenten. Een voorbeeld hiervan wordt getoond in figuur 4.10.

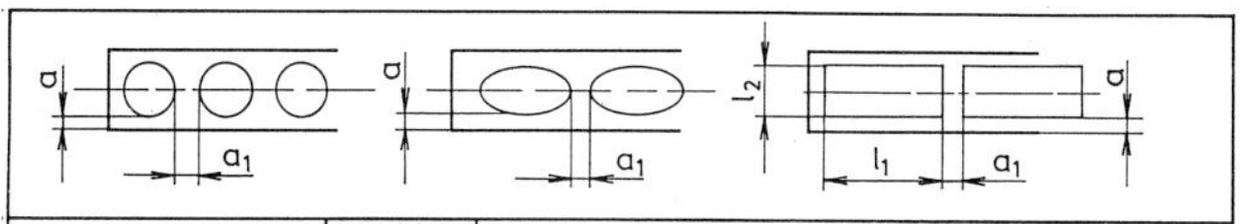

plaatdikte s (mm)	voor cirkelv. en ovale gaten		voor rechthoekige gaten, l_1 l_2 (mm) (grootste van de twee)									
			< 50		50 — 100		100 — 200		200 — 300		> 300	
	a	a_1	a	a_1	a	a_1	a	a_1	a	a_1	a	a_1
< 0,5	1,5	1,0	2,5	2,0	2,5	2,0	3,0	2,5	3,5	3,0	4,0	3,5
0,5 — 1,0	1,5	1,0	2,0	1,5	2,0	1,5	2,5	2,0	3,0	2,5	3,5	3,0
1,0 — 1,2	1,8	1,2	2,0	1,5	2,0	1,5	2,5	2,0	3,0	2,5	3,5	3,0
1,2 — 1,5	2,0	1,5	2,0	1,5	2,5	2,0	2,5	2,0	3,0	2,5	3,5	3,0
7,0 — 8,0	5,5	4,5	6,0	5,0	6,5	5,5	7,0	6,0	7,0	6,0	7,5	6,5

Figuur 4.10 Experimenteel bepaalde waarden voor de minimale dambreedte (mm)

Fijnstansen

Een bijzondere vorm van uitsnijden heet **fijnstansen**. Hierbij wordt het werkstukmateriaal (strip, band) op de snijplaat gedrukt door een **neerhouder** met een V-vormige ril. Deze maakt een indrukking in de plaat, zodat deze niet, zoals bij het ponsen, buigt en in de snijspleet gedrukt wordt, (zie figuur 4.11). Door fijnstansen kunnen producten met zeer gladde en zuiver haakse gatwanden verkregen worden.

Bij het fijnstansproces bedraagt de snijspleet ongeveer 1% van de plaatdikte, die doorgaans tussen 0,1 en 5 mm ligt. De bewerking wordt over het algemeen uitgevoerd op een drievoudig werkende ("triple-action") hydraulische pers, waarbij de krachten, uitgeoefend door de neerhouder, het tegendrukstempel en de beweging van de snijder, onafhankelijk van elkaar worden geregeld. Het gereedschap en de machine zijn aanzienlijk duurder dan bij het "gewone" uitsnijden. De toepassing van het fijnstansen ligt bij kleine, nauwkeurige producten in de massafabricage zoals tandwieltjes en nokschijfjes.

Machines en gereedschappen

Afhankelijk van de grootte en vorm van het product en van de seriegrootte worden ponsen en uitsnijden op verschillende manieren toegepast.

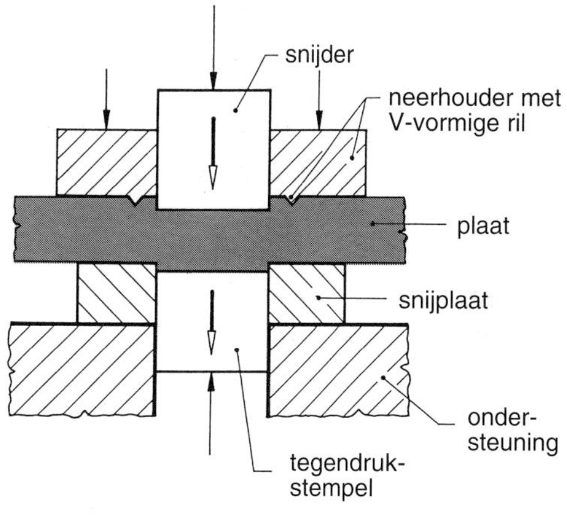

Figuur 4.11 Het fijnstansen

Compleetstempel

Een productgebonden **compleetstempel**, zie figuur 4.12, voert het ponsen en uitsnijden van een product met gaten in één beweging uit. De snijder voor de omtrek van het product fungeert tegelijkertijd als snijplaat voor de gaten. De verende elementen dienen als uitwerper/afstroper om het product en het afval te kunnen afvoeren. Het product is een uitgesneden vorm met één of meer gaten.

De methode is geschikt voor betrekkelijk eenvoudige producten die in middelgrote of grote aantallen gemaakt worden. Voor betrekkelijk kleine aantallen bestaat het uitgangsmateriaal meestal uit losse, rechthoekig geknipte **blenks**, die met de hand in het stempel worden gelegd. Bij grotere series bestaat dit uit een smalle strook, die vanaf een rol wordt ingevoerd.

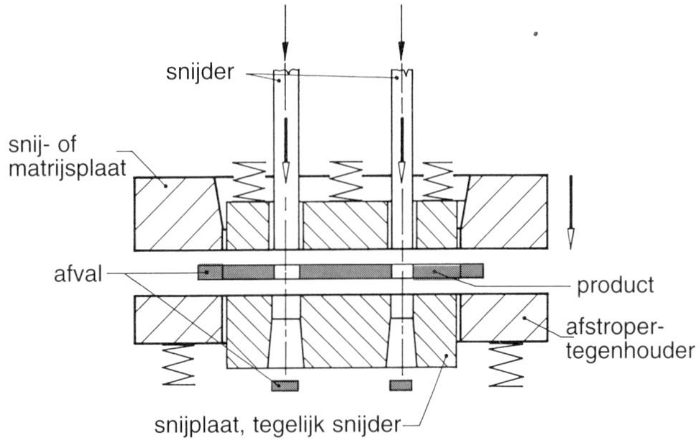

Figuur 4.12 Compleetstempel

Volgstempel

Een **volgstempel** voert een aantal bewerkingen na elkaar uit. Het kan hier zowel om scheidende als om omvormende bewerkingen gaan. Het materiaal, in de vorm van een strook, schuift na elke slag een vaste afstand door. Nauwkeurig aanhouden van deze opschuiflengte is mede bepalend voor de nauwkeurigheid van het product. In het laatste station van het volgstempel wordt het product losgesneden. Figuur 4.13 toont de opeenvolgende bewerkingsstappen. In figuur 4.14 is nog een foto gegeven van een dergelijk product. Het betreft de zogenaamde "snapspring" uit het scheerapparaat (nr. 4 uit figuur 1.10).

Een volgstempel is een complex en kostbaar gereedschap. De methode is daarom alleen geschikt voor gecompliceerde producten die in grote series worden vervaardigd.

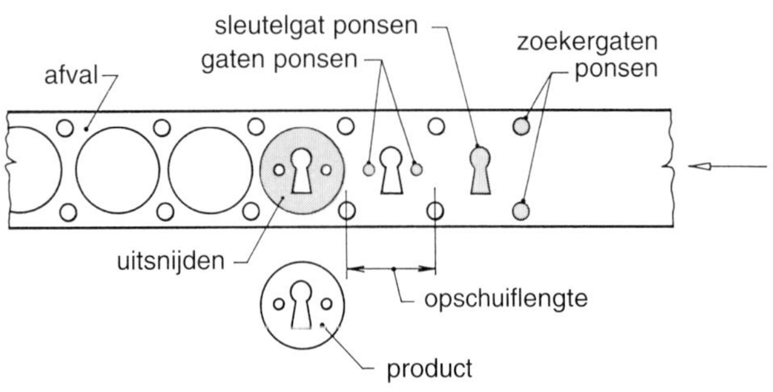

Figuur 4.13 Product vervaardigd met volgstempel

Figuur 4.14 Foto van de ondermatrijs met strook voor de "snapspring"

Revolverponsmachine

De **revolverponsmachine** werkt zoveel mogelijk met standaard ponsgereedschappen. Om het gereedschap snel te kunnen verwisselen worden verschillende ponsgereedschappen in een roterende gereedschaphouder, **revolver** opgenomen (zie figuur 4.15 en ook hoofdstuk 11). Omdat elk ponsgereedschap uit een snijder en een snijplaat bestaat zijn er steeds twee revolvers. Het gewenste ponsgereedschap kan hiermee op een eenvoudige, snelle wijze in de werkpositie worden gebracht. Na elke ponsslag verplaatst de machine het product. Op deze wijze kunnen gecompliceerde gatenpatronen worden gemaakt. Eén stempel kan verschillende gatvormen (contouren) maken door een gat in meer dan één slag uit te ponsen. Met een vierkant stempel kan men bijv. een rechthoekig of L-vormig gat ponsen. Men kan ook meer dan één stem-

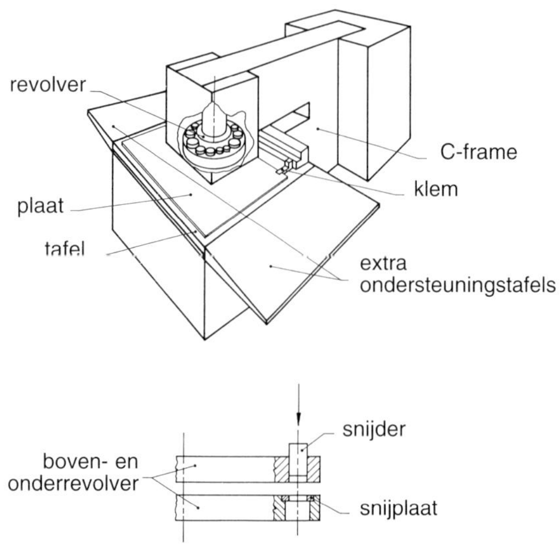

Figuur 4.15a Revolverponsmachine
Schets van een machine plus detail van het ponsgereedschap

Figuur 4.15b Foto van de Trumatic 235

Besturing:	*CNC Bosch CC220*	*Plaatdikte:*	*max. 6,4 mm*
Ponskracht:	*max. 250 kN*		*min. 0,4 mm*
Ponsdiameter:	*max. 105 mm*	*Plaatafmetingen:*	*2.000 × 1.000 mm*
	min. 0,5 mm	*Positioneer-onzekerheid:*	*0,2 mm*

pel voor één gat gebruiken. Bij sommige machines is het mogelijk de stempels te roteren en daarmee de oriëntatie van een gat te wijzigen. Ook is een combinatie van snijden en omvormen mogelijk, bijv. voor het maken van ventilatiesleuven.
Ook bij het revolverponsen zijn willekeurige omtrekken te maken door middel van knabbelen. Hierbij voert een stempel een groot aantal slagen uit terwijl het product steeds een kleine verplaatsing ondergaat. Stempeldiameter en stapgrootte bepalen de ruwheid van de gesneden contour. Het aantal slagen bedraagt maximaal ca. 10/s. Met een verplaatsing van 5 mm per slag betekent dit een voedingssnelheid van 0,05 m/s.

De verplaatsingen van de plaat werden in het verleden gestuurd met behulp van sjablonen. Tegenwoordig zijn revolverponsmachines vrijwel steeds uitgerust met een numerieke besturing, zie hoofdstuk 11 en met name paragraaf 11.8). De besturing verzorgt zowel de verplaatsingen van het product als de gereedschapwisselingen en eventueel ook het roteren van de gereedschappen.
De methode leent zich voor kleine en middelgrote series. De producten zijn vaak veel groter dan bij compleet- en volgstempels. Het oppervlak van de blenk kan bijv. 2 x 1 m bedragen. Bij kleine product-

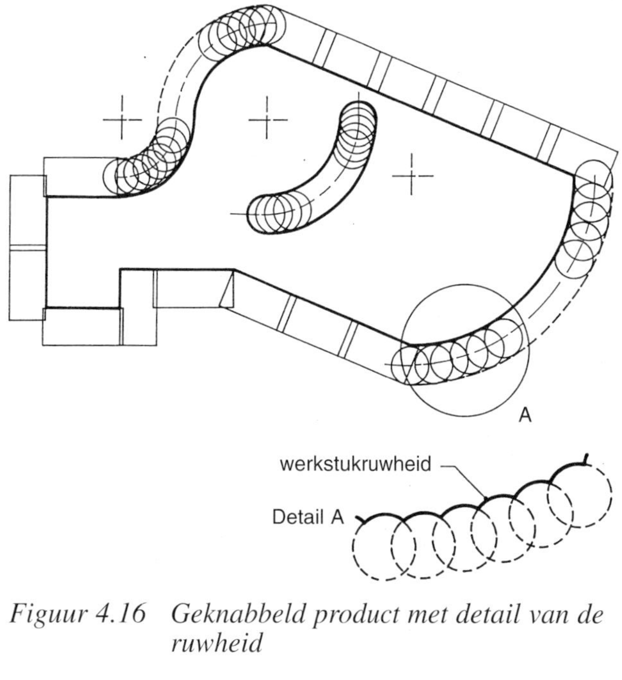

Figuur 4.16 Geknabbeld product met detail van de ruwheid

afmetingen haalt men meer dan één product uit een blenk. Figuur 4.16 illustreert de werkwijze bij het maken van een product waarbij ponsen, gedeeltelijk met roterend gereedschap, en knabbelen worden toegepast.

Voordelen van het NC-pons/knabbelproces zijn:
- flexibele productie
- kleine series mogelijk
- hoge nauwkeurigheid
- korte doorlooptijden.

Nadeel is de relatief hoge investering voor de machine, die een hoge bezettingsgraad van de machine noodzakelijk maakt.

4.2 Mechanische, verspanende scheidende bewerkingen

De verspanende scheidende bewerkingen voldoen niet geheel aan de definitie van scheiden. Er vindt namelijk spaanvorming plaats, dus een structuurverandering van het materiaal. Het verspaande volume is echter maar een zeer klein deel van het totale volume, zodat we deze processen toch bij de scheidende bewerkingen rekenen.

In deze paragraaf zullen achtereenvolgens de bewerkingen zagen, doorslijpen en omtrekfrezen worden besproken. De technologie wordt hierbij buiten beschouwing gelaten. We verwijzen daarvoor naar hoofdstuk 5. Hier behandelen we de toepassing van deze processen.

4.2.1 Zagen

Zagen is een snijdende bewerking, waarbij het snijdende gereedschap (de zaag) is voorzien van een groot aantal kleine tanden. Met deze bewerking kunnen verschillende vormen worden geproduceerd. De vorminformatie ligt hierbij niet opgeslagen in het gereedschap, maar hangt af van de baan die het gereedschap beschrijft ten opzichte van het werkstuk.

Omdat het zaagblad over het algemeen dun is, is het materiaalverlies als gevolg van het zagen gering. Om

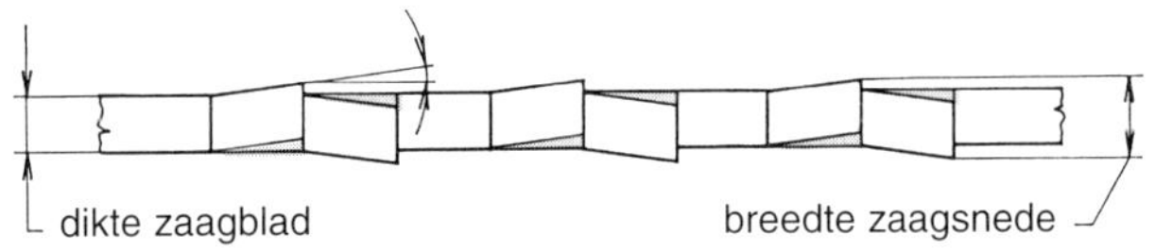

Figuur 4.17 Tandzetting bij zagen

de wrijving tussen zaag en werkstukoppervlak zo laag mogelijk te houden (dus om klemmen tegen te gaan) zijn de tanden van de zaag gezet onder een bepaalde hoek in twee tegengestelde richtingen, zie figuur 4.17. Dit heeft tot gevolg dat de zaagsnede breder is dan het zaagblad. Het kan ook zijn dat de zaag gaat klemmen doordat de zaag kantelt als gevolg van onvoldoende geleiding. Om dit te voorkomen en om buiging van het zaagblad tegen te gaan, moeten er altijd ten minste drie tanden in aanraking zijn met het werkstuk. Dit is de reden dat het zagen van dunne materialen moeilijk is. Bij dunnere materialen moet dus een zaag met fijnere tanden gebruikt worden.

Er kunnen verschillende zaagmachines worden onderscheiden, namelijk de beugelzaag-, de lintzaag- en de cirkelzaagmachine.

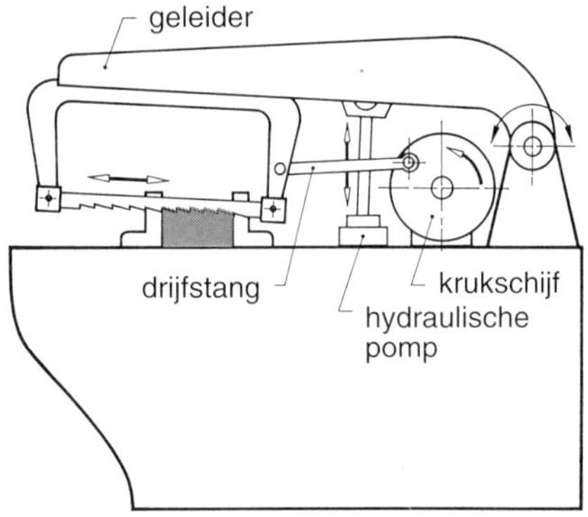

Figuur 4.18 Beugelzaagmachine

De **beugelzaagmachine**, zie figuur 4.18, maakt een rechtlijnige hoofdbeweging. Er wordt hierbij over het algemeen trekkend, dus bij de beweging naar rechts gezaagd. Bij de beweging naar links wordt de zaag van het werkstuk gelicht door middel van de hydraulische pomp die de beugel optilt. Dit maakt beugelzagen een stuk minder efficiënt in vergelijking met het lintzagen en cirkelzagen. De snijsnelheid is niet constant omdat de zaag wordt aangedreven door een krukdrijfstangmechanisme. De zaagbladen zijn over het algemeen 1,2 tot 2,5 mm dik. De beugelzaagmachine is vooral geschikt voor het op maat/lengte zagen van stafmateriaal en profielen.

De **lintzaagmachine**, zie figuur 4.19, maakt eveneens een rechtlijnige hoofdbeweging. Deze machines zijn uitgerust met een lang, smal en flexibel zaaglint. Het zaaglint staat gewoonlijk verticaal, terwijl het werkstuk op een horizontale tafel ligt. De snijsnelheid is constant. De machine is geschikt voor het zagen van plaatmateriaal. Hierbij is het mogelijk om willekeu-

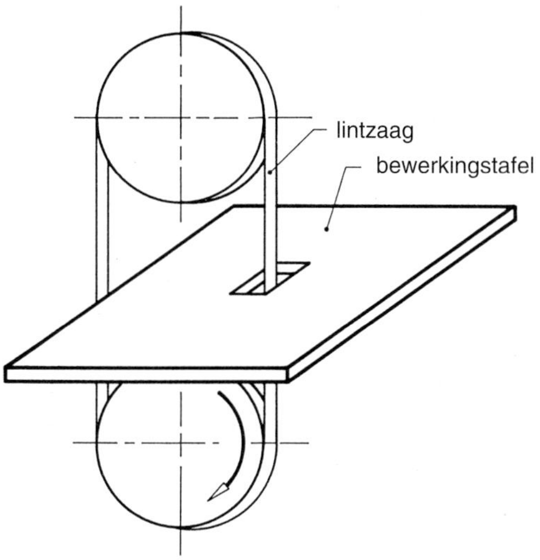

Figuur 4.19 Principe van de lintzaagmachine

rige vormen uit te zagen, meestal gestuurd met de hand; numeriek gestuurde lintzaagmachines komen ook voor. De te volgen contour kan dan automatisch worden bestuurd.

Zoals hierboven al is vermeld, is lintzagen efficiënter dan beugelzagen, omdat er geen niet-verspanende slag is. Met snelstalen bladen kunnen snijsnelheden van ongeveer 0,15 tot 2 m/s bereikt worden.

Een variant op de lintzaag is de **draadzaag**. De zaag is hier een met diamantkorrels beklede draad. Hiermee kan men contouren met zeer kleine kromtestralen beschrijven. Bovendien hoeft het product niet te roteren bij het veranderen van de zaagrichting.

De **cirkelzaagmachine**, zie figuur 4.20 maakt, in tegenstelling tot de bovengenoemde typen, een roterende hoofdbeweging. Deze machine is, evenals de beugelzaagmachine, vooral geschikt voor het op maat zagen van stafmateriaal en profielen. Hierbij kunnen met een hoge snelheid (zowel snijsnelheid als voedingssnelheid) grote doorsneden worden doorgezaagd. Door de tanden van hardmetaal te vervaardigen kunnen nog hogere snijsnelheden worden gerealiseerd. Een nadeel is dat cirkelzaagbladen een grotere dikte hebben dan lint- of beugelzagen. Het materiaalverlies is dus groter.

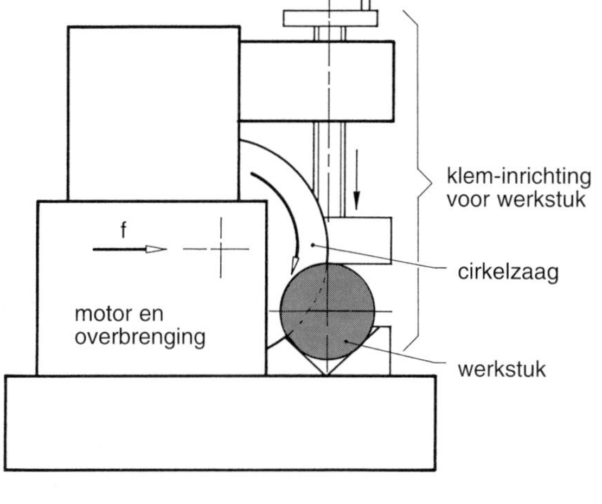

Figuur 4.20 Cirkelzaagmachine

4.2.2 Doorslijpen

Bij het **doorslijpen** is de cirkelzaag vervangen door een smalle slijpschijf. Het doorslijpen, zie figuur 4.21, kan zowel droog als nat plaatsvinden. Bij droog slijpen worden snijsnelheden van ongeveer 100 m/s toegepast. Door deze hoge slijpsnelheid zal het materiaal heet en hierdoor zacht worden. Op deze manier kan het materiaal gemakkelijk worden verwijderd. Wanneer het werkstukmateriaal niet warm mag worden, wordt gewerkt met koelvloeistof. Bij dit nat slijpen worden rubbergebonden slijpschijven gebruikt die met een snelheid van ongeveer 50 m/s werken. Een hogere snelheid is niet mogelijk, omdat er dan onvoldoende koelvloeistof op de schijf kan komen waardoor deze oververhit kan raken. In dit geval wordt het materiaal niet zacht.

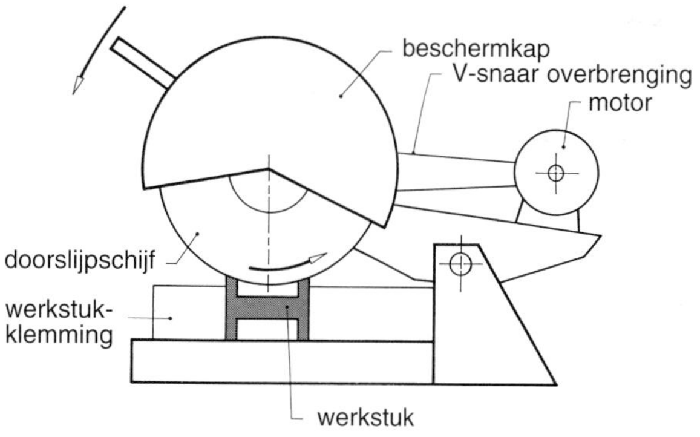

Figuur 4.21 Doorslijpmachine

Met doorslijpen kan stafmateriaal worden gescheiden met een diameter tot 50 mm en buis met een diameter tot 90 mm. Een belangrijke toepassing van doorslijpen is het verwijderen van het gietsysteem en de opkomers van een gietstuk.
Zowel zagen als doorslijpen zijn vrijwel altijd voorbewerkingen. De bereikbare nauwkeurigheid en oppervlaktekwaliteit zijn matig.

Figuur 4.22 Foto van routerfrees-producten van de Fokker 100

4.2.3. Omtrekfrezen

Omtrekfrezen, ook wel aangeduid met de Engelse term **routerfrezen**, is het maken van de omtrek van producten door een vingerfrees langs de omtrek te bewegen. Vaak gaat het om een stapel dunne platen (totale dikte 6 tot 12 mm). Hiermee kan een aantal producten tegelijkertijd worden bewerkt. Men spreekt dan ook wel van pakketfrezen. In figuur 4.22 is een foto gegeven van het resultaat van een dergelijke bewerking. Omtrekfrezen wordt vooral toegepast in de vliegtuigbouw; de éénmalige en de inrichtkosten voor een compleetstempel zijn veel te hoog voor de lage product-aantallen; bovendien leidt, zoals eerder vermeld, de kwaliteit van een geponst oppervlak tot vermoeiingsscheuren.

4.3 Fysische scheidende bewerkingsmethoden

Fysische scheidende bewerkingen onderscheiden zich van mechanische bewerkingen door het gebruik van alternatieve (niet mechanische) energievormen, zoals elektrische, thermische of elektromagnetische energie. Bij deze technieken worden er, in tegenstelling tot de mechanische bewerkingen, geen of zeer kleine krachten op het werkstuk uitgeoefend. Behalve bij het brandsnijden, (paragraaf 4.3.1) betreft het technieken die pas sedert ca. 1960 op industriële schaal worden toegepast. Er wordt dan ook wel gesproken van moderne tegenover klassieke bewerkingstechnieken.

Drie redenen om te kiezen voor fysische bewerkingstechnieken kunnen zijn:
- Fysische bewerkingen zijn niet afhankelijk van de mechanische eigenschappen van een materiaal. Harde metalen laten zich thermisch bijvoorbeeld net zo gemakkelijk bewerken als zachte metalen.
- Bij de meeste genoemde processen wordt de energie in een zeer sterk geconcentreerde bundel toegevoerd. Hierdoor ontstaat een zeer smalle snede, waardoor details nauwkeurig kunnen worden gerealiseerd. Bovendien is er geen of slechts een smalle **warmte-beïnvloede zone**, dat is het gebied aan weerskanten van de snede waarvan de materiaaleigenschappen zijn aangetast door de toegevoerde warmte.
- Er doen zich gevallen voor waarin er geen mechanisch equivalent voor de bewerkingsmethode bestaat.

Deze paragraaf behandelt:
- Thermische scheidingsmethoden: brandsnijden, plasmasnijden, lasersnijden en draadvonken
- Waterstraalsnijden.

De technologie van deze bewerkingen zal hier slechts summier worden behandeld. Deze komt in hoofdstuk 6 nader aan bod. In dit hoofdstuk zullen we vooral de mogelijkheden en beperkingen van de technieken bekijken. Tevens kijken we naar de verschillende machines en geven we enkele toepassingsvoorbeelden.

4.3.1 Brandsnijden

Brandsnijden, ook wel **autogeen snijden** genoemd, is een thermische bewerkingsmethode. De benodigde warmte wordt bij het brandsnijden verkregen door het verbranden van een mengsel van een gas, meestal acetyleen (C_2H_2), en zuurstof. Door de gasvlam wordt bij staal het materiaal voorverwarmd tot dicht onder de

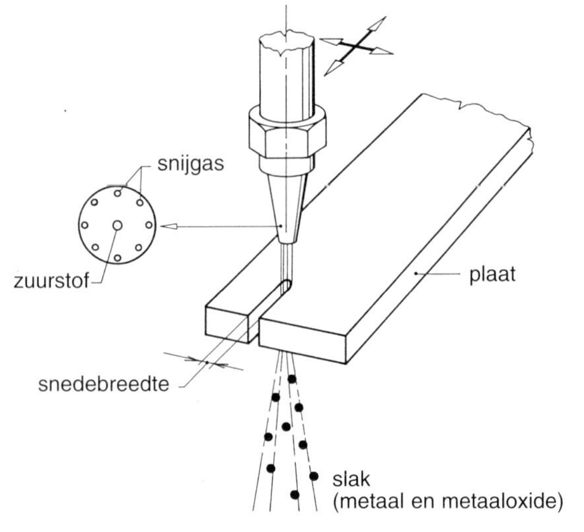

Figuur 4.23 Principe van het brandsnijden

ontstekingstemperatuur, waarna oxydatie van het staal plaatsvindt in een afzonderlijke stroom zuurstof, aangevoerd door het hart van de snijbrander, zie figuur 4.23. De verbranding levert zoveel warmte dat verwarmen niet meer nodig is wanneer de reactie eenmaal op gang gekomen is. De gasvlam blijft echter nodig om de vloeibare ijzeroxyden weg te blazen en om bij onderbrekingen het proces weer op gang te brengen. De voorverwarmtemperatuur neemt toe met het koolstofgehalte van het staal. Het feitelijke snijden vindt voornamelijk plaats door verbranden van het staal, terwijl een klein gedeelte van het materiaal smelt.

Autogeen snijden is slechts mogelijk wanneer:
- De verbrandingstemperatuur van het materiaal lager is dan de smelttemperatuur,
- De oxydatie van het materiaal in de zuurstofstraal zoveel warmte ontwikkelt dat het proces zichzelf in stand houdt,
- Het smeltpunt van het materiaal hoger ligt dan dat van zijn oxyde.

Materialen die aan deze voorwaarden voldoen zijn ongelegeerde koolstof- en gietstalen en verschillende gelegeerde staalsoorten. Fe 360 heeft bijvoorbeeld een smeltpunt van ongeveer 1500 °C. De verbrandingstemperatuur bedraagt ca 1150 °C, het smeltpunt van ijzeroxyde ligt bij ongeveer 1350 °C. Aan de voorwaarden wordt niet voldaan door materialen als gietijzer, lichtmetalen, koper en brons. Verder is het zo dat gelegeerde staalsoorten als roestvrijstaal moeilijk autogeen zijn te snijden. Dit wordt wel mogelijk door het toevoegen van ijzerpoeder in de vlam. Dit ijzerpoeder produceert bij oxydatie de nodige warmte.

De grootste dikte die met brandsnijden gesneden kan worden hangt af van het gebruikte gas, het werkstukmateriaal en de kwaliteitseisen. Met acetyleen kan een maximale dikte van ca. 300-350 mm worden gesneden, met waterstof is maximaal 600 mm dik materiaal te snijden. De breedte van de snijspleet varieert, afhankelijk van de plaatdikte, van 1,5 tot 10 mm. De bereikbare nauwkeurigheid is meestal voldoende als voorbewerking voor het lassen (zie figuur 12.17). Het gesneden oppervlak is echter ruwer dan het oppervlak verkregen met zagen of uitsnijden.

Het autogeen snijden wordt onder meer toegepast voor het voorbewerken van lasnaden en het verwijderen van las- en materiaalfouten. Het wordt ook toegepast voor het in vorm snijden van platen voor schepen en staalconstructies. De brander kan langs elke willekeurige (2-dimensionale) contour worden bewogen. Dit kan zowel met de hand, mechanisch met behulp van kopieermallen, als computergestuurd, bijv. met industriële robots gebeuren. De productiviteit van het proces kan worden verhoogd door twee of meer lagen plaat in één keer te bewerken of door een aantal branders tegelijkertijd in te zetten. Ook is het mogelijk om onder water te snijden (vooral van belang voor de scheepsbouw). Dit wordt gedaan met een speciaal ontworpen brander, waarbij gecomprimeerde lucht een soort scherm vormt tussen de vlam en het water.

4.3.2 Plasmasnijden

Ook het **plasmasnijden** is een thermisch snijproces. Er wordt een elektrische vlamboog gevormd tussen een wolfram-kathode en een watergekoeld koperen mondstuk (zie figuur 4.24). Door deze boog wordt een gas geblazen dat door de hitte van de vlamboog ontleedt in elektronen, ionen en neutrale deeltjes. In dit plasma worden zeer hoge temperaturen bereikt van circa 30.000 °C. Als de stroming in de brander laminair is, verloopt het proces zeer stil. Is de stroming echter turbulent, dan is het geluidsniveau zeer hoog.

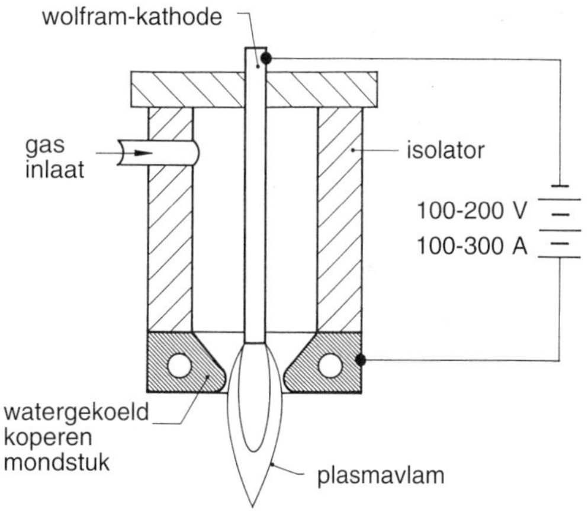

Figuur 4.24 Principe van het plasmasnijden

Bij dit proces kunnen zeer hoge snijsnelheden worden bereikt. De productiviteit van het plasmasnijden ligt daardoor hoger dan die van het brandsnijden. Andere voordelen ten opzichte van brandsnijden, zijn het gladde oppervlak en de nauwe snijspleet. Plasmasnijden wordt vooral gebruikt voor het snijden van plaatmateriaal uit roestvrij staal en nonferro metalen.

4.3.3 Lasersnijden

Bij het **lasersnijden** (zie figuur 4.25) is de energievorm de laser (Light Amplification by Stimulated Emission of Radiation). Hierbij wordt het te snijden materiaal over een zeer klein vlakje met een diameter

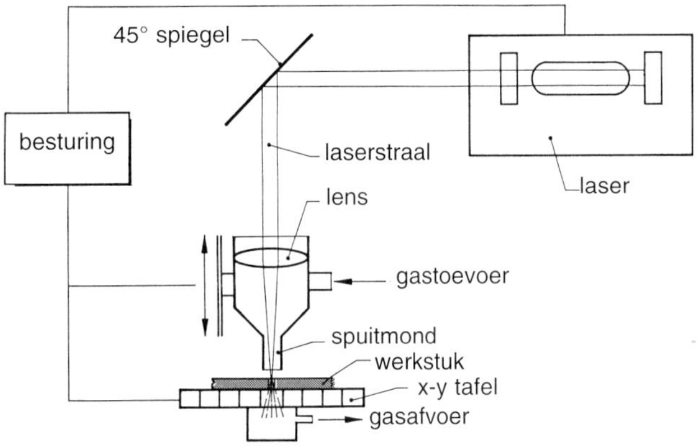

Figuur 4.25 Schematische afbeelding van het lasersnijden

kleiner dan één millimeter (brandvlek) op zeer hoge temperatuur gebracht (bijvoorbeeld 10.000 °C). Het metaal wordt zodoende plaatselijk op ontstekingstemperatuur gebracht en eventueel door een zuurstofstraal verbrand en weggeblazen. De hierbij optredende exotherme reactie levert de aanvullende energie, waardoor er een hoge snijsnelheid gerealiseerd kan worden. Bij toepassing van een inert gas zal het laservermogen veel groter moeten zijn en dient het gas juist om de zuurstof buiten te sluiten en om het gesmolten materiaal weg te blazen.
Om het proces goed te laten verlopen moet aan de volgende voorwaarden worden voldaan:

- De straling moet het materiaal kunnen binnendringen.
- De energietoevoer aan de te verhitten zone moet groter zijn dan de warmteafvoer ten gevolge van geleiding door het werkstukmateriaal. Dit moet dus een lage warmtegeleidingscoëfficiënt hebben.
- Daar het werkstukmateriaal alleen door absorptie kan worden verhit, mag het materiaaloppervlak de lichtstraling niet te sterk reflecteren.

Om het proces efficiënt te laten verlopen mogen dus de reflectiecoëfficiënt en de warmtegeleidingscoëfficiënt niet te hoog zijn. Ook moeten de specifieke warmte, de smeltwarmte en de verdampingswarmte zo laag mogelijk zijn.

Het werkstuk dat door het lasersnijden geproduceerd wordt, heeft een smalle warmtebeïnvloede zone.

Het lasersnijden wordt toegepast voor plaatdikten kleiner dan 5 mm. De meeste metalen zoals gelegeerde en ongelegeerde staalsoorten zijn zeer goed met een CO_2-laser te snijden. Een uitzondering hierop vormen metalen die niet aan de bovengenoemde voorwaarden voldoen. Dit zijn o.a. aluminium, messing, zilver, koper, goud en hun legeringen. Bijna alle niet-metallische materialen zijn met een laser, in tegenstelling tot de overige thermisch scheidende bewerkingen, goed te snijden. Het lasersnijden (en ook het laserboren) van deze materialen wordt veel gebruikt in de elektronische industrie. Het proces is uitermate geschikt voor het boren van kleine gaatjes, bijvoorbeeld 0,005 mm met een diepte/diameter verhouding van 50.

Voordelen van lasersnijden ten opzichte van de conventionele methoden zijn de zeer smalle snijspleet, de daarmee samenhangende goede weergave van details en het ontbreken van braamvorming. terwijl er geen bewerkingskrachten op het werkstuk worden uitgeoefend. Een voordeel is ook dat het een "schone" methode is. De hoge aanschafprijs van lasers met hoog vermogen beperkt vooralsnog de toepassingsmogelijkheden.

4.3.4 Draadvonken

Het vonkverspanen berust op het wegnemen van materiaal door vonkoverslag tussen een elektrode en het werkstuk via een isolerende vloeistof. De theorie van het vonkverspanen wordt verder behandeld in hoofdstuk 6. **Draadvonken** is een vorm van vonkverspanen, waarbij de elektrode bestaat uit een strak gespannen draad. Door het afwikkelen van de draad blijven de draaddiameter en daardoor ook de snede-

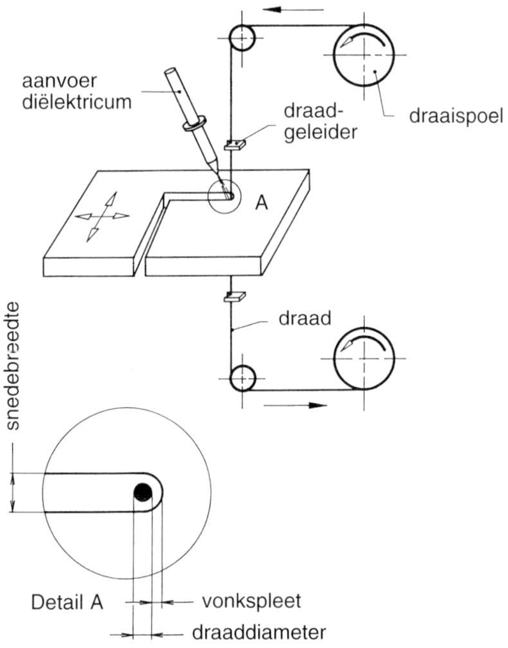

Figuur 4.26 Schematische afbeelding van het draadvonken

dikte constant, zie figuur 4.26. Het proces lijkt wel wat op figuurzagen. Door het schuinstellen van de draad kunnen schuine en kegelvormige vlakken worden vervaardigd.

Omdat het proces langzaam verloopt, (afnamesnelheid van 0,03-0,7 mm^3/s) komt het in het algemeen slechts in aanmerking voor enkele stuks of kleine series. (Opmerking: Een merkwaardige uitzondering hierop vormt het draadvonken van de scheerkoppen van het Philips scheerapparaat.)
Het proces wordt daarom vooral toegepast bij de fabricage van snijstempels, extrusiematrijzen en andere werkstukken uit moeilijk bewerkbare (harde) materialen). Een groot voordeel is de flexibiliteit en de eenvoudige wijze van programmering, waardoor draadvonken steeds meer wordt toegepast bij het maken van prototypen van plaatvormige producten. Deze kunnen soms in pakketten van 10 tot 100 stuks gelijktijdig worden uitgesneden.

4.3.5 Waterstraalsnijden

Bij het **waterstraalsnijden** wordt een uiterst dunne en krachtige waterstraal gebruikt om een nauwe snijspleet te maken, zie figuur 4.27. De pomp levert drukken in de orde van 400 MPa. De spuitopening heeft

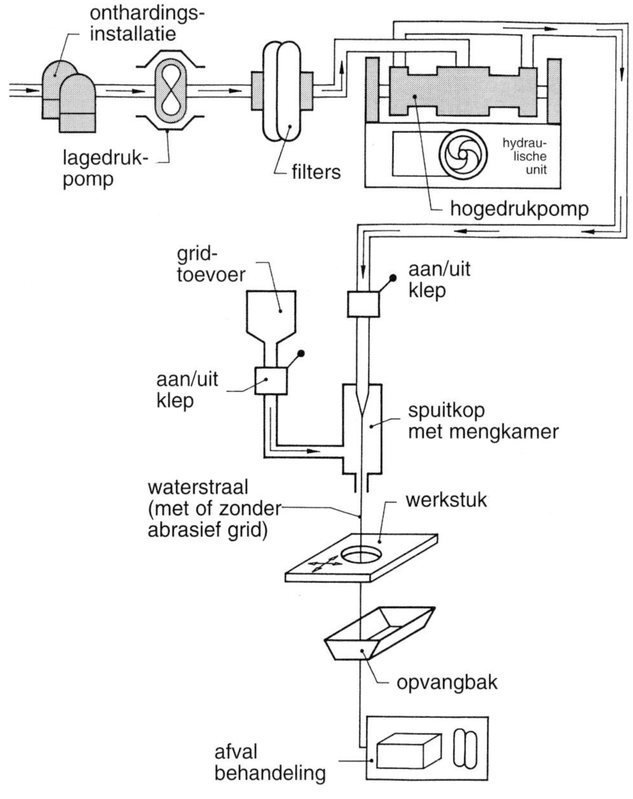

Figuur 4.27 Schematische afbeelding van het waterstraalsnijden

een diameter tussen 0,1 en 0,3 mm. Met deze techniek kan een verscheidenheid aan materialen worden bewerkt, zoals plastics, textiel, rubber, hout, papier, leer, isolatiematerialen, baksteen en vezelversterkte kunststoffen. Er kunnen diktes tot 40 mm (papier) en zelfs tot 250 mm (isolatiematerialen) worden bewerkt. Door het water te mengen met fijne slijpkorrels is het ook mogelijk harde metalen te bewerken.

De voordelen van het proces zijn:
- Het proces kan op elke plaats in het materiaal gestart worden, zonder dat een voorgeboord gat nodig is.
- Er wordt geen warmte geproduceerd.
- Er vindt geen doorbuiging van de rest van het werkstuk plaats, dus het is goed mogelijk om flexibele materialen te bewerken.
- Er is weinig braamvorming.
- Niet elektrisch geleidende materialen zijn te bewerken.

SAMENVATTING

Dit hoofdstuk beschrijft de processen waarmee materiaal wordt gescheiden, d.w.z. zodanig verdeeld dat het uitgangsmateriaal geheel (bij de niet verspanende mechanische processen, zoals ponsen en knippen) of voor het overgrote deel (bij de verspanende mechanische en de fysische processen) behouden blijft.

Bij het ponsen en uitsnijden ligt de informatie over de vorm van het product veelal vast in het gereedschap. Ze lenen zich daarom vooral voor massafabricage. Bij de andere processen genereert de gereedschapbeweging de vorm van het product. Deze zijn dus meer van toepassing voor kleine series of enkele stuks.

De fysische processen hebben als specifiek voordeel dat geen krachten op het werkstuk worden uitgeoefend. De "moderne" technieken kunnen materialen verwerken die met de traditionele methoden niet te bewerken zijn en vormen realiseren die op geen andere wijze zijn te bereiken.

LITERATUUR

[4.1] Kalpakjian S., Manufacturing Engineering and Technology (3rd edition), Addison-Wesley, 1995, ISBN 0-201-53846-6.
paragraaf 16.2: 'Shearing'.

[4.2] Ramaekers J.A.H. e.a., Plastisch bewerken van metalen, procesbeheersing in de onderdelenfabricage, OMTEC, Mierlo, 1987, ISBN 90-6808-007-5.

OEFENVRAGEN

4.1 Wat zijn de belangrijkste kwaliteitskenmerken en noem enige factoren die van invloed zijn op de kwaliteit van het gesneden vlak bij de ponsbewerking.

4.2 Bij welk soort producten is knippen of knabbelen niet als eindbewerking toegestaan?

4.3 Welke scheidende bewerking komen in aanmerking voor zeer harde materialen?

4.4 Waarvan is de ruwheid van een knabbel-snede afhankelijk? Licht Uw antwoord toe met een schets.

4.5 Bij de volgende producten moet een scheidende bewerking worden gekozen, welke kiest U en waarom?
a) Scheepsplaatdelen
b) Een enkele stalen kast
c) Plaatdelen voor een vliegtuig.

4.6 Noem de drie schaartypen voor metaalplaat en schets de principes. Noem ook de belangrijkste toepassingsgebieden.

4.7 Wat is het nadeel van het toepassen van een grote snijspleet bij knippen? Hoe groot moet deze speling zijn?

4.8 Waarom wordt bij knipmessen een vrijloophoek toegepast?

4.9 Wat is het belangrijkste productiviteitsvoordeel van een lintzaag in vergelijking met een beugelzaag?

4.10 Waarom worden van een zaag de tanden "gezet"?

4.11 Welke scheidende bewerking heeft de voorkeur voor het maken van stroken van 200x2000 mm, 2 mm dik bij de volgende aantallen:
a) 10 stroken per maand?
b) 2000 stroken per maand?
c) 50000 stroken per maand?
d) Welk uitgangsmateriaal kiest U bij a, b en c?

4.12 Uit 10 mm dikke metalen platen moet een grote serie werkstukken gesneden worden. Het smeltpunt van het materiaal ligt bij 1300 °C en de verbrandingstemperatuur ligt bij 1450 °C. Welke fysische bewerkingsmethode(n) kan (kunnen) hier het best voor gebruikt worden en waarom?

4.13 In een 1,6 mm dikke plaat moet een gat geponst worden met een diameter van 20 mm. Wat is (bij benadering) de benodigde ponskracht, als de treksterkte van het materiaal 800 MPa bedraagt?

4.14 Bij draadvonken blijkt de afnamesnelheid 0,5 mm^3/s te bedragen, terwijl de snedebreedte bij de gebruikte draad 0,4 mm is. Bereken de tijdsduur voor het snijden van een omtrek van 1000 mm voor een plaatdikte van 20 mm.

VERSPANEN

DOEL VAN DIT HOOFDSTUK

Het behandelt het principe van de mechanisch afnemende of kortweg verspanende bewerkingen.

Het beschrijft de verschillende verspanende bewerkingen en de benodigde gereedschappen en machines.
Aan de hand van het bovenstaande geeft het de mogelijkheden en begrenzingen van de bewerkingsmethoden.

Het legt de nadruk op de bewerking van metalen; de bijzondere aspecten van het verspanen van andere materialen, zoals kunststoffen, vallen buiten het kader van dit boek.

5.1 Inleiding

In tegenstelling tot de scheidende bewerkingen, behandeld in het voorgaande hoofdstuk, verandert bij de afnemende bewerkingen het verwijderde materiaal grondig van structuur. De verspanende bewerkingen veranderen het overtollige materiaal in **spanen**, die alleen via "recycling" door de materiaalfabrikant weer bruikbaar te maken zijn. Er is hier dus sprake van verspilling van materiaal; bovendien wordt bij het proces vrij veel energie verbruikt. Bij sommige producten, met name bij vliegtuigonderdelen, wordt 90-95% van het uitgangsmateriaal verwijderd. Zie figuur 5.1. Bij nauwkeurige smeed- of gietstukken hoeft vaak minder dan 5% van het materiaal te worden verwijderd.

Een bijkomend nadeel is de vervuiling van werkplaatsen en machines. De gebruikte koelmiddelen veroorzaken milieuproblemen, waarvoor goede oplossingen gezocht worden.

Bij het oer- en omvormen, zie hoofdstuk 2 en 3, **reproduceert** het gereedschap, bijvoorbeeld de gietvorm of de smeedmatrijs, de gewenste vorm van het product. Bij de verspanende bewerkingen **genereert** het gereedschap door een relatieve beweging ten opzichte van het werkstuk voor elk product opnieuw de gewenste vorm.

Afnemende bewerkingen zijn dus weinig efficiënte processen. Alvorens te besluiten ze toch toe te passen moet de ontwerper zich afvragen of dit echt onvermijdelijk is. Redenen hiervoor kunnen zijn:
- Vorm van het product,
- Vereiste nauwkeurigheid of oppervlaktegesteldheid,
- Vereiste materiaaleigenschappen,
- Eénmalige of inrichtkosten te hoog gezien het productaantal,
- Lange levertijd van bijv. een smeedmatrijs.

In het algemeen kiest men bij toenemende productaantallen eerder voor niet verspanende bewerkingsmethoden.

Figuur 5.1 Vliegtuigonderdeel tijdens en na verspanende bewerking

Dit alles neemt niet weg dat de afnemende bewerkingen in de metaalindustrie een groot aandeel hebben in de aan het product toegevoegde waarde.

5.2 Het principe van verspanende bewerkingen

Overtollig materiaal wordt verwijderd door een **snijwig**, zie figuur 5.2. De krachten nodig voor het verwijderen van metaal zijn betrekkelijk groot. Om breuk van de snijwig te voorkomen moet de **wighoek** ß groot zijn, soms zelfs goter dan 90°. Het materiaal van het werkstuk ondergaat onder invloed van de uitgeoefende krachten een kleine elastische vervorming en veert, na het passeren van de snijkant weer terug. Ter beperking van wrijving tussen werkstuk-oppervlak en het **vrijloopvlak** van de snijwig is de **vrijloophoek** α van ca 6° nodig. De **spaanhoek** γ is de hoek tussen het **spaanvlak** en het vlak loodrecht op de bewegingsrichting van de snijwig. Deze hoek is klein; een grote waarde van ß kan zelfs resulteren in een negatieve spaanhoek. Gewoonlijk ligt de spaanhoek tussen +30° en -10°.

De kracht die de snijwig uitoefent op het werkstukmateriaal veroorzaakt drukspanningen loodrecht op het spaanvlak. Dit leidt tot schuifspanningen in een vrij smalle zone die schematisch wordt weergegeven door het afschuifvlak in het materiaal, aangegeven door de hoek ϕ, zie figuur 5.2, en tot afschuiving langs dit vlak. Men kan zich dat voorstellen als dunne schijfjes

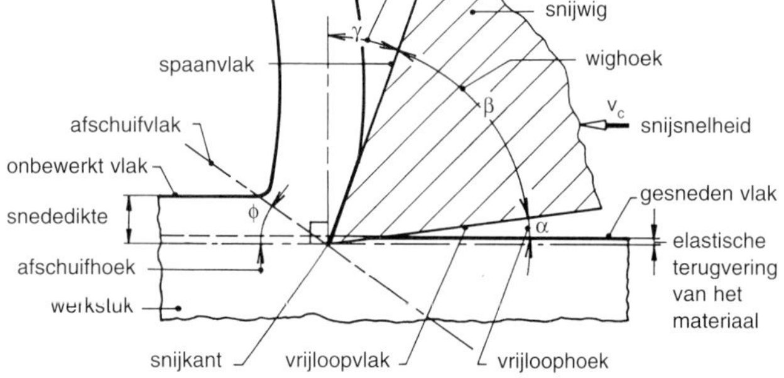

Figuur 5.2 De snijwig

materiaal die over elkaar heen schuiven en op deze wijze de spaan vormen. Dit is een quasi stationair proces, dat leidt tot **continue spanen** die over de hele lengte even dik zijn. Een dergelijk spaanvormingsproces is het meest ideaal. Het treedt vooral op bij taaiere werkstukmaterialen. Wanneer dat werkstukmateriaal iets minder goed vervormbaar is, wordt het spaanvormingsproces dynamischer. Het afschuiven vindt stapsgewijs plaats waardoor dunne lamellen ontstaan, zie figuur 5.3. Zo'n **lamelspaan** is aan de bovenzijde

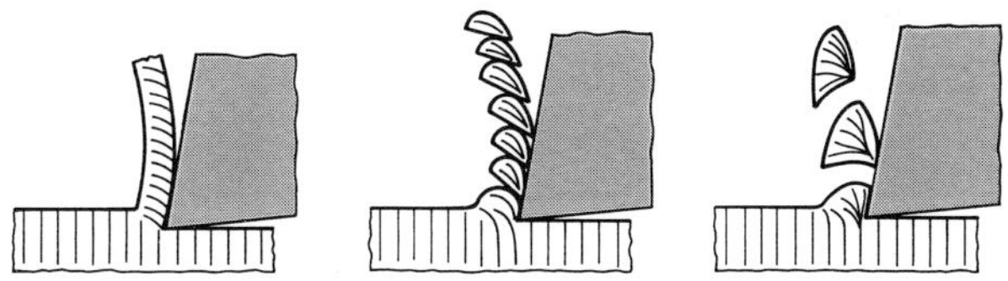

Figuur 5.3 Verschillende soorten spanen

enigszins gekarteld. Wanneer men een spaan bekijkt zijn de lamellen vaak met het blote oog waar te nemen. Verspanen is dus in wezen een plastisch omvormproces. Bij nog minder goed vervormbare materialen worden de lamellen dikker, en soms gaat de samenhang tussen de lamellen verloren. Dan ontstaat de **brokkelspaan**.

Tip: Probeer het zelf eens met een mes in boter of margarine! Stel daarbij een kleine spaanhoek in.

5.3 Krachten, vermogen, temperatuur en gereedschapslijtage

De kracht F, die de snijwig op het werkstuk uitoefent, is te ontbinden in drie onderling loodrechte componenten, zie figuur 5.4. Verreweg de belangrijkste is de

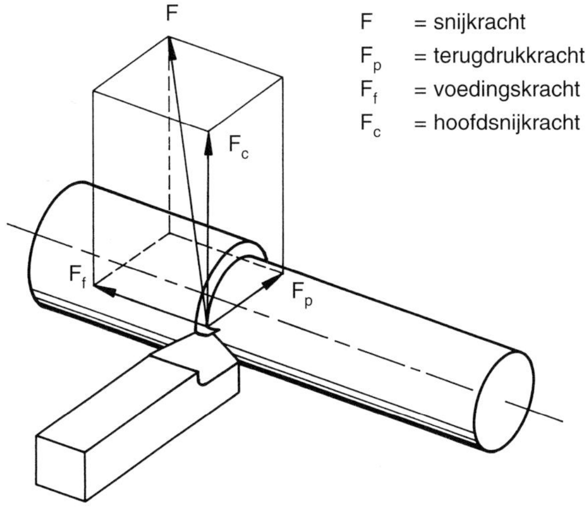

Figuur 5.4 Snijkrachtcomponenten bij het draaien

component in de bewegingsrichting van de snijwig. Deze noemen we de **hoofdsnijkracht** F_c. De grootte van deze kracht wordt bepaald door:

- Het werkstukmateriaal. Toenemende hardheid verhoogt in het algemeen de snijkracht.
- De geometrie van de snijkant. De snijkracht neemt ca. 1,5% toe met 1° afname van de spaanhoek.
- De grootte en vorm van de **snededoorsnede**, zie figuur 5.5. De snijkracht neemt recht evenredig toe met toenemende **snedebreedte** b en minder dan recht evenredig met toenemende **snededikte** h.
- De **snijsnelheid** v_c. De snijkracht neemt in geringe mate af met toenemende snijsnelheid.

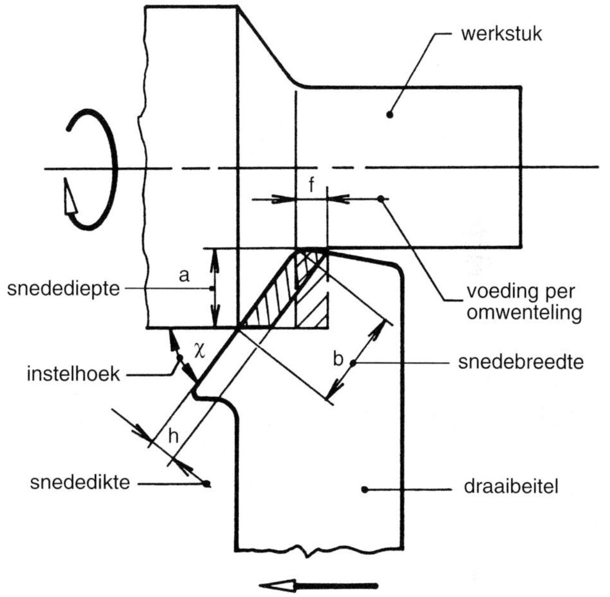

Figuur 5.5 Snededoorsnede bij draaibewerking

Het benodigd (netto) vermogen P_c is gelijk aan $F_c \times v_c$. Dit vermogen (energie/tijdseenheid) wordt geheel omgezet in warmte. Deze warmte ontstaat door de vervormingswarmte in de schuifzone en door wrijving op de vlakken waar spaan en werkstuk langs de snijwig schuiven (figuur 5.6). Dit leidt tot hoge temperaturen in de snijwig. Figuur 5.7 geeft een voorbeeld van de temperatuurverdeling bij een draaibeitel. Het verband tussen snijsnelheid en temperatuur is in figuur 5.8 schematisch weergegeven.

De snijwig ondervindt grote wrijvingskrachten en is dus onderhevig aan slijtage. De weerstand tegen slijtage wordt grotendeels bepaald door de hardheid van het snijmateriaal. Deze hardheid moet tenminste driemaal zo hoog zijn als die van het werkstukmateriaal. Het

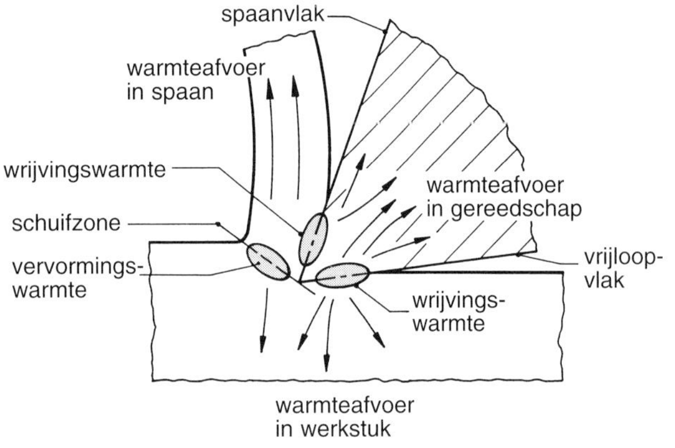

Figuur 5.6 Warmteontwikkeling in de schuifzone en langs de vlakken van de snijwig

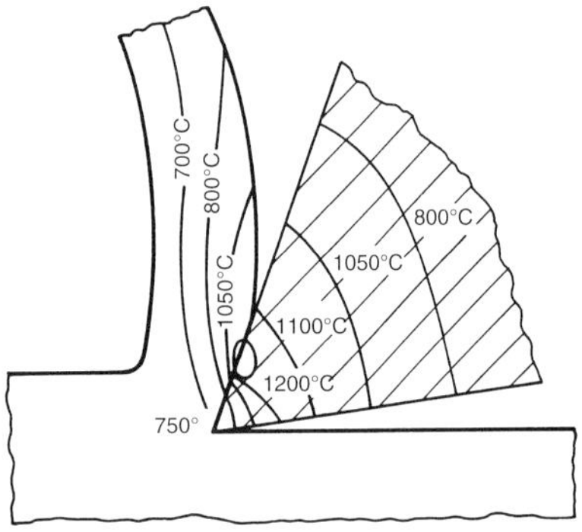

Figuur 5.7 Voorbeeld van temperatuurverdeling bij draaien

probleem voor verspanende gereedschappen is nu dat bij alle materialen de hardheid daalt bij toenemende temperatuur. Bij gehard staal is de oorzaak hiervan een structuurverandering in het materiaal, waardoor de hardheid na afkoeling niet meer terugkeert. Men noemt dit **ontlaten**.

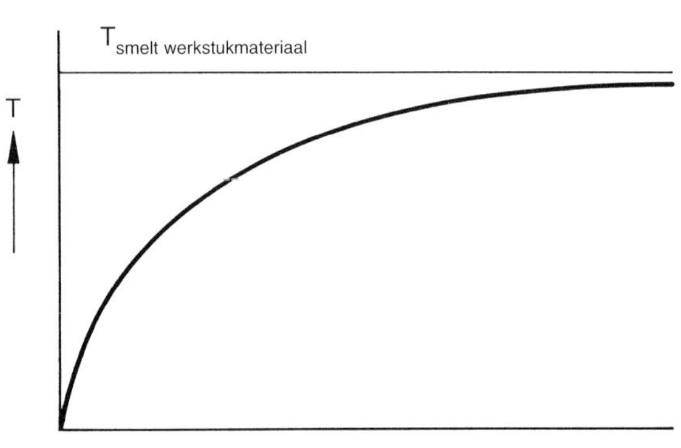

Figuur 5.8 Het verloop van de maximale temperatuur op het spaanvlak als functie van de snijsnelheid

Van fundamenteel belang voor de verspaningstechniek is dus het streven naar snijmaterialen die tot hoge temperatuur hun hardheid behouden. Deze eigenschap wordt **warmhardheid** genoemd.

Slijtagevormen, standtijd

Slijtage van de snijwig treedt op bij het spaanvlak en het vrijloopvlak. Bij het spaanvlak gebeurt dit vooral in de vorm van **kolkslijtage**. Dit is een uitholling in het spaanvlak op een kleine afstand van de snijkant. **Vrijloopvlakslijtage** veroorzaakt een afgesleten vlakje ter plaatse van de snijkant. Zie figuur 5.9.

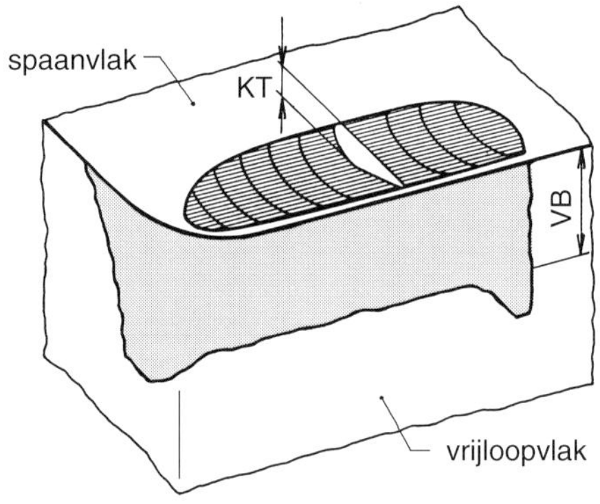

Figuur 5.9 Slijtage van de snijwig

Een veel gebruikte maatstaf voor de kolkslijtage is de diepte van de kolk KT, voor de vrijloopvlakslijtage de breedte van het gesleten vlakje VB. Een te hoge KT kan leiden tot uitbreken van de snijwig, een te hoge VB resulteert in een slechte oppervlaktekwaliteit en maatafwijkingen. Voor beide waarden wordt daarom een uiterste grens gehanteerd, het **slijtage-criterium**. Overschrijden van één van deze grenzen betekent het einde van de gebruiksduur van het gereedschap. Deze gebruiksduur noemen we de **standtijd**. Bij sommige toepassingen rekent men met de door de snijwig over het werkstuk afgelegde weg, de **standlengte** (gebruiksduur x snijsnelheid), of ook wel met het **standtal**, het tijdens de gebruiksduur gemaakte aantal producten. Bij het boren is de standlengte gedefinieerd als de gezamenlijke lengte van de tijdens de gebruiksduur geboorde gaten. Na het bereiken van de standtijd kan het gereedschap opnieuw worden geslepen. Vaak is het echter voordeliger het gereedschap te vervangen door een nieuw exemplaar.

5.4 Snijmaterialen

Behalve warmhardheid gelden nog andere eisen, die gesteld worden aan het snijmateriaal:

- Bestendigheid tegen stotende of sterk variërende belastingen, ofwel de taaiheid,
- Bestendigheid tegen snelle belastingwisselingen en temperatuurwisselingen **(thermoshock)** en vermoeiing,
- Bestendigheid tegen oxidatie, en tegen de neiging van werkstukmaterialen om zich aan het gereedschap te hechten, de vorming van een **opbouwsnijkant**, zie figuur 5.10.

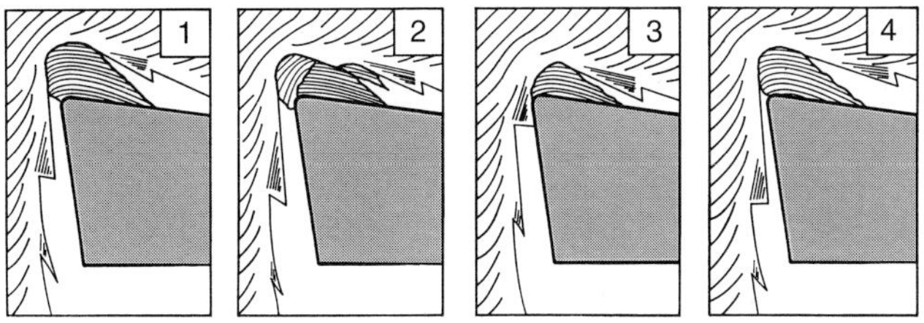

Figuur 5.10 Vorming van opbouwsnijkant

Vooral de twee eerstgenoemde punten zijn strijdig met de eis van een hoge warmhardheid. Bij het kiezen van een snijmateriaal moet dus steeds een compromis gesloten worden dat afhangt van de omstandigheden. De belangrijkste variabelen hierbij zijn:

- het te bewerken materiaal,
- de aard van de bewerking,
- type en vorm van het gereedschap.

Behalve bovengenoemde eisen die voortkomen uit de functie van snijmaterialen zijn er nog praktische eisen, die alle te maken hebben met de mogelijkheden om op goedkope wijze uit de snijmaterialen gereedschappen te kunnen vervaardigen. Hiertoe behoren:

- de prijs,
- de bewerkbaarheid, zowel bij de vervaardiging als bij het (her)slijpen,
- de constantheid van eigenschappen,
- de verkrijgbare vormen en afmetingen,
- de mogelijkheid om de snijdende elementen van het gereedschap te verbinden met de dragende elementen daarvan (zie verderop in deze paragraaf onder het kopje "Toepassingen").

Om aan deze uiteenlopende eisen te kunnen voldoen is in de loop van de tijd een groot aantal verschillende snijmaterialen ontwikkeld. Deze zijn in de volgende groepen in te delen:

- Ongelegeerd en gelegeerd gereedschapstaal
- Snelstaal (HSS, High Speed Steel)
- Hardmetaal
- Cermets
- Keramisch materiaal
- Kubisch boriumnitride (CBN)
- Diamant.

Ongelegeerd en gelegeerd gereedschapstaal

Bij **gereedschapstaal** met 0,9-1,2% C is door harden een hoge hardheid te bereiken. Door ontlaten treedt reeds vanaf 200°C een blijvende daling van de hardheid op. Door legeren met bijv. mangaan en vanadium is een beperkte verhoging van de toelaatbare temperatuur te bereiken. Deze grens beperkt de toelaatbare snijsnelheid bij het bewerken van staal tot 0,1-0,2 m/s (6-12 m/min). Dit is voor de huidige begrippen een zeer lage snelheid. Deze materialen hebben voor het verspanen van metalen voornamelijk nog historische betekenis. Het verloop van de hardheid als functie van de temperatuur is voor de belangrijkste snijmaterialen voor verspanende bewerking aangegeven in figuur 5.11.

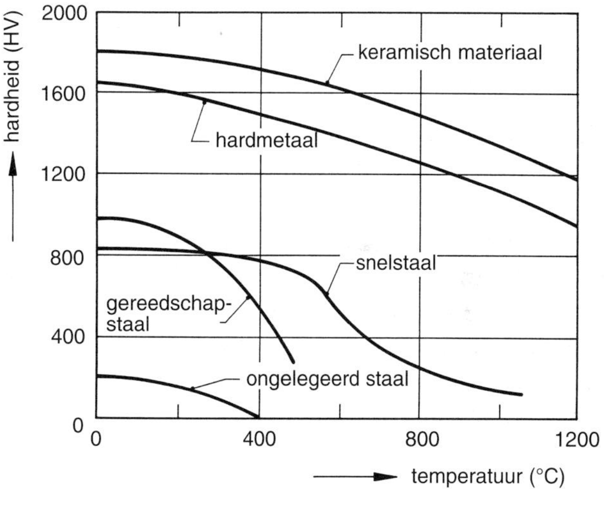

Figuur 5.11 Het verloop van de hardheid met de temperatuur voor verschillende snijmaterialen

Snelstaal

Een belangrijke doorbraak was de ontwikkeling door Taylor en White (USA) van **snel(draai)staal**, veelal aangeduid met de Engelstalige afkorting **HSS** (High Speed Steel). De oorspronkelijke versie kwam op de markt in 1900.

Snelstaal is staal gelegeerd met metalen die zich tijdens het fabricageproces en de warmtebehandeling uitscheiden in de vorm van **metaalcarbiden**, metaalkoolstofverbindingen. De meest toegepaste legeringselementen zijn wolfram, chroom, vanadium en molybdeen. Het oorspronkelijke snelstaal, het zogenaamde 18-4-1 was gelegeerd met 0,8% C, 18% W, 4% Cr en 1% V. Naderhand zijn andere varianten ontwikkeld, ten dele ter vervanging van het schaarse wolfram, maar ook om de eigenschappen verder te verbeteren.

Deze snelstaalsoorten worden nog steeds veel toegepast, vooral voor ingewikkeld gevormde gereedschappen zoals spiraalboren en frezen.

De hardheid bij kamertemperatuur is lager dan die van gereedschapstaalsoorten maar de warmhardheid is veel beter. De toelaatbare temperatuur van 500-550°C leidt bij het bewerken van staal tot een toelaatbare snijsnelheid van 0,3-0,5 m/s (18-30 m/min).

Een verdere verhoging van de warmhardheid en snijsnelheid wordt verkregen door toevoegen van 4,5-15% kobalt in de vorm van metaal (dus geen metaalcarbide). Omdat de kobalt-snelstalen moeilijk te bewerken zijn worden ze vooral toegepast bij gereedschappen met eenvoudige vormen zoals draaibeitels. De toelaatbare temperatuur bedraagt 550-600°C, de toelaatbare snijsnelheid 0,5-1 m/s (30-60 m/min).

De ontwikkeling van snelstaal is nog niet ten einde. Een recente stap is de invoering van gesinterd snelstaal, dus verkregen vanuit de vaste, poedervormige toestand. Deze soorten zijn duur. Ze hebben echter een gunstige combinatie van slijtagebestendigheid en taaiheid. Zij worden daarom toegepast bij kleine gereedschappen, zoals boren en frezen met diameters tot ca. 10 mm.

Hardmetaal

In 1926 verscheen de Duitse firma Krupp op de markt met een nieuw, revolutionair snijmateriaal onder de merknaam WIDIA ("Hart wie Diamant"). **Hardmetaal** is een composiet van metaalcarbiden in een grondmassa van kobalt. Het is dus in feite geen metaal. Het materiaal wordt vervaardigd met poedermetallurgie, het onder hoge druk samenpersen en vervolgens verhitten van een poedermengsel. Dit proces is behandeld in paragraaf 2.12.

Figuur 5.12 geeft het proces, zoals toegepast voor hardmetaal weer. Deze figuur laat zien dat het sinteren in één stap of in twee stappen kan gebeuren. In het eerste geval wordt het gereedschap bij het persen in de uiteindelijke vorm gebracht, in het tweede vindt vóór het nasinteren een verspanende bewerking plaats.

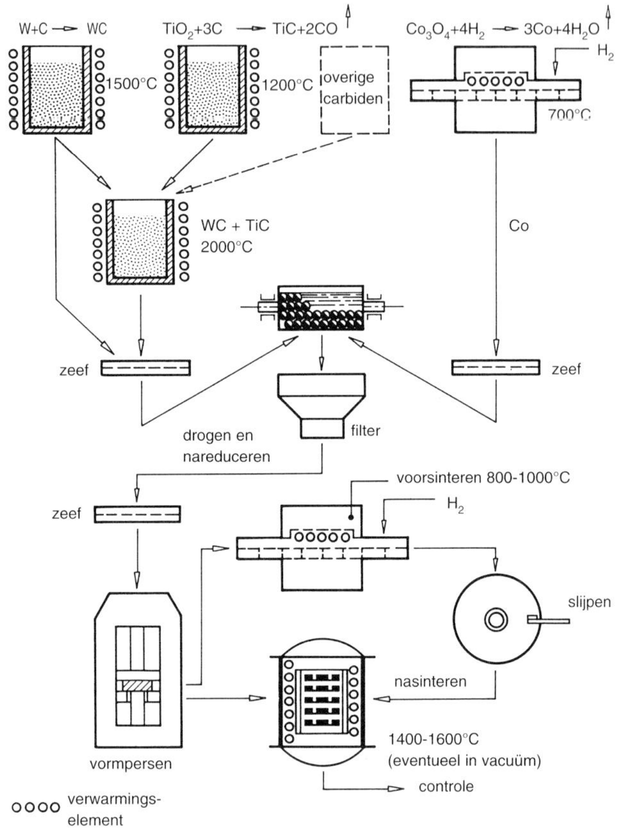

Figuur 5.12 Fabricageproces van hardmetaal

Hardmetaal bestaat uit carbiden van metalen met een hoog smeltpunt, zoals wolfram (W), tantalium (Ta), molybdeen (Mo), titanium (Ti), niobium (Nb), met als bindmiddel kobalt (Co). De eigenschappen van het hardmetaal zijn sterk te beïnvloeden door het variëren van de samenstelling. Bij een laag gehalte aan bindmiddel is het hardmetaal hittebestendig en hard, maar bros, bij een hoger gehalte aan bindmiddel is het taaier, maar minder hittebestendig. Door de juiste keuze van de verhouding tussen de metaalcarbiden en het bindmiddel is het hardmetaal aan te passen aan een grote verscheidenheid aan werkstukmaterialen. Hierdoor is een grote en veelzijdig toepasbare familie van hardmetaalsoorten ontstaan.

Gecoate hardmetaalsoorten

We zien dus dat men steeds een compromis tussen slijtagebestendigheid en taaiheid moet sluiten. Het kan daarom gunstig zijn een taaie hardmetaalsoort van een dunne (2-20 μm), maar zeer slijtagebestendige deklaag te voorzien. Men spreekt dan van hardmetaal met **coating**. De lagen worden opgebracht door verschillende fysische processen zoals opdampen. Voorbeelden van toegepaste lagen zijn TiC, TiN (hebben een opvallende goudkleur) en Al_2O_3. Om de gewenste eigenschappen te verkrijgen past men vaak meer dan één laag toe, zie figuur 5.13. Figuur 5.14 toont het effect van een coating op het slijtageverloop.

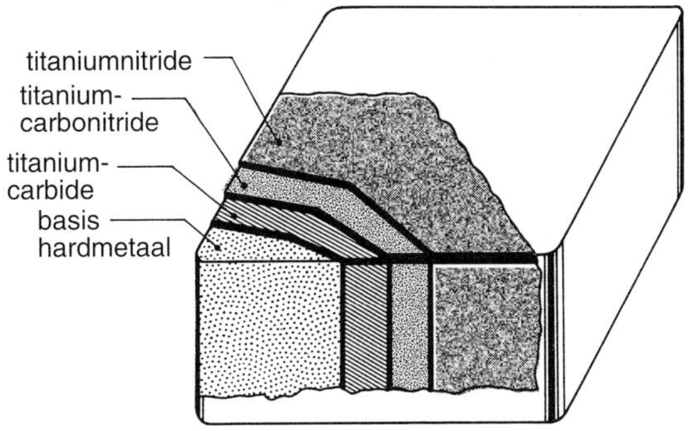

Figuur 5.13 Gecoat hardmetalen beitelplaatje. De coating bestaat uit 3 lagen

Tegenwoordig worden ook snelstalen gereedschappen vaak van een coating voorzien.

De hoogst toelaatbare temperatuur van hardmetaal ligt in de orde van grootte van 1200°C. Dit leidt tot toelaatbare snijsnelheden voor het bewerken van staal van 1,5-3 m/s (100-200 m/min), bij gecoate soorten soms tot 6 m/s. Tegenwoordig is hardmetaal het meest toegepaste snijmateriaal.

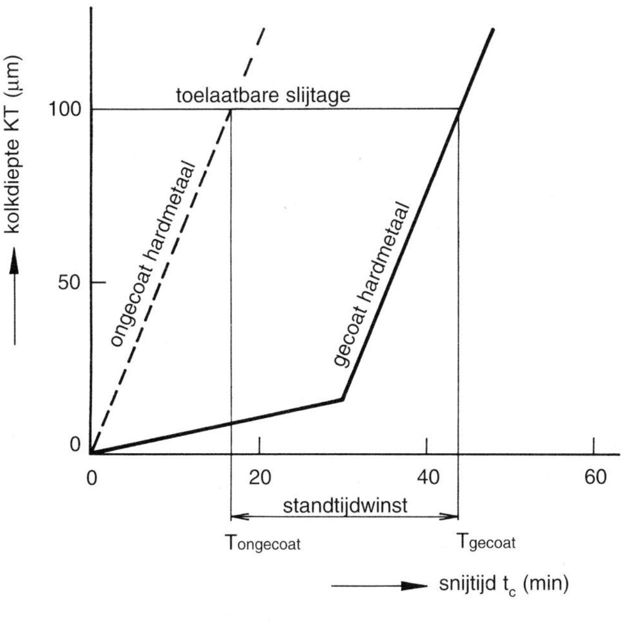

Figuur 5.14 Vergelijking van het slijtageverloop van hardmetaal en gecoat hardmetaal

Cermets

Cermets zijn materialen bestaande uit een harde, anorganische stof - dus een keramiek - in een metallieke matrix (CERamic METals). Een aantal daarvan is goed bruikbaar als snijmateriaal, vooral bij hoge snijsnelheden, dus hoge temperaturen, en een niet onderbroken snede met kleine snededoorsnede, dus lage mechanische belasting. De harde stof is meestal een metaalcarbide, -nitride, of -oxyde. Het bindmiddel is meestal een mengsel van Fe, Ni, Mo, Co. In wezen behoort hardmetaal dus ook tot de cermets, maar wegens de ca. 50% hogere snijsnelheid beschouwt men de laatstgenoemde toch als een andere groep. Pas omstreeks 1990 heeft de grote doorbraak van de cermets in Europa plaatsgevonden.

Keramisch snijmateriaal

Keramisch snijmateriaal is in eerste instantie tijdens de tweede wereldoorlog ontwikkeld als vervanger van hardmetaal wegens de schaarste aan wolfram. Het meest toegepaste basismateriaal is Al_2O_3 (wit keramiek), soms gemengd met TiC (zwart keramiek). Het wordt ook weer gefabriceerd met een sinterproces.

Een modern keramisch materiaal is Si_3N_4. Dit levert vooral goede resultaten bij de bewerking van gietijzer.

De warmvastheid is weer belangrijk hoger dan bij hardmetaal; de hoogst toelaatbare temperatuur bedraagt ca. 1500°C. De snijsnelheden kunnen oplopen tot meer dan 20 m/s. De zeer hoge warmvastheid brengt wel met zich mee dat het materiaal ook weer veel brosser is. Dit beperkt de toepassingen tot gevallen met zeer gunstige verspaningscondities (continue snede, kleine snededoorsnede, geen trillingen). De keramieksoorten gemengd met TiC zijn iets taaier.

Een veel voorkomende toepassing is het draaien van gietijzer en van hittebestendige en harde legeringen.

Kubisch boriumnitride

Boriumnitride kristalliseert onder zeer hoge druk en temperatuur tot een kubische structuur. Op deze wijze ontstaat een materiaal, **kubisch boriumnitride (CBN)**, dat de hardheid en daarmee ook de slijtagebestendigheid van diamant benadert. Bovendien is het, in tegenstelling tot diamant, bestand tegen hoge temperaturen (ca. 1800°C). Dit maakt het materiaal uitermate geschikt voor het verspanen van gehard staal tot ca. HRC 65.

Diamant

Diamant is het hardste materiaal dat bekend is. De beperkte stabiliteit begrenst de toelaatbare temperatuur echter tot 600-700°C. Bij het verspanen van staal en gietijzer neemt het werkstuk bovendien koolstof uit het diamant op. De voornaamste toepassing als snijmateriaal is daarom het nabewerken van non-ferrometalen zoals koper, messing en aluminium. Een voorbeeld is het vlakdraaien van aluminium geheugenschijven met een buitengewoon hoge oppervlaktekwaliteit. Met het blote oog ziet het oppervlak er uit als een perfecte spiegel. Zie figuur 5.15.

Figuur 5.15 Oppervlak van geheugenschijf gedraaid met diamant (Hembrug)

Natuurlijk diamant in grotere afmetingen is uiterst kostbaar. Men kan er daarom alleen maar gereedschappen met zeer korte snijkanten mee maken. Dat is bij de bovengenoemde toepassingen het geval. Kunstmatig diamant ontstaat gewoonlijk in kleine korrels. Door een sinterproces kan men dit, al of niet met een bindmiddel, verwerken tot platen. Meestal wordt een laag **polykristallijn diamant (PKD)** gesinterd op een hardmetalen schijf. De schijf, die tegenwoordig met maximaal 70 mm diameter kan worden vervaardigd, wordt door lasersnijden of draadvonken verder verwerkt tot snijkanten die op een gereedschaphouder worden gesoldeerd. Dergelijke gereedschappen zijn uitstekend geschikt voor het verspanen van werkstukmaterialen die bij andere snijmaterialen sterke slijtage veroorzaken. Voorbeelden zijn vezelversterkte kunststoffen, composiet materialen met een metaalmatrix, hardmetaal en eutectische aluminium gietlegeringen. CBN en diamant gereedschappen zijn zeer kostbaar.

Overige snijmaterialen

Er worden nog steeds materialen ontwikkeld waarvan men verwacht dat zij als snijmateriaal dienst kunnen doen. Soms maken deze snijmaterialen enige opgang omdat zij, door een unieke combinatie van eigenschappen, in een bepaald smal gebied in een specifieke behoefte kunnen voorzien.

Aanduiding van snijmaterialen

In het algemeen worden materialen aangeduid op grond van hun samenstelling. De eigenschappen van het materiaal zijn in normen vastgelegd. De ontwerper moet dus aan de hand van de tijdens het gebruik van het product optredende belasting een materiaal met de juiste eigenschappen kiezen. Dit geldt ook voor de staalsoorten, gebruikt als gereedschapmaterialen voor het omvormen en voor verspanende bewerkingen, zoals snelstaal.
Bij de nieuwere snijmaterialen heeft men deze benadering verlaten. Zij worden aangeduid naar hun toepassingsgebied. Op deze wijze bereikt men dat een fabrikant van snijmaterialen de vrijheid heeft om voor een bepaald toepassingsgebied het meest geschikte snijmateriaal te ontwikkelen.

De ISO norm 513, ingrijpend herzien in 1992, regelt de aanduiding van de toepassingsgebieden van alle snijmaterialen behalve gereedschapstaal en snelstaal, zie figuur 5.16.

De aanduiding bestaat uit drie letters en twee cijfers, waarvan de eerste twee letters de hoofdgroep aangeven.

HW onbekleed hardmetaal op wolframbasis
HC gecoat hardmetaal
HT cermets
CA keramiek op aluminium basis
CM keramiek op siliciumnitride basis
CC gecoat keramiek
BN kubisch boriumnitride (CBN)
DP polykristallijn diamant (PKD)

De derde letter betreft een indeling van werkstukmaterialen in groepen waarvoor het snijmateriaal het meest geschikt is:

Toepassing van hardmetaalsoorten

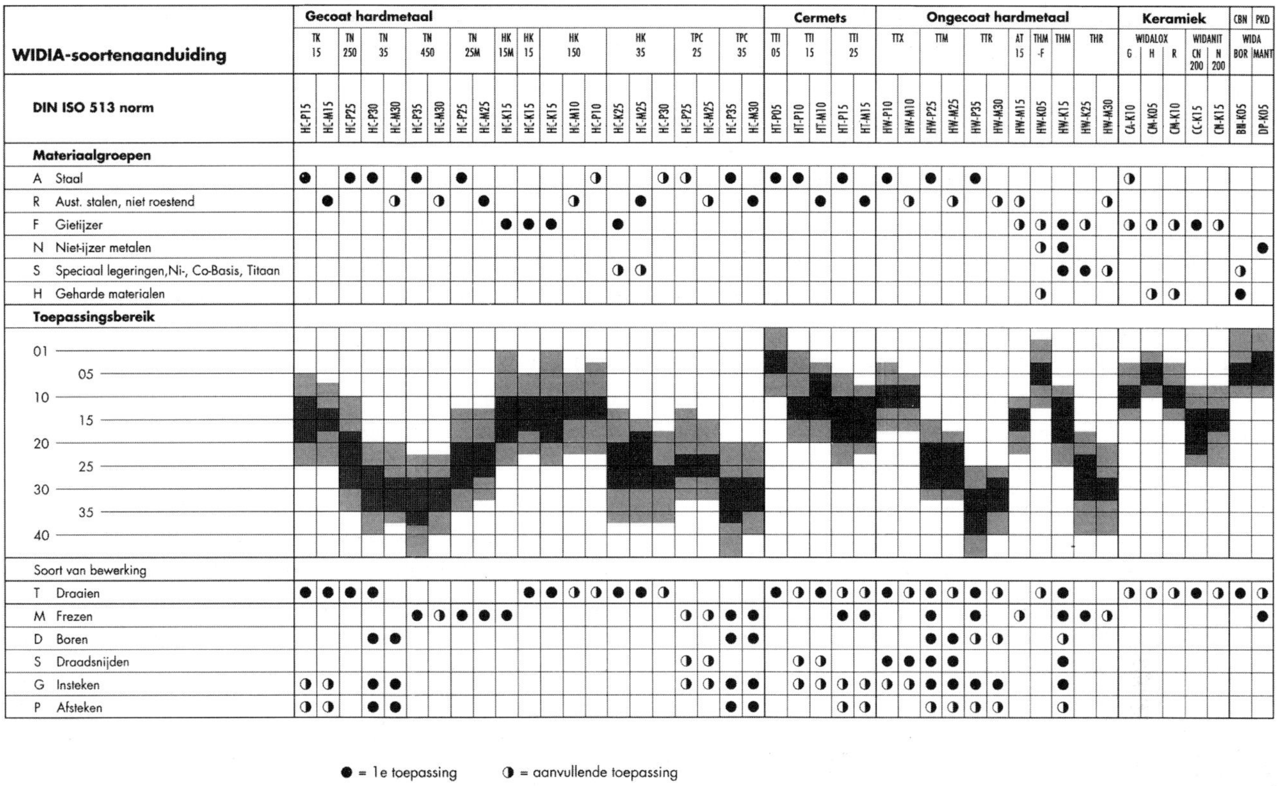

Figuur 5.16 Overzicht ISO 513 gecombineerd met aanduidingen van fabrikant van snijmaterialen (Krupp Widia Nederland)

P Staal, behalve de hieronder genoemde staalsoorten,
M Corrosievast staal, austenitisch staal,
K Gietijzer, non-ferrometalen, legeringen op Ni-Ti- en Co-basis, geharde materialen.

De twee cijfers geven de mechanische belastbaarheid aan. Een laag getal duidt op geschiktheid voor een kleine snededoorsnede zonder onderbrekingen of kans op stoten of trillingen. Deze situatie doet zich vooral voor bij het nabewerken met als doel een hoge nauwkeurigheid en/of lage oppervlakteruwheid. Het snijmateriaal is hard en hittebestendig, maar bros. Men kan hoge snijsnelheden toepassen.

Een hoog getal duidt op geschiktheid voor grote snijkrachten en dynamische belastingen. Dit doet zich vooral voor bij het voorbewerken met een zo groot mogelijke snededoorsnede en bij het verspanen met onderbroken snede, bijv. bij het frezen. Het snijmateriaal is taai, maar minder hittebestendig. De toe te passen snijsnelheid is lager.

Niet genormaliseerd is de door sommige leveranciers gehanteerde aanduiding van de soort bewerking.

Steeds wordt een aanduiding van de eerste toepassing en van de aanvullende toepassing gegeven.

Voorbeeld:

Snijmateriaal met WIDIA-soortaanduiding HK 150 is een gecoat hardmetaal. Het wordt aanbevolen voor de toepassingsgebieden K15, en dan met name voor gietijzer (1e toepassing). Als aanvullende toepassingen worden M10 bij korrosievast staal en P10 bij staal aanbevolen. Het hoofdtoepassingsbereik voor K, gietijzer, ligt tussen 10 en 20, de aanvullende gebieden lopen tot 05 en 25. Als soort bewerking is draaien aanbevolen. Voor het draaien van staal is het hoofdtoepassingsbereik beperkt tot 10-15.

De prestaties van snijmaterialen voor hetzelfde toepassingsgebied, doch behorende tot verschillende hoofdgroepen, kunnen aanzienlijk verschillen, evenals de prijzen. Dat is bijv. het geval bij HC-K15 en CC-K15.

Ook tussen snijmateriaalsoorten van dezelfde hoofdgroep en hetzelfde toepassingsgebied, maar van verschillende leveranciers, treden soms grote verschillen in prestaties op. Overigens dient men te bedenken dat de prestaties van een gereedschap niet alleen afhangen van de samenstelling van het snijmateriaal. Ook de vorm, de geometrie van de snijkanten en de kwaliteitsbeheersing bij de fabricage zijn van groot belang.

Zie voor een overzicht van de combinatie van eigenschappen van snijmaterialen figuur 5.17 en van de prijzen per snijkant figuur 5.18.

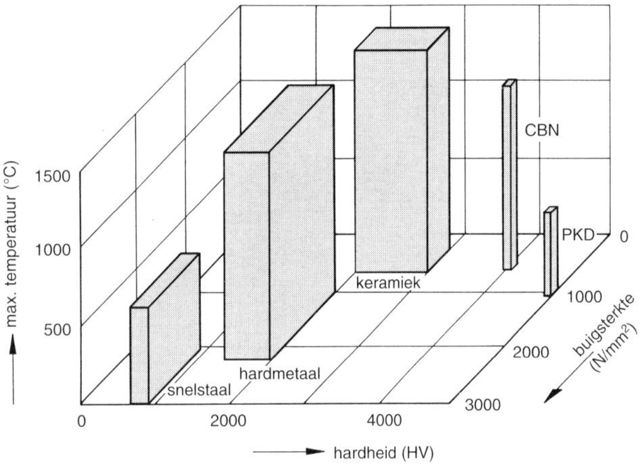

Figuur 5.17 Overzicht eigenschappen snijmaterialen

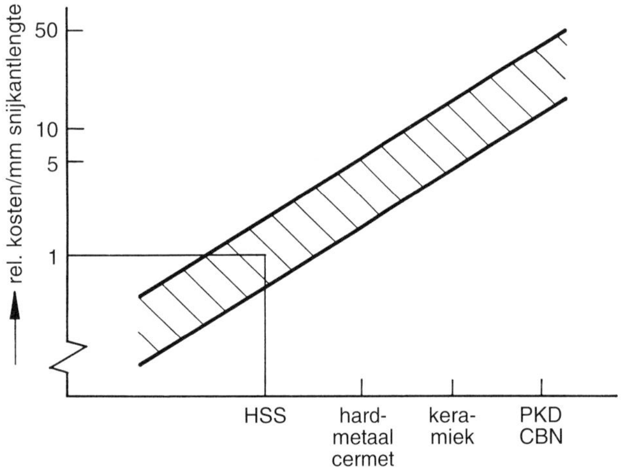

Figuur 5.18 Prijsvergelijking van snijmaterialen

Toepassingen

In de huidige praktijk worden snelstaal, hardmetaal (incl. cermets) en keramisch materiaal verreweg het meest toegepast. De verdeling kan worden afgemeten naar het verbruik uitgedrukt in geld en naar de opbrengst uitgedrukt in volume verspaand materiaal. Deze verdeling, zoals dat in 1991 ongeveer eruit zag, wordt in figuur 5.19 weergegeven.

Snijmateriaal	Verbruik (%) in geld	Opbrengst (%) in verspaand volume
Snelstaal	60	25
Hardmetaal, cermets	33	68
Keramiek	2	4
CBN, diamant	5	3

Figuur 5.19 Verdeling in toepassing van snijmaterialen

Snelstaal kan zowel gezien de prijs als gezien zijn taaiheid worden gebruikt voor het maken van een gereedschap uit één stuk. Hardmetaal en keramiek zijn hiervoor veel te bros. Deze materialen worden toegepast in de vorm van snijplaatjes die op een stalen houder worden gesoldeerd of geklemd. Gesoldeerde snijplaten worden na verbruik herslepen. Bij de tweede oplossing, die tegenwoordig algemeen gebruikelijk is, zijn de snijplaatjes voorzien van 2-8 snijkanten. Na verbruik van de snijkanten vervangt men de plaatjes door nieuwe. Men spreekt van wissel- of van wegwerpplaatjes. Er bestaan vele klemsystemen, die niet genormaliseerd zijn. Voor twee voorbeelden zie figuur 5.20. Wel zijn de vormen en afmetingen van de meest voorkomende wisselplaten en klemgereedschappen genormaliseerd.

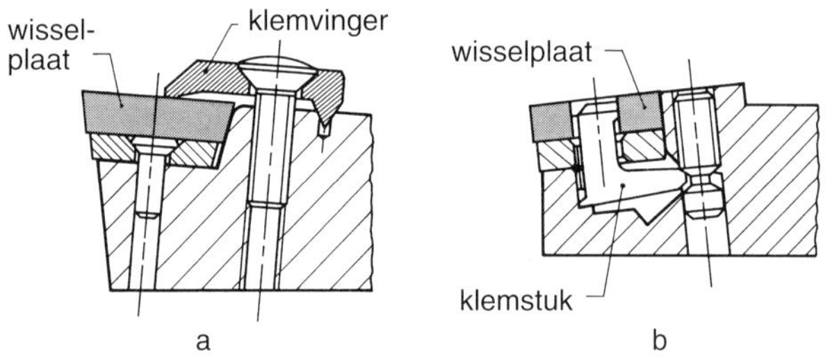

Figuur 5.20 Klemsystemen

Ter afsluiting merken wij op dat het toepassen van snijmateriaal dat hogere snijsnelheden mogelijk maakt alleen zin heeft als de machine daarvoor geschikt is. Dit betekent dat de machine over hoge toerentallen en een hoog vermogen moet beschikken en ook een grote dynamische stabiliteit moet hebben. De machine moet zeer stijf geconstrueerd zijn. Bij handbediende machines blijkt steeds weer dat de machine-bediener de beperkende factor is.

5.5 Standtijd en optimale snijsnelheid

In paragraaf 5.3 zagen wij reeds dat de standtijd van de snijwig wordt begrensd door de maximaal toelaat-

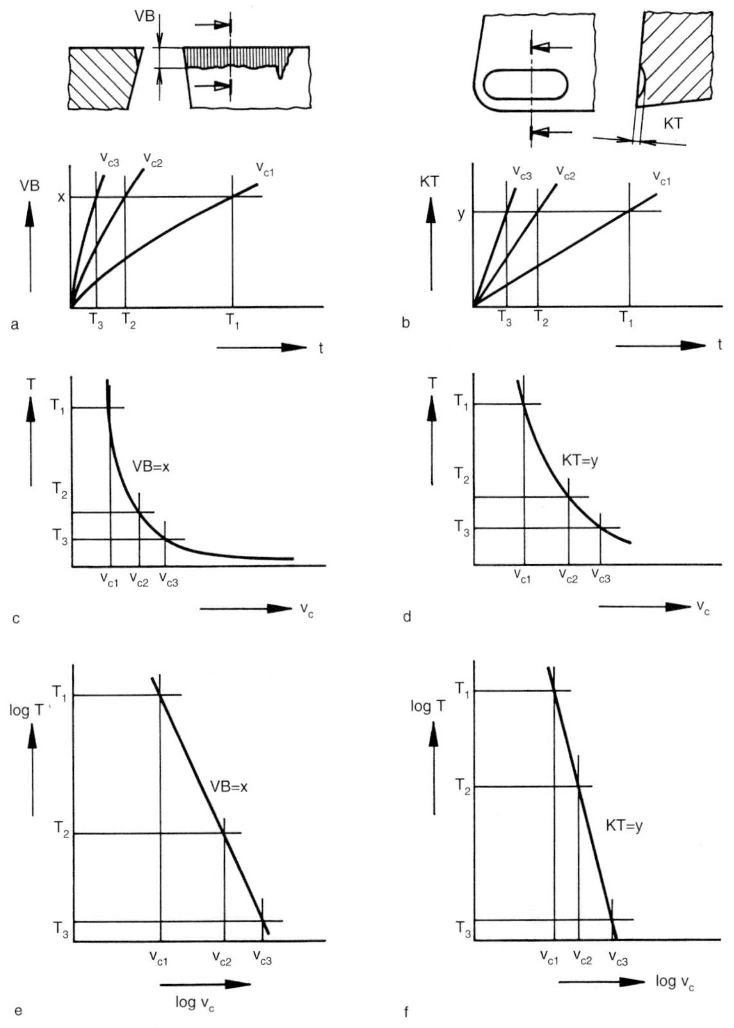

Figuur 5.21 De standtijd T als functie van de snijsnelheid v_c

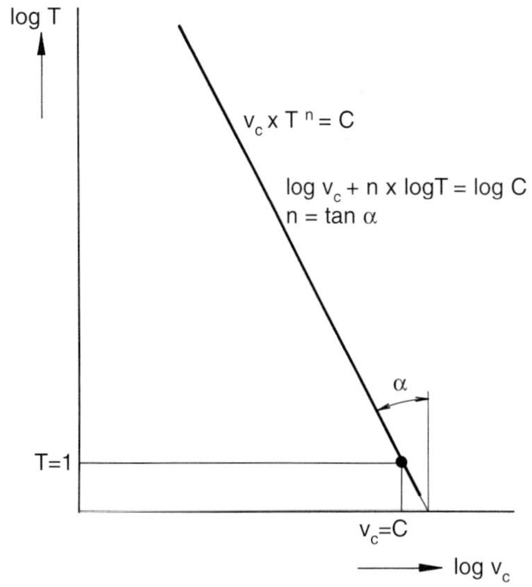

Figuur 5.22 Bepaling van de v_c - T lijn

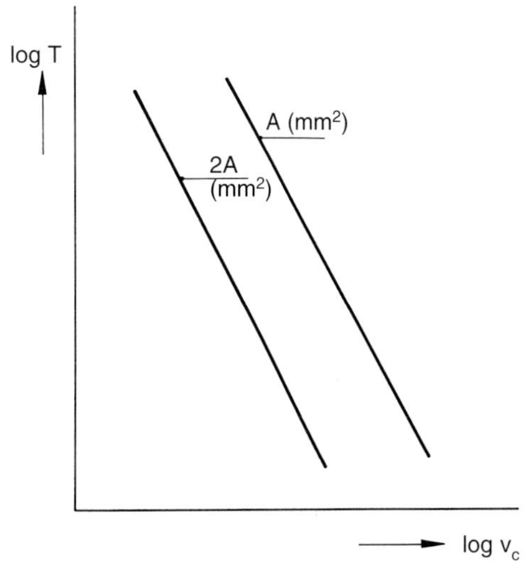

Figuur 5.23 Verplaatsing van de v_c - T lijn bij veranderende snededoorsnede

bare slijtage. Het bereiken van de gestelde grens voor de kolkdiepte KT of de breedte van de vrijloopvlakslijtage VB betekent het einde van de gebruiksduur van de snijwig. Gebruikelijke waarden zijn: KT=0,1 mm, VB=0,3 mm. In figuur 5.21a en b is het verloop van KT en VB uitgezet als functie van de verspaningstijd voor drie verschillende snijsnelheden v_c. In figuur 5.21c en d is, met dezelfde gegevens, de standtijd T uitgezet als functie van de snijsnelheid. Dit geldt ook voor figuur 5.21e en f, maar nu met logaritmische schalen. De waarnemingen blijken dan, met goede benadering, op een rechte te liggen. Dit betekent dat het verband met een eenvoudige wiskundige formule is weer te geven. Dit verband is voor het eerst vastgesteld door Taylor, de "uitvinder" van het snelstaal.

De relatie staat dan ook bekend als de **formule van Taylor** en luidt:

$$v_c \times T^n = C.$$

Deze formule kan ook als volgt geschreven worden:

$$\log v_c + n \times \log T = \log C.$$

Aan de laatste schrijfwijze zien we meteen dat het verband in een grafiek met logaritmische schalen een rechte lijn oplevert. De waarde van n bepaalt de helling van de lijn en dus hoe sterk de standtijd afneemt met toenemende snijsnelheid. De waarde van C bepaalt een punt van de lijn: voor T = 1 geldt v_c = C, zie figuur 5.22.

De waarde van n hangt af van de combinatie werkstuk- en snijmateriaal. Deze waarde is een maat voor de temperatuurgevoeligheid van het gereedschap. Een lagere waarde van n betekent een sterkere daling van de standtijd bij toenemende v_c. Enkele representatieve waarden voor n zijn:

Snelstaal op staal	0,12	(0,08 - 0,2)
Hardmetaal	0,25	(0,15 - 0,3)
Keramiek	0,5	(0,25 - 1)

De waarde van C hangt van zoveel factoren af dat het niet zinvol is hiervoor richtwaarden op te geven. C wordt bepaald door de gekozen waarden van KT en VB en de snededoorsnede. Voor een grotere snededoorsnede geldt een lagere waarde van C, zie figuur 5.23. Een grotere snededoorsnede veroorzaakt een hogere belasting van de snijwig, een hogere temperatuur en dus een lagere standtijd. Als alternatief kan men een lagere snijsnelheid kiezen bij dezelfde standtijd. Hiermee komen we tot de vraag welke snijsnelheid gekozen moet worden.

De optimale snijsnelheid

Verhogen van de snijsnelheid leidt tot lagere bewerkingstijden en dus tot lagere snijkosten. Daartegenover staat een meer dan evenredige daling van de standtijd van het gereedschap, dus een stijging van de gereedschapkosten per product. Bovendien moet aan het einde van de standtijd het gereedschap worden verwisseld en zonodig opnieuw ingesteld. Dit gaat gepaard met tijdverlies. De combinatie van snijkosten en gereedschap(wissel)kosten kent dus een minimum bij een bepaalde snijsnelheid. Dit noemen we de **optimale snijsnelheid**. Zie figuur 5.24.

Opmerking: In plaats van naar de kosten kan men optimaliseren naar de productietijd. Dit leidt altijd tot een hogere snijsnelheid, dus tot hogere kosten. In de meeste gevallen heeft het weinig zin geld uit te geven om een uur te winnen als men een week te laat begonnen is!

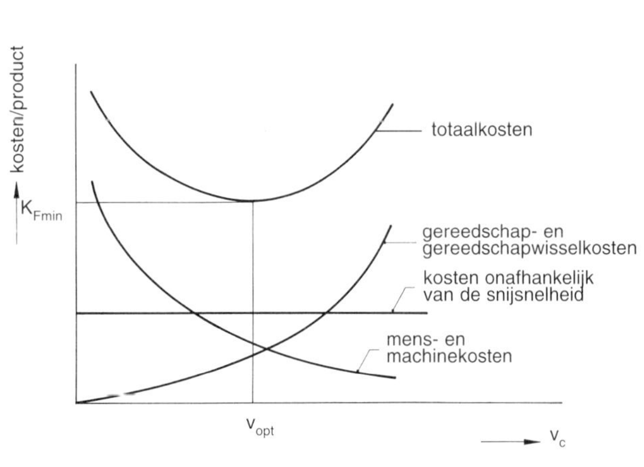

Figuur 5.24 Bepaling van de optimale snijsnelheid

In principe zou voor elk nieuw product de optimale snijsnelheid opnieuw berekend moeten worden. De praktijk leert echter dat het hanteren van een vuistregel een goede benadering levert. Men gaat dan uit van een **optimale standtijd**. Voor draaien hanteert men vaak standtijden van 10-20 minuten, voor frezen 60 minuten. Men duidt de bijbehorende snijsnelheid aan met v_{10}, v_{20}, resp v_{60}. Bij toenemende machine- en loonkosten daalt de optimale standtijd. Een ruwe vuistregel is (in de West-Europese verhoudingen) dat de optimale standtijd minder dan 10 maal de gereedschapwisseltijd bedraagt.

5.6 Indeling van de verspanende bewerkingen

Er bestaan veel verschillende verspanende bewerkingen. Voor een logische indeling kan men uitgaan van de hoofdbeweging, de beweging die de snijsnelheid oplevert, en de voedingsbeweging, een continue of periodieke beweging, waardoor het gereedschap het gehele te bewerken oppervlak bereikt. Zie figuur 5.25.

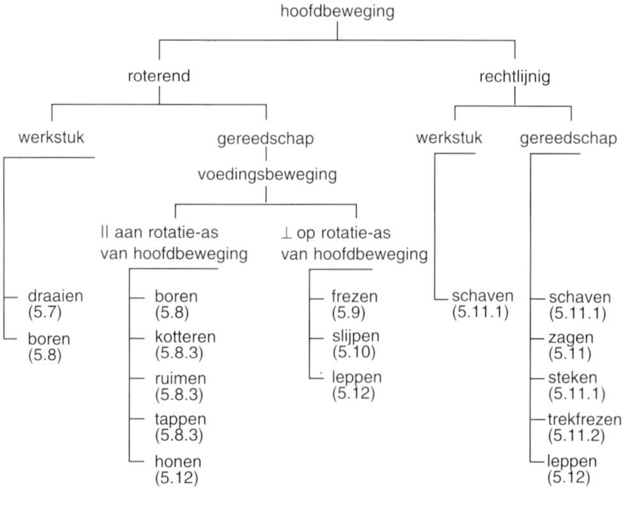

Figuur 5.25 Systematische indeling van de verspanende bewerkingen. (De betreffende paragrafen zijn in het schema aangegeven.)

5.7 Draaien

Bij het draaien maakt het werkstuk de roterende hoofdbeweging. het gereedschap, de beitel, maakt een voedingsbeweging, axiaal bij het langsdraaien, of radiaal bij het vlakdraaien en bij het in- of afsteken, zie figuur 5.26. Door een gecombineerde axiale en radiale beweging is het mogelijk kegels of willekeurige contouren te beschrijven.

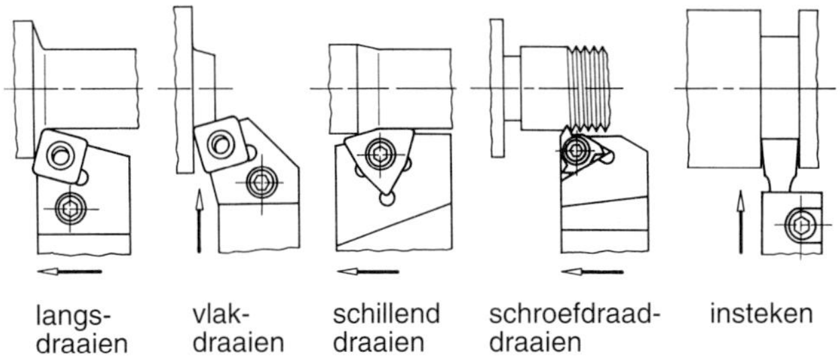

Figuur 5.26 Verschillende draaibewerkingen

Het draaien zal iets uitvoeriger worden behandeld dan de andere verspanende bewerkingen. Gezien de overeenkomsten hoeven veel van de aspecten die hier aan de orde komen bij de andere processen niet te worden herhaald.

5.7.1 Technologie

In figuur 5.27 is het draaigereedschap afgebeeld met de genormaliseerde benamingen van de snijkanten en

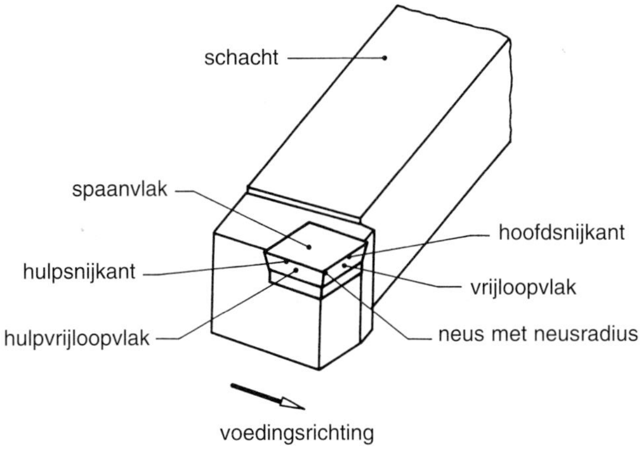

Figuur 5.27 Snijkanten en delen van het draaigereedschap

de vlakken van de beitel. Figuur 5.28 geeft, volgens de norm, de verschillende hoeken weer. De snededoorsnede is het product van de **snedediepte** a en de **voeding** (verplaatsing per omwenteling van het werkstuk) f, zie figuur 5.5. Voor een gegeven werkstukmateriaal en beitel worden de snijkrachten bepaald door de snedoorsnede. De kracht, door de beitel op het werkstuk uitgeoefend, kan men ontbinden in drie onderling

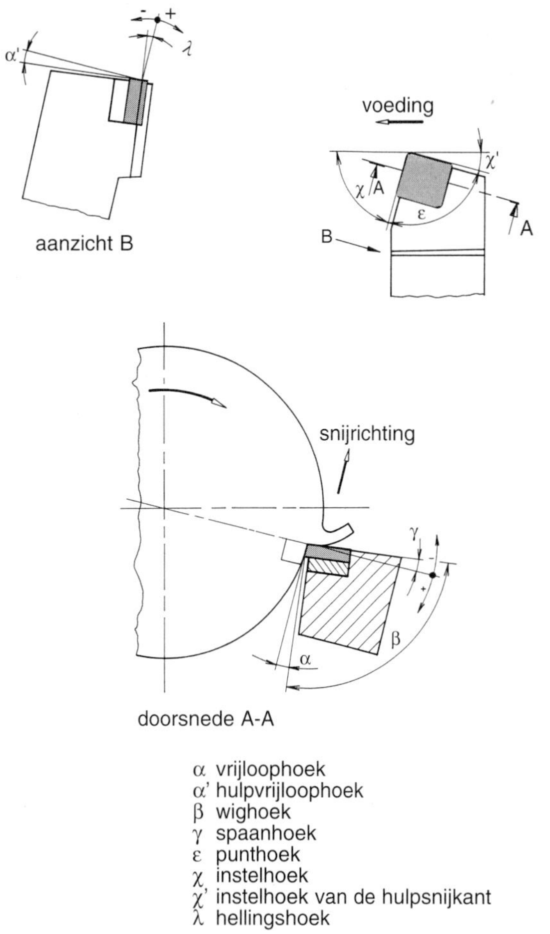

Figuur 5.28 De geometrie van de draaibeitel

loodrechte componenten, zie figuur 5.4. Alle drie componenten zijn van belang als het gaat om de opspanning van het werkstuk en de stijfheid van het systeem machine + werkstuk. De hoofdsnijkracht F_c is van belang voor het koppel en het vermogen dat de aandrijving van de spil moet leveren.

Figuur 5.29a geeft de resultaten van metingen van de drie componenten van de snijkracht als functie van de voeding. De lijnen laten zien dat de snijkracht minder dan recht evenredig toeneemt met de voeding en dus met de snededoorsnede. Dit blijkt nog duidelijker uit figuur 5.29b. Hier zijn de snijkracht-componenten gedeeld door de snededoorsnede. We vinden zo de **specifieke snijkracht** uitgedrukt in MPa. Het is duidelijk dat dit geen constante is. Voor elke snededoorsnede geldt een andere specifieke snijkracht. Men gaat daarom uit van de specifieke snijkracht geldig voor een snededoorsnede van 1 x 1 mm^2. Deze wordt aangeduid met $k_{c1.1}$. Men kan nu de hoofdsnijkracht berekenen volgens:

$$F_c = k_{c1.1} \times a \times f^{(1-\varepsilon)}$$

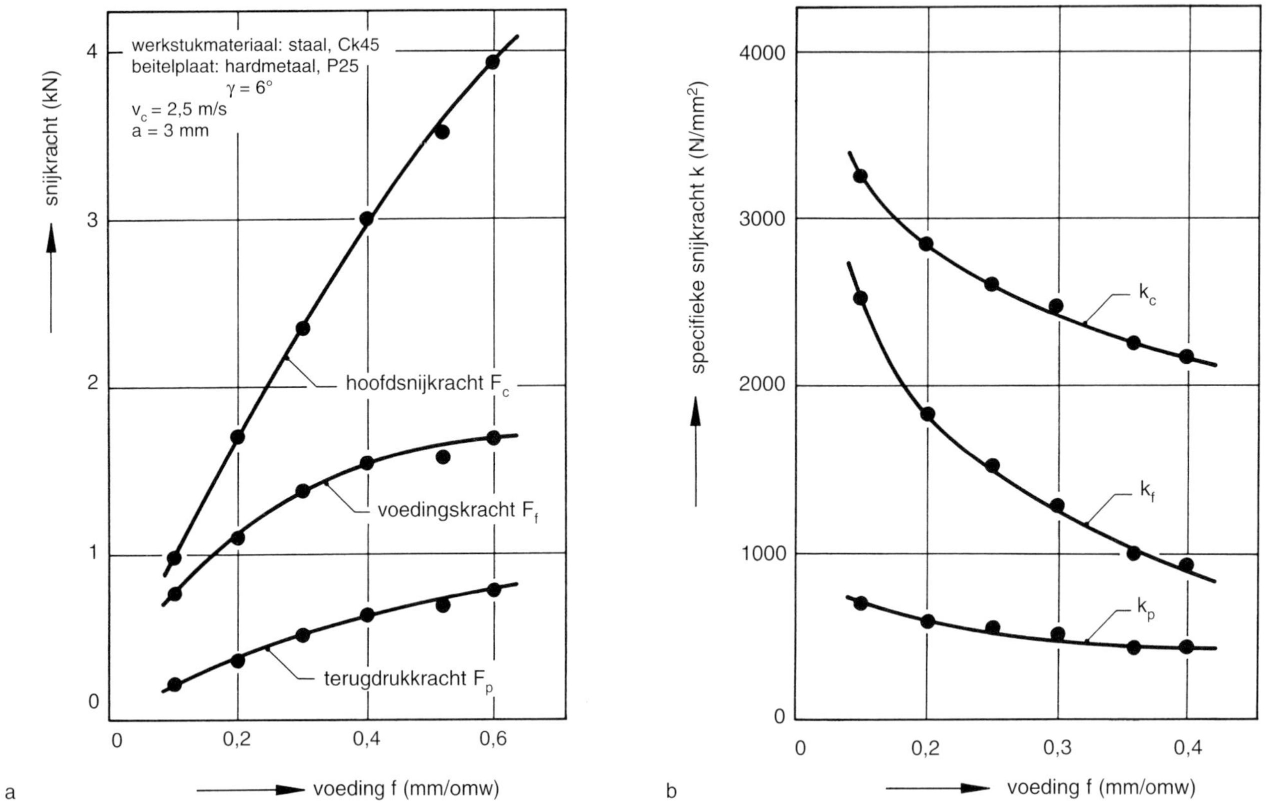

Figuur 5.29 Verloop van de snijkrachtcomponenten (a) en de specifieke snijkrachtcomponenten (b) met de voeding

Een vergelijkbare formule geldt voor de snijsnelheid. De optimale snijsnelheid, zoals omschreven in paragraaf 5.5, die immers afneemt met toenemende voeding, kan berekend worden volgens:

$$v_{opt} = v_{c1.1} \times f^{-u}$$

Hierin is $v_{c1.1}$ de optimale snijsnelheid bij een snededoorsnede van 1 x 1 mm^2.

Opmerking: De twee bovenstaande formules (voor F_c en voor v_{opt}) zijn experimenteel bepaald en zijn alleen geldig wanneer de waarde van f in mm/omw wordt ingevoerd. De exponenten ε en u hebben een waarde < 1. Het minteken voor de u in de laatste formule leidt tot een afnemende v_{opt} bij toenemende f.

Voor het benodigd verspaningsvermogen geldt:

$$P_c = F_c \times v_c$$

of, wanneer gekozen wordt voor $v_c = v_{opt}$:

$$P_c = F_c \times v_{opt}$$

Het benodigd aandrijfvermogen volgt uit:

$$P_m = \frac{P_c}{\eta}$$

Hierin is η het aandrijfrendement (≈ 0,75-0,8).

De berekende waarde P_m kan groter zijn dan het beschikbaar motorvermogen P_{max}. De snijsnelheid wordt dan niet beperkt door de standtijd van de beitel, maar door het beschikbaar vermogen. De snijsnelheid volgt dan uit:

$$v_{max} = \eta \times \frac{P_{max}}{F_c}$$

Het aandrijfkoppel bedraagt:

$$M_c = F_c \times \frac{d}{2}$$

Neem voor d de nog af te draaien diameter.

Om de voedingssnelheid en daarmee het voedingsvermogen te berekenen hebben we het toerental n van het werkstuk nodig:

$$n = \frac{v_c}{\pi \times d}$$

De voedingssnelheid bedraagt:

$$v_f = f \times n$$

Voor een ruwe schatting van de voedingskracht F_f kunnen wij gebruik maken van:

$$F_f \approx (0,3 \dots 0,5) \times F_c$$

Het voedingsvermogen bedraagt:

$$P_f = F_f \times v_f$$

Het verspaand volume per tijdseenheid, de **afnamesnelheid**, is:

$$Q = a \times f \times v_c$$

Wij illustreren dit met een rekenvoorbeeld:

Gegeven:
$k_{c1.1}$ = 2000 MPa
ε = 0,3
$v_{c1.1}$ = 2 m/s
u = 0,42
d = 100 mm = 0,1 m
a = 3 mm
f = 0,3 mm/omw
F_f = 0,4 x F_c.

Gevraagd: F_c, v_{opt}, P_c, M_c, n, F_f, v_f, P_f, Q.

Oplossing:

$$F_c = 2000 \times 3 \times 0,3^{(1-0,3)} = 2583\ N$$

$$v_{opt} = 2 \times 0,3^{-0,42} = 3,316\ m/s$$

$$P_c = 2583 \times 3,316 = 8565\ W = 8,565\ kW$$

$$M_c = 2583 \times \frac{0,1}{2} = 129,2\ Nm$$

$$n = \frac{3,316}{\pi \times 0,1} = 10,56\ omw/s$$

$$F_f \approx 0,4 \times 2583 = 1033\ N$$

$$v_f = 0,3 \times 10,56 = 3,17\ mm/s = 0,00317\ m/s$$

$$Q = 3 \times 0,3 \times 3316 = 2984\ mm^3/s \approx 3\ cm^3/s$$

$$P_f = 1033 \times 0,00317 = 3,27\ W$$

Het voedingsvermogen is dus te verwaarlozen.

Bij het voordraaien wil men zo snel mogelijk materiaal verwijderen. Q neemt toe bij toenemende snededoorsnede, ondanks de daling van v_{opt}. Men kiest dus de grootst mogelijke snededoorsnede. Ook het benodigd vermogen en koppel nemen toe, zodat de machine-aandrijving de beperkende factor kan vormen. Zie hiervoor paragraaf 5.7.4.

Spaanbeheersing

Bij het draaien ontstaat (evenals bij boren) een doorlopende spaan. Dit kan problemen opleveren wanneer de spaan niet uit zichzelf breekt, zoals bij het draaien van taaie materialen. De spaan krijgt dan de vorm van een (gloeiend heet en scherp) lint, zie figuur 5.30. De spaan kan zich om de beitel en het werkstuk wikkelen en levert bovendien gevaar op voor de bedieningsman.

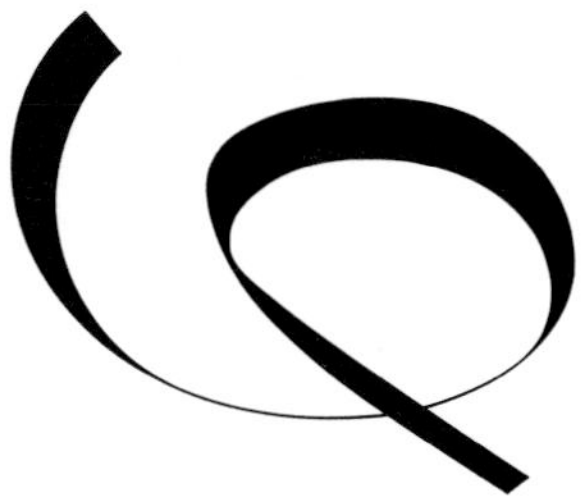

Figuur 5.30 Lintspaan

Het doel van **spaanbeheersing** is het beheerst afvoeren van de spaan. Men kan dit doen door de spaan een regelmatige spiraal te laten vormen of door hem in kleine stukjes te breken. Een combinatie is ook mogelijk.

Het gedrag van de spaan is te beïnvloeden door:
- De geometrie van het snijgereedschap,
- De keuze van de snededoorsnede.

Door de juiste keuze van instelhoek, spaanhoek en hellingshoek, zie figuur 5.28, is het mogelijk een krullende spaan van de gewenste vorm te verkrijgen of de spaan zodanig te buigen dat hij breekt, zie figuur 5.31. Men kan het breken van de spaan bevorderen door de vorm van het spaanvlak. Hiermee kan men de spaan dwingen sterk te buigen. Hiervoor kan een afzonderlijke spaanbreker worden gebruikt (figuur 5.32a). Bij hardmetalen of keramische beitelplaten kan men spaanbreekgroeven aanbrengen bij het in de vorm persen van de plaat (figuur 5.32b).

De tweede mogelijkheid is de keuze van snedediepte en voeding. Bij gegeven beitel- en werkstukmaterialen is aan te geven welke combinaties van voeding en

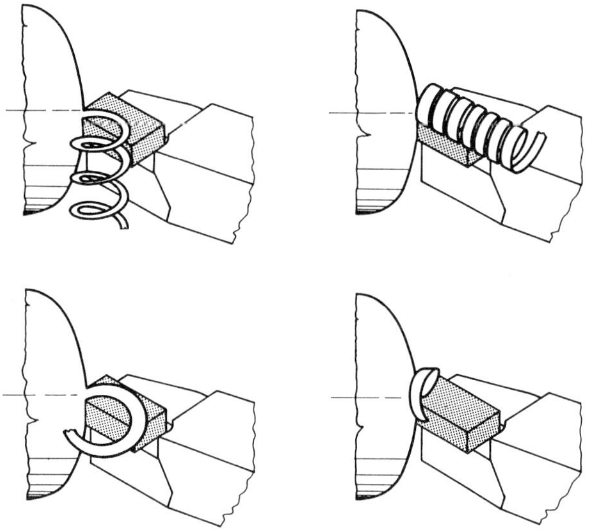

Figuur 5.31 Verschillende spaanvormen bij langsdraaien

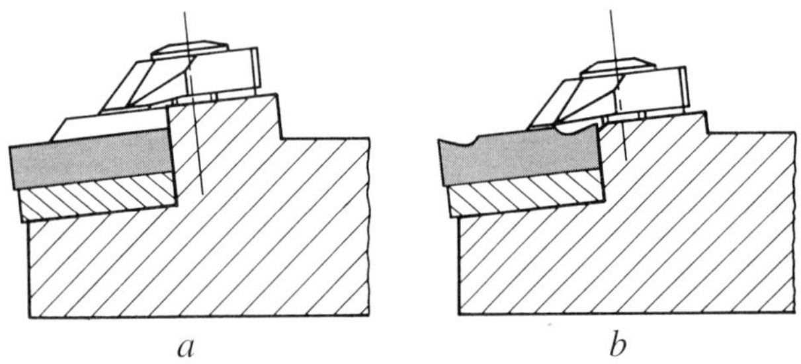

Figuur 5.32 Beïnvloed van de spaanafloop door middel van spaanbreker (a) en spaanbreekgroef (b)

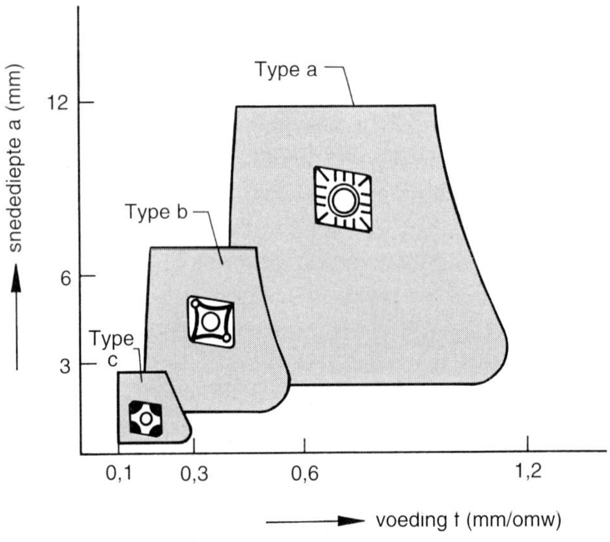

Figuur 5.33 Spaanbreekgrafiek voor drie typen wisselplaten voor een werkstukmateriaal

snedediepte geschikt zijn. De **spaanbreekgrafiek** afgebeeld in figuur 5.33 geeft voor verschillende snijplaatjes de gebieden aan van de combinaties van a en f waarbinnen de spaan zal breken. Globaal kan gesteld worden dat de verhouding snedediepte/voeding niet te hoog gekozen moet worden. Een "slanke" spaan zal niet snel breken. Een grote **spaanslankheid** is echter juist gewenst omdat daardoor de thermische belasting van de snijkant over een grote lengte wordt verdeeld. Ook hier kiest men dus voor een compromis. Een gebruikelijke waarde voor a/f bedraagt 8-10. In de praktijk blijkt de spaanbeheersing vaak nog steeds een probleem te zijn.

De oppervlaktekwaliteit

Voor het beschouwen van de ruwheid van een bewerkt oppervlak moet onderscheid gemaakt worden tussen twee componenten:

- De **kinematische** of **dwarsruwheid,** bepaald door de combinatie van voeding en de neusradius van de beitel (figuur 5.34).
- De **langsruwheid**, dit is de ruwheid in de richting van de snijsnelheid. Deze kan ontstaan door het optreden van een opbouwsnijkant (figuur 5.11) of van trillingen.

Voor nadraaien met een hoge oppervlaktekwaliteit kiest men een kleine voeding en een hoge snijsnelheid. Voor de hoogste kwaliteit is een machine met een grote dynamische stabiliteit nodig. Dit vraagt een stijve constructie, het vermijden of isoleren van trillingsbronnen, bijv. tandwielen, en een goede demping

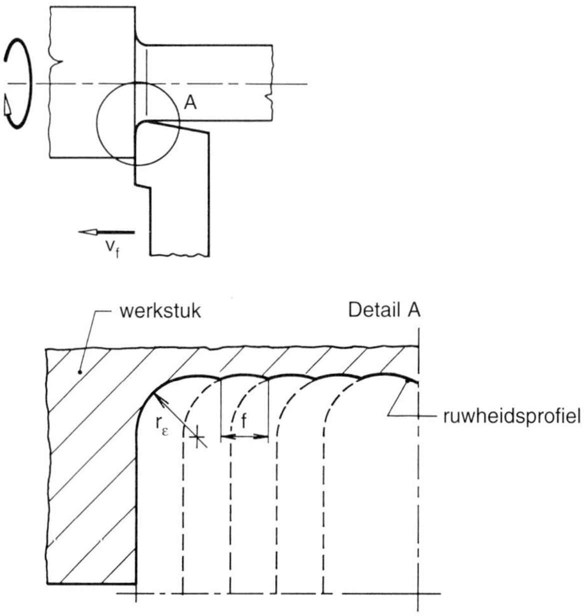

Figuur 5.34 Dwarsruwheid

van de toch nog optredende trillingen. Tijdens het vlakdraaien of het draaien van een kegel verandert de draaidiameter voortdurend. Om dan een hoge en constante oppervlaktekwaliteit te verkrijgen is het nodig dat het toerental traploos kan variëren en zo gestuurd kan worden dat de snijsnelheid constant is.

5.7.2 De draaibeitel

Voor de verschillende draaibewerkingen bestaat een grote verscheidenheid aan draaibeitels. De belangrijkste vormen zijn afgebeeld in figuur 5.35.

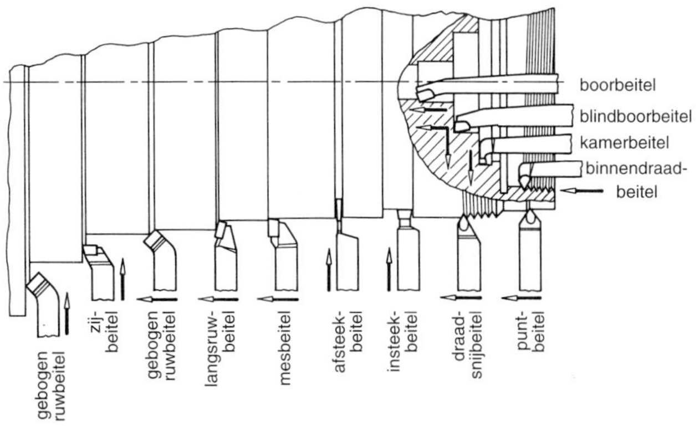

Figuur 5.35 Beiteltypen

5.7.3 De draaimachine

De figuren 5.36 en 5.37 tonen een "gewone" handbediende centerdraaimachine. De belangrijkste componenten van zo'n machine worden hier kort besproken.

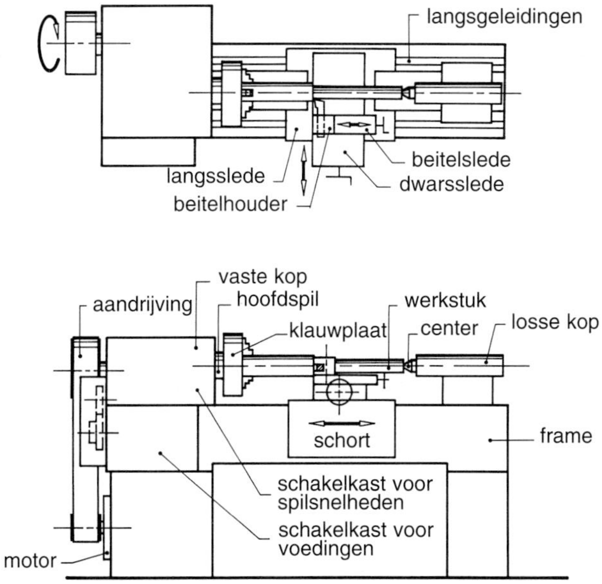

Figuur 5.36 Opbouw van de draaimachine

Figuur 5.37 Draaimachine (Harrison)

Frame

De basis van elk gereedschapwerktuig is het **frame**. Het frame moet een grote stijfheid bezitten en trillingen dempen. Gietijzer heeft betere dempingseigenschappen dan staal. Inwendige wrijving in las- en boutverbindingen absorbeert bij stalen frames echter zoveel energie, dat het verschil tussen staal en gietijzer verwaarloosbaar is. In de praktijk is de seriegrootte bepalend voor de keuze tussen staal en gietijzer. De beste demping verkrijgt men met frames uit polymeerbeton, beton waarin een kunsthars als bindmiddel fungeert. Wegens de hoge kosten is dit vooral een aantrekkelijke oplossing wanneer de kwaliteitseisen zeer hoog zijn.

Bed

Het **bed** draagt de geleidingen voor de slede en de losse kop. Bij de traditionele machines ligt het steeds in een horizontaal vlak. Nadeel hiervan is dat hete spanen op het bed blijven liggen, waardoor de machine gaat vervormen. Bij automatisch werkende machines plaatst men het bed daarom vaak schuin of zelfs verticaal. De rechtheid en spelingsvrijheid van de geleidingen hebben een grote invloed op de nauwkeurigheid van de machine. Bestendigheid tegen slijtage en minimale wrijving zijn van groot belang.

Vaste kop

De **vaste kop** bevat de **hoofdspil** en de aandrijving van de draaimachine. Rondloopnauwkeurigheid, evenwijdigheid met het bed, buigstijfheid en afwezigheid van speling in de lagering van de hoofdspil zijn mede bepalend voor de nauwkeurigheid van de machine. De grote variatie in toerentallen en de betrekkelijk grote krachten maken het noodzakelijk de spil met wentellagers uit te rusten. Door middel van voorspannen van de lagers worden de spelingen geëlimineerd.

Een grote buigstijfheid vraagt een grote spildiameter. Deze wordt echter beperkt door de maximaal toelaatbare omtreksnelheid in de lagers.

De aandrijving moet het vermogen en koppel, zoals berekend in paragraaf 5.7.1, kunnen afgeven. Verder moet de aandrijving de sterk uiteenlopende toerentallen kunnen leveren. Het laagste toerental wordt bepaald door de laagste gewenste snijsnelheid en de grootste draaidiameter, het hoogste door de kleinste diameter (bijv. te stellen op 0,1 x d_{max}) en de hoogste snijsnelheid. Verschillende toerentallen kunnen getrapt of traploos worden ingesteld.

Bij **getrapte aandrijvingen** past men voornamelijk tandwielkasten toe, soms in combinatie met **draaistroommotoren** met twee of drie toerentallen. Op deze wijze verkrijgt men aandrijvingen met bijv. 16 of 24 verschillende toerentallen. Een gunstige verdeling wordt bereikt met een meetkundige reeks van toerentallen.

Met een **traploze aandrijving** is, binnen de uiterste grenzen, elke gewenst toerental te verkrijgen. Bovendien is hiermee een regeling mogelijk die de snijsnelheid constant houdt, dit is van belang bij vlak- of conisch draaien. Moderne machines zijn hiervoor meestal uitgerust met een draaistroommotor met **frequentieregeling**. Bij oudere machines treft men nog vaak **gelijkstroommotoren** aan. De aandrijving kent een maximaal vermogen en koppel. Bij lage toerentallen overheerst het maximale koppel. Door een tandwielkast met twee overbrengingsverhoudingen kan de aandrijving over een groot toerenbereik het maximale vermogen leveren, zie figuur 5.38.

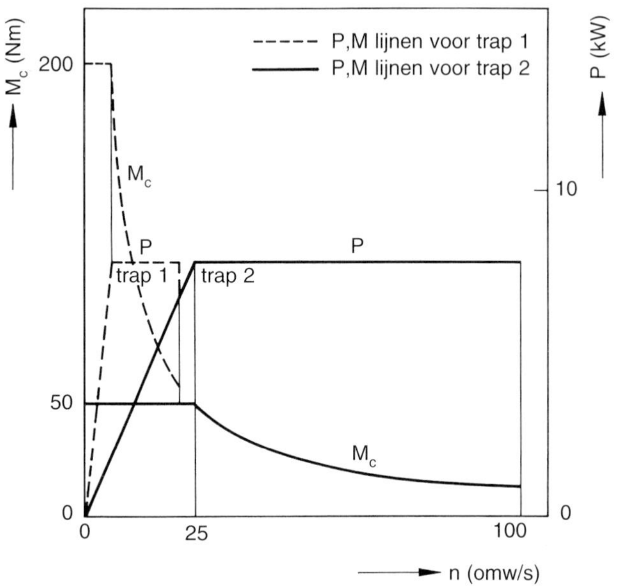

Figuur 5.38 Verloop van de aandrijfkoppel en het vermogen met het toerental

De slede

De **langsslede** beweegt over het bed evenwijdig aan de hartlijn van de hoofdspil. Op de langsslede is de **dwarsslede** geplaatst. De **beitelslede** is draaibaar op de dwarsslede bevestigd. Door deze opbouw kan de **beitelhouder** bewegen in een vlak door de hartlijn; door schuin stellen van de beitelslede kan de beitelpunt ook een schuine baan beschrijven.

De voedingsbeweging wordt afgeleid van de rotatie van de hoofdspil. Voor het snijden van schroefdraad enerzijds en voor het langs- en vlakdraaien anderzijds zijn twee gescheiden aandrijfsystemen aanwezig. Schroefdraadsnijden vraagt betrekkelijk grote waarden van de voeding en een zeer hoge nauwkeurigheid. Bij de overige bewerkingen zijn de voedingen betrekkelijk klein maar de optredende krachten groter.

Voor het schroefdraadsnijden dient een leischroef met een deelbare moer, het moerslot. Voor de andere bewerkingen dient een tandwielmechanisme en een tandheugel aan het frame, aangedreven door de leias. De twee aandrijfsystemen zijn elk via een eigen tandwielkast met de hoofdspil gekoppeld. Figuur 5.39 toont beide mechanismen. Het aantal mogelijke waarden voor de spoed van schroefdraad is zo groot, dat het niet mogelijk is deze alle met een tandwielkast te verkrijgen. Dit wordt opgelost door het toepassen van wisselwielen, losse tandwielen die naar behoefte kunnen worden aangeschaft.

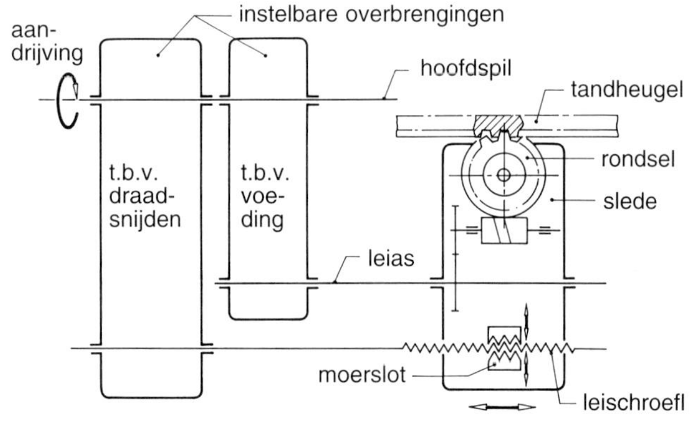

Figuur 5.39 Aandrijving langsvoeding

De losse kop

De functie van de losse kop is tweeledig:

- Het ondersteunen van lange werkstukken met behulp van een center. Volgens een vuistregel is dit nodig bij een verhouding van lengte/diameter van meer dan 4.
- Het boren van concentrische gaten. Het center kan worden vervangen door een boorhouder. De voedingsbeweging voor het boren gebeurt bij de meeste machines met handkracht.

5.7.4 Bepaling van de instelgrootheden bij het voordraaien

Het doel van **voordraaien** is het zo snel mogelijk verwijderen van overtollig materiaal. Het **nadraaien** dient om de gevraagde nauwkeurigheid en oppervlakteruwheid te bereiken.

In het **draaidiagram** kunnen we de mogelijkheden van de beitel en de machine aflezen. We gebruiken dit om bij het voordraaien de gunstigste **instelgrootheden** te kiezen. Dit betekent dat we, gegeven de gewenste standtijd van de beitel, streven naar de grootst mogelijke afnamesnelheid Q.

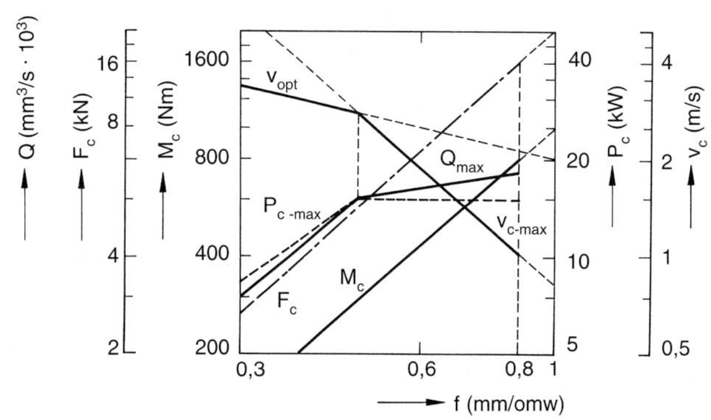

Figuur 5.40 Draaidiagram (d=100 mm)

Figuur 5.40 geeft een voorbeeld van een draaidiagram. Op de horizontale as is de onafhankelijk variabele, de voeding, uitgezet. Verticaal zijn uitgezet: de snijsnelheid v_{opt}, (de snijsnelheid, bepaald door de beitel en het werkstukmateriaal), de hoofdsnijkracht F_c, het aandrijfkoppel M_c, het netto aandrijfvermogen P_c en de afnamesnelheid Q. Verder zijn uitgezet $v_{c\text{-}max}$ en Q_{max}, dit zijn v_c en Q, beperkt door het maximaal netto aandrijfvermogen. De getalwaarden volgen uit de formules en gegevens in paragraaf 5.7.1. Er is gerekend met een constante waarde van de spaanslankheid a/f = 10. De snededoorsnede is dus evenredig met f^2. Door de logaritmische schalen zijn de lijnen in de grafiek rechten.

Bij f=0,46 mm/omw is $P_c = P_{c\text{-}max}$ (=15kW). Bij f>0,46 mm/omw is $v_{c\text{-}max} < v_{opt}$ en wordt v_c dus begrensd door $P_{c\text{-}max}$. Bij f=0,8 mm/omw bereikt M_c zijn maximale waarde van 800 Nm. Dit is dus de maximale waarde van f, waarbij ook de grootst mogelijke waarde van Q wordt verkregen.

Houd bij de bepaling van het beschikbaar vermogen rekening met het rendement van de aandrijving. Dit bedraagt meestal 0,75-0,8. In het diagram kiezen we de voeding waarbij de hoogste afnamesnelheid bereikt wordt. Het diagram laat zien dat dit het geval is bij de grootst mogelijke voeding. De beperkende factor hierbij kan zijn: de beitel, het beschikbare vermogen of het maximale koppel. Evenzeer van belang, maar niet uit het diagram af te lezen, zijn begrenzingen door de stijfheid van de machine, de opspanning of het werkstuk, zie figuur 5.41.

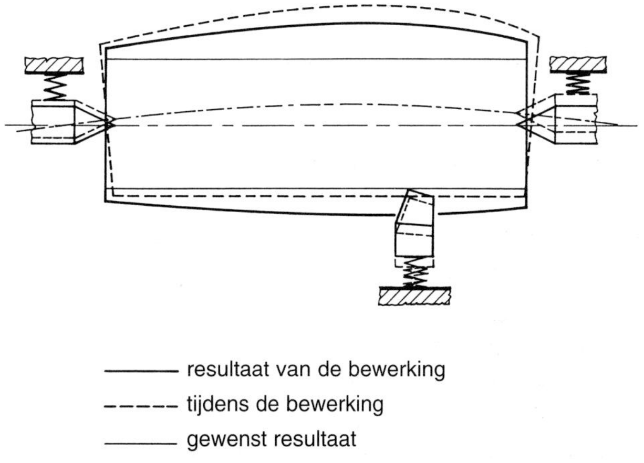

Figuur 5.41 Doorbuigen van een elastisch werkstuk door geringe stijfheid van de opspanning (centers en beitel)

5.7.5 Bewerkingsmogelijkheden

Met de langs- en dwarsslede kan de beitelpunt cilindrische vlakken en vlakken loodrecht op de hartlijn genereren. Tijdens het snijden van schroefdraad zorgt het voedingsmechanisme voor een vaste koppeling tussen hoofdspil en beitelpunt.

Omwentelingslichamen kunnen verder nog worden begrensd door schuine lijnen, cirkelbogen en willekeurige contouren. Dit is in beperkte mate te realiseren met behulp van **profielbeitels** (figuur 5.42). Hier is sprake van het reproduceren van de vorm. Deze

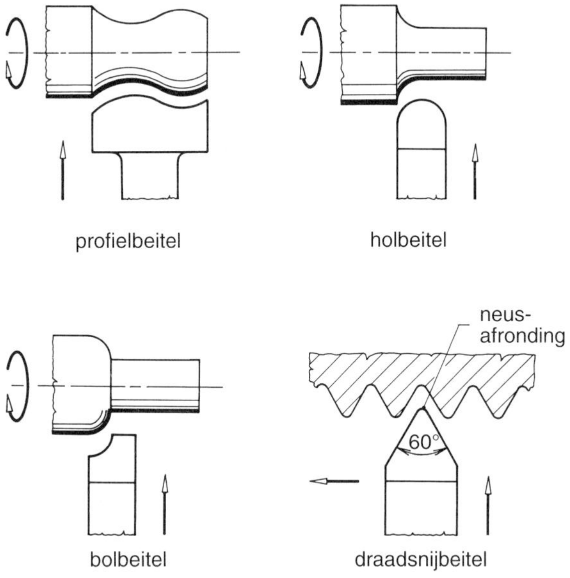

Figuur 5.42 Draaien met profielbeitels

werkwijze is dus vooral geschikt voor grote productaantallen of voor standaard constructiedetails zoals een draaduitloopgroef, zie figuur 5.43b. In de andere gevallen is het nodig de beitelpunt de gewenste vorm te laten beschrijven.

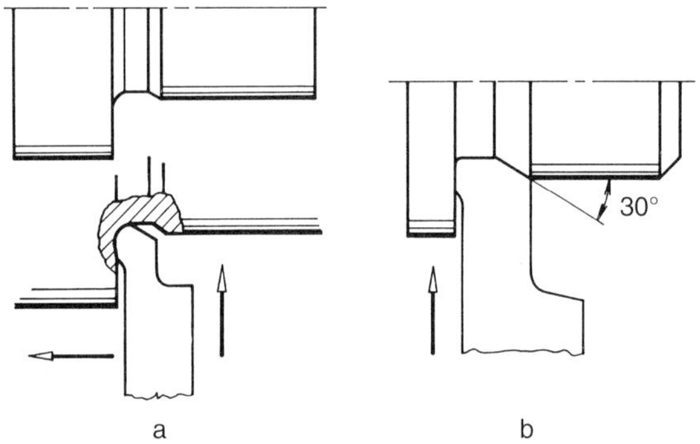

Figuur 5.43 Ondersnijding (a) en draaduitloopgroef (b)

Bij de handbediende machine gebruikt men hiervoor een **kopieerinrichting**. In zijn eenvoudigste vorm is dit een **conusliniaal**, zie figuur 5.44. De slede verplaatst zich met de ingestelde voedingssnelheid, de dwarsslede is rechtstreeks gekoppeld aan de draaibare liniaal. Voor willekeurig gevormde producten vervangt men de liniaal door een **kopieermal**. In dit geval wordt de koppeling verzorgd door een taster en een hydraulisch of elektrisch **servosysteem**. Door dit mechanisme schuin te plaatsen is het mogelijk om bij een constante voedingssnelheid in langsrichting vlakken loodrecht op de hartlijn te bewerken, zie figuur 5.45b.

De hierboven beschreven wijze om met mechanische hulpmiddelen de vorm van het product over te brengen wordt geleidelijk vervangen door elektronische informatie-verwerking. We spreken dan van **numeriek bestuurde** of **NC** (Numerical Control) machines. Numerieke besturing maakt het ook gemakkelijker machines te construeren die draaibewerkingen kunnen combineren met andere bewerkingen, zoals het boren loodrecht op of naast de hartlijn en het frezen. Een machine met deze mogelijkheden staat bekend als een **draaicentrum**. Deze onderwerpen worden behandeld in hoofdstuk 11.

5.7.6 Enkele bijzondere draaimachines

De **carrouseldraaimachine**, figuur 5.46, is een draaimachine waarvan de hoofdspil om een verticale as roteert. De machine bezit een horizontale spantafel met een grote diameter. De "slede" is opgehangen aan een verticale kolom of een portaal. De machine is speciaal bestemd voor schijfvormige of ringvormige producten met grote diameter. De carrouseldraaimachine heeft als voordeel dat het spannen op een horizontale draaitafel gemakkelijker is uit te voeren. Voor zeer

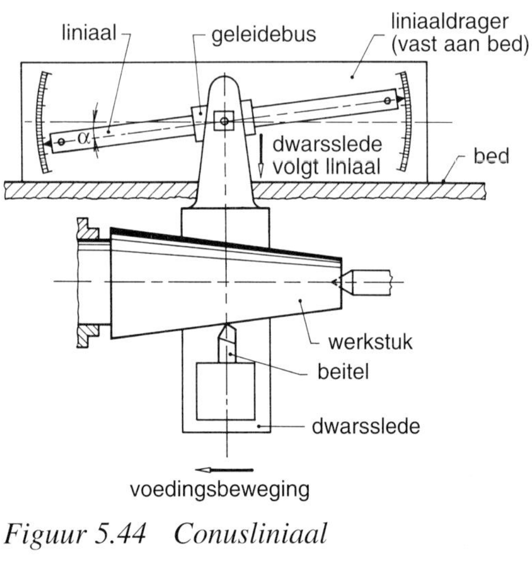

Figuur 5.44 Conusliniaal

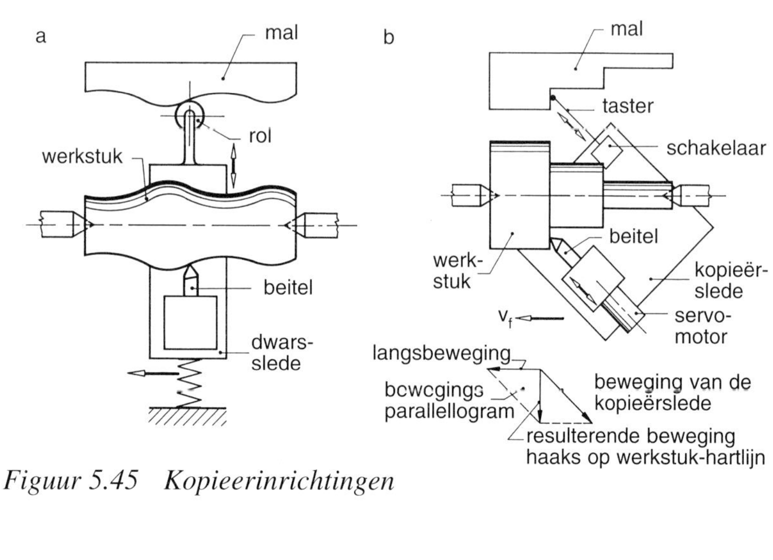

Figuur 5.45 Kopieerinrichtingen

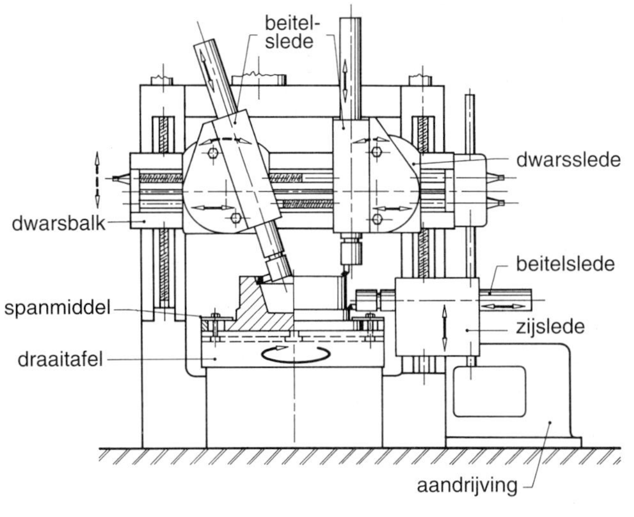

Figuur 5.46 Carrouseldraaimachine

grote diameters, (3-15 m) is de carrouseldraaimachine de enige mogelijkheid. Bij dergelijke machines ligt de draaitafel vaak op de hoogte van de werkplaatsvloer.
De draaimachine in figuur 5.47 is bestemd voor uiterst nauwkeurige draaibewerkingen met diamantbeitel, reeds beschreven in paragraaf 5.4. Om aan de zeer hoge eisen betreffende oppervlaktekwaliteit en nauwkeurigheid te voldoen is de machine voorzien van **hydrostatische lagers**, zie figuur 11.41, en van een meetsysteem met een **oplossend vermogen** van 0,1 μm en een **repeteernauwkeurigheid** van 0,2 μm.

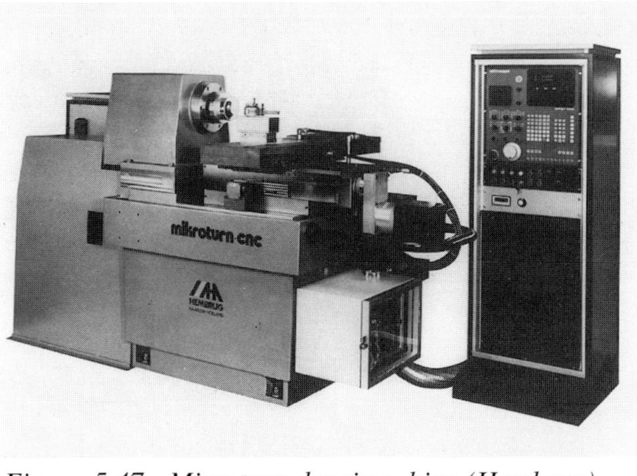

Figuur 5.47 Microturn draaimachine (Hembrug)

5.8 Gatbewerkingen

Bij de gatbewerkingen maakt het gereedschap een roterende hoofdbeweging; de voedingsbeweging vindt plaats evenwijdig met de richting van de rotatie-as van de hoofdbeweging. Bij concentrisch boren op een draaimachine roteert uiteraard het werkstuk.

Tot de gatbewerkingen behoren het boren, het kotteren, het ruimen en het tappen van schroefdraad. Verreweg de belangrijkste hiervan is het boren, de meest voorkomende bewerking in de metaalindustrie; de andere zijn nabewerkingen. We behandelen eerst het boren; de nabewerkingen zijn samengevoegd in de afsluitende paragraaf 5.8.3.

Bij het boren kan onderscheid gemaakt worden tussen:
- **Volboren**, hierbij wordt al het materiaal in het gat verspaand,
- **Kernboren**, hierbij blijft een massieve kern in het midden van het gat over. Er hoeft dus minder materiaal te worden verspaand,
- **Opboren**, hierbij wordt de diameter van een bestaand gat vergroot.

Wanneer men zonder nadere aanduiding over "boren" spreekt, wordt volboren bedoeld.

5.8.1 Technologie

In figuur 5.48 is de geometrie van een **spiraalboor** afgebeeld. De beide **hoofdsnijkanten** zijn te vergelij-

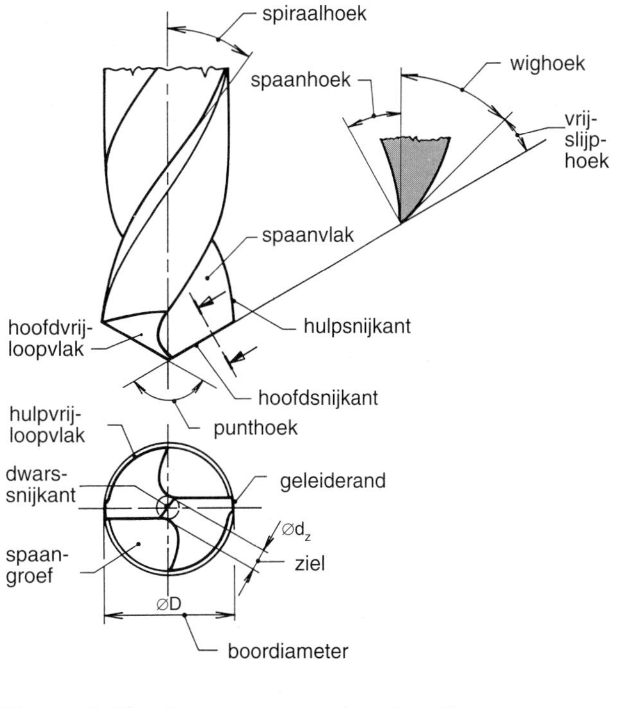

Figuur 5.48 Geometrie van de spiraalboor

ken met twee tegenover elkaar geplaatste boorbeitels, zie figuur 5.35. De snijkanten moeten tot de hartlijn van het gat reiken. Om de twee boorbeitels met elkaar tot één geheel te verbinden zijn de snijkanten verschoven ten opzichte van de hartlijn. Hierdoor ontstaat de ziel van de boor. De beide **vrijloopvlakken** van de boorpunt snijden elkaar en vormen zo de **dwarssnijkant**. Om te voorkomen dat de hele omtrek van de boor langs de gatwand wrijft is hij voorzien van **geleideranden**; de rest van de omtrek heeft een kleinere diameter.

De **spaanhoek** ontstaat door de spiraalvorm van de boor. Aan de omtrek van de boor is de spaanhoek gelijk aan de **spiraalhoek**. De **vrijslijphoek** ontstaat bij het slijpen van de boorpunt. Door de gecombineerde rotatie- en voedingsbeweging zijn de werk-spaanhoek en de vrijloophoek niet gelijk aan de eerstgenoemde hoeken, zie figuur 5.49. De bewegingsrichting van de snijkant staat niet loodrecht op de hartlijn van de boor. Aan de omtrek is deze afwijking, de **spoedhoek** σ, klein. Deze neemt echter toe tot 90° in het hart van de boor. De hoek σ volgt uit:

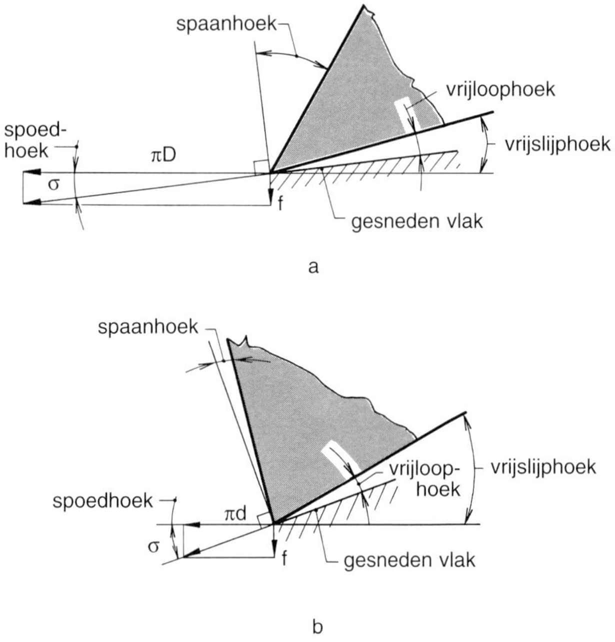

Figuur 5.49 De werkhoeken van de snijwig bij het boren aan de omtrek (a) en dichtbij de ziel (b)

$$tan\,\sigma = \frac{f}{\pi \times d_r}$$

waarin f de voeding/omw en d_r de plaatselijke diameter is. Dit betekent dat de vrijslijphoek in de richting van de hartlijn moet toenemen. Deze hoek moet zo groot zijn dat bij de grootste optredende voeding nog een positieve vrijloophoek overblijft. Bij standaardboren voor staal is de spiraalhoek 30°, de vrijslijphoek loopt op van 5° aan de omtrek tot 15° bij de ziel van de boor.

Bij de dwarssnijkant ontstaat onvermijdelijk een zeer grote wighoek, de **punthoek**. Bij de standaard-spiraalboor is deze 118°. Door deze grote wighoek en de ter plaatse grote spoedhoek ontstaat hier een zeer sterk negatieve spaanhoek, zie figuur 5.50. De verspaningscondities zijn hier dus zeer ongunstig. Dit verklaart de grootte van de in figuur 5.51 geschetste krachten die op de boorpunt werken. De dwarssnijkant veroorzaakt ongeveer de helft van de totale voedingskracht. Door de korte arm (ca. d/2) is de bijdrage van de dwarssnijkant aan het boormoment slechts ongeveer 10%. De slijtage van de dwarssnijkant bepaalt vaak de gebruiksduur van de boor.

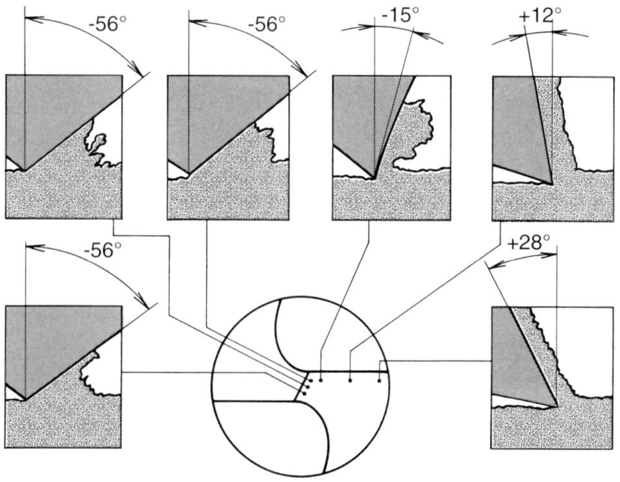

Figuur 5.50 De spaanvorming bij het boren

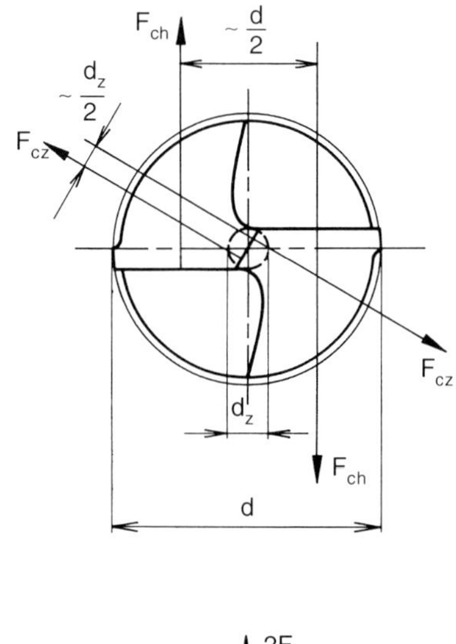

Figuur 5.51 De optredende krachten bij het boren

Er zijn verschillende methoden ontwikkeld om ter plaatse van de ziel extra materiaal weg te slijpen, het **aanpunten** van de boor. Hiermee wordt een kortere dwarssnijkant en/of een minder negatieve spaanhoek verkregen. Op deze wijze kan men de voedingskracht aanzienlijk beperken, de standtijd van de boor verhogen en soms ook de **centreernauwkeurigheid** van de boor verbeteren.

Wanneer de beide hoofdsnijkanten niet zuiver symmetrisch zijn aangebracht krijgt één van beide de grootste snededoorsnede te verwerken. De horizontale componenten F_{p1} en F_{p2} zullen elkaar dan niet in evenwicht houden; de boor zal uitwijken en een te groot gat met een slechte oppervlaktekwaliteit veroorzaken. Bovendien loopt de standtijd van de boor sterk terug, zie figuur 5.52. Het slijpen van een boorpunt is een gecompliceerde bewerking, die alleen goed is uit te voeren met speciale borenslijpmachines.

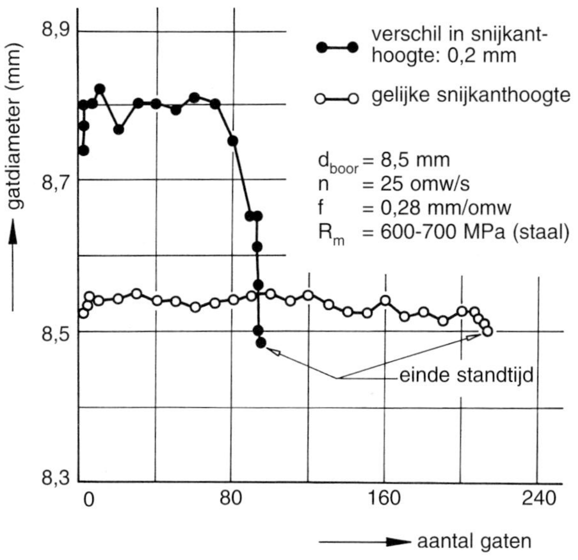

Figuur 5.52 Gevolgen van asymmetrisch geslepen boorpunt

Voedingskracht, aandrijfmoment en -vermogen

Voor de voedingskracht en het aandrijfmoment geldt:

$$F_f = C_f \times d^{x_f} \times f^{y_f}$$

$$M_c = C_m \times d^{x_m} \times f^{y_m}$$

Hierin is d de boordiameter en f de voeding, beide in mm. De constanten en exponenten zijn afhankelijk van de boorgeometrie en het werkstukmateriaal. Ze zijn experimenteel bepaald. Enkele richtwaarden voor het boren in constructiestaal zijn: $C_f \approx 1500$, $C_m \approx 0{,}45$, $x_f \approx 0{,}8$, $y_f \approx 0{,}8$, $x_M \approx 1{,}8$, $y_M \approx 0{,}8$. Hieraan is te zien dat, evenals bij het draaien, de krachten bij toenemende snededoorsnede minder dan recht evenredig toenemen met de voeding en de boordiameter.

Het aandrijfvermogen van de boor volgt uit:

$$P_c = M_c \times \omega = M_c \times 2 \times \pi \times n$$

Hierin is ω de hoeksnelheid en n het toerental.

Keuze van de voeding

De voeding wordt meestal bepaald door het maximaal toelaatbare torsiemoment op de ziel van de boor. Het breukmoment van de boor volgt uit:

$$M_b = C_b \times d^{x_\omega}$$

waarin C_b en x_ω constanten zijn, afhankelijk van materiaal en geometrie van de boor. Als richtwaarde voor x_ω geldt 2,6.

De voeding wordt zodanig gekozen dat:

$$M_c = \alpha \times M_b$$

waarin α een veiligheidscoëfficient is ($\alpha < 1$).

Door gelijkstellen van het optredend en het maximaal toelaatbare moment kan, bij de gegeven richtwaarden voor de exponenten, worden afgeleid dat de maximaal toelaatbare voeding ongeveer recht evenredig met de diameter is, dus:

$$f_{max} = C^* \times d$$

waarin C* een constante is, afhankelijk van het type boor en het werkstukmateriaal.

Naast het toelaatbaar torsiemoment op de boor gelden nog andere beperkende factoren bij de keuze van de voeding. Dit kunnen zijn:
- de vrijslijphoek van de boor,
- de spaanafvoer,
- de boormachine,
- het werkstuk,
- de opspanning van het werkstuk.

De boormachine vervormt elastisch als gevolg van de voedingskracht. Hierdoor verloopt het boorgat enigszins in plaats en richting. Het grootste probleem treedt echter op bij het uittreden van de boorpunt aan de achterzijde van het werkstuk. Op dat moment neemt de voedingskracht plotseling af, waardoor de machine terugveert. Dit heeft een plotselinge toename van de voeding en dus van het boormoment tot gevolg. Dit verschijnsel staat bekend als het "happen" van de boor; het kan boorbreuk veroorzaken. Voor elke boormachine geldt daarom een maximaal toelaatbare voedingskracht. Deze hangt af van de stijfheid van de machine.

In figuur 5.53 zijn de voeding en de voedingskracht uitgezet als functie van de boordiameter. Bij het bereiken van de maximaal toelaatbare waarde van de voedingskracht F_f moet de voeding afnemen om de kracht constant te houden. De voor het boren benodigde tijd neemt toe. Het is dan beter om een stijvere machine in te zetten.

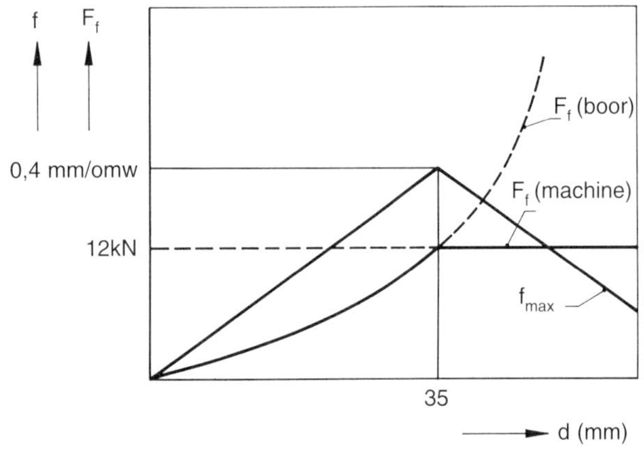

Figuur 5.53 Begrenzing van de voeding en de voedingskracht met de boordiameter

Ook het maximale aandrijfkoppel of -vermogen van de machine kan bepalend zijn voor de voeding. Verder kunnen de stijfheid van het werkstuk of zijn opspanning een begrenzing voor de voedingskracht betekenen.

Keuze van de snijsnelheid

De snijsnelheid is bepalend voor de standtijd van de boor. Bij het boren is het de gewoonte in plaats van de standtijd de **standlengte** L te hanteren. Dit is de totale lengte van de gedurende de standtijd geboorde gaten. Een gebruikelijke richtwaarde voor L bedraagt 1000 mm bij een boordiameter van 10 mm en 8000 mm bij een diameter van 50 mm. De optimale snijsnelheid neemt af met toenemende verhouding l_g/d, waarin l_g = de gatdiepte. Bij diepe gaten levert de afvoer van spanen en warmte problemen op.

De tabel in figuur 5.54 geeft richtwaarden voor het boren in verschillende werkstukmaterialen. Deze gelden voor $l_g/d \leq 2$.

Rekenvoorbeeld:

Gegeven: $d = 25$ mm = 0,025 m
$v_c = 0{,}5$ m/s
$C^* = 0{,}008$

Verder gelden de eerder genoemde richtwaarden voor constanten en exponenten.

Bereken: f_{max}(begrensd door boor), F_f, M_c, n, P_c.

Snelstalen spiraalboren					
Werkstukmateriaal		Spiraalhoek (°)	Punthoek (°)	v_c (m/min)	$C^* = \frac{f_{max}}{d}$
Ongelegeerd staal	R_m<700 Mpa	20-30	118	25-40	0,008
Ongelegeerd staal	700MPa≤R_m≤900 MPa	20-30	118	10-20	-
Roestvast staal	R_m>900 MPa	20-30	130	6-10	0,01
Harde staalsoorten		10	130	3-5	0,005
Perlitisch gietijzer		18-25	118	15-20	0,02
Messing		12	118	50-100	0,025
Al-legering (lang-spanig), koper		30-40	140	50-120	0,032
Al-legering (kort-spanig)		20-30	140	30-50	0,04
Kunststoffen (zacht)		30-40	140	50-100	-
Kunststoffen (hard)		12	80	15-35	-

Figuur 5.54 Richtwaarden voor het boren met snelstalen spiraalboren.

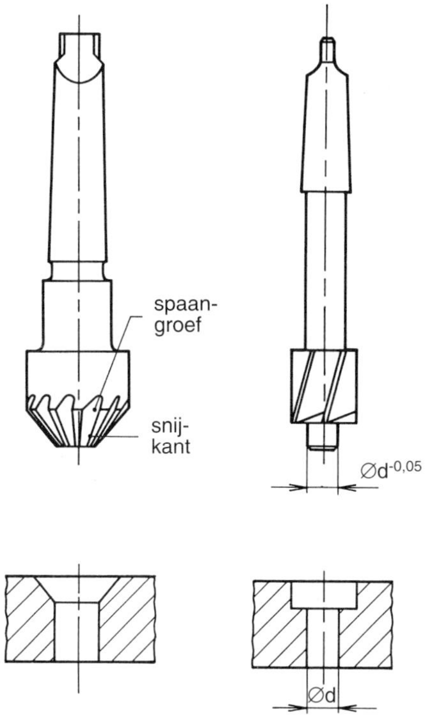

Figuur 5.55 Verzinkboren

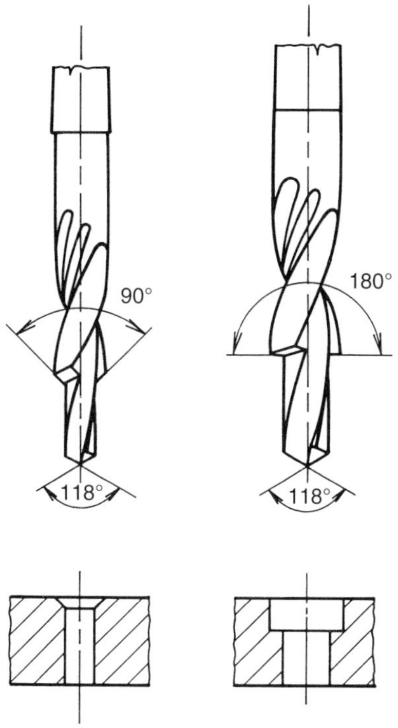

Figuur 5.56 Getrapte boren

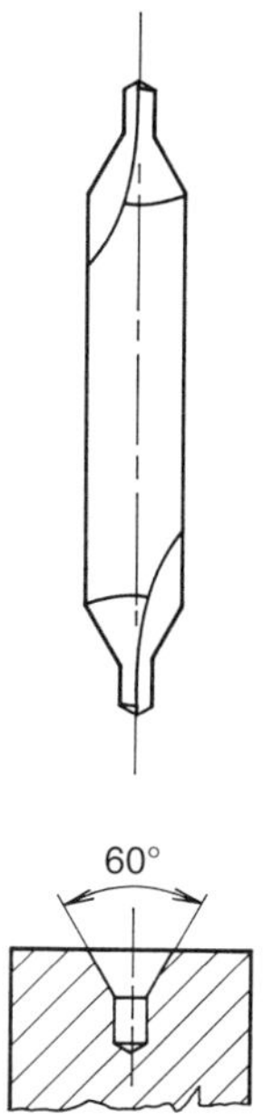

Figuur 5.57 Centerboor

Oplossing:

$$f_{max} = 0,008 \times 25 = 0,2 \; mm/omw$$

$$F_f = 1500 \times 25^{0,8} \times 0,2^{0,8} = 5436 \; N$$

$$M_c = 0,45 \times 25^{1,8} \times 0,2^{0,8} = 40,8 \; Nm$$

$$n = \frac{0,5}{\pi \times 0,025} = 6,37 \, omw/s$$

$$P_c = 40,8 \times 2 \times \pi \times 6,37 = 1632 \; W = 1,632 \; kW$$

Spaanbeheersing

Naarmate gaten dieper worden is het moeilijker de spanen af te voeren. Het kan nodig zijn ten behoeve van de spaanafvoer een kleinere voeding te kiezen dan bepaald door boor of machine. Dit resulteert in kleinere spanen, die zich gemakkelijker laten afvoeren.

Bijzondere typen boren

Voor **verzonken** en **getrapte** gaten bestaan speciaal gevormde boren, zie figuur 5.55 en 5.56. **Centerboren**, figuur 5.57 dienen voor het boren van centergaten ten behoeve van het spannen tussen centers (zie figuur 12.6) of voor het verhogen van de centreernauwkeurigheid van spiraalboren. Dit is noodzakelijk bij een nauwe tolerantie op de positie van gaten.

Voor diameters vanaf ca. 12 mm bestaan boren, die voorzien zijn van hardmetalen wisselplaten, zie figuur 5.58. Hiermee is een veel hogere snijsnelheid moge-

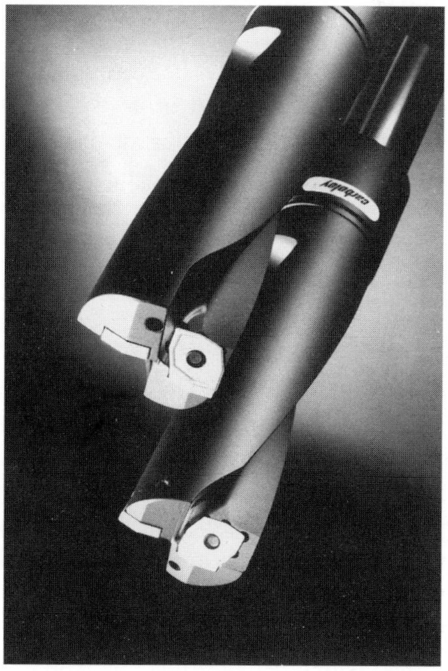

Figuur 5.58 Boren met hardmetalen wisselplaten en koelkanalen

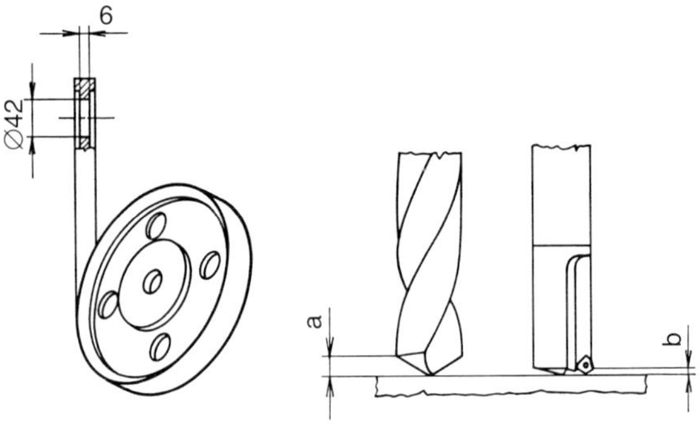

a	(mm)	12	-
b	(mm)	-	2
v_c	(m/s)	0,4	4,4
v_f	(mm/s)	0,8	8,4
per product:			
boortijd t_c	(s)	94	4
gereedschapkosten	(*f*)	0,18	0,08
mens-machinekosten	(*f*)	6,99	1,88
boorkosten	(*f*)	7,17	1,96

Figuur 5.59 Tijd- en kostenbesparing met hardmetaalboren voor korte gaten ($l_g/d<3$)

lijk. Door de grote punthoek is de te boren lengte korter; vooral bij een kleine waarde van l_g/d levert dit een belangrijke tijdwinst, zie figuur 5.59. Dergelijke boren zijn vaak voorzien van inwendige kanalen voor het onder hoge druk aanvoeren van koelvloeistof. Naast het koelen is de functie van de koelvloeistof het meevoeren van de spanen. Voor gatdiameters kleiner dan 12 mm bestaan boren die geheel uit hardmetaal zijn vervaardigd.

Een bijzondere techniek is het **langgatboren**, het boren van gaten met een zeer grote waarde van l_g/d. Hiervoor bestaan verschillende speciale boortypen. Twee voorbeelden zijn afgebeeld in figuur 5.60. Op deze wijze zijn l_g/d verhoudingen >100 te bereiken.

5.8.2. Boormachines

De voedingskracht werkt, zoals eerder besproken, in de richting van de rotatie-as. Dit leidt tot een spilconstructie als afgebeeld in figuur 5.61. Deze vinden we in alle oudere typen boormachines terug. Een nadeel van deze constructie is de betrekkelijk grote zijdelingse speling van de spilbus. Daardoor is deze niet geschikt voor de moderne boren met hardmetalen wisselplaten.

De meest gangbare typen boormachine zijn, naar oplopende grootte, de **tafelboormachine**, de **kolomboormachine** en de **radiaalboormachine**, resp. afgebeeld in figuur 5.62a, b en c. In de figuren zijn de bewe-

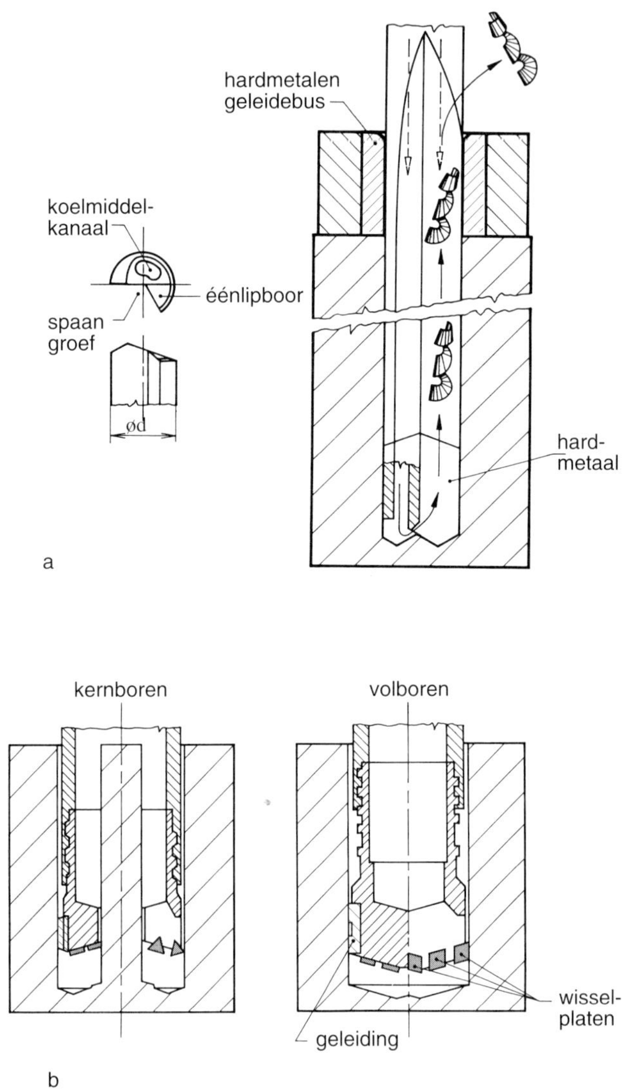

Figuur 5.60 Éénlipboor (a) voor $d \leq 30$ mm en langgat wisselplaatboren (b) voor $d>30$ mm

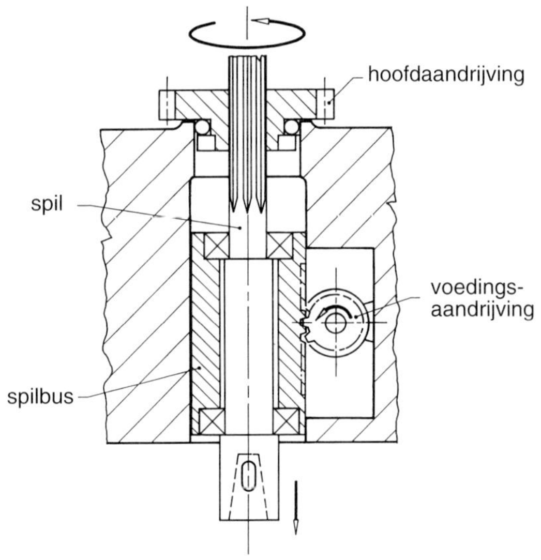

Figuur 5.61 Spilconstructie van een boormachine

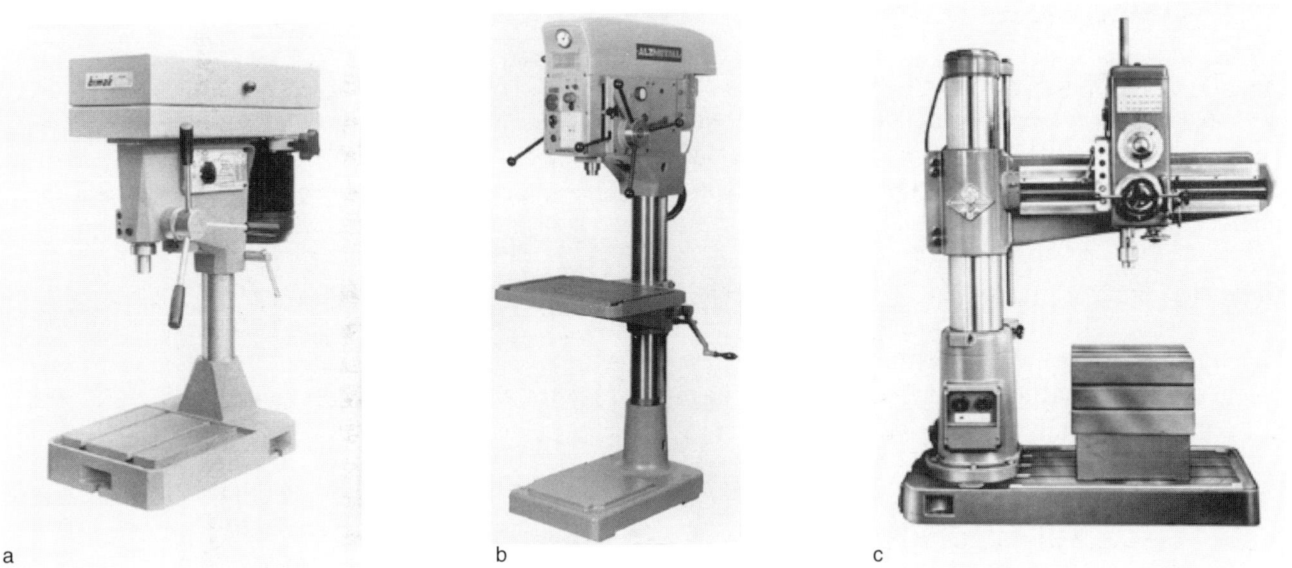

Figuur 5.62 Tafel- (a), kolom- (b) en radiaalboormachine (c)

gingsmogelijkheden van de machines aangegeven. Nauwkeurig **positioneren** is met deze machines moeilijk uit te voeren. Vaak is het nodig om een **boormal**, zie figuur 5.63, toe te passen.

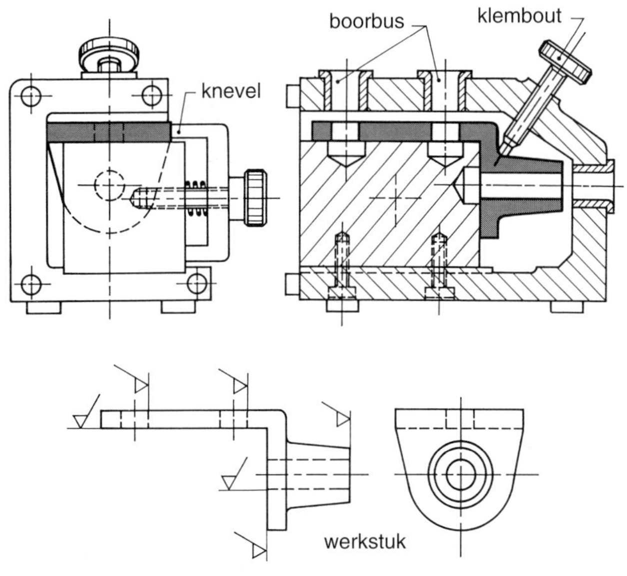

Figuur 5.63 Boormal met werkstuk

Minder algemeen toegepast is de **coördinatenboormachine** (figuur 5.64). De spantafel is instelbaar in de X- en Y-richting. De verplaatsingen zijn zeer nauwkeurig af te lezen en in te stellen. Deze machines zijn speciaal bestemd voor gatenpatronen met plaatstoleranties < 0,02 mm, bijvoorbeeld voor de vervaardiging van de hierboven genoemde boormallen. Bij zeer hoge nauwkeurigheidseisen stelt men ze op in geconditioneerde ruimten, waarin een constante temperatuur en vochtigheidsgraad worden gehandhaafd. Het zal duidelijk zijn dat het hier om kostbare machines gaat.

Opmerking: Veel producten moeten zowel boor- als freesbewerkingen ondergaan. Door de ontwikkeling van het bewerkingscentrum, dat beide processen kan uitvoeren, verliest de standaard boormachine aan betekenis. Bewerkingscentra worden behandeld in hoofdstuk 11.

Figuur 5.64 Coördinatenboormachine (SIP)

5.8.3 Nabewerkingen

Boren met een spiraalboor levert gaten met een matige nauwkeurigheid en oppervlakte-kwaliteit. Voor betere resultaten zijn één of meer nabewerkingen nodig, uitgaande van een **ondermaats** (kleiner dan de uiteindelijke diameter) geboord gat.

Naboren

Drielippenboren en **vierlippenboren** worden beter geleid door de gatwand en leveren daardoor een hogere kwaliteit en vooral een betere rondheid van het gat, zie figuur 5.65.

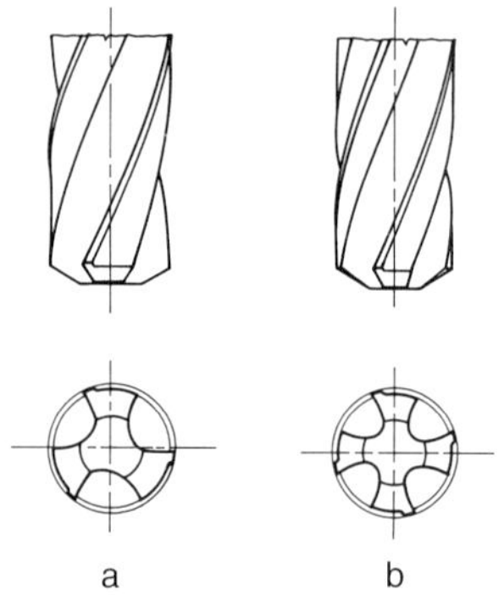

Figuur 5.65 Drielippen- (a) en vierlippenboor (b)

Ruimen

De **ruimer** is een gereedschap met een groot aantal snijkanten om een goede geleiding in het gat te verkrijgen. Ruimers bestaan in verschillende uitvoeringen. Enkele voorbeelden zijn weergegeven in figuur 5.66. De beste kwaliteit wordt bereikt met **enkelsnedige ruimers**, zie figuur 5.67.

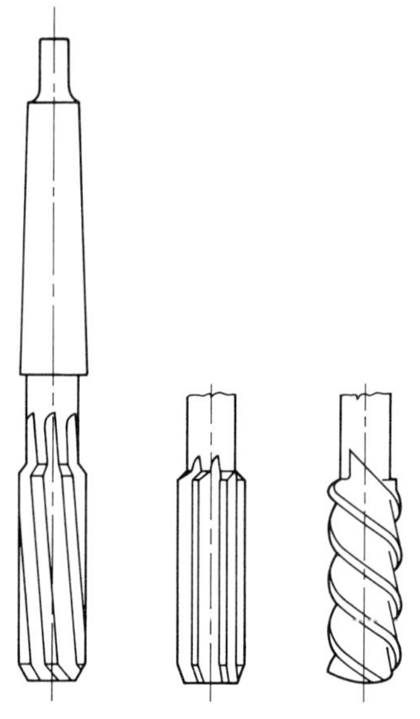

Figuur 5.66 Ruimers

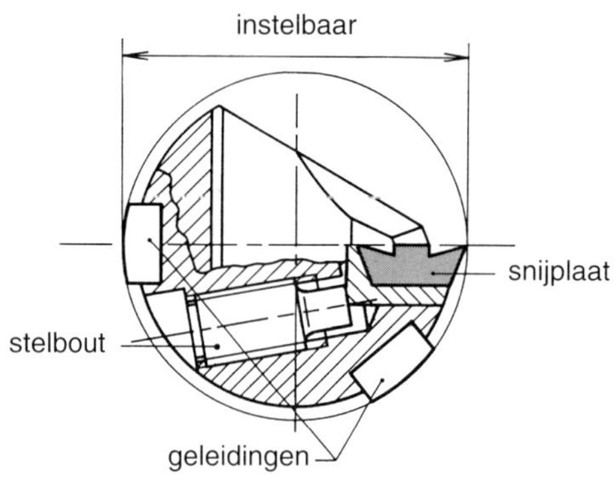

Figuur 5.67 Enkelsnedige ruimer

Kotteren

Kotteren is te beschouwen als inwendig draaien waarbij niet het werkstuk maar het gereedschap roteert. De **kotterkop**, weergegeven in figuur 5.68, kan op een vaste diameter worden ingesteld en dan een axiale voedingsbeweging maken, het **langskotteren**. Ook is het mogelijk de beitel een radiale voedingsbeweging te laten maken voor het **vlakkotteren**.

In tegenstelling tot de voorgaande methoden is het met kotteren ook mogelijk de plaatsnauwkeurigheid van het gat te verbeteren.

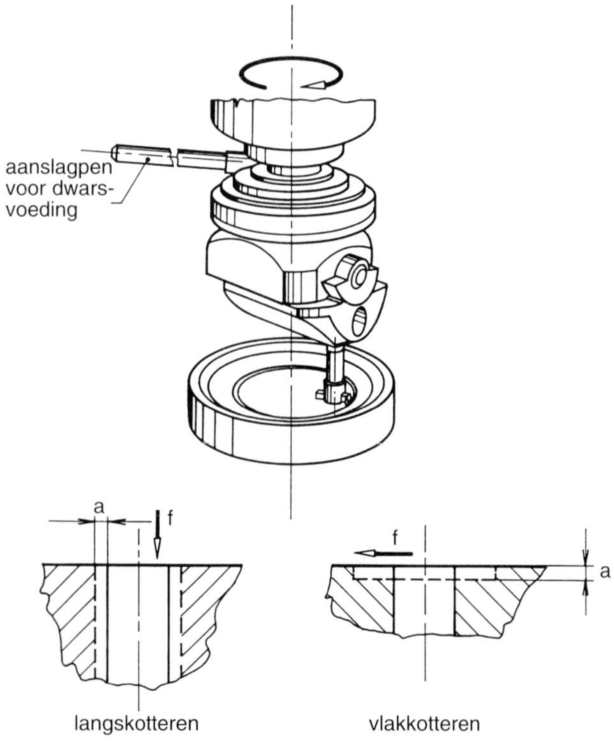

Figuur 5.68 Kotterkop met bewerkingsmogelijkheden

Het snijden van schroefdraad

Uitwendige schroefdraad kan door draaien, snijden met een **snijplaat** (figuur 5.69) of door **draadrollen** (zie paragraaf 3.4.1, figuur 3.14) worden vervaardigd.

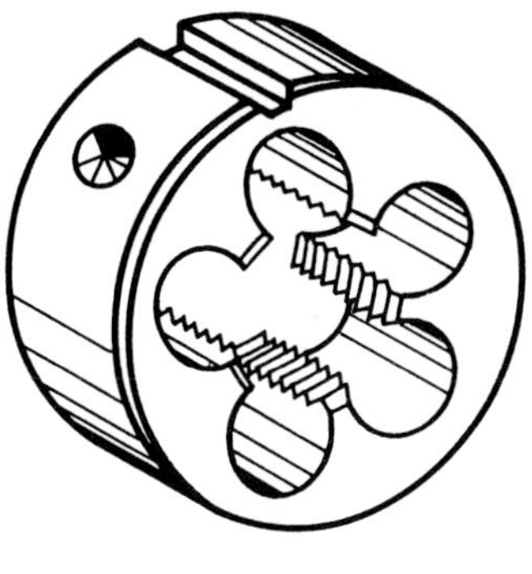

Figuur 5.69 Snijplaat

Inwendige schroefdraad kan, behalve met draaien (bij betrekkelijk grote diameters), worden vervaardigd door **tappen**. Een **tap** is een snijgereedschap voor één bepaalde schroefdraad. Voor tappen met de hand gebruikt men opeenvolgende tappen waarmee men in drie stappen de juiste diepte van de draad bereikt, zie figuur 5.70. De **machinetap** kan de schroefdraad in één stap op de juiste diepte snijden.
Zowel in- als uitwendige schroefdraad kan worden gemaakt door middel van frezen. De hartlijn van de frees maakt hierbij een schroefvormige voedingsbeweging totdat langs de hele omtrek van gat of as de juiste diepte van de schroefdraad is bereikt.

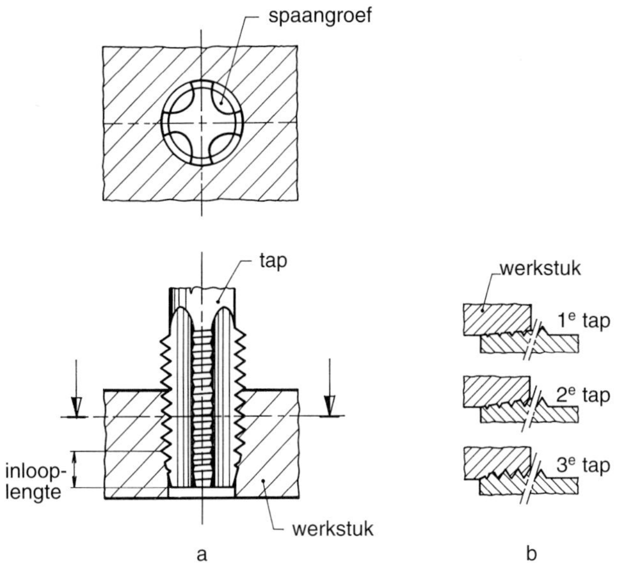

Figuur 5.70 Draadtappen

5.9 Frezen

Bij het **frezen** maakt het gereedschap een roterende hoofdbeweging, de voedingsbeweging staat, in tegenstelling tot het boren, loodrecht op de rotatie-as van de frees. De frees wordt dus zijdelings belast door de voedingskracht. De lagering van de hoofdspil moet hierop berekend zijn.

Met frezen kan een grote verscheidenheid aan vormen worden verkregen. Er is dan ook een grote verscheidenheid aan freesgereedschappen en -machines. Het aantal snijkanten, de **tanden** van de frees, loopt uiteen van één (uitzonderlijk) tot vele tientallen.

5.9.1 Technologie

Het frezen kent twee varianten, het **mantelfrezen** en het **kopfrezen**. Bij mantelfrezen loopt de rotatie-as van de frees evenwijdig aan het bewerkte vlak, bij het kopfrezen staat hij daar loodrecht op, zie figuur 5.71. Bij het frezen volgens figuur 5.72 is er zowel sprake van mantel- als van kopfrezen. Een daarvoor geschikte frees heet dan ook **mantelkopfrees**. Bij het mantelfrezen is er een belangrijk onderscheid tussen

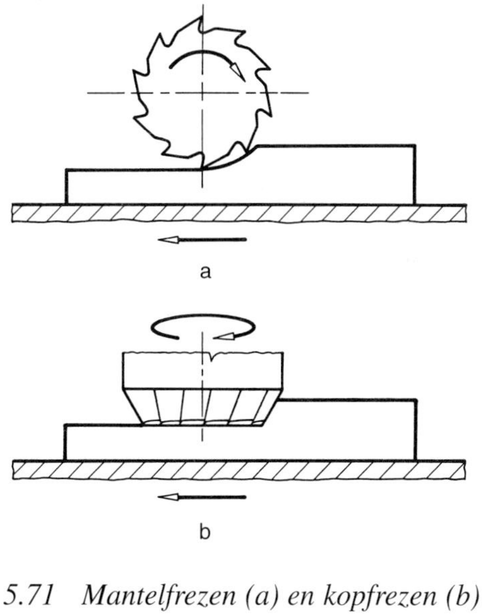

Figuur 5.71 Mantelfrezen (a) en kopfrezen (b)

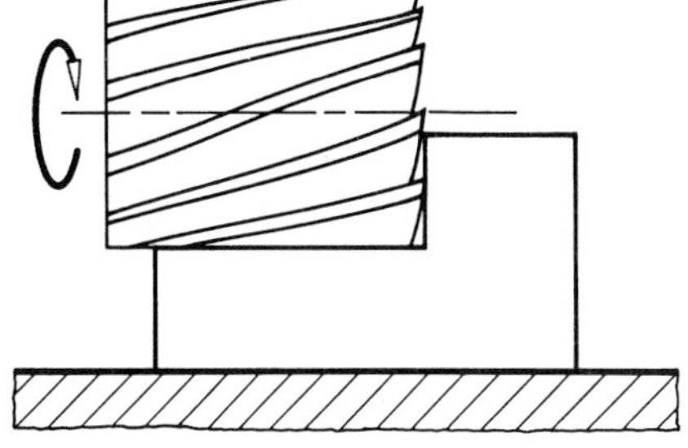

Figuur 5.72 Mantelkopfrezen

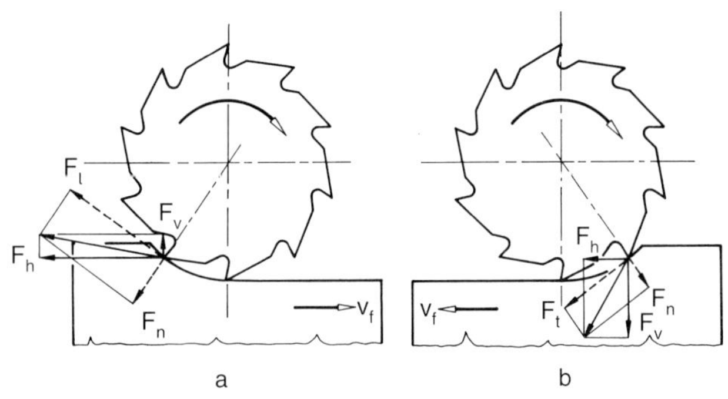

Figuur 5.73 Tegenloopfrezen (a) en meeloopfrezen (b)

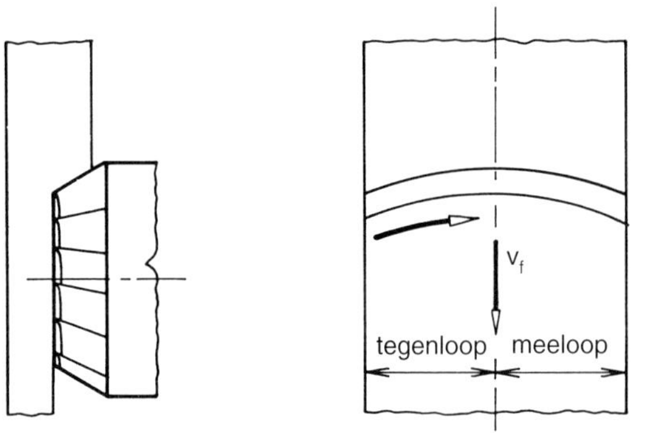

Figuur 5.74 Tegen- en meeloopfrezen bij kopfrezen

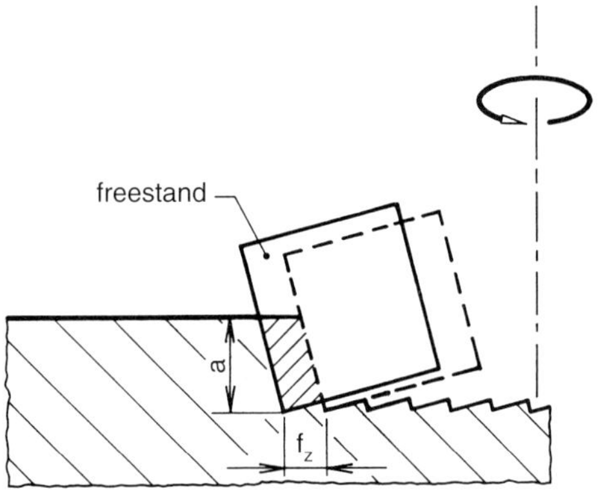

Figuur 5.75 Snededoorsnede bij kopfrezen

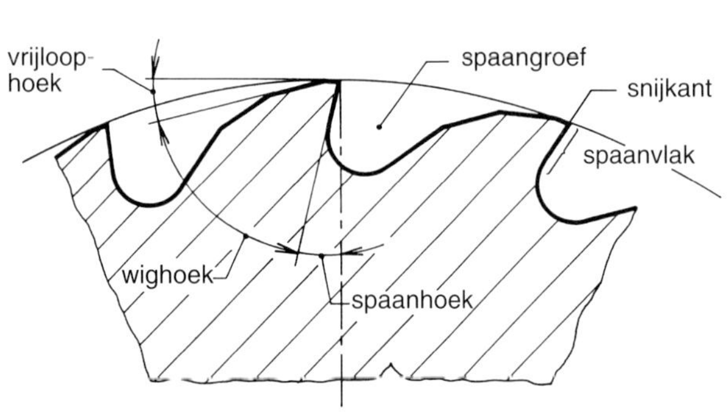

Figuur 5.76 Geometrie van de mantelfrees

tegenloopfrezen en **meeloopfrezen**. Figuur 5.73 maakt het verschil duidelijk: in het aanrakingspunt is de snijsnelheid v_c van de frees tegengesteld of in dezelfde richting als de voedingssnelheid v_f van het werkstuk.

Bij het kopfrezen treedt tegelijkertijd tegen- en meeloopfrezen op, zie figuur 5.74, waardoor dit onderscheid hier van weinig belang is. Figuur 5.75 laat zien dat ook een kopfrees hoofdzakelijk aan de omtrek snijdt. De voeding per tand is gewoonlijk veel kleiner dan de snedediepte. De snijkant aan de kopse kant fungeert als **hulpsnijkant**.

Figuur 5.76 geeft de geometrie van een mantelfrees met de belangrijkste benamingen en hoeken. In figuur 5.77 is een mantelfrees bij het tegenloopfrezen te zien.

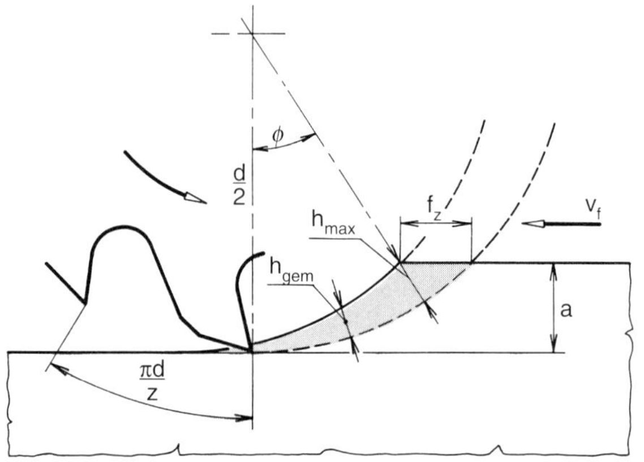

Figuur 5.77 Spaanvorm bij tegenloopfrezen met een mantelfrees

Bepalend voor de spaanvorming zijn de snedediepte a, de **voeding per tand** f_z en de diameter d van de frees. Elke tand verwijdert een hoeveelheid materiaal met de gerasterde doorsnede. De dikte varieert dus steeds tussen 0 en het maximum h_{max}. Om de snijkracht op één tand te berekenen gebruiken we de gemiddelde snededikte h_{gem}. Voor $a/d \leq 0{,}2$ geldt met een goede benadering:

$$h_{gem} = f_z \times \sqrt{\frac{a}{d}}$$

(h_{gem} en f_z in mm!)

De **ingrijphoek** ϕ volgt uit:

$$\cos\phi = \frac{\frac{d}{2} - a}{\frac{d}{2}}$$

Het aantal tanden z_i dat tegelijkertijd aan het snijden is bedraagt:

$$z_i = \frac{\phi}{360°} \times z$$

Hierin is z het aantal tanden van de frees.

De kracht is recht evenredig met de snedebreedte b (loodrecht op het vlak van tekening). De specifieke snijkracht varieert met h_{gem}. Overeenkomstig met het draaien (paragraaf 5.7.1) gaan we weer uit van $k_{c1.1}$. Voor de gemiddelde tangentiale snijkracht geldt dan:

$$F_c = k_{c1.1} \times h_{gem}^{(1-\varepsilon)} \times b \times z_i$$

Het benodigd aandrijfkoppel is:

$$M_c = F_c \times \frac{d}{2}$$

Het netto aandrijfvermogen bedraagt:

$$P_c = F_c \times v_c$$

Hierin is v_c de snijsnelheid. Het toerental van de frees is:

$$n = \frac{v_c}{\pi \times d}$$

Het verspaand volume per tijdseenheid is:

$$Q = a \times b \times f_z \times n \times z$$

Merk op dat f_z x n x z gelijk is aan de op de machine in te stellen voedingssnelheid v_f.

Rekenvoorbeeld:

Gegeven: a = 5 mm
b = 50 mm
f_z = 0,2 mm
d = 40 mm = 0,04 m
$k_{c1.1}$ = 1500 MPa
ε = 0,21
z = 6
v_c = 0,6 m/s

Gevraagd: h_{gem}, ϕ, z_i, F_c, M_c, P_c, n, Q, v_f.

Oplossing:

$$h_{gem} = 0,2 \times \sqrt{\frac{5}{40}} = 0,07\ mm$$

$$\phi = arccos\frac{\left(\frac{40}{2} - 5\right)}{\frac{40}{2}} = 41,4°$$

$$z_i = \frac{41,4°}{360°} \times 6 = 0,69$$

$$F_c = 1500 \times 0,07^{(1-0,21)} \times 50 \times 0,69 = 6332\ N$$

$$M_c = 6332 \times \frac{0,04}{2} = 127\ Nm$$

$$P_c = 6332 \times 0,6 = 3799\ W = 3,8\ kW$$

$$n = \frac{0,6}{\pi \times 0,04} = 4,77\ omw/s$$

$$Q = 5 \times 50 \times 0,2 \times 4,77 \times 6 = 1431\ mm^3/s$$

Meeloop- of tegenloopfrezen?

In figuur 5.73 zijn de gemiddeld optredende snijkrachten aangegeven. We zien dat bij het meeloopfrezen de horizontale component van de snijkracht F_h dezelfde richting heeft als de voeding, bij tegenloopfrezen is deze tegengesteld gericht. Bij het meeloopfrezen trekt de frees het product als het ware onder zich door. Speling in de aandrijving van de spantafel kan ertoe leiden dat de voeding per tand plotseling toeneemt. Dit kan freesbreuk veroorzaken, zodat het meeloopfrezen dan niet kan worden toegepast. Bij de nieuwere machines is de aandrijving uitgevoerd met **spelingcompensatie**, een constructie die ervoor zorgt dat dit probleem niet kan optreden.
De verticale component F_v van de snijkracht is bij meeloopfrezen neerwaarts, dus van de frees af, bij het tegenloopfrezen opwaarts, dus naar de frees toe gericht. Bij tegenloopfrezen verloopt de spaan van dun naar dik, bij meeloopfrezen van dik naar dun.

De gevolgen hiervan zijn in het onderstaande overzicht aangegeven.

	Tegenloopfrezen	Meeloopfrezen
Aandrijving voeding:	F_h drukt werkstuk weg van frees. Geen spelingcompensatie nodig.	F_h trekt werkstuk naar frees toe. Spelingcompensatie onmisbaar.
Spaanvorming:	Dun –> dik	Dik –> dun
Snijkracht:	Stijgt geleidelijk.	Stijgt sneller.
Snijgedrag:	Eerst wrijven, later snijden.	Meteen snijden.
Oppervlakte-kwaliteit:	Matig	Goed
Opspanning:	F_v beurtelings van- af en naar werkstuk gericht: klapperen!	F_v drukt werkstuk weg.
Nauwkeurigheid:	Te veel materiaal verwijderd.	Te weinig materiaal verwijderd.

Traditionele machines zonder spelingcompensatie dwingen tot tegenloopfrezen, bij moderne, spelingvrije machines heeft meeloopfrezen vaak de voorkeur.

5.9.2 Freesgereedschappen

Mantel- en mantelkopfrezen

De tandvorm van een mantelfrees en de diverse benamingen zijn weergegeven in figuur 5.76. Van belang is de grootte van de spaangroef. Deze moet ruimte genoeg hebben om de spaan te kunnen bergen gedurende het doorlopen van de ingrijpboog. Het komt nogal eens voor dat de spaangroef de snedediepte en snededoorsnede beperkt. Bij werkstukmaterialen die lange spanen vormen zoals aluminium, kiest men frezen met ver uit elkaar staande tanden, bij het frezen van gietijzer dienen de tanden van de frees dicht bij elkaar te staan.
Hetzelfde geldt bij een lange, resp. een korte ingrijpboog.

Figuur 5.78 geeft het krachtverloop op een snijdende tand weer bij tegen- en meeloopfrezen. Bij een klein aantal tegelijk snijdende tanden, dus een kleine waarde van z_i en ϕ, leidt dit tot sterke variaties van de snijkracht. De tanden zijn daarom meestal spiraalvormig op de omtrek aangebracht. Dit resulteert in een meer gelijkmatig krachtverloop.
Vergelijk figuur 5.79 en 5.80. Men moet nu wel rekening houden met het optreden van een axiale component van de snijkracht.
Wegens de vaak gecompliceerde vorm zijn mantelfrezen meestal uitgevoerd in snelstaal. Er bestaan ook frezen met hardmetalen gesoldeerde snijkanten of wisselplaten. Voorbeelden van verschillende frezen en hun toepassing zijn gegeven in figuur 5.81. Merk op dat de spiebaanfrees, in tegenstelling tot de vingerfrees, een boorbewerking kan uitvoeren; één van de snijkanten loopt door tot voorbij de hartlijn van de frees.

De toepassing van mantelfrezen, zoals aangegeven in figuur 5.81, betreft voornamelijk het bewerken van groeven en profielen. De lage gemiddelde en bovendien steeds wisselende snededikte veroorzaakt betrekkelijk hoge en sterk wisselende krachten en daardoor trillingen die de haalbare nauwkeurigheid en ruwheid ongunstig beïnvloeden.
Door de vorm van de frezen is het maar in beperkte mate mogelijk om hardmetalen snijkanten toe te passen. Voor platte vlakken is het daarom beter kopfrezen toe te passen.

Kopfrezen

Kopfrezen zijn gewoonlijk uitgevoerd met hardmetalen of keramische wisselplaten. Men spreekt dan van **meskopfrezen**. Zie figuur 5.82. Het freeslichaam en de snijplaten zijn zodanig uitgevoerd dat bij het vervangen van versleten platen de **rondloopnauwkeurigheid** en **vlakloopnauwkeurigheid** behouden blijven. De grote, soms zelfs zeer grote, diameter van deze frezen vereist machine-aandrijvingen met lage toerentallen en een hoog aandrijfkoppel.

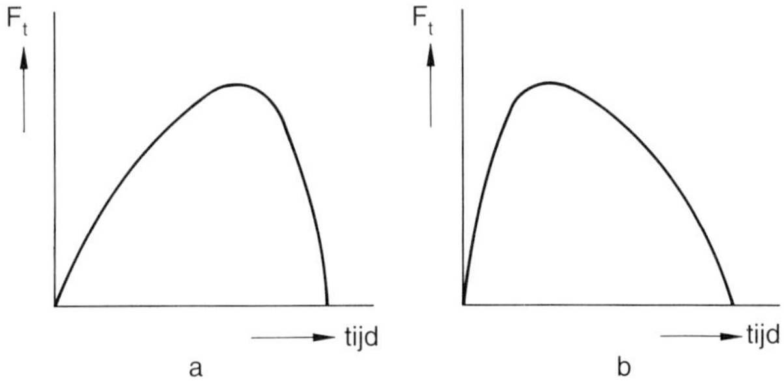

Figuur 5.78 Verloop van de tangentiale snijkracht per tand bij tegen- (a) en meeloopfrezen (b)

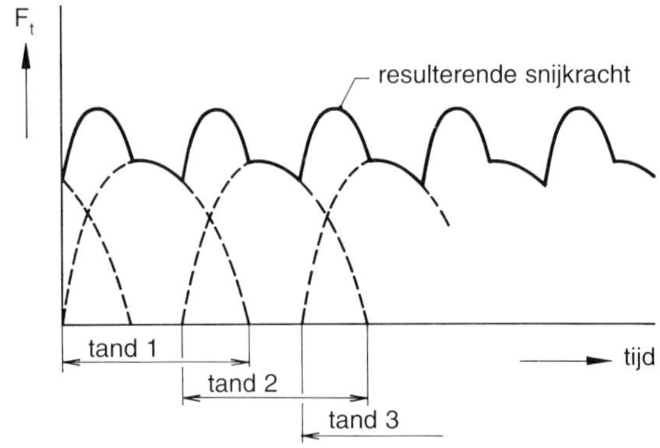

Figuur 5.79 Verloop van de tangentiale snijkracht voor een frees met rechte tanden

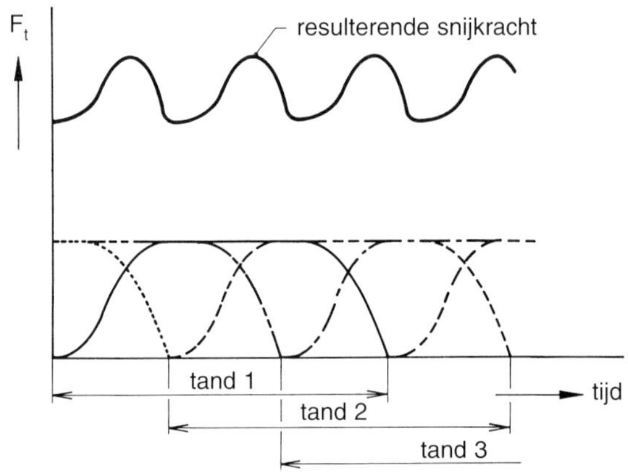

Figuur 5.80 Verloop van de tangentiale snijkracht voor een frees met spiraalvormige tanden

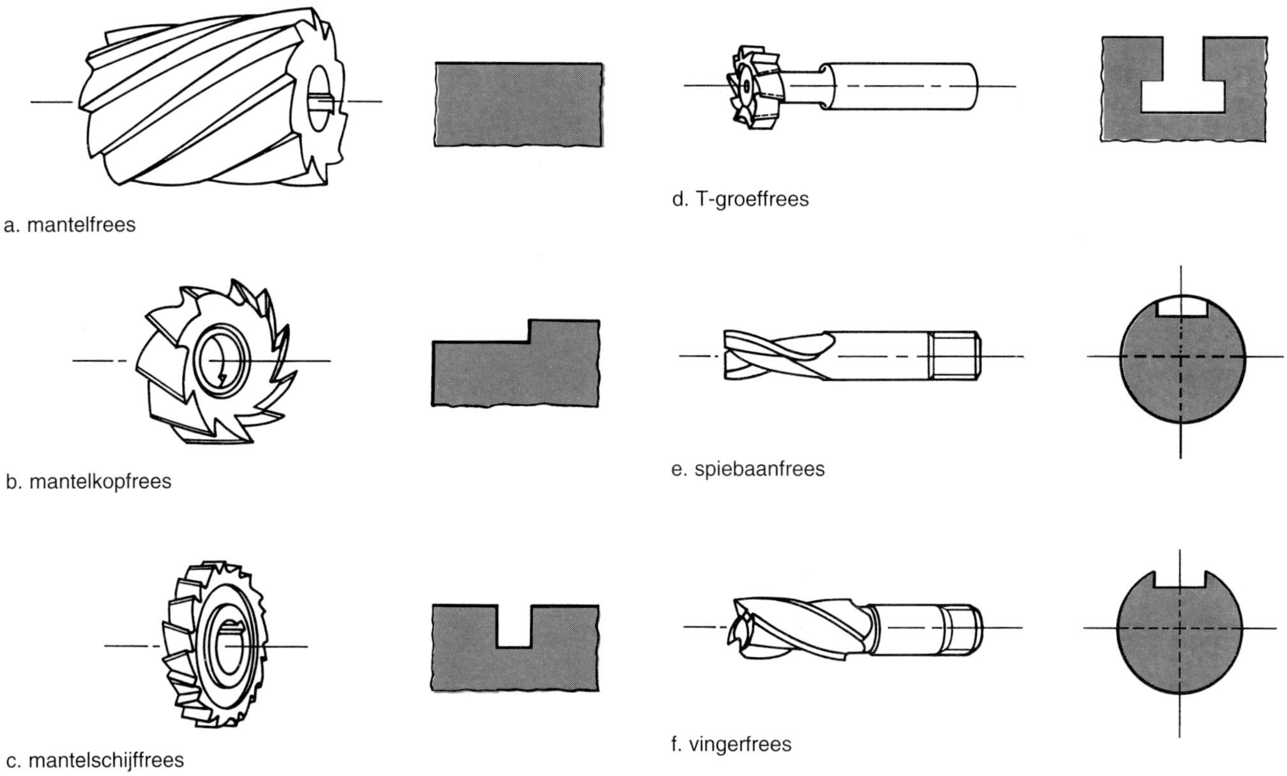

Figuur 5.81   Verschillende typen frezen

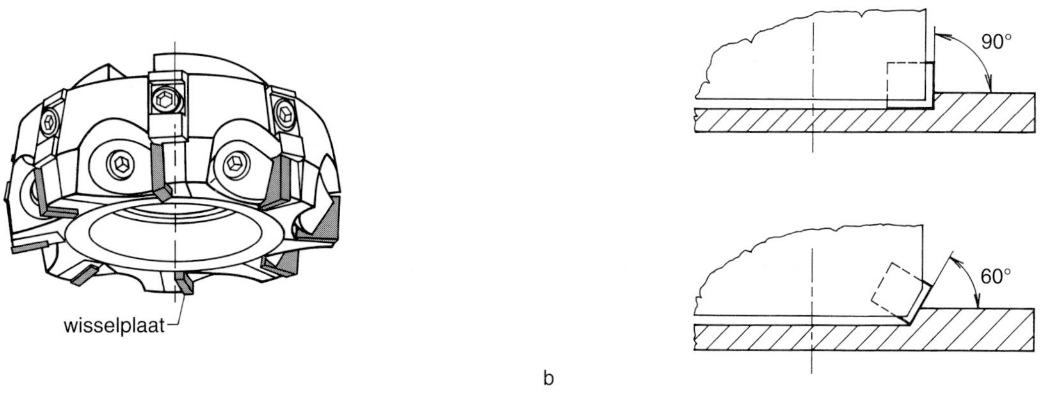

Figuur 5.82   Meskopfrees (a) en details met snijkantshoek van 90° resp. 60° (b)

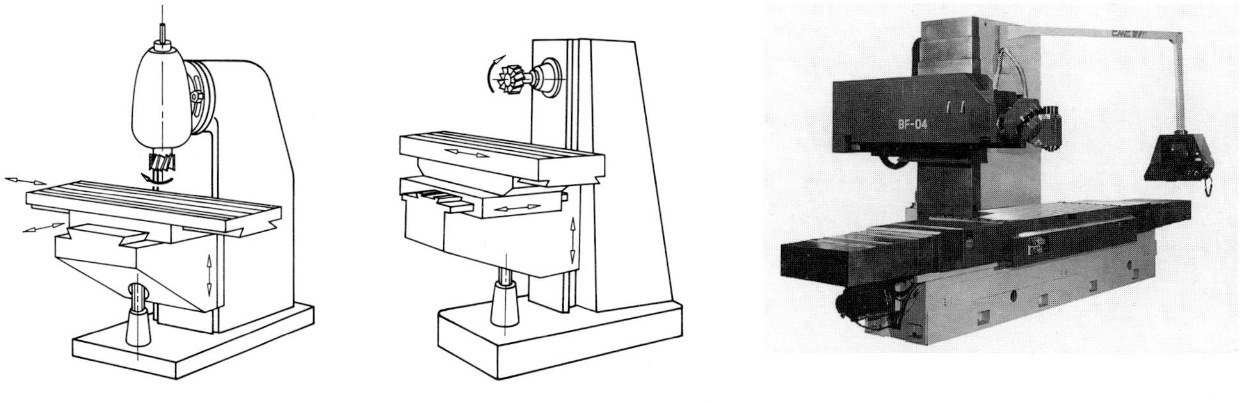

Figuur 5.83   Diverse configuraties van freesmachines: verticale (a), horizontale (b) en vlak-freesmachine (c)

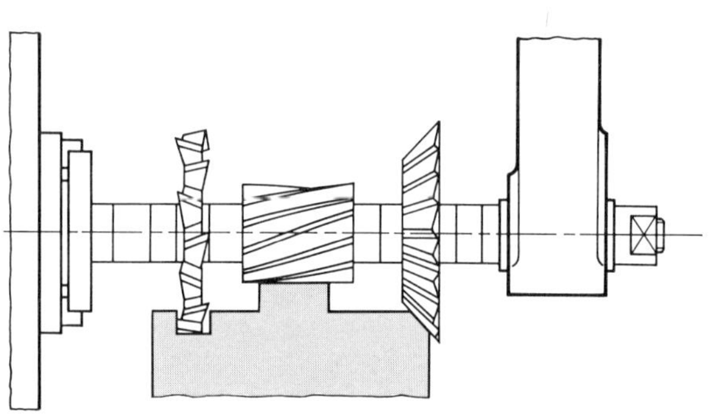

Figuur 5.84 Gecombineerd frezen

5.9.3 Freesmachines

De traditionele handbediende machines hebben als gezamenlijk kenmerk dat de spil alleen roteert en het werkstuk de instel- en voedingsbewegingen maakt. Dit resulteert in de opbouw van de horizontale en verticale freesmachines van figuur 5.83a en b. De horizontale machine kan ingewikkelde profielen frezen door het combineren van een aantal frezen op de spil, zie figuur 5.84.

Bij moderne, vooral de numeriek bestuurde, machines wordt het principe van de vast opgestelde spil vaak verlaten. In dit geval komen allerlei combinaties van spil- en tafelbewegingen voor. Zie het voorbeeld in figuur 5.83c. Verdere bewegingsmogelijkheden, zoals draaitafels en rotaties van de spil-as worden behandeld in hoofdstuk 11. Dit geldt eveneens voor bewerkingscentra, die de mogelijkheden van boor- en freesmachines in zich verenigen.

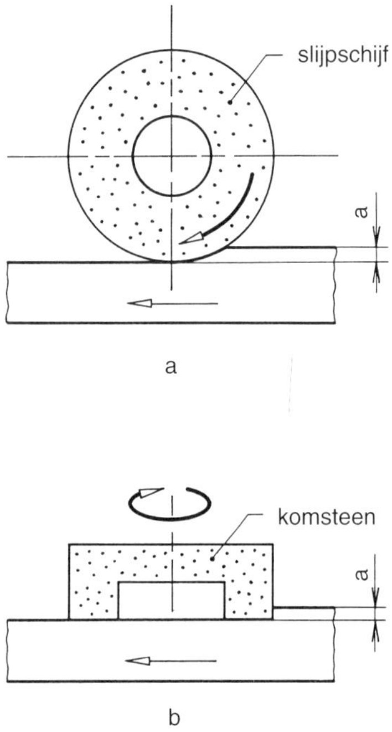

Figuur 5.85 Vlakslijpen met slijpschijf (a) en komsteen (b)

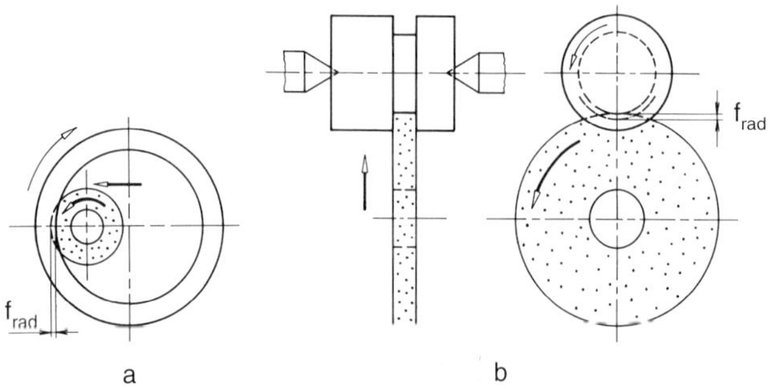

Figuur 5.86 Rondslijpen: inwendig (a) en uitwendig (b)

5.10 Slijpen

Een slijpschijf is te beschouwen als een frees met een zeer groot aantal niet gedefinieerde snijkanten. Ook hier kennen we slijpschijven met de rotatie-as evenwijdig aan het bewerkte vlak en komschijven met de rotatie-as loodrecht op het bewerkte vlak (figuur 5.85). De met vlakslijpen uit te voeren bewerkingen zijn dan ook te vergelijken met de freesbewerkingen. Bovendien kunnen omwentelingslichamen met een slijpschijf bewerkt worden. Deze bewerking, rondslijpen, is te vergelijken met draaien. De hoofdbeweging is nu echter de rotatie van de slijpschijf; de draaibeweging van het werkstuk is een voedingsbeweging, zie figuur 5.86. De snijsnelheid is bij het slijpen veel hoger dan bij de hiervoor behandelde processen. Gebruikelijke waarden bij het slijpen van staal zijn 30-60 m/s.

Slijpen of frezen/draaien?

De snijkanten van de slijpschijf bestaan uit willekeurig gevormde slijpkorrels. De spaanhoek is altijd sterk negatief. De doorsnede van de afzonderlijke sneden is, afhankelijk van de korrelgrootte, klein of zelfs zeer klein. Om de korrel te laten snijden is een grote normaalkracht tussen korrel en werkstukoppervlak nodig. Dit veroorzaakt hoge wrijvingskrachten. Deze factoren leiden ertoe dat de specifieke snijkracht tenminste een factor 10 hoger is dan bij draaien of frezen. Het verspaand volume per tijdseenheid is meestal laag. Slijpen is een kostbare bewerking.

Redenen om frezen, resp. draaien toch te vervangen door vlak- of rondslijpen kunnen zijn:

- de vereiste nauwkeurigheid,
- de vereiste oppervlaktekwaliteit,
- een grote hardheid van het werkstuk,
- lage toelaatbare bewerkingskrachten,
- geringe dikte van de te verwijderen laag.

Verbeteringen van de draai- en freesprocessen enerzijds en hogere eisen aan de producten anderzijds veroorzaken een geleidelijk opschuiven van het toepassingsgebied van het slijpen naar steeds hogere kwaliteitseisen.

5.10.1 Technologie

Figuur 5.87 toont een gedeelte van een slijpschijf. De afgebeelde elementen, de slijpkorrels, het bindmiddel en de poriën bepalen de eigenschappen van de schijf. De belangrijkste variabelen zijn:

- het materiaal van de slijpkorrels,
- de grootte van de slijpkorrels,
- de hardheid van de schijf,
- de structuur van de schijf,
- de aard van het bindmiddel.

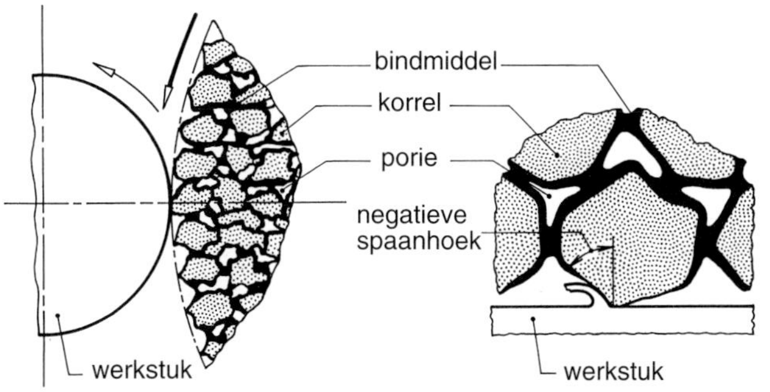

Figuur 5.87 Doorsnede van een slijpschijf

Zie voor de codering van slijpschijven het schema in figuur 5.88.

Korrelmateriaal

De meest toegepaste conventionele slijpmiddelen zijn **aluminiumoxyde (korund)** en **siliciumcarbide**. Daarnaast worden slijtvaste slijpmiddelen **boriumcarbide**, kubisch boriumnitride en diamant toegepast. In de genoemde volgorde worden de korrels steeds harder en brosser. Bij een hard werkstukmateriaal kiest men een harde korrel. Voor de gangbare slijpmaterialen gebruikt men een aanduiding met cijfers en letters.

Korrelgrootte

De **korrelgrootte** is van belang voor de bereikbare ruwheid en afnamesnelheid. Naarmate de korrel kleiner is zullen de oppervlakteruwheid en de afnamesnelheid dalen. De korrelgrootte wordt aangeduid met een getal dat overeenkomt met de maaswijdte van de zeef waarop de korrel juist blijft liggen. Deze maaswijdte wordt aangeduid met het aantal mazen/inch van de zeef, dus een hoog getal geeft een fijne korrel aan. Voor korrels fijner dan 120 is dit een fictief getal omdat het sorteren dan gebeurt door **slibben**, waarbij

38A 46 H 8 V BE

Korrelmateriaal

Alundum (normaalkorund)	= A
19-Alundum (halfkorund)	= 19 A
38-Alundum (edelkorund)	= 38 A
37-Chrystolon (siliciumcarbide, donker)	= 37 C
39-Chrystolon (siliciumcarbide, groen)	= 39 C

Korrelgrootte

grof	middel	fijn	zeer fijn
10	30	70	220
12	36	80	240
14	46	90	320
16	50	100	400
20	60	120	500
24		150	600
		180	

Hardheidsgraad

zacht	middel		hard	
D	I	M	Q	V
E	J	N	R	W
F	K	O	S	X
G	L	P	T	Y
H	U	Z		

Structuur

dicht	middel	open
0	4	7
1	5	8
2	6	9
3		10
		11
		12

Bindmiddel

Keramisch	= V
Silicaat	= S
Kunsthars	= B
Rubber	= R
Schellak	= E

Bijzondere uitvoering van de binding

Keramische bindingssoorten:

zonder aanduiding	= normaal
BE, BA, A, K	= speciale bindingen
P (nabewerkt)	= poreuse binding

Kunsthars bindingen:

zonder aanduiding	= normaal
H, 2, 5, 7, 18	= speciale bindingen

Figuur 5.88 Indeling en aanduidingen van conventionele slijpschijven volgens Norton

men de korrels laat bezinken. Bij kleinere korrels duurt dit langer.

Hardheid

De werking van het slijpproces is erop gebaseerd dat te bot geworden slijpkorrels door de toenemende snijkracht uit het oppervlak van de steen wegbreken. Daardoor komen steeds scherpe korrels vrij om hun taak over te nemen. Onder de hardheid van de schijf verstaat men de sterkte van de binding van de korrels in de schijf. Een harde schijf zal de korrels lang vasthouden. Bij een betrekkelijk zacht werkstukmateriaal is dit toelaatbaar; hard werkstukmateriaal mag alleen met zeer scherpe korrels worden bewerkt. In tegenstelling tot wat men wellicht zou verwachten hoort bij hard werkstukmateriaal dus een zachte steen en omgekeerd. Dit betekent dat bij hard werkstukmateriaal de schijf snel zal slijten. Een maat hiervoor is de **slijpverhouding** G.

$$G = \frac{\textit{volume geslepen werkstukmateriaal}}{\textit{volume gesleten slijpschijfmateriaal}}$$

Een lage waarde van G duidt op een sterke slijtage van de slijpschijf. Bij de meest voorkomende slijpbewerkingen varieert G van 1-100; in bijzondere gevallen komen waarden van 0,1 maar ook van 10000 voor.

De hardheid wordt aangeduid met een letter; een letter verderop in het alfabet duidt op een grotere hardheid.

Structuur

Het begrip **structuur** slaat op de grootte van de poriën. De poriën dienen als spaangroef. Deze moet voldoende ruimte bieden om de spanen te bergen in de tijd dat de schijf in aanraking is met het werkstuk. Bij een grove korrel en een grote **contactlengte**, de lengte van de baan die de korrel aflegt over het werkstukoppervlak, hoort een open structuur. De structuur wordt aangeduid met een getal, van 0 (zeer dicht) tot 12 (zeer open).

Bindmiddel

Als bindmiddel worden verschillende materialen toegepast. Het meest gebruikt is de **keramische binding**, aangeduid met V (itrified). Het bindmiddel bestaat uit klei die na drogen bij hoge temperatuur wordt gebakken. Door het variëren van de samenstelling van de klei en de baktemperatuur zijn de hardheid en de structuur van de schijf te beïnvloeden. Bij de **silicaatbinding**, (aanduiding S), berust de binding op een chemische reactie, de vorming van waterglas. Bij grote en ingewikkeld gevormde schijven geeft dit minder kans op kromtrekken of scheurvorming. De hardheid en dichtheid van de schijf zijn betrekkelijk hoog. Dit maakt de silicaatbinding speciaal geschikt voor schijven bestemd voor **profielslijpen**. Bij een zachte schijf zou het nodig zijn de vorm van de schijf zeer vaak te corrigeren. **Elastische bindingen**, bestaande uit kunsthars (B), rubber (R) of schellak (E), zijn goed bestand tegen zijdelingse belastingen. Dit maakt ze met name geschikt voor smalle doorslijpschijven. Bij slijpschijven met CBN en diamant korrels komt ook **metaalbinding** voor.
Door het variëren van al deze factoren is een grote verscheidenheid in eigenschappen van slijpschijven te verkrijgen. De juiste keuze hiervan vereist een grote mate van deskundigheid.

Contactlengte

De contactlengte l_c, hierboven reeds genoemd, is mede bepalend voor de keuze van de structuur van de slijpschijf, zie figuur 5.89. Toename van de contactlengte vraagt een grotere spaanruimte en dus een meer open structuur. De verhouding tussen de snedediepte en de radius van de slijpschijf, a/r_s, is bij het slijpen altijd

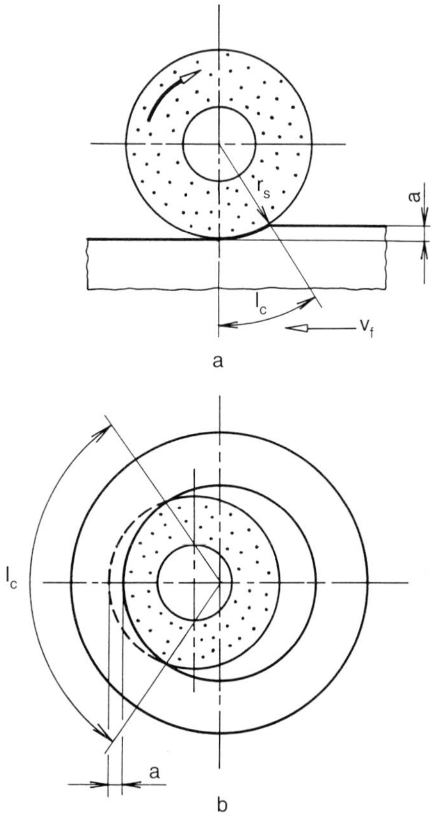

Figuur 5.89 Contactlengte bij vlakslijpen (a) en bij inwendig rondslijpen (b)

zeer klein. Daaruit is af te leiden dat voor vlakslijpen geldt:

$$l_c = \sqrt{2 \times a \times r_s}$$

Bij uitwendig rondslijpen is de contactlengte kleiner, bij inwendig rondslijpen kan l_c zeer groot worden wanneer de diameter van de slijpschijf die de te slijpen boring nadert, zie figuur 5.89b. Ook bij vlakslijpen met een komsteen kan een grote contactlengte optreden.
Het is de gewoonte bij het slijpen de verschillende grootheden te bepalen per eenheid van de actieve breedte van de schijf. Voor het verspaand volume/tijdseenheid per eenheid van actieve schijfbreedte Q' levert dit:

$$Q' = a \times v_w$$

Hierin is v_w de snelheid waarmee het werkstuk onder de schijf wordt doorgevoerd.

De specifieke snijkracht bij slijpen is, zoals reeds vermeld, tenminste 10 maal hoger dan bij frezen of draaien. Men rekent bij het slijpen gewoonlijk met de **specifieke energie** p_c, de energie nodig voor het verspanen van een volume-eenheid materiaal.
Het benodigd vermogen P_c bij een slijpbreedte b is te berekenen met:

$$P_c = Q' \times p_c \times b$$

Rekenvoorbeeld:

Gegeven: v_w = 0,3 m/s = 300 mm/s
a = 0,02 mm
b = 50 mm
p_c = 35 J/mm^3.

Gevraagd: Q', Q, P_c.

Oplossing:

$$Q' = 0,02 \times 300 = 6\ mm^3/s/mm$$

$$Q = 6 \times 50 = 300\ mm^3/s$$

$$P_c = 6 \times 35 \times 50 = 10500\ W = 10,5\ kW$$

Vergelijk de berekende waarden met die uit het rekenvoorbeeld voor het frezen (paragraaf 5.9.1).

Slijptemperatuur

Een groot deel, gemiddeld 70%, van de bij het slijpen verbruikte energie wordt naar het werkstuk afgevoerd. Dit leidt tot hoge temperaturen aan het werkstukoppervlak, die structuurveranderingen of zelfs oppervlaktescheuren kunnen veroorzaken. De temperatuur van de spanen bereikt de verbrandingstemperatuur van ijzer, 1150°C, getuige de bij slijpen zichtbare vonken. Figuur 5.90 geeft de temperatuurverdeling aan het werkstukoppervlak bij een slijpbewerking.
Het koelen gebeurt meestal met een water-olie-emulsie, zie paragraaf 5.13. Zonder bijzondere maatregelen, bijvoorbeeld het toevoeren van koelmiddel vanuit de spil door de poreuze slijpschijf, is de vloeistof niet in staat de slijpzone zelf te bereiken. Dit is nodig om de wrijvingskrachten te beperken. Daarnaast dient het koelmiddel voor het afkoelen van het werkstuk als geheel. Dit bevordert de warmte-afvoer uit de slijpzone en leidt tot verlaging van de temperatuur van het werkstukoppervlak.

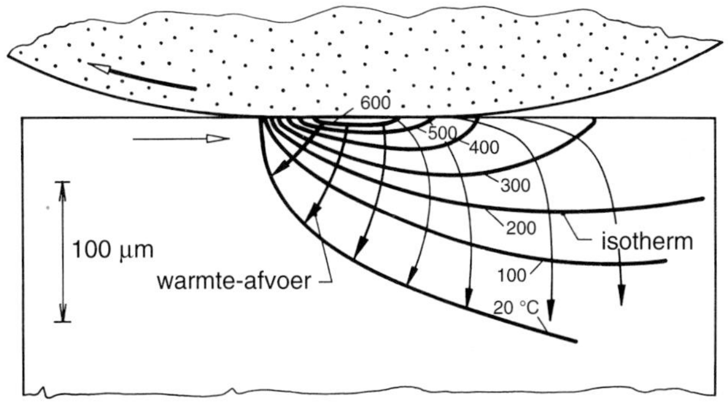

Figuur 5.90 Temperatuurverdeling bij het slijpen

5.10.2 Slijpmachines

Een slijpschijf heeft een grote massa en is nooit volkomen homogeen. Dit, gecombineerd met de hoge optredende toerentallen, veroorzaakt onbalans en dus trillingen. Er zal steeds een voorziening aanwezig moeten zijn om de spil met slijpsteen te balanceren. Bij het vervangen van een slijpschijf moet dit steeds opnieuw gebeuren.

Ondanks de overeenkomsten tussen frezen en slijpen, resp. draaien en slijpen vertoont de constructie van slijpmachines grote verschillen met die van frees- en draaimachines. De bij het slijpen optredende krachten en de hoge nauwkeurigheidseisen zijn in hoge mate bepalend voor het ontwerp. Dit betekent dat de nadruk ligt op stijfheid en vormstabiliteit. Een "opeenstapeling" van drie sleden, zoals bij draai- en freesmachines, is ongeschikt voor slijpmachines; zie ook paragraaf 11.1.

Voor het vlakslijpen met een cilindrische schijf kennen we de **horizontale slijpmachine**, figuur 5.91a, en voor het vlakslijpen met een komsteen de **verticale slijpmachine**, figuur 5.91b.

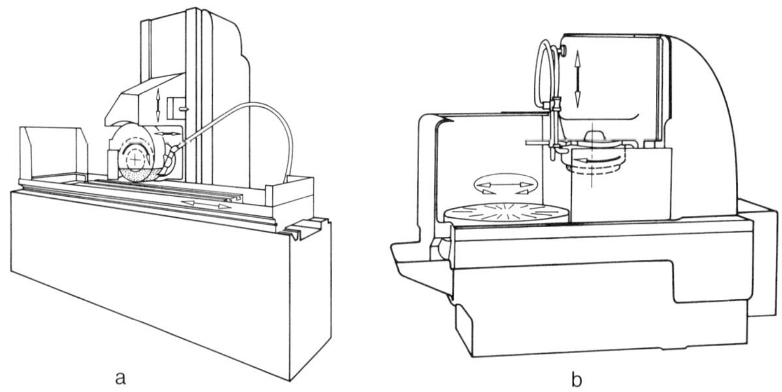

Figuur 5.91 Horizontale (a) en verticale (b) slijpmachine

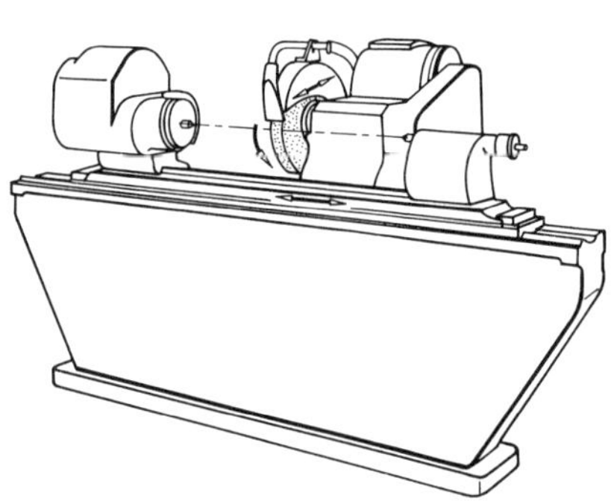

Figuur 5.92 Rondslijpmachine

De pendant van de draaimachine is de **rondslijpmachine**, figuur 5.92. De slijpschijf en zijn aandrijving vervullen de rol van de draaibeitel, de aandrijfkop en de losse kop die van de vaste en de losse kop van de draaimachine. Het verschil is dat het werkstuk de voedingsbewegingen uitvoert en het gereedschap de hoofdbeweging.

Geheel afwijkend is de **centerloze slijpmachine**. Het product ligt los op een in hoogte verstelbare liniaal, zie figuur 5.93. Door de stand van het bovenvlak van de liniaal is de normaalkracht tussen werkstuk en **regelschijf** groter dan die tussen werkstuk en slijpschijf. Hierdoor is ook de wrijvingskracht uitgeoefend door de regelschijf groter dan die uitgeoefend door de slijpschijf. De regelschijf bepaalt daarom de omtreksnelheid van het werkstuk. Bij het **insteekslijpen** beweegt de regelschijf naar het werkstuk toe tot de gewenste diameter is bereikt. Door schuinstellen van de regelschijf krijgt het werkstuk een doorvoerbeweging in langsrichting. Dit heet **doorvoerslijpen**, zie figuur 5.94. Men kan dit toepassen bij lange en zelfs zeer lange producten maar ook voor het achter elkaar doorvoeren van korte, in massa vervaardigde producten, zoals de buitenringen van kogellagers.

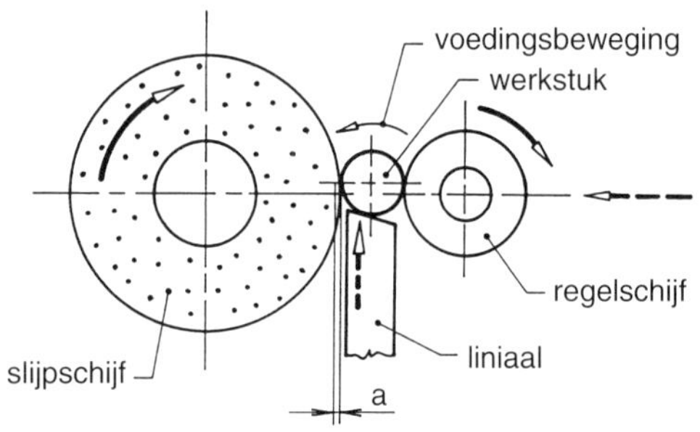

Figuur 5.93 Principe van centerloos insteekslijpen

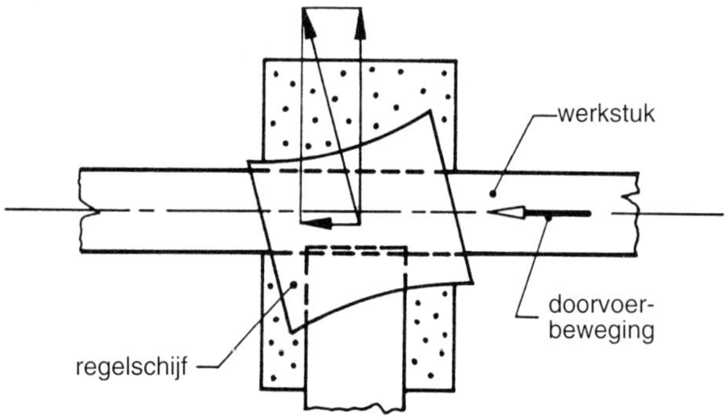

Figuur 5.94 Centerloos doorvoerslijpen

Tenslotte noemen we de **gereedschap-slijpmachines**, speciaal ontworpen voor het slijpen van ingewikkeld gevormde gereedschappen zoals frezen en spiraalboren.

5.11 Bewerkingen met een rechtlijnige hoofdbeweging

Bij de bewerkingen met een rechtlijnige hoofdbeweging onderscheiden wij bewerkingen met één snijkant, het **schaven** en **steken**, en die met meer snijkanten, het **zagen** en **trekfrezen**. Met uitzondering van het schaven met de sledeschaafmachine maakt het gereedschap de hoofdbeweging.

De technologie wijkt niet wezenlijk af van de reeds behandelde processen. We bespreken alleen de opzet van de belangrijkste machines. Het zagen is reeds behandeld in hoofdstuk 4.

5.11.1 Schaven en steken

Bij schaven en steken is er een rechtlijnige, intermitterende beweging van de beitel of het werkstuk. De meest gangbare machine is de **sterke-arm schaafmachine**, zie figuur 5.95. De grove verticale verstelling voor de aanpassing aan de hoogte van het werkstuk gebeurt door éénmalig instellen van de onderslede (1), de nauwkeurige instelling van de snedediepte en de

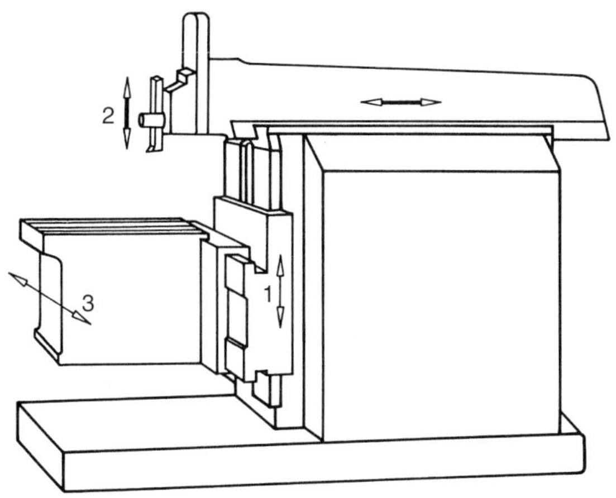

Figuur 5.95 Sterke-arm schaafmachine

eindmaat van het product met de beitelslede (2). Na elke slag van de beitel maakt de bovenslede (3) een horizontale voedingsbeweging.

De **steekmachine**, figuur 5.96, is een variant op de sterke-armschaafmachine. Hij dient speciaal voor het aanbrengen, steken van sleuven in geboorde gaten, bijv. een spiesleuf.

Bij de **slede-schaafmachine** maakt het werkstuk de hoofdbeweging, de beitel maakt de instel- en voedingsbewegingen, zie figuur 5.97. Schaven is door het steeds weer vertragen en versnellen van grote massa's en door de loze teruggaande slag een weinig efficiënt proces. Het verliest steeds meer terrein aan het frezen. Grote sledeschaafmachines worden zelfs wel omgebouwd tot freesmachines.

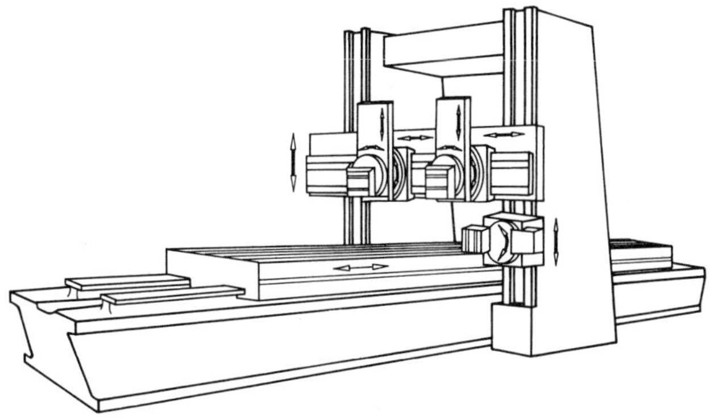

Figuur 5.97 Slede-schaafmachine

5.11.2 Trekfrezen

Bij het **trekfrezen** of **brootsen** wordt al het materiaal in één beweging van het gereedschap verwijderd. De **trekfrees** of **broots** heeft een groot aantal tanden achter elkaar, die steeds iets verder uitsteken, zie figuur 5.98. Elke tand snijdt dus een laagje materiaal weg, zoals dit ook bij schaven of steken zou gebeuren. De trekkop van de brootsmachine grijpt het onderste deel van de broots en trekt hem door de boring in het werkstuk. Aan het einde van de slag is de bewerking gereed.

Een broots is een kostbaar, productgebonden gereedschap. Het proces leent zich dus vooral voor betrekkelijk grote product-aantallen. Een bekende toepassing vormen de glijspie-constructies ("splines") zoals die voorkomen in aandrijfassen van auto's.

Figuur 5.99 geeft een aantal productvoorbeelden zowel van inwendig als van uitwendig brootsen.

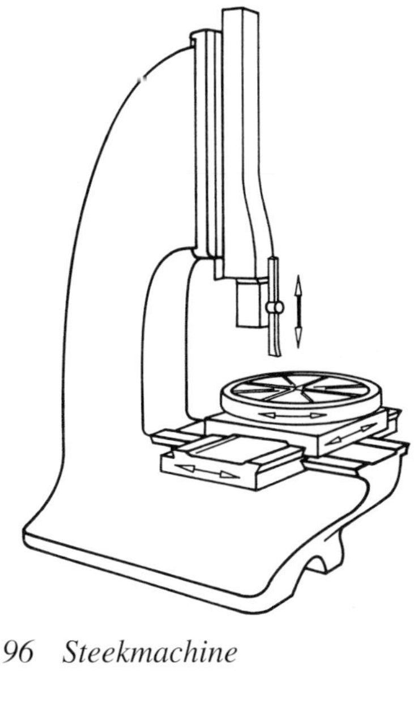

Figuur 5.96 Steekmachine

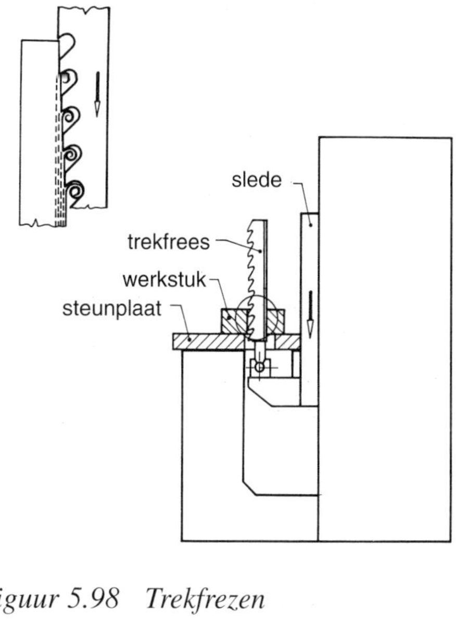

Figuur 5.98 Trekfrezen

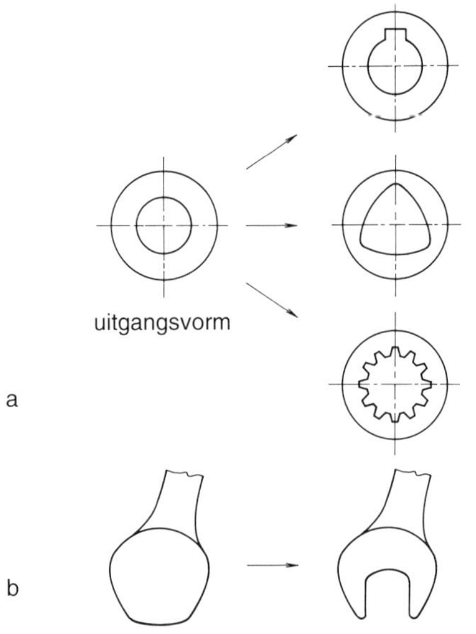

Figuur 5.99 Producten bewerkt met trekfrezen; inwendig (a) en uitwendig (b)

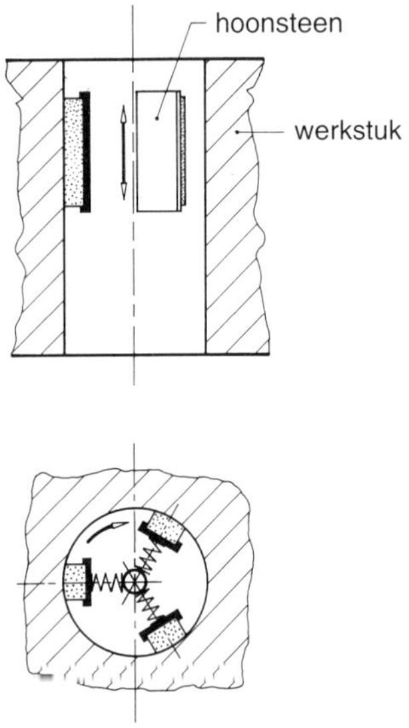

Figuur 5.100 Hoongereedschap

5.12 Nabewerkingen

Deze paragraaf behandelt enkele bewerkingen die uitsluitend of voornamelijk als doel hebben het verbeteren van de oppervlaktekwaliteit van een reeds nauwkeurig bewerkt vlak. De technologie is die van het slijpen, dus het bewerken met (zeer fijne) korrels met ongedefiniëerde snijkanten. Het betreft hier het **honen**, nabewerken van boringen, het **superfijnen**, nabewerken van uitwendige cilindrische vlakken en het **leppen**.

Honen

Het hoongereedschap bestaat uit een houder waaraan een aantal **hoonstenen** verend is bevestigd, zie figuur 5.100. Door het gereedschap op een bepaalde diameter af te stellen raken de stenen de gatwand met de gewenste druk. De houder maakt een roterende hoofdbeweging en tegelijkertijd een heen en weer gaande voedingsbeweging in axiale richting. De snelheden van hoofd- en voedingsbeweging zijn ongeveer gelijk, waardoor een kruiselings patroon van slijpgroeven ontstaat, zie figuur 5.101.

Superfijnen

Voor het superfijnen, zie figuur 5.102, moet de vorm van de slijpsteen zijn aangepast aan de diameter van het cilindervlak. Het slijpblokje voert een heen en weer gaande hoofdbeweging uit evenwijdig aan de hartlijn van de cilinder (v_c). De slag bedraagt enkele mm, de frequentie 15-50 Hz.
Naast de rotatie van het werkstuk (v_{fra}) is ook een axiale voedingsbeweging nodig (v_{fax}), die zowel door het werkstuk als door het slijpblokje kan worden uitgevoerd.

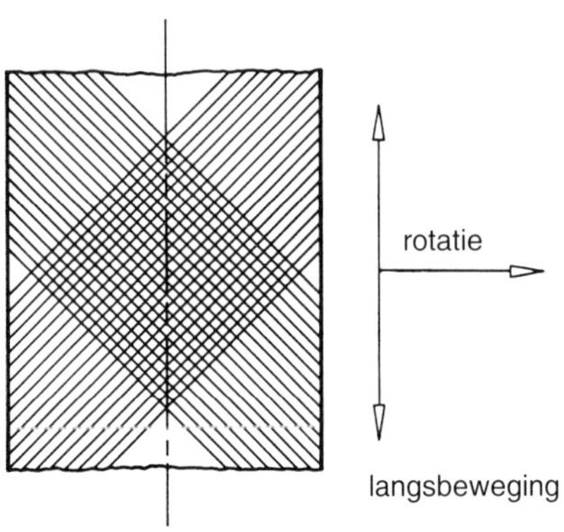

Figuur 5.101 Slijpgroeven bij het honen

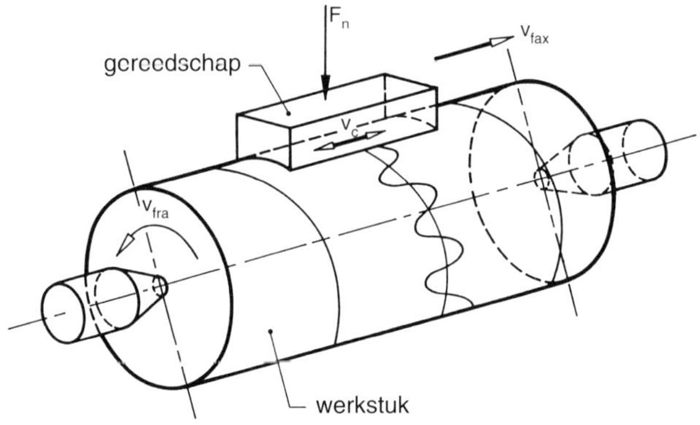

Figuur 5.102 Het principe van superfijnen

Leppen

Bij het leppen is het slijpmiddel gemengd met een vloeistof of pasta en dus niet gebonden, zoals bij een slijpschijf. De werkstukken, die vlak of cilindrisch kunnen zijn, worden tussen twee gietijzeren roterende **lepschijven** geplaatst. De bewegingen van de werkstukken worden beheerst door deze in een **kooi** te plaatsen. Dit voorkomt ook dat de producten elkaar raken, zie figuur 5.103. De bewerkingsgroeven lopen in willekeurige richtingen en zijn met het blote oog vaak niet waar te nemen.

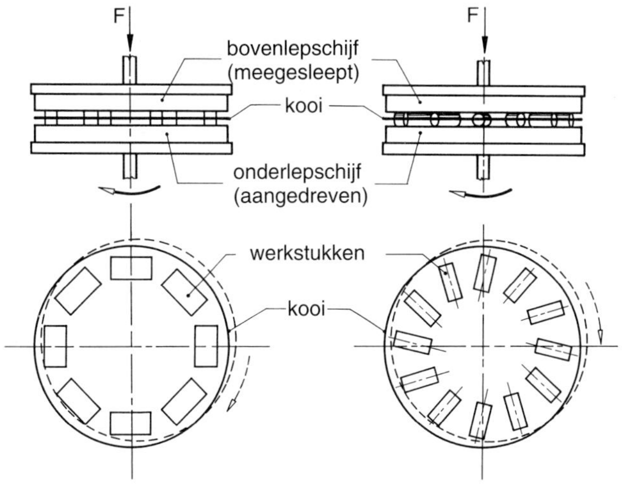

Figuur 5.103 Het leppen van vlakke (a) en cilindrische (b) werkstukken

Bij het leppen is, naast de oppervlaktekwaliteit, ook vormnauwkeurigheid een belangrijke doelstelling. Een voorbeeld hiervan is het op elkaar passend maken van conische afdichtvlakken van de kleppen van zuigermotoren.

Van alle gangbare bewerkingsmethoden levert het leppen de hoogste oppervlaktekwaliteit.

5.13 Snijvloeistoffen

De bij verspanende bewerkingen verbruikte energie wordt, zoals eerder vermeld, geheel in warmte omgezet. De warmte ontstaat door wrijving, deels in de schuifzone, dus in het werkstukmateriaal, en deels op het contactvlak tussen werkstuk en gereedschap. Men gebruikt **snijvloeistoffen** om de optredende temperaturen te verlagen door:

- Het verminderen van de wrijvingskrachten door middel van smeren,
- Het afvoeren van de warmte door middel van koelen.

Naast de voordelen voor de bewerking zelf, zoals een verhoging van de standtijd van het gereedschap, hebben koelen en smeren een gunstige uitwerking op de nauwkeurigheid en de oppervlaktekwaliteit van het werkstuk.
Daarnaast is een krachtige stroom snijvloeistof vaak onmisbaar bij het afvoeren van de spanen. Door de vloeistofstroom wordt bovendien het gehele systeem (machine + gereedschap + werkstuk) zo goed mogelijk op constante temperatuur gehouden, waardoor thermische vervormingen beperkt blijven.

Bij bewerkingen met lage snelheden, zoals draadtappen, ligt de nadruk op het smeren. De keuze valt dan op een **minerale** of **plantaardige olie**. Bij hoge snelheden zijn de koelende functie en de spaanafvoer het belangrijkste. Hiervoor zijn waterige **emulsies** (melkwit) en **waterige oplossingen** (transparant) het meest geschikt.

Het gebruik van snijvloeistoffen gaat gepaard met een groot aantal problemen, zoals aantasting van producten en machines, irritatie van de huid van het bedienend personeel en stankoverlast door de ontwikkeling van bacteriënkolonies. Voor de bestrijding van deze problemen worden speciale componenten toegevoegd. Eisen betreffende het milieu-vriendelijk afvoeren, of nog liever hergebruiken van snijvloeistoffen leveren nog weer extra problemen op.

SAMENVATTING

Afnemende (verspanende) bewerkingen zijn in principe ongewenst maar worden noodgedwongen zeer veel toegepast. Vooral in de grootserie- en massafabricage zal men verspanende bewerkingen zoveel mogelijk vermijden.

Een kernvraagstuk bij verspanende bewerkingen is het zoeken naar gereedschapmaterialen met een hoge warmvastheid. Het werkstukmateriaal en de bewerkingsomstandigheden zijn bepalend voor de keuze van het snijmateriaal. Economische factoren spelen een grote rol bij de keuze van de instelgrootheden.

De gevraagde vorm, nauwkeurigheid en oppervlaktekwaliteit bepalen de keuze van de verspaningsmethode. Kennis van processen, machines en gereedschappen zijn onmisbaar bij het ontwerpen van verspanend bewerkte producten.

LITERATUUR

[5.1] Kalpakjian S., Manufacturing Engineering and Technology (3rd edition), Addison-Wesley, 1995, ISBN 0-201-53846-6.
'Part Four: Material-Removal Processes and Machines'

[5.2] Trent, E.M., Metal Cutting, Butterworth-Heinemann Ltd., 1991, ISBN 0-7506-1068-9

[5.3] DeVries, W.R., Analysis of Material Removal Processes, Springer, 1992, ISBN 0-387-97728-7.

[5.4] Deckers, J.W. en Schellekens, R., Verspaningstechnologie, Educaboek, 1992, ISBN 90-11-020677.

SYMBOLENLIJST

a	= Snedediepte	[mm]
b	= Snedebreedte, actieve breedte slijpschijf/frees	[mm]
C	= Constante in formule van Taylor	[min]
C^*	= Constante in formule maximale voeding (boren)	[-/omw]
C_b	= Constante in formule voor M_b	[N]
C_f	= Constante in formule voedingskracht (boren)	[-]
C_M	= Constante in formule aandrijfkoppel (boren)	[-]
d	= Diameter (resp. draai-, boor,- freesdiameter)	[mm]
d_{max}	= Grootste draaidiameter	[mm]
d_r	= Plaatselijke diameter (boren)	[mm]
d_z	= Diameter ziel van spiraalboor	[mm]
f	= Voeding	[mm/omw]
f_{max}	= Maximale voeding (boren)	[mm/omw]
f_z	= Voeding per tand (frezen)	[mm]
F	= Snijkracht	[N]
F_c	= Hoofdsnijkracht	[N]
F_{ch}	= Snijkracht hoofdsnijkant spiraalboor	[N]
F_{cz}	= Snijkracht dwarssnijkant spiraalboor	[N]
F_f	= Voedingskracht	[N]
F_h	= Horizontale component snijkracht	[N]
F_n	= Normaalkracht component snijkracht	[N]
F_p	= Terugdrukkracht (draaien)	[N]
F_t	= Tangentiele component snijkracht	[N]
F_v	= Verticale component snijkracht	[N]
G	= Slijpverhouding	[-]
h	= Snededikte	[mm]
h_{gem}	= Gemiddelde snededikte (frezen)	[mm]
h_{max}	= Grootste snededikte (frezen)	[mm]
k_c	= Specifieke snijkracht	[MPa]
$k_{c1.1}$	= Specifieke snijkracht, snededoorsnede 1×1 mm^2	[MPa]
KT	= Kolkdiepte	[mm]
l_c	= Contactlengte (slijpen)	[mm]
l_g	= Gatdiepte	[mm]
L	= Standlengte (boren)	[mm]
M_b	= Breukmoment boor	[Nm]
M_c	= Aandrijfkoppel	[Nm]
n	= Exponent in formule van Taylor	[-]
n	= Toerental	[omw/s]
p_c	= Specifieke energie (slijpen)	[J/mm^3]
P_c	= Snijvermogen	[W]
P_f	= Voedingsvermogen	[W]
P_m	= Benodigd aandrijfvermogen	[W]
P_{max}	= Beschikbaar aandrijfvermogen	[W]
Q	= Afnamesnelheid	[mm^3/s]
Q'	= Afnamesnelheid per mm actieve schijfbreedte	[mm^3/s/mm]
Q_m	= Afnamesnelheid beperkt door aandrijfvermogen	[mm^3/s]
r_s	= Radius slijpschijf	[mm]
r_e	= Neusradius	[mm]
T	= Standtijd	[min]
u	= Exponent in formule voor optimale snijsnelheid	[-]
v_c	= Snijsnelheid	[m/s]
$v_{c1.1}$	= Optimale snijsnelheid bij snededoorsnede 1×1 mm^2	[m/s]
v_f	= Voedingssnelheid	[m/s]
v_{max}	= Snijsnelheid, beperkt door aandrijfvermogen	[m/s]
v_{nn}	= Snelheid waarbij de standtijd nn min. bedraagt	[m/s]
v_{opt}	= Optimale snijsnelheid (minimale kosten)	[m/s]
v_w	= Voedingssnelheid werkstuk (slijpen)	[m/s]
VB	= Breedte vrijloopvlakslijtage	[mm]
x_f	= Exponent in formule voedingskracht (boren)	[-]
x_M	= Exponent in formule aandrijfkoppel (boren)	[-]
x_ω	= Exponent in formule voor M_b	[-]
y_f	= Exponent in formule voedingskracht (boren)	[-]
y_M	= Exponent in formule aandrijfkoppel (boren)	[-]
z	= Aantal tanden van een frees	[-]
z_i	= Aantal tanden dat tegelijkertijd snijdt (frezen)	[-]
α	= Vrijloophoek	[°]
	Veiligheidscoëfficient (boren)	[-]
β	= Wighoek	[°]
γ	= Spaanhoek	[°]
ε	= Exponent in snijkrachtformule	[-]
	Punthoek (beitel, boor)	[°]
χ	= Instelhoek (draaien)	[°]
λ	= Hellingshoek (draaien)	[°]
σ	= Spoedhoek (boren)	[°]
ϕ	= Afschuifhoek	[°]
	Ingrijphoek (frezen)	[°]
ω	= Hoeksnelheid	[rad/s]

OEFENVRAGEN

5.1 Noem enige redenen waarom men in de praktijk verspanende bewerkingen toepast. Geef ook de bezwaren tegen verspanend bewerken.

5.2 Wat wordt bedoeld met het genereren van de vorm van een product en met het reproduceren van de productvorm? Welke van de twee methoden leent zich het beste voor het fabriceren in betrekkelijk grote aantallen?

5.3 Schets de snijwig en de manier waarop een spaan ontstaat. Geef de belangrijke hoeken aan met hun benamingen.

5.4 Welke variabelen bepalen de snijkracht? Geef ook aan in welke zin de variabelen de snijkracht beïnvloeden.

5.5 Geef in een schets van de snijwig aan waar en hoe kolkslijtage en vrijloopvlakslijtage optreedt. Omschrijf de begrippen warmhardheid, slijtage-criterium en standtijd.

5.6 Wat is snelstaal? Noem de belangrijkste legeringselementen. Welke snijsnelheden kan men kiezen voor het bewerken van staal? (Globaal aangeven.)

5.7 Wat is hardmetaal? Hoe kan men de eigenschappen van hardmetaal aanpassen aan de eisen die een bepaalde bewerking stelt? Wat zijn de voordelen van coatings?

5.8 Schets het verloop van de hardheid met de temperatuur voor:
- gereedschapstaal,
- snelstaal,
- hardmetaal,
- keramisch snijmateriaal.

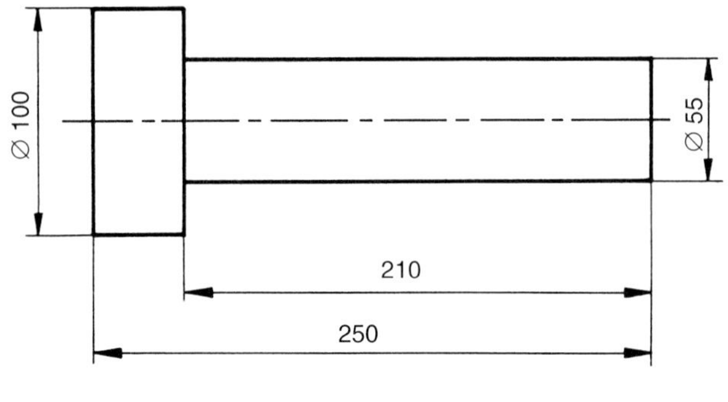

Figuur bij oefenvraag 5.14

Geef voor elk materiaal een globale aanduiding van de maximum toelaatbare temperatuur.

5.9 Kies aan de hand van figuur 5.16 het juiste snijmateriaal voor het draaien van een gietijzeren product, waarbij een onderbroken snede optreedt, en vermeld hiervan de ISO-aanduiding.

5.10 Geef de formule van Taylor weer in een grafiek met logaritmische assen. Geef de betekenis van C en n weer in de grafiek. Laat ook de invloed van een variërende snededoorsnede zien.

5.11 Gegeven is een combinatie van een werkstukmateriaal en een snelstalen gereedschap met een Taylor-exponent n=0,125. Bij een verhoging van de snijsnelheid met 50% wordt de standtijd gereduceerd met een factor K. Bereken de waarde van K.

5.12 Bij het boren kan de snijsnelheid gecorreleerd worden aan de standtijd volgens $v_c \times T^n = C_1$ en aan de standlengte volgens $v_c \times L^m = C_2$. Leid de relatie af tussen de exponenten n en m.

5.13 Gegeven is een as van ø 80 mm. Er worden twee draaiproeven uitgevoerd. In het eerste geval met een snedediepte van 2 mm gepaard met een voeding van 0,2 mm/omw. In het tweede geval met een snedediepte van 6 mm en met een voeding van 0,6 mm/omw.

Gegeven zijn:
de specifieke snijkracht: $k_{c1.1} = 1600$ MPa,
de waarde van de exponenten: $\varepsilon = 0{,}25$
$u = 0{,}35$
en de optimale snijsnelheid bij 1x1mm² snededoorsnede: $v_{c1.1} = 1{,}5$ m/s.

Bereken de hoofdsnijkracht (F_c), de snijsnelheid (v_c), het benodigde netto vermogen (P_{netto}), het aandrijfkoppel (M_c), het toerental van de spil (n) en de afnamesnelheid (Q) voor beide combinaties.

5.14 Een as van ø 100 mm en 250 mm lang wordt over een lengte van 210 mm voorgedraaid tot een diameter van ø 55 mm (zie bijgaande figuur) met een constante snijsnelheid van 2 m/s en een voeding van 0,5 mm/omw. Als de snedediepte maximaal 5 mm bedraagt, bereken dan de zuivere verspaningstijd (t_c).

5.15 Een schijf met een buitendiameter d_1=1000 mm en een binnendiameter d_2=400 mm wordt vlakgedraaid op een carrouseldraaimachine met een constante snijsnelheid v_c=60 m/min en een voeding f=0,3 mm/omw. Bereken de benodigde verspaningstijd (t), uitgedrukt in minuten.

5.16 a) Schets een conventionele (handbediende) draaimachine. Geef schematisch de opbouw aan van frame, bed, vaste en losse kop.
b) Schets het principe van het aandrijfmechanisme voor het draadsnijden.

5.17 Gegeven een boor van ø 20 mm. Geboord wordt met een voeding van 0,2 mm/omw. Bereken de spoedhoek op afstanden van 10, 5, 1 en 0 mm uit het hart van de boor.

5.18 Bereken de grootst toelaatbare voeding (in mm/omw) voor het boren van een gat van ø 25 mm wanneer de maximale voedingskracht van de boormachine 4000 N bedraagt. Voor de constante en de exponenten houd de richtwaarden van paragraaf 5.8.1 aan.

5.19 Omschrijf het begrip kotteren. Schets een kotterkop, geef de instel- en voedingsbewegingen aan.

5.20 Laat aan de hand van een schets zien wat de verschillen zijn tussen het mee- en tegenloopfrezen. Geef hierbij de richting van de gemiddelde resulterende krachten aan.

5.21 Wat wordt bedoeld met de hardheid en wat met de structuur van een slijpschijf? Wanneer zal men kiezen voor een slijpschijf met een lage hardheid, resp. een dichte structuur? Licht de aard van de structuur toe met een schets.

5.22 Noem de belangrijkste functies van snijvloeistoffen. Wanneer kiest men voor het gebruik van olie en wanneer voor emulsies of waterige oplossingen?

5.23 Gebruik de in vraag 5.13 gevonden waarden om een draaidiagram te tekenen in de bijgaande grafiek. Het maximum aandrijfvermogen van de draaimachine bedraagt 6 kW (netto aan de spil), het maximum aandrijfkoppel 220 Nm. Bepaal uit de grafiek de voeding waarbij het beschikbaar aandrijfvermogen benodigd is en die waarbij de afnamesnelheid maximaal is.

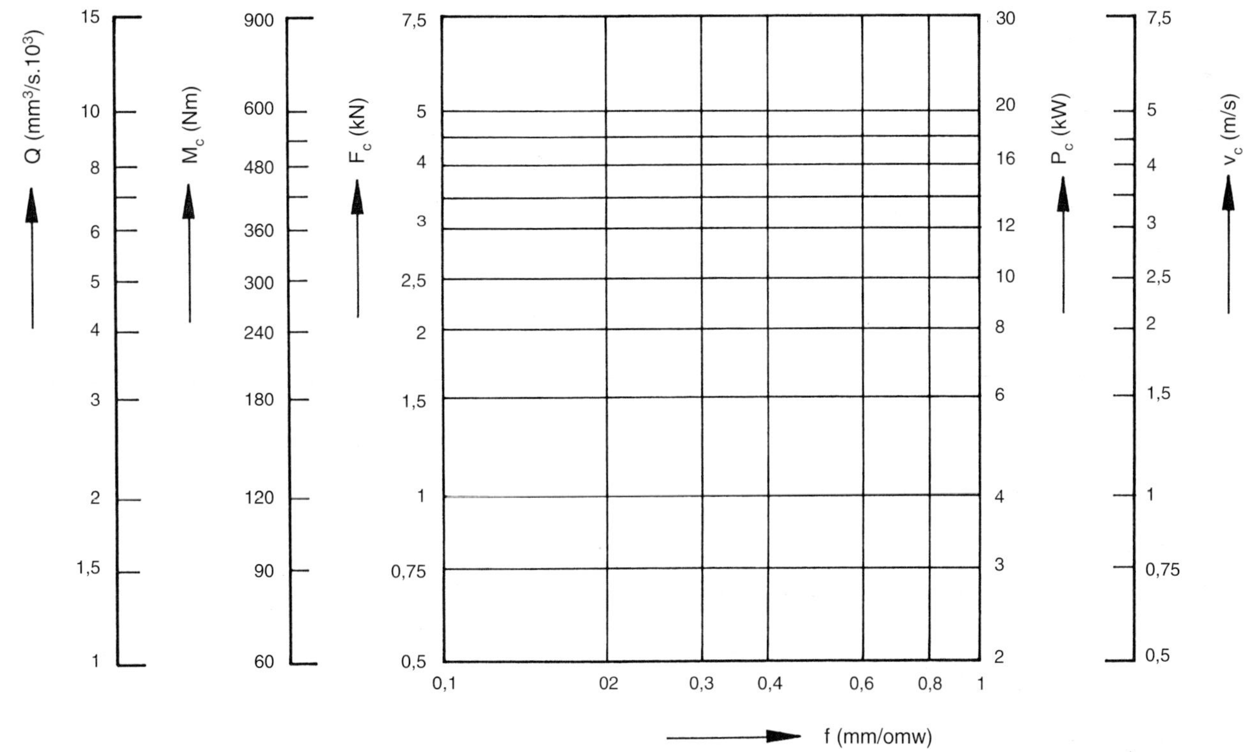

Figuur bij oefenvraag 5.23

5.24 a) Bij het draaien van relatief slanke werkstukken kan het werkstuk, vooral door de terugdrukkracht, worden weggedrukt.
Schets deze situatie, waarbij de opspanning van de beitel en de lagering van de centers, waartussen het werkstuk is gepositioneerd, als oneindig stijf worden beschouwd.
Laat een schets duidelijk zien:
- de situatie tijdens het draaien,
- de baan van het gereedschap ten opzichte van de verbindingslijn tussen de centers,
- het resultaat van de bewerking.

b) Beantwoord vraag a, maar nu voor een:
- stijf werkstuk,
- stijve opspanning van het gereedschap,
- elastische lagering van de centers.

c) Beantwoord vraag a, maar nu voor een:
- stijf werkstuk,
- elastische opspanning van het gereedschap,
- stijve lagering van de centers.

NIET-CONVENTIONELE BEWERKINGEN

6

DOEL VAN DIT HOOFDSTUK:

Het behandelt een aantal bewerkingstechnieken bekend onder de verzamelnaam niet-conventionele bewerkingen; dit vanwege het feit dat de meeste ervan betrekkelijk nieuw zijn.

De bewerkingen worden ingedeeld in een aantal hoofdgroepen op basis van de principes. Onderscheiden worden fysische, chemische en bijzondere mechanische bewerkingen.

Van elk van de hoofdgroepen worden de meest belangrijke technieken behandeld. Hierbij komen de grondslagen, de varianten en de toepassingsgebieden aan de orde.

6.1 Indeling van niet-conventionele bewerkingen

Indeling naar basisprincipe

Er bestaan nog veel bewerkingstechnieken die niet in de voorgaande hoofdstukken behandeld zijn. Veel daarvan berusten op andere principes dan de mechanische interactie tussen gereedschap en werkstuk. Men duidt ze aan met de verzamelnaam fysische en chemische bewerkingen. Enkele daarvan worden behandeld in paragraaf 6.2.
In paragraaf 6.3 worden twee klassen van bijzondere mechanische bewerkingen behandeld. De belangrijke groep van bewerkingen door stralen met hoge energiedichtheid, berustend op verschillende principes, wordt behandeld in paragraaf 6.4.

Indeling naar toepassingsgebied

De meeste van de in dit hoofdstuk behandelde bewerkingen dienen voor scheiden of afnemen. Ook enkele technieken voor het verbinden, het omvormen en het veranderen van materiaaleigenschappen komen echter aan de orde. In paragraaf 6.5 worden de grondslagen behandeld, van enkele methoden waarmee de onderdelen rechtstreeks uit vormloos materiaal worden vervaardigd, de materiaalaangroei-technieken.

6.2 Fysische en chemische afnemende bewerkingen

6.2.1 Inleiding

Kenmerkend voor de fysische en chemische bewerkingen is het gebruik van fysische of chemische principes, dus niet van mechanische spanningen in het werkstuk. Daardoor ontbreken bewerkingskrachten. Wel is er in de meeste gevallen een medium dat enige kracht op het werkstuk uitoefent. In de meeste gevallen wordt het afgenomen materiaal zeer fijn verdeeld. De bewerkbaarheid van het werkstukmateriaal hangt niet af van de mechanische eigenschappen, als bijvoorbeeld de hardheid zoals bij het verspanen of het omvormen, maar van een per bewerkingsprincipe verschillende combinatie van chemische en fysische eigenschappen.

Er zijn drie hoofdgroepen te onderscheiden:
thermische, elektro-chemische en chemische bewerkingen.

Thermische bewerkingen, zie paragraaf 6.2.2. Hierbij wordt het te bewerken materiaal zeer lokaal verhit, soms tot boven de smelt- of verdampingstemperatuur. Tot deze groep behoren:
- vonkverspanen (vonkerosie), zie paragraaf 6.2.3.
- brandsnijden, zie hoofdstuk 4.
- sommige bewerkingen met stralen met hoge vermogensdichtheid, zie paragraaf 6.4.

Elektro-chemische bewerkingen, zie paragraaf 6.2.4. Hier wordt materiaal afgenomen door elektrolyse.

Chemische bewerkingen, zie paragraaf 6.2.5. Het te verwijderen materiaal wordt afgenomen door een chemische reactie.

6.2.2 Thermische bewerkingen in het algemeen

Het medium

Bij de **thermische bewerkingen** bereikt men het gewenste effect - meestal dus een vormverandering van het werkstuk - door zeer lokale verhitting van het werkstuk. Het meest bekend zijn de toepassingen bij scheidende en afnemende bewerkingen. Door de lokale verhitting smelt of verdampt het materiaal plaatselijk. Door te voorkomen dat dit materiaal weer op dezelfde plaats neerslaat of stolt, wordt het van het werkstuk verwijderd. Daarom zorgt daarbij een vloeistof of een gas voor het materiaaltransport. Bij de hoge temperatuur oxideren de meeste materialen snel. De vloeistof of het gas dient dan ook als bescherming tegen oxidatie. Sommige materialen verbranden al beneden de smelttemperatuur. Daarbij komt veel warmte vrij. Die warmte kan bijdragen aan het smelten van het materiaal, zodat de externe energiebron minder energie hoeft toe te voeren. Om dit effect te versterken wordt zuurstof toegevoerd, dat dient voor verbranding. In dit laatste geval dient de externe warmtebron vooral om de bewerking goed te kunnen beheersen. Dit wordt toegepast bij het **brandsnijden.** Bij het conventionele brandsnijden is de externe warmtebron een gasbrander (zie hoofdstuk 4). Bij het laserbrandsnijden is dat een laser, zie paragraaf 6.4.6.

Temperatuureffecten en veranderingen in de oppervlaktelaag

Bij thermische bewerkingen ontstaat altijd een zone in het werkstukmateriaal waarin door de temperatuurverhoging veranderingen hebben plaatsgevonden. Men noemt dit de **warmte-beïnvloede zone.**

Er zijn in principe twee situaties:
1. Soms zijn die lokale materiaalveranderingen doel op zich. Men spreekt dan van **thermische oppervlaktebehandelingen.** De keuze van de verhittingsmethode en de condities moeten zorgvuldig worden afgestemd op de te bereiken temperatuur op het werkstukoppervlak, de indringdiepte en de duur van de temperatuurverhoging, die nodig zijn om het gewenste effect (bijv. harding over een bepaalde diepte) te verkrijgen.
2. Meestal is de aanwezigheid van een door warmte beïnvloede zone ongewenst, omdat zij bepaalde nadelige gevolgen heeft. Bij de keuze van de bewerkingsmethode en bij de uitvoering ervan dient men daar goed rekening mee te houden. In de meeste gevallen blijkt dat bij een hoge energiedichtheid, dat is een hoge concentratie van energie op een klein oppervlak, de omvang van de warmtebeïnvloede zone relatief klein is. Bij veel moderne bewerkingstechnieken streeft men dan ook naar een hoge energiedichtheid.

Door lokale temperatuurverhogingen, veroorzaakt door bewerkingsprocessen in de dunne oppervlaktelaag of elders vaak over een meer uitgebreid gebied, vervormen werkstukken elastisch en soms zelfs plastisch. Na afkoelen kunnen er blijvende vormveranderingen, restspanningen en zelfs scheuren overblijven. Dit is in de regel ongewenst.

Bij weer andere bewerkingen kan aan het werkstukoppervlak een dunne laag ontstaan, waarin door chemische reacties of door mechanische effecten (meestal ongewenste) veranderingen in het werkstukmateriaal optreden. Voorbeelden hiervan zijn versteviging en (micro)scheuren of oxidatie. Men duidt een dergelijke randzone wel aan met **chemisch beïnvloede zone** of **mechanisch beïnvloede zone.**

6.2.3 Vonkerosie

Principe van vonkerosie

Vonkerosie, ook **vonkverspanen** of **EDM (Electrical Discharge Machining)** genoemd, is een bewerkingsmethode die berust op de erosieve werking van de "elektrische vonk". Het principe van de bewerking is als volgt (zie figuur 6.1). Een elektrode, het gereedschap, bevindt zich op geringe afstand (5 - 100 μm) van het te bewerken materiaal, dat elektrisch geleidend moet zijn. Het geheel is gedompeld in een isolerende vloeistof, het **diëlektricum.** Een **pulsgenerator** legt een pulserende spanning aan tussen de elektrode

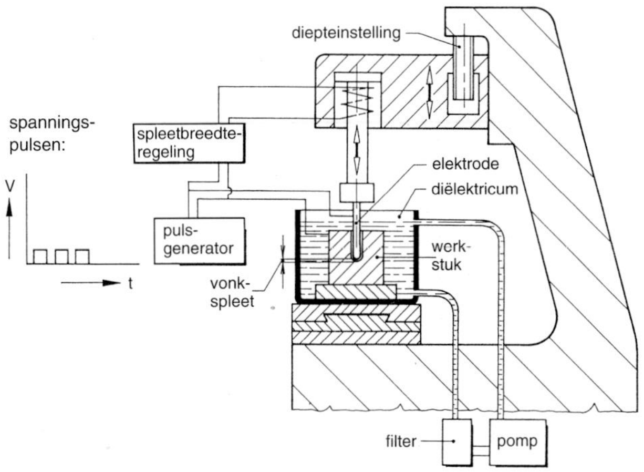

Figuur 6.1 *Schematisch overzicht van een zinkvonkmachine*

en het werkstuk. Indien de aangelegde spanning groter is dan de doorslagspanning van de dunne laag diëlektricum vindt een elektrische ontladingen ("vonken") plaats, waardoor het materiaal plaatselijk smelt en zelfs gedeeltelijk verdampt. Deze cyclus wordt zeer snel achter elkaar herhaald. Een pomp zorgt voor een geregelde doorspoeling van de vonkspleet met vloeistof. Het geërodeerde materiaal wordt als gestolde bolletjes met een zeer kleine diameter teruggevonden in het filter, geplaatst in het vloeistofcircuit.

De ontlading vindt plaats waar de veldsterkte het grootst is, dat wil zeggen dáár waar de afstand tussen elektrode en werkstuk het kleinst is, zie figuur 6.2. Ter plaatse ontstaat een smeltkratertje. De dampdruk in

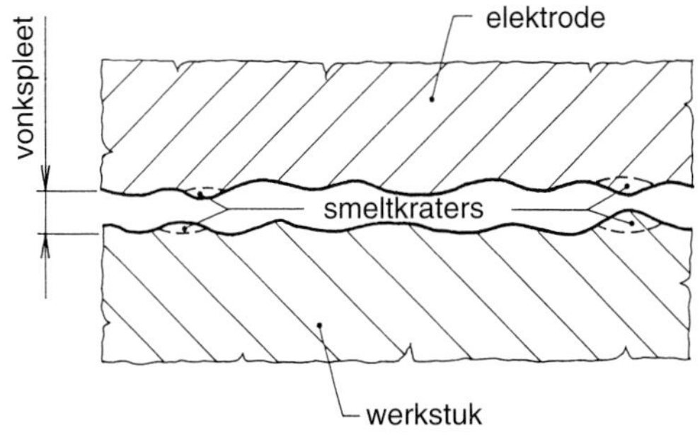

Figuur 6.2 *Zelfregelende spleetbreedte bij het vonkverspanen*

het kokende gesmolten materiaal blaast de krater gedeeltelijk leeg. Vervolgens zal er weer een ander punt zijn waar de doorslagspanning tussen werkstuk en elektrode het laagst is. Dit proces herhaalt zich na iedere ontlading. Het is dus nodig (en dit is essentieel bij vonkerosie) dat iedere ontlading na korte tijd (in de orde van microseconden) eindigt. Bij een continu ontlading zou er op één plaats een diepe krater ontstaan die zich onbeheerst uitbreidt. Het proces tast als het ware het werkstuk af. Na een zeker aantal ontladingen is het hele te bewerken oppervlak "aan de beurt" geweest. De **spleetbreedteregeling** zorgt ervoor dat de juiste afstand tussen elektrode en werkstuk gehandhaafd blijft.

Het bewerkte oppervlak ziet er uit als een "kraterlandschap". Een lage energie per ontlading heeft een kleine kraterinhoud tot gevolg, wat samengaat met een oppervlak met weinig thermische beschadiging en een lage ruwheid, maar ook met een lage bewerkingssnelheid.

De spanning nodig voor doorslag ligt in de orde van 100 - 300 V. De pulsgenerator zorgt ervoor dat alle ontladingen identiek zijn wat betreft de ontladingstijd (1-200 μs) en de stroomsterkte (5-200 A). De ontladingsfrequentie kan tussen 50 kHz en 1 MHz bedragen. De energie per puls kan tussen wijde grenzen variëren:
- minder dan 0,1 mJ voor fijne nabewerkingen, resulterend in ruwheden $R_a < 0{,}5$ μm en afnamesnelheden $Q_w < 0{,}001$ mm^3/s. De bereikbare nauwkeurigheid komt overeen met IT klasse 6.
- maximaal ca. 1 J voor zeer grove voorbewerkingen, resulterend in ruwheden in de orde van R_a = 10 μm en afnamesnelheden Q_w tot ca. 2,5 mm^3/s.

Door een goede keuze van deze waarden krijgt men een goed verlopend proces. Men kan kiezen voor een hoge bewerkingssnelheid of voor een goede oppervlaktekwaliteit, waarbij de elektrodeslijtage een beperkende factor is. De elektrodeslijtage hangt mede af van het elektrodemateriaal. Veel gebruikte materialen zijn koper, vanwege de goede warmtegeleiding, en grafiet vanwege de goede warmtebestendigheid. De keuze van het elektrodemateriaal wordt in belangrijke mate bepaald door de prijs, de kosten voor het vervaardigen van de elektrode en het werkstukmateriaal. Veel voorkomende combinaties zijn in figuur 6.3 weergegeven.

elektrode-materiaal	werkstukmateriaal				
	staal	hard-metaal	alumi-nium	messing	grafiet
elektrolytisch koper	++	+	++	++	+
grafiet (voorbewerking)	+	-	+	+	-
grafiet (nabewerking)	++	+	++	++	-
wolfram-koper	++	++	++	++	+

++ zeer geschikt, + geschikt, - ongeschikt

Figuur 6.3 *Keuze van het elektrodemateriaal voor vonkverspanen, bij gegeven werkstukmateriaal*

Toepassingen van vonkerosie

Vergelijk de hierboven vermelde waarden voor de afnamesnelheid met die berekend werden in de paragrafen 5.7.1 en 5.10.1. Vonkerosie is dus een tijdrovend en daardoor kostbaar proces.

Redenen om vonkerosie toe te passen kunnen zijn:
- Grote hardheid van het werkstukmateriaal (zoals reeds werd vermeld is de hardheid geen belemmering voor de bewerkbaarheid),
- Complexe vorm van het werkstuk,
- De zeer lage bewerkingskrachten, bijvoorbeeld van belang bij dunwandige werkstukken of slanke gereedschappen.

Hoofdgroepen van vonkbewerkingen

Zinkvonken is het vervaardigen van blinde of doorlopende gaten door een elektrode geleidelijk dieper in het werkstuk te laten zakken ("zinken"), zie figuur 6.1. De spleetbreedteregeling zorgt ervoor dat de afstand tussen de elektrode en het werkstuk op overslagafstand wordt gehandhaafd.
Er treedt vormomkering op: In het werkstuk ontstaat een gat dat het negatief is van de vorm van de elektrode. De afvoer van het afgenomen materiaal vindt plaats door drukspoeling of afzuiging via een boring in de elektrode, zie figuur 6.4.

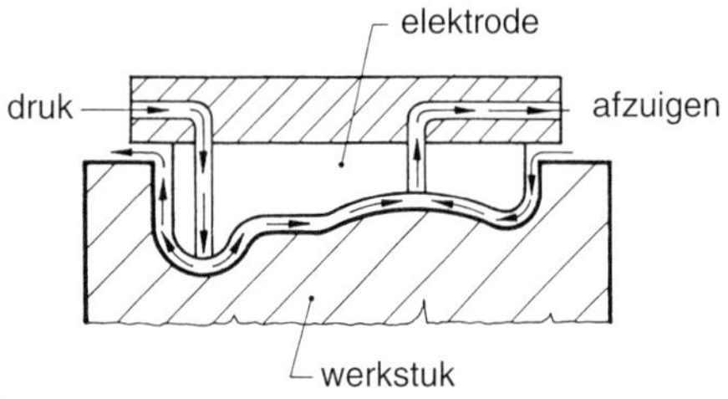

Figuur 6.4 Drukspoelen en afzuigen bij het zinkvonken

De toepassingen liggen vooral daar waar het vervaardigen van een uitwendige vorm veel gemakkelijker is dan de vervaardiging van een inwendige vorm en bij de bewerking van zeer harde materialen. De belangrijkste toepassingen vinden wij daarom bij gereedschapmakerijen voor het vervaardigen van matrijzen, zie figuur 6.5. De bereikbare maatnauwkeurigheid ligt in de orde van 0,01 mm; de orde van grootte van de $R_a$waarde is 0,5 μm.

Door de elektrode langs een baan in het horizontale vlak te sturen terwijl de hoogte constant blijft ontstaat in het werkstuk een gat met een doorsnede die groter

Figuur 6.5 Grafiet elektrode(a) voor het zinkvonken van de RVS spuitgietmatrijs (b) van de polycarbonaat stofkap (c) voor het Philips scheerapparaat

is dan die van de elektrode. Men noemt dit **planetair vonken.** Daarmee kan men drie effecten bereiken:
- compensatie van de elektrodeslijtage, figuur 6.6,
- vergroting van de vormgevingsmogelijkheden van één elektrode figuur 6.7.
- verbetering van de spoeling omdat de plaats waar de materiaalafname plaats vindt steeds wijzigt, waardoor een hogere afnamesnelheid mogelijk is.

De vormgevingsmogelijkheden van zinkvonken worden nog groter door de toepassing van numerieke

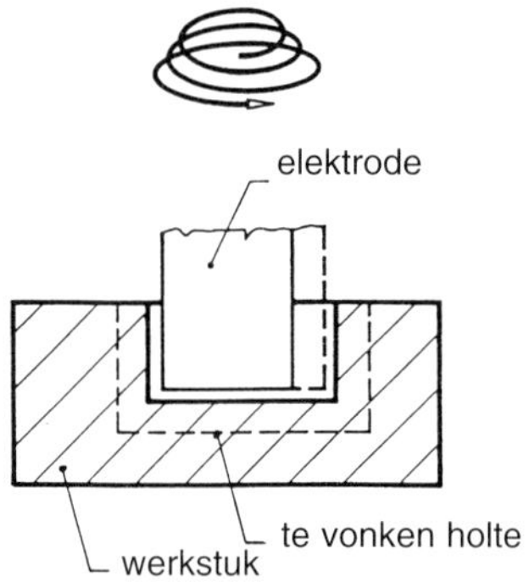

Figuur 6.6 Compensatie van de elektrodeslijtage bij het zinkvonken door planetair vonken

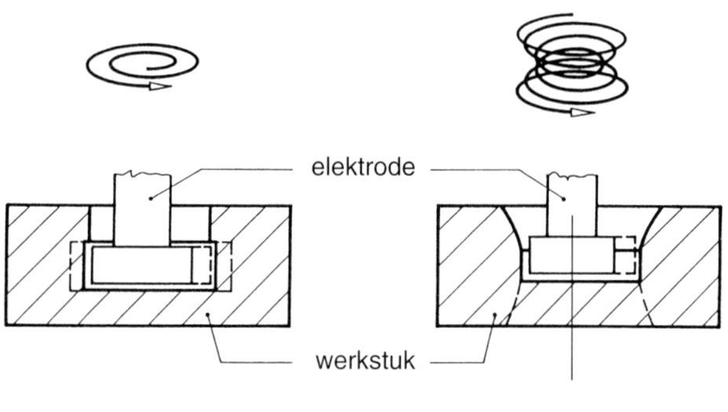

Figuur 6.7 De vervaardiging van gaten met veranderlijke doorsnede door planetair vonken

besturing, zie ook hoofdstuk 11. Een massieve elektrode van eenvoudige vorm wordt langs een geprogrammeerde baan gestuurd en genereert daardoor de gewenste werkstukvorm. Men noemt dat **contourvonken**, figuur 6.8. Door de elektrode te roteren, gekoppeld met een gelijktijdig plaatsvindende verticale voedingsbeweging, is het mogelijk gaten met een spiraalvorm te vonken. Door de elektrode een geprogrammeerde horizontale baan te laten doorlopen terwijl deze geleidelijk in het werkstuk zakt kunnen ingewikkelde gatvormen worden vervaardigd. Door de verticale beweging van de elektrode te stoppen en vervolgens alleen een horizontale voedingsbeweging te geven is het mogelijk gaten te vervaardigen met een zijaanzicht in de vorm van de letters L of (omgekeerde) T. Contourvonkmachines zijn sterk in opkomst.

Een recente variant van het contourvonken is het **vonkfrezen**, zie figuur 6.8. Hierbij worden kleine ronddraaiende elektroden gebruikt. De bewerkingsmogelijkheden zijn vergelijkbaar met die van numeriek bestuurd frezen, zie hoofdstuk 11. Door de rotatie van de elektrode wordt de elektrodeslijtage gelijkmatig over de omtrek verdeeld. Door de betere spoeling van de vonkspleet is het mogelijk om bij gelijkblijvende werkstukruwheid en slijtagesnelheid van de elektrode de afnamesnelheid van het werkstukmateriaal aanzienlijk op te voeren.

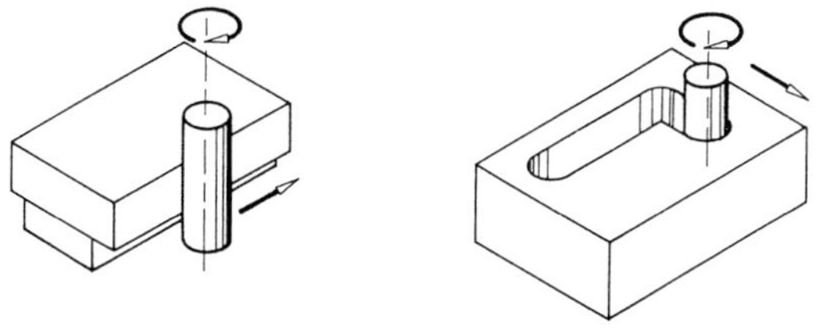

Figuur 6.8 *Voorbeelden van contourvonken (stilstaande elektrode) en van vonkfrezen (draaiende elektrode)*

Draadvonken is een scheidende bewerking, zie ook hoofdstuk 4. Met een tussen nauwkeurig bestuurbare geleidingen gespannen draad als elektrode wordt door vonkerosie een fijne snede gemaakt (figuur 4.26). Het proces doet denken aan figuurzagen. De breedte van de snijspleet is de draaddiameter (0,05-0,5 mm) vermeerderd met twee maal de vonkspleetbreedte (0,01-0,2 mm). De draad raakt het werkstuk niet. De draad wordt langzaam in axiale richting doorgevoerd, zodat steeds "verse" draad als elektrode fungeert. De besturing beweegt het werkstuk in X- en Y-richting. Door het sturen van de geleidingen kan de draad schuin gesteld worden onder een vaste of veranderlijke hoek. De baan, uitgedrukt in X- en Y-coördinaten en de hoek, eveneens uitgedrukt in twee coördinaten bijv. α en β resp. in de voortlooprichting en loodrecht daarop (er zijn ook andere mogelijkheden) wordt vastgelegd in het werkstukprogramma, dat tevens de vonkcondities in de vorm van generatorinstellingen vastlegt. Op deze wijze kunnen schuine en conische vlakken gemaakt worden. De materiaaldikte kan meer dan 250 mm bedragen. De draad kan onder een hoek tot maximaal 45° ten opzichte van de normaal op de werkstuktafel staan. Door deze bewegingsmogelijkheden kunnen alle produktvormen, waarvan de vlakken zijn opgebouwd uit rechte beschrijvende lijnen met grote nauwkeurigheid worden vervaardigd.

Het draadvonken komt de laatste jaren steeds meer in gebruik. Een belangrijke toepassing is het maken van snijplaten voor ponsgereedschap, zie figuur 6.9. Anders dan bij zinkvonken behoeven geen dure produktgebonden elektroden gemaakt te worden. Er hoeft veel minder materiaal te worden verwijderd. Daar staat tegenover dat draadvonkmachines, vanwege de precisie-constructie en tenminste vier numeriek gestuurde assen, veel duurder zijn dan klassieke zinkvonk-machines zonder numerieke besturing. De prijzen van een contourvonkmachine en een draadvonkmachine van vergelijkbare grootte en nauwkeurigheidsklasse ontlopen elkaar niet veel.

Figuur 6.9 *Snijplaat met snijders, vervaardigd van hardmetaal door draadvonken, voor het uitsnijden van de 'spin' (links) voor het Philips scheerapparaat*

Bij draadvonken drukt men de afnamesnelheid meestal uit in mm^2/s (materiaaldikte x voedingssnelheid). Momenteel ligt de grens bij ca. 2,5 mm^2/s. Omdat maar weinig materiaal wordt verwijderd is het draadvonken toch redelijk snel. Bovendien werkt een eenmaal ingestelde machine geheel zonder menselijk ingrijpen. Moderne draadvonkmachines zijn uitgerust met een aantal voorzieningen die een dergelijke **autonome werking** gedurende een heel weekeinde mogelijk maken.

Vonkerosie is onmisbaar in gereedschapmakerijen en fijnmechanische werkplaatsen. Ook daarbuiten neemt het aantal toepassingen toe, in de eerste plaats voor het maken van werkstukken in moeilijk verspaanbare materialen, maar ook indien een hoge nauwkeurigheid of zeer lage bewerkingskrachten vereist zijn.

6.2.4 Elektro-chemische bewerkingen

Elektro-chemisch bewerken berust op elektrolyse, waarbij anode-materiaal elektro-chemisch wordt opgelost bij stroomdoorvoer (figuur 6.10). Wanneer bijvoorbeeld staal wordt bewerkt, vinden de volgende reacties plaats:

Aan de anode:	$Fe \rightarrow Fe^{2+} + 2e^-$
In de vloeistof:	$H_2O \rightarrow OH^- + H^+$
Aan de kathode:	$2H^+ + 2e^- \rightarrow H_2$
Neerslag van ijzerhydroxide:	$Fe^{2+} + 2OH^- \rightarrow Fe(OH)_2\downarrow$

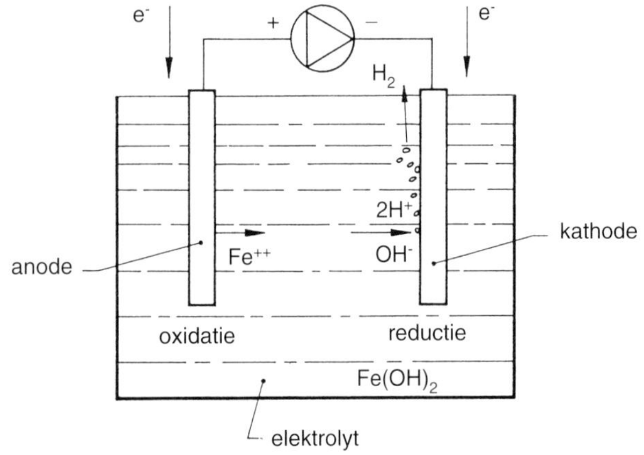

Figuur 6.10 Het anodisch oplossen van metaal

Om het geleidingsvermogen van de elektrolyt te vergroten wordt een zout toegevoegd. De reacties worden daardoor iets ingewikkelder dan hierboven aangegeven, maar het resultaat is hetzelfde. Het zout wordt niet verbruikt.

Er bestaan verschillende bewerkingsmethoden waarbij gebruik wordt gemaakt van elektrolyse, zoals elektrochemisch frezen en ontbramen en elektrolytisch slijpen en polijsten.
Het **elektro-chemisch frezen (ECM, Electro-Chemical Milling)** is hiervan de belangrijkste. Evenals bij

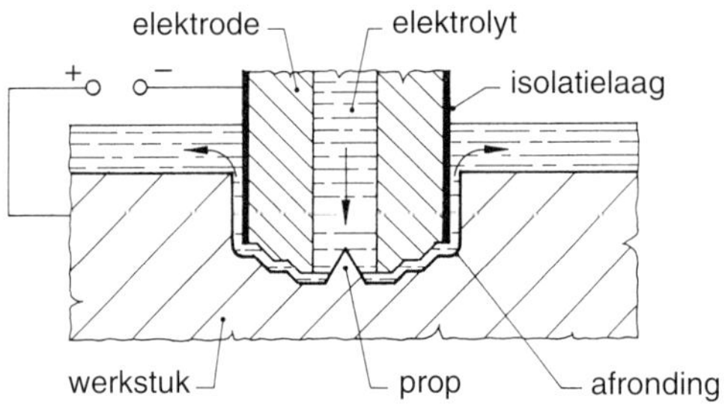

Figuur 6.11 Elektro-chemisch frezen

zinkvonken is bij ECM het gereedschap een elektrode waarvan de vorm het negatief is van het werkstuk (figuur 6.11). Deze elektrode (kathode) is doorboord met kanalen, waardoor de elektrolytische vloeistof wordt gepompt. Tussen elektrode en werkstuk (anode) wordt een spleet in stand gehouden. Als gevolg van de stroomdoorgang gaat het werkstukmateriaal in oplossing en wordt vormomkering bewerkstelligd. Het is nodig de vloeistof met grote snelheid door de spleet te pompen om de afvalprodukten (H_2 en metaalhydroxide) te verwijderen. Wegens de nauwe spleet is daarvoor een hoge druk nodig. Het vloeistofsysteem is dan ook een belangrijk onderdeel van de machine voor elektro-chemisch frezen, zie figuur 6.12.

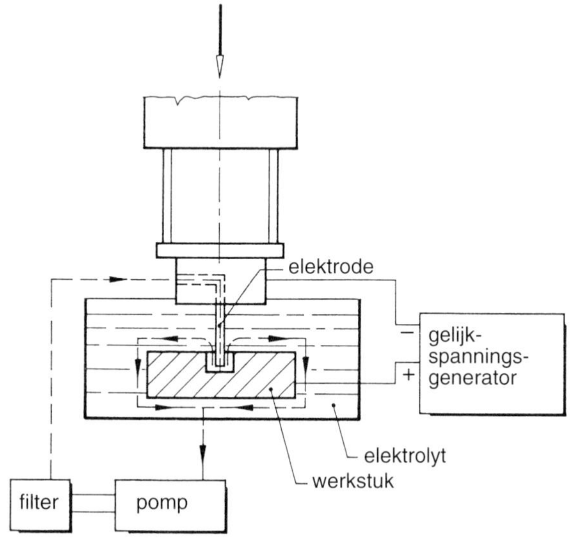

Figuur 6.12 Machine voor elektro-chemisch frezen

Ogenschijnlijk is er enige overeenkomst met zinkvonken. Wat de geometrie betreft is dat inderdaad zo. Het fysische principe is echter geheel anders: Bij EDM thermisch met een isolerende vloeistof, tegenover ECM elektro-chemisch met een geleidende vloeistof. De afnamesnelheid kan in het laatste geval veel groter zijn; de beperking is de toelaatbare stroomdichtheid, 1,5-8 A/mm^2. De stroomsterkte kan meer dan 10.000A bedragen, bij een spanning van 5 tot 20 V. De stroomdichtheid en dus ook de stroomsterkte wordt begrensd door een aantal factoren, waarvan de toelaatbare temperatuur vaak de belangrijkste is. De elektrolyt mag niet gaan koken zodat de vloeistofstroom voldoende groot moet zijn.

De afnamesnelheid is hoog, waardoor serieproduktie veelal tegen redelijke kosten mogelijk is. In principe is de afnamesnelheid evenredig met de stroomsterkte. Een typisch voorbeeld is 300 mm^3/s bij 10.000 A. Deze waarde hangt samen met de atoommassa en de valentie van de elementen in het werkstukmateriaal. De specifieke afnamesnelheid ligt voor de meeste metaallegeringen tussen 0,01 en 0,05 $mm^3/A.s$. Er is geen elektrode-slijtage. De haalbare nauwkeurigheid is beperkt: meestal niet beter dan IT klasse 9. De vorm van de elektrode moet zodanig zijn dat, ondanks de bij het proces optredende verschillen in spleetbreedte, toch de juiste werkstukvorm wordt verkregen.

De toepassingen liggen in de gereedschapmakerij (bijv. het nabewerken van de vormholte van smeedmatrijzen), maar meer nog bij produkten met complexe vormen en vervaardigd uit moeilijk te bewerken materialen, zoals Ni-legeringen. Voorbeelden van produkten zijn kooien van rollagers en turbineschoepen.

Het toepassen van elektro-chemisch frezen maakt kostbare maatregelen om milieuverontreiniging te voorkomen noodzakelijk. Ook de corrosieproblemen in de wijde omgeving van een ECM-machine vormen een nadeel.

6.2.5 Chemische bewerkingen

Bij de chemische bewerkingen wordt materiaal afgenomen door chemische aantasting zonder stroomdoorgang. In tegenstelling tot ECM is er geen elektrode en geen vormomkering. De plaatsen van het werkstuk waar geen materiaal behoeft te worden verwijderd, worden afgedekt met een chemisch bestendig masker. Vervolgens wordt het werkstuk in een bad met chemisch agressieve vloeistof gedompeld. Het niet afgedekte oppervlak lost overal met gelijke indringsnelheid op. Veel verschillende materialen kunnen worden bewerkt. De hardheid speelt geen rol. Het ontbreken van bewerkingskrachten op het werkstuk is vaak een belangrijke reden om voor dit proces te kiezen. Mits in het materiaal geen inwendige spanningen aanwezig zijn treden geen ongewenste vervormingen op. Het is daarom mogelijk zeer dunne delen te vervaardigen. De afmetingen van de werkstukken kunnen zeer groot zijn en worden alleen beperkt door de grootte van het etsbad. Er ontstaan geen scherpe overgangen en geen bramen. Een belangrijke toepassing is het chemisch frezen. Een variant hierop is het foto-etsen.

Bij het **chemisch frezen** gaat het om betrekkelijk grote produkten en het verwijderen van materiaal over grote oppervlakken. De maskeerlaag wordt aangebracht door spuiten. Daarna snijdt men de maskering weg op de plaatsen waar geëtst moet worden. Door het materiaal lokaal en slechts gedurende een bepaalde tijd aan het etsmiddel bloot te stellen, kan men plaatselijk een verdunning aanbrengen, zie figuur 6.13a. Het plaatmateriaal kan ook over de volle dikte weggeëtst worden, zie figuur 6.13b. Door produkten geleidelijk uit het bad te hijsen is het mogelijk een verlopende dikte te realiseren, zie figuur 6.14. De plaatdikte kan zo worden aangepast aan de plaatselijk optredende belasting. Een voorbeeld van toepassing is de vervaardiging van huidpanelen in de vliegtuigbouw, waarbij belangrijke gewichtsbesparingen mogelijk zijn, zie de figuren 6.14 en 6.15.

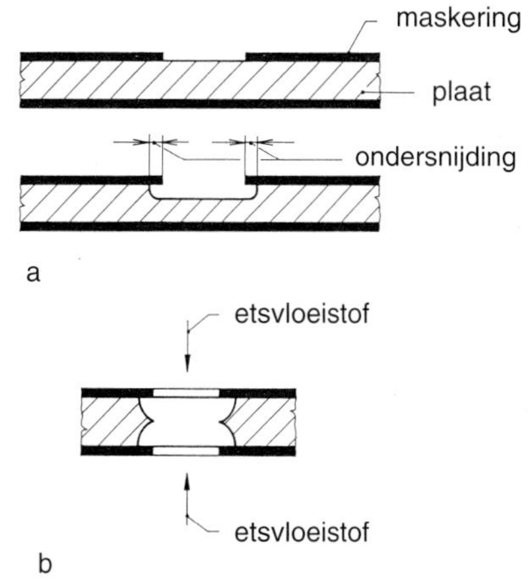

Figuur 6.13 Principe van éénzijdig (a) en tweezijdig (b) chemisch frezen

Figuur 6.14 Plaatselijke verdunningen en verlopende dikte, vervaardigd door chemisch frezen

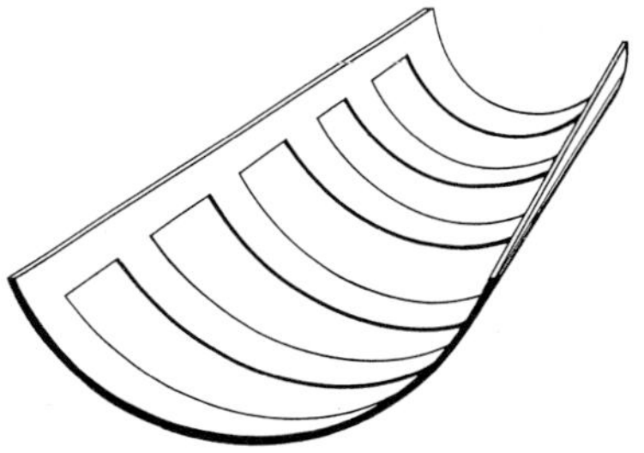

Figuur 6.15 Huidpaneel van een vliegtuig, vervaardigd door chemisch frezen

Een grove structuur van het werkstukmateriaal heeft een ongunstige invloed op de ruwheid na de bewerking. Ook kan de oppervlaktekwaliteit van het geëtste oppervlak slechter worden door verontreinigingen en oppervlaktefouten op het uitgangsoppervlak. Als gevolg van ongelijke etssnelheden door deze plaatselijke materiaalafwijkingen zijn de fouten na de bewerking versterkt terug te vinden. De indringsnelheid is niet hoog, maximaal 2 μm/s, maar meestal veel minder. De snelheid hangt af van de samenstelling van het werkstukmateriaal, de samenstelling en concentratie van het etsmiddel en de temperatuur. Door verandering van de concentratie of van de temperatuur kan men de etstijd en de nauwkeurigheid van het produkt beïnvloeden. Bij grote oppervlakken kan het volume verwijderd materiaal per tijdseenheid groter zijn dan bij mechanische verspanende bewerkingen, zeker als de toelaatbare verspaningskracht een beperking is. De nauwkeurigheid in diepterichting kan groot zijn. Een bron van onnauwkeurigheid in de richting evenwijdig aan het plaatoppervlak is het optreden van ondersnijding, waarvan de grootte niet nauwkeurig te voorspellen is. Zie figuur 6.13.

Terwijl het bij chemisch frezen meestal om grote werkstukken gaat, gaat het bij **foto-etsen** overwegend om kleine werkstukken, waarbij slechts weinig materiaal wordt afgenomen. De toepassing ligt bij (zeer) dunne plaat, vooral indien een hoge nauwkeurigheid wordt vereist. De bij het foto-etsen gebruikte maskering bestaat uit een chemisch bestendige, lichtgevoelige laag. Vóór het etsen wordt deze laag plaatselijk belicht en daarna ontwikkeld en gefixeerd, zie figuur 6.16. Het produktgebonden gereedschap is een film

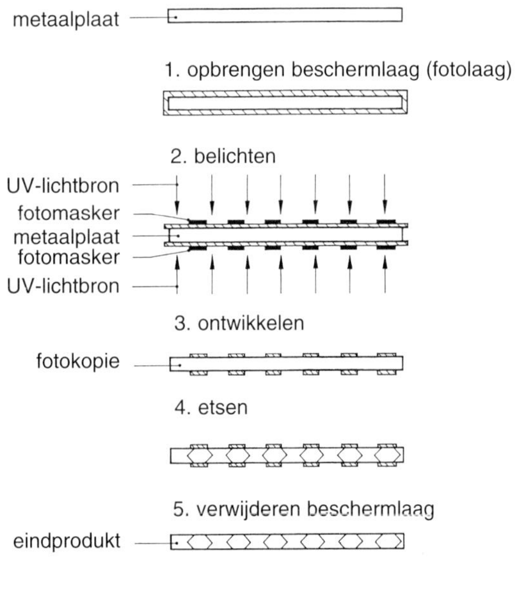

Figuur 6.16 De procesgang van het foto-etsen

die dient voor het belichten van de maskering. Deze film kan de afbeelding van een groot aantal produkten bevatten.

Het foto-etsen wordt in het bijzonder toegepast bij de vervaardiging van elektronische en fijnmechanische componenten, meestal in kleine series. Een voorbeeld van een in massa gefabriceerd produkt is het scheerblad van scheerapparaten met heen- en weergaande beweging (onder andere Braun). Het is hierbij van groot belang dat bij het foto-etsen, evenals bij het elektro-chemisch bewerken, geen braamvorming optreedt. Varianten van het foto-etsen worden veel gebruikt in de halfgeleiderindustrie (chips).

6.3 Bijzondere mechanische afnemende bewerkingen

Er worden hier twee groepen van bijzondere mechanische afnemende bewerkingen onderscheiden:
- bewerkingen die berusten op andere afnemende mechanismen dan spaanvorming door plastische deformatie,
- bewerkingen die geschikt zijn voor zeer hoge bewerkingsnauwkeurigheden of voor het verwijderen van zeer kleine materiaalvolumes.

De onderscheidingskenmerken sluiten elkaar niet uit zodat er bewerkingen bestaan, die in beide groepen behoren.

6.3.1 Mechanische bewerkingen met afwijkende afnemende mechanismen

Bij zeer brosse materialen is nauwelijks of geen plastische vervorming mogelijk. Er kan dus niet door het in paragraaf 5.2 beschreven afschuifproces een spaan ontstaan. Drukt men een beitel door een materiaal dat betrekkelijk weinig bindingssterkte tussen de korrels bevat, zoals bij baksteen het geval is, dan ontstaan op de korrelgrenzen gemakkelijk scheuren en is de beitel toch in staat materiaal af te nemen. Dit bros bezwijken van materiaal kost betrekkelijk weinig energie. Er treedt dan ook geen belangrijke temperatuurverhoging op. Wel moet de beitel hard zijn om voldoende weerstand tegen slijtage te bieden. Om indrukking van het gereedschap te voorkomen, moet de Vickers-hardheid van het gereedschap tenminste drie maal die van het werkstuk zijn. Als de hardheid van het werkstukmateriaal en ook de bindingssterkte toeneemt, wordt de belasting op de snijwig groter. Uiteindelijk zijn slechts slijpkorrels of diamantbeitels in staat om zeer harde materialen, zoals hardmetaal, glas en keramiek, goed te bewerken. Het is moeilijk om het ontstaan van microscheurtjes in het werkstukoppervlak te voorkomen bij het slijpen of verspanen van deze zeer harde werkstukmaterialen.

Ultrasoon bewerken

Van de verschillende mechanische bewerkingen met niet-plastische materiaalafname zal in deze paragraaf slechts één voorbeeld behandeld worden: het **ultrasoon bewerken**. Andere voorbeelden zijn het waterstraalbewerken, het abrasief waterstraalbewerken, het abrasieve straalbewerken en het ionenstraalbewerken, die in paragraaf 6.4 aan de orde komen.

Figuur 6.17 toont het principe van ultrasoon bewerken. Er is een gereedschap, waarvan de geometrie

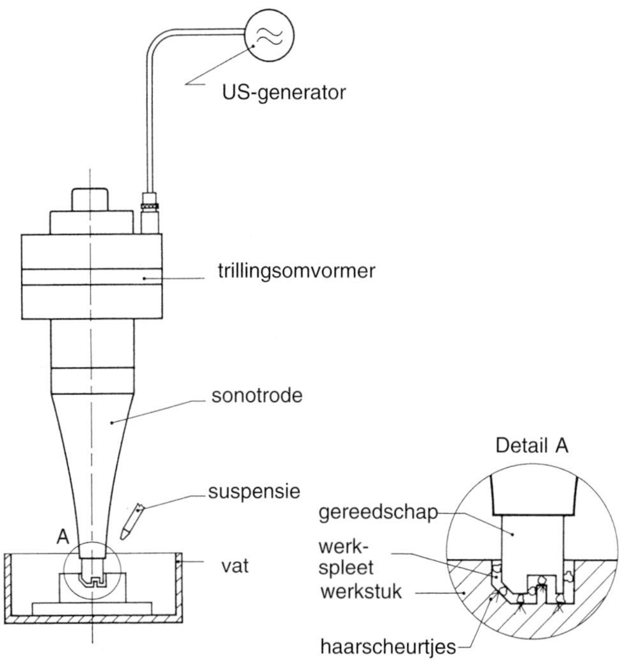

Figuur 6.17 Het principe van ultrasoon bewerken

bepalend is voor de vorm het te maken produkt. Dat lijkt dus op de elektrode bij vonkverspanen of elektrochemisch bewerken. Tussen het gereedschap en het werkstuk bevindt zich een spleet die gevuld is met een substantie waarin abrasieve korrels van zeer gelijkmatige grootte zijn opgenomen. Door een trilkop wordt een ultrasone trilling (bijv. 25 kHz) opgewekt, die door de typische vorm van de **sonotrode**, versterkt wordt overgebracht op het gereedschap. Het gereedschap hamert op de korrels en die hameren weer op het werkstuk. Als het werkstukmateriaal hard genoeg is, ontstaan daarin lokaal scheurtjes en breken er stukjes uit. Op die manier wordt geleidelijk het werkstukmateriaal afgenomen en wordt de vorm van het gereedschap afgebeeld in het werkstuk. Het gereedschap is van zacht staal. In de praktijk is enige gereedschapslijtage (vergelijkbaar met de elektrodeslijtage bij het vonkverspanen) niet te vermijden.

Bij de beschreven vorm van ultrasoon verspanen oscilleert de sonotrode dus loodrecht op het werkstukoppervlak en is het afnamemechanisme gebaseerd op bros gedrag van het werkstukmateriaal. Ook komt het voor dat er gewerkt wordt met de zijkant van de sonotrode. Het actieve vlak van de sonotrode beweegt dan evenwijdig met het werkstukoppervlak. Er vindt een relatieve beweging van de korrels langs het werkstukoppervlak plaats. Bij zachtere materialen leidt dit tot spaanvorming, vergelijkbaar met het leppen. Deze bewerking wordt dan ook aangeduid met **ultrasoon leppen** en hoort niet thuis in dit hoofdstuk.

Het ultrasoon bewerken leent zich goed voor het bewerken van zeer harde materialen, die niet elektrisch geleidend zijn. Dat een hoge hardheid van het werkstukmateriaal hier vaak van voordeel is blijkt uit de volgende waarden, geldig voor een machine voor ultrasoon bewerken met een vermogen van de trilkop van 600 W. Voor staal bedraagt de afnamesnelheid Q_w 0,03 mm^3/s, voor hardmetaal 0,7 mm^3/s, voor sommige glassoorten wordt zelfs de waarde 25 mm^3/s bereikt.
Om voldoende hoge lokale spanningen in het werkstukoppervlak te krijgen, moeten er niet teveel korrels in de spleet tussen gereedschap en werkstuk aanwezig zijn en moeten de korrels scherpe kanten hebben. Ook moet het verwijderde materiaal afgevoerd worden. De substantie in de spleet moet dan ook doorlopend ververst worden. De benodigde hoeveelheid is echter klein. De spleetwijdte tussen werkstuk en gereedschap is ongeveer gelijk aan de korrelgrootte.

Men kan produktgebonden gereedschapvormen gebruiken of men kan gebruik maken van eenvoudige gereedschapvormen en dan door gebruik te maken van de mogelijkheden van numerieke besturing (zie hoofdstuk 11) produktvormen genereren (vergelijkbaar met contourvonken), zie figuur 6.18.

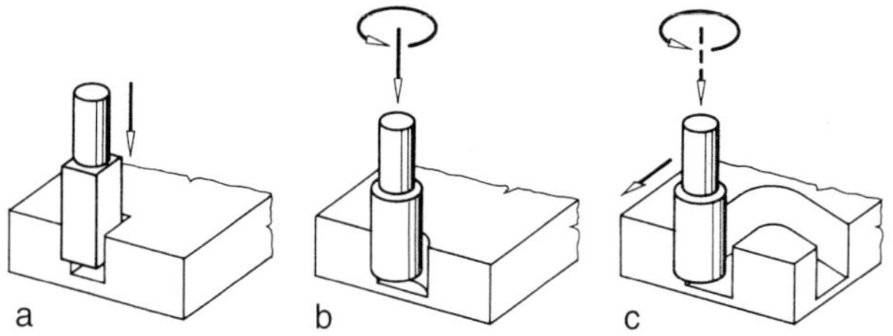

Figuur 6.18 Ultrasoon zinken (a), ultrasoon boren met roterende sonotrode (b) en ultrasoon contourfrezen (c)

Ultrasoon bewerken wordt gebruikt voor de vervaardiging van nauwkeurige vormen in harde materialen zoals glas en keramiek, voornamelijk voor technische toepassingen. Een voorbeeld van een produkt is het huis van een polshorloge, vervaardigd uit natuursteen.

6.3.2 Uiterst nauwkeurige mechanische afnemende bewerkingen

Figuur 6.19 toont de ontwikkeling van de haalbare bewerkingsnauwkeurigheid gedurende de laatste drie-

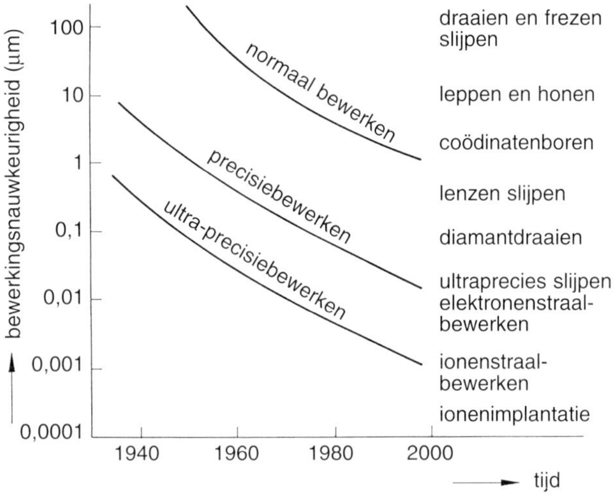

Figuur 6.19 De ontwikkeling van de bereikbare bewerkingsnauwkeurigheden

kwart eeuw. De figuur onderscheidt normale, preciesie en ultrapreciesie bewerkingsmethoden. De tot dusver behandelde bewerkingsmethoden vallen onder de twee eerstgenoemde categorieën. In deze paragraaf zullen wij aandacht geven aan de **preciesie-** en de **ultrapreciesie-bewerkingen.** De grenzen tussen de categorieën zijn niet scherp. Ze verschuiven bovendien in de loop der jaren naar kleinere toleranties. De term "ultrapreciesie-bewerkingen" heeft betrekking op die bewerkingen met de op het beschouwde tijdstip de hoogst bereikbare nauwkeurigheid. In veel "gewone" werktuigbouwkundige constructies kan men maat-, vorm- en plaatstoleranties nog uitdrukken in tienden en honderdsten van een millimeter. Voor nauwkeurige onderdelen is de micrometer de maatstaf. Het uitdrukken van toleranties in nog kleinere eenheden is vooral zinvol voor optische en micro-elektronische componenten. Ook in de instrumentenbouw en in medische toepassingen worden echter voortdurend nauwkeuriger onderdelen gevraagd. Dat is beslist niet alleen het geval voor kostbare kapitaalgoederen. Ook in consumentenartikelen, zoals foto- en video-apparatuur en computers, komen steeds vaker uiterst nauwkeurige componenten voor, die toch tegen zeer lage prijzen worden geproduceerd.

In het algemeen gaan nauwe toleranties samen met een hoge oppervlaktekwaliteit. Er bestaat echter geen rechtstreeks verband tussen tolerantie en ruwheid. Bij een spiegel is bijvoorbeeld de ruwheid van groot belang en de dikte van weinig belang. Andersom komt minder vaak voor.

Voor toleranties en ruwheid is er een ondergrens bij ongeveer 10^{-3} µm = 1 nm. Dat is ongeveer driemaal de roosterafstand in metaalkristallen. Nauwkeuriger dan de roosterafstand kan men niet bewerken, doch wel meten.

Precisie- en ultraprecisie-bewerkingen kan men in principe realiseren met bewerkingsmethoden van zowel mechanische, fysische als chemische aard. Daarbij moet zeer veel zorg worden besteed aan de gelijkmatigheid en zuiverheid van de werkstukmaterialen, de kwaliteit van de gereedschappen (bijvoorbeeld de scherpte van snijkanten of de gelijkmatigheid van de grootte van slijpkorrels) en de nauwkeurigheid van de bewegingen van produktiemachines. Er is echter een aantal materiaalbewerkingstechnieken ontwikkeld speciaal voor het realiseren van uiterst kleine afmetingen met zeer hoge nauwkeurigheid. Men duidt deze technieken wel aan met het verzamelbegrip **submicrontechnologie** of zelfs **nanotechnologie.** Een aantal van deze technieken is zelfs in staat zeer kleine aantallen atomen te verwijderen, aan te brengen of te verplaatsen. Men spreekt van **atomic-bit-machining.** Het is opmerkelijk dat het op deze schaal vaak weer gaat om mechanische processen, waarbij uiterst kleine deeltjes, tot atomen en ionen toe, als gereedschap dienen om de geometrie van het werkstuk te wijzigen. Het gaat te ver deze zeer geavanceerde en zeer gespecialiseerde bewerkingen te behandelen. Een uitzondering is het ionenbewerken dat in paragraaf 6.4 kort aan de orde komt.

Een ander uitzonderlijk gebied is het vakgebied dat wel met **micromechanica** wordt aangeduid. Hieronder verstaat men het ontwerpen en vervaardigen van uitermate kleine, overwegend mechanische constructies. Daarbij gebruikt men bij voorkeur zeer zuivere, goed gedefinieerde en stabiele materialen, zoals kwarts en vooral silicium. De bewerkingstechnieken zijn afkomstig uit de halfgeleiderindustrie. De afnemende technieken zijn verfijnde varianten van het foto-etsen. Tevens gebruikt men technieken voor het plaatselijk aanbrengen van lagen door opdampen en microverbindingstechnieken.

Voorbeelden van toepassingen zijn vooral te vinden in de ontwikkeling van sensoren (voor de omzetting van een fysische grootheid in een elektrisch signaal), bij zeer kleine instrumenten en in de medische techniek. Als voorbeeld is in figuur 6.20 een XY-tafeltje weergegeven met een maximale verplaatsing van 50x50 µm en een resolutie van ca. 100 nm. Dit onderdeel wordt gemaakt uit een stuk silicium en wordt toegepast in moderne magnetische recorders.

a

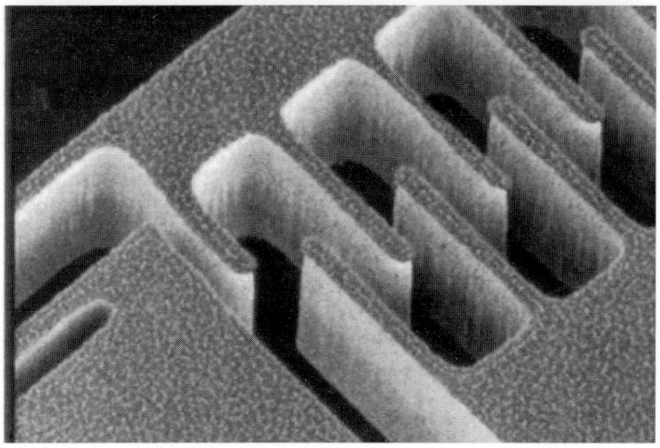

b

Figuur 6.20 XY-tafeltje (a) met uitvergroot detail (b), vervaardigd door de Micromechanische Transducer Groep, MESA, Universiteit Twente

6.4 Bewerken met stralen met hoge vermogensdichtheid

6.4.1 De aard van de straal

De in deze paragraaf behandelde bewerkingen komen tot stand door de kinetische energie van (zeer) kleine deeltjes met (zeer) hoge snelheid te concentreren, waardoor een nauwe bundel met een zeer hoge **vermogensdichtheid** (W/mm^2) ontstaat. De sterk geconcentreerd toegevoerde energie krijgt zeer weinig tijd om zich door warmtegeleiding naar de omgeving te verspreiden. De processen spelen zich daarom in korte tijd en in een zeer beperkte omgeving af. Men spreekt daarom over **straalbewerkingen** of ook wel over **puntbewerkingen.** Figuur 6.21 geeft een overzicht van de gebruikelijke energiedragers, met voorbeelden van de daarmee uitgevoerde bewerkingen.

Energiedrager	Bewerking
vaste stof:	
kogeltjes van glas of metaal:	kogelstralen
korrels van metaal:	staalstralen
abrasief materiaal:	abrasief stralen
vloeistof (water):	waterstralen
vaste stoffen in vloeistof:	abrasief-waterstralen
vaste stoffen in gas:	abrasief-luchtstralen
ionen:	ionenstralen of ionenbundel
elektronen:	elektronenstralen
fotonen:	laserstralen
geïoniseerde gassen:	plasmastralen

Figuur 6.21 Overzicht van bewerkingen met stralen met uiteenlopende energiedragers

De deeltjes krijgen hun snelheid door een mechanische versneller (voor vaste stof), vloeistof- of gasdruk, een elektrisch of magnetisch veld, of een lichtbron. Afhankelijk van de vermogensdichtheid kan in het werkstuk plastische vervorming, spaanvorming, smelten of zelfs verdampen optreden.

6.4.2 Stralen met vaste deeltjes

Kogelstralen (shot-peening) is een oppervlaktebehandeling, zie figuur 6.22. Bij het kogelstralen ontstaat plastische vervorming, die het oppervlak van de buitenste laag van het werkstuk wil vergroten. De dieper gelegen lagen ondergaan geen plastische vervorming. Drukspanningen in het oppervlak en trekspanningen onder het oppervlak zorgen voor elastische vervormingen, zodanig dat de lagen weer aan elkaar passen. De resulterende spanningsverdeling is afgebeeld in figuur 6.22b. De drukspanningen in het

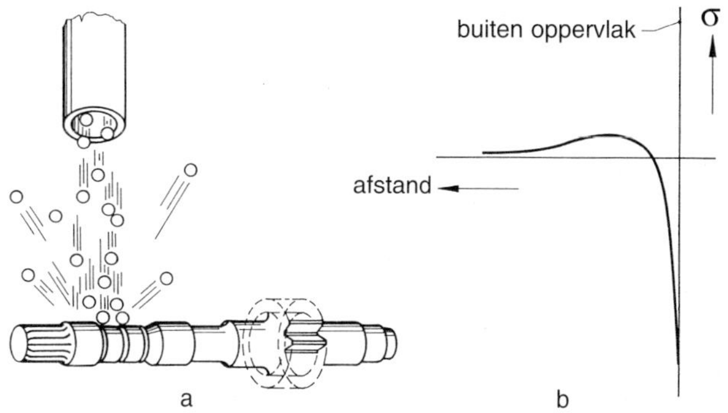

Figuur 6.22 Het kogelstralen (a) en de spanningsverdeling in de oppervlaktelaag (b)

oppervlak verhogen de vermoeiingssterkte aanzienlijk. Het bereikte spanningsniveau wordt bepaald door de massa en de trefsnelheid van de kogels. Voor het stralen met lage intensiteit gebruikt men glasparels, voor hogere intensiteit staalkorrels van verschillende afmetingen. Onder **intensiteit** verstaat men het aantal deeltjes per tijdseenheid per eenheid oppervlak. Kogelstralen is een voorbeeld van een mechanische oppervlaktebehandelingstechniek. Deze technieken worden toegepast om de eigenschappen van de oppervlaktelaag te beïnvloeden.

Bij eenzijdig bestraalde werkstukken van plaatmateriaal is de spanningsverdeling asymmetrisch. In de doorsnede is geen momentenevenwicht. De drukspanningen in het oppervlak leiden tot vervormingen die het momentenevenwicht herstellen. Door de beweging en de intensiteit van de straal volgens een programma te besturen kan men plaatdelen in de gewenste vorm brengen. Deze werkwijze, **peenforming**, wordt in de vliegtuigindustrie toegepast voor het bewerken van huidpanelen met een verspringende dikte, waardoor rolbuigen (zie paragraaf 3.5.1) niet mogelijk is. Peenforming behoort dus tot de omvormtechnieken.

Als men willekeurig gevormde korrels met scherpe kanten toepast ontstaan er bij het treffen van het materiaal op kleine vlakjes zulke hoge spanningen, dat er materiaalafname plaatsvindt. Bij gebruik van slijpkorrels vindt spaanvorming plaats. Men spreekt dan van **abrasief stralen (AJM, Abrasive Jet Machining)**, zie figuur 6.23. De korrels worden door luchtdruk van 0,6 tot 0,8 MPa (6-8 bar) versneld. Met fijne korrels kan men delicate voorwerpen bewerken. Zand en staalgrit hebben een reinigende werking. **Staalstralen** wordt onder andere gebruikt voor het reinigen van gietstukken in de gieterij en voor het verwijderen van roest en walshuid, voorafgaand aan het schilderen van stalen produkten. Lichtere kogels (bijvoorbeeld kersepitten), die met betrekkelijk lage snelheid worden "afgeschoten", worden soms gebruikt om voorwerpen te reinigen. Zand is schadelijk voor de longen en mag alleen nog worden toegepast wanneer geen enkel alternatief beschikbaar is. Dit is alleen toegestaan wanneer strenge veiligheidsvoorschriften in acht worden genomen.

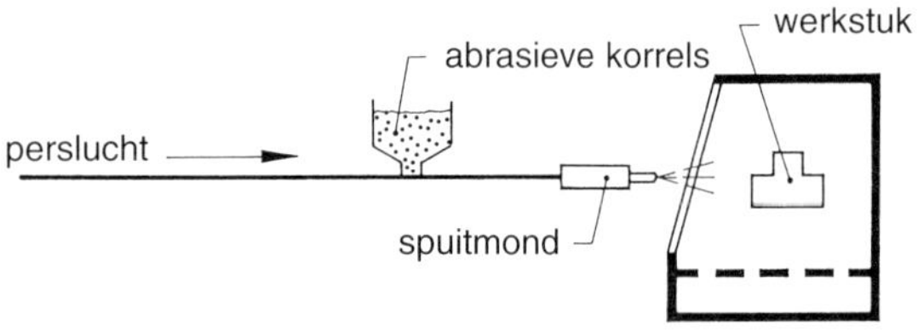

Figuur 6.23 Abrasief stralen

6.4.3 Waterstraalbewerken

Door gedemineraliseerd water onder hoge druk, tot ca. 400 MPa (4000 bar), door een nauw mondstuk (diameter < 0,5 mm) te persen ontstaat een straal met hoge snelheid (> 800 m/s). De zeer hoge druk maakt het gebruik van een kostbare drukversterker noodzakelijk, zie figuur 4.27. De straal leent zich goed voor het snijden van betrekkelijk zachte materialen als papier, karton, textiel en vezelversterkte kunststoffen, en ook voor betrekkelijk weinig samenhang vertonende brosse materialen als baksteen en leisteen. Men spreekt van **waterstraalsnijden**, zie ook paragraaf 4.3.5.

De energiedichtheid kan sterk worden verhoogd door het toevoegen van een vaste stof met een hogere dichtheid dan water. Figuur 6.24 toont de mengkop. Voor

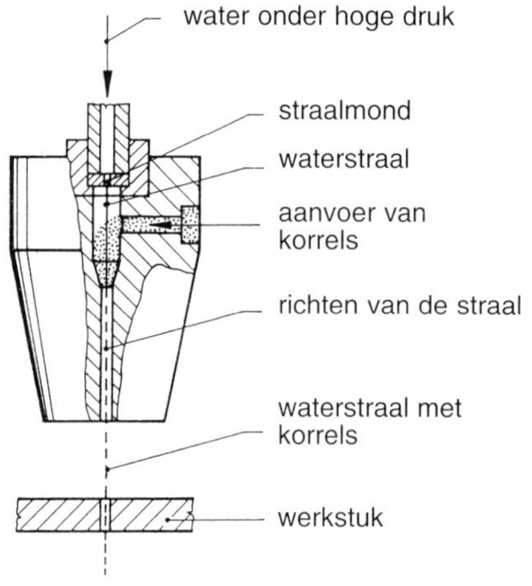

Figuur 6.24 Mengkop voor abrasieve waterstraalbewerking

de vaste stof kiest men korrels met scherpe kanten. Men spreekt nu van **abrasief waterstraalsnijden.** Dit is een mechanische bewerking die overwegend nietplastisch van aard is. Hiermee wordt een "gereedschap" verkregen dat een grote verscheidenheid aan materialen kan snijden. Daartoe behoren materialen die met andere mechanische of thermische processen moeilijk of niet te snijden zijn. Voorbeelden zijn glas, natuursteen, metalen, hittebestendige legeringen, metaalcomposieten en zelfs pantserplaat, zie ook figuur 6.25.

Door een zorgvuldige keuze van de procesvariabelen kan men (abrasief) waterstralen ook toepassen om gleuven met een bepaalde diepte, of zelfs kamers te maken. Hogedruk waterstralen worden ook wel toegepast om goed aanhechtende lagen (bijv. keramische deklagen voor slijtagebescherming) plaatselijk te ver-

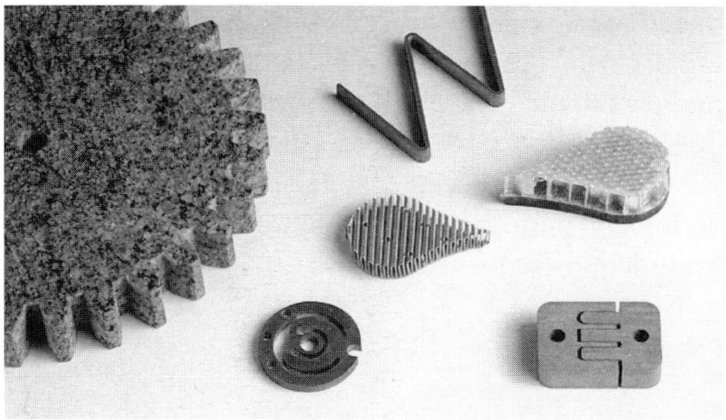

Figuur 6.25 Produkten, gesneden met hogedruk waterstraal met abrasief toevoeging

wijderen. Voor het reinigen van aanhechtend vuil zijn veel minder hoge drukken nodig, tot ca. 1500 bar. Een kostbare drukversterker is dan niet nodig, zodat men met een goedkopere hogedrukpomp kan volstaan.

6.4.4 Bewerken met ionen

Door van atomen één of meer elektronen weg te nemen, verkrijgt men ionen. De functie van een ionenbron is het leveren van zulke ionen. De positief geladen ionen kunnen worden versneld in een elektrisch veld. Gebeurt dit over een breed oppervlak dan spreekt men over een **ionendouche**, zie figuur 6.26. Men kan

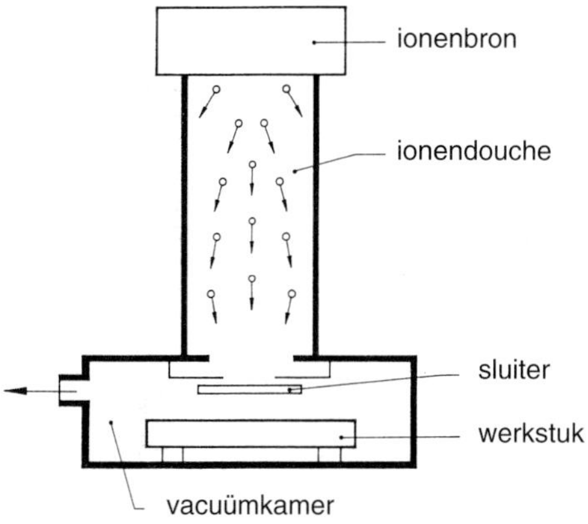

Figuur 6.26 Principe van de ionendouche bewerking

de ionen met behulp van een magnetisch of elektrostatisch veld echter ook bundelen tot een nauwe straal, een **ionenstraal**, zie figuur 6.27. Het geheel bevindt zich in een vacuümruimte. Indien de ionen een werkstukoppervlak treffen, kunnen er verschillende verschijnselen optreden, afhankelijk van twee groepen van factoren:

de ionenstraal:
- de intensiteit,
- de soort ionen (massa en afmetingen),
- de kinetische energie,
- de trefhoek,
- de verblijftijd.

het werkstukoppervlak:
- het werkstukmateriaal, met name de roosterafstand van de atomen,
- de mate van verontreiniging van het oppervlak.

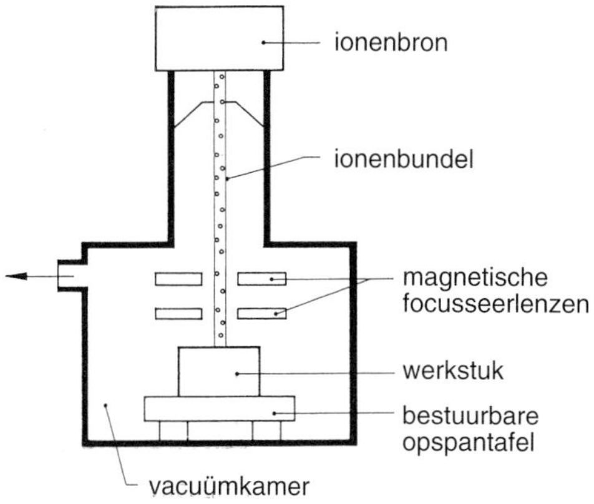

Figuur 6.27 Principe van de ionenstraalbewerking

Mogelijkheden voor het bewerken met ionen

Bij een lage kinetische energie en bij geschikte procescondities hechten de ionen zich aan het oppervlak. Dit is de grondslag van een hele familie van **opdamptechnieken**, waarbij ionen vanuit de gasfase in een vacuümkamer in een laag met een dikte van enkele micrometers op voorwerpen neerslaan. Dit wordt toegepast voor het aanbrengen van slijtagebestendige deklagen (coatings) van keramisch materiaal op onder andere gereedschappen (zie de hoofdstukken 3 en 5) alsmede coatings op produkten als spiegels en lenzen om de optische eigenschappen te verbeteren. Door een juiste keuze van de ionen bereikt men de gewenste eigenschappen van de deklaag.

Bij wat hogere kinetische energie kunnen de ionen loszittende deeltjes op het werkstukoppervlak verwijderen. Dit is een reinigingsmethode die vaak vooraf gaat aan het bovengenoemde opdampen.

Kleine ionen, zoals waterstof of stikstof, zien bij hoge snelheid kans in de ruimten tussen de atomen van het werkstukoppervlak te dringen. Men spreekt dan van **ionenimplantatie.** Indringdiepte en concentratie van de vreemde ionen kunnen sterk verschillen. Deze vreemde ionen verstoren het atoomrooster, waardoor het materiaal harder en slijtvaster wordt. Een voordeel is dat men een meer geleidelijke overgang van materiaaleigenschappen verkrijgt dan bij het opdampen. De techniek is echter moeilijker en duurder en verkeert nog in het ontwikkelingsstadium.

Grotere ionen met voldoend hoge snelheid zien zelfs kans om de atomen van het werkstuk uit hun roosterplaats te stoten. Ook de invalshoek is hierbij van belang. Daarmee ontstaat een afnemende bewerking, waarmee men ook bij zeer harde materialen (bijv. diamant) scherpe meskanten of punten kan vervaardigen, zie figuur 6.28.

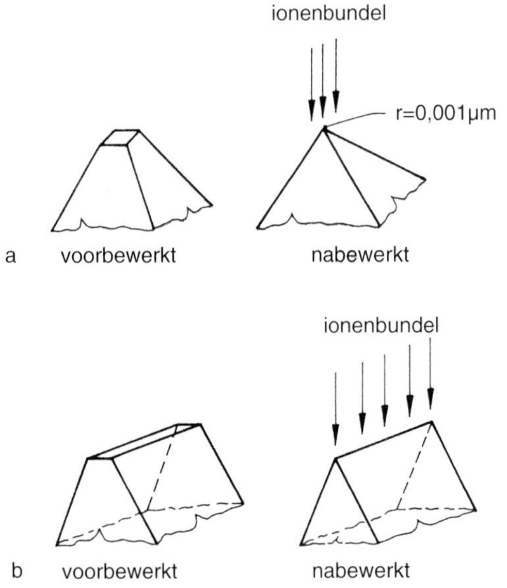

Figuur 6.28 Toepassing van materiaalafname door ionen: aanscherpen van een diamanttaster (a) en van een diamanten microton-mes (b)

Het ionenstraalbewerken kent nog een aantal andere varianten voor toepassingen in de micro-mechanische industrie en in de halfgeleiderindustrie.

6.4.5 Bewerkingen met lasers

Eigenschappen van lasers voor materiaalbewerking

De kenmerkende eigenschap van **lasers** is dat zij een **coherente** lichtbundel leveren. Dit is licht met één vaste golflengte, waarbij alle golven met elkaar in fase zijn. Hierdoor treedt geen verstrooiing op en is de lichtbundel geheel evenwijdig. De golflengte is afhankelijk van de in de laser gebruikte actieve stof. De bundel kan continu zijn of gepulst. In het laatste geval zijn pulsfrequentie, pulsduur en energie per puls meestal binnen ruime grenzen instelbaar, al hangen de mogelijkheden wel af van de opbouw van de laser. Vooral bij continue lasers is voor toepassingen in de materiaalbewerking het beschikbare vermogen van groot belang. Bij pulserende lasers is vooral de energie per puls belangrijk. Dit is het geval wanneer een hoge intensiteit en toch een laag vermogen gewenst zijn. Men kiest dan een lage pulsfrequentie, omdat het vermogen immers gelijk is aan de energie per puls maal de pulsfrequentie.

Bundelmanipulatie

Door optische systemen kan de door de laser geleverde lichtbundel verder worden gemanipuleerd. In lucht, of beter nog in vacuüm, kan deze bundel zich over grote afstanden voortplanten zonder verandering van eigenschappen. De bundeldiameter neemt nauwelijks toe. Door spiegels kan de lichtbundel in een gewenste richting worden afgebogen. Indien de spiegels gedeeltelijk doorlaatbaar zijn, kan de bundel hiermee worden gesplitst. Door gebruik te maken van lichtgeleiders bestaande uit glasvezelbundels kan het licht om hindernissen worden heengeleid. Met lenzen kan men de lichtbundel op een klein oppervlak concentreren, zie figuur 6.29. De vermogensdichtheid kan zeer hoog zijn. De verdeling van de vermogensdichtheid over de bundeldoorsnede heeft ongeveer de vorm van een Gausskromme, zie figuur 9.7.

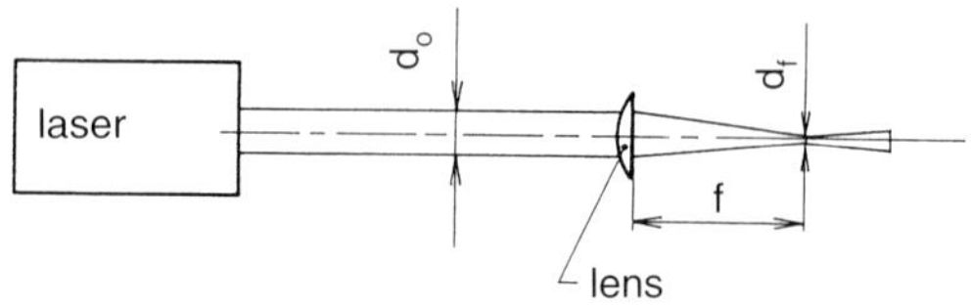

Figuur 6.29 Focusering van een bundel laserlicht

Interactie van de bundel met het werkstuk

Wat er gebeurt als de laserstraal een werkstukoppervlak treft, hangt af van de volgende factoren:

de straal:
- golflengte,
- vermogensdichtheid,
- verblijftijd,

het werkstuk:
- reflectie,
- thermische eigenschappen,
- overige materiaaleigenschappen,

de omgeving:
- aanwezigheid van een stilstaand of stromend medium.

Wij beschouwen eerst de warmtebalans. Gedurende de **verblijftijd** wordt een bepaald klein oppervlakje van het werkstuk blootgesteld aan de straal met een vermogen P. De straal levert dan de energie $E_0 = P \times t_e$. Een deel van de energie van de straal wordt geabsorbeerd door het werkstukoppervlak, zie figuur 6.30, en de rest wordt teruggekaatst. Van belang zijn de **absorptiegraad** A of de **reflectiegraad** R (R = 1/A). Deze zijn afhankelijk van de golflengte van het licht λ (figuur 6.31), de eigenschappen van het werkstukmateriaal en het ruwheidsprofiel.

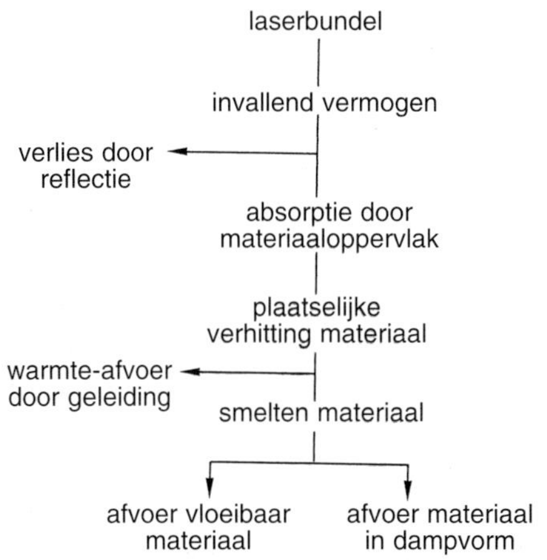

Figuur 6.30 Energiestromen bij het treffen van een bundel laserlicht op een werkstukoppervlak

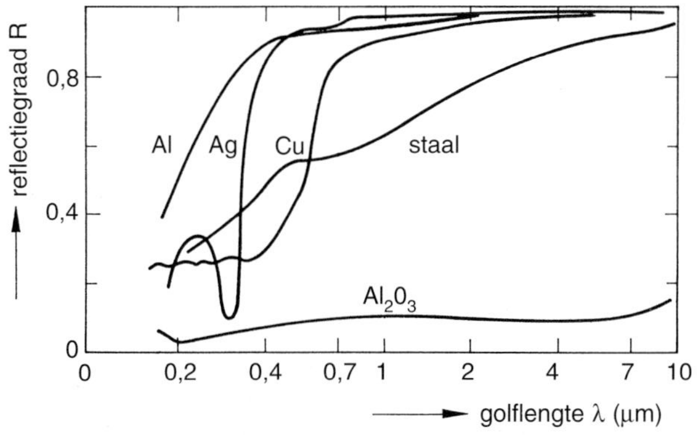

Figuur 6.31 De reflectie van laserlicht als functie van de golflengte voor verschillende werkstukmaterialen

Sommige lasers geven hun energie in pulsen af met daartussen pauzes. Men spreekt dan van **gepulste lasers.** De energie per puls, de pulsduur (is gelijk aan de verblijftijd) en het pulsinterval zijn instelbaar. **Continue lasers** geven een straal af met een instelbaar vermogen. Nu wordt de verblijftijd bepaald door de diameter van het bestraalde vlekje op het werkstukoppervlak en de snelheid waarmee dit vlekje over het oppervlak wordt voortbewogen.

Van veel belang is de vermogensdichtheid, dat is het vermogen per eenheid van oppervlakte van het bestraalde werkstukoppervlak. Bij een lage vermogensdichtheid is er veel tijd nodig om een bepaalde hoeveelheid energie in het werkstuk te brengen. De energie verhit het werkstuk ter plaatse van de straal, maar wordt ook gedeeltelijk door geleiding verdeeld over een groter gebied in het werkstuk. Voor die geleiding is echter tijd nodig. Bij een korte verblijftijd is de hoeveelheid door geleiding afgevoerde energie daarom gering. Men benadert de adiabatische toestand, zoals die in de thermodynamica wordt behandeld. Ter plaatse van de straal treedt een sterke temperatuurverhoging op, maar de omgeving blijft vrijwel koud. Bij een lange verblijftijd wordt de opgenomen energie veel gelijkmatiger over een uitgebreide zone verspreid. Om een sterke temperatuurverhoging te verkrijgen is dus veel meer opgenomen energie nodig.

Alle thermische bewerkingen berusten op temperatuurverhoging. Men streeft, afhankelijk van de soort uit te voeren bewerking, naar hogere temperatuur in vaste toestand, naar smelten of naar verdampen. De absorptie van warmte door vloeistof of damp is vaak veel groter dan die door vaste stof. Daarom kan boven de **kritische vermogensdichtheid** van de straal de absorptiegraad zeer sterk toenemen, soms van minder dan 0,1 tot vrijwel 1,0. Voor veel materialen ligt deze intensiteit bij ca. 10^8 W/mm^2. Boven deze waarde is de invloed op de absorptie van de golflengte van het laserlicht, het werkstukmateriaal en het ruwheidsprofiel ineens veel kleiner.

Na het verwarmen door het laserlicht volgt afkoeling. Hoe snel die afkoeling plaatsvindt, hangt samen met de temperatuurgradiënt en de thermische eigenschappen van het werkstukmateriaal.

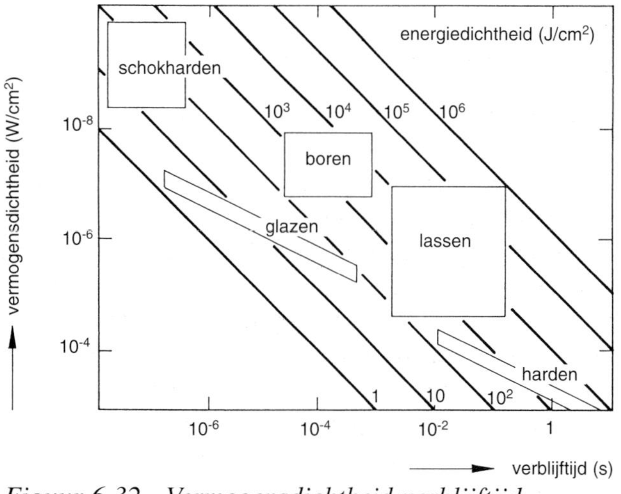

Figuur 6.32 Vermogensdichtheid-verblijftijd diagram voor laserbewerkingen

Veel verschijnselen bij thermische processen kan men beschrijven aan de hand van een vermogensdichtheid-verblijftijd-diagram, zie figuur 6.32.

Mogelijke bewerkingen

Aan de hand van het diagram van figuur 6.32 zullen we de mogelijke laserbewerkingen toelichten.

Boven een bepaalde combinatie van intensiteit en blootstellingsduur wordt het smeltpunt overschreden. Indien het smelten over enige diepte optreedt en men het gesmolten materiaal met een **snijgas** wegblaast, ontstaat ter plaatse een putje. Sommige materialen smelten niet, doch verdampen (sublimeren). Dan is geen snijgas nodig. De aanwezigheid van gas heeft nog een andere functie. Een neutraal gas kan oxidatie van het werkstukoppervlak door lucht uit de omgeving voorkomen. Een reducerend gas kan zelfs aanwezige oxiden weer afbreken. Bij vrijwel alle laserbewerkingen wordt daarom een neutraal of reducerend **beschermgas** toegepast.

Laat men de laserstraal voldoende lang op een plaats staan, dan ontstaat een gaatje. Men spreekt van **laserboren.** Beweegt men een laser met de juiste snelheid over het werkstuk, dan ontstaat een snede. Dat is het **lasersnijden**, de meest bekende laserbewerking, reeds genoemd in hoofdstuk 4. De meeste materialen smelten bij het bereiken van een bepaalde temperatuur. Men spreekt dan van **lasersmeltsnijden.** Andere materialen gaan direct van de vaste stof over in damp of het gesmolten materiaal gaat bij nog hogere temperaturen in damp over. Indien verdampen optreedt, noemt men dit **sublimeersnijden.**

Laserlicht is een energiebron met een zeer laag rendement: slechts enkele procenten. De rest van de toegevoerde energie wordt in de laser zelf omgezet in warmte. Lasers voor materiaalbewerking moeten dan ook intensief worden gekoeld. Daar staat tegenover dat door de nauwe snijspleet en de geringe warmteafvoer naar de omgeving de vereiste netto energie laag is. Sommige materialen, waaronder de meeste staalsoorten, hebben een ontbrandingstemperatuur die lager is dan de smelttemperatuur. Voert men bij een dergelijk materiaal zuivere zuurstof toe aan de verhitte zone, dan treedt verbranding op en smelt het oxide. Dit principe is reeds besproken in paragraaf 4.3. Men spreekt van **laserbrandsnijden.** Bij het laserbrandsnijden werkt men vaak met twee gassen: zuurstof als snijgas en een beschermgas om de rest van het werkstuk tegen oxidatie te beschermen.

Lasersnijden heeft als belangrijk voordeel de hoge flexibiliteit. Het is mogelijk een breed spectrum aan materialen te snijden. Door het wijzigen van een NC-programma is zeer snelle aanpassing van de produktgeometrie mogelijk. Zelfs dubbelgekromde oppervlakken zijn door gebruik van industriële robots (zie figuur 11.43 en paragraaf 11.9) goed te snijden. Een voorbeeld is het snijden van autocarrosseriedelen in kleine series voor bijv. prototypes en speciale sportmodellen. De bedrijfskosten van lasersnijden zijn door het relatief hoge energiegebruik en de noodzakelijke zuivere gassen relatief hoog. Daardoor is de toepassing beperkt tot kleine series en dunne plaat. Economisch gezien ligt de grens bij ca. 8 mm. Technisch is een grotere dikte mogelijk.

Bij **lasergraveren** wordt het werkstukmateriaal slechts tot een beperkte diepte gesmolten. Door het gebruik van een numeriek bestuurde lasergraveermachine kan men teksten en figuren, ontworpen op een computer, rechtstreeks in allerlei materialen aanbrengen. Zo kan men bijvoorbeeld een symbool of tekst graveren in de spuitgietmatrijs voor een kunststof onderdeel of bewerkingsgereedschappen voorzien van een code, zie figuur 6.33. Vaak voert men dit proces uit op materiaal dat is opgebouwd uit lagen met verschillende kleuren, bijv. kunststoffen of metaalplaat voorzien van een coating. Dit is een methode voor de vervaardiging van naamborden en bedieningspanelen.

Figuur 6.33 Lasergegraveerde teksten en symbolen op het Philips scheerapparaat

Laserlassen en solderen

Plaatst men twee onderdelen goed passend tegen elkaar en brengt men vervolgens de beide materialen tot smelten door de werking van een laserbundel, gevolgd door afkoeling, dan ontstaat een lasverbinding, zie ook hoofdstuk 8. Meestal wordt bij **laserlassen** zonder toevoegmateriaal gewerkt. Men kent verschillende uitvoeringsvormen, zoals overlap- en stomplassen. Voor puntlassen gebruikt men lasers die met een lage frequentie pulsen met een hoge energie kunnen afgeven. Voor naadlassen gebruikt men een continue of eventueel een gepulste laser met hoge pulsfrequentie en een relatief lage energie per puls.

Voordelen van laserlassen zijn:
- er zijn zeer kleine lassen mogelijk (bijv. aansluitingen van microchips);
- men verkrijgt een schone las;
- er treden vrijwel geen krachten op;
- sterk uiteenlopende materialen zijn aan elkaar te lassen.

Indien men een toevoegmateriaal met een lager smeltpunt dan dat van het werkstukmateriaal gebruikt, wordt gesproken van **lasersolderen.** Lasersolderen wordt meestal als overlapverbinding uitgevoerd. Een voordeel is de lagere temperatuur, die ook smeltverbindingen aan zeer temperatuurgevoelige onderdelen mogelijk maken. Lasersolderen wordt aanmerkelijk minder toegepast dan laserlassen.

Lasersystemen voor materiaalbewerking

De toepassing van lasers voor materiaalbewerking neemt de laatste twee decennia met enkele tientallen procenten per jaar toe. Een grote verscheidenheid aan laserbewerkingssystemen is beschikbaar. Hoe verschillend ze ook zijn, steeds zijn de volgende bouwgroepen te herkennen, zie figuur 6.34:
- de laser zelf met voeding,
- het optische systeem voor de geleiding van het licht naar de werkplek. Dit betreft spiegels of lichtgeleiders, bestaande uit glasvezelbundels en een lenzenstelsel voor de focussering,
- een bewegingsmechanisme voor het verkrijgen van de vereiste relatieve bewegingen tussen de bewerkingskop (bestaande uit focusseerlens en de spuitkop voor het gas) en het werkstuk, met de vereiste aandrijving en besturing,
- een gasverzorgingssysteem voor de aanvoer van de vereiste soort en hoeveelheid snijgas en/of beschermgas,
- hulpsystemen, voor de automatische aan- en afvoer van het materiaal, de werkstukken en het afval alsmede voor de automatische verwisseling van de bewerkingskop.

6.4.6 Elektronenstraalbewerken

Er bestaat een grote overeenkomst tussen bewerkingen met een elektronenstraal en met een laserstraal. Bij beide gaat het om stralen, die met een magnetische of een optische lens tot een hoge energiedichtheid worden gebundeld op de plaats waar de straal het werkstukoppervlak treft. Daar wordt de energie voor een groot deel omgezet in warmte. Dit leidt tot temperatuurstijging in het werkstuk.

Om de elektronen na het uitstoten door de elektronenbron een hoge snelheid te geven, is een elektrisch veld nodig. Bij transport door de lucht zouden de elektronen op de aanwezige atomen stoten en daardoor van richting veranderen en vertragen. Daarom moeten zij bewegen in een ruimte met een hoog vacuüm. Ook het werkstuk moet in die ruimte geplaatst zijn. Dat is

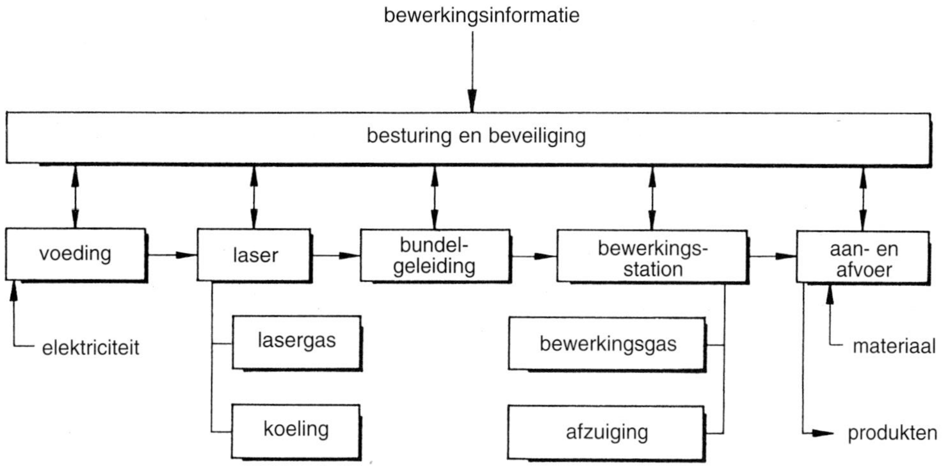

Figuur 6.34 Schematische opbouw van een laserbewerkingssysteem

meteen een groot nadeel van deze techniek. De vacuümruimte moet niet alleen groot genoeg zijn om de werkstukken te kunnen bevatten, maar het kost ook veel tijd om de druk in die grote ruimte voldoende laag te krijgen. Wanneer de elektronen een werkstukoppervlak met hoge snelheid treffen, wordt de kinetische energie omgezet in thermische energie. Door de elektronenstraal met magnetische lenzen tot een nauwe bundel te focusseren kan men een zeer hoge vermogensdichtheid verkrijgen (10^4 tot 10^{14} W/mm^2). Er treedt plaatselijk een zeer hoge temperatuur op, waardoor het werkstukmateriaal op een zeer klein oppervlak smelt of zelfs verdampt. Op deze wijze kan men zeer kleine gaatjes boren in een tempo van enkele duizenden per seconde. Beweegt men de straal over het oppervlak door een combinatie van een beweging van het werkstuk en een zeer snelle straalbeweging door sturing van het magnetische veld, dan kan men op deze wijze gleuven snijden. Zorgt men ervoor dat het werkstukmateriaal wel smelt doch niet verdampt, dan kan men twee tegen elkaar geplaatste nauwkeurig bewerkte onderdelen aan elkaar lassen, zelfs als die van sterk verschillende materialen zijn.

Door de zeer hoge energie-dichtheid en de hoge bewerkingssnelheid treedt weinig thermische beschadiging op. Elektronenstraalbewerkingen worden daarom vooral toegepast voor de vervaardiging van hoogwaardige onderdelen in de fijnmechanische industrie. Ook voor hittebestendige onderdelen van vliegtuigmotoren zijn elektronenstraalbewerkingen zeer geschikt. Door de zeer hoge snelheid van de elektronen kunnen zij diep in de spleet tussen twee aaneengesloten onderdelen doordringen. Hierdoor is het lassen van dikke werkstukken (100 mm en meer) goed mogelijk. Door het werken in vacuüm verkrijgt men schone lassen van zeer hoge kwaliteit, zonder thermische vervormingen en met een hoge vermoeiingssterkte. Daarom wordt het elektronenstraallassen in sommige gevallen toegepast voor zware, hoogbelaste onderdelen in de machinebouw. Een voorbeeld is het elektronenstraallassen van de achterassen van vrachtauto's.

6.5 Materiaalaangroei-technieken

De tot hiertoe behandelde methoden voor oervormen, omvormen, scheiden en afnemen kennen allemaal hun nadelen: kostbare produktgebonden gereedschappen met lange levertijden, beperkte vormgevingsmogelijkheden en verspilling door het verwijderen van overtollig materiaal. Het ideale bewerkingsproces bouwt het produkt, zoals dat de ontwerper voor de geest staat, zonder omwegen, dus zonder produktgebonden gereedschap, op uit vormloos materiaal. Het proces valt dus onder de hoofdgroep oervormen.

Vanuit deze gedachte is een nieuwe groep van bewerkingen ontwikkeld, de **materiaalaangroei-technieken.** Uitgangspunt is hierbij steeds een drie-dimensionaal computermodel van de geometrie van het produkt. Gestuurd vanuit dit model ontstaat het produkt door geleidelijke aangroei van materiaal op iedere gewenste plaats in de ruimte.
Op deze wijze kan men, zonder produktgebonden gereedschappen, ingewikkelde produktvormen vervaardigen. Binnen een korte tijd na het gereedkomen van het ontwerp (vaak slechts enkele uren) kan men beschikken over een produkt. Dit kenmerk van de zeer korte realisatietijd vindt men terug in de verschillende benamingen voor deze groep van processen: rapid prototyping, desk top manufacturing, instant manufacturing, material deposit manufacturing, material addition manufacturing. Wij geven de voorkeur aan de benaming materiaalaangroei-technieken (material incress manufacturing).

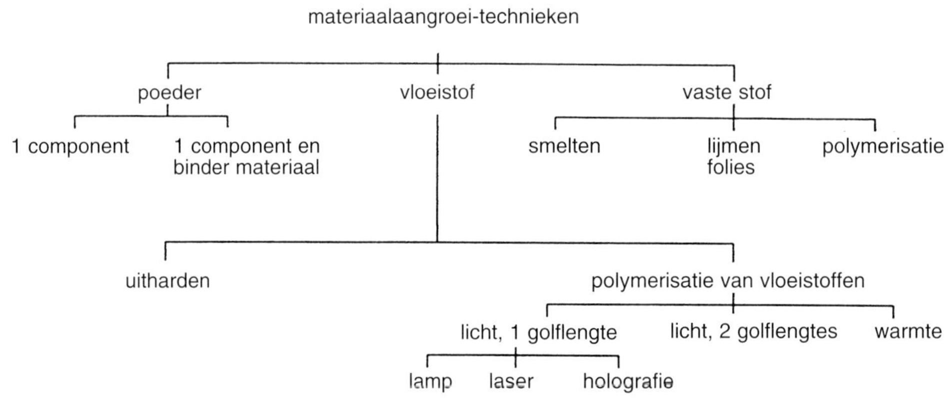

Figuur 6.35 Indeling van de materiaalaangroei-technieken naar de wijze van uitharding van het werkstukmateriaal

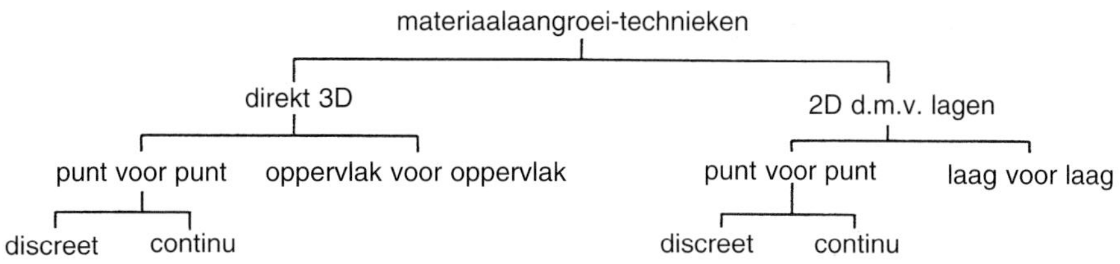

Figuur 6.36 Indeling van de materiaalaangroei-technieken naar de wijze van ontstaan van de geometrie

Men kan de materiaalaangroei-technieken op twee manieren indelen:
- naar de manier waarop het materiaal ontstaat, respectievelijk uithardt (figuur 6.35),
- naar de manier waarop de gewenste vorm wordt opgebouwd (figuur 6.36).

Het ontstaan van het materiaal

Het uitgangsmateriaal kan een vloeistof, een poeder of een vaste stof zijn.

Bij vloeibaar uitgangsmateriaal komt men twee principes tegen:
- het lokaal polymeriseren van vloeibare kunsthars onder invloed van ultra-violet licht, afkomstig van een lamp of laser (figuur 6.37), of onder invloed van lokale verhitting,
- het lokaal neerslaan en stollen van gesmolten metaal of kunststof (figuur 6.38). Dit is in wezen een bijzondere vorm van oplassen (zie hoofdstuk 8). Men gebruikt hiervoor een lasrobot en noemt dit vormgevend lassen, zie figuur 6.39.

Bij poedervormig uitgangsmateriaal worden de volgende principes gebruikt:
- het lokaal aaneensmelten (sinteren) van de korrels (figuur 6.40),
- het lokaal aan elkaar lijmen van korrels (figuur 6.41),
- het lokaal activeren van het bindingsmateriaal in een twee-componenten poeder.

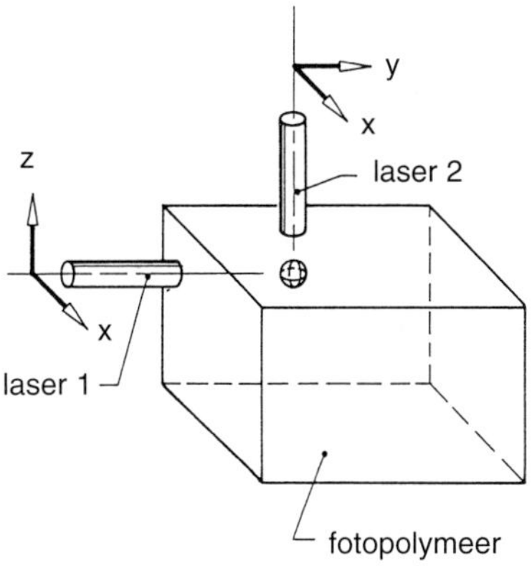

Figuur 6.37 Uitharding door interferentie van twee laserstralen

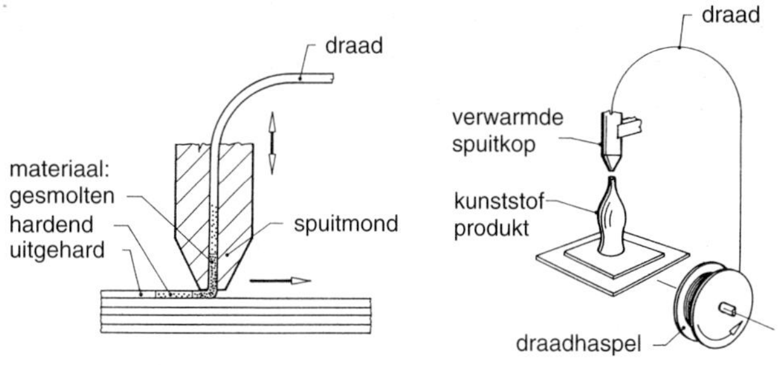

Figuur 6.38 Lokaal stollen van gesmolten metaal of kunststof

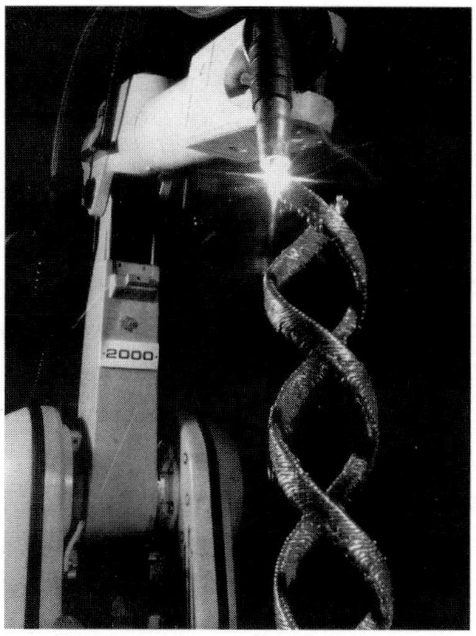

Figuur 6.39 Vormgevend lassen (TNO Metaalinstituut)

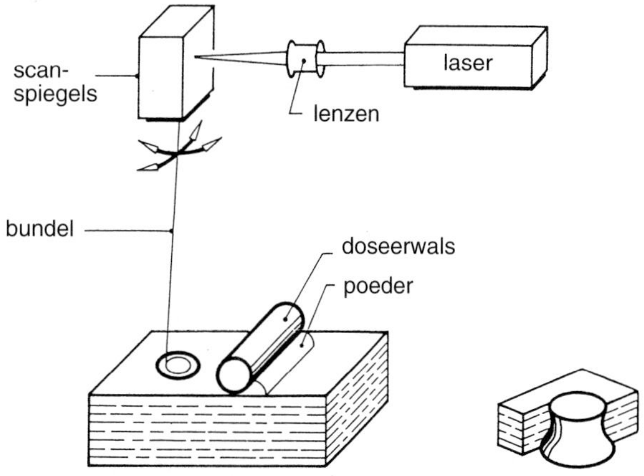

Figuur 6.40 Lokaal sinteren van poeder

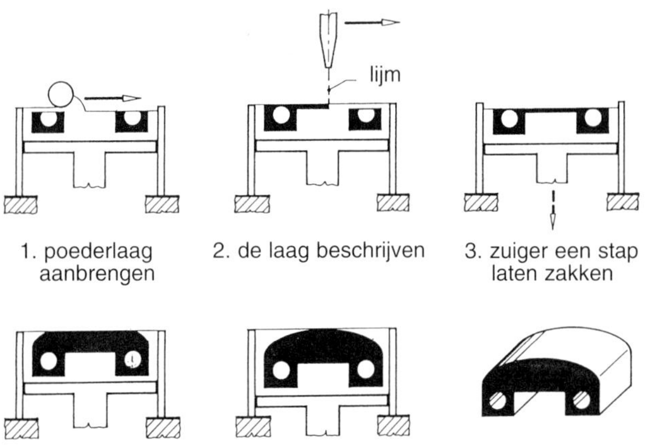

Figuur 6.41 Lokaal lijmen van poeder

Bij vast uitgangsmateriaal gebruikt men folies, die men eerst in de juiste vorm snijdt, bijv. met een laser en vervolgens met elkaar verbindt door lijmen, solderen, lassen of foto-polymerisatie.

De wijze van opbouw van het produkt

Men kan het produkt direct in drie dimensies opbouwen. De meeste systemen werken echter laag voor laag, dus in twee dimensies, zie figuur 6.36. In beide gevallen kan men weer puntsgewijs of oppervlaktegewijs te werk gaan. In alle gevallen moet het computermodel nog intensief bewerkt worden om het werkstukprogramma te verkrijgen dat nodig is voor de besturing. Dat kan vele uren duren. Het model moet bijvoorbeeld opgedeeld worden in een groot aantal lagen van enkele tienden millimeters dik, waarbij elke laag een andere vorm kan hebben. In die lagen moeten, afhankelijk van het proces, nog banen en soms zelfs punten gedefinieerd worden. De fijnheid van de details van het produkt die men kan bereiken hangt onder andere samen met de fijnheid van die verdeling. Een grote fijnheid betekent veel voorbereiding en een langzaam verloop van deze opbouw-bewerking.

De materiaalaangroei-technieken, beperken zich vooralsnog tot de vervaardiging van prototypen en zeer kleine series. De realiseerbare produktafmetingen en nauwkeurigheden hangen af van het gekozen proces, het materiaal en de procescondities. In sommige gevallen zijn de materiaaleigenschappen slechts voldoende voor een visuele beoordeling van het nu tastbare produktmodel. Bepaalde materialen zijn in staat niet al te zware belastingen te weerstaan en kunnen daadwerkelijk als onderdeel worden toegepast. Bij onderdelen die aan zwaardere belastingen worden onderworpen moet men toch weer een indirecte methode gebruiken. De met materiaalaangroei-technieken vervaardigde voorwerpen worden dan als model gebruikt bij het gieten, bijvoorbeeld volgens de verloren-modelmethode. Daarmee zijn voorwerpen in een grote verscheidenheid aan metaallegeringen te vervaardigen, zelfs in kleine series. Ook is het mogelijk een met een van de aangroeitechnieken vervaardigd prototype te gebruiken als model bij de vervaardiging van een spuitgietmatrijs. Op het model kan men bijvoorbeeld een dunne metaallaag aanbrengen, waardoor het kan dienen als elektrode bij het vonkverspanen.

Het hierboven beschreven "ideale fabricageproces" is dus nog maar zeer ten dele bereikt. Er vinden voortdurend nieuwe ontwikkelingen plaats. Men verwacht binnen afzienbare tijd belangrijke uitbreidingen van het toepassingsgebied.

6.6 Toepassingen van niet-conventionele technieken

In dit hoofdstuk zijn veel zeer uiteenlopende bewerkingstechnieken aan de orde gekomen. Sommige werden uitgebreider behandeld dan andere. De praktische betekenis van de beschreven technieken loopt sterk uiteen. Sommige technieken zijn wijd verbreid. Hiertoe behoren zeker het vonkverspanen en de grote groep van laserbewerkingen, waarbij het lasersnijden het meest bekend is. Andere technieken, zoals het elektrochemisch bewerken (ECM) en het ultrasoon bewerken, komen veel minder frequent voor. Bij ECM ligt dit duidelijk aan de milieu- en corrosieproblemen. Voor ultrasoon bewerken geldt dat de toepassing van materialen die met voordeel bewerkt kunnen worden beperkt is.

Weer andere technieken, zoals foto-etsen en ionenstraalbewerken, komt men maar zelden tegen. De bedrijven die ze toepassen, met name in de micromechanische en halfgeleiderindustrie, hebben deze technieken echter tot een zeer hoge graad van perfectie ontwikkeld. Ze behoren dan ook tot de sleuteltechnologieën die van zeer groot strategisch belang voor de betrokken ondernemingen zijn. Van de meest recente groep bewerkingen, de materiaalaangroei-technieken, heeft men grote verwachtingen.

6.7 Slot

De grondslagen van de behandelde bewerkingen zijn zeer divers. Daarom is slechts zeer oppervlakkig ingegaan op de mogelijkheden van modelvorming om

relaties tussen ingangsgrootheden en uitgangsgrootheden aan te geven, hetzij op basis van fysische wetten, hetzij op grond van empirische gegevens.
Zelfs zijn niet eens overal op systematische wijze de ingangsgrootheden genoemd. Het verdient echter aanbeveling zichzelf te oefenen in het bedenken welke ingangsgrootheden een belangrijk effect zouden kunnen hebben. Het beste kan men daarbij systematisch te werk gaan en de ingangsgrootheden per groep bekijken. Zie figuur 6.42.
Om te kunnen beoordelen of een bepaalde bewerking potentieel geschikt is voor een bepaald materiaal of niet, is vooral het begrijpen van de grondslagen van de bewerkingen van groot belang.

waterstraalinstallaties voor materiaalbewerking zijn het hogedruk-aggregaat, het mondstuk en de mengeenheid voor het abrasief essentiële onderdelen. Op tal van punten bestaan soms grote verschillen tussen uiteenlopende fabrikaten van dergelijke machines, waardoor de resultaten, verkregen op die machines, soms sterk uiteen kunnen lopen. De resultaten van de bewerking zijn dus voor een belangrijk deel afhankelijk van de eigenschappen van de machine. Het ontwerpen en bouwen van dergelijke complexe produktiemachines is allang niet meer het werk van uitsluitend werktuigbouwers.

het medium:	soort, hoeveelheid, concentratie, temperatuur, vervuiling;
het gereedschap:	de geometrie, het materiaal, de hoeveelheid reeds opgetreden slijtage;
de instelgrootheden:	ingestelde snelheid, kracht, pulsvorm, pulsfrequentie;
het materiaal:	de van belang zijnde materiaaleigenschappen verschillen per bewerking, van belang kunnen zijn mechanische, thermische, elektrische, optische en/of chemische eigenschappen;
de machine:	vooral begrenzingen in snelheden, vermogen en nauwkeurigheid.

Figuur 6.42 Ingangsgrootheden bij niet-conventionele bewerkingen

In dit hoofdstuk is vrijwel geen aandacht besteed aan de machines. De situatie is hier duidelijk ingewikkelder dan bij de conventionele bewerkingen.
Persen, hamers of gereedschapwerktuigen dienen in hoofdzaak als bewegingsmechanismen. Zij moeten de nodige verplaatsingen met de gewenste specificaties wat betreft nauwkeurigheid, snelheid en kracht, kunnen realiseren. Het resultaat van de bewerking hangt in grote mate af van de interactie tussen gereedschap en werkstuk. Dezelfde bewerking, uitgevoerd met hetzelfde gereedschap op vergelijkbare machines (bijv. freesmachines van vergelijkbare grootte en uitvoering, doch van verschillende fabrikanten), zal dan ook grote overeenkomsten vertonen. De resultaten van de bewerking zijn dus grotendeels afhankelijk van de gebruiker.

Bij de fysische en chemische bewerkingen is dat niet het geval. De produktiemachine omvat, veel meer dan alleen het bewegingsmechanisme. Bij vonkverspaningsmachines zijn dat bijvoorbeeld de vonkgenerator, de spleetbreedteregeling en het diëlektricum-systeem. Bij laserbewerkingsmachines zijn dat de laser met zijn verzorgingseenheid, het optische systeem en het snijgassysteem. Bij ultrasoon bewerken kan men denken aan de trilkop met de sonotrode, de elektrische voeding en het aandrukmechanisme. Bij hogedruk-

Bij een aantal van de hier behandelde bewerkingen gaan de ontwikkelingen zeer snel. Dat is vooral het geval bij het vonkverspanen, het laserbewerken en de materiaalaangroei-technieken. De machines worden voortdurend verbeterd, vooral wat betreft de haalbare nauwkeurigheid, de bewerkingstijd en de automatiseringsgraad. Bij de eventuele aanschaf van dergelijke bewerkingsmachines moet men daar terdege rekening mee houden.

SAMENVATTING

In dit hoofdstuk is een aantal minder bekende bewerkingsmethoden samengebracht. Het betreft vooral scheidende en afnemende technieken en een manier van oervormen zonder produktgebonden gereedschap, de materiaalaangroei-technieken.

Zinkvonken en elektro-chemisch frezen berusten beide op vormomkering: de resulterende vorm is het negatief van het gereedschap. Daardoor is het mogelijk "onmogelijke" of moeilijke vormen te realiseren, zonodig in combinatie met complexe bewegingen van het gereedschap. Het fysische principe van deze processen is echter geheel verschillend: vonken in een isolerend of oplossen in een geleidend medium. Draadvonken maakt het mogelijk zonder produktgebonden gereedschap sneden door de volle dikte van het materiaal met complexe vormen te maken.

De straalbewerkingen kenmerken zich door een hoge tot zeer hoge vermogensdichtheid. Bij deze processen treft de energiedrager het werkstukoppervlak met hoge snelheid. Afhankelijk van werkstukmateriaal en procescondities is het mogelijk met deze processen het materiaaloppervlak te beïnvloeden, materiaal te verwijderen of verbindingen tot stand te brengen.

Bij de materiaalaangroei-technieken wordt uit vormloos materiaal een produkt opgebouwd, zonder produktgebonden gereedschappen. Hierdoor is het mogelijk in zeer korte tijd over een tastbaar model van een produktontwerp te beschikken.

De grondslagen van de behandelde bewerkingen zijn betrekkelijk eenvoudig. De moeilijkheid is het zodanig beheersen van de basisprocessen, dat met grote mate van zekerheid de gewenste werkstukkwaliteit verkregen wordt.

De meeste niet-mechanische processen hebben als gezamenlijke kenmerken dat ze niet beïnvloed worden door de hardheid van het werkstukmateriaal en dat er geen of zeer lage krachten op het produkt uitgeoefend worden. Dit is van doorslaggevend belang voor de toepassingsmogelijkheden. Vanwege de hogere kosten van de niet-conventionele bewerkingen is de toepassing in het algemeen beperkt tot gevallen waarin de conventionele technieken niet of nauwelijks een oplossing bieden.

LITERATUUR

[6.1] Kalpakjian, S., Manufacturing Engineering and Technology (3rd edition), Addison-Wesley, 1995, ISBN 0-201-53846-6.
[6.2] Taniguchi, N., Energy-beamprocessing of Materials, Oxford Clarendon Press, 1989, ISBN 0-19-859005-9.
[6.3] Voorlichtingsbladen voor de metaalindustrie over vonkverspanen en laserbewerkingen, uitgegeven door de Vereniging FME (Federatie Metaal- en Elektroindustrie), Zoetermeer.

OEFENVRAGEN

6.1 Welke eigenschappen zijn gewenst voor het maskermateriaal bij het foto-etsen?

6.2 Welke functies vervult de vloeistof bij het vonkverspanen?

6.3 Vergelijk de mogelijkheden van vonkverspanen met die van electro-chemisch bewerken wat betreft bewerkbaarheid en nauwkeurigheid.

6.4 Welke eisen worden bij het vonkverspanen gesteld aan werkstukmateriaal en elektrodemateriaal?

6.5 Om welke redenen vindt voortdurend onderzoek plaats naar nieuwe bewerkingsprocessen?

6.6 Noem het karakteristieke voordeel van de toepassing van materiaalaangroei-technieken.

6.7 Hoe komt het dat men laserstralen kan toepassen voor zo'n sterk uiteenlopende reeks van materiaalbewerkingen.

6.8 Welke voordelen geeft het elektronenstraallassen.

6.9 Men wil onderstaand produkt vervaardigen door chemisch frezen. De etssnelheid bedraagt 1 μm/s.
a) Hoe lang moet het onderdeel in het etsbad verblijven voor het vervaardigen van detail A?
b) Met welke snelheid moet het produkt uit het etsbad getrokken worden voor het vervaardigen van detail B?

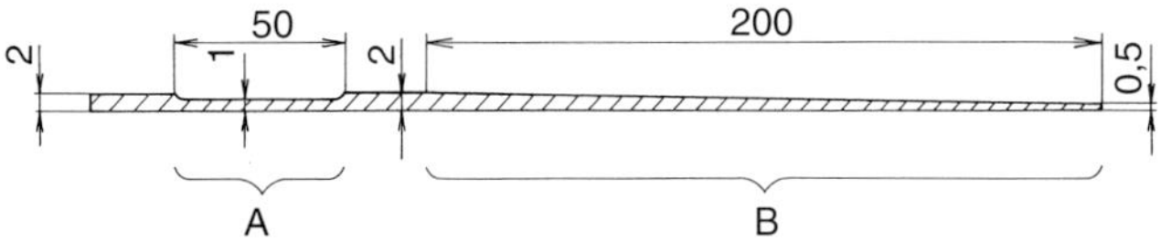

Figuur bij oefenvraag 6.9

6.10 Bij een bepaalde instelling van een vonkverspaningsmachine bedraagt de ontladingsfrequentie 100 kHz met een energie per puls E_p = 60 mJ. De materiaalafnamesnelheid Q_w bedraagt 0,5 mm^3/s.
De doorsnede van de elektrode is een vierkant met een ribbe van 10 mm. De volumetrische elektrodeslijtage V_e bedraagt 2% van het volume van het afgenomen werkstukmateriaal V_w. Deze volume-afname is geheel geconcentreerd op de oorspronkelijke scherpe hoeken aan de overgang van de onderzijde naar de zijvlakken van de elektrode.
Er moet een gat van 40 mm diep gevonkt worden.
N.B. Bij de beantwoording van de onderstaande vragen hoeft geen rekening gehouden te worden met de breedte van de vonkspleet.

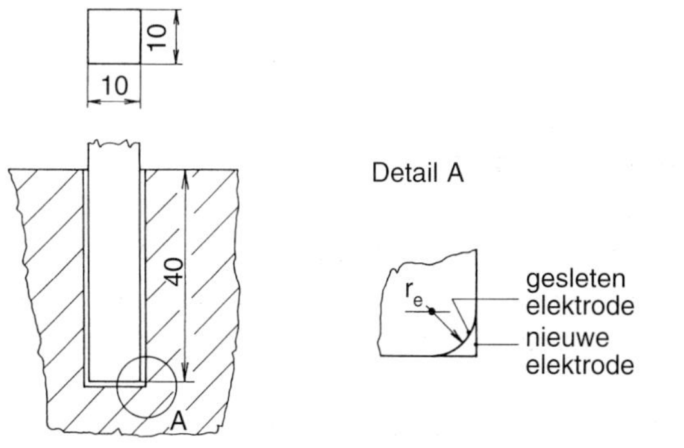

Figuur bij oefenvraag 6.10

Bereken:
a) De volume-afname van het werkstuk per puls q_w.
b) De specifieke pulsfrekwentie f', dat is de pulsfrequentie per mm^2 actief elektrodeoppervlak.
c) De benodigde vonktijd om het gat te vonken.
d) De grootte van de afrondingsstraal r_e van de elektrode na het vonken van het gat.
e) De specifieke energie, de energie per mm^3 afgenomen materiaal: e'.

6.11 Wij vergelijken de bewerking in vraag 6.10 met het elektrochemisch bewerken van hetzelfde vierkant van 10x10 mm^2. Bij ECM geldt voor dit werkstukmateriaal de specifieke afnamesnelheid $q = 0{,}02\ mm^3/A.s$. De benodigde spanning is 12V.

N.B. Bij de beantwoording van de onderstaande vragen hoeft geen rekening gehouden te worden met de spleet tussen elektrode en werkstuk.

Bereken:

a) De benodigde stroomsterkte om een gelijke materiaalafnamesnelheid Q_w te verkrijgen.

b) De maximaal mogelijke afnamesnelheid als de stroomdichtheid i aan het elektrodefront niet meer dan 5 A/mm^2 mag bedragen.

c) De specifieke energie per mm^3 afgenomen materiaal e'.

Materiaalgedrag in de fabricage

7

DOEL VAN DIT HOOFDSTUK:

Dit hoofdstuk laat zien op welke wijze de behandelde vormgevingsprocessen, en in het bijzonder de omvormprocessen, door de eigenschappen van het werkstukmateriaal worden beïnvloed, alsmede hoe de bewerkingsprocessen bepalend zijn voor de materiaaleigenschappen van het uiteindelijke product.

In dit hoofdstuk zal worden uitgewerkt hoe de geschiktheid van een materiaal voor een bewerkingsproces dient te worden beoordeeld, alsmede met behulp van welke maatregelen de toepassingsmogelijkheden van het betreffende proces kunnen worden vergroot.

7.1 Inleiding

Het heeft geen zin nieuwe materialen op de markt te brengen, waarvoor geen bewerkingstechnieken bekend zijn. Men kan genoeg voorbeelden vinden die deze uitspraak bevestigen, onder andere bij het op de markt brengen van de keramieken en de sterke vezels. Deze materialen hebben bijzonder goede eigenschappen, maar tijdens de ontwikkeling ervan heeft men te weinig aandacht besteed aan betrouwbare en betaalbare vormgevingsprocessen. In de praktijk betreft het hier meestal mechanische bewerkingsprocessen.

Binnen de materiaalkunde kan een drietal gebieden onderscheiden worden:

- **Fundamenteel materiaalonderzoek,** in het Engels aangeduid als "material science". Dit gebied wordt meestal binnen een natuurkundige faculteit bewerkt en heeft betrekking op het onderzoek van eigenschappen zoals warmtegeleiding, halfgeleiding, supergeleiding, etc.

- **Materiaalbereiding,** in het Engels aangeduid als "materials production". In dit gebied houdt men zich vooral bezig met de bereiding en productie van materialen uit grondstoffen.

- **Materiaaltoepassing in het ontwerp en de fabricage,** in het Engels aangeduid als "materials engineering". Bij het ontwerpen zal ten aanzien van de materiaalkeuze primair naar de kritische functionele producteigenschappen en de vereiste duurzaamheid gekeken worden. Voor de fabricage zijn de maakbaarheidseisen maatgevend bij de materiaalselectie. Rekening houdend met zowel de ontwerp- als fabricage-eisen zal de uiteindelijke materiaalkeuze op basis van een kostenoptimalisatie plaatsvinden. Bij enkel- en kleinserie-fabricage geschiedt dit zeer globaal, omdat anders de kosten verbonden aan de optimalisatie van de materiaalkeuze niet eens worden terugverdiend. In de massafabricage is deze optimalisatie echter van wezenlijk belang.

Dit hoofdstuk is gericht op de invloed van de materiaaleigenschappen op de bewerkingen, en in mindere mate op de invloed van de bewerkingen op de materiaaleigenschappen. Afgezien van de begintoestand van het uitgangsmateriaal en de snelheid, waarmee de bewerking plaats vindt, wordt het mechanisch gedrag van een materiaal door twee toestandsparameters bepaald, de spanningstoestand en de temperatuur.
Bij toenemende seriegrootte zullen kostenoverwegingen een meer dominante rol gaan spelen bij de materiaalkeuze. In de massafabricage maken de materiaalkosten doorgaans meer dan 50 % van de totale productiekosten uit (zie paragraaf 14.2.2).

In de alledaagse praktijk wordt het **bezwijkgedrag** tijdens het maken van een onderdeel van een product vaak ten onrechte toegeschreven aan het materiaal. Men vergelijkt dit met het insnoeren van een trekstaaf, hetgeen echter weinig te maken heeft met de mate waarmee het materiaal in een bepaald proces kan deformeren.
Het insnoerverschijnsel moet gezien worden als een procesinstabiliteit, karakteristiek voor het beschouwde proces maar niet voor het betreffende materiaal. Bij het insnoeren wordt de vermindering van de benodigde proceskracht veroorzaakt, doordat de reductie van het doorsnede-oppervlak onvoldoende gecompenseerd wordt door de versteviging van het materiaal. De deformatie gaat daardoor lokaal verder. Men moet dan ook onderscheid maken tussen het bezwijkgedrag van het materiaal zelf en dat veroorzaakt door het proces.
In dit hoofdstuk worden de materiaaleigenschappen uitsluitend vanuit het gezichtspunt van de materiaalkunde behandeld; op procesinstabiliteit wordt dus niet ingegaan.

7.2 Materiaal- en proceskeuze

Bij het materialiseren van een product, waarvan men een groot aantal dient te maken, zal men trachten uit te gaan van het goedkoopste materiaal en het goedkoopste productieproces. De laagste repeterende productiekosten vindt men bij omvormprocessen. Alleen wanneer de eisen gesteld aan het product, bijv. de geometrie, de nauwkeurigheid, etc., of de seriegrootte de toepasbaarheid van deze processen minder aantrekkelijk maken of verhinderen, past men afnemende bewerkingen toe. Het goedkoopste materiaal, dat met behulp van genoemde processen in een andere vorm gebracht kan worden, is staal. Door legeren en de toepassing van warmtebehandelingen is een grote variatie in eigenschappen te verkrijgen. Indien om reden van functionele eigenschappen of duurzaamheid geen gebruik van dit metaal gemaakt kan worden, dan komen non-ferro metalen in aanmerking.

Indien producten complex van vorm zijn, wordt bij middelgrote series in veel gevallen het gieten toegepast. Worden er geen hoge eisen aan de mechanische belastbaarheid gesteld dan kan gebruik worden gemaakt van goedkope kunststoffen. Bij de meeste kunststofverwerkingsprocessen vindt de vormgeving in het viskeuze gebied van het materiaal plaats, en vertoont zodoende sterke overeenkomst met het gieten van metalen.
Het gieten van metalen wordt toegepast wanneer er hogere eisen aan de sterkte-eigenschappen van het materiaal gesteld worden. Zonder bijzondere voorzorgsmaatregelen krijgt men bij het gieten in zandvormen echter een grove kristalstructuur, vaak met slinkholten al of niet voorzien van netwerken van uitgescheiden materiaalcomponenten. Dit laatste treedt op wanneer de chemische samenstelling van de smelt daartoe aanleiding geeft. Een grove kristalstructuur en uitscheidingen betekenen mechanisch gezien een lagere plastische rek tot breuk. Door gebruik te maken van bijzondere toevoegingen kan men deze verschijnselen geheel of gedeeltelijk vermijden. Ook bij het spuitgieten en coquillegieten zullen, als gevolg van de grotere afkoelsnelheid, producten met een fijnere kristalstructuur ontstaan.
Een ander nadeel van het gieten is een moeilijk beheersbare maatnauwkeurigheid. Vaak moeten gegoten producten een nabewerking ondergaan om aan de gestelde nauwkeurigheidseisen te voldoen. Het voordeel van dit proces is echter dat men complexe vormen kan realiseren, waardoor behoorlijk bespaard kan worden op bewerkings- en assemblagekosten. Een nadeel is dat het proces naar verhouding duur is.

Gebruik makend van voornoemde materialen en processen wordt het grootste deel van de normaal voorkomende producten vervaardigd. Figuur 7.1 geeft een overzicht van de kostprijs van veel gebruikte materialen per kilogram massa.

Uit het voorgaande moge blijken dat bij het ontwerpen en fabriceren van mechanische producten, afgezien van de chemische eigenschappen (bijv. de corrosieve, die hier niet verder worden uitgewerkt, maar beslist niet onderschat moeten worden), vooral de mechanische eigenschappen belangrijk zijn. Naast eigenschappen zoals rekgrens, elasticiteitsmodulus en dwarscontractie, die vooral door constructeurs gebruikt worden, is voor de mechanische bewerkingsprocessen het plastisch vloeigedrag van metalen van primair belang.

Hierop wordt in de volgende paragrafen dieper ingegaan.

7.3 Effectieve spanning en effectieve rek

In paragraaf 3.2.2 zijn de begrippen ware spanning en ware rek gedefinieerd voor een belasting respectievelijk verlenging in één richting. Bij de gangbare omvormprocessen worden de werkstukken evenwel aan een samengestelde belasting onderworpen, zodat hier geen sprake is van een éénassige spanningstoestand, maar van een meerassige spanningstoestand. In het geval van een meerassige spanningstoestand kan deze worden gekarakteriseerd door de **effectieve spanning** of **vloeispanning** $\overline{\sigma}$. Indien wij ons beperken tot de hoofdspanningen, dat wil zeggen de spanningen op de vlakken waarop geen schuifspanningen werkzaam zijn, dan kan de effectieve spanning $\overline{\sigma}$ als volgt in de hoofdspanningen (σ_1, σ_2, σ_3) worden uitgedrukt:

$$\overline{\sigma} = \sqrt{\frac{(\sigma_1 - \sigma_2)^2 + (\sigma_2 - \sigma_3)^2 + (\sigma_3 - \sigma_1)^2}{2}} \qquad (7.1)$$

Voor de afleiding van deze formule wordt verwezen naar [7.1]. In het geval van een lijnspanningstoestand ($\sigma_1 \neq 0$; $\sigma_2 = 0$; $\sigma_3 = 0$) geldt dat $\overline{\sigma} = \sigma_1$.

Uit hoofdstuk 3 is bekend dat in de omvormtechnologie de deformatie altijd in de vorm van de ware of natuurlijke rek dient te worden weergegeven:

$$\varepsilon_1 = \int_{l_0}^{l} \frac{dl}{l} = ln \frac{l}{l_0} \qquad (7.2)$$

Dit is evenwel de rek in de hoofdrichting 1, terwijl er gelijktijdig deformaties in andere richtingen zullen optreden. Op een vergelijkbare wijze als bij de effectieve spanning kan de **effectieve rek** $\overline{\varepsilon}$ gedefinieerd worden, die karakteristiek is voor de rekken in drie onderling loodrechte richtingen (ε_1, ε_2, ε_3). Met een verwijzing naar [7.1] kan voor de effectieve rek de volgende uitdrukking worden afgeleid:

$$\overline{\varepsilon} = \sqrt{\frac{2}{3}\left(\varepsilon_1^2 + \varepsilon_2^2 + \varepsilon_3^2\right)} \qquad (7.3)$$

Deze formule is in feite slechts geldig indien er een vaste verhouding tussen de rekken (ε_1, ε_2, ε_3) bestaat.

Beschouwen we de trekproef dan zal in de trekstaaf een lijnspanningstoestand ($\sigma_2 = 0$ en $\sigma_3 = 0$) heersen tot het moment dat er insnoering gaat optreden; er geldt dan dus $\overline{\sigma} = \sigma_1$. Bij de lokale insnoering ontstaat een drie-assige spanningstoestand en is de effectieve spanning niet meer gelijk aan de spanning in trekrichting.

Materiaal	*f*/kg
diamant (goede industriekwaliteit)	1.000.000,—
platina	33.000,—
goud	29.000,—
silicium (éénkristal voor IC's)	20.000,—
zilver	300,—
koolstofvezel	90,—
glasvezel	3,—
epoxyhars	12,—
PEEK (warmtesterk polymeer)	60,—
siliciumcarbide (constructiekeramiek)	54,—
siliciumcarbide (schuurpapier)	2,80
wolfram	39,—
kobalt	34,—
titaan	16,60
messing (plaat CuZn40)	7,50
messing (gegoten staaf)	3,30
aluminium	4,80
staal (roestvast)	5,40
snelstaal (HSS)	2,40
gietijzer (grijs)	1,65
staal (laag gelegeerd)	1,50
staal (zacht)	0,70
hardhout (teak fineer)	3,30
hardhout	1,05
lood (plaat)	2,40
lood (gegoten staaf)	1,15
zacht hout	0,70
synthetische rubber	2,80
natuurrubber	1,75
polystyreen	2,60
PVC	2,00
glas	1,50
beton (gewapend)	0,65
cement	0,15

Figuur 7.1 Materiaalkosten per 1989

Als gevolg van de dwarscontractie treedt er vanaf de rekgrens plastische deformatie in drie onderling loodrechte richtingen op. De effectieve rek is echter zodanig gedefinieerd, dat tot het moment van insnoeren geldt dat $\overline{\varepsilon} = \varepsilon_1$. In de insnoerzone kan de effectieve rek als volgt uit de kleinste momentane diameter d van de insnoering en de oorspronkelijke diameter d_0 benaderd worden:

$$\overline{\varepsilon} = 2 \times ln \frac{d_o}{d} \qquad (7.4)$$

Als de effectieve spanning $\bar{\sigma}$ als functie van de effectieve rek $\bar{\varepsilon}$ wordt uitgezet dan leidt dit tot de **verstevigingskromme** of **ware trekkromme**, die in figuur 3.2a is weergegeven. Bij een vergelijking van deze verstevigingskromme met de "klassieke" trekkromme (zie figuur 3.1) valt op, dat het insnoergebied in figuur 3.1 relatief klein is ten opzichte van dat in figuur 3.2. Dit onderscheid is belangrijk. De grootte van het insnoergebied is in belangrijke mate medebepalend voor de ductiliteit (zie paragraaf 3.2.3) van het materiaal. Vaak wordt ten onrechte aangenomen, dat de rek tot insnoering bepalend is voor het deformatievermogen. De ware trekkromme geeft dan ook een juiste voorstelling van het deformatievermogen van een materiaal, dit in tegenstelling tot de "klassieke" trekkromme. De **verstevigingsfunctie** (formule van Ludwik) geeft wiskundig het verband tussen de effectieve spanning en de effectieve rek weer en is daardoor universeler dan de formule, die in hoofdstuk 3 is gebruikt.

$$\bar{\sigma} = C \times \bar{\varepsilon}^{n} \qquad (7.5)$$

In paragraaf 3.2.2 is er reeds op gewezen dat de ware rekken optelbaar zijn, en dat geldt ook voor de effectieve rek. Dat betekent dat de $\bar{\varepsilon}$ in de bovenstaande formule uit meerdere rekwaarden kan zijn opgebouwd. Indien van een materiaal met een voordeformatie $\bar{\varepsilon}_0$ wordt uitgegaan, in plaats van een uitgegloeid materiaal, dan is een hogere effectieve spanning nodig om de plastische vervorming in gang te zetten.

7.4 Invloedsfactoren op het plastisch materiaalgedrag

De effectieve spanning van een metaal is naast de mate van vervorming tevens afhankelijk van de deformatiesnelheid, de temperatuur, de kristalgrootte, een eventuele voorkeursoriëntatie van kristallen, de chemische samenstelling en de spanningstoestand.

7.4.1 Invloed van de reksnelheid

De **reksnelheid** of **deformatiesnelheid** $\dot{\bar{\varepsilon}}$ is gedefinieerd als de verandering van de effectieve rek per tijdseenheid (s^{-1}). Om de invloed van de reksnelheid in de verstevigingsfunctie weer te geven wordt deze uitgebreid met een snelheidsafhankelijke term. Een veel gebruikte betrekking is:

$$\bar{\sigma} = C \times \bar{\varepsilon}^{n} \times \left(\frac{\dot{\bar{\varepsilon}}}{\dot{\bar{\varepsilon}}_o} \right)^{m} \qquad (7.6)$$

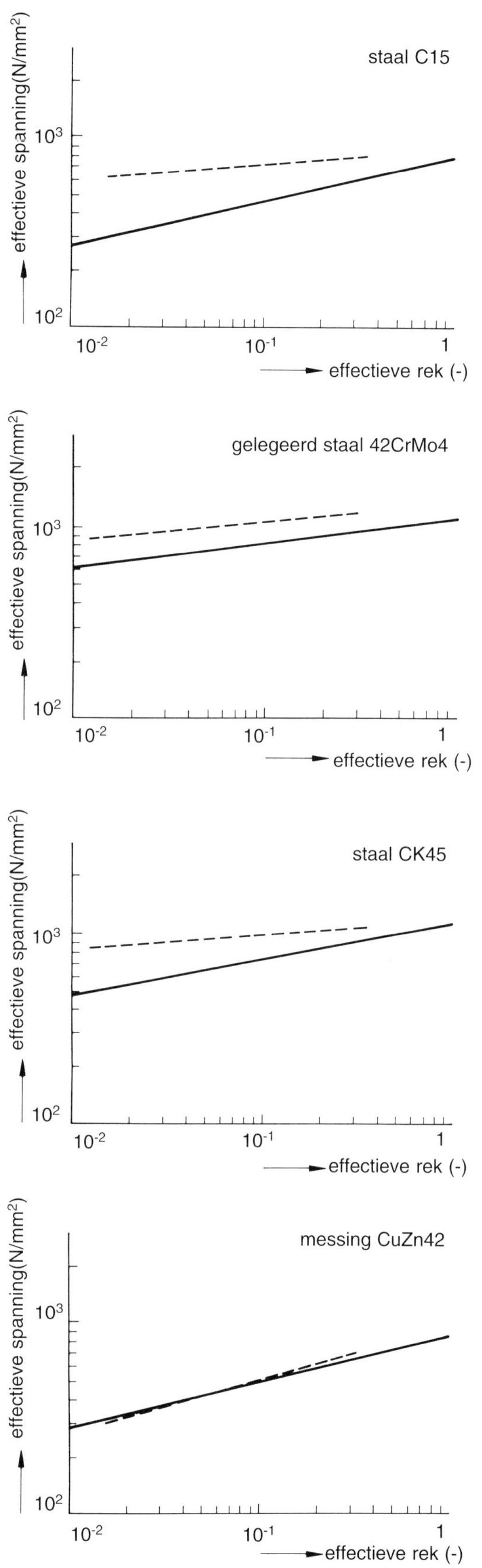

Figuur 7.2 Invloed van de deformatiesnelheid op het vloeigedrag van metalen (getrokken lijn: $\dot{\bar{\varepsilon}} = 10^{-3}\ s^{-1}$, streeplijn: $\dot{\bar{\varepsilon}} = 10^{4}\ s^{-1}$)

Hierbij is $\dot{\varepsilon}_0$ een referentiewaarde die ervoor zorgt dat de dimensies kloppen, en stelt m de reksnelheidsexponent voor. Bij kamertemperatuur ligt de waarde van m in het algemeen tussen 0,02 en 0,04; door temperatuurverhoging kan de reksnelheidsexponent aanmerkelijk in waarde toenemen.
Figuur 7.2 geeft de invloed weer van de deformatiesnelheid op het vloeigedrag van enkele materialen. De lijnen voor een reksnelheid van 10^{-3} s^{-1} behoren bij een onder normale condities uitgevoerde trekproef; de reksnelheden van 10^4 s^{-1} liggen aanmerkelijk hoger dan de gangbare deformatiesnelheden bij omvormende bewerkingen. Duidelijk is te zien, dat de diverse staalsoorten voldoen aan vergelijking (7.6) en dat messing daarvan afwijkt. Deze laatste legering is gekozen om te illustreren dat er ook materialen bestaan, waarbij de effectieve spanning niet door de reksnelheid wordt beïnvloed; hiervoor geldt dat m = 0.

Een grote reksnelheidsgevoeligheid, met m-waarden groter dan 0,3, is kenmerkend voor **superplastische materialen**. Deze groep materialen, in hoofdzaak metaallegeringen, heeft als bijzondere eigenschap dat in de trekproef - en derhalve ook in bewerkingsprocessen met een vergelijkbare spanningstoestand - zeer grote vervormingen kunnen worden bereikt zonder dat insnoering optreedt. Een noodzakelijke voorwaarde voor superplastisch gedrag is een zeer fijnkristallijne materiaalstructuur; de kristalafmetingen liggen in de orde van grootte van 1 μm.
Het superplastisch gedrag kan begrepen worden door te bedenken dat bij een eventuele insnoering, dat wil zeggen rekconcentratie, de reksnelheid toeneemt, hetgeen lokaal tot een hogere effectieve spanning leidt (zie formule 7.6). Het ingesnoerde materiaal wordt sterker dan het omliggende materiaal; de insnoering stopt en de vervorming wordt op een andere plaats voortgezet. Een identiek gedrag vertoont kauwgom. De betekenis voor de fabricage is dat men een dergelijk materiaal zeer grote vervormingen kan laten ondergaan zonder dat insnoering optreedt. Daardoor kunnen complex gevormde onderdelen vaak in één fabricagestap vervaardigd worden. Van feitelijk belang is dat men in één onderdeel meerdere functies kan integreren en zodoende bespaart op assemblagekosten.
Om van de hoge reksnelheidsgevoeligheid gebruik te kunnen maken dient de vormgeving van superplastische materialen bij een voldoend lage reksnelheid plaats te vinden; deze snelheid ligt gewoonlijk in de orde van 10^{-3} s^{-1}. Dit betekent dat superplastische materialen ongeschikt zijn voor productieprocessen in de massafabricage. Zij worden derhalve alleen gebruikt in de kleinseriefabricage, bijv. in de vliegtuigindustrie.

Figuur 7.3 geeft voor een aantal bewerkingsprocessen een indicatie van de gangbare deformatiesnelheden en werktemperaturen; de werktemperaturen zijn gerelateerd aan de smelttemperatuur T_{sm} en uitgedrukt in graden Kelvin. Uit deze gegevens blijkt dat de reksnelheid bij bewerkingsprocessen in het algemeen aanzienlijk hoger is dan die bij de normale trekproef. Met uitzondering van de superplastische materialen, kan de waarde van de reksnelheidsexponent in het gebied van 10^{-3} tot 10^4 s^{-1} als constant beschouwd worden. Algemeen kan gesteld worden, dat indien men een materiaal op grote schaal en voor massaproductie wil toepassen en het vloeigedrag van het materiaal kritisch is met betrekking tot bijv. de gereedschapbelasting, het verstandig is het vloeigedrag van dit materiaal bij een hoge deformatiesnelheid te onderzoeken.

Figuur 7.2 laat zien dat de rekgrens R_e zeer sterk afhankelijk van de reksnelheid kan zijn. De rekgrens kan in het in figuur 7.2 beschouwde reksnelheidsgebied met een factor 2 toenemen! Dit speelt bijvoorbeeld een rol bij het ontwerp van de kreukelzone van een auto.

Proces	Temperatuurtraject T/T_{sm} (K/K)	Reksnelheid (s^{-1})
gieten	0,9 tot 1,1	0,0 tot 0,4
smeden (warm)	0,7	100 tot 200
extrusie (warm)	0,7	10 tot 20
smeden (koud)	0,16 tot 0,32	10 tot 100
extrusie (koud)	0,16 tot 0,32	10 tot 100
smeden (halfwarm)	0,55	10 tot 100
hobben	0,16 tot 0,63	10^{-4}
plaatomvormen	0,16 tot 0,32	10 tot 100
verspanen (grof)	0,16 tot 0,32	> 1000
explosief vervormen	0,16 tot 0,32	100 tot 1000
walsen (warm)	0,7	40 tot 100
walsen (koud)	0,16 tot 0,32	100 tot 1000
trekproef	0,16 tot 0,7	0,001

Figuur 7.3 Werktemperatuur en reksnelheid bij verschillende bewerkingsprocessen

7.4.2 Invloed van de temperatuur

In het algemeen neemt de effectieve spanning af bij een toename van de temperatuur. Sommige staalsoor-

ten vormen hierop een uitzondering. In het temperatuurgebied van kamertemperatuur tot ca. 150 °C kan de effectieve spanning van staal vanwege interstitieel opgeloste atomen toe- in plaats van afnemen. Interstitieel opgeloste atomen zijn atomen die vanwege hun relatief geringe atoomafmeting geen vaste roosterplaats hebben en zich in vergelijking met atomen op vaste roosterplaatsen zeer gemakkelijk door het kristalrooster kunnen bewegen.
Een overzicht van de temperatuurafhankelijkheid is voor een aantal technisch interessante materialen in [7.2] te vinden.

Een bijzonder verschijnsel kan optreden bij zeer snelle vervorming van metalen. Als de afname van de effectieve spanning veroorzaakt door een temperatuursverhoging groter wordt dan de toename veroorzaakt door versteviging, dan treedt concentratie van deformatie op. Dit uit zich in een inhomogene deformatie van het werkstuk. Het verschijnsel wordt met de naam **thermische instabiliteit** aangeduid en is bij verspanen vaak de oorzaak van het optreden van brokkelspanen.

7.4.3 Invloed van de textuur

In de metaalkunde verstaat men onder **textuur** het verschijnsel, dat metaalkristallen onder invloed van thermische en/of deformatieprocessen een voorkeursoriëntatie krijgen. Dit betekent dat dit materiaal zich bij verdere vervorming anisotroop gedraagt en als gevolg hiervan aanleiding kan geven tot bijv. oorvorming bij dieptrekken.

De oorzaak van het verschillend vloeigedrag van metalen onder verschillende belastingstoestanden wordt vaak volledig toegeschreven aan de bij een voorafgaand proces ontstane textuur (denk bijv. aan walsen). Slechts een gedeelte van het verschil in effectieve spanning kan echter via textuur verklaard worden; het resterend gedeelte wacht nog op een verklaring.

7.4.4 Invloed van de korrelgrootte

Materialen met kleine korrelgrootte hebben in het algemeen een hogere effectieve spanning en een grotere plastische rek tot breuk als vergelijkbare grofkorrelige materialen.
Een ander fenomeen, waarbij de korrelgrootte een rol speelt, is de oppervlakteverruwing. In de praktijk spreekt men wel van "sinaasappelhuid". Dit fenomeen kan optreden bij omvormende bewerkingen, waarbij een vrij oppervlak aanwezig is, zoals bijv. bij het buigen van plaat. Immers de gemakkelijkste deformatieweg voor de kristallen in de plaat tijdens het bewerkingsproces is die in de richting van het vrije oppervlak. Hierdoor ontstaat een verruwing van de plaat, evenredig met de korrelgrootte en de deformatiegraad. Het moge duidelijk zijn, dat er in de materiaalbereiding naar gestreefd wordt om de korrelgrootte zo klein mogelijk te maken.

7.4.5 Invloed van de bewerkingen

Bij mechanische bewerkingen, zoals draaien, frezen, slijpen, etc., waarbij door het gereedschap een wrijvingskracht op het werkstukoppervlak wordt uitgeoefend, vindt ter plaatse een extra deformatie plaats. Meestal betekent dit, dat het oppervlak harder wordt dan het eronder liggende materiaal en daardoor ook minder ductiel. Er zullen **restspanningen** in het materiaal ontstaan. Afhankelijk van de mate van wrijving (beïnvloed door het al of niet toepassen van smering of koeling), de snelheid van bewerking, de verstevigingsexponent van het materiaal en de grootte van het lokale contactvlak tijdens de bewerking, kunnen deze deformaties en restspanningen meer of minder ver in het materiaal doordringen. In het ongunstigste geval kan dit zelfs aanleiding geven tot scheuren, zoals bijv. bij het slijpen.

Afhankelijk van de aard van de mechanische belasting, bijv. een grote wisselende belasting, die het vervaardigde onderdeel later - in het eindproduct ingebouwd - zal moeten opnemen, kan men genoodzaakt zijn het materiaaloppervlak een oppervlaktebehandeling (zie paragraaf 6.4.2) te laten ondergaan.
De beïnvloeding van de eigenschappen van de oppervlaktelaag door bewerkingen wordt belangrijker naarmate de afmetingen van het werkstuk kleiner, de belastingen hoger en de toelaatbare vormafwijkingen geringer zijn.

7.5 Vervormingsmogelijkheden van een materiaal

7.5.1 Geschiktheid van een materiaal voor een bewerkingsproces

Bij materiaalkeuze door constructeurs en procestechnologen vormt de onbekendheid met het materiaalgedrag onder de door hen gekozen procesomstandigheden vaak een probleem. Bij een omvormproces wil men dikwijls een grote plastische rek tot breuk (breekrek) hebben, terwijl men bij het verspaningsproces graag een spaan wil hebben, die snel breekt, dat wil zeggen slechts een kleine plastische rek kan ondergaan. In paragraaf 3.2.3 is het begrip ductiliteit geïntroduceerd om de hoeveelheid vervorming, die een materiaal kan ondergaan totdat de samenhang verloren gaat, te karakteriseren.

In hoofdstuk 3 is reeds geconstateerd dat de ductiliteit van een materiaal beïnvloed wordt door de spanningstoestand. Maatgevend is in dit geval de **gemiddelde** of **isostatische spanning** σ_m, die als volgt in de hoofdspanningen (σ_1, σ_2, σ_3) kan worden uitgedrukt:

$$\sigma_m = \frac{\sigma_1 + \sigma_2 + \sigma_3}{3} \qquad (7.7)$$

Door een verlaging van de gemiddelde spanning, dat wil zeggen door in verhouding de bijdrage van de drukcomponenten te vergroten ten opzichte van die van de trekcomponenten, kan de plastische rek van een materiaal vergroot worden. De verhouding tussen de gemiddelde spanning σ_m en de effectieve spanning $\bar{\sigma}$ wordt de **triaxialiteit** genoemd.

De geschiktheid van een materiaal voor een bepaald bewerkingsproces kan worden beoordeeld aan de hand van het **ductiliteitsdiagram**. In dit diagram is langs de verticale as de triaxialiteit uitgezet, en langs de horizontale as de maximale effectieve rek tot breuk (zie figuur 7.4). De **ductiliteitsgrens** in het diagram geeft de begrenzing van de vervormingsmogelijkheden van een materiaal weer, als functie van de triaxialiteit. De ductiliteitsgrens wordt als rechte lijn verkregen door voor twee punten de maximale effectieve rek tot breuk te bepalen; in paragraaf 7.5.2 wordt dit verder toegelicht.
In figuur 7.4 is tevens voor enkele processen aangegeven, waar deze in het ductiliteitsdiagram gelegen zijn.

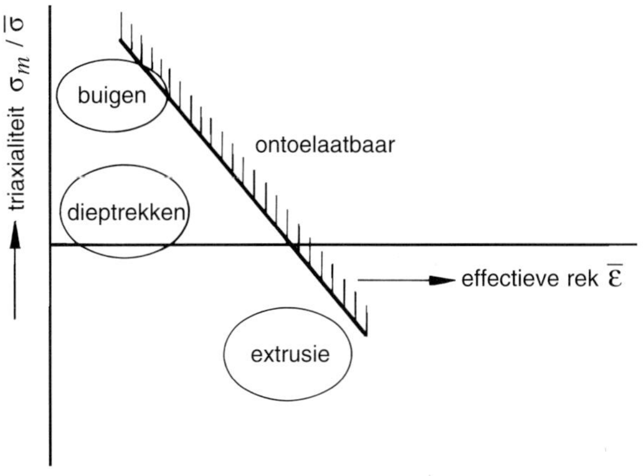

Figuur 7.4 Ductiliteitsdiagram

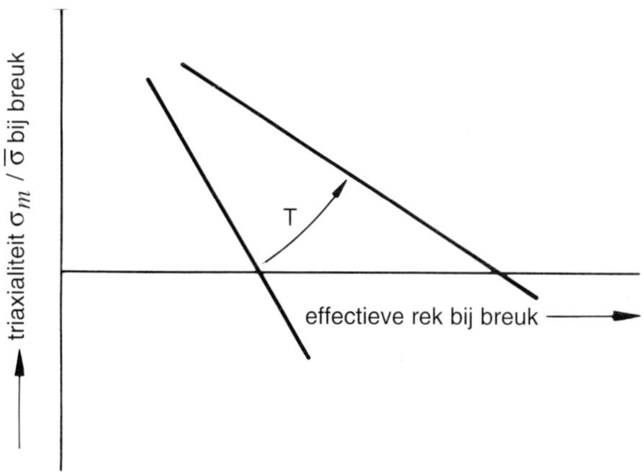

Figuur 7.5 Invloed van de temperatuur op het ductiliteitsdiagram

Ter verduidelijking nog een korte toelichting. Indien men een proces kiest, waarbij de triaxialiteit van het proces en de maximale rek tot breuk zodanig zijn dat deze links van de ductiliteitsgrens (zie figuur 7.4) liggen, dan zal het materiaal tijdens het gekozen proces niet bezwijken. Bevindt het procespunt zich rechts van de ductiliteitsgrens dan zal het materiaal voor het bereiken van zijn eindvorm bezwijken. In de situatie, zoals in figuur 7.4 geschetst, kan dit bij buigen optreden.

Het grote voordeel van een dergelijke materiaalkarakterisering is dat, indien de triaxialiteit en de optredende maximale rek van een gekozen proces bekend zijn, vooraf bepaald kan worden of een gegeven materiaal geschikt is voor het gekozen proces.

Het gedrag van een materiaal zoals vastgelegd in het ductiliteitsdiagram is in feite onafhankelijk van het gekozen omvormproces. Het is best mogelijk, dat het maken van een bekervormig product via dieptrekken niet lukt, terwijl dit met hetzelfde materiaal middels hulsextrusie wel realiseerbaar is.

In figuur 7.5 is de invloed van de temperatuur op de ligging van de ductiliteitsgrens schematisch weergegeven. In het algemeen zal de ductiliteit geen lineair gedrag vertonen met de temperatuur.

Het ductiliteitsdiagram kan niet alleen gebruikt worden om de geschiktheid van een bewerkingsproces aan de hand van de eigenschappen van een bekend materiaal te beoordelen, maar ook om snel een indruk te krijgen van de mogelijkheden van een nieuw materiaal, door dit te vergelijken met een bekend materiaal.
Daarnaast heeft het gebruik van dit diagram nog vele andere voordelen. Immers materiaaleigenschappen

worden bespreekbaar en vergelijkbaar. Procestemperaturen kunnen op betere gronden worden gekozen en de materiaalkeuze kan binnen zekere grenzen worden geoptimaliseerd. In paragraaf 7.5.3 wordt toegelicht dat het ductiliteitsdiagram ook zinvol gebruikt kan worden om te bepalen welke warmtebehandelingen het beste kunnen worden toegepast.

7.5.2 Bepaling van de ductiliteitsgrens

De ductiliteitsgrens in het ductiliteitsdiagram wordt als rechte lijn verkregen uit twee punten, waarvan de benodigde meetgegevens met behulp van een trekproef en een torsieproef worden bepaald.

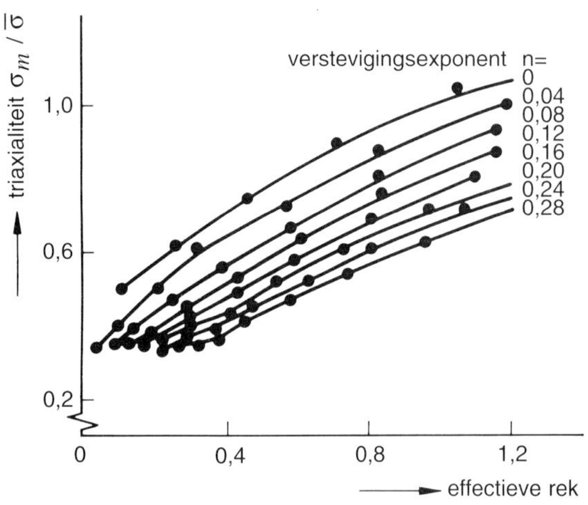

Figuur 7.6 Grafiek voor het bepalen van de triaxialiteit voor een ingesnoerde proefstaaf

Bij de **trekproef** kan de maximale effectieve rek in de insnoerzone van de trekstaaf berekend worden met vergelijking (7.4).
Indien de verstevigingsexponent van het materiaal bekend is, kan men met behulp van de berekende rek de triaxialiteit aflezen in figuur 7.6. Het gebruik van de figuur is noodzakelijk, omdat bij het insnoeren van de trekstaaf de oorspronkelijke ééndimensionale spanningstoestand overgaat in een gecompliceerde meerdimensionale, die men analytisch niet meer aan kan. De waarden in figuur 7.6 zijn berekend met een simulatieprogramma.

Bij de **torsieproef** kan de maximale effectieve rek berekend worden met de onderstaande formule, die ontleend is aan [7.1]:

$$\bar{\varepsilon}_{max} = \frac{2 \times \pi \times r \times N}{l \times \sqrt{3}} \qquad (7.8)$$

Hierbij is r de straal van het proefstuk met een cirkelvormige doorsnede, is l de lengte van het proefstuk tussen de inklemkoppen en is N het aantal omwentelingen, dat het proefstuk over de lengte l ondergaat. De triaxialiteit bij de torsieproef is gelijk aan nul.

7.5.3 Vergroten van de vervormingsmogelijkheden

Vaak blijkt dat de maximale rek, die een materiaal in een bewerking kan ondergaan, te gering is om de gewenste eindvorm te bereiken. Om dit probleem op te lossen kan men verschillende wegen bewandelen. De eerste oplossing bestaat uit de keuze van een ander materiaal dat wel aan de gestelde eisen voldoet. Verhoging van de bewerkingstemperatuur is een tweede oplossing, waardoor de ductiliteitgrens onder invloed van de temperatuur verschuift. De breekrek neemt toe met de temperatuur. Let er echter op dat dit geen lineair verband behoeft te zijn. Een derde mogelijkheid bestaat erin om een ander bewerkingsproces te kiezen, dat bij een lagere triaxialiteit (hogere hydrostatische druk) plaatsvindt en daardoor een hogere rek tot breuk heeft. Immers de rek tot breuk neemt in het algemeen toe met een verhoging van de hydrostatische druk.
Een vierde oplossing, die gekozen kan worden, maar die in de massaproductie liefst zo lang mogelijk vermeden wordt, is het toepassen van een tussentijdse **warmtebehandeling**. In dit geval kan aan **herstel**- of **rekristallisatiegloeien** worden gedacht. De eerste behandeling verlaagt de vloeispanning, terwijl de breekrek in meer of mindere mate de oorspronkelijk waarde van voor de deformatie kan bereiken. Door rekristallisatie verkrijgt zowel de vloeispanning als de breekrek zijn oorspronkelijk waarde.
De vraag wanneer men een dergelijke warmtebehandeling moet toepassen, dat wil zeggen bij welke deformatiegraad, kan het beste beantwoord worden aan de hand van het ductiliteitsdiagram. Het moge duidelijk zijn, dat indien men de warmtebehandeling uitvoert vlak voor het bereiken van de ductiliteitsgrens, dit niet meer het gewenste effect sorteert. Dit komt doordat vóór het bereiken van deze grens de initiatie tot breuk reeds heeft plaatsgevonden. Men moet derhalve op een veilige afstand van deze lijn de warmtebehandeling uitvoeren. Tevens betekent dit, dat indien men het effect van de warmtebehandeling op het materiaal wil nagaan men het materiaal aan een deformatie moet onderwerpen bij een spanningstoestand, die identiek is aan die het materiaal later in het proces zal ondergaan. Tegen deze laatste regel wordt in de praktijk vaak gezondigd met als resultaat, dat een warmtebehandeling in de proefopstelling voldoet, terwijl deze in de

uiteindelijke fabricage niet tot het gewenste effect leidt.

Andere warmtebehandelingen, die ook tussentijds toegepast kunnen worden en vaak een verhoging van de maximaal toelaatbare rek geven, zijn:

- **Homogeengloeien**. Deze gloeibehandeling heeft tot doel om een inhomogene structuur, die bijv. bij het gieten is ontstaan, in belangrijke mate te homogeniseren.

- **Zachtgloeien.** Met deze warmtebehandeling worden minder gunstige materiaalstructuren, zoals lamel-, naald- en netwerkstructuren, omgezet in structuren met een gunstigere vorm.

- **Normaalgloeien**. Deze warmtebehandeling wordt bij staal toegepast, door het tot in het austenietgebied te verhitten en daarna af te koelen, zodanig dat onder andere lamellaire perliet ontstaat.

7.5.4 Verkleinen van de vervormingsmogelijkheden

Er is een aantal processen waarbij men, in tegenstelling tot het voorafgaande, de breekrek wil verlagen. Voorbeelden hiervan moeten gezocht worden bij de scheidende bewerkingen en bij het verspanen.

Bij het verspanen tracht men, om de spaanafvoer te vergemakkelijken, de spanningstoestand zo te beïnvloeden dat de spaan gemakkelijker breekt. Dit kan men op verschillende manieren bewerkstelligen. De eerste manier is het materiaal bij kamertemperatuur een grote voordeformatie te laten ondergaan. Dit betekent in relatie tot het ductiliteitsdiagram, dat de resterende rek tot breuk meer of minder sterk gereduceerd wordt. Meestal is dit toelaatbaar in verband met de vereiste mechanische eigenschappen van het werkstuk. Als tweede mogelijkheid kan men ervoor zorgen, dat de spaan onderworpen wordt aan een belasting, die overeenkomstig het ductiliteitsdiagram het snelst tot breuk leidt. Een proces met een hoge triaxialiteit, en een dus relatief lage breekrek, is het buigproces. Spaanbrekers op snijgereedschappen zijn altijd zo geconstrueerd, dat de spaan aan buiging wordt onderworpen, waarbij de ductiliteitsgrens snel bereikt wordt.

Het gebruik van koelvloeistoffen bij het verspanen kan er mede op gericht zijn de temperatuur, en daarmee de ductiliteit, van het werkstukmateriaal te verlagen. Immers de ductiliteit van een materiaal neemt in het algemeen af met verlaging van de temperatuur (zie figuur 7.5).

7.6 Oppervlakte- en bulkbehandelingen

In combinatie met mechanische bewerkingen worden vaak **oppervlakte**- en/of **bulkbehandelingen** toegepast. De belangrijkste redenen hiervoor zijn:
- Procesconditionering.
- Realiseren van gewenste mechanische producteigenschappen.

In tegenstelling tot oppervlaktebehandelingen, worden bij bulkbehandelingen de materiaaleigenschappen van het gehele materiaalvolume van een werkstuk aan een verandering onderworpen.

Op grond van het bovenstaande kunnen de oppervlakte- en bulkbehandelingen in de volgende categorieën worden ingedeeld:
- Oppervlaktebehandelingen voor procesconditionering. Deze worden in paragraaf 7.6.1 verder toegelicht.
- Bulkbehandelingen voor procesconditionering. Deze worden verder in paragraaf 7.6.2 toegelicht.
- Behandelingen voor het realiseren van gewenste producteigenschappen. Het betreft hier zowel oppervlakte- als bulkbehandelingen.

De oppervlakte- en bulkbehandelingen uit de laatste categorie worden hier niet verder behandeld. Zij hebben geen invloed meer op de uitvoering van bewerkingsprocessen. Het betreft hier evenwel een grote verscheidenheid aan technieken. Bij de oppervlaktebehandelingen gaat het ondermeer om thermo-chemische behandelingen (o.a. carboneren en nitreren), warmtebehandelingen (o.a. oppervlakteharden), het galvanisch aanbrengen van lagen (o.a. verzinken en verchromen), het aanbrengen van conversielagen (o.a. fosfateren), het opspuiten van lagen, het opdampen van lagen, dompeltechnieken (o.a. vertinnen), emailleren, verven en lakken.
Bij de bulkbehandelingen gaat het vooral om warmtebehandelingen, zoals het precipitatieharden, die het materiaal na de laatste vormgevende bewerking de gewenste sterkte-eigenschappen moeten geven.

In [7.3] wordt een uitgebreid overzicht gegeven van de oppervlaktebehandelingen met hun toepassingsgebied; voor de warmtebehandelingen van metalen wordt naar de metaalkundige leerboeken en naslagwerken verwezen.

7.6.1 Oppervlaktebehandelingen voor procesconditionering

In de fabricage worden zowel oppervlakken van werkstukken als van gereedschappen behandeld om de wrijving tussen gereedschap en werkstuk te verminderen en te beheersen; in veel gevallen gaat het hier om het aanbrengen van **smeermiddelen**. Figuur 7.7 geeft een overzicht van een aantal vaste smeermiddelen met hun typische gebruikstemperatuur, als ook voor welke metaallegeringen ze toegepast kunnen worden.
Een andere oppervlaktebehandeling die vaak in de omvormtechnolgie gebruikt wordt is het aanbrengen van een **fosfateerlaag**. Deze laag, bestaande uit zink-ijzer-fosfaat of mangaan-ijzer-fosfaat, wordt niet alleen als vast smeermiddel en als smeermiddeldrager gebruikt, maar ook als corrosiewerende laag en hechtlaag voor een lak. De temperatuur van het omvormproces wordt bij het toepassen van een dergelijke laag beperkt tot 300 °C.
Een ander bekend voorbeeld is het aanbrengen van een messinglaag op staaldraad. Dit wordt in de autobandenindustrie gedaan om het draadtrekken te vergemakkelijken, waarna de messinglaag als hechtlaag voor het rubber fungeert. Ook bij het dieptrekken worden dergelijke lagen af en toe gebruikt.

Vast smeermiddel (met binder)	Opbreng-temperatuur (°C)	Maximale gebruiks-temperatuur (°C)	Al-legeringen	Ti-legeringen	Laaggelegeerde stalen	Cr-stalen	Ni- en Co-legeringen
Molybdeen-disulfide (epoxyhars)	150	200	x	x	x	x	x
PTFE	200	260	x	x	x	x	x
Molybdeen-disulfide (epoxy-siliconenhars)	200	450		x	x	x	x
Molybdeen-disulfide (butyltitanaat)	20	500		x	x	x	x
Grafiet (epoxy-siliconenhars)	200	500		x	x	x	x
Grafiet (glas)	150	600			x	x	x
Borium-nitride (glas)	150	800			x	x	x

Figuur 7.7 Vaste smeermiddelen en hun toepassingsgebied

7.6.2 Bulkbehandelingen voor procesconditionering

In deze categorie horen in de eerste plaats de warmtebehandelingen herstelgloeien, rekristallisatiegloeien, homogeengloeien, zachtgloeien en normaalgloeien thuis. Deze zijn in paragraaf 7.5.3 reeds kort toegelicht. Ze worden toegepast om de vervormingsmogelijkheden van een materiaal te vergroten.
Verder wordt in deze paragraaf aandacht geschonken aan het verhogen van de sterkte-eigenschappen van een materiaal door middel van legeren. Bij legeren zorgt een combinatie van verschillende atoomsoorten binnen een metaal voor extra inwendige spanningen, waardoor de sterkte toeneemt. De overige factoren die de sterkte en rek van een werkstuk beïnvloeden zijn reeds behandeld. Een vergroting van de sterkte door middel van legeren kan nog op diverse manieren geschieden:

- Legeren, zodanig dat binnen een mengkristal twee of meer atoomsoorten (willekeurig verdeeld) aanwezig zijn; dit wordt ook wel "oplosharden" genoemd. Het verschil in atoomafmeting leidt tot vervorming van het kristalrooster, waardoor inwendige spanningen ontstaan die de vloeispanning doen toenemen.
- Legeren, zodanig dat een tweede fase zich al of niet samenhangend met het moedermateriaal uitscheidt. In beide gevallen neemt de vloeispanning toe.
- Legeren, zodanig dat faseveranderingen in het materiaal kunnen optreden of dat intermediaire of superstructuren ontstaan. Ook in deze gevallen neemt de vloeispanning toe.

Tot nu toe zijn de behandelingen en de invloedsfactoren op het plastisch gedrag uitsluitend afzonderlijk besproken. In toenemende mate wordt gebruik gemaakt van combinaties van behandelingen. Bekend zijn de zogenaamde thermo-mechanische behandelingen. Hierbij wordt een thermische behandeling gecombineerd met een omvormbewerking. Het resultaat hiervan is een product met eigenschappen, die door de afzonderlijke processen niet kunnen worden verkregen.

SAMENVATTING

De bewerkingsmogelijkheden bij een fabricageproces worden in belangrijke mate bepaald door de eigenschappen van het werkstukmateriaal. De materiaaleigenschappen van een vervaardigd werkstuk zijn niet alleen afhankelijk van het gebruikte uitgangsmateriaal, maar evenzeer van de toegepaste bewerkingsprocessen. De relatie tussen de materiaalkeuze en de proceskeuze is in zijn algemeenheid toegelicht.

Ten behoeve van een goede beschrijving van het plastisch materiaalgedrag en het analyseren van de vervormingsmogelijkheden van omvormprocessen, zijn de begrippen effectieve spanning en effectieve rek ingevoerd. Gekeken is naar de invloed van de uitgangstoestand van het materiaal (korrelgrootte en textuur), de invloed van de procesvariabelen als deformatiegraad en deformatiesnelheid, alsmede de invloed van de toestandsgrootheden als spanningstoestand en temperatuur.

Om de geschiktheid van een materiaal voor een bewerkingsproces te kunnen beoordelen is het ductiliteitsdiagram geïntroduceerd. Afhankelijk van de triaxialiteit en de maximum optredende effectieve rek kan voor ieder proces bekeken worden of het aan de goede of verkeerde zijde van de ductiliteitsgrens ligt. De ligging van de ductiliteitsgrens wordt met behulp van een trekproef en een torsieproef bepaald.

Er is bekeken op welke wijzen de vervormingsmogelijkheden van een proces vergroot respectievelijk verkleind kunnen worden.

Tenslotte zijn de oppervlakte- en bulkbehandelingen behandeld, die met het oog op procesconditionering worden toegepast.

LITERATUUR

[7.1] J.A.H. Ramaekers, L.J.A. Houtackers en P.B.G. Peeters. Plastisch bewerken van metalen. Wibro Helmond. Juli 1987. ISBN 90-6808-007-5.

[7.2] Metals Handbook, American Society for Metals. Metals Park, Ohio 44073, USA.

[7.3] Simon/Thoma. Angewandte Oberflächentechnik für metallische Werkstoffe. Carl Hanser Verlag. München/Wien (1989). ISBN 3-446-15588-0.

OEFENVRAGEN

7.1 Waarom zal er bij een plastisch omvormproces nooit een rek in slechts één richting optreden?

7.2 Leid de formule af voor de effectieve rek in de insnoerzone van een trekstaaf met cirkelvormige doorsnede, zoals in vergelijking (7.4) weergegeven.

7.3 Toon met een afleiding aan dat tijdens het stuiken van een cilindrisch blokje onder een pers met een constante stotersnelheid v_{st} de reksnelheid steeds verder toeneemt.

7.4 Waarom wordt de ductiliteitsgrens juist met behulp van een trekproef en een torsieproef bepaald, en bijv. niet met een buigproef of een stuikproef?

7.5 Uit een trekproef is bepaald dat een materiaal een karakteristieke spanning C = 750 MPa en een verstevigingsexponent n = 0,20 heeft, en dat een ronde trekstaaf met een oorspronkelijke diameter d_o = 10 mm breekt met als minimale diameter in de insnoering d_{min} = 6,2 mm.
a) Bereken de waarde van de effectieve spanning bij breuk.
b) Bepaal met de grafiek weergegeven in figuur 7.6 de bijbehorende triaxialiteit.

7.6 Indien de trekproef uit oefenvraag 7.5 in een drukvat met een alzijdige druk van 1000 MPa (overeenkomstig met 100 km waterkolom!) zou worden uitgevoerd, bepaal dan de waarde van de triaxialiteit. Wat heeft dit voor consequentie ten aanzien van de maximale breekrek?

7.7 Geef het essentiële verschil aan tussen het ductiliteitsdiagram en de grensvervormingskromme, zoals in paragraaf 3.5 behandeld.

7.8 Wanneer een dieptrekproduct in een aanzienlijk aantal trekken vervaardigd moet worden, zodanig dat tussengloeien onontkoombaar is, geef dan aan hoe in beginsel met behulp van het ductiliteitsdiagram bepaald kan worden na hoeveel trekken tussengloeien noodzakelijk is.

7.9 Welke warmtebehandeling zou u bij het tussengloeien van de dieptrekproducten uit oefenvraag 7.8 toepassen? Licht uw keuze kort toe.

Zal de karakteristieke spanning C uit de verstevigingsfunctie voor en na de warmtebehandeling precies gelijk zijn? Motiveer uw antwoord.

7.10 Wat zou het nut kunnen zijn van het maken van een superplastische legering, die vervormd kan worden bij reksnelheden in de orde van grootte van $10\ s^{-1}$?

7.11 Onder invloed van welke spanningstoestand kan elk materiaal in principe bros breken? Onder invloed van welke spanningstoestand kan elk materiaal plastisch vervormen zonder dat er brosse breuk optreedt? Licht beide antwoorden kort toe.

VERBINDEN

DOEL VAN DIT HOOFDSTUK:

Het geeft een overzicht van de belangrijkste verbindingstechnieken aan de hand van een systematische indeling daarvan.

Het behandelt de principes van de verbindingsmethoden, de wijze van aanbrengen van de verbindingen en de toepassingsgebieden.

Het bevat constructieve aanwijzingen voor de uitvoering van verbindingen gericht op een effectieve en efficiënte productie.

8.1 Inleiding

Veel producten worden samengesteld uit onderdelen. Deze moeten zodanig met elkaar worden verbonden dat de constructie de bedoelde functie kan uitoefenen en bijvoorbeeld de optredende belastingen kan weerstaan. In dit hoofdstuk richten we ons uitsluitend op gevallen, waarin de onderdelen onbeweeglijk met elkaar verbonden worden, **starre verbindingen**. Gevallen, waarbij bewegingsmogelijkheden aanwezig zijn vallen hier dus niet onder.

Aan verbindingen worden uiteenlopende eisen gesteld. Om daaraan te kunnen voldoen bestaat er een grote verscheidenheid aan verbindingsmethoden. Figuur 8.1 geeft een overzicht van de meest gangbare verbindingen.

In dit hoofdstuk richten wij ons in het bijzonder op de fabricagetechnische aspecten van de verbindingen:

- de verbindingsprocessen,
- de vereiste apparatuur,
- de benodigde tijd en de kosten,
- de kwaliteitsbeheersing bij de fabricage van verbindingen.

Er wordt geen aandacht besteed aan het ontwerpen van verbindingen en de daarbij behorende sterkteberekeningen. Ook wordt vrijwel niet ingegaan op de materiaalkundige aspecten, ook al zijn die voor het realiseren van lasverbindingen uitermate belangrijk.

8.2 Indeling van de verbindingsmethoden

Een behandeling van de talrijke verbindingsmethoden is alleen mogelijk door een indeling in onderling verwante groepen. Dit kan geschieden vanuit verschillende oogpunten.

8.2.1 Indeling op grond van losneembaarheid

Een belangrijk criterium voor de keuze van een verbindingsmethode is de mate van losneembaarheid. **Losneembare verbindingen** kunnen eenvoudig worden losgenomen en opnieuw worden aangebracht zonder dat beschadiging van de onderdelen optreedt. Dit speelt vooral een rol bij onderhoud, reparatie of hergebruik. Dit is een belangrijke reden voor het gebruik van schroefverbindingen.

Beperkt losneembare verbindingen zijn met enige moeite los te nemen, waarbij enige schade aan de onderdelen niet altijd te vermijden is. De omvang van die schade leidt niet tot afkeur van de onderdelen, wel echter van de verbindingselementen of -materialen. Voorbeelden zijn klinkverbindingen en die soldeer- en

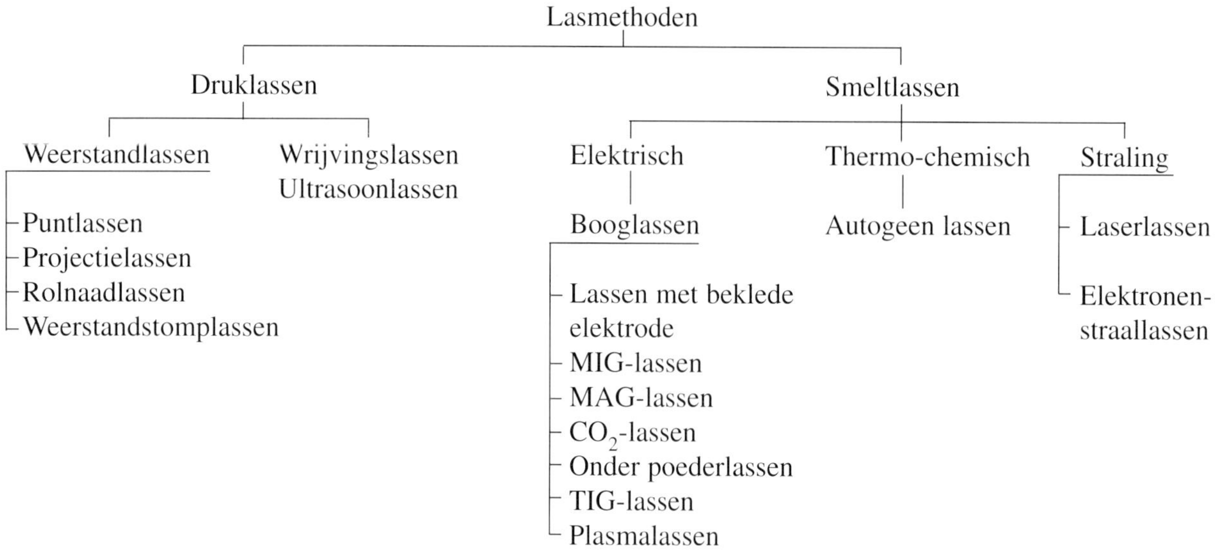

Figuur 8.2 Overzicht van lasmethoden

Thermische effecten, die bij het lassen optreden, kunnen deze eigenschappen echter sterk beïnvloeden, zie paragraaf 8.3.4. De meeste smeltlasverbindingen zijn lijnverbindingen.

Lassen wordt het meest toegepast bij metalen; het is echter ook goed mogelijk bij thermoplasten.

8.3.1 Druklassen

Weerstandlassen

Bij het **weerstandlassen** drukken twee **elektroden** de onderdelen plaatselijk op elkaar, zie figuur 8.3. Bij doorgang van een elektrische stroom ontstaat op de grens tussen de delen de sterkste warmte-ontwikkeling en smelt het materiaal. Na beëindiging van de stroomdoorgang stolt het materiaal weer, waardoor de verbinding tot stand komt. De voorwaarden om dit te bereiken zijn:

- De te verbinden materialen moeten elektrisch geleidend zijn en ongeveer hetzelfde smeltpunt hebben,
- De elektroden moeten goed elektrisch geleidend zijn en een hoog smeltpunt hebben,
- In korte tijd moet voldoende energie worden toegevoerd; hiervoor is een hoge stroomdichtheid (500-1000 A/mm^2) noodzakelijk,
- De overgangsweerstand ter plaatse van de las moet hoog genoeg zijn om voldoende warmte-ontwikkeling te verkrijgen,
- De overgangsweerstand op de plaatsen waar de elektroden het werkstuk raken moet lager zijn dan die ter plaatse van de las, om vastlassen van de elektroden te voorkomen. Zonodig worden de elektroden gekoeld.

Een aantal uitvoeringsvormen van het weerstandlassen wordt hieronder besproken.

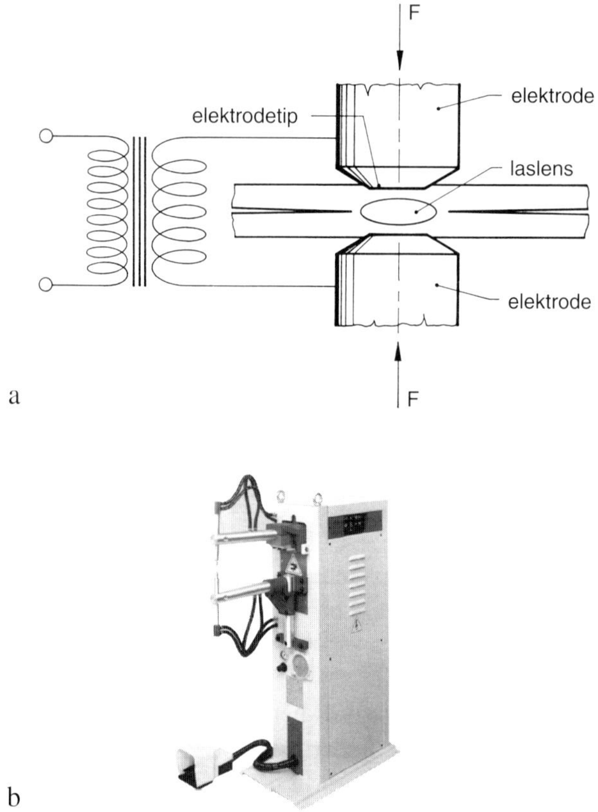

Figuur 8.3 Weerstandlassen: lasprincipe (a) en puntlasmachine (b)

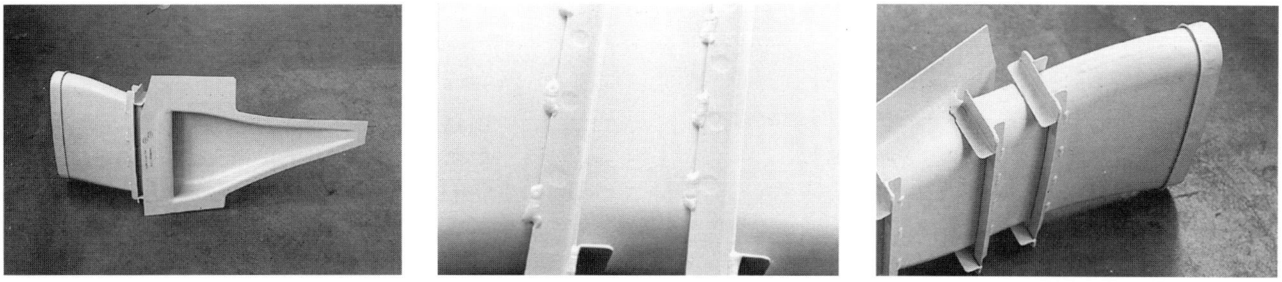

Figuur 8.4 De luchthapper (a) van de Fokker 100, puntlas-detail (b) en lasnaad in de lengte getrokken door middel van TIG-lassen (c)

Bij het **puntlassen** gebruikt men staafvormige elektroden. Bij de puntlasmachine kan men de volgende grootheden onafhankelijk van elkaar instellen:

- de aandrukkracht van de elektroden,
- de tijdsduur van het aandrukken en van de stroomdoorgang,
- de grootte en het verloop van de stroomsterkte.

Door de ruime instelmogelijkheden is puntlassen geschikt voor veel verschillende metalen en werkstukvormen. De cyclustijd nodig voor het maken van een las is kort (enkele seconden). Het is zowel geschikt voor fabricage in kleine series (zie voor een voorbeeld figuur 8.4) als voor grootseriefabricage. De verbindingsmethode wordt bijvoorbeeld toegepast voor de vervaardiging van autocarrosserieën en huishoudelijke apparaten. Bovendien leent puntlassen zich goed voor automatisering.

Bij het puntlassen ontstaan puntverbindingen. Daarbij bestaat het gevaar voor spanningsconcentraties. Bovendien kan op plaatsen tussen de puntlassen gas of vloeistof binnendringen, met als gevolg kans op corrosie of lekkage. Daarom dient men de puntlassen voldoende dicht bij elkaar te plaatsen.

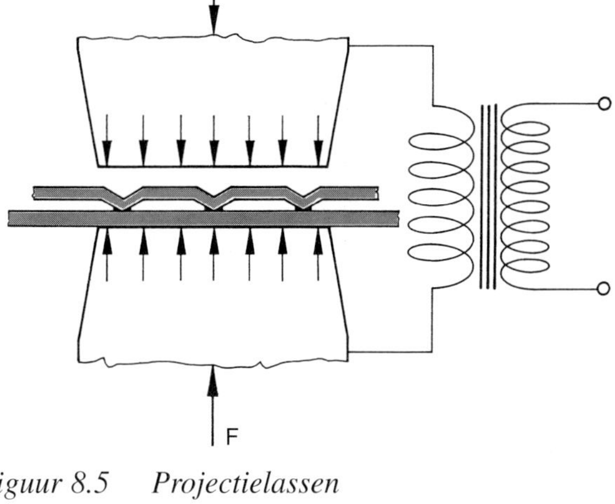

Figuur 8.5 Projectielassen

Bij het **projectielassen** is één van de onderdelen zo gevormd dat er een gewenst patroon van contactpunten ontstaat, zie figuur 8.5. In één lascyclus ontstaan tegelijkertijd meer puntlassen.

Bij het **rolnaadlassen** rollen schijfvormige elektroden over het werkstuk, zie figuur 8.6. Het resultaat is een lijnverbinding, die goed vloeistof- en gasdicht is. Deze methode wordt gebruikt voor de fabricage van vaten uit plaatmateriaal tot ca. 4 mm dik. Voorbeelden zijn radiatoren voor centrale verwarming en kuipen van wasmachines.

Figuur 8.6 Rolnaadlassen

Bij het **weerstandstomplassen** wordt de geometrie van de las bepaald door de vorm van de te verbinden delen. De delen worden krachtig op elkaar gedrukt door klembekken, die ook dienen voor geleiding van de elektrische stroom, zie figuur 8.7. Het principe wordt vaak toegepast om staven materiaal met verschillende eigenschappen aan elkaar te verbinden. Denk hierbij bijvoorbeeld aan een spiraalboor. Slechts het snijdend gedeelte moet hierbij uit het dure snelstaal (ca. *f* 25,-/kg) bestaan. De schacht kan veel beter

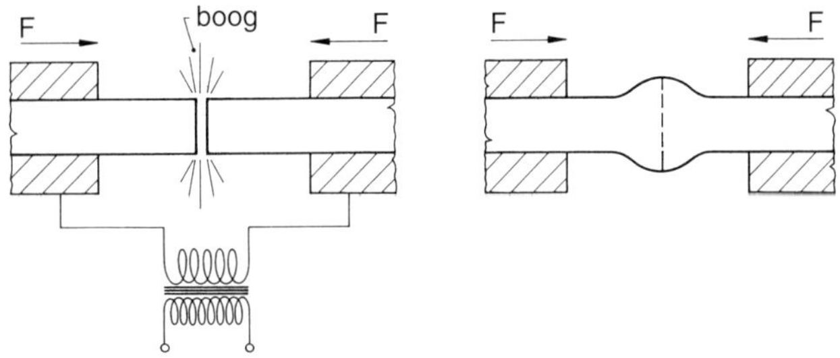

Figuur 8.7 Weerstandstomplassen

gemaakt worden uit een taaiere en goedkopere staalsoort (ca. *f* 1,50/kg). Ook onderdelen met sterk uiteenlopende doorsneden, zoals een klep met grote diameter en een steel met een kleine diameter, kunnen op deze wijze aan elkaar verbonden worden. Een combinatie van beide aspecten vindt men bij de kleppen van verbrandingsmotoren: een dunne steel van een taai materiaal wordt dan aan een vlakke schijf van hittebestendig materiaal gelast.

Wrijvingslassen

Bij het **wrijvingslassen** wordt de benodigde warmte opgewekt door de onderdelen onder enige druk snel langs elkaar te bewegen. Het eenvoudigste is dit te bereiken door een rotatie. Eén onderdeel draait rond; het andere onderdeel staat stil of draait in tegengestelde richting, zie figuur 8.8. Wanneer de temperatuur

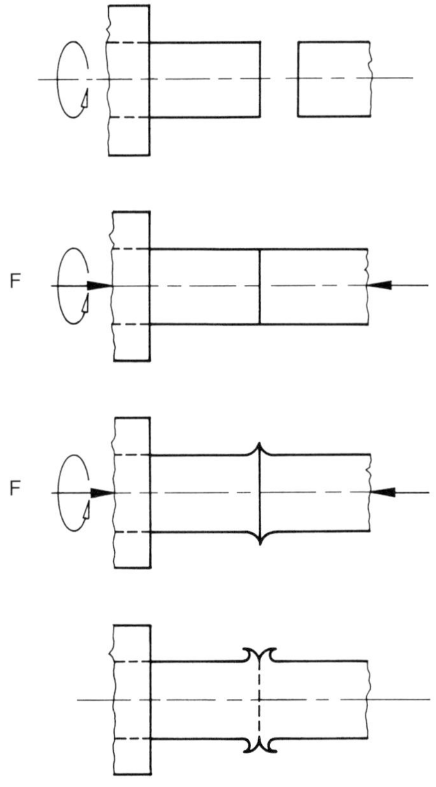

Figuur 8.8 Wrijvingslassen

voldoende hoog is opgelopen stopt de beweging en lassen de onderdelen onder druk aan elkaar. Met dit proces kunnen materialen met sterk verschillende smeltpunten aan elkaar gelast worden. De doorsnede van de te lassen vlakken moet natuurlijk rotatiesymmetrisch zijn.

Ook **ultrasoonlassen** is een vorm van wrijvingslassen. Eén van de te verbinden delen wordt in ultrasone trilling gebracht (25-50 kHz), met de bewegingsrichting parallel aan het te verbinden vlak, en op het andere onderdeel gedrukt, zie figuur 8.9. Door de trilling worden oxydelagen en verontreinigingen verbroken

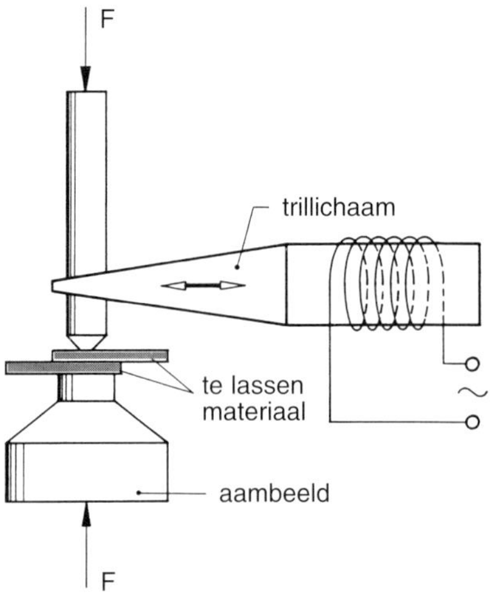

Figuur 8.9 Ultrasoonlassen

en ontstaat een zeer intensief contact tussen de beide onderdelen. De materialen lassen soms al aan elkaar bij een temperatuur lager dan een derde van de smelttemperatuur, op de schaal van Kelvin. Er ontstaan zeer schone lassen. De bekendste toepassing is het ultrasoonlassen van zowel harde als zachte kunststoffen, bijvoorbeeld kunststoffolie.

8.3.2 Booglassen

Bij het **booglassen** komt het smelten tot stand onder invloed van een elektrische vlamboog. In de meeste gevallen wordt de boog gevormd tussen een elektrode en het metalen werkstuk. Men kent booglasprocessen met **niet-afsmeltende** of **permanente elektroden**. De elektrode mag niet smelten of op andere wijze worden aangetast door de boog. Permanente elektroden worden dan ook vervaardigd van wolfram. Er kan worden gewerkt met of zonder toevoegmateriaal. Andere booglasprocessen zijn gebaseerd op het gebruik van **afsmeltende elektroden**. Deze leveren tevens het toevoegmateriaal dat de lasnaad moet vullen.

In beide gevallen is bescherming van het **smeltbad** tegen oxydatie noodzakelijk. Dat kan worden bereikt door het toepassen van een neutraal of reducerend gas of door het gebruik van een vaste stof, meestal in de vorm van een poeder. Dit poeder smelt bij hoge temperatuur en vormt zo een beschermlaag die het smeltbad afdekt, de **slak**. Meteen na het lassen stolt de slak en vormt deze een beschermende laag op de nog hete, gestolde **lasrups**.

Verschillende typen elektroden en verschillende wijzen van bescherming van smeltbad en lasrups leiden tot een nadere onderverdeling van de booglasprocessen:

Beklede elektrode

Booglassen met **beklede elektrode** is gebaseerd op het gebruik van een afsmeltende elektrode, bestaande uit een metalen **kern** van de gewenste samenstelling (lengte 300 tot 500 mm en dikte tussen 1,5 en 8 mm) en een **bekleding**, zie figuur 8.10.
De belangrijkste functies van de bekleding zijn:

- Het richten van de boog en van de afgesmolten druppels op het smeltbad; het is daarom wenselijk dat de bekleding kelkvormig afsmelt,
- Het beschermen van de afgesmolten druppels en het smeltbad door het vormen van slak en gas, bijv. CO,
- Het stabiliseren van de boog door het vormen van gassen die het elektrisch geleidingsvermogen van de boog verhogen,
- Het beïnvloeden van het stolgedrag; de te sturen variabelen zijn de dunvloeibaarheid van het smeltbad, de stolsnelheid en de afkoelsnelheid,
- Het toevoeren van bestanddelen, die de kwaliteit van de las verbeteren, onder andere legeringselementen,
- Het verhogen van het **neersmeltrendement**; door in de bekleding van de elektrode metaalpoeder op te nemen is het totaal neergesmolten volume metaal groter dan het afgesmolten volume van de metalen kern van de lasstaaf.

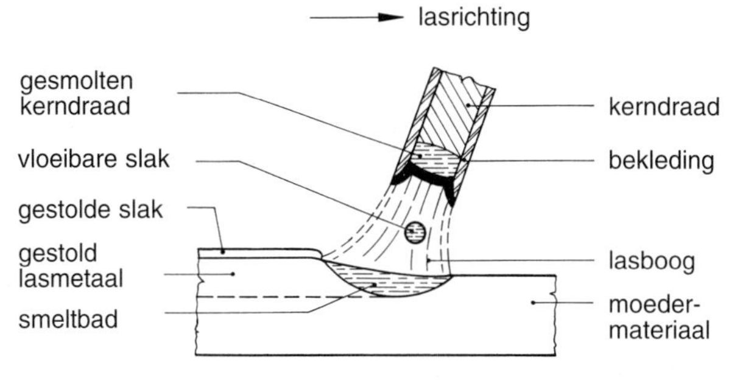

Figuur 8.10 Booglassen met beklede elektrode

Er bestaat een groot aantal typen elektroden. Belangrijke variabelen zijn het materiaal, de diameter van de metalen kern en de eigenschappen van de bekleding. Door de keuze van de elektrodebekleding kan men het lasproces aanpassen aan zeer uiteenlopende situaties.

Afhankelijk van de te maken verbinding en vooral van het type elektrode wordt wisselstroom of gelijkstroom gebruikt.In het laatste geval kan de elektrode zijn verbonden met de positieve of met de negatieve pool van de stroombron. De boogspanning bedraagt meestal 10 à 50 V. De toegepaste stroomsterkte wordt bepaald door de doorsnede van de kerndraad in de elektrode en kan variëren tussen 25 en 250 A. Het neergesmolten materiaalvolume per tijdseenheid ligt meestal tussen 2 en 20 mm^3/s. De doorsnede van de lasnaad, die men in één keer kan leggen varieert tussen 0,5 en 5 mm^2. De haalbare lassnelheid ligt tussen 0,2 en 2 mm/s. Bij grote doorsneden moet een lasnaad door het opbrengen van een aantal opeenvolgende lagen worden gevuld, zie figuur 8.11.

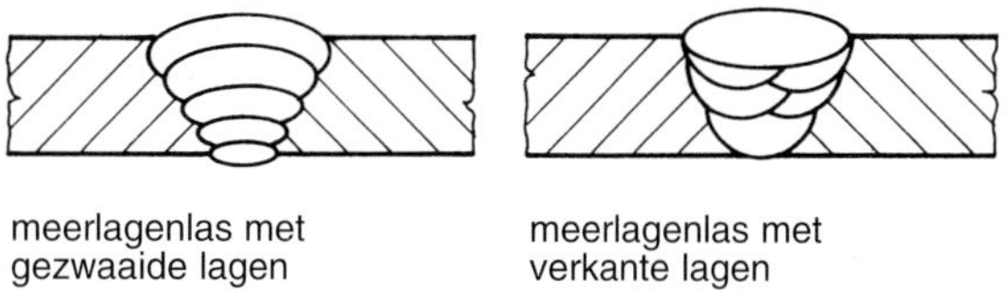

Figuur 8.11 Opbouw van een dikkere lasnaad

Booglassen met beklede elektrode is de oudste en nog steeds de meest toegepaste variant van het booglassen. Het is een zeer breed toepasbaar proces door de grote keuze aan elektrodematerialen, de relatief geringe investeringen en de grote vrijheid in de positie van de lasnaad. Het liefst heeft men de lasnaad in horizontale positie ("onder de hand", zoals figuur 8.12 toont), doch ook andere lasstanden zijn mogelijk. Zelfs "boven het hoofd" lassen is uitvoerbaar.
Automatisering van het booglassen met staafelektroden is slechts beperkt mogelijk wegens de noodzaak om met korte tussenpozen de elektroden te wisselen. Bovendien is er bij alle lasverbindingen nog een groot aantal andere handelingen te verrichten. Hiertoe behoren het nauwkeurig positioneren van de aan elkaar te lassen onderdelen, het met een aantal kleine lassen voorlopig aan elkaar hechten van die onderdelen en het verwijderen van de gestolde slak.

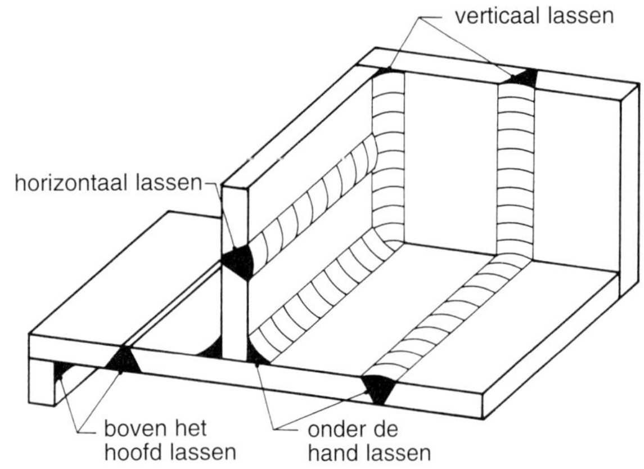

Figuur 8.12 Lasposities

MIG/MAG-lassen

Bij het booglassen met **draadelektrode** is de betrekkelijk korte staafelektrode vervangen door een lange draad op een haspel, zie figuur 8.13. De draad wordt mechanisch aangevoerd met een instelbare snelheid. De stroomoverdracht tussen de elektrode en de stroombron komt tot stand bij de **contacthuls** in de **lastoorts** (figuur 8.14). Eveneens via de lastoorts wordt rondom de elektrode **beschermgas** aangevoerd. Afhankelijk van het soort beschermgas kent deze lasmethode drie varianten:

- **MIG-lassen (Metal Inert Gas)**; het beschermgas is hier een inert gas, meestal argon, soms helium of een mengsel van deze gassen,
- **MAG-lassen (Metal Active Gas)**; het beschermgas is een mengsel van een inert gas met kleine hoeveelheden zuurstof of CO_2. De term "active" geeft aan dat het beschermgas in zekere mate reageert met het lasmetaal.
- **CO_2-lassen**; dit is een vorm van MAG-lassen. Het beschermgas bestaat geheel uit CO_2.

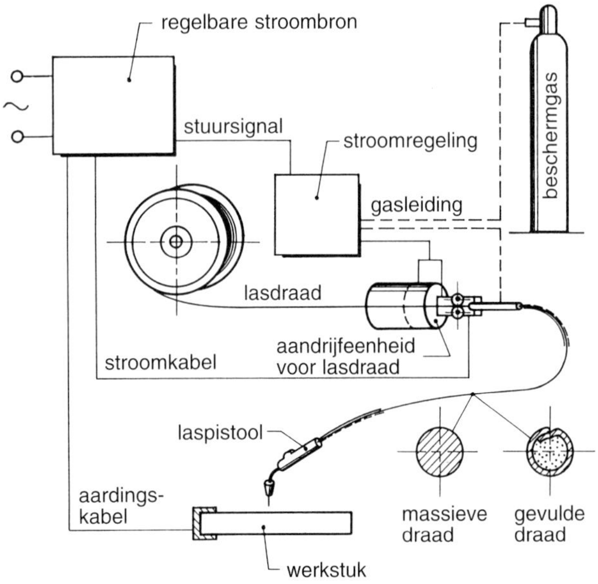

Figuur 8.13 Installatie voor booglassen met draadelektrode

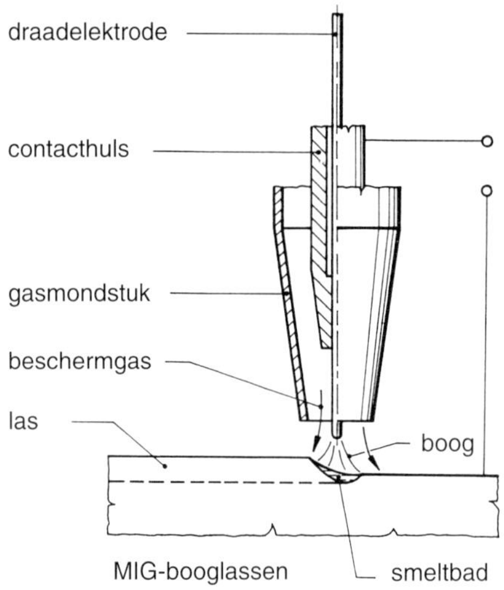

Figuur 8.14 MIG/MAG-lassen

Deze lasmethode is gemakkelijk te automatiseren en leent zich dus goed voor het leggen van lange lasnaden of van lasnaden met een grote doorsnede, die in meerdere lagen moeten worden gevuld. De draad kan massief of gevuld zijn. Bij het lassen met **gevulde draad**, zie figuur 8.13, is de draad gevuld met een poeder dat voor een deel dezelfde functies vervult als de bekleding bij de staafelektroden. Meestal wordt in combinatie hiermee een beschermgas gebruikt.

Het MIG-lassen wordt overwegend voor non-ferro metalen en sommige gelegeerde staalsoorten toegepast en het MAG-lassen voor het lassen van constructiestaal. Het CO_2-lassen kiest men wanneer grote lassnelheden en dus grote stroomsterkten vereist zijn.

Onder poederlassen

Bij het **onder poederlassen (OP-lassen)** gebruikt men een massieve draad zonder beschermgas. Bescherming wordt verkregen door poeder, dat uit een toevoeropening rondom de lastoorts stroomt. Dit proces is alleen toe te passen bij lasnaden gelegen in een horizontaal vlak. Deze methode wordt toegepast met hoge stroomsterkten (tot wel 2000 A) voor het lassen van dikke platen, zoals bij scheepsconstructies, stoomketels en chemische apparaten. Een andere toepassing is het oplassen van een metaal voor het opbrengen van een harde, slijtvaste of een corrosiebestendige laag ter bescherming van de onderliggende vlakken of als reparatie van een afgesleten oppervlak.

TIG-lassen

Bij het **TIG-lassen (Tungsten Inert Gas)** is de niet-afsmeltende elektrode vervaardigd uit wolfram. De bescherming van het lasbad vindt plaats met behulp van een inert gas. Bij dun materiaal is vaak geen toevoegmateriaal vereist. Zonodig wordt toevoegmateriaal aangevoerd in de vorm van een afzonderlijk staaf of draad. Figuur 8.15 toont het principe. Vrijwel alle metalen zijn met deze methode te lassen. Het proces is vooral geschikt voor het lassen van kleine onderdelen uit plaatmateriaal van aluminium (zie figuur 8.4c) en corrosievast staal tot ca. 6 mm dikte. Tussen 3 en 6 mm is er een overgangsgebied, waar zowel MIG- als TIG-lassen mogelijk is.

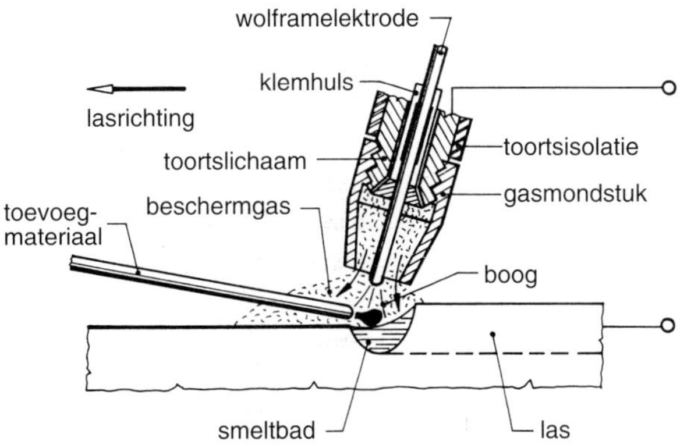

Figuur 8.15 TIG-lassen

Een variant op het TIG-lassen is het **plasmalassen.** De plasmalastoorts heeft binnen het kanaal voor het beschermgas nog een kanaal waardoor het **plasmagas** wordt aangevoerd. Dit plasmagas wordt door de vlamboog geïoniseerd en in plasma omgezet. Dit plasma heeft een zeer hoge temperatuur (ca. 25000 °C), en levert daardoor een warmtebron met een energiedichtheid die veel hoger is dan bij het TIG-lassen. Bovendien is de plasmaboog zeer stabiel en kan in stand blijven bij zeer lage stroomsterkten. De variant **microplasmalassen** is daardoor te gebruiken bij zeer kleine materiaaldikten, tot ca. 0,1 mm.

8.3.3 Autogeen lassen

Bij het **autogeen lassen** wordt de warmte geleverd door verbranding van een mengsel van acetyleen (of propaan respectievelijk methaan) en zuurstof. De gassen worden gemengd in een gasbrander. De keuze van de soort gas wordt medebepaald door de gewenste temperatuur. Het meest gebruikelijk is acetyleen (C_2H_2). De verbrandingsgassen dienen tevens als beschermgas. Door de instelling van de mengverhouding tussen acetyleen en zuurstof kan men het proces aanpassen aan de omstandigheden.

Het toevoegmateriaal wordt aangevoerd als een afzonderlijke staaf, zoals bij het TIG-lassen. Door de keuze van de brander en de positie ervan ten opzichte van het werkstuk is het mogelijk autogeen lassen toe te passen voor dunne materialen (bijv. de reparatie van autocarrosserieën) en voor grotere plaatdikten. Boven 5 mm dikte is het nodig de plaatranden af te schuinen. Voor autogeen lassen is geen elektrische energiebron nodig, hetgeen vooral een voordeel is als de laswerkzaamheden op een buitenlocatie moeten worden uitgevoerd.

8.3.4 Temperatuur-effecten

Het feit dat bij het lassen het werkstukmateriaal tijdelijk tot smelten wordt gebracht heeft belangrijke invloed op het gedrag van het werkstuk en op de eigenschappen van het werkstukmateriaal. In een aantal gevallen kan deze invloed ernstige gevolgen hebben.

Krimp

In hoofdstuk 2 zagen we reeds dat vloeibare metalen tijdens het stollen slinken en vervolgens in vaste toestand krimp vertonen. Dit laatste leidt bij het lassen tot **krimpspanningen**. De oorzaak hiervan is in de eerste plaats het niet gelijktijdig opwarmen en afkoelen van de lasnaad en de omgeving daarvan. De spanningen kunnen leiden tot vormveranderingen van het product. Dit betekent dat de maatnauwkeurigheid bij gelaste constructies problemen kan opleveren. Bovendien kunnen de krimpspanningen de toelaatbare gebruiksbelastingen verlagen en zelfs scheurvorming veroorzaken.
Krimpspanningen zijn niet te vermijden, wel is het mogelijk ze aanzienlijk te beperken. Dit kan onder meer op de volgende manieren:

- Span tijdens het lassen de onderdelen zo in dat de las en zijn omgeving vrij kunnen krimpen. Het productontwerp en de volgorde waarin de lasverbindingen worden gemaakt zijn medebepalend in hoeverre dit mogelijk is.
- Vermijd elkaar kruisende lasnaden door het toepassen van T-kruisingen.
- Pas na het lassen **spanningsarm gloeien** toe. Hier-

bij dalen de inwendige spanningen door plastische vervormingen, die optreden door het werkstuk gedurende enige tijd op hogere temperatuur te laten verblijven. Voor het bereiken van een goede maatnauwkeurigheid moet het verspanend nabewerken van gelaste constructies dus altijd na het gloeien plaatsvinden.

Structuurveranderingen

De cyclus opwarmen-smelten-stollen-afkoelen heeft een belangrijke invloed op de structuur van het materiaal in de las en op het materiaal in de omgeving van de las. In dit verband speelt de keuze van de lasmethode bij een gegeven werkstukmateriaal een belangrijke rol. In figuur 8.16 wordt een overzicht gegeven van geschikte combinaties.

Lasprocessen	Werkstukmateriaal			
	Constructie-staal	Austenitisch staal	Al	Cu
Weerstandlassen	x		x	
Booglassen met beklede elektrode	x	x		
MIG-lassen		x	x	x
MAG-lassen	x		-	-
Onder poederdek lassen	x²	x²	-	-
TIG-lassen	x¹	x¹	x	x
Autogeenlassen	x¹	-		
Elektronenstraal lassen	x¹	x¹		
Laserlassen	x¹	x¹	-	

x goed toepasbaar
\- niet toepassbaar
1) geldt voor dunne platen (ca. 1-5 mm)
2) geldt voor dikkere platen (dikte > 5 mm)

Figuur 8.16 Geschiktheid van lasmethoden voor enkele materiaalgroepen

Afhankelijk van het werkstukmateriaal, het lasproces en de gekozen lasparameters, zoals lassnelheid en stroomsterkte, zal de structuur van het materiaal in en rondom de las in zekere mate afwijken van die in het overige materiaal. De grootste problemen treden op bij het lassen van staal. Wanneer het afkoelen te snel verloopt ontstaat een zeer harde, brosse structuur (martensiet). Een sterk geconcentreerde warmtetoevoer en een grote plaatdikte verhogen de afkoelsnelheid. De maximaal toelaatbare afkoelsnelheid neemt af met een toenemend gehalte aan koolstof en legeringselementen.

8.3.5 Vormgeving van lasverbindingen

Enkele mogelijke standen van te verbinden plaatdelen worden getoond in figuur 8.17. Figuur 8.18 laat een aantal verschillende vormen van lasnaden zien (zie ook NEN 2755 en 2756), waarmee deze verbindingen, afhankelijk van plaatdikte, kunnen worden gerealiseerd. Figuur 8.19 geeft een aantal aanwijzingen voor de vormgeving van gelaste constructies.

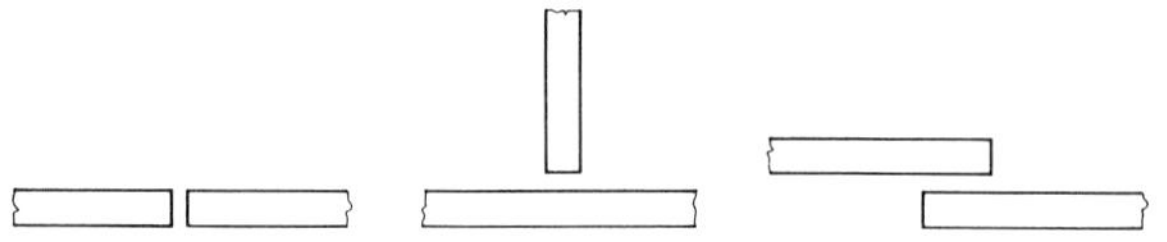

Figuur 8.17 Mogelijke standen van plaatwerkonderdelen

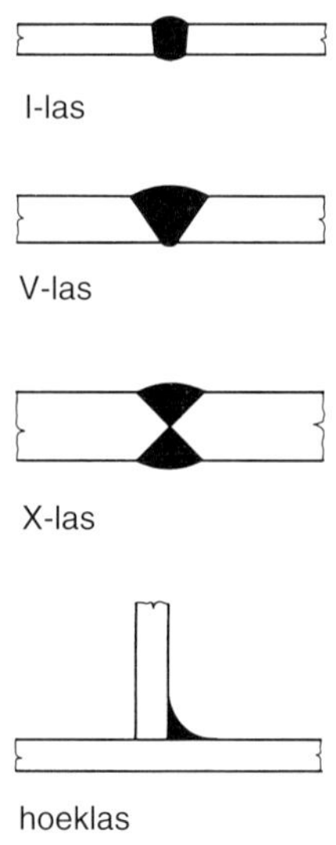

Figuur 8.18 Uitvoeringsvormen van lasnaden

8.3.6 Kwaliteitsbeheersing bij het lassen

Om bij kritische lasverbindingen de kwaliteit te garanderen moeten de volgende beproevingen worden uitgevoerd:

- Het lassen van proefstukken onder dezelfde omstandigheden, en soms ook door dezelfde lasser, als tijdens de uitvoering van de werkelijke las. Uit de proefstukken neemt men proefstaven voor het destructief bepalen van de mechanische eigenschappen van het gelaste materiaal.
- Het onderzoeken van de gelaste werkstukken met

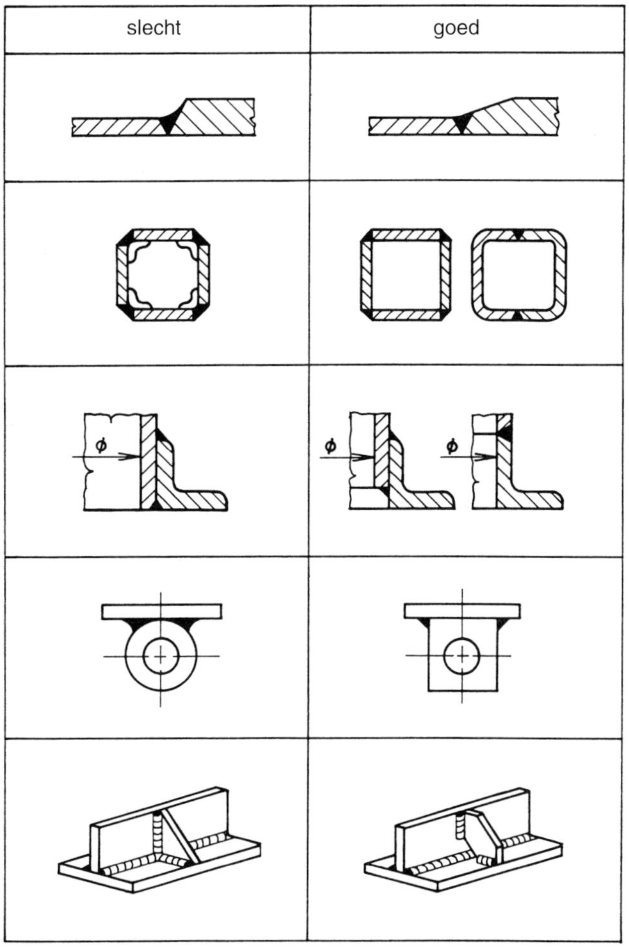

Figuur 8.19 Constructieve aanwijzingen voor lasconstructies

verschillende niet-destructieve methoden; de belangrijkste hiervan is röntgenonderzoek. Deze methoden komen aan de orde in hoofdstuk 9.

De belangrijkste voorwaarde voor het bereiken van een hoog kwaliteitsniveau is het vakmanschap van de lassers. Om werkzaamheden aan constructies met een groot veiligheidsrisico, zoals drukvaten en staalconstructies, te mogen verrichten moeten lassers over een, voor het betreffende lasproces geldige, **laskwalificatie** beschikken. Zij moeten, volgens daarvoor geldende regels, periodiek hun bekwaamheid aantonen.

8.4 Grondbeginselen van solderen en lijmen

Het lijmen en het solderen komen in principe sterk overeen. In beide gevallen is er sprake van het verbinden met behulp van een **tussenlaag.** Het zijn vlakverbindingen. Bij lijmen bestaat de tussenlaag uit organisch materiaal, bij solderen uit een metaallegering. De mechanische sterkte van de tussenlaag is lager, bij lijmen meestal zelfs veel lager, dan die van de te verbinden materialen. Dit betekent dat het oppervlak van een soldeer- of een lijmverbinding betrekkelijk groot moet zijn. Deze verbindingen zijn daarom bijna altijd uitgevoerd als een **lapnaad**, zie figuur 8.20. De verbindingslaag wordt daardoor op afschuiving belast. Op deze wijze is een voldoende groot oppervlak beschikbaar om de belasting over te dragen.

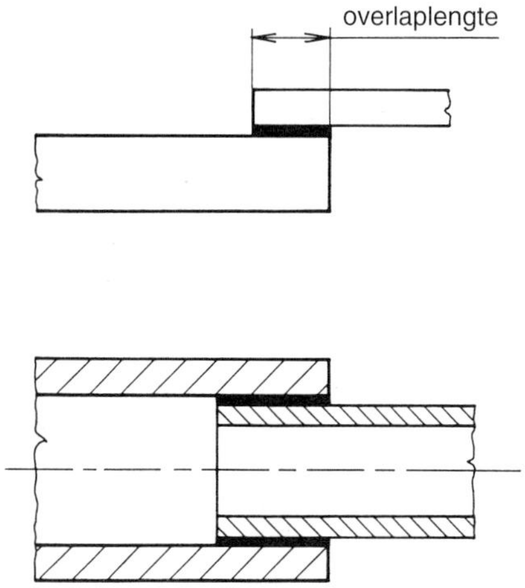

Figuur 8.20 Lapnaad

Lijm- en soldeerverbindingen zijn te beschouwen als een ketting met 5 schakels:

- het materiaal van onderdeel A, - de verbinding van de tussenlaag met materiaal A,	adhesie A
- de tussenlaag,	cohesie
- de verbinding van de tussenlaag met materiaal B, - het materiaal van onderdeel B.	adhesie B

Uiteraard is de zwakste schakel bepalend voor de sterkte van de verbinding. De sterkte van de verbinding van de tussenlaag met het onderdeel noemt men **adhesie** of hechting, de sterkte van de tussenlaag zelf heet de **cohesie**. Adhesie en cohesie zijn verschillende verschijnselen, die afzonderlijk beschouwd worden.

Bij een vergelijking tussen lijmen/solderen en lassen komen de volgende punten naar voren:

- Bij lijmen/solderen treedt meestal geen verandering van de materiaaleigenschappen op,
- Met lijmen/solderen zijn materialen te verbinden die niet of slecht lasbaar zijn,
- Lijmen en solderen hebben meer mogelijkheden om verschillende materialen te verbinden,

- Bij lijmen/solderen zijn inwendige spanningen ten gevolge van krimp veel lager of ontbreken geheel,
- Lijmen/solderen vraagt grotere verbindingsvlakken.

Lijmen en solderen kunnen ook worden vergeleken met pen-gatverbindingen en met puntlassen:

- Bij een goede hechting kan geen vocht en vuil tussen de verbonden vlakken dringen, waardoor de kans op corrosie veel kleiner is.
- Bij lijmen/solderen treedt geen verzwakking op door bout-of nagelgaten,
- Bij lijmen/solderen treden geen spanningspieken op. Beide laatstgenoemde punten zijn gunstig voor de weerstand tegen vermoeiing,

De uitvoering van soldeer- en lijmprocessen stelt vaak bijzondere eisen, waardoor de kosten betrekkelijk hoog kunnen zijn:

- Om een goede adhesiesterkte te bereiken is in veel gevallen een oppervlaktebehandeling (reiniging, soms gevolgd door een wijze van activering) van de te verbinden vlakken nodig.
- Bij het uitharden van lijmverbindingen moet druk worden uitgeoefend op de lijmvlakken.

Er bestaan ook belangrijke verschillen tussen het lijmen en het solderen:

- De bij solderen optredende temperaturen zijn hoger, vaak veel hoger, dan die bij het lijmen. De verbinding zelf is ook bestand tegen hogere temperaturen.
- Bij het solderen vult de spleet zich tussen de onderdelen met vloeibaar soldeer door **capillaire werking**, zie figuur 8.21; daartoe is de aanwezigheid van een nauwkeurig bepaalde spleetbreedte noodzakelijk. Bij het lijmen wordt de tussenlaag aangebracht voordat de onderdelen worden samengevoegd.
- De wijze van hechting tussen de soldeerlaag en het onderdeel (door de vorming van mengkristallen) is wezenlijk verschillend van die tussen de lijmlaag en het onderdeel (aantrekkingskracht tussen verschillende atomen).

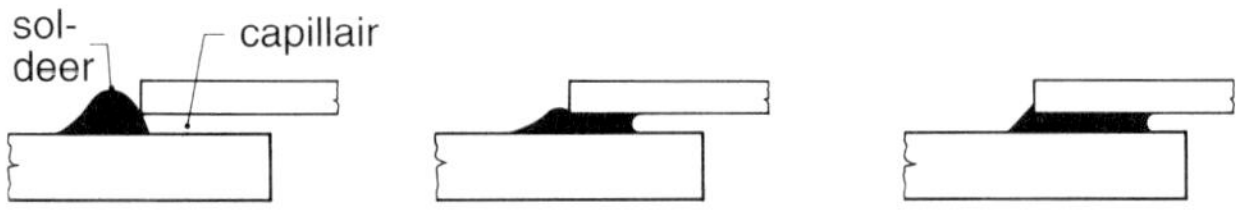

Figuur 8.21 Capillaire werking

De besproken verbindingsmethoden kunnen elkaar niet zonder meer vervangen. Het vervangen van lassen door lijmen vereist vaak een principieel andere opzet van het ontwerp. Dit kan leiden tot een andere vormgeving en andere afmetingen.

8.5 Solderen

Het vloeibare soldeer legeert het materiaal aan het oppervlak van de te verbinden delen, die zelf hun vaste toestand behouden. De verbinding komt vervolgens tot stand door het stollen van het soldeer. Men past deze methode vooral toe daar waar temperatuurverhoging tot het smeltpunt van de te verbinden materialen ongewenst is.

Soldeermaterialen

Bij het solderen is het smeltpunt van het soldeer van groot belang. Dit moet in elk geval lager zijn dan het laagste smeltpunt van de te verbinden materialen. Meestal maakt men nog een verdere onderverdeling:

Men kent soldeerlegeringen met een smeltpunt lager dan 450°C - vanwege de lage hardheid spreekt men van **zachtsoldeer** - en soldeerlegeringen met een smeltpunt hoger dan 450°C, die vanwege de hogere hardheid aangeduid worden met **hardsoldeer**. Bij het gebruik van zachtsoldeer is het risico van thermische beschadiging van de onderdelen kleiner. Met hardsoldeer worden echter sterkere verbindingen verkregen. De meest bekende soldeerlegering is de lood-tinlegering, die gebruikt wordt voor het solderen van elektrische verbindingen. Veel fietsframes worden gesoldeerd met koper-zilverlegeringen met een smeltpunt boven 800°C.
De eisen die men aan soldeerlegeringen stelt, hangen af van de toepassing. Soms wenst men een dunvloeibaar soldeer, met een duidelijk smeltpunt. Dat is het geval als het soldeer door capillaire werking in een nauwe spleet (bijvoorbeeld minder dan 0,1 mm breed) moet doordringen. Men kiest dan voor een eutectische legering. In andere gevallen wenst men juist dat het soldeer dikvloeibaar is en dus een smelttraject vertoont om daarmee soldeervoegen tot enkele tienden mm dik te kunnen vullen. Het gevaar van het ontstaan van scheuren in de soldeernaad tijdens het afkoelen is dan wel groot. Het soldeer mag bij de soldeertemperatuur niet ontmengen, ongewenste oxidatieproducten vormen of het werkstuk aantasten. Het soldeer moet de oppervlakken goed bevochtigen.

Werkstukmateriaal	Zachtsoldeer Cd-Zn	Sn-Pb	Sn-Zn	Sn	Hardsoldeer Al	Cu-P	Cu-Ag	Cu-Zn	Ag
Al en Al-legeringen	x	x	x		x				
Cu en Cu-legeringen	x	x		x		x	x	x	x
Staal	x	x		x			x	x	x

Figuur 8.22 Geschikte materiaalcombinaties bij het solderen

Soldeer wordt geleverd als draad, staf, pasta of folie; deze laatste moeten vóór het solderen op de gewenste plaats worden aangebracht. Figuur 8.22 geeft een overzicht van bij solderen toegepaste combinaties van werkstuk- en soldeermaterialen.

Vloeimiddel

Vóór het solderen wordt een vloeimiddel aangebracht, dat onder andere tot doel heeft de oxidelaag te verwijderen, de oppervlaktespanning te verlagen voor een betere bevochtiging en om de oppervlakken en het gesmolten soldeer tegen oxidatie te beschermen. Na het maken van de soldeerverbinding moeten dit vloeimiddel en eventuele andere verontreinigingen weer worden verwijderd om latere nadelige gevolgen te voorkomen.

Verhitting

Het smelten van het soldeer kan op verschillende manieren worden gerealiseerd. Bij zachtsolderen wordt meestal een **soldeerbout**, met een koperen lichaam gebruikt, die tot de vereiste temperatuur verhit wordt. Bij hardsolderen voldoet deze **indirecte verhitting** niet meer. Dan is een **directe verhitting** van de plaats waar de verbinding gemaakt moet worden en van het soldeer noodzakelijk. Men kan hier kiezen voor verhitten met een vlam of door inductie. De keuze van de verwarmingsmethode is afhankelijk van de vorm van de te verbinden onderdelen en van de seriegrootte.

Problemen met het reinigen en met vloeimiddelen zijn te ondervangen door het solderen zonder vloeimiddel uit te voeren in een oven waarin vacuüm heerst of een inert of reducerend gas aanwezig is. Men noemt dit **ovensolderen**. Op deze wijze ontstaan tal van hoogwaardige verbindingen voor bijv. medische apparaten en in de lucht- en ruimtevaart.

8.6 Lijmen

8.6.1 Basisprincipes

Bij lijmen bestaat de tussenlaag vrijwel steeds uit organisch materiaal. Ook de tegenwoordig zeer veel als lijm gebruikte kunstharsen zijn van organische oorsprong. Zoals reeds vermeld beschouwen we de sterkte van de lijmlaag zelf, de cohesie, en de verbinding tussen lijmlaag en de onderdelen, de adhesie, afzonderlijk.

Cohesie

De cohesie van een lijmlaag is niet hetzelfde als de mechanische sterkte van het uitgeharde lijmmateriaal. Uitgeharde lijm is te beschouwen als een zeer visceuze (stroperige) stof. Het vervormen en uiteindelijk bezwijken van een lijmlaag is in wezen een stromingsverschijnsel. De stroming wordt belemmerd door een hoge waarde van de viscositeit en door een nauwe spleet. Een lijmverbinding is daarom sterker naarmate de dikte van de lijmlaag kleiner is. Vóór het uitharden moet de lijm dus tot een dunne laag worden uitgeperst. Voorwaarden hiervoor zijn:

- nauwkeurig passende onderdelen,
- dunvloeibare lijm,
- voldoende druk in de lijmnaad.

De cohesiesterkte hangt af van de eigenschappen van de lijm en de omstandigheden tijdens het uitharden.

Adhesie

Het belangrijkste probleem bij het lijmen is het verkrijgen van een goede adhesie. Het mechanisme dat adhesie teweeg brengt kan sterk verschillen voor verschillende materialen, zoals hout, kunststoffen en metalen. Een eerste voorwaarde voor het verkrijgen van hechting is dat het te lijmen oppervlak intensief contact maakt met de lijmvloeistof. Dit noemt men een goede **bevochtiging**. Verontreinigingen, zoals vet, stof en vingerafdrukken, kunnen de bevochtiging belemmeren. Een bekend voorbeeld hiervan is een in

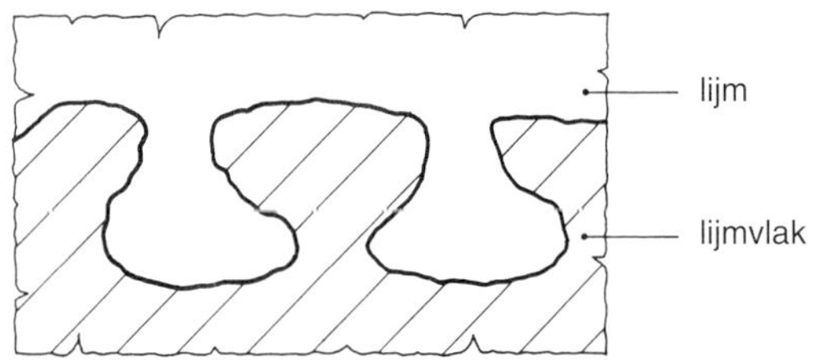

Figuur 8.23 Mechanische verankering van de lijm

de was gezet oppervlak, waarop water grote druppels vormt. De bevochtiging is dan zeer slecht. Voor het verkrijgen van een betrouwbare hechting moeten de delen dus vóór het aanbrengen van de lijm grondig worden gereinigd. Vaak is het nodig het voor hechting beschikbare oppervlak te vergroten. Een veel toegepaste bewerking is het verhogen van de ruwheid door schuren of slijpen van gladde oppervlakken. Ook chemische of elektro-chemische behandelingen van metaaloppervlakken kunnen het oppervlak aanzienlijk vergroten.

Adhesie bij poreuze materialen berust voornamelijk op **mechanische verankering** volgens figuur 8.23. De lijm dringt in de poriën en verhardt daar.

Adhesie bij kunststoffen ontstaat door het oplossen en weer stollen van een dunne oppervlaktelaag van beide te verbinden delen.

Adhesie bij metalen berust op de onderlinge aantrekkingskracht van moleculen of atomen door Van der Waalskrachten. Deze krachten ontstaan door een niet gelijkmatige elektrische lading van de deeltjes. Dit treedt alleen op wanneer de oppervlakken **polair actief** zijn. Onedele metalen zijn steeds bedekt met een oxydehuid die gewoonlijk niet polair actief is. Het is dus nodig deze huid met een mechanische bewerking, bijv. slijpen, of met een chemische behandeling, bijv. beitsen, te verwijderen.

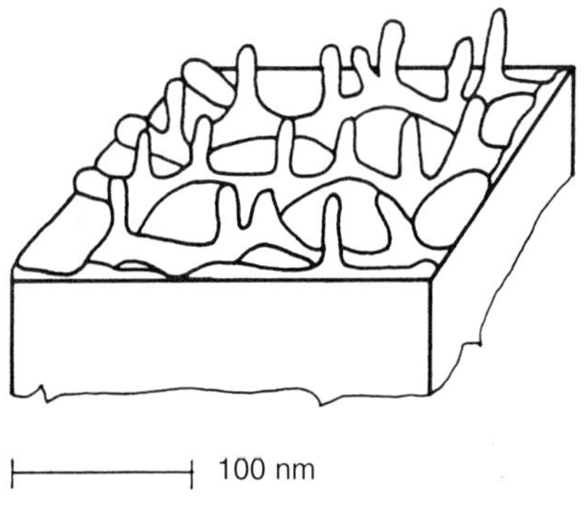

Figuur 8.24 Oppervlaktestructuur door anodiseren van aluminium (sterk vergroot)

Bij het lijmen van aluminium kan de hechting nog verbeterd worden door na het beitsen te **anodiseren**. Dit is een chemisch proces dat wordt toegepast om een oxydelaag met gewenste eigenschappen te verkrijgen. Door de typische structuur van het geanodiseerde oppervlak neemt het hechtingsoppervlak sterk toe, zie figuur 8.24. De anodiseerlaag bevordert bovendien de corrosiebestendigheid. In de vliegtuigbouw is dit de gebruikelijke werkwijze.

Na de voorbehandeling moeten de delen met grote zorg worden gehanteerd. Het is niet toelaatbaar ze met de hand aan te raken. Het is belangrijk de oppervlakken zo snel mogelijk na de behandeling te beschermen, bij voorkeur door het lijmproces meteen uit te voeren of tenminste de lijm aan te brengen.

8.6.2 Beschikbare lijmsoorten

Het aantal verschillende lijmsoorten is zeer groot; de meeste zijn echter organisch van aard.
Lijmsoorten kunnen naar diverse criteria worden ingedeeld. Wij beperken ons hier tot een indeling naar de wijze van uitharden.

Fysisch uithardende lijmsoorten zijn in het algemeen gemakkelijk te verwerken. De sterkte is echter matig. Er bestaan drie soorten, de **dispersielijmen**, waarvan het oplosmiddel, water, door de poreuze onderdelen wordt geabsorbeerd, de **contactlijmen**, waarvan het oplosmiddel verdampt voordat de delen op elkaar worden gedrukt, en de **smeltlijmen**, die door verwarmen tijdelijk vloeibaar worden.

Chemisch uithardende lijmsoorten harden uit door een chemische reactie, meestal **polymerisatie**. Hierbij onderscheidt men **thermoplasten**, die bij verwarming na het polymeriseren weer week worden, en **thermoharders**. Verder is onderscheid te maken tussen één- en tweecomponentenlijmen. De grens hiertussen is overigens niet geheel duidelijk.

Onder de ééncomponentlijmen vallen de **cyano-acrylaatlijmen**, de bekende "secondenlijmen", de **polyurethaanlijmen**, die uitharden met behulp van vocht uit de omgeving en de **fenol-/resorcinelijmen**, die uitharden onder afscheiding van water.

Onder de tweecomponentenlijmen vallen de **acrylaatlijmen**, waarbij beide componenten elk op een onderdeel worden aangebracht, de **epoxylijmen**, waarvan de componenten vaak in de vorm van een folie zijn voorgemengd, en de tweecomponenten **polyure-**

thaanlijmen, die uitharden zonder vocht uit de atmosfeer.

De fenollijmen en de epoxylijmen leveren de meest hoogwaardige verbindingen en worden daarom veel toegepast in de vliegtuigbouw.

8.6.3 Aanbrengen en uitharden van lijm

De manier waarop de lijm wordt aangebracht is afhankelijk van:
- de aard van het product en de productaantallen,
- de lijmsoort,
- de eisen betreffende kwaliteit en milieu.

Voorbeelden van aanbrengtechnieken zijn aanbrengen met de kwast, spuiten door vernevelen met luchtdruk, strijken, gieten en aanbrengen van de lijm in vaste toestand in de vorm van folie.

Condities bij het uitharden

Bij het uitharden van lijm moeten de juiste condities aanwezig zijn. Daartoe behoren temperatuur en vochtigheid. Ook moet gedurende een voldoende lange tijd een bepaalde druk worden uitgeoefend. Dit is nodig voor:

- Het uitpersen van de lijm tot de juiste laagdikte,
- Het op elkaar drukken van niet zuiver passende onderdelen,
- Het voorkómen van poreusheid van de lijmlaag als gevolg van gas- of dampvorming, zoals kan optreden bij fenollijmen.

Men kan de juiste condities op verschillende manieren verkrijgen. Vooral voor het verkrijgen van de aandrukkracht zijn er veel mogelijkheden, zoals klemmen

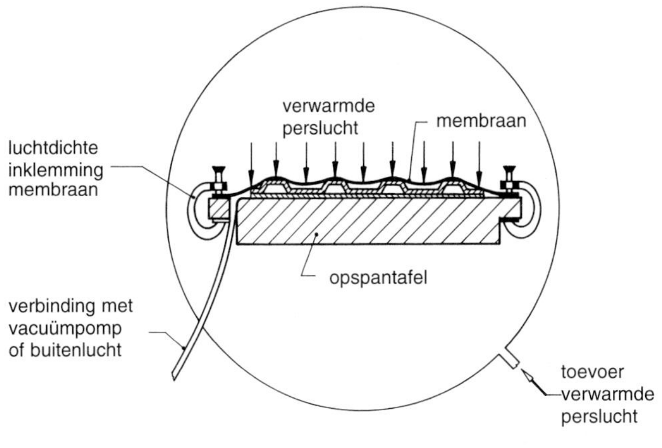

Figuur 8.25 Lijmen in een autoclaaf

en het gebruiken van gewichten. Wanneer aan zeer hoge eisen voldaan moet worden, gebruikt men een **autoclaaf**, een ketel die met hete lucht op druk wordt gebracht, figuur 8.25. Het te lijmen product moet hiervoor luchtdicht in folie worden verpakt. De ruimte binnen de folie wordt verbonden met de buitenlucht of wordt vacuüm gezogen. Zowel het luchtdicht verpakken als het uitharden in de autoclaaf zijn langdurige en dus kostbare processen en niet geschikt voor grote productaantallen. De methode wordt vooral toegepast in de vliegtuigindustrie.

8.6.4 Kwaliteitsbeheersing bij het lijmen

De algemene aspecten van kwaliteitsbeheersing worden behandeld in hoofdstuk 9. Hier bespreken we alleen de bijzondere kenmerken van het beheersen van de kwaliteit bij het lijmen.

Een visuele controle, die bij sommige fabricageprocessen reeds een zekere indicatie over de kwaliteit levert, is bij lijmen maar in beperkte mate zinvol. Het in voldoende mate uitpersen van lijm kan een goede indicatie geven, met name over de aanwezigheid van voldoende lijm en ten aanzien van de juiste lijmdruk. Dit levert echter geen absolute zekerheid dat de verbinding goed is. De reeds eerder vermelde aspecten cohesie- en adhesiesterkte moeten bij het beheersen van de lijmkwaliteit afzonderlijk worden beschouwd.

Cohesie

De cohesiesterkte hangt af van de aard en kwaliteit van het lijmmateriaal en van de condities tijdens het uitharden. De kwaliteit van het lijmmateriaal wordt voornamelijk bepaald door de opslagcondities en de duur van de opslag. Temperatuur en tijd zijn goed meetbaar. Moeilijker is dit bij de druk. Bij het toepassen van klemmen kan het lastig zijn de gewenste druk in te stellen. Een groter probleem is echter dat ook het instellen van de juiste uitwendige druk geen garantie geeft dat de druk in de lijmlaag de gewenste waarde heeft. Hierbij is men onder andere afhankelijk van de passing en de positie van de onderdelen en de gereedschappen.

Wanneer zeer hoge eisen aan de betrouwbaarheid van lijmverbindingen gesteld worden is het controleren van proefstukken niet voldoende. Daarom is een methode om de cohesiesterkte te meten in deze gevallen onmisbaar. De reactie op geluidstrillingen blijkt een goede indicatie over de cohesiesterkte te kunnen geven. In zijn eenvoudigste vorm is dit het kloppen op het materiaaloppervlak, waarbij het geluid en het stuiteren van het hamertje een (zeer subjectieve) indruk van de cohesie kunnen geven. Fokker heeft dit principe geperfectioneerd door het ontwikkelen van de "Fokker Bondtester", die een objectieve meting van de cohesiesterkte mogelijk maakt. Op de werking daarvan gaan we hier niet in.

Adhesie

Er bestaat geen enkele betrouwbare methode om adhesie niet-destructief te controleren. De enige oplossing bestaat daarom uit het beheersen van de variabelen die de mate van adhesie bepalen, dit zijn:
- de kwaliteit van het lijmmateriaal,
- de voorbehandeling van de te verbinden vlakken,
- de condities na het uitvoeren van de voorbehandeling.

Dit kan nog worden aangevuld door het destructief testen van proefstroken.

8.7 Kitten

Kit is een bindmiddel dat in veel dikkere lagen wordt aangebracht dan lijm. De kit kan tamelijk week blijven of zich min of meer verharden. De sterkte is veel lager dan die van de betere lijmsoorten. De functies van kit zijn in de eerste plaats vullen en afdichten. Daarnaast heeft kit ook een verbindende functie. Een voorbeeld hiervan is het vastzetten van glas in een sponning.

Kitten wordt toegepast als de onderdelen niet nauwkeurig aan elkaar passend kunnen worden gemaakt, indien materialen met sterk uiteenlopende eigenschappen met elkaar moeten worden verbonden of indien de verbinding niet al te star mag zijn om vervormingen door mechanische of thermische belasting te kunnen weerstaan. Vaak gaan deze redenen samen.

8.8 Verbinden met verbindingselementen

8.8.1 Verbindingselementen

Er bestaan talloze soorten verbindingselementen. Zij zijn onderverdeeld in productgroepen waarbij als uitgangspunt voor de indeling is gekeken naar het toepassingsgebied en de aard van het verbindingselement. Voorbeelden zijn schroeven, zelftappende schroeven, zelfborende en -tappende schroeven, bouten, moeren, houtschroeven, betonbevestigers, ankers, pluggen, draadnagels (spijkers), klinknagels en pijpverbindingselementen. Het assortiment breidt zich voortdurend uit om steeds weer aan nieuwe behoeften te voldoen zoals snellere montage, hogere duurzaamheid, lagere massa en fraaier uiterlijk. Het overgrote deel van deze verbindingen zijn **pen-gatverbindingen**, waarbij een in een gat gestoken of gedreven pen de verbinding tot stand brengt. De gunstigste belastingoverdracht vindt plaats bij het belasten van de pen op afschuiving. Toch komt met name bij schroefverbindingen ook vaak belasting op trek voor. Voor een goede verbinding moeten de verbindingselementen de onderdelen vaak met grote kracht op elkaar drukken.

Zoals eerder vermeld is bij verbindingselementen onderscheid te maken tussen elementen, die bij het plaatsen een plastische (blijvende) vervorming ondergaan, zoals klinknagels, en elementen waarbij dat niet het geval is. Dit onderscheid valt samen met de indeling beperkt losneembaar respectievelijk losneembaar. Verbindingen met verbindingselementen behoren tot de puntverbindingen.

De onderdelen worden in het algemeen door de verbindingselementen tegen elkaar gedrukt. Bij belasting op afschuiving zal daardoor de belasting voor een deel door wrijving worden overgebracht. Bij sterkteberekeningen laat men dit effect overigens vaak buiten beschouwing.

Bij het maken van verbindingen met verbindingselementen zijn niet alleen de kosten van de verbindingselementen en het aanbrengen van belang. Ook de kosten van de voorbewerking van de onderdelen, zoals het boren van gaten en het tappen van schroefdraad, mogen niet buiten beschouwing blijven bij een kostenvergelijking van de verbindingsmethoden.

8.8.2 Verbinden door plastische vervorming

De belangrijkste verbindingselementen in deze categorie zijn **klinknagels** (figuur 8.26a). Deze zijn vrijwel steeds aan één uiteinde voorzien van een voorgevormde kop, de **zetkop**. De blokkering tegen axiale verschuiving en de klemkracht wordt verkregen door plastische vervorming van de pen, het vormen van de **sluitkop**. De diameter van de steel neemt toe, waardoor de speling tussen gat en nagel wordt opgeheven. De omvormkracht wordt bij de standaard **massieve klinknagels** geleverd door persen of door hameren met een **klinkrevolver**. Dit gereedschap geeft met persluchtaandrijving kort opeenvolgende slagen op de steel terwijl de nagel aan de andere zijde wordt gesteund met een blok, het **tegenhoudijzer**. Wanneer de klinker niet om de constructie heen kan grijpen,

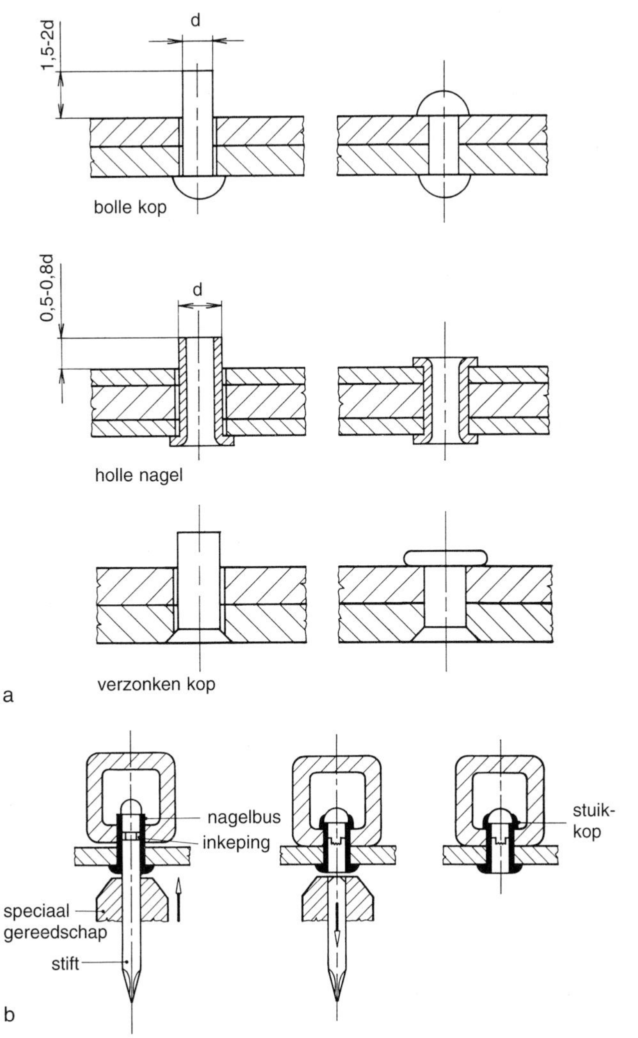

Figuur 8.26 Enkele klinkverbindingen (a) en het aanbrengen van een treknagel (b)

wegens de afmetingen daarvan, moet dit werk door twee personen worden uitgevoerd.

Een tweede type klinknagel is de **treknagel** of **blinde nagel**. Deze nagels hebben een holle steel met daarin een losse stift. Het vervormen van de steel gebeurt door de stift door de nagel te trekken, zie figuur 8.26b. Bij de eenvoudige **popnagel** wordt de stift geheel door de steel getrokken. Bij andere typen breekt de stift af wanneer de gewenste vervorming is bereikt en blijft deze in de steel achter. De voordelen van treknagels zijn:

- De constructie hoeft maar van één zijde bereikbaar te zijn; de nagel is dus toe te passen in gesloten constructies,
- De nagel kan altijd door één persoon worden geplaatst.

De treknagel heeft ook nadelen:

- De prijs van de nagel is betrekkelijk hoog,
- De sterkte-eigenschappen zijn, ook bij geavanceerde typen, in sommige opzichten slechter dan die van massieve nagels.

Klinken leent zich zeer goed voor het verbinden van materialen met sterk uiteenlopende eigenschappen. In zware staalconstructies, zoals bruggen, dakspanten en stoomketels, is het klinken geheel vervangen door het booglassen. Op plaatsen waar vanwege het transport delingen noodzakelijk zijn, worden hoogvaste schroefverbindingen toegepast. In lichtere consumentenartikelen wordt klinken veel toegepast, omdat het een snelle en goedkope verbindingstechniek is. Hoogwaardige aluminiumsoorten zijn slecht of niet lasbaar. Daarom is het klinken in de vliegtuigbouw naast het lijmen de belangrijkste verbindingsmethode.
Naast de hier beschreven klinknagels bestaan er nog een aantal andere verbindingselementen met vergelijkbare toepassingen. Men duidt die aan met het verzamelbegrip **nieten**.

Bij het in figuur 8.27 getoonde **ponsklinken** dient het verbindingselement tevens als gereedschap voor het maken van het gat. Het gatponsen en verbinden vindt tegelijkertijd plaats. Anders dan bij de in paragraaf 8.9.1 genoemde lipverbindingen is hierbij geen voorbewerking nodig.

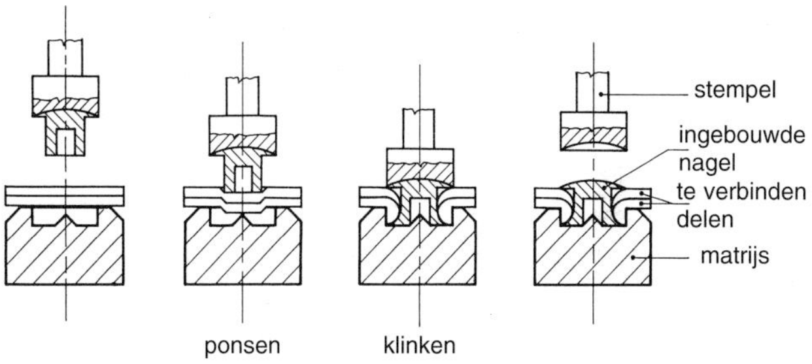

Figuur 8.27 Ponsklinken

8.8.3 Verbinden zonder plastische vervorming

Verbindingselementen die niet plastisch vervormen en zijn voorzien van schroefdraad vormen ongetwijfeld de meest uitgebreide categorie. Alleen al van bouten en schroeven zijn vele honderden uitvoeringsvormen genormaliseerd. Aan een bout of schroef onderscheidt men de volgende details: een kop, een schacht, een schroefdraad en een uiteinde. De kop heeft een dubbele functie, het op elkaar drukken van de te verbinden onderdelen en het vastdraaien, respectievelijk tegenhouden. De keuze van de juiste combinatie van deze details van de verbindingselementen heeft vaak niet alleen te maken met de primaire verbindingsfunctie doch ook met een gewenste aanvullende functie. Het uiteinde van een bout kan bijv. dienen om een onderdeel aan te drukken. De schroefdraad kan dienen als bevestiging, maar ook als afdichting. In het laatste geval moet de binnen- en de buitenschroefdraad veel nauwkeuriger in elkaar passen dan voor de bevestigingsfunctie het geval is, of men moet een afzonderlijk afdichtelement of afdichtmateriaal toepassen. Figuur 8.28 toont een aantal voorbeelden.

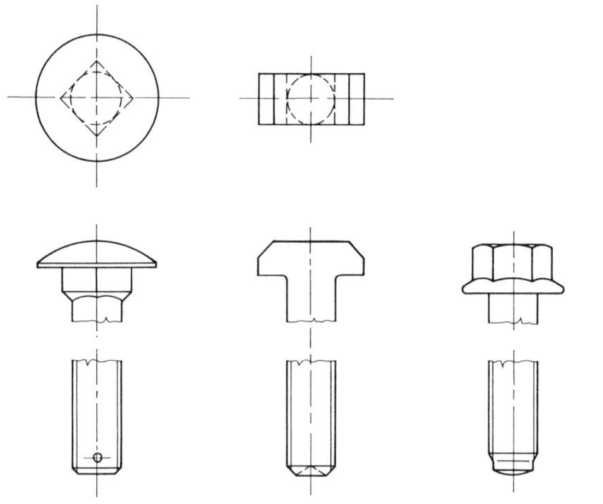

Figuur 8.28 Uitvoeringsvormen van schroefbouten

De keuze van de uitvoering van de schroef heeft ook consequenties voor de vorm van de gaten van de te verbinden onderdelen, zie figuur 8.29.

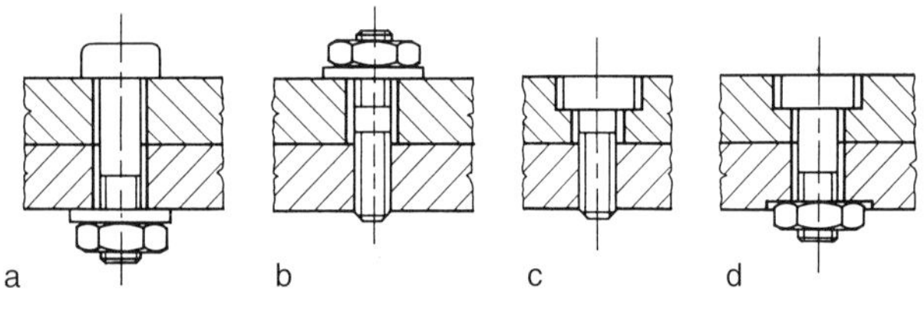

Figuur 8.29 Verschillende uitvoeringsvormen van schroefverbindingen

Het is nodig om naast het aantal ook de verscheidenheid aan verbindingselementen in een constructie zoveel mogelijk te beperken. Om dat te bereiken is een montage-analyse in samenwerking tussen de afdelingen productontwikkeling en productievoorbereiding van belang. Indien verschillen noodzakelijk zijn is het gevaar van vergissingen kleiner indien de verschillen duidelijk herkenbaar zijn.

Borgmiddelen

Bij schroefverbindingen wordt vaak een sluitring of een ander **vereffeningselement** toegepast om oneffenheden in het oppervlak onder de boutkop of moer op te vangen. Daarnaast worden **borgelementen** in de vorm van borgpennen, -plaatjes, en -ringen gebruikt om te voorkómen dat schroefverbindingen op ongewenste tijdstippen losgaan door temperatuurwisselingen of trillingen in de constructie.

Borgelementen zijn onder te verdelen in vormgesloten en krachtgesloten borgelementen. **Vormgesloten borgelementen** zijn onder andere de splitpennen en borgplaatjes getoond in figuur 8.30.

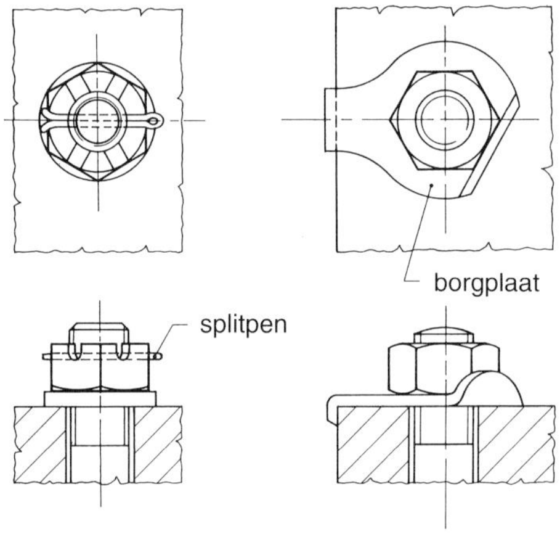

Figuur 8.30 Vormgesloten borgelementen

Krachtgesloten borgelementen zijn onder andere de veerringen en tandveerringen, zoals figuur 8.31 weergegeven. De borging tegen verdraaiing komt hierbij tot stand door de verende werking van de ringen. Daardoor wordt een axiale kracht op de bout uitgeoefend die resulteert in wrijving op de flanken van de schroefdraad.

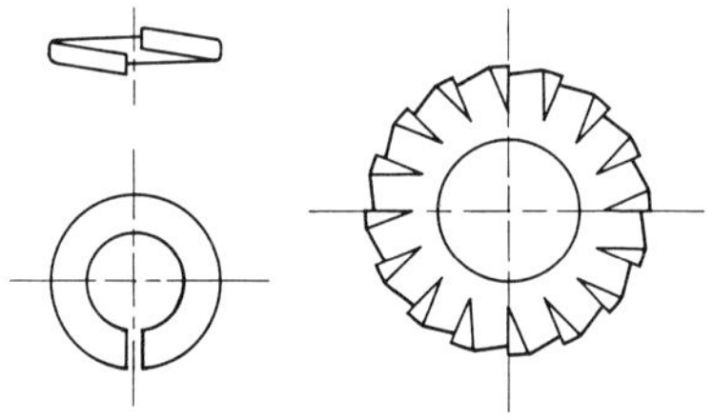

Figuur 8.31 Krachtgesloten borgelementen: veerring (a) en tandveerring (b)

Tot dezelfde categorie behoren de **zelfborgende moeren**, zie figuur 8.32. Door het vervallen van het afzonderlijk borgelement is snellere montage mogelijk.

Een andere borgmethode is het op de schroefdraad aanbrengen van een speciaal hiervoor bestemde soort lijm. Kleine lichte constructies worden soms geborgd door een lik verf. Dit heeft als voordeel dat het goed zichtbaar is wanneer de moer toch verdraaid is.

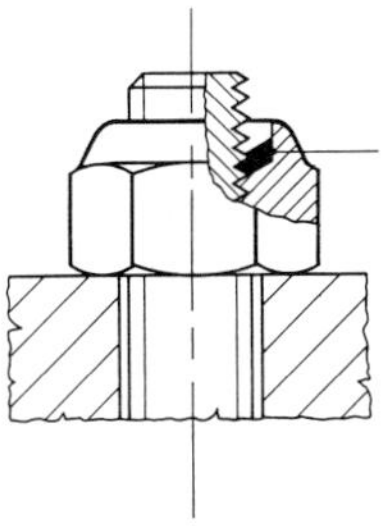

Figuur 8.32 Zelfborgende moer

Combinatie van voorbewerken en verbinden

Bij pen-gatverbindingen moeten in de te verbinden onderdelen gaten aanwezig zijn voordat het verbindingselement kan worden geplaatst. De gaten moeten nauwkeurig in elkaars verlengde liggen, anders kan het verbindingselement niet worden ingevoerd. Men heeft nu de keuze tussen twee mogelijkheden:

- De onderdelen provisorisch op elkaar klemmen, de gaten boren, zonodig de onderdelen weer los nemen om bramen te verwijderen, en de verbinding aanbrengen,
- De gaten bij de onderdelenfabricage afzonderlijk boren, en bij montage de verbindingen aanbrengen.

De laatste mogelijkheid vereist dat de delen **uitwisselbaar** moeten zijn, wat betekent dat betrekkelijk nauwe toleranties gelden voor de positie van de gaten en/of dat ruime spelingen tussen pen en gat worden gekozen. Montage, onderhoud en reparaties zijn echter veel gemakkelijker uit te voeren. In hoofdstuk 10 komt het begrip uitwisselbaarheid nader aan de orde.

In een aantal gevallen is het mogelijk op de montagekosten te besparen door de noodzakelijke handelingen tot één bewerking samen te voegen. Het meest bekend is de **zelftappende schroef** (figuur 8.33a), die het tappen van schroefdraad en de bevestigingsfunctie van de schroef combineert. Een stap verder gaat de **zelfborende en -tappende schroef** van figuur 8.33b, die tevens het gat in de onderdelen boort.

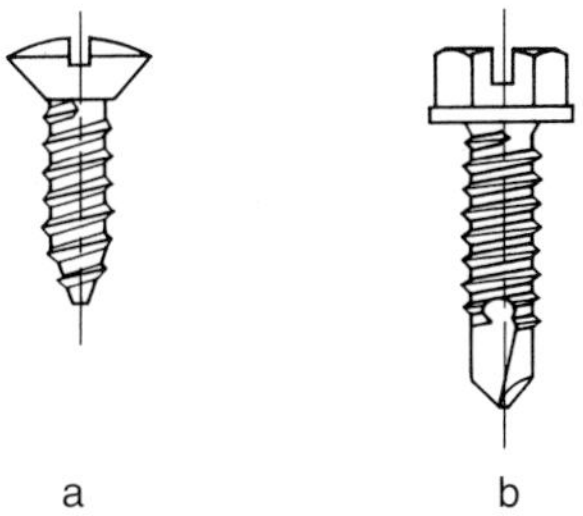

Figuur 8.33 Zelftappende schroef (a), zelfborende en -tappende schroef (b)

8.9 Vormverbindingen

8.9.1 Verbinden door plastisch vervormen van de onderdelen

Verbinden door plastisch omvormen van één of van beide te verbinden onderdelen wordt vooral toegepast voor metaalplaat. Voorbeelden zijn **fels-, rol-, lip-, kraal-** en **doordrukverbindingen**, waarvan enkele zijn afgebeeld in figuur 8.1. Figuur 8.34 laat een voorbeeld zien van een doordrukverbinding. Veel van deze plastische plaatverbindingsmethoden zijn lijnverbindingen, die gas- of vloeistofdicht zijn uit te voeren zonder toevoeging van verbindingsmateriaal of verbindingselementen. Soms worden dergelijke naden nog extra gesoldeerd of gelijmd. Ook wordt wel een extra afdichtmiddel toegepast. Voorbeelden zijn het ouderwetse conservenblikje met langsnaad en, in grotere uitvoering, de oliedrum.

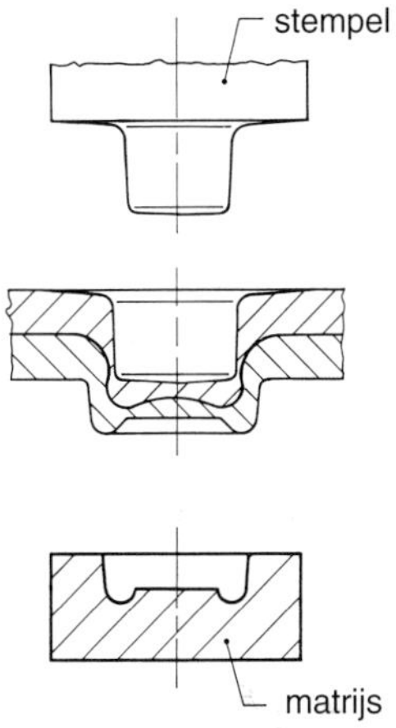

Figuur 8.34 Doordrukverbinding

8.9.2 Verbinden door elastisch vervormen van onderdelen

Bij **klik- of snapverbindingen** moeten de onderdelen enigszins elastisch kunnen vervormen. De onderdelen zijn daartoe voorzien van een nok of snaphaak respectievelijk een gat, zie figuur 8.35. Deze verbindingen kunnen snel en goedkoop tot stand worden gebracht. De onderdelen zijn echter iets complexer van vorm en

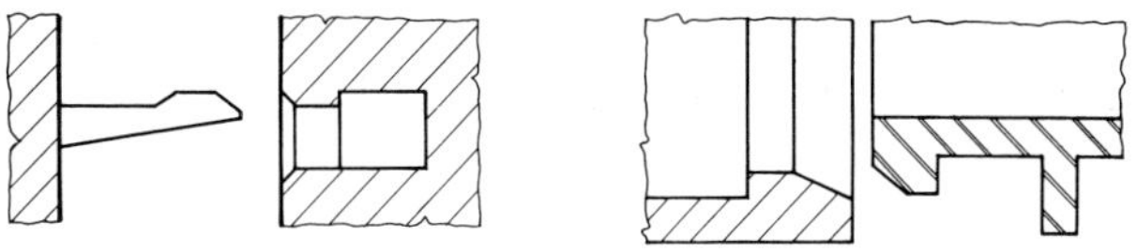

Figuur 8.35 Klikverbindingen: losneembaar (a), niet losneembaar (b)

dus iets duurder te vervaardigen. Bij de vervaardiging van onderdelen door spuitgieten heeft dit nauwelijks invloed op de productiekostprijs.

Bij het bevestigen van onderdelen uit kunststof, zie figuur 8.36, is de toepassing van klikverbindingen dan ook zeer sterk verbreid. Wanneer nodig, moet de ontwerper ervoor zorgen, dat de nokken vanaf de buitenzijde kunnen worden verbogen, zodat demontage mogelijk is.

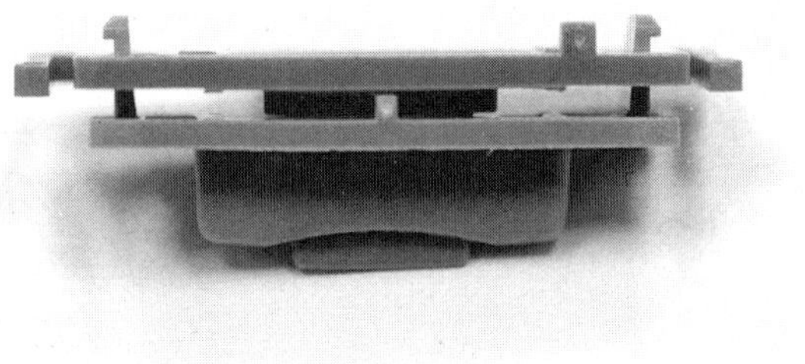

Figuur 8.36 Klikverbinding in de aan/uitschakelaar van het Philips scheerapparaat

De in paragraaf 8.2.2 genoemde pers- en krimpverbindingen vallen ook onder de categorie verbinden door elastisch vervormen van onderdelen. De grootte van de elastische vervorming wordt bij pers- en krimpverbindingen bepaald door de negatieve speling tussen de te verbinden delen en moet nauwkeurig worden berekend, om de tijdens het gebruik optredende krachten te kunnen overbrengen.

SAMENVATTING

De verbindingsmethoden zijn in te delen op grond van het kenmerk losneembaarheid, op grond van het gebruikte verbindingsprincipe en op grond van de geometrie.

Bij het lassen worden de te verbinden delen plaatselijk in vloeibare of deegachtige toestand gebracht, bij het solderen en lijmen ontstaat de verbinding door middel van een tussenlaag. Bij solderen en lijmen zijn cohesie en adhesie belangrijke aspecten, die afzonderlijk beschouwd moeten worden. In sommige gevallen zijn soldeerverbindingen als beperkt losneembaar te beschouwen.

De pengatverbindingen kennen grootste verscheidenheid aan typen. De belangrijkste zijn de klinkverbindingen, waarbij het verbindingselement plastisch vervormt, en de bout- en schroefverbindingen waarbij dit niet het geval is. Daardoor zijn deze verbindingen respectievelijk beperkt en volledig losneembaar.

Tenslotte zijn er verbindingen die ontstaan door het plastisch of elastisch vervormen van de onderdelen. Afhankelijk van de gekozen passing zijn pers- en krimpverbindingen niet of beperkt losneembaar. Klikverbindingen komen tot stand door elastische vervorming van de onderdelen. Wanneer het ontwerp daarin voorziet zijn deze verbindingen losneembaar.

LITERATUUR

[8.1] Kalpakjian, S., Manufacturing Engineering and Technology (3rd edition), Addison-Wesley, 1995, ISBN 0-201-53846-6

[8.2] Den Ouden G., Lastechnologie, Delftse Uitgevers Maatschappij, Delft, 1990, ISBN 90-6562-087-7.

[8.3] Bauer C.O., Handbuch der Verbindungstechnik, Carl Hanser, 1991, ISBN 3-446-14609-1.

[8.4] Parmley R.O., Standard Handbook of Fastening & Joining, MacGraw-Hill, 1989, ISBN 0-07-048522-4.

[8.5] Timmerman A.W.C, Bevestigingsmiddelen, dictaat Technische Universiteit Eindhoven.

[8.6] Schliekelmann R.J., Gelijmde metalen constructies, Agon-Elsevier, 1970, ISBN 90-10-10014.

[8.7] Diverse voorlichtingsbladen voor de metaalindustrie, verzorgd door de Vereniging voor de metaal- en elektrotechnische industrie FME, Zoetermeer. Uitgave Educaboek B.V., Culemborg.

OEFENVRAGEN

8.1 Maak een overzichtelijk schema waarin de beschreven verbindingsmethoden worden gerangschikt naar de kenmerken verbindingsprincipe, losneembaarheid en geometrie.

8.2 Noem de belangrijkste kenmerken van belang voor de keuze van een verbindingsmethode en geef voor elk van die kenmerken een voorbeeld van een situatie waarin dat kenmerk van groot belang is.

8.3 Noem van elk van de in figuur 8.29 getoonde schroefverbindingen een voordeel en een nadeel.

8.4 Geef van elk van de in figuur 8.29 getoonde schroefverbindingen aan welke eisen er aan de te verbinden delen worden gesteld en hoe aan die eisen kan worden voldaan.

8.5 Schets tenminste drie uitvoeringsvormen van puntverbindingen (geen schroefverbindingen) en vergelijk de eigenschappen daarvan met de eigenschappen van schroefverbindingen.

8.6 a) Bespreek de in aanmerking komende methoden voor het verbinden van metalen onderdelen met keramische onderdelen.
b) Maakt het nog verschil of een klein keramisch onderdeel aan een groot metalen voorwerp moet worden bevestigd of dat juist het tegengestelde het geval is ?

8.7 a) De onderdelen van autocarrosserieën zijn meestal met een groot aantal puntlassen aan elkaar verbonden. Noem de voordelen van het puntlassen in de massafabricage.
b) Een carrosserie van een gemiddelde personenauto bevat ca. 10.000 puntlassen. Bedenk welke factoren van invloed zijn op de benodigde tijd voor het maken van al deze lassen.
c) Elke 90 s moet een carrosserie worden afgeleverd. Hoe is het mogelijk de lassen in de gevraagde tijd aan te brengen?

8.8 Het maken van verbindingen kost tijd en geld. Men zal daarom verbindingen zoveel mogelijk vermijden en proberen constructies uit zo weinig mogelijk onderdelen op te bouwen. Geef enkele belangrijke redenen waarom verbindingen noodzakelijk kunnen zijn.

8.9 Bedenk welke uiteenlopende eisen gesteld kunnen worden aan montagemallen.

8.10 Welke factoren moeten in rekening gebracht worden bij de kostenberekening van lijmverbindingen?

KWALITEIT

9

DOEL VAN DIT HOOFDSTUK:

Het geeft een algemeen inzicht in de begrippen kwaliteit en totale of integrale kwaliteitsbeheersing.

Het behandelt de begrippen procesbeheersing en kwaliteitscertificatie en de Europese richtlijnen voor de toelating van producten (CE-markering).

Het geeft informatie over het beoordelen van de productkwaliteit, met name van de functionele eigenschappen, van de geometrie (vorm, maat, oppervlaktekwaliteit) en van de materiaaleigenschappen. Hiertoe dienen onder andere de geometrische meettechniek en het niet-destructief onderzoek.

9.1 Inleiding

De **kwaliteit van een product** is de mate waarin het product bruikbaar is voor het gestelde doel (fitness for use) of, wat breder geformuleerd, de mate waarin het geleverde product overeenkomt met de verwachtingen van de klant. Als van een auto wordt gevraagd om tegen minimale kosten vier personen te kunnen vervoeren is de kwaliteit van een Volkswagen hoger dan die van een Rolls-Royce. De kostprijs van het product maakt deel uit van de kwaliteit; de prijs/prestatie verhouding van het product moet optimaal zijn.

De kwaliteit van een product wordt in de eerste plaats bepaald door de **kwaliteit van het ontwerp.** De specificatie van de ontwerp-eisen moet daarom in overeenstemming zijn met de wensen van de beoogde klantenkring. Dit laatste is de belangrijkste (marketing) taak van de verkoop-organisatie. Overeenkomstige eisen gelden voor alle fasen van het bedrijfsproces, zie figuur 9.1.

Hieruit blijkt dat de kwaliteit van het product het resultaat is van de **kwaliteit van de organisatie**. Men spreekt in dit verband over **totale** of **integrale kwaliteitszorg** en de **totale kwaliteitsbeheersing.**

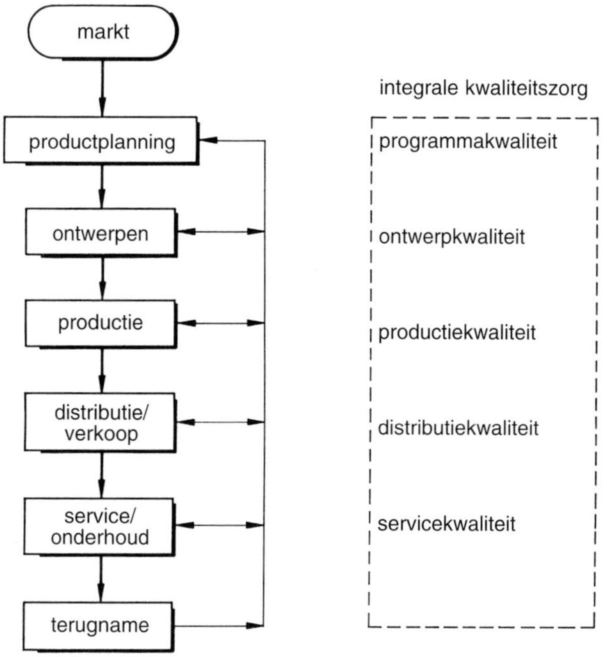

Figuur 9.1 Kwaliteitscircuit

Voorbeeld:

De kwaliteit van de organisatie kan al blijken bij het eerste contact dat een klant van een bedrijf heeft. Een onderneming kwam tot de conclusie dat bij binnenkomende telefoongesprekken de telefoon na ten hoogste drie keer overgaan moet worden beantwoord. Iedereen die regelmatig bedrijven of instellingen opbelt kan bevestigen hoe irritant het is als een telefoon gedurende de normale werktijd niet redelijk snel wordt opgenomen. De vereiste verbetering bleek haalbaar door het personeel te motiveren steeds te melden waar men bereikbaar was, waardoor de telefonisten zeer veel zoektijd konden besparen.

De eerste voorwaarde voor het bereiken van een hoge kwaliteit is te zorgen dat iedereen in de organisatie verantwoordelijk is voor de kwaliteit van zijn eigen werk. Dit kan alleen als elke medewerker bekend is met de aan hem gestelde eisen en de mogelijkheid heeft om zijn eigen werk daaraan te toetsen.

De taak van de kwaliteits-afdeling is toe te zien dat deze eisen goed vastliggen zodat de kwaliteit van het totale productieproces aan de hand van de vastgestelde procedures en werkmethoden voldoende kan worden bewaakt en de juiste informatie en hulpmiddelen voor het beheersen van het proces worden verschaft. De kwaliteits-afdeling moet bovendien toetsen of de procedures en werkmethoden worden uitgevoerd volgens de opgestelde regels. Dit laatste wordt **kwaliteitsborging** genoemd.

Alle contacten binnen het bedrijf moeten worden beschouwd als een leverancier-klant relatie. Elke leverancier is verantwoordelijk voor zijn product; elke klant moet optredende problemen rechtstreeks terugmelden aan zijn leverancier. Hierboven was al sprake van de ontwerper die de eisen van de klant nodig heeft voor zijn ontwerp. Hier is de verkoper dus de leverancier en de ontwerper de klant!

Hoge nauwkeurigheid en kleine toleranties, zijn op zichzelf geen maat voor de kwaliteit. Wanneer een product buiten de op de tekening vermelde toleranties valt en in de praktijk wel blijkt te voldoen is niet het product fout, maar het ontwerp dat te kleine toleranties voorschrijft. Een organisatie waarin een dergelijke fout kan ontstaan en niet wordt hersteld kan geen kwaliteit leveren. Ter voorkoming van misverstanden: Ook de productie-afdeling die een product aflevert dat afwijkt van de ontwerpeisen is fout!

Wanneer in het hier genoemde geval de werkvoorbereiding of de fabricage-afdeling tot de conclusie komt dat de voorgeschreven tolerantie niet, of alleen tegen hoge kosten, haalbaar is, is het zaak terug te gaan naar de ontwerp-afdeling om te onderzoeken of de gestelde eisen werkelijk nodig zijn. Dit behoort een standaard procedure te zijn en niet af te hangen van persoonlijk initiatief of van de toevallige persoonlijke relaties tussen de betreffende medewerkers. Dit houdt tevens in dat de behandeling van klachten, zowel van interne als van externe klanten, een hoge prioriteit dient te krijgen. Klachten zijn een belangrijke en in ieder geval de goedkoopste bron van informatie voor de ontwerper.

We noemen hier nog een ander belangrijk aspect van de kwaliteit van het ontwerp, de robuustheid. Een **robuust ontwerp** is een ontwerp waarbij, als gevolg van de toegepaste fysische en andere principes, minder kritische bewerkingen en toleranties voorkomen dan bij een vergelijkbaar ander ontwerp. Een robuust ontwerp elimineert niet de oorzaken maar de gevolgen van de spreiding in de fabricageprocessen van de afzonderlijke componenten. Denk hierbij bijvoorbeeld aan een as met aan beide uiteinden een radiaal lager. Wanneer de axiale opsluiting plaatsvindt aan één zijde van de as, kunnen de tolerantie op de lengte van de as en de thermische uitzettingen van de as of het huis het functioneren van de constructie niet verstoren.

Voorwaarden voor een goed kwaliteitsbeleid

De realisering van een goed kwaliteitsbeleid is een lange weg, voorzien van een groot aantal valkuilen. De eerste voorwaarde is de volledige aandacht en steun van de hoogste leiding van het bedrijf. Eén van de belangrijkste taken is het betrekken van alle medewerkers bij de problematiek en het optimaal benutten van hun kennis en inzicht om het productieproces stap voor stap te verbeteren. Men dient zich te realiseren dat het hier om een nooit eindigende kringloop gaat; er zullen steeds weer nieuwe problemen optreden en het kan altijd nog beter. Het einddoel is niet meer of minder dan het voorkómen van alle fouten! ("zero defects", "right first time"). Dit streven wordt symbolisch voorgesteld door de **kwaliteitsspiraal**, zie figuur 9.2. Het leveren van producten die alle binnen de tolerantiegrenzen vallen moet beschouwd worden als een minimum-eis. Het is altijd zaak te streven naar een minimale spreiding van de eigenschappen van een product. Vaak is dit bereikbaar zonder een belangrijke verhoging van de kosten.

De motivatie van het gehele personeel om zich gezamenlijk voor kwaliteitsverbetering in te zetten is een belangrijke voorwaarde. Een bekende valkuil is het

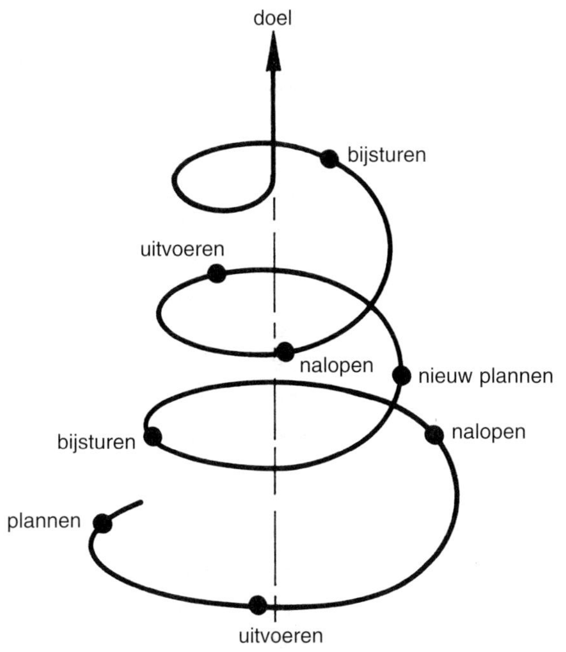

Figuur 9.2 Kwaliteitsspiraal

ondergraven van de motivatie, doordat de topleiding zelf haar eigen richtlijnen vaak overtreedt!

9.2 Kwaliteits-certificatie

Er bestaan internationale normen voor het opzetten van een kwaliteitssysteem (ISO 9000-9004). In deze normen liggen de eisen vast waaraan het systeem moet voldoen, en niet de manier waarop dit moet gebeuren. De genoemde normen hebben de volgende betekenis:

ISO 9000: Geeft algemene richtlijnen voor kwaliteitsbeheersing.
ISO 9001: Geeft een model voor de kwaliteitsborging bij het ontwerpen, vervaardigen, het installeren en de nazorg.
ISO 9002: Geeft een model voor de kwaliteitsborging bij het vervaardigen en het installeren.
ISO 9003: Geeft een model voor de kwaliteitsborging bij de eindkeuring en de beproeving.
ISO 9004: Geeft meer gedetailleerde richtlijnen voor kwaliteitszorg en de elementen van een kwaliteitssysteem.

Het principe van deze ISO normen is als volgt samen te vatten:

- Alle procedures die invloed op de kwaliteit hebben moeten schriftelijk zijn vastgelegd,
- Alle werkzaamheden moeten volgens de vastgelegde procedures worden uitgevoerd,
- Alle handelingen, meetresultaten en dergelijke moeten worden geregistreerd en zodanig in een archief worden opgenomen dat de kwaliteit ook achteraf aantoonbaar is.

Een bedrijf kan een certificaat verwerven volgens één van de normen ISO 9001-9003, dat als bewijs geldt dat het aan die eisen voldoet. Voor een afnemer biedt dit een garantie dat de leverancier een behoorlijk werkend kwaliteits-systeem heeft. Steeds meer afnemers stellen een certificaat verplicht.

De certificatie kan worden uitgevoerd door:

- De overheid, bijvoorbeeld de Rijksluchtvaartdienst,
- Particuliere organisaties, die gemachtigd zijn om certificaten te verstrekken. In Nederland bestaat de Raad voor de Accreditatie, die toezicht houdt op de certificerende instellingen.
- Particuliere afnemers, vooral grote ondernemingen, die hun toeleveranciers een eigen certificaat toekennen.

Het bezit van een certificaat is natuurlijk een goed en vaak onmisbaar verkoopargument. Daarnaast kan het van groot belang zijn bij procedures als gevolg van de Wet Product-Aansprakelijkheid. Wanneer een gebruiker schade ondervindt als gevolg van een tekortkoming van een product is de leverancier aansprakelijk. De bewijslast dat hem geen verwijt voor dit defect kan worden gemaakt ligt bij de leverancier. Een aantoonbaar goed kwaliteitssysteem kan hierbij een doorslaggevende rol spelen.

Het verwerven van een certificaat is voor elke onderneming een kostbaar en tijdrovend project. Vaak neemt dit drie tot vijf jaar in beslag. Door eigen werknemers moet zeer veel werk worden verzet; daar komen de kosten van externe adviseurs en de certificerende instantie bij. Bovendien is een certificaat slechts 2-3 jaar geldig; de periodieke verlenging brengt opnieuw kosten met zich mee.

Daar staat tegenover dat een goed kwaliteitssysteem uiteindelijk kosten bespaart. Figuur 9.3 geeft aan dat een toenemende inspanning voor preventie dalende kosten voor inspectie en voor herstel en afkeur oplevert. Boven een bepaald niveau van preventieve inspanningen nemen de totale **kwaliteitskosten** weer toe. Onderzoek uitgevoerd bij een groot aantal bedrij-

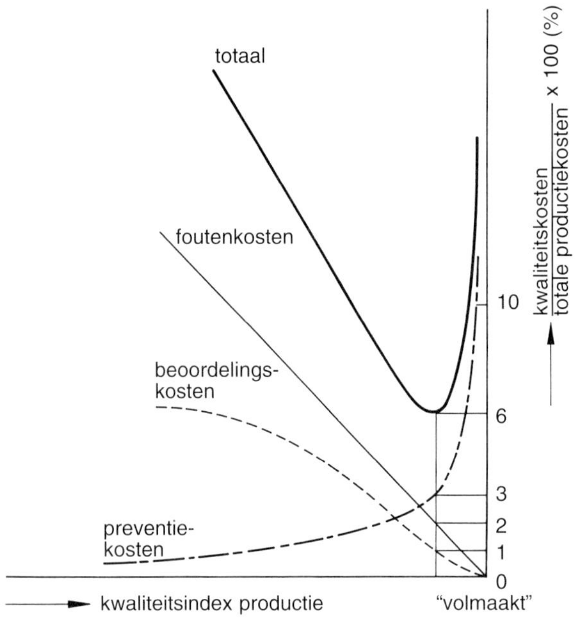

Figuur 9.3 *Kwaliteitskosten als functie van de kwaliteitsindex*

ven heeft echter aangetoond dat de werkelijke situatie bijna altijd links van het optimum ligt en dat dus op de totale kwaliteitskosten bespaard kan worden. Bovendien bleek dat de kwaliteitskosten vrijwel altijd veel hoger lagen dan men altijd had gedacht! Het vaststellen van de werkelijke kwaliteitskosten, en met name van de foutenkosten, is niet eenvoudig.

Opmerking: Het bereiken van "zero defects" leidt in principe dus niet tot minimale kwaliteitskosten. In de praktijk zal het streven naar dit doel helpen het minimum dichter te benaderen.

9.3 Het CE keurmerk

Sinds 1 januari 1995 moeten binnen de EEG verschillende categoriën nieuw gefabriceerde artikelen en waaronder ook alle productiemachines voorzien zijn van het **CE-keurmerk** (CE = Conformité Européenne). Dit keurmerk heeft betrekking op eisen betreffende veiligheid, gezondheid en milieu. Een CE-keurmerk zegt in principe niets over de functionele kwaliteiten van een product. De eisen zijn vastgelegd in een stelsel van Europese normen. Algemene normen (A-normen), waaraan alle artikelen moeten voldoen, zijn stapsgewijs nader uitgewerkt voor verschillende productgroepen zoals bewerkingsmachines (B-normen) en specifieke subgroepen, zoals excenterpersen (C-normen).

Binnen zekere grenzen zijn fabrikanten bevoegd het CE-keurmerk aan te brengen door te verklaren dat hun product (aantoonbaar) aan de normen voldoet. In andere gevallen moet het keurmerk worden toegekend door een daartoe bevoegd verklaarde instantie, een **"notified body"**. Het bevoegd verklaren van een "notified body" gebeurt in Nederland door de Raad voor de Certificatie, zie paragraaf 9.2. Een belangrijke voorwaarde voor de toekenning van het keurmerk kan het bezit van een gecertificeerd kwaliteitssysteem zijn.

De nationale overheden zijn verantwoordelijk voor de handhaving van de Europese (EN-)normen. Een artikel voorzien van het CE-merk moet door alle EG-lidstaten worden geaccepteerd. Naast het verbeteren van de veiligheid en het verlagen van de milieubelasting is een doelstelling van dit systeem het voorkómen van oneerlijke concurrentie. Het is niet meer toegestaan de nationale industrie af te schermen door het stellen van afwijkende eisen. Bovendien wordt het kostbare aanpassen van producten aan de verschillende nationale eisen overbodig.

In het algemeen geldt dat de beveiliging in drie stappen wordt opgebouwd:

- Waar mogelijk moet de constructie van het product zodanig zijn uitgevoerd dat risico's zijn uitgesloten,
- Wanneer hieraan niet kan worden voldaan moeten extra beveiligingen worden aangebracht. Bij het wegnemen van de beveiligingen, bijvoorbeeld voor het verrichten van instelwerkzaamheden, moet de machine automatisch worden uitgeschakeld,
- De nu nog resterende gevaren moeten zoveel mogelijk worden beperkt door middel van gebruiksaanwijzingen, waarschuwingen, verplichte trainingen en dergelijke.

Als voorbeeld behandelen we hier de normen die gelden voor vonkerosie-machines. Dit type machine is behandeld in hoofdstuk 6.

Vonkerosie-machines zijn opgebouwd uit een aantal subsystemen:

- Het mechanisch gedeelte, de eigenlijke machine,
- De pulsgenerator, die de hoogfrequente spanning tussen elektrode en werkstuk opwekt,
- Het servo-systeem, dat de gereedschapbewegingen uitvoert,
- Het besturingssysteem, dat de servo's aanstuurt,
- Het diëlektricum-aggregaat, dat zorgt voor het filtreren en aanvoeren van het diëlektricum; dit diëlektricum is veelal een brandbare vloeistof bijvoor-

beeld petroleum. In dit medium worden continu vonken opgewekt.

Elk van deze systemen kent zijn eigen eisen ten aanzien van veiligheid, gezondheid en milieu. Het meest kenmerkend voor vonkverspaningsmachines is het diëlektricum-aggregaat. De belangrijkste risico's zijn:

- Brandgevaar,
- Het ontstaan van gevaarlijke dampen,
- Het weglekken van het diëlektricum, waardoor de vloer in de omgeving van de machine glad wordt.

Bovendien moeten de risico's bij opslag, aan- en afvoer van de stoffen worden beschouwd.

Enkele belangrijke voorschriften betreffende het aggregaat zijn:

- Het vonken moet plaatsvinden in een afzonderlijk omsloten ruimte,
- Er moet een passende afzuiginstallatie aanwezig zijn,
- Het vlampunt van het diëlektricum moet tenminste 60°C bedragen,
- Er moet een automatisch werkende blusinstallatie aanwezig zijn,
- Een automatisch werkende niveauregeling moet ervoor zorgen dat het vonken tenminste 40 mm onder het vloeistofoppervlak plaatsvindt; hierdoor kunnen de vonken de vloeistof niet ontsteken.

Dit zijn regels die hetzij de basisconstructie, hetzij de afzonderlijke beveiligingen betreffen. Voor de andere subsystemen gelden soortgelijke regels; deze zullen veelal gelijk zijn aan de regels voor dergelijke subsystemen voor andere machinetypen. Als voorbeeld noemen we de regel dat het elektrisch systeem geen elektromagnetische storingen in de omgeving mag veroorzaken.

Daarnaast bestaan er regels betreffende het werken met de machine:

- Gebruiksaanwijzingen,
- Onderhoudsvoorschriften,
- Bevoegdheden en opleidingseisen voor bedienend en onderhoudspersoneel,
- Waarschuwingssignalen, zoals een rookverbod, en veiligheidsmiddelen in de onmiddellijke omgeving van de machine, zoals brandblussers.

Dit zijn dus beveiligingen van de derde categorie.

9.4 Analyse van kwaliteitsproblemen

Er bestaan verschillende methodieken om kwaliteitsproblemen op een systematische wijze aan te pakken. De twee bekendste methoden zullen we hier kort bespreken.

Pareto-analyse

De **Pareto-analyse** is gebaseerd op de **80-20 regel**. Deze regel is gebaseerd op ervaring in allerlei vakgebieden. Voor een supermarkt geldt bijvoorbeeld dat 80% van de omzet wordt gerealiseerd met circa 20%

Bewerking	Aantal	%	Cumulatief %
Draaien	346	47,4	47,4
Centeren	126	17,3	64,7
Frezen	71	9,7	74,4
Kopdraaien	53	7,3	81,7
Boren	41	5,6	87,3
Slijpen	36	5,0	92,3
Draadsnijden	28	3,8	96,1
Harden	17	2,3	98,4
Wassen	4		
Afbramen	1	1,6	100
Andere	7		
Totaal	730	100	100

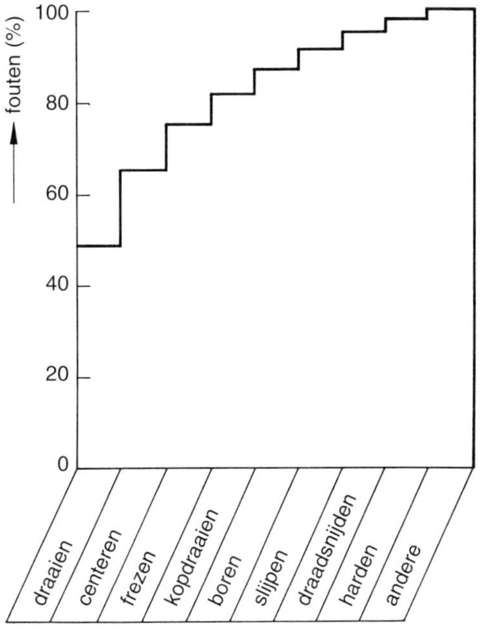

Figuur 9.4 Pareto-analyse van de redenen tot afkeur van een verspaand product

van alle artikelen. Voor kwaliteitsproblemen geldt dat meestal 80% van de fouten voortkomt uit 20% van alle mogelijke oorzaken. Dit betekent dat het registreren en analyseren van alle storingen snel leidt naar de belangrijkste storingsbronnen. Het is dan meteen duidelijk welke problemen het eerste moeten worden aangepakt. Figuur 9.4 geeft een voorbeeld van een Pareto-analyse van de redenen tot afkeur van een verspaand product.

Ishikawa-diagram

Wanneer de storingsbronnen bekend zijn betekent dat nog niet dat ook de oorzaken zijn achterhaald. Bovendien zijn achter een primaire oorzaak meestal dieper liggende oorzaken verborgen. Denk bijvoorbeeld aan het analyseren van ongevallen. ("De automobilist verleende geen voorrang.") Het **Ishikawa- of Visgraatdiagram** is een hulpmiddel om alle oorzaken in kaart te brengen en te voorkomen dat men te snel in één bepaalde richting gaat zoeken en andere, misschien meer fundamentele, mogelijkheden over het hoofd ziet.

Voor kwaliteitsproblemen in een fabricage-omgeving geldt een standaard basisdiagram, uitgaande van "4 x M", de primaire groepen van oorzaken van fouten: Mens, Machine, Materiaal, Methode, zie figuur 9.5. Bij het analyseren van een probleem, kan men, uitgaande van het basisdiagram, de verdere vertakkingen invullen. Hiervoor is overleg tussen alle betrokkenen, vooral ook degenen die het werk uitvoeren, noodzakelijk.

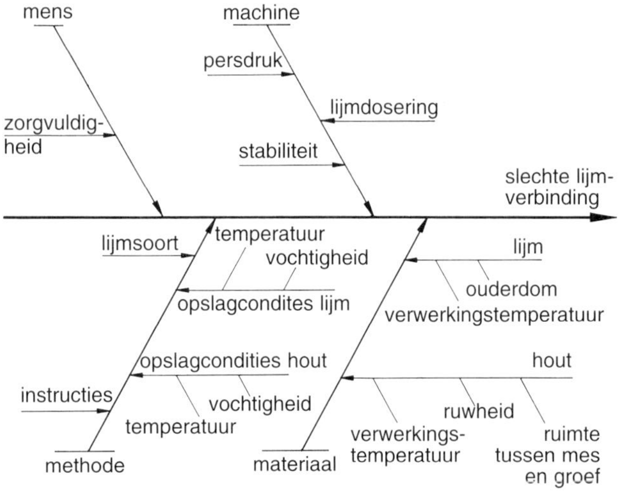

Figuur 9.5 Ishikawa- of visgraatdiagram voor een lijmproces

9.5 Procesbeheersing

9.5.1 Beoordeling van de kwaliteit van een product

De feitelijke beoordeling in hoeverre een product voldoet aan de verwachtingen van de klant is in het algemeen pas mogelijk nadat het hele voortbrengingstraject is doorlopen. De klant bestelt bijvoorbeeld een baggermolen die in staat moet zijn gedurende een voorgeschreven aantal etmalen per jaar, per etmaal een voorgeschreven hoeveelheid van een bepaalde grondsoort te baggeren. Pas als de baggermolen gebouwd is kan beproefd worden of het eindproduct aan deze eisen voldoet. Dit betekent dus een grote mate van onzekerheid, vooral omdat elke baggermolen een uniek product is. In de praktijk wil men die onzekerheid zoveel mogelijk beperken.

Het totale voortbrengingstraject is van nature al onderverdeeld in meerdere opeenvolgende fasen. Voorafgaand aan het beoordelen van het eindproduct beoordeelt men het resultaat van de afzonderlijke processen. In de ontwerpfase zal men, op grond van kennis en ervaring, trachten te beoordelen in hoeverre de baggermolen in staat is om aan de eisen van de klant te voldoen. Uit het basisontwerp worden de specificaties van de verschillende systemen, bouwgroepen en onderdelen afgeleid, bijvoorbeeld van een elektromotor. Deze moet bij gegeven toerentallen een bepaald koppel kunnen leveren om de tijdens het baggeren optredende belastingen te kunnen overwinnen. Zijn die belastingen onderschat dan voldoet de motor niet. In dat geval is er dus sprake van een slechte kwaliteit van het ontwerp.

Omdat de elektromotor in hoge mate een standaardproduct is, zijn de onzekerheden ten aanzien van het ontwerp daarvan veel kleiner dan die bij de baggermolen. Wel kan door allerlei oorzaken spreiding optreden in de funktionele eigenschappen van individuele exemplaren gebouwd volgens hetzelfde ontwerp.

Uit het bovenstaande zijn twee regels af te leiden:

- Ontwerp een uniek product zoveel mogelijk op basis van standaardcomponenten,
- Ontwerp de standaardcomponenten zodanig dat ze afzonderlijk kunnen werken, zodat een functionele beproeving mogelijk is.

Een dergelijk ontwerp noemt men een **modulair ontwerp**, zie hiervoor verder de hoofdstukken 10 en 15.

Hetzelfde geldt in principe ook weer voor de standaardcomponenten. Omdat de onzekerheden in het ontwerp daarvan echter veel kleiner zijn is het in veel gevallen voldoende om de kwaliteit van de afzonderlijke onderdelen en van de halffabrikaten, waaruit de onderdelen zijn vervaardigd, te beproeven. In dat stadium zijn eigenlijk maar twee aspecten goed te beoordelen: de vorm en afmetingen en de materiaaleigenschappen. In de kwaliteitszorg krijgen deze aspecten dan ook veel aandacht. Er is voor dit doel een grote verscheidenheid aan meetmethoden ontwikkeld, die in de volgende paragrafen worden behandeld.

9.5.2 Spreiding in bewerkingsresultaten

Om inzicht te geven in het begrip spreiding bespreken we een voorbeeld van een eenvoudig proces, het bewerken van assen met een diameter van 50 mm. Het resultaat van voortdurend herhaalde handelingen, zoals die bij de meeste bewerkingen voorkomen, kan meestal worden benaderd door de **normale verdeling**, ook de frequentiekromme van Gauss genoemd. De ligging van de **Gauss-kromme** wordt gekarakteriseerd door het rekenkundig gemiddelde $\bar{x}$ en de breedte door de **standaardafwijking** σ. Uitgaande van een reeks van n meetwaarden (x_i) kan men de geschatte waarde s voor de standaardafwijking berekenen volgens:

$$s = \sqrt{\frac{(x_i - \bar{x})^2}{n-1}}$$

Van een steekproefvan 50 assen, blijken de diameters tussen de grenzen 50,05 en 49,96 mm te liggen, zie figuur 9.6.

50,00	49,99	49,98	50,01	50,00
50,01	50,00	49,99	50,02	50,02
50,02	50,04	50,00	49,98	49,99
50,01	50,02	50,01	50,02	50,00
50,03	50,00	49,99	50,03	49,99
50,01	49,99	49,97	50,00	49,98
50,02	50,01	50,01	50,00	49,99
50,00	50,03	49,98	50,00	49,98
50,05	50,00	49,97	49,97	50,02
49,96	49,99	50,01	49,99	50,00

Figuur 9.6 *Meetwaarden van de diameters van 50 bewerkte assen (mm)*

Een histogram biedt een overzichtelijke presentatie van de resultaten (figuur 9.7). Door de toppen van de blokken in het histogram met een vloeiende lijn te ver-

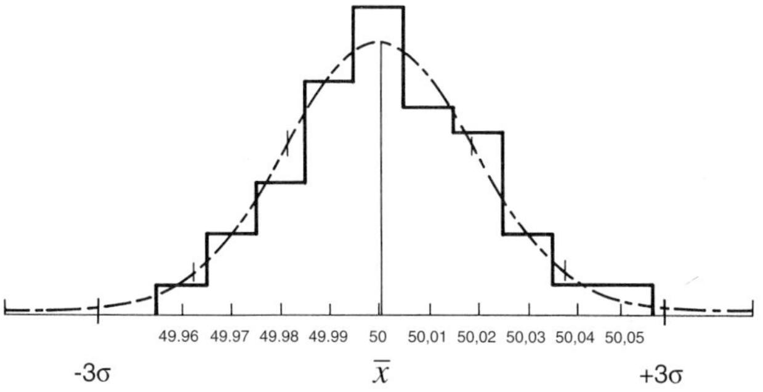

Figuur 9.7 *Histogram voor de verdeling van figuur 9.6. Gausskromme met $\bar{x}$ = 50,0016 mm en σ = 0,019 mm*

binden ontstaat bij benadering de reeds genoemde normale verdeling. Hieruit is te zien dat het gemiddelde van de diameters dicht bij 50,00 mm ligt. Het berekende gemiddelde $\bar{x}$ = 50,0016 mm. De instelling van de machine is dus goed. De waarde van s bedraagt 0,019 mm. Of de partij werkstukken goed is hangt af van de tolerantie op de diameter. Zou deze bijv. ± 0,02 mm bedragen dan is het duidelijk dat de variatie binnen dit proces te groot is om deze tolerantie te waarborgen. De ligging (**centrering**) van het proces is juist, doch de **spreiding**, het verschil tussen de laagste en de hoogste optredende waarde, is groter dan de werkstuktolerantie. Het proces is dus niet in staat aan de tolerantie-eis te voldoen.

Om de geschiktheid van een proces voor de fabricage van een product in een getalwaarde uit te drukken gebruikt men als kental de **proceshaalbaarheid** C_p.

Uit de statistiek is bekend dat bij een normale verdeling 99,73% van alle exemplaren uit een populatie binnen ± 3σ valt.

C_p geeft de relatieve strooiing, dat is de verhouding van de breedte van het tolerantieveld T tot + en – 3 maal de standaardafwijking (± 3σ grenzen) van het proces aan, dus:

$$C_p = \frac{T}{6\sigma}$$

De C_p-waarde van een proces moet groter zijn dan 1,0. Bij een perfecte centrering van het proces zal dan tenminste 99,73% van alle producten binnen de toleranties vallen. In de praktijk is het wenselijk dat de $C_p \geq 1,33$. In dat geval zullen bij een fout in de centrering van 1 × σ nog steeds vrijwel alle producten binnen de tolerantie vallen. We noemen het proces dan **statistisch beheerst**. Wanneer $1 \leq C_p \leq 1,33$ bestaat er een groot risico van uitval.

De waarde C_{pk} is behalve een maat voor de spreiding ook een maat van de ligging van het proces ten opzichte van het midden van het tolerantieveld, de **streefwaarde**. C_{pk} is het kleinste verschil van de gemiddelde maat met de bovenste of onderste tolerantiegrens in relatie tot 3 maal de standaardafwijking (3σ)

$$C_{pk} = \frac{[T\uparrow - \bar{x}]}{3\sigma} \quad of \quad \frac{[T\downarrow - \bar{x}]}{3\sigma}$$

Hierin is $T\uparrow$ de bovenste en $T\downarrow$ de onderste tolerantiegrens.

Een C_{pk}-waarde van 1,0 betekent dat een proces met C_p = 1,0 zuiver gecentreerd moet zijn om te bereiken dat alle producten juist binnen de tolerantiegrenzen liggen. Bij een $C_{pk} < 1{,}0$ wordt één van de tolerantiegrenzen overschreden. Voor een beheerst proces zal $C_p \geq 1{,}33$ en $C_{pk} \geq 1$ moeten zijn. Het proces is dan zowel statistisch als **technisch beheerst**.

9.5.3 Mogelijkheden voor procesbeheersing

In de voorgaande paragraaf zagen we dat productieprocessen beheerst moeten verlopen. Dit betekent dat de onvermijdelijke spreiding in proces- en productkenmerken kleiner moet zijn dan de afstand tussen de tolerantiegrenzen en dat het gemiddelde in het midden van het tolerantieveld, de streefwaarde, ligt. Wanneer de spreiding kleiner is dan het tolerantieveld mag ook het gemiddelde variëren. Hierdoor heeft men een grote mate van zekerheid dat alle producten binnen de tolerantiegrenzen vallen. Dit betekent dat niet alle producten gecontroleerd hoeven te worden en dat de kans op uitval gering is. Wel dient men met regelmatige steekproeven te bewijzen dat het proces nog steeds beheerst is. Bij **regelbare processen** kan de verschuiving van het gemiddelde worden bijgestuurd; een toename van de spreiding geeft aan dat er iets met de betrouwbaarheid van het proces aan de hand is. Zie verder paragraaf 9.5.4.

Het bovenstaande staat bekend als **statistische procesbeheersing**. Naast het gebruik voor het sturen van de processen worden ook gegevens verzameld om het inzicht in de processen te vergroten en om te kwaliteit van de producten achteraf aan te kunnen tonen.

Processen waarvan de proceskenmerken een te grote spreiding vertonen zijn niet geschikt om de gevraagde toleranties waar te maken en moeten dus worden vervangen door andere.

Bij een beheerst deelproces is het niet nodig om bij de volgende stap in het productieproces een **ingangscontrole** te verrichten. Dit geldt zowel binnen een bedrijf als bij een externe leverancier-klant relatie. Vaak worden producten geleverd met een certificaat van de leverancier waarin onder andere de herkomst van de grondstoffen en de resultaten van de controles worden vermeld.

9.5.4 Beheersing van de productgeometrie

Bij **niet-regelbare processen** worden de geometrie en de maten van het product hoofdzakelijk bepaald door het gereedschap. Zo is de kwaliteit van met een volgstempel (paragraaf 4.1.4) uitgesneden producten vrijwel uitsluitend afhankelijk van de combinatie van materiaal en gereedschap en heeft een wijziging van de andere procesparameters weinig invloed op de maat.

Bij **beperkt regelbare processen**, zoals gieten, spuitgieten en warmpersen wordt de productkwaliteit bepaald door:

- Vorm- en maatnauwkeurigheid van de vormen of matrijzen,
- Instelling en variatie van de procesparameters zoals temperatuur, kracht, snelheid, en variaties in het uitgangsmateriaal en/of de smering.

Soms worden de gereedschapmaten aan de hand van gegevens van een aantal proefproducten (meestal 3 à 20 stuks) geverifieerd. Na de start van de productie moet het proces worden bewaakt voor het signaleren van:

- Plotselinge verstoringen, bijvoorbeeld door gereedschapbreuk of door onregelmatigheden in de toevoer van het materiaal,
- Verloop van het proces, bijvoorbeeld door gereedschapslijtage.

Verspanend bewerken is een regelbaar proces. Bij een juiste aanpak van het meten en regelen kan een doelmatige procesbeheersing worden gerealiseerd.

De keuze van het meetsysteem en met name het tijdstip van meten in de bewerkingscyclus bepaalt of een werkstuk in één keer goed kan worden gemaakt. Daarom moet reeds in een vroegtijdig stadium worden gemeten om de gunstigste voorwaarden voor de fabricage te scheppen.

Het meten kan in verschillende stadia van het fabricageproces plaatsvinden. Men hanteert hierbij de volgende begrippen:

- **Pre-process control** = meten vóór het produktieproces,
- **In-process control** = meten tijdens het produktieproces,
- **Inter-process control** = meten bij procesonderbreking (op de produktiemachine),
- **Post-process control** = meten na het productieproces.

De pre-process maatregelen kunnen betrekking hebben op:

- Het éénmalig instellen van de machine voorafgaande aan de bewerking van een serie producten,
- Het per product of periodiek controleren of de instelling verlopen is, bijvoorbeeld ten gevolge van gereedschapslijtage.
- Het beoordelen of het uitgangsmateriaal aan de specificaties voldoet.

Pre-process maatregelen hebben alleen effect op de kwaliteit als de stabiliteit en geometrische nauwkeurigheid van de machine voldoende groot zijn en regelmatig worden bewaakt (bijv. door periodieke keuring van de productiemiddelen).

Het in-process meten vindt tijdens de vormgeving van het product plaats. Soms wordt het gereedschap automatisch versteld tot de juiste maat van het product is bereikt. Een dergelijke **meetbesturing** wordt voornamelijk bij het rond- en vlakslijpen toegepast wegens de betrekkelijk snelle slijtage van de slijpschijf, zie figuur 9.8. Ook bij flexibele fabricagesystemen, zie paragraaf 11.6, is automatisch meten binnen de fabricagecyclus noodzakelijk omdat het bedieningspersoneel geen cyclische handelingen uitvoert, dus ook geen controlehandelingen.

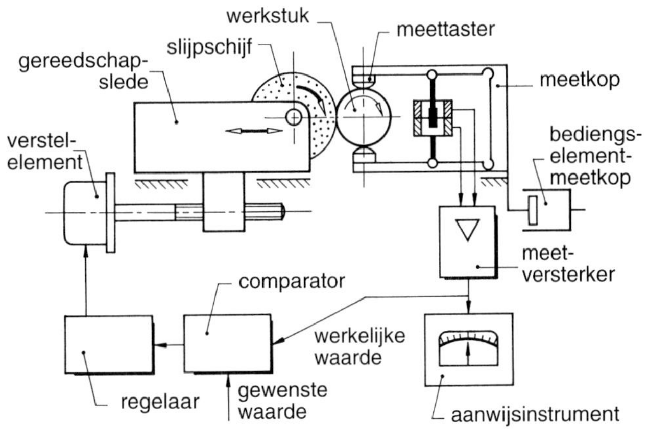

Figuur 9.8 Meetbesturing voor rondslijpen

Het inter-process meten is nog steeds de meest toegepaste aanpak in de kleinseriefabricage. Voor het inter-process meten moet de fabricagecyclus worden onderbroken om het resultaat van de voorgaande processtap(pen) te kunnen meten en de machine vóór de laatste bewerking zodanig te verstellen dat een "goed" product ontstaat. Deze metingen worden meestal met handmeetmiddelen uitgevoerd; flexibele fabricagesystemen kunnen deze handelingen automatisch uitvoeren (paragraaf 11.6.3). Deze werkwijze is vooral zinvol voor niet-statistisch beheerste processen of wanneer het bewijs van statistische beheersing nog niet is geleverd. Spanfouten komen door inter-process metingen niet aan het licht.

De pre-, in-, en inter-process methoden hebben het voordeel dat zij het ontstaan van afkeur kunnen voorkomen. Bij de post-process methode kunnen in principe "afkeur"-producten ontstaan. Deze werkwijze leent zich daarom het beste voor statistisch beheerste processen. In dit geval kan men door het regelmatig nemen van steekproeven het proces tijdig bijsturen.
Een bekend hulpmiddel hierbij is de **$\bar{x}$-R kaart**, figuur 9.9. Op deze kaart noteert de bedieningsman het gemiddelde $\bar{x}$ en de spreiding R van elke steekproef. Wanneer $\bar{x}$ de **onderste regelgrens** of de **bovenste regelgrens** bereikt stelt hij het proces bij. Een te hoge waarde van R wijst op een storing waardoor het proces onvoldoende beheerst wordt.

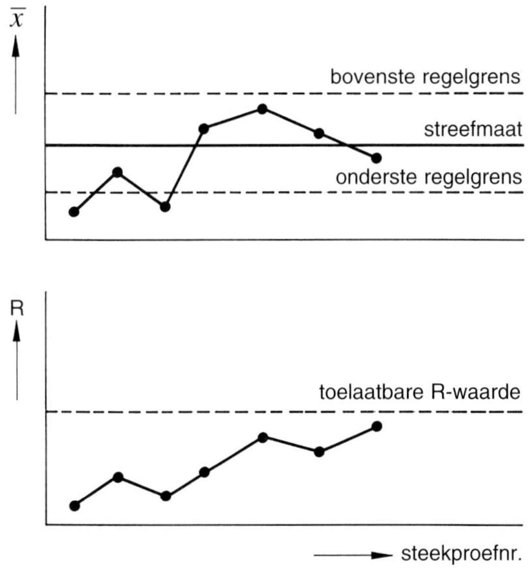

Figuur 9.9 De $\bar{x}$ - R kaart

zing 0 oplevert. Het aanwijsinstrument toont de afwijkingen van de streefmaat. In de meeste gevallen kan men op het afleesinstrument ook de tolerantiegrenzen aangeven. Figuur 9.19 toont een opstelling voor vergelijkend meten met een meetklok.

9.7.2 Fysische meetprincipes

De geometrische meettechniek kent een grote verscheidenheid aan fysische meetprincipes. Hier worden alleen de meest gangbare principes en de daarop gebaseerde meetinstrumenten behandeld.

Mechanisch meten

De meettasters van mechanische meetinstrumenten maken contact met het te meten oppervlak. De gemeten waarde is rechtstreeks afleesbaar op een analoge schaalverdeling, zoals bij de **liniaal**, **rolmaat**, of "gewone" **schuifmaat**, of via een mechanische overbrenging zoals bij de **schuifmaat met klokaflezing**, de **schroefmaat**, of de **meetklok**. Sommige van deze mechanische meetinstrumenten zijn uitgerust met een digitale aflezing. Dit verhoogt de nauwkeurigheid van het instrument niet, maar verkleint wel de kans op afleesfouten en daardoor de meetonzekerheid. De schuifmaat is afgebeeld in figuur 9.20.

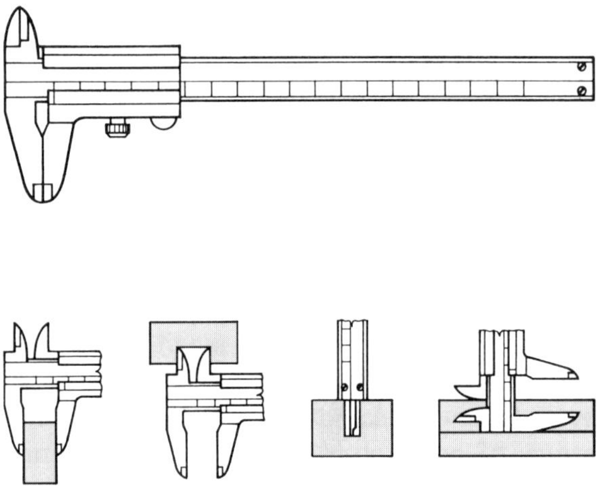

Figuur 9.20 Mechanisch meten met een schuifmaat

Elektrisch meten

Bij de elektrische/elektronische meetmiddelen, zijn de volgende kenmerken van belang:

- Opnemen met of zonder mechanisch contact,
- Analoge of digitale uitvoer.

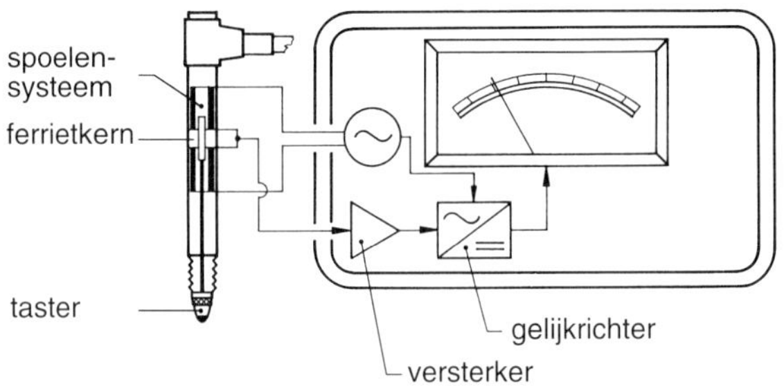

Figuur 9.21 Meeteenheid met inductieve opnemer

Van de gangbare elektrische meetprincipes, Ohmse weerstand-, capaciteit-, piëzo-elektriciteit- en inductiemeting, behandelen wij alleen het laatstgenoemde, dat in de lengtemeettechniek het meeste wordt toegepast. Het door de taster verplaatsen van de ferrietkern in de **inductieve opnemer**, zie figuur 9.21, verandert de inductie van een met wisselstroom gevoed spoelensysteem. Dit levert een signaal dat na versterken en gelijkrichten op een afleesinstrument zichtbaar wordt gemaakt. Inductieve opnemers kunnen in zeer kleine afmetingen worden uitgevoerd en kunnen een hoge resolutie bij lage meetkrachten leveren. Op het aanwijsinstrument kunnen het nulpunt, de meetrichting, het meetgebied, de resolutie en de tolerantiegrenzen worden ingesteld.

Veel elektronische meetinstrumenten leveren een digitaal uitgangssignaal. Hiermee kunnen de meetgegevens aan een computer worden toegevoerd, zodat deze automatisch worden verwerkt. De statistische analyse van de gegevens kan automatisch plaatsvinden. Het systeem kan bijvoorbeeld de $\bar{x}$ -R kaart op een beeldscherm presenteren of zelfs het proces bijstellen.

Pneumatisch meten

Luchtmeting is een **contactloze meetmethode**, waarbij geen of te verwaarlozen krachten op het werkstuk worden uitgeoefend. Er bestaat daardoor geen kans dat de meting zelf invloed heeft op het resultaat. Het principe, zie figuur 9.22a, berust op het meten van de uit de taster afkomstige luchtstroom door een nauwe spleet met breedte s tussen taster en werkstuk. Bij toenemende afstand daalt de stromingsweerstand in de spleet en stijgt de doorstromende luchthoeveelheid. De eigenlijke meting berust op het meten van de luchtvolumestroom Q (figuur 9.22b) of van de verplaatsing van het membraan tussen de beide kamers in een differentiaaldruk-meetsysteem (figuur 9.22c). Het bruikbaar meetbereik ligt in het gebied waar het verband tussen s en Q of s en de verplaatsing lineair is. Dit

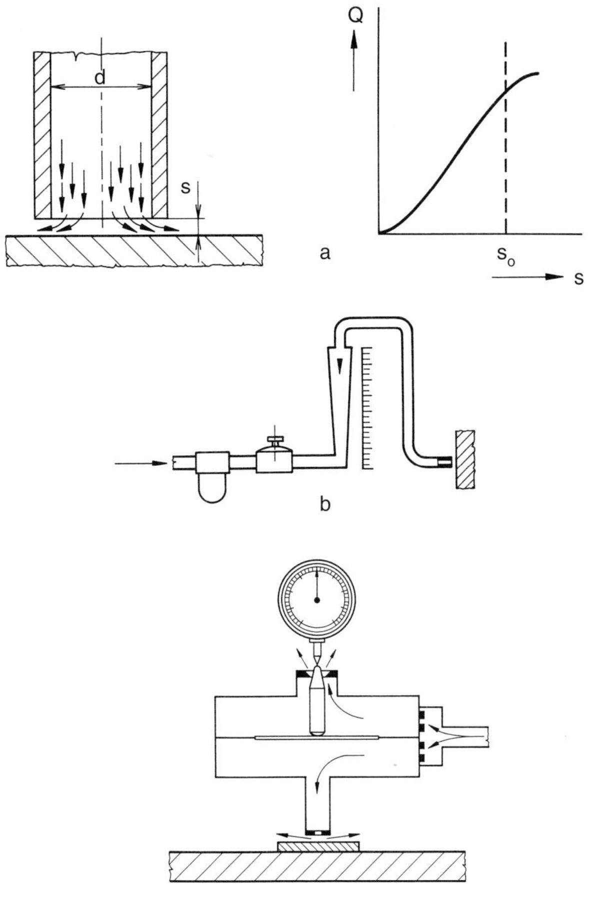

Figuur 9.22 Pneumatisch meten, het meetprincipe (a), uitgevoerd met volumestroommeting (b) en uitgevoerd met een differentiaaldruk-meetsysteem (c)

beperkt het meetbereik tot ongeveer 0,1 mm. Het principe is vooral geschikt voor het vergelijkend meten binnen een klein meetgebied. Als standaardmaat dient een zeer nauwkeurig vervaardigd modelproduct waarmee de meetopstelling wordt afgesteld.

Optisch meten

Van het grote aantal **optische meetprincipes** worden hieronder drie belangrijke voorbeelden behandeld. Bij de mechanische tastsystemen beweegt de taster een **kantelende spiegel**. De verplaatsing van de taster wordt daardoor met een hoge resolutie en zeer nauwkeurig weergegeven, figuur 9.23.

De **optisch-elektronische** taster is voorzien van een digitaal meetsysteem, waarbij de verplaatsing van een glazen liniaal met een 10 µm raster of een 4 µm faseraster, foto-elektrisch wordt uitgelezen en met een teller op 0,01 tot 10 µm wordt aangegeven. Zie voor een nadere verklaring van dit principe paragraaf 11.5.3.

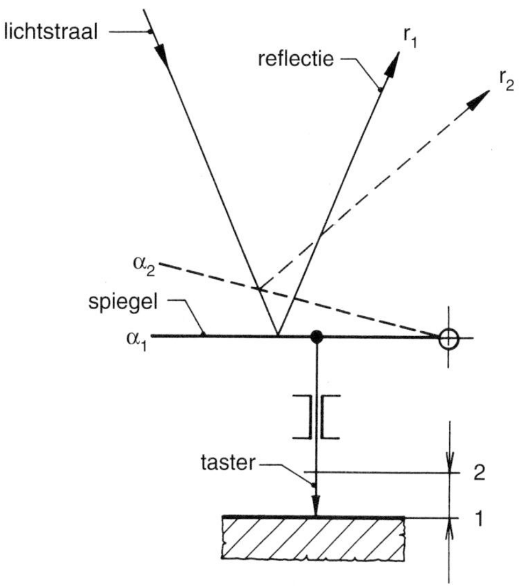

Figuur 9.23 Optisch meetsysteem met kantelende spiegel

De **laser-interferometer**, zie figuur 9.24, splitst de laserbundel in een referentiebundel en een meetbundel. De referentiebundel heeft een vaste lengte; de lengte van de meetbundel hangt af van de positie van de bewegende spiegel. Bij verplaatsing van de spiegel over 1/4 golflengte van het gebruikte licht neemt de lengte van de meetbundel toe met 1/2 golflengte. Bij combineren van de beide bundels treedt interferentie op. Bij het verplaatsen van de spiegel over de genoemde afstand treedt éénmaal maximale versterking en éénmaal maximale verzwakking van de samengevoegde bundels op, hetgeen door de detector wordt gemeten. De golflengte wordt beïnvloed door de atmosfeer van de meetomgeving; het is mogelijk hiervoor te compenseren. In de praktijk levert dit een meetonzekerheid van 0,5-1 µm/m bij een resolutie van 0,1 µm tot 10 nm. De laser-interferometer is bij uitstek geschikt voor het meten over een groter meetgebied (tot 20 m en meer). De vereiste apparatuur is zeer kostbaar; een belangrijke toepassing is daarom het ijken van andere meetsystemen, bijvoorbeeld die van NC-gereedschapwerktuigen.

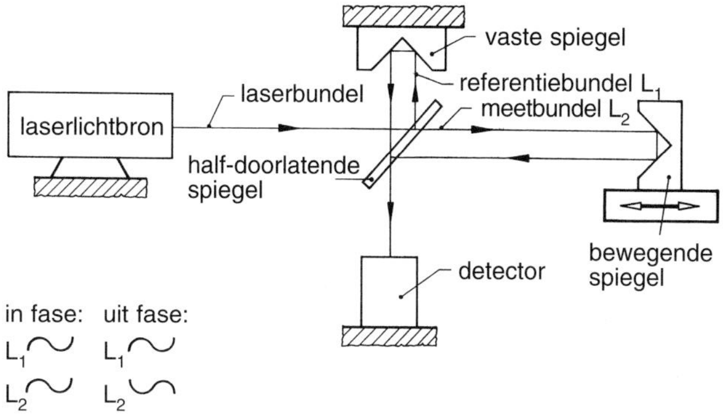

Figuur 9.24 Laser-interferometer

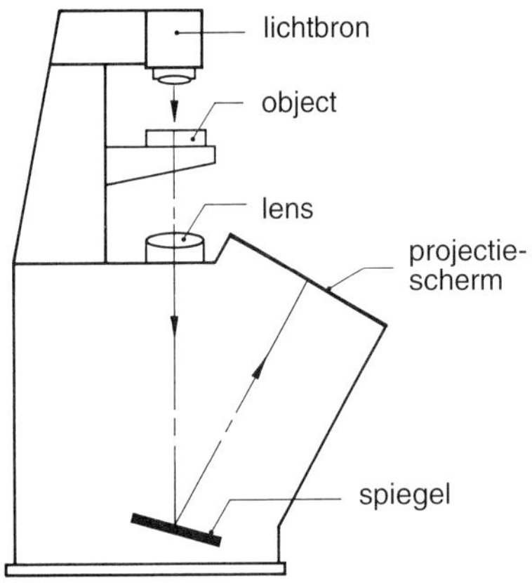

Figuur 9.25 Profielprojector

9.7.3 Tweedimensionaal en driedimensionaal meten

Voor het efficiënt meten van een werkstuk is een enkelvoudige lengtemeting vaak ontoereikend. Daarom wordt voor het meten van vormen en hoeken in twee dimensies de **meetmicroscoop** en de **profielprojector**, figuur 9.25, veelvuldig toegepast. Beide zijn geschikt om de metingen contactloos uit te voeren.

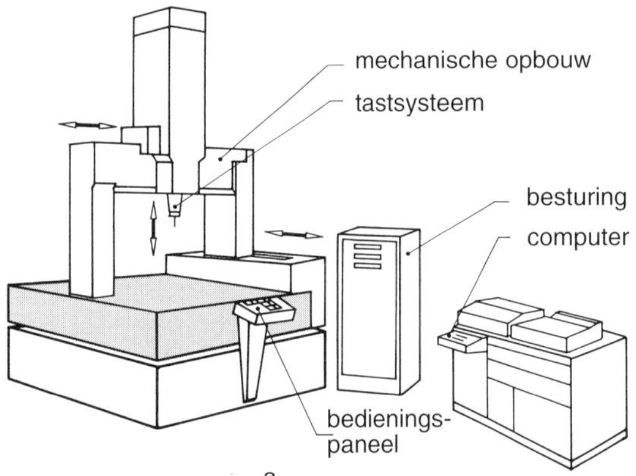

a

b

Figuur 9.26 Coördinaten-meetmachine, schematisch (a), opstelling voor het meten van een mal (b)

Voor het meten in drie dimensies van gecompliceerde producten worden **coördinaten-meetmachines (CMM)**, zie figuur 9.26, toegepast. Sleden die zijn uitgerust met optisch-elektronische meetsystemen, zoals ook gebruikt voor NC-gereedschapwerktuigen, zie paragraaf 11.5.3, verplaatsen de taster in de richting van de coördinaatassen. **Schakelende tasters** geven een signaal wanneer de taster het meetobject raakt. De te meten coördinaten volgen uit de op het moment van schakelen geldige waarden van het positiemeetsysteem van de meetmachine. Bij gebruik van een **metende taster** verplaatst de meetmachine de taster naar een geprogrammeerde positie van waaruit vervolgens de afstand tot het object wordt bepaald.

De coördinaten-meetmachine is meestal gekoppeld met een computer voorzien van programmatuur voor het verwerken en vastleggen van de meetgegevens en soms ook voor het sturen van de machine.

9.7.4 Keuze van de meetmethode

De keuze van de meetmethode wordt in de eerste plaats bepaald door de vorm en de afmetingen van het meetobject en door de toleranties. Daarnaast speelt een aantal andere factoren een belangrijke rol:

- Bedrijfsbeleid ten aanzien van de kwaliteitszorg,
- Beschikbare meetapparatuur,
- Mate waarin het fabricageproces statistisch beheerst is,
- Seriegrootte.

Paragraaf 9.6.5 geeft richtlijnen voor de meetonzekerheid als functie van de kwaliteitsklasse. Met behulp van deze richtlijn kan men, gegeven het product, een geschikte meetmethode kiezen. Voor de meest gangbare gevallen is hiervoor de richtlijn volgens figuur 9.27 beschikbaar. De figuur geeft voor een aantal basisvormen de mogelijke meetmethoden als functie van de tolerantie. Steeds wordt de meetopstelling, de meetopnemer, het meet- en/of verstelgebied, en de schaalwaarde gegeven. Figuur 9.27a geeft de basisvormen, figuur 9.27b de meetopnemers en figuur 9.27c een uittreksel uit de richtlijnen voor twee basisvormen.

Bij eenvoudige producten en kleine seriegroottes zal de keuze op standaard meetgereedschappen vallen. Bij grotere series zal men eerder kiezen voor productgerichte opstellingen, die dan vaak meerdere metingen tegelijkertijd uitvoeren.

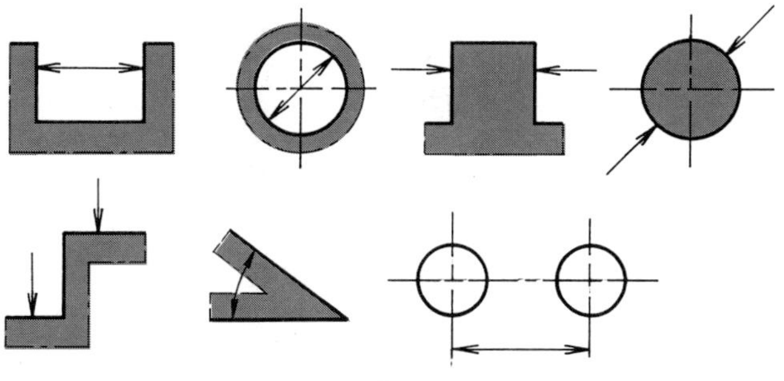

a

		werkstuk-tolerantie (µm)	meet-bereik (mm)	schaal-waarde (mm)
	meetklok	100 - 20 100 - 20 100 - 20 50 - 20 50 - 20 50 - 5	100 50 30 10 3 5	0,01 0,01 0,01 0,01 0,01 0,001
	indicator	400 -100 40 - 20 20 - 10 4 - 2 2 - 1 1 - 0,4	3 0.5 0,26 0,1 0,05 0,02	0,1 0,01 0,005 0,001 0,0005 0,0002
	meethorloge	40 - 20 8 - 4 4 - 2	1,2 0,8 0,08	0,01 0,002 0,001
	inductieve opnemer	30 - 20 0,5 - 0,3	0,6 0,006	0,01 0,0001

b

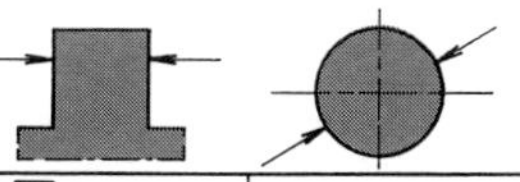

		werkstuk-tolerantie (µm)	verstel-bereik (mm)	meet- en schaal-bereik (mm)	schaal-waarde (mm)
	schuifmaat	300-100	0-150 → ∞	—	0,05 (0,02)
	schroefmaat	40-15	0-25 → ∞	25	0,01
	meetstatief met indicator	15-4	0-300	0,1	0,001
	meet-microscoop	30-10	0-150	—	0,005 (0,002)

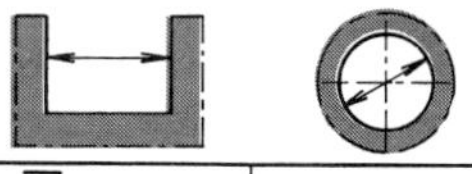

		werkstuk-tolerantie (µm)	verstel-bereik (mm)	meet- en schaal-bereik (mm)	schaal-waarde (mm)
	schuifmaat	300-100	0-150 → ∞	—	0,05 (0,02)
	binnen-schroefmaat	80-30	5-30 → 100	25	0,01)
	driepunts-schroefmaat	30-20	6-8 → 200	—	0,005 0,002
	eindmaat	10-5	0,05 → 500	—	—

c

Figuur 9.27 Richtlijn voor de keuze van de juiste meetmethode. Basisvormen (a), meetgebieden van opnemers (b) en enkele voorbeelden van meetinstrumenten (c)

Kleine productseries zullen vaak 100% gecontroleerd worden. Wanneer de tolerantie-eisen hoog zijn en het fabricageproces (nog) niet voldoende beheerst wordt zal inter-process meten worden toegepast. Nabewerken en enige afkeur kan dan aanvaardbaar zijn. Bij grote aantallen is het noodzakelijk te zorgen voor een statistisch beheerst fabricageproces. Het meten zal steekproefsgewijs plaatsvinden. De meetgegevens moeten worden vastgelegd en gearchiveerd om ook na lange tijd de beheersing van het proces te kunnen aantonen. Elektronische verwerking van de meetgegevens voor bijvoorbeeld de bepaling van de C_p- en de C_{pk}-waarde kan hierbij nuttig zijn.

Voor het uitvoeren van een volledige meting aan een werkstuk met complexe vormen is een coördinatenmeetmachine onmisbaar. Het volledig meten van series producten kan veel tijd vergen, doch in de meeste gevallen kan het voldoende zijn een eerste product, of een kleine "voorserie", volledig te meten. Het betreft hier meestal producten, die wegens hun moeilijkheidsgraad met NC-gereedschapwerktuigen worden gefabriceerd. Wanneer het bewerkingsprogramma eenmaal correct gebleken is, en het eerste product is goedgekeurd, zal het vaak mogelijk zijn de resterende foutenbronnen met eenvoudige metingen op te sporen, bijvoorbeeld een toenemende draaidiameter ten gevolge van slijtage van een draaibeitel.

9.8 Meetmethoden voor de oppervlakteruwheid

Voor het bepalen van de oppervlakteruwheid zijn verschillende meetmethoden beschikbaar. We noemen alleen het vergelijken met ruwheidsmonsters en de ruwheidsmeter met mechanische taster.

Vergelijken met ruwheidsmonsters

Voor de meest gangbare afnemende bewerkingen zijn **ruwheidsmonsters** verkrijgbaar. Dit zijn plaatjes die

Figuur 9.28 Ruwheidsmonsters

met verschillende ruwheden zijn vervaardigd, zie figuur 9.28. De ruwheid van het werkstukoppervlak wordt vergeleken met een bepaald ruwheidsmonster. Dit gebeurt zowel visueel als door het aftasten met een vingernagel. Dit is een grove en subjectieve methode.

Ruwheidsmeter met mechanische taster

Het principe van een **ruwheidsmeter** met mechanische taster is afgebeeld in figuur 9.29. Het belangrijkste probleem bij deze systemen is het scheiden van de ruwheid en de overige afwijkingen van het oppervlak, zoals de golvingen en de vormafwijkingen. De tasteenheid bestaat daarom meestal uit een **glijschoen** en een taster. De glijschoen moet de golvingen van het oppervlak zo volgen, dat de taster uitsluitend de ruwheid meet. Dit is maar ten dele mogelijk. De geometrie van het tastsysteem bepaalt de mate van scheiding tussen de vormafwijkingen enerzijds en de golvingen anderzijds. De afrondingsstraal van de glijschoen moet tenminste 50 maal de golflengte bedragen. De radius van de taster moet voldoende klein zijn om het ruwheidsprofiel te kunnen volgen. Een kleine tasterradius leidt echter tot snelle slijtage en dus ook weer tot

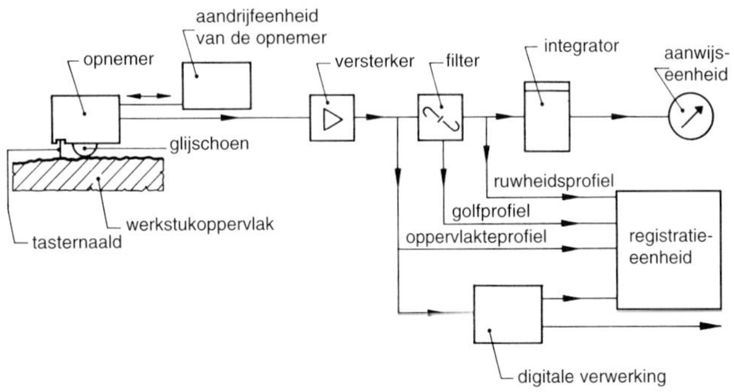

Figuur 9.29 Ruwheidsmeetsysteem

meetafwijkingen. Voor ruwheidswaarden groter dan R_a = 0,5 μm of R_y = 3μm kan een tasterradius van 5 μm worden gebruikt, lagere ruwheidswaarden kunnen alleen met een tasterradius van 2 μm worden gemeten.

De scheiding tussen golvingen en ruwheid vindt plaats door een elektronische verwerkingseenheid. Het aftasten van het ruwheidsprofiel geschiedt met een vaste snelheid. Frequentiefilters scheiden de frequenties van de signalen ten gevolge van het ruwheidsprofiel en die ten gevolge van de golving. De geometrie van de tasteenheid en de karakteristiek van de filters moeten gekozen worden in overeenstemming met het verwachte profiel van het te beoordelen oppervlak. Kenmerkend is de basislengte l. De basislengte moet afhankelijk van de aard van het oppervlak volgens de richtlijnen in NEN 3635 worden gekozen.

De aanwijseenheid geeft de gemeten ruwheid weer, hetzij als de gemeten ruwheidswaarde, hetzij als het gemeten ruwheidsprofiel vergroot weergegeven op een papierstrook of een beeldscherm. In het laatste geval is de keuze van de lengte- en hoogteschalen van belang voor de juiste interpretatie van het resultaat.

Bij de ruwheidsmeter met contactloze taster is de mechanische taster vervangen door een optisch tastsysteem, dat werkt volgens hetzelfde principe als het tastsysteem van de CD-speler met een meetbundel met ø 1 μm en is daardoor geschikt voor zeer fijne oppervlakken.

9.9 Meetmethoden ter bepaling van de materiaaleigenschappen

Naast afmetingen en oppervlaktekwaliteit zijn de mechanische eigenschappen en de integriteit van halffabrikaten en producten van groot belang.

In de meeste gevallen mag men ervan uitgaan dat halffabrikaten ruimschoots voldoen aan de minimaal vereiste sterkte. Dit ligt vaak anders ten aanzien van de eigenschappen die het materiaalgedrag bij de uiteenlopende bewerkingen bepalen. Dit geldt met name bij het omvormen van plaatmateriaal. Het is daarom van belang om, naast de gebruikelijke minimale waarden van rekgrens, treksterkte en breukrek, aanvullende eisen te formuleren, die bepalend zijn voor de bewerkbaarheid bij het omvormen. Voor een beschrijving van deze eigenschappen wordt verwezen naar paragraaf 3.2 en naar hoofdstuk 7. Er moet dan ook met de leverancier worden afgesproken op welke wijze deze technologische eigenschappen worden gecontroleerd.

Met **integriteit** bedoelen we de afwezigheid van plaatselijke afwijkingen zoals (micro)scheuren aan het oppervlak of holten in het inwendige van het materiaal. Deze afwijkingen kunnen ontstaan door:
- Krimpholten optredend bij het gieten of lassen,
- Scheuren optredend door inwendige spanningen, bijvoorbeeld veroorzaakt door warmtebehandelingen of lassen.
- Holten die onvoldoende zijn dichtgelast bij kneedprocessen zoals walsen of extruderen.
- Scheuren of andere materiaalverstoringen optredend als gevolg van omvormende of afnemende bewerkingen.

Onderzoek naar de integriteit gebeurt met **niet-destructief onderzoek (NDO)**, een verzameling werkwijzen waarmee de hier bedoelde defecten zijn op te sporen zonder het product te beschadigen. Deze paragraaf behandelt de principes en toepassingsgebieden van de belangrijkste NDO-technieken.

Röntgenonderzoek

Bij **röntgenonderzoek** wordt röntgenstraling opgewekt in een röntgenbuis of met behulp van radio-actieve isotopen. De straling wordt door het werkstukmateriaal in een bepaalde mate geabsorbeerd, afhankelijk

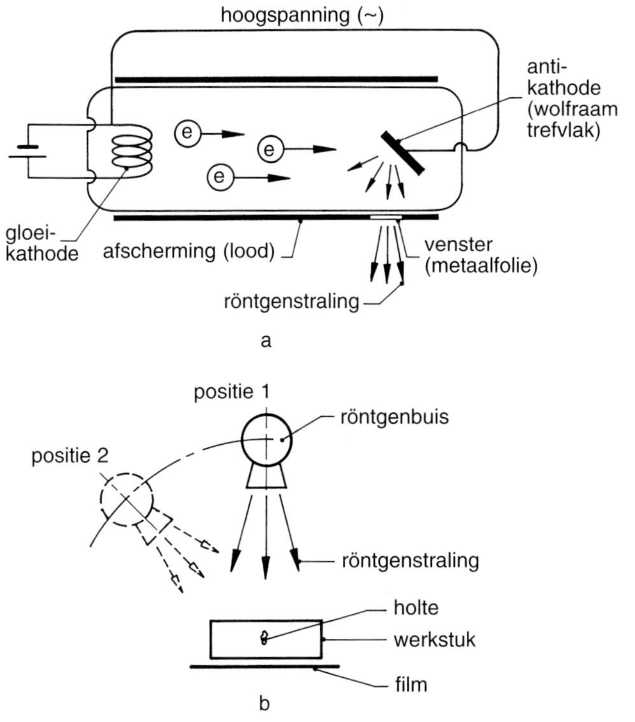

Figuur 9.30 Röntgenonderzoek, röntgenbuis (a) en werkmethode (b)

van de materiaalsoort en -dikte. Een holte leidt dus tot een geringere absorptie en tot een sterkere belichting van de achter het doorstraalde materiaal geplaatste film of camera met beeldverwerking, zie figuur 9.30. De methode bezit een beperkt scheidend vermogen omdat de totale dikte van het doorstraalde materiaal wordt gemeten. Een scheur met een dikte kleiner dan 1% van de totale materiaaldikte kan nauwelijks worden gedetecteerd.

Bij het uitvoeren van röntgenonderzoek gelden strenge veiligheidsvoorschriften.

Ultrasoon onderzoek

Bij **ultrasoon onderzoek** wordt een zender gebruikt, die hoogfrequente geluidstrillingen (0,5-25 MHz) uitzendt. De trillingen worden, na reflectie, door een ontvanger opgevangen. Soms zijn zender en ontvanger samengebouwd in één taster. Scheuren of holten reflecteren de trillingen, evenals de achterzijde van het materiaal. De reflecties kunnen zichtbaar gemaakt worden op een oscilloscoop, zie figuur 9.31. Op de horizontale tijd-as zijn van links naar rechts de zendpuls Z, de foutecho F en de bodemecho B zichtbaar. De methode is dus ook geschikt voor het meten van de materiaaldikte.

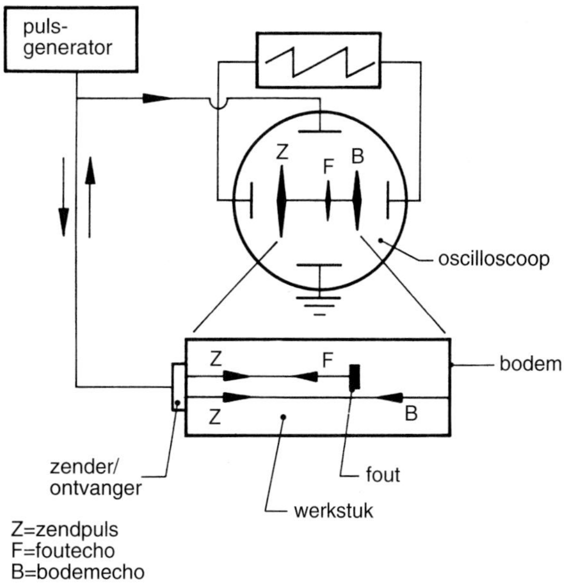

Figuur 9.31 Ultrasoon onderzoek

Penetrant onderzoek

Penetrant onderzoek (figuur 9.32) is geschikt voor het detecteren van oppervlaktescheuren, en toepasbaar voor alle materiaalsoorten. Een gekleurde vloeistof met een lage oppervlaktespanning dringt door in de scheuren. Na verwijderen van de overtollige penetrant wordt de **ontwikkelaar**, een fijn poeder gesuspendeerd in een vluchtige vloeistof, aangebracht. Na verdamping van de vloeistof blijft het poeder achter. Dit poeder zuigt de penetrant uit de scheur, die zichtbaar wordt als een gekleurde lijn in het witte poeder.

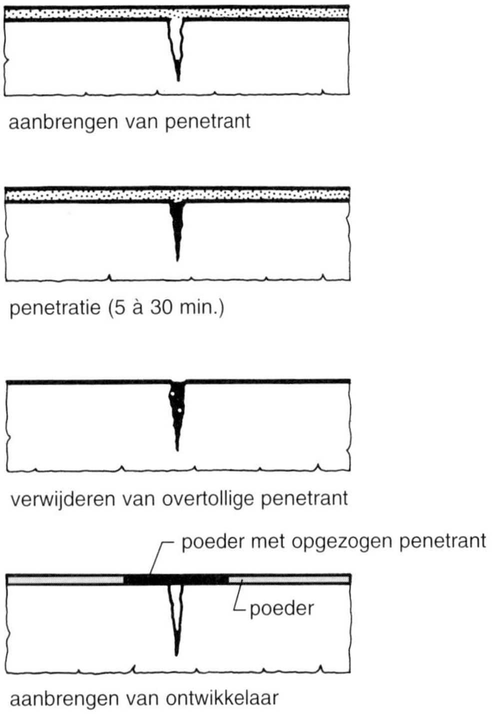

Figuur 9.32 Penetrant onderzoek

Magnetisch onderzoek

Magnetisch onderzoek is alleen toepasbaar voor het opsporen van fouten in of direct onder het oppervlak in ferromagnetische materialen. In het werkstuk wordt een magnetisch veld opgewekt, bijvoorbeeld door magnetische inductie. Verstoringen in het magnetisch veld, veroorzaakt door een holte of een scheur, worden zichtbaar gemaakt door over het voorwerp olie met daarin gesuspendeerd ijzerpoeder te gieten. In de omgeving van een scheur wordt het patroon, dat het ijzerpoeder aanneemt, verstoord. Zie figuur 9.33. De waarneembaarheid kan worden verbeterd door het ijzerpoeder fluorescerend te maken en het geheel te belichten met ultraviolet licht. Scheuren, die in de richting van het magneetveld lopen, verstoren het magneetveld niet en zijn dus niet te vinden. De richting van het magneetveld moet dus worden gekozen in overeenstemming met de (verwachte) richting van de scheur, zie figuur 9.34.

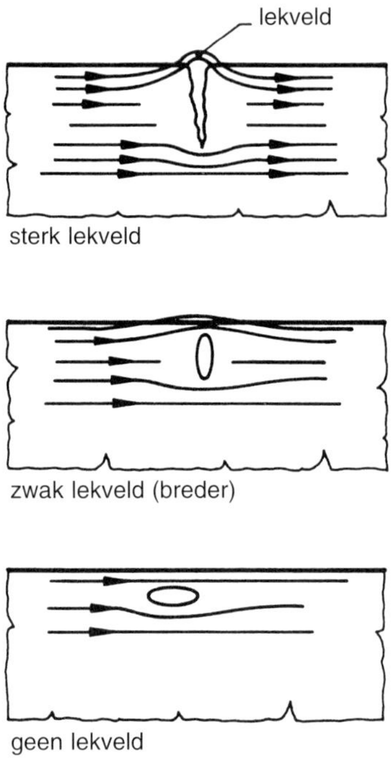

Figuur 9.33 Magnetisch onderzoek

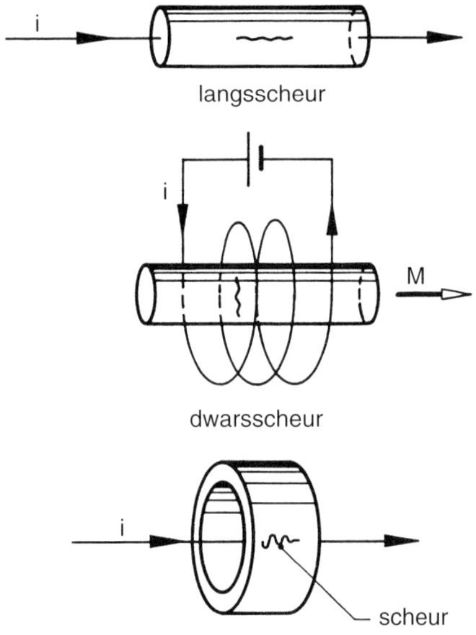

Figuur 9.34 Afstemming van de richting van het magneetveld op de verwachte richting van de scheur

Wervelstroomonderzoek

Wervelstroomonderzoek is geschikt voor elektrisch geleidende materialen. De taster bevat een spoeltje, dat wordt gevoed met wisselstroom (50 Hz - 5 MHz). Dit wekt een wisselend magnetisch veld op dat wervelstromen in het onderliggende materiaal induceert. De wervelstromen beïnvloeden op hun beurt de stroom in de spoel. Zie figuur 9.35. De sterkte van de

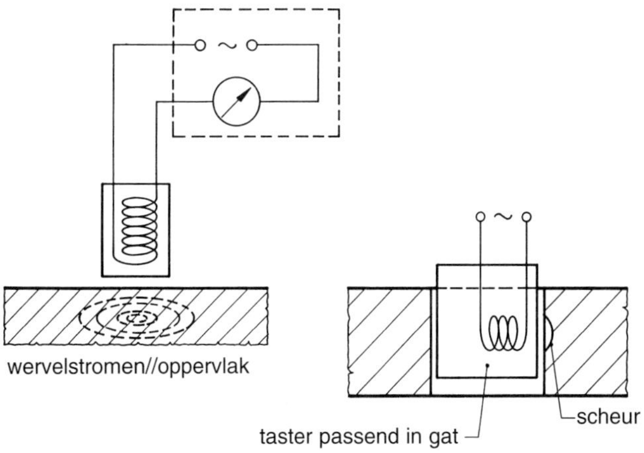

Figuur 9.35 Wervelstroomonderzoek

wervelstroom hangt af van het geleidingsvermogen van het materiaal. Scheuren en holten nabij het oppervlak veranderen ter plaatse het geleidingsvermogen en zijn op deze wijze te detecteren.

Van de genoemde methoden heeft de wervelstroommethode het kleinste toepassingsgebied. De toepasbaarheid van de overige is samengevat in figuur 9.36.

Voor alle vormen van NDO geldt dat de keuze van de methode, de uitvoering ervan en de interpretatie van de resultaten veel kennis van zaken en ervaring vereisen. Bij het ontbreken daarvan is het aan te bevelen gespecialiseerde firma's in de arm te nemen. Soms wordt dit door keuringsinstanties ook voorgeschreven.

9.10 Kwaliteit van meetmiddelen

Om kwaliteit van een product of een proces te kunnen waarborgen moet de kwaliteit van de meetmiddelen gewaarborgd zijn. Dit betekent dat deze regelmatig moeten worden gecontroleerd. Meetinstrumenten moeten met vaste tussenpozen worden gekalibreerd met behulp van meetstandaarden die een orde van grootte nauwkeuriger zijn dan de meetinstrumenten zelf. Op hun beurt moeten ook de meetstandaarden op eenzelfde wijze aan een controle worden onderworpen. Vaak zal het nodig zijn hiervoor een gespecialiseerd meetinstituut in te schakelen. Uiteindelijk moet de kalibratie terug te voeren zijn op internationale standaarden.

	Röntgen	Ultrasoon	Magnetisch	Penetrant	Wervelstroom
Materiaalsoorten	alle	vele	ferromagnetisch	alle	elektrisch geleidend
Materiaalfouten	inwendige fouten en oppervlaktescheuren		oppervlakte-scheuren	oppervlakte-scheuren	oppervlakte-scheuren en inwendige fouten dichtbij het oppervlak
Minimale foutgrootte	> 0,5 à 1 % van de dikte	zeer klein (afh. van frequentie)	zeer klein	matig klein	klein
Toelaatbare werkstukvorm	vrij willekeurig	niet te onregelmatig	vrij willekeurig	vrij willekeurig	willekeurig
Benodigde ervaring	veel	veel	beperkt	beperkt	veel
Kosten	vrij hoog	vrij hoog	beperkt	gering	beperkt
Documentatie	direct	indirect	direct	direct	indirect

Figuur 9.36 Toepasbaarheid van NDO-methoden

SAMENVATTING

De meest relevante maatstaf voor kwaliteit is de tevredenheid van de afnemers. Om kwaliteit te kunnen garanderen is het nodig dat de gehele organisatie, dus alle medewerkers van het bedrijf of de instelling, van laag tot hoog actief bij de kwaliteitsbeheersing wordt betrokken.

Het verwerven van een kwaliteits-certificaat vraagt grote inspanningen maar blijkt in toenemende mate onmisbaar te zijn voor het verwerven van klanten.

Binnen de Europese Unie mogen vele categorieën producten, waaronder machines, alleen worden geleverd wanneer ze zijn voorzien van het CE-keurmerk. Dit keurmerk geeft aan dat het product voldoet aan gestelde eisen betreffende veiligheid, gezondheid en milieu. Lidstaten zijn verplicht alle producten, die van dit keurmerk zijn voorzien, toe te laten.

Beheersen van de kwaliteit zal vrijwel altijd tot een minimaal kostenniveau leiden. Door statistische procesbeheersing is de hoogst mogelijke kwaliteit tegen minimale kosten te bereiken.

De geometrische meettechniek is een onmisbaar hulpmiddel bij het beheersen en het verbeteren van de kwaliteit. De geometrische eisen, de vorm, het gewicht en het materiaal van het product bepalen met de meetomgeving, de vereiste meetonzekerheid en meetsnelheid de keuze van het meetproces.

Voor de beoordeling van de integriteit van het werkstuk of het werkstukmateriaal bieden de niet-destructief onderzoekmethoden een goede oplossing.

LITERATUUR

[9.1] Kalpakjian, S., Manufacturing Engineering and Technology (3rd edition), Addison-Wesley, 1995, ISBN 0-201-53846-6.
Kwaliteit, NDO: hoofdstuk 36,
Werkplaatsmeettechniek: hoofdstuk 35,
Productaansprakelijkheid: paragraaf 37.5.

[9.2] Mulder, F.A., Kwaliteitsbeheer, Elsevier, Amsterdam, 1976, ISBN 90-10-01650-1.

[9.3] Langereis, F., Werkplaatsmeettechniek, De Vey Mestdagh BV, Middelburg, 1994.

SYMBOLENLIJST

a	= Bekende sytematische afwijking	[-]
C_p	= Proceshaalbaarheid	[-]
C_{pk}	= Maat voor de grootte en de ligging van de spreiding	[-]
l	= Basislengte bij meting van ruwheid	[mm]
L	= Meetlengte bij meting van ruwheid	[mm]
n	= Aantal waarnemingen van een steekproef	[-]
R	= Spreiding van een steekproef	[-]
R_a	= Gemiddelde ruwheid	[μm]
R_{max}	= Maximum ruwhweidshoogte	[μm]
R_y	= Ruwheidshoogte	[μm]
R_{y5}	= Gemiddelde ruwheidshoogte	[μm]
s	= Standaardafwijking van een steekproef	[-]
T	= Grootte van een tolerantieveld	[-]
T↑	= Bovenste tolerantiegrens	[-]
T↓	= Onderste tolerantiegrens	[-]
U	= Meetonzekerheid	[-]
U_m	= Meetonnauwkeurigheid	[-]
W	= Correctiefactor voor meetonnauwkeurigheid	[-]
Y_g	= Meetresultaat	
Y_m	= Zuiver meetresultaat	[-]
Y_w	= Werkelijke waarde van een meetgrootheid	[-]
$\bar{x}$	= Gemiddelde van een steekproef	[-]
x_i	= Waarneming met rangnummer i	[-]
δ	= Systematische afwijking	[-]
ε	= Toevallige afwijking	[-]
σ	= Standaardafwijking van een populatie	[-]

OEFENVRAGEN

9.1 Omschrijf de begrippen kwaliteit, kwaliteitszorg en kwaliteitsborging.

9.2 Welke zijn de taken van de kwaliteitsafdeling volgens de moderne opvattingen over kwaliteitsbeleid?

9.3 Geef twee voorbeelden van een interne leverancier-klantrelatie tussen de ontwerpafdeling en een andere afdeling van een productiebedrijf.

9.4 Hoe kan men bij het oplossen van kwaliteitsproblemen systematisch te werk gaan?

9.5 Geef enkele voorbeelden van een robuust ontwerp.

9.6 Maak een visgraat-diagram voor het analyseren van een verkeersongeval waarbij een automobilist geen voorrang verleent.

9.7 Wat is proceshaalbaarheid, en welke eisen stelt men daaraan? Waarom wenst men voor een statistisch beheerst proces vaak een proceshaalbaarheid groter dan 1? Teken een situatie waarvoor geldt dat $C_{pk} = 1$.

9.8 Geef de definitie van het zuiver meetresultaat. Hoe tracht men dit zuiver meetresultaat zo goed mogelijk te benaderen?

9.9 Onder welke voorwaarden is het mogelijk meetresultaten te corrigeren voor bekende dynamische afwijkingen?

9.10 Schets een $\bar{x}$ -R kaart. Wat is de betekenis van $\bar{x}$ en R? Hoe wordt de kaart gebruikt?

9.11 Welke zijn de nadelen van het gebruik van kalibers bij de kwaliteitsbeheersing? Welke zijn de redenen dat ze toch nog steeds worden toegepast?

9.12 In welke richting moet een scheur lopen om een goede kans te maken met ultrasoon onderzoek te worden gevonden?

9.13 Vergelijk het toepassingsgebied van ultrasoon scheuronderzoek met dat van magnetisch scheuronderzoek.

veld de wapens eenvoudiger te kunnen repareren. Dit werd gerealiseerd door een **moedermodel** van het product te maken, dat gezien werd als het ideale product. Van dit moedermodel werden productgebonden meetgereedschappen, kalibers, afgeleid die tijdens de fabricage dienden om de onderdelen op maatnauwkeurigheid te controleren.
Het heeft tot het begin van de 20e eeuw geduurd voordat producttekeningen van maattoleranties werden voorzien. Tot die tijd werden op de producttekening alleen nominale maten vermeld. Toleranties geven de toegestane maatafwijkingen aan. De grootte van de toleranties kan door verschillende eisen worden bepaald. Ten eerste moeten de onderdelen hun functie kunnen vervullen in het uiteindelijke product. Verder kan de assembleerbaarheid van het onderdeel in het product worden gegarandeerd met behulp van toleranties. Uit het oogpunt van fabricage-kosten moeten de toleranties zo ruim mogelijk zijn. Ronde assen passen in ronde gaten wanneer ze beide binnen bepaalde tolerantievelden worden vervaardigd. Deze wijze van bemating is vastgelegd in ISO normen (zie onder andere het ISO eenheidsgatstelsel en eenheidsasstelsel in hoofdstuk 9).

Door het gebruik van maat-, vorm- en plaatstoleranties kan de uitwisselbaarheid worden gegarandeerd zonder gebruik te maken van een moedermodel of kalibers. Een ander voordeel is dat fabriceren en monteren kunnen worden ontkoppeld, en zelfs op verschillende locaties of in verschillende ondernemingen (toeleveranciers) kunnen plaatsvinden.

Een andere mogelijkheid om uitwisselbaarheid te garanderen is te zorgen voor **instelbaarheid**. Men kan bijvoorbeeld een scharnierpunt voorzien van sleufgaten om de afstand tussen twee scharnierpunten in te stellen. Bij montage kan dan aanpassing plaatsvinden zonder het product te bewerken.

Bij complexe vormen gebruikt men nog vaak kalibers om het product te controleren. Het is aan te bevelen om de montagemal, die de vorm van het product bepaalt, ook geschikt te maken als inspectiegereedschap. Het inspecteren kan bestaan uit meten, het bepalen van de gerealiseerde maat of uit een **goedkeur/afkeur** test, waarbij alleen wordt aangegeven of het product binnen of buiten de gegeven tolerantiegrenzen valt.

Het voordeel van het vervallen van het pas maken tijdens de assemblage werd uitgebuit door Henry Ford. Hij was de eerste die massaproductie van auto's wist te realiseren (2 miljoen auto's per jaar); "In mass production there are no fitters". Zijn onderdelen waren voldoende nauwkeurig om dit waar te maken.

10.2 Het montageproces

Voordat we in deze paragraaf het montageproces zullen bespreken, is het van belang te begrijpen hoe het te monteren product is opgebouwd. Meestal wordt een product in meerdere **varianten** geproduceerd, het totale productenpakket wordt de **productfamilie** genoemd. De **productstructuur** van het product geeft aan hoe het product uit zijn onderdelen is opgebouwd. Zie voor een sterk vereenvoudigd voorbeeld figuur 10.1. Denk bijvoorbeeld ook aan een serie motoren met verschillende prestaties. De hoofdassemblage (de gehele motor) is daarbij opgebouwd uit deel-assemblages en onderdelen. Een **deelassemblage**, zoals de dynamo of de carburator, is een groep onderdelen die apart wordt gemonteerd, alvorens deze in de hoofdassemblage wordt gemonteerd. Meestal vervult een deelassemblage een specifieke functie in het eindproduct. Door een gunstige productstructuur kunnen standaard deelassemblages worden samengebouwd tot verschillende varianten binnen de productfamilie. Een gunstige productstructuur voldoet aan de volgende eisen:

- modulair, dat wil zeggen opgebouwd uit verwisselbare standaardcomponenten,
- de samenstellende componenten kunnen afzonderlijk getest worden,
- het aantal verbindingen is minimaal,
- componenten die het eindproduct klantspecifiek maken, dus aangepast aan de wensen van afzonderlijke klanten, worden het laatst gemonteerd.

Een voorbeeld van een product dat in hoge mate aan deze eisen vodoet is de PC, die steeds vaker op de toonbank aan de wensen van de klant wordt aangepast.

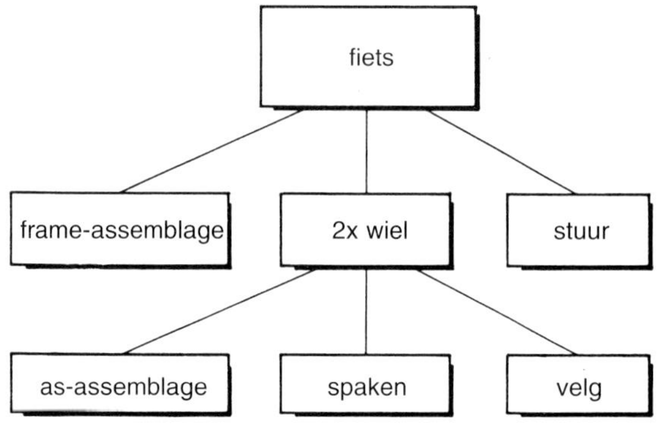

Figuur 10.1 Vereenvoudigde productstructuur van een fiets

Handmatig of automatisch monteren

Verschillende factoren bepalen de mate waarin de montage van een product kan worden geautomatiseerd. De belangrijkste hiervan zijn:

- het ontwerp van het product; dit geldt zowel voor de constructie, de structuur, als voor de robuustheid van het ontwerp (zie hoofdstuk 9),
- het productievolume: de seriegrootte per variant,
- het aantal varianten,
- de product-levenscyclus,
- de omvang en de moeilijkheidsgraad van de montagewerkzaamheden.

Het productievolume en het aantal varianten bepalen de hoeveelheid gelijke montagehandelingen; alleen boven een bepaalde hoeveelheid is automatiseren gerechtvaardigd. Om complexe montagehandelingen geautomatiseerd uit te voeren is vaak product-specifieke apparatuur nodig. De ontwikkeling van dergelijke apparatuur is duur en moet geheel kunnen worden afgeschreven gedurende de product-levenscyclus.

Montagehandelingen

Het monteren omvat een aantal opeenvolgende handelingen. Deze zijn te onderscheiden in **primaire** en **secundaire montagehandelingen**.

De primaire montagehandelingen dragen direct bij tot de waardevermeerdering van het product. Secundaire montagehandelingen zijn alle overige handelingen die nodig zijn om het product te kunnen monteren. De verhouding tussen primaire en secundaire montagehandelingen geeft dus een indicatie voor de doelgerichtheid en de efficiëntie van de montage.

Primair:
- hanteren,
- verbinden,
- afstellen,
- inspecteren, testen.

Secundair:
- opslaan,
- transporteren,
- reinigen,
- verpakken.

Van deze handelingen zullen we hier in het kort enige belangrijke aspecten bespreken. We houden daarbij niet de bovengenoemde indeling aan, maar de volgorde waarin de producten het montageproces doorlopen vanaf de fabricage tot het verpakken. We beperken ons hier tot de assemblage van mechanische producten.

10.2.1 Aanvoeren van onderdelen

De te monteren onderdelen zijn afkomstig van toeleveranciers en de eigen fabricage-afdelingen. Om de onderdelen op tijd ter beschikking te hebben, slaan de meeste bedrijven ze op in tussenmagazijnen, van waaruit de onderdelen in de juiste hoeveelheden en op het juiste moment aan de assemblage-afdeling kunnen worden geleverd. Het is belangrijk dat de onderdelen niet beschadigd of verontreinigd worden of zoek raken.

Onderdelen moeten vóór het monteren in de juiste positie en oriëntatie worden gebracht. Hiervoor bestaan verschillende mogelijkheden:

Ongeordende aanvoer

De onderdelen liggen los in bakken en worden er met de hand uitgenomen. De geometrie van het onderdeel moet hiervoor geschikt zijn. De werkwijze is niet bruikbaar wanneer de onderdelen in elkaar kunnen haken.

Bij geautomatiseerde aanvoer moeten de oriëntatie en de positie van het onderdeel iedere keer precies gelijk zijn. De trilvuller is hiervoor het meest toegepaste apparaat. Dit is een bak die zodanig in trilling wordt gebracht dat de onderdelen door een gootje langs de wand van de bak omhoog klimmen. Door de vorm van de goot vallen de onderdelen die zich niet in de juiste oriëntatie bevinden terug in de bak. Tenslotte belanden de juist georiënteerde onderdelen in de aanvoergoot op de montageplaats.
Trilvullers zijn onderdeelspecifiek, voor ieder nieuw type onderdeel moet de goot opnieuw ontworpen worden. De kans op beschadiging van onderdelen, en de kans op verkeerde aanvoer zijn aanzienlijk. Veel automatiseringsprojecten in de assemblage zijn in het verleden mislukt, omdat de aanvoer niet beheerst kon worden. In figuur 10.2 is een aantal onderdelen afgebeeld, dat met behulp van een trilvuller kan worden aangevoerd of gesorteerd.

Geordende aanvoer

Het is veel efficiënter om de onderdelen geordend aan te voeren. Tijdens de fabricage ligt van ieder onderdeel de oriëntatie immers vast. Geordende aanvoer van onderdelen vereenvoudigt de montage, omdat oriënteren niet meer nodig is. Vooral bij geautomatiseerde montage kan dit grote kostenvoordelen opleveren.

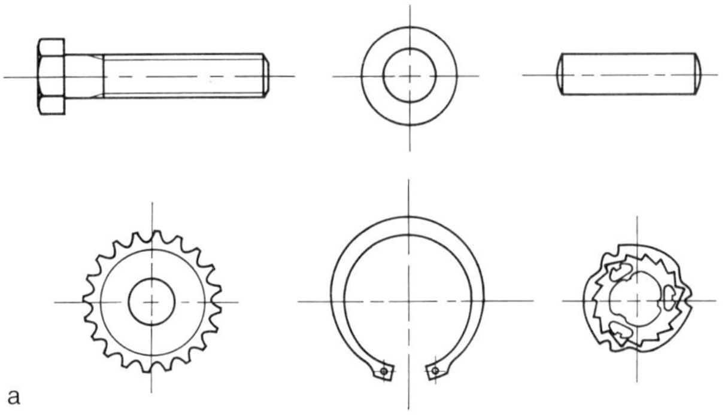

a

b

Figuur 10.2 Onderdelen (a) die geschikt zijn voor het aanvoeren of sorteren met behulp van een trilvuller (b)

Enige hulpmiddelen om onderdelen geordend aan te voeren zijn **trays** of **rekken**, **band** of **tape** en een **gekoppeld fabricage**proces.

Trays of rekken
Een tray is een bak met uitsparingen die ervoor zorgen dat de onderdelen op een vaste plaats en in de goede oriëntatie blijven liggen.
Geponste delen worden geordend in rekken. Een eenvoudige oplossing voor vlakke delen is om ze aan pennen te rijgen.

Band of tape
De onderdelen worden op een drager geplakt en als rol aangevoerd. Elektrische componenten worden vaak op deze manier aangevoerd. Kleine geponste onderdelen zitten nog voor een deel vast aan het bandmateriaal, dat als onderdeeldrager fungeert. Het zelfde principe is te gebruiken door spuitgietdelen niet los te snijden van de aanspuiting.

Gekoppeld fabricageproces
De fabricage van onderdelen wordt geïntegreerd in de montagelijn. Als nadeel kan genoemd worden dat de fabricage hierdoor verweven raakt met de assemblage. Het productiebedrijf wordt hierdoor minder overzichtelijk en minder flexibel.

Half-geordende aanvoer

Het kan soms gunstiger zijn om onderdelen slechts gedeeltelijk te oriënteren, en de uiteindelijke oriëntatie pas in de assemblagemachine te laten plaatsvinden. Dit kan kosten besparen bij de opslag en het transport naar de assemblage. Half-geordende aanvoer is te verkrijgen met een:

Transportband
De onderdelen liggen alle op hetzelfde steunvlak op de band. Door mechanische middelen of door waarneming met sensoren worden de positie en oriëntatie van de onderdelen op de band bepaald en/of gecorrigeerd.

Pallet of bak
De onderdelen liggen los in een **pallet** of bak. Er zijn geen onderdeelspecifieke uitsparingen, waardoor de positie van de onderdelen nog niet volledig vastligt. In figuur 10.3 is een pallet afgebeeld,

Figuur 10.3 Pallet met losse bodemplaat voor betere bereikbaarheid (Delft Intelligent Assembly Cell)

waarvan de bodemplaat op een steun komt te rusten, waardoor de onderdelen beter bereikbaar worden. De onderdelen worden met behulp van pennen gepositioneerd.

10.2.2 Hanteren

Onder het hanteren van onderdelen verstaan we het oppakken van onderdelen en het oriënteren en positioneren ervan. Voor het handmatig hanteren van onderdelen is een ongeordende aanvoer in de meeste gevallen aanvaardbaar. Van groot belang is de inrichting van de werkplek. Zie hiervoor paragraaf 10.3.1.

Geautomatiseerd hanteren vormt een veel groter probleem. Geordende aanvoer is dan absoluut noodzakelijk. De **grijper** van de assemblagemachine beweegt naar een positie waar het volgende onderdeel zich moet bevinden. Wanneer deze positie en ook de doelpositie steeds dezelfde zijn, kan men voor een simpele industriële manipulator, een **pick-and-place** eenheid, (paragraaf 11.9.1) kiezen.

Is de positie variabel, bijv. op een rek of tray, dan is het nodig een industriële robot toe te passen. Het monteren van een andere variant van een productfamilie is mogelijk door het uitvoeren van een ander robotprogramma. Bij wijzigingen aan het product kan de robot opnieuw geprogrammeerd worden. De overige apparatuur in het assemblagestation, zoals grijpers en aan- en afvoerapparatuur, de **periferie**, is vaak minder flexibel en moet meestal gewijzigd of vervangen worden voor het assembleren van nieuwe producten.

De positioneeronnauwkeurigheid van een manipulator ligt tussen 0,1 en 2 mm. Voor het monteren van sommige onderdelen is dit onvoldoende. Dit probleem is te verhelpen door de grijper te voorzien van **compliantie**, ofwel meegevendheid, waardoor het onderdeel tijdens de samenvoegbeweging onder invloed van de montagekrachten vanzelf de goede positie en oriëntatie bereikt. De vormgeving van het onderdeel moet hierop zijn afgestemd. Zo worden onderdelen die men nauwkeurig wil positioneren, zoals pennen in gaten, van afschuiningen voorzien.

Door onnauwkeurigheden in het assemblagestation kan het voorkomen dat de positioneeronnauwkeurigheid van het onderdeel ten opzichte van het product enkele millimeters bedraagt. In dat geval kunnen optische systemen worden gebruikt om de positioneeronnauwkeurigheid te verkleinen.

Wanneer met manipulatoren gehanteerd wordt, zijn grijpers nodig om de onderdelen op te pakken. Doorgaans worden hiervoor pneumatische grijpers met twee of drie vingers gebruikt. Om de onderdelen stevig te kunnen grijpen worden de vingers vaak afgestemd op het betreffende product. In sommige gevallen kan één grijper verschillende onderdelen grijpen, men spreekt dan van een multifunctionele grijper. Meestal zijn echter meerdere grijpers nodig om alle onderdelen te kunnen hanteren. De ontwikkeling van universele grijpers, die een grote verscheidenheid aan onderdelen kunnen grijpen, staat nog in de kinderschoenen.

Onderdelen met hoge nauwkeurigheidseisen, zoals bijv. in de aandrijving van disc-drives voor computers, dienen met hoge nauwkeurigheid gepositioneerd te worden. De onderdelen worden voor montage stofvrij gemaakt door ze bijvoorbeeld te wassen, waarna ze in stofarme ruimtes worden gebracht. Dergelijke onderdelen kunnen het best direct na de fabricage vacuüm worden verpakt om ze schoon te houden en te beschermen tegen beschadiging. De onderdelen mogen niet met de hand worden aangeraakt; de dikte van een vingerafdruk, ca. 1 µm, kan al problemen veroorzaken.

10.2.3 Transporteren binnen het montagesysteem

Naast het transport van de onderdelen naar het assemblagesysteem, moet de hoofdassemblage vaak tussentijds getransporteerd worden van het ene assemblagestation naar het andere. Hiertoe wordt de hoofdassemblage op een productdrager geplaatst.

De **productdrager** heeft als functie de hoofdassemblage te ondersteunen tijdens het transport tussen de stations, waarbij deze in de goede oriëntatie blijft, en weer nauwkeurig gepositioneerd kan worden. De productdrager dient soms tegelijk als mal om onderdelen nauwkeurig ten opzichte van elkaar te positioneren. Verder moeten product en drager de krachten die tijdens de assemblage worden uitgeoefend, kunnen weerstaan. In het ideale geval is de productdrager een onderdeel van het product; meestal moet er echter een speciale drager ontwikkeld worden. Omdat er bij grote productieaantallen veel dragers nodig zijn, en de nauwkeurigheid en stijfheid hoog moeten zijn, vormen ze een grote kostenpost.

In figuur 10.4 is een productdrager getekend, hier nog zonder productspecifieke elementen. Iedere drager kan elektronisch een hoeveelheid informatie bevatten, zodat verschillende varianten eenvoudig door elkaar kunnen worden getransporteerd, zonder extra logistieke problemen te introduceren.

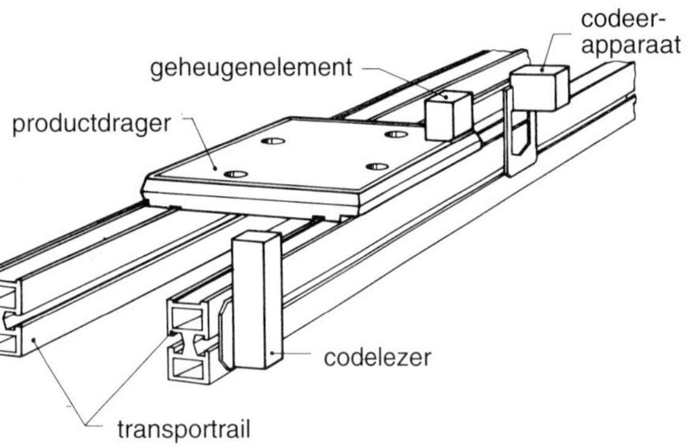

Figuur 10.4 Productdrager op transportrail, iedere drager heeft een geheugenelement, dat met codeer- en decodeerapparaten kan worden gebruikt

10.2.4 Verbinden

De onderdelen kunnen op verschillende manieren met het product worden verbonden. In hoofdstuk 8 zijn de verbindingstechnieken al ter sprake gekomen.

Een veel voorkomende verbinding is de schroefverbinding. Het grote voordeel van een schroefverbinding is dat de onderdelen eenvoudig te demonteren zijn. Voor de assemblage vormt de schroefverbinding echter een probleem. Er moeten meer onderdelen gemonteerd worden dan strikt noodzakelijk. De schroef dient immers alleen voor het verbinden van twee onderdelen. Wanneer de onderdelen uit één geheel gemaakt kunnen worden, of wanneer de onderdelen zo geconstrueerd zijn dat geen extra verbindingselement nodig is, kunnen montagehandelingen overbodig gemaakt worden. Kiest de ontwerper toch voor een schroefverbinding, dan dient hij er voor te zorgen dat alle schroeven van hetzelfde type zijn en dat ze in dezelfde richting worden aangebracht, bij voorkeur verticaal.

Een verbinding die zeer populair is in de montage is de klikverbinding. De onderdelen hoeven alleen maar samengevoegd te worden. De klikverbinding is echter slecht losneembaar. Verder moet er bij het ontwerp rekening gehouden worden met het feit dat de klikbeweging door een machine uitgevoerd zal moeten worden.

10.2.5 Afstellen, inspecteren, testen

Het inspecteren van onderdelen op maatnauwkeurigheid is reeds in hoofdstuk 9 besproken. Inspecteren gebeurt meestal direct na de fabricage, zodat alleen goede onderdelen worden vrijgegeven. Doordat tijdens assemblage onderdelen samenkomen is de kans op een eindproduct met een fout onderdeel al snel erg groot. Wanneer 20 onderdelen geassembleerd worden en voor ieder van die onderdelen geldt dat 1 op de 100 onderdelen fout is, betekent dit 18% foute eindproducten.
Onderdelen kunnen tijdens transport of opslag beschadigen. Daarom worden, hoewel dit bij een goede kwaliteitsbeheersing niet nodig behoort te zijn, de onderdelen soms toch opnieuw geïnspecteerd vóór het assembleren. Het bewaken van de montagehandelingen tijdens de assemblage zorgt ervoor dat fouten in een vroeg stadium worden gedetecteerd. Op deze manier wordt voorkomen dat een fout product alle stappen van het proces doorloopt. Na de assemblage wordt het gehele product nogmaals geïnspecteerd op assemblagefouten.

Op de meeste producten wordt een **functionele test** uitgevoerd. Een goed modulair ontwerp maakt het mogelijk de afzonderlijke modules te testen. Bij consumentenartikelen wordt goedkeuring vaak aangegeven met stempels of plakkers om de verkoopbaarheid te bevorderen. Zo leest men vaak op Japanse producten; "Passed by Japanese Government".

Afstellen is het inregelen van het product, zodanig dat dit aan zijn functionele specificaties voldoet. Dit geschiedt meestal aan het einde van de assemblage. Afstellen dient mogelijk te zijn zonder het product weer te moeten dis-assembleren. Veel afstellingen kunnen echter worden vermeden door een nauwkeurige fabricage.

10.2.6 Secundaire handelingen

Nadat onderdelen zijn gemonteerd, zijn vaak extra handelingen nodig.

De laatste handeling in de montage is het **verpakken** van de eindproducten. De verpakking dient in de eerste plaats om het product te beschermen tijdens het transport. Op de verpakking wordt vaak met genormaliseerde tekens aangegeven hoe de eenheid behandeld moet worden. Denk hierbij aan temperatuur, vochtigheid, stapelbaarheid, breekbaarheid enz.

Ook kan de verpakking dienen om de verkoopbaarheid te bevorderen, en om informatie te verschaffen over het product.
Recent is er een aantal nieuwe wetten tot stand gekomen die hogere eisen stellen aan de milieuvriendelijkheid van verpakkingsmateriaal. Zo mogen producten niet meer zonder noodzaak dubbel of in niet te scheiden materialen verpakt worden. Verder mogen bepaalde materialen, zoals aluminium, slechts beperkt gebruikt worden.

10.2.7 Montagemallen

Dit hoofdstuk is hoofdzakelijk gericht op het monteren van betrekkelijk kleine producten in grote series en in massa, zoals bij het scheerapparaat. De nauwkeurigheid en vormstijfheid van de onderdelen is groot. De onderlinge positie van de delen wordt meestal bepaald door centreerranden of pen-gatverbindingen. Hierdoor zijn, behalve de productdrager, geen vormbepalende gereedschappen nodig. Bij grotere producten, zoals personenauto's en vliegtuigen, waarvan de onderdelen minder vormstijf en vaak ook minder nauwkeurig zijn, is het nodig de onderdelen ten opzichte van elkaar te positioneren met behulp van **montagemallen** of **samenbouwmallen**.

Figuur 10.5 Samenbouwmal voor de "canopy" van de Fokker 100

Figuur 10.5 geeft een voorbeeld van een samenbouwmal voor de bovenzijde van het rompvoorstuk van de Fokker-100, de "canopy". De delen van de mal, die zich op de plaats van de cockpitramen bevinden, zijn nauwkeurige modellen van de ramen. Door de raamsponningen samen te bouwen rondom deze modellen wordt ervoor gezorgd dat de ramen uitwisselbaar zijn. Deze delen van de mal dienen dus als kaliber, zie paragraaf 10.1. Ook bij lasconstructies, vooral wanneer deze in serie worden gefabriceerd, worden vaak **lasmallen** toegepast.

10.3 De montage-afdeling

10.3.1 Structuur van het montagesysteem

De structuur van een montagesysteem hangt samen met de mate van automatisering, het productievolume en de aard van het product. De volgende structuren zijn te onderscheiden:

Montage op een enkel station,
Montage met meer stations,
- parallel
- sequentieel
  - continu
  - **synchroon intermitterend**
  - **asynchroon intermitterend.**

Montage op een enkel station

Montage op een enkel station wordt toegepast zolang de benodigde montagetijd korter is dan het gevraagde **afleveringsinterval**, de (gemiddelde) montagetijd die verloopt tussen het afleveren van twee producten.

Montage met meer stations

Bij meer complexe producten, die uit grote aantallen componenten bestaan of om andere redenen langere montagetijden eisen dan het afleveringsinterval, zijn meerdere assemblagestations nodig. De assemblage kan dan parallel of sequentieel worden uitgevoerd.

Parallel of sequentieel monteren

Door meer werkplekken naast elkaar te plaatsen, kan een groter productievolume worden verwerkt. Iedere montagemedewerker voert alle assemblagehandelingen uit.

Vaak is het niet mogelijk alle assemblagetaken op één werkplek uit te voeren, bijvoorbeeld door het grote aantal benodigde onderdelen en hulpmiddelen, waardoor deze niet meer binnen handbereik kunnen worden geplaatst. Soms moeten specifieke bewerkingen, zoals lassen of lijmen, op verschillende plaatsen worden uitgevoerd. De assemblagetaken kunnen dan worden opgesplitst en verdeeld over opeenvolgende werkplekken. De hoofdassemblages worden op productdragers tussen de werkplekken getransporteerd. Per werkplek hoeven minder handelingen verricht te worden. Bij geautomatiseerde assemblage wordt zo voorkomen dat de stations te uitgebreid en daardoor storingsgevoelig worden. Bij handmatige assemblage raken de montagemedewerkers sneller gespecialiseerd in de door hen te verrichten handelingen. Zoals verderop (paragraaf 10.3.4) zal blijken, kan dit leiden tot aanzienlijke kostenreducties. Dit is de reden dat tot dusverre de keuze vrijwel steeds valt op sequentiële montage.

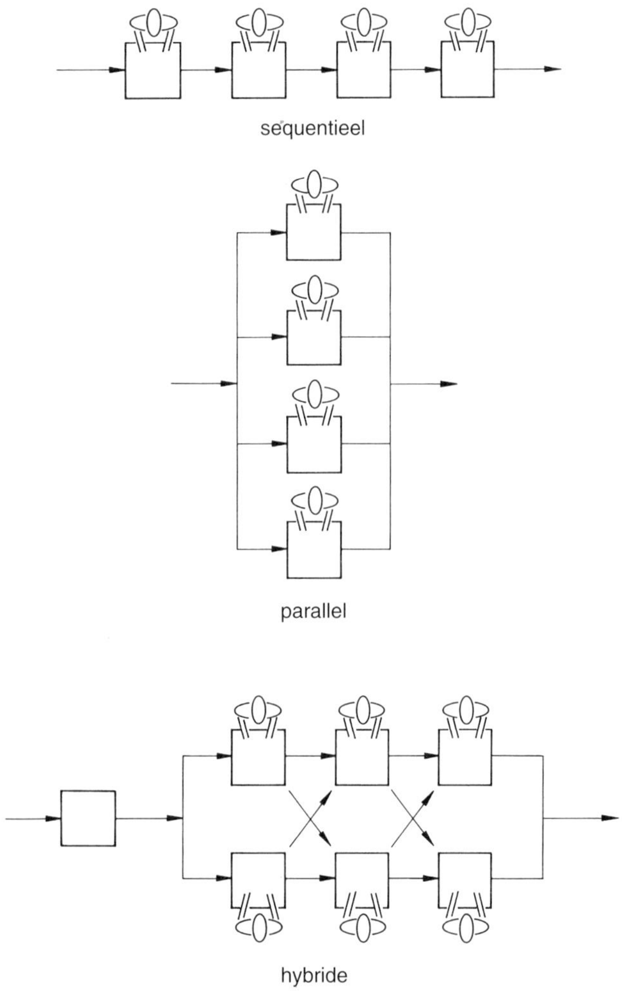

Figuur 10.6 Verschillende montageopstellingen: sequentieel, parallel en hybride

Afhankelijk van de cyclustijd kan sequentiële montage leiden tot een geestdodende, zeer beperkte taakinhoud, met als gevolg een geringe betrokkenheid met het werk, ziekteverzuim, "baaldagen" en personeelsverloop. We herinneren hier nogmaals aan Charley Chaplin's "Modern Times". Deels nog als experiment kiest men daarom tegenwoordig vaker voor parallelmontage. Een bekend voorbeeld betrof een Zweedse autofabriek, die werd opgezet met het doel de opbouw van de lege carrosserie tot een complete auto op één werkplek door één montageteam te laten uitvoeren.

Ook bestaan er combinaties van parallelle en sequentiële montage, men noemt dit hybride opstellingen. De drie varianten staan afgebeeld in figuur 10.6.

Het transport bij sequentiële montage

Er kan onderscheid worden gemaakt naar de manier waarop de productdragers worden getransporteerd tussen de werkplekken.

Continu

De productdragers bevinden zich op een transportband die ononderbroken en gelijkmatig langs de stations beweegt. Er worden bewerkingen uitgevoerd op het bewegende product. De gereedschappen en de montagemedewerkers moeten dus met het product mee bewegen en daarna snel terugkeren naar het volgende product. Continue handmatige lijnen worden wel toegepast bij de eindassemblage van auto's en andere grote producten.

Synchroon intermitterend

De productdrager staat een vaste periode stil, terwijl de assemblagehandelingen worden verricht. Na deze periode bewegen alle productdragers naar het volgende station. De tijd die benodigd is voor transport kan niet benut worden voor assemblage. Een nadeel van zowel de continue als de synchroon intermitterende methode is dat op elk station een gelijke tijd beschikbaar is om handelingen te verrichten. Het assemblagestation met de langste cyclustijd is maatgevend voor de cyclustijd van het gehele systeem. Alle andere stations werken op een lager tempo dan mogelijk. Het kan daarom gunstig zijn om het station met de langste cyclustijd dubbel uit te voeren, waardoor de gemiddelde cyclustijd van deze handeling wordt gehalveerd. Het optimaal verdelen van het te verrichten werk over een aantal werkplekken wordt **line-balancing** genoemd.

Nadeel van een synchrone lijn is het feit dat de hele lijn stopt wanneer er een storing optreedt in één van de stations. Ook wanneer elk station bijv. 98% van de tijd beschikbaar is, loopt de storingskans voor de hele lijn met het aantal stations zeer snel op. De beschikbaarheid van de lijn bedraagt dan $0{,}98^n$, waarin n het aantal stations voorstelt. Dit aantal wordt daarom begrensd tot max. 20. De beschikbaarheid van de lijn is dan slechts $0{,}98^{20} = 0{,}67$. De lijn is dus gedurende 1/3 van de bedrijfstijd gestagneerd!

Synchroon intermitterende lijnen zijn meestal sterk gemechaniseerd en weinig flexibel. Ze worden daarom toegepast voor grote series kleine producten, zoals gloeilampen, waarbij korte cyclustijden gerealiseerd kunnen worden. De haalbare capaciteit is enkele duizenden producten per uur.

Asynchroon intermitterend

Door de productdragers tussen de stations in **buffers** te plaatsen is de assemblage niet aan een vaste cyclustijd gebonden. Wel moet de gemiddelde cyclustijd van ieder station gelijk zijn. Buffers maken de lijn beter geschikt voor handmatige assemblage.

Een asynchroon intermitterende lijn is minder gevoelig voor storingen. Wanneer in een station een fout optreedt, kan de rest van de lijn nog een beperkte tijd doordraaien. De buffer voor het station met een fout loopt langzaam vol, de buffer na het station loopt leeg.

Bij asynchrone lijnen kunnen meer stations worden toegepast dan bij synchrone lijnen. De toepassing ligt voornamelijk bij langere cyclustijden; de capaciteit ligt in de orde van 100-1000 producten per uur.

10.3.2 Werkplek voor handmatig monteren

Voor het zittend handmatig monteren is het vooral van belang dat de onderdelen eenvoudig uit de aanvoerplaats te pakken zijn en dat de afstand tot de hoofdassemblage zo kort mogelijk is. De werkplekken zijn hier volledig op ingericht.

Soms worden draaibare schijven met bakken naast de werkplek gezet, zodat de montagemedewerker de benodigde bakken naar zich toe kan draaien.

In verband met een goede werkhouding moet het product zich op de juiste plaats van de mens bevinden en het moet eenvoudig afgevoerd kunnen worden. Tenslotte dienen de gereedschappen gemakkelijk bediend te kunnen worden. Soldeerpistolen en luchtgedreven schroevedraaiers hangen aan hefbomen met gewichtscompensatie of aan veren boven het werkgebied. In figuur 10.7 is een handmatige werkplek afgebeeld, die deel uitmaakt van de montagelijn van de Philips scheerapparaten.

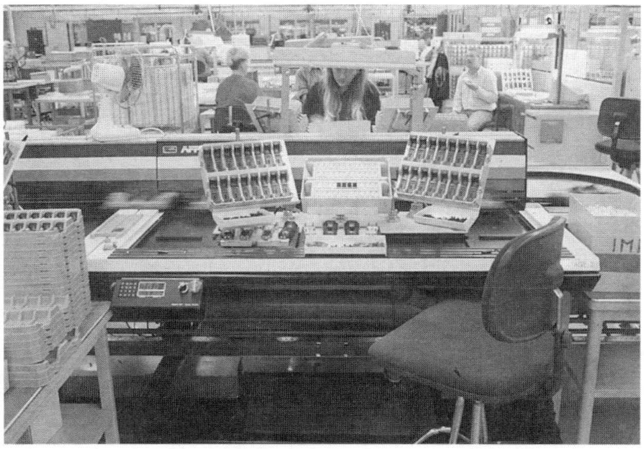

Figuur 10.7 Handmatige werkplek voor de montage van de behuizing van de Philips scheerapparaten

Ook speelt de kwaliteit van de werkomgeving een belangrijke rol. De prestaties van een montagemedewerker zijn onder andere afhankelijk van omstandigheden als verlichting, luchtvochtigheid, temperatuur en het geluidsniveau. Dit noemt men het **fysisch arbeidsklimaat**. Er wordt veel onderzoek verricht naar de hierboven omschreven werkomstandigheden. Dit soort onderzoek maakt deel uit van de **ergonomie**, de tak van wetenschap die de interactie tussen de mens, zijn gereedschap en de werkomgeving bestudeert.

Verder werken mensen beter wanneer zij tussen collega's zitten dan wanneer zij afgezonderd zijn van de rest. Bovendien kunnen problemen ten aanzien van kwaliteit en productiviteit vaak worden opgelost in onderling overleg tussen collega's. Men spreekt dan van het **sociaal arbeidsklimaat**.

Veel aspecten betreffende de arbeidsomstandigheden zijn tegenwoordig onderworpen aan wettelijke regels.

10.3.3 Flexibel geautomatiseerd assemblagestation

De term "flexibel" is hier misleidend. In vergelijking met een geautomatiseerd station is de mens veel flexibeler. Om het voordeel van automatisering ook voor kleinere series producten rendabel te maken moet de machine echter een minimale omstelflexibiliteit bezitten.

Een flexibel assemblagestation is opgebouwd uit een industriële robot, effectoren en periferie. De periferie wordt meestal door de robotbesturing aangestuurd.

Enige aspecten van het flexibel aanvoeren en hanteren van onderdelen kwamen in het voorgaande reeds ter sprake. Een flexibel assemblagestation moet geschikt zijn om kleine series varianten binnen een productfamilie te kunnen assembleren. De nadruk ligt op het snel kunnen omstellen naar een bestaande variant in de familie. De **omsteltijd** dient in dezelfde orde van grootte als de cyclustijd te liggen. Het toevoegen van een nieuwe variant aan de familie moet mogelijk zijn zonder veranderingen aan de configuratie van het station.

Een dergelijk flexibel station is alleen toe te passen als de producten speciaal ontworpen worden voor assemblage met het aanwezige systeem. Dit is bijvoorbeeld in hoge mate gerealiseerd bij het plaatsen van onderdelen op printplaten, volgens de "surface mount technology". De elektrische componenten zijn zodanig ontworpen dat zij eenvoudig op de printplaat kunnen worden gepositioneerd, en vervolgens, op een volgend station, gesoldeerd.

Figuur 10.8 geeft een hybride opstelling van 2 flexibele assemblagestations, 1 handmatig station en een laad/los station. De pallets kunnen worden gebufferd en in willekeurige volgorde langs de stations worden getransporteerd. Op de pallets bevinden zich zowel de te monteren onderdelen als de productdragers.

Figuur 10.8 Flexibel assemblagesysteem voor de montage van klokken (CIM Centrum Delft)

10.3.4. Inrichting van sequentiële montagesystemen

Sequentiële montagesystemen kunnen op verschillende manieren worden ingericht:

Lijn

De stations zijn in een rechte of U-vormige lijn geplaatst. De productdragers moeten leeg weer naar het begin van de lijn worden getransporteerd. Doordat de stations achter elkaar liggen is er genoeg ruimte voor apparatuur en personeel. De werkstukken kunnen variëren van klein tot groot. Het ruimtebeslag is, vooral voor de rechte lijn, ongunstig. Er kunnen terugvoerlijnen worden ingebouwd om foute producten opnieuw te behandelen.

Carrousel

Bij een **carrousel** grenst het laatste station aan het eerste, zodat de werkstukdragers direct weer gebruikt kunnen worden.

Indexeertafel

De **indexeertafel** wordt veelvuldig toegepast in synchroon intermitterende assemblagesystemen. De productdragers bevinden zich op een stapsgewijs draaiende tafel. De stations zijn opgesteld rondom de tafel, zie figuur 10.9. Door de afmetingen van de schijf is slechts een beperkt aantal stations mogelijk, maximaal ca. 12. Het ruimtebeslag is echter gunstig. Onderhoud is vaak moeilijk omdat de stations moeilijk toegankelijk zijn voor reparatie. De typische productiecapaciteit ligt rond 1 product per seconde.

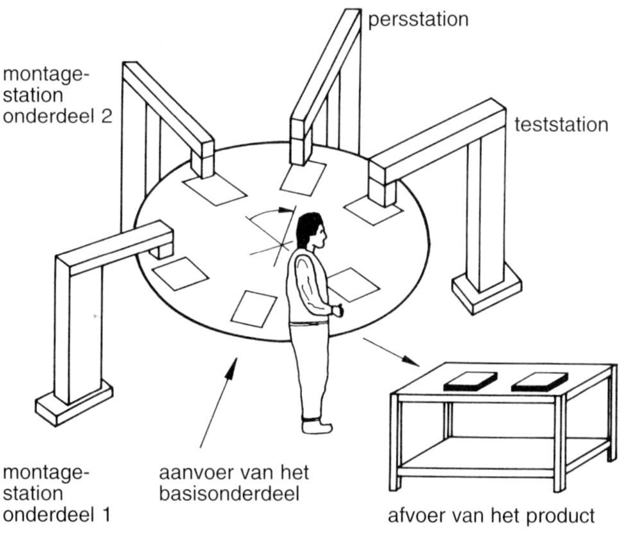

Figuur 10.9 Een indexeertafel voor 2 assemblagehandelingen, één pershandeling en het testen van het product

10.3.5 Modulaire opbouw van assemblagelijnen

Onder **modulaire** opbouw verstaan we het opbouwen van een samengesteld systeem (hier dus een montagelijn) met behulp van standaard-elementen. Deze elementen functioneren zoveel mogelijk zelfstandig, doordat ze voorzien zijn van bijvoorbeeld eigen aandrijvingen, besturingen, en energievoorziening. Door deze hoge ombouwflexibiliteit kunnen de ontwerp- en fabricagekosten voor nieuwe lijnen worden gereduceerd en kan de ontwikkeltijd worden verkort. Verder is de betrouwbaarheid groter en het onderhoud eenvoudiger. Bij aanpassingen kunnen modules gemakkelijk worden toegevoegd of uitgewisseld. Bij het invoeren van nieuwe producten kunnen bestaande modules opnieuw worden gebruikt.

10.3.6 Procesanalyse

Bij de analyse van montageprocessen worden de taken per station in elementaire handelingen opgesplitst. Voor deze handelingen zijn standaard tijden, **normtijden**, bekend. Zie hiervoor ook paragraaf 15.2.2. Sommering van al deze tijden levert de totale berekende assemblagetijd, de **taaktijd**. Deze analyse brengt een aantal belangrijke zaken aan het licht:

- Tijdschattingen.
  De schatting van assemblagetijden kan gebruikt worden als middel om bij benadering de capaciteit van de assemblageafdeling te berekenen, zodat deze beter kan worden bestuurd. Verder kan vooraf berekend worden hoeveel tijd er benodigd is voor de assemblage van een geheel product, zodat leveringstermijnen beter kunnen worden nagekomen.

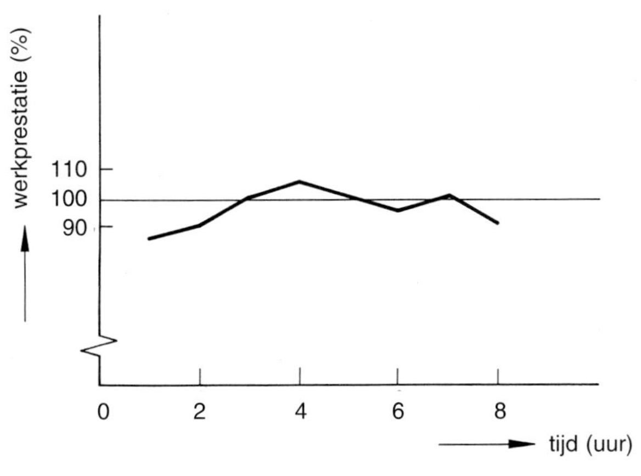

Figuur 10.10 Werkprestatie van een assemblagemedewerker, gemeten over de loop van een werkdag [10.1]

Een belangrijk aspect is dat een montagemedewerker geen constante prestatie levert. Er moet bijvoorbeeld rekening worden gehouden met het feit dat het prestatieniveau varieert over de werkdag, zie figuur 10.10. Er moet regelmatig gecontroleerd worden of de normtijden nog overeenstemmen met de werkelijkheid. In sommige bedrijven worden de normtijden gebruikt om hogere productiviteit extra te kunnen belonen.

- Overbodige handelingen.
  Door de opeenvolging van handelingen nauwkeurig te analyseren, kunnen overbodige handelingen worden geïdentificeerd. Zo kan het voorkomen dat op de ene werkplek een deksel wordt gemonteerd, terwijl deze op een andere werkplek weer moet worden gedemonteerd om een ander onderdeel te kunnen monteren, of een afstelling uit te voeren.

- Inspectiehandelingen.
  Veel inspectiehandelingen zijn erop gericht om zekerheid te krijgen over de juistheid van de uitvoering van eerder verrichte handelingen, of om te verifiëren of de aangeleverde onderdelen foutloos zijn. Door ieder verantwoordelijk te stellen voor de kwaliteit van zijn eigen werk kan tegen lagere kosten een hogere kwaliteit worden bereikt.

- Kwaliteit van de uitvoering.
  De nadruk moet liggen op de kwaliteit van de uitvoering, waardoor de kans op uitval sterk wordt gereduceerd en inspectie achteraf niet meer nodig is.

10.3.7 Inleereffect

Bij seriefabricage treedt het **inleereffect** op. Hieronder verstaat men het volgende verschijnsel: "Bij een toenemend aantal producten blijkt de tijdsbesteding per product volgens een bepaalde wetmatigheid te verminderen."

Deze wetmatigheid is tijdens de tweede wereldoorlog bij de vliegtuigfabricage vastgelegd en blijkt ook nu nog zijn waarde te hebben. De ervaring was dat voor het tiende vliegtuig 80% van de manuren nodig was in vergelijking met het vijfde toestel. Dezelfde trend trad op bij het tweehonderdste toestel in vergelijking met het honderdste. In de vliegtuigbouw wordt bij de planning gebruik gemaakt van dit verschijnsel. Het kan worden beschreven met de volgende formule:

$$t_i = t_1 \times i^n$$

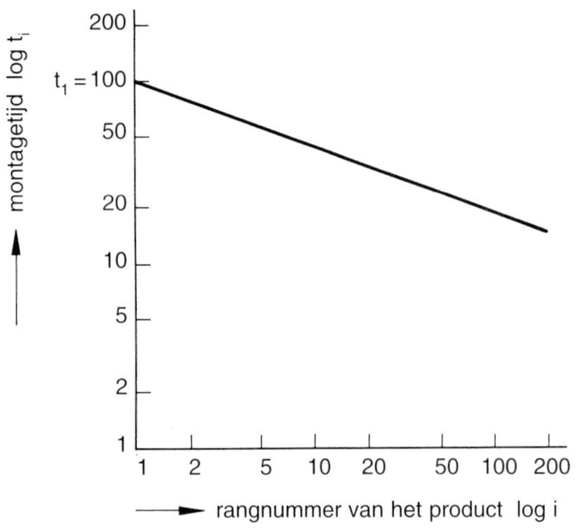

Figuur 10.11 Inleercurve bij handmatige montage

t_1 = tijdsbesteding voor het eerste product,
i = rangnummer van het product,
t_i = tijdsbesteding voor product i,
n = exponent ($-1<n<0$).

De inleercurve wordt op dubbel-logaritmische schaal een rechte lijn, zie figuur 10.11.

De hierboven genoemde 80% komt overeen met een waarde voor n van -0,33. De waarde van de exponent hangt samen met de samengesteldheid en de moeilijkheidsgraad van de taak. Het effect is sterker naarmate het assemblageproces meer samengesteld en minder machine-gebonden is.

Bij het bepalen van de kosten van een product moet rekening worden gehouden met het inleereffect; voor de proefserie en de eerste serie wordt dan ook een toeslag gegeven op de taaktijden.

10.4 Montagegericht ontwerpen

Zoals meermalen in dit hoofdstuk werd aangegeven, heeft het productontwerp grote invloed op de assemblage. De vorm van onderdelen heeft invloed op de hanteerbaarheid. Vooral wanneer gekozen wordt voor geautomatiseerde assemblage is een assemblagegericht productontwerp een eerste vereiste. De twee grondregels voor assemblagegericht ontwerpen worden hier alvast genoemd.

Reduceer het aantal onderdelen.
Het reduceren van het aantal onderdelen heeft tot gevolg dat er minder gemonteerd hoeft te worden.

Vereenvoudig de assemblagehandelingen.
Men dient ervoor te zorgen dat het product zo eenvoudig mogelijk te assembleren is. Zo heeft het de voorkeur om alle inzetbewegingen in een rechte lijn van boven naar beneden uit te voeren. Door het aanbrengen van afschuiningen wordt het positioneren van de onderdelen gemakkelijker. Bij monteren met behulp van manipulatoren is dit onmisbaar.

Deze twee basisregels zijn terug te vinden in het vernieuwde ontwerp van een pompblok in figuur 10.12.

Ook de productstructuur heeft grote invloed op de montagevriendelijkheid van een product. In de bespreking van de verschillende typen assemblagesystemen is de assemblagevolgorde nog niet ter sprake gekomen. De mogelijkheden tot het bereiken van gelijke cyclustijden per station, het line-balancing probleem, hangt sterk af van de keuze van de assemblagevolgorde. Zorg dat per station een zodanig aantal onderdelen gemonteerd wordt, dat de taaktijd per station zoveel mogelijk gelijk is. De cyclustijd wordt uiteindelijk bepaald door de langste taaktijd in de lijn.
Wanneer een product uit verschillende deelassemblages bestaat, die los van elkaar gemonteerd kunnen worden alvorens ze in de hoofdassemblage geplaatst worden, kunnen deze in zijtakken van de lijn worden geassembleerd.

Hoofdstuk 15 gaat uitvoerig in op het productiegericht ontwerpen.

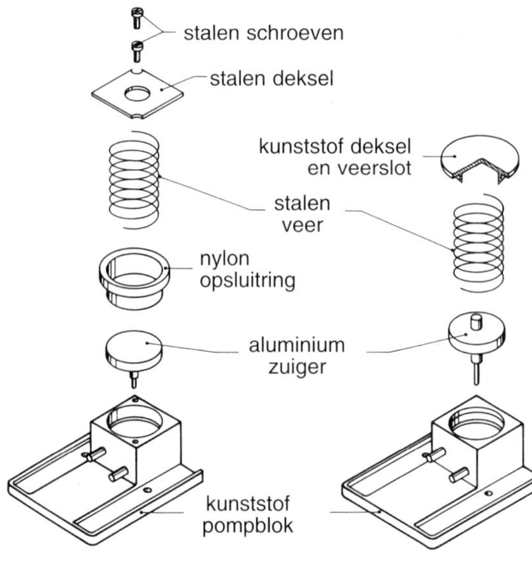

Figuur 10.12 Herontwerp van een pompblok. Het aantal onderdelen is gereduceerd, terwijl de assemblagehandelingen voor de overgebleven onderdelen zijn vereenvoudigd [10.2]

SAMENVATTING

Montage, of assemblage, is het samenbrengen van onderdelen zodat een samengesteld product ontstaat. De primaire montagehandelingen zijn het hanteren, verbinden, inspecteren, afstellen en testen van onderdelen. Het transporteren van onderdelen binnen en buiten het montagesysteem, het opslaan, reinigen en verpakken worden tot de secundaire handelingen gerekend.

De montage wordt momenteel nog voornamelijk handmatig uitgevoerd. De mens is zeer flexibel in het hanteren van onderdelen. Flexibel geautomatiseerde assemblage bestemd voor het afwisselend monteren in kleine series of slechts enkele stuks van verschillende leden van een productfamilie, komt slechts langzaam op gang, mede doordat productontwerpen niet goed zijn afgestemd op de mogelijkheden van de assemblagemethoden.

Assemblagesystemen bestaan uit diverse assemblagestations waarlangs de producten op productdragers worden vervoerd. Het transport kan gelijkmatig, of intermitterend zijn. Een intermitterende beweging kan synchroon worden uitgevoerd, waarbij alle productdragers tegelijk naar het volgende station bewegen, of asynchroon, waarbij ieder station zelf bepaalt wanneer de volgende productdrager wordt verwerkt.

Door de assemblagehandelingen te analyseren is het mogelijk knelpunten vast te stellen, verbeteringen aan te brengen en nauwkeurige schattingen te maken van de assemblagetijden. Daarmee is het mogelijk de assemblagetijden in een lijn op elkaar af te stemmen en de totale tijd te verkorten.

Het productontwerp beïnvloedt in hoge mate de doelmatigheid van het assembleren.

LITERATUUR

[10.1] Lotter, B.; "Arbeitsbuch der MontageTechnik", 1982, Vereinte Fachverlage, ISBN 3-7830-0185-4

[10.2] Reijers, L.N., de Haas H.J.L.M.; Flexibele Productie Automatisering, deel 2 - Productiesystemen; 1990, De Vey Mestdagh BV, ISBN 90-6376-0329

[10.3] Spur, G., Stöferle, Th.; Handbuch der Fertigungstechnik, Band 5, "Fuegen, Handhaben, Montieren"; 1986, Carl Hanser Verlag, ISBN 3-446-12536-1

De "vormmogelijkheden" van deze universele gereedschapwerktuigen worden gerealiseerd door middel van langsbewegingen van sleden over rechtgeleidingen, al of niet in combinatie met roterende bewegingen. De bewerking wordt in de regel uitgevoerd met standaardgereedschappen. In de massafabricage wordt de vormmogelijkheid gerealiseerd door, vaak complexe, productgebonden gereedschappen. Deze gereedschappen bevatten de vorminformatie van het product en zijn aanmerkelijk duurder dan de bij de universele gereedschapwerktuigen in gebruik zijnde standaardgereedschappen. Flexibiliteit wordt bereikt door het op een doelmatige wijze verwisselen en instellen van deze gereedschappen.

Kenmerken → / Bewerkingsproces ↓	Specifieke arbeid	Gelijktijdig bewerkt volume	Benodigd vermogen	Grootte bewerkingskracht
Vonkerosie	xxxx	x	x	-
Slijpen	xxx	xx	xx	x
Frezen, draaien	xx	xxx	xxx	xx
Omvormen (warm)	x	xxxx	x/xxx	xxx

- = geen, x = gering, xx = matig, xxx = hoog, xxxx = zeer hoog

Figuur 11.1 *Overzicht van een aantal karakteristieke proceskenmerken voor omvormen, verspanen en vonkerosie*

Eisen → / Bewerkingsproces ↓	Stijfheid	Sterkte	Nauwkeurigheid	Toegankelijkheid	Cyclustijd	Bewegingssnelheid
Vonkerosie	x	-	xx/xxx	xx	x	x
Slijpen	xxx	x	xxx	xx	xx	xxx
Frezen, draaien	xxx	x	xx/xxx	xx	xx	xxx
Omvormen (warm)	xxx	xxx	x/xx	x	xxx	xx

- = geen, x = gering, xx = matig, xxx = hoog, xxxx = zeer hoog

Figuur 11.2 *Relatief belang van de eisen te stellen aan verschillende soorten productiemachines*

Figuur 11.3 geeft de gereedschapbewegingen aan behorende bij de belangrijkste niet verspanende processen, figuur 11.4 die van verspanende bewerkingen.

Figuur 11.5 toont de kinematische structuren van de machines voor verspanende bewerkingen. De schuin

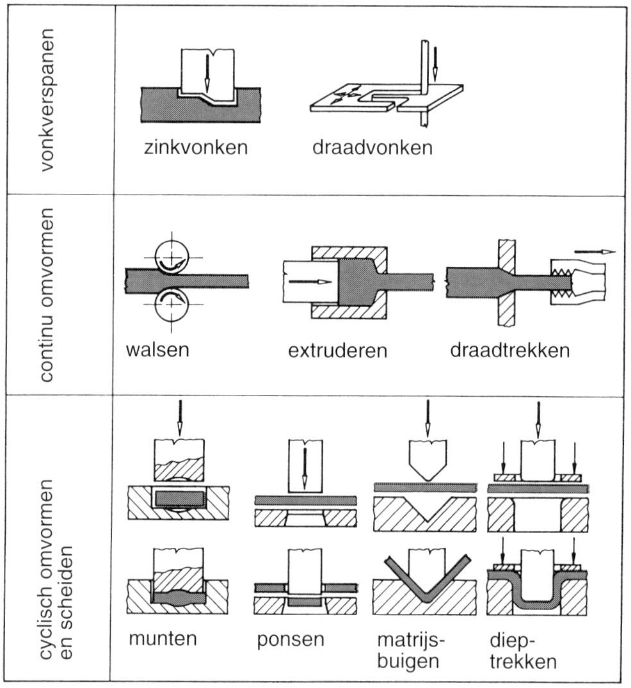

Figuur 11.3 *Overzicht van de bewegingspatronen behorende bij niet verspanende processen*

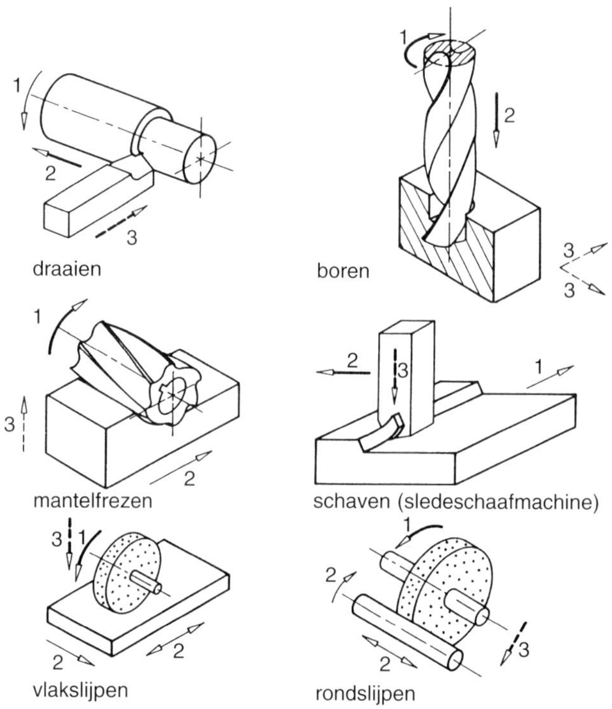

1 hoofdbeweging
2 voedingsbeweging
3 instelbeweging

Figuur 11.4 *Overzicht van de bewegingspatronen behorende bij de meest voorkomende verspanende bewerkingen*

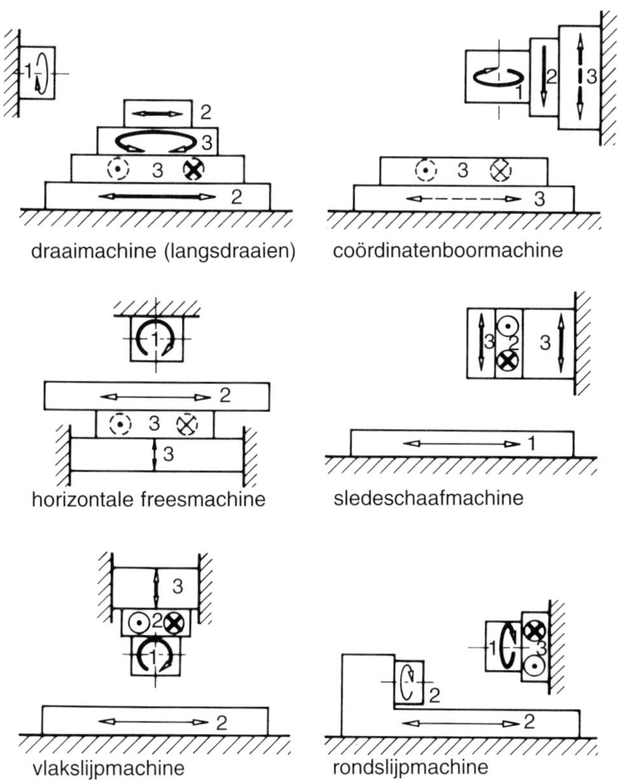

Figuur 11.5 Kinematische structuur van machines voor verspanende bewerkingen

gearceerde vlakken in deze figuur geven aan waar de betreffende elementen van de machine "aan de wereld" vastzitten. De elementen kunnen niet loodrecht op zo'n vlak bewegen, maar vaak wel in het vlak.

Meer "op elkaar gestapelde" bewegende elementen leiden tot een geringere nauwkeurigheid, mede door de verminderde stijfheid van de gehele constructie. Door een gunstige constructieve uitvoering kan, met behoud van de benodigde vrijheidsgraden, de stijfheid aanzienlijk worden verhoogd. Dit leidt in de regel tot duurdere ontwerpen, zwaardere machines en/of een groter benodigd vloeroppervlak. Het kan ook leiden tot een beperking van de gebruiksmogelijkheden.

11.2 Starre automatisering

11.2.1 Waarom automatiseren?

In hoofdstuk 5, waarin de verspanende bewerkingen zijn behandeld, is duidelijk geworden dat door verschillende oorzaken, maar vooral door de ontwikkeling van de moderne snijmaterialen, de tijd nodig voor het verwijderen van een gegeven hoeveelheid materiaal zeer sterk is afgenomen. Dit betekent echter niet dat de totale tijd nodig voor de bewerking van een onderdeel in dezelfde verhouding is afgenomen. Immers, behalve de tijd dat het snijgereedschap werkelijk snijdt, de **hoofdtijd**, is er tijd nodig voor een groot aantal ondersteunende handelingen, de **neventijden**. Voorbeelden hiervan zijn:

- Het bestuderen van tekeningen en werkinstructies,
- Het verzamelen van de benodigde hulpmiddelen,
- Het instellen van de machine voor het maken van een bepaald product,
- Het op- en afspannen van de werkstukken,
- Het wisselen van gereedschappen,
- Het tussentijds meten van het werkstuk,
- Het bijstellen van het snijgereedschap.

Het merendeel van deze handelingen betreft het invoeren van de informatie over het product en het productieproces in de machine.
Hierbij moet onderscheid worden gemaakt tussen de éénmalige activiteiten aan het begin van het fabricageproces, de **inrichttijd**, en de bij elk werkstuk van een serie terugkerende handelingen, de **cyclische neventijd**.

Bij kleinseriefabricage met handbediende gereedschapwerktuigen blijken de neventijden vaak 75-85% van de totale bewerkingstijd in beslag te nemen. Het zal duidelijk zijn dat het weinig zin heeft in deze situatie de snijtijden met veel inspanning nog verder te verlagen. Er valt veel meer te verdienen met het beperken van de neventijden.

Automatisering richt zich daarom in de eerste plaats op de bijkomende handelingen en dan vooral op die welke voor ieder werkstuk terugkomen. Wanneer dit geheel of grotendeels gerealiseerd is kan men er vervolgens ook nog naar streven om meerdere bewerkingen gelijktijdig te laten plaatsvinden.

Iets dergelijks geldt in principe ook voor de niet-verspanende bewerkingen, zij het in aanzienlijk mindere mate, omdat in dit geval de informatie over product en proces veel meer in het gereedschap en de éénmalige instelling van het gereedschapwerktuig is vastgelegd. Zie ook paragraaf 1.4.2.

Automatisering is in alle gevallen feitelijk gericht op een efficiënt hergebruik van informatie. Hiervoor komen de cyclisch verlopende processen het eerst in

	Uurtarief	Éénmalige kosten	Inrichtkosten	Cyclische kosten
Centerdraaimachine Revolverdraaimachine Draai-automaat Meerspilautomaat	stijgt ↓	stijgen ↓	stijgen ↓	dalen ↓

Figuur 11.11 Kostenverloop bij de toepassing van sterker geautomatiseerde draaimachines

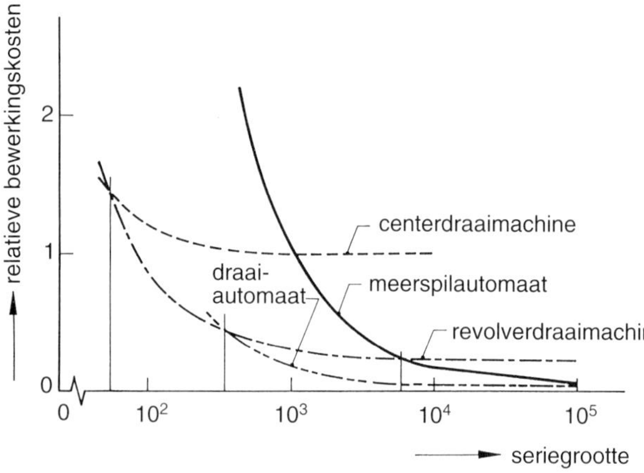

Figuur 11.12 Kostprijs als functie van seriegrootte voor verschillende draaimachines

Figuur 11.11 geeft een vergelijking van de kostencomponenten van de vier genoemde machinetypen. Het verloop van de kostprijs per product is weergegeven in figuur 11.12. Uit de grafiek valt af te lezen bij welke seriegrootte welk type machine moet worden gekozen.

Al deze vormen van automatisering houden in dat de productinformatie met mechanische hulpmiddelen (instelbare gereedschappen en aanslagen, curven- en nokschijven, kopiëermallen) aan de machine wordt toegevoerd. Deze informatie betreft zowel de afmetingen van het product, als de instelwaarden die de verspaningscondities bepalen, zoals snijsnelheid, snedediepte en voeding.
Het invoeren van informatie met mechanische middelen staat bekend als **starre** of **harde automatisering**.

Het éénmalig ontwerpen en vervaardigen van deze, voor één bepaald product bestemde, hulpmiddelen brengt aanzienlijke kosten met zich mee. Ook het voor elke fabricageserie inrichten van de machine kost veel tijd en dus geld. Deze vorm van automatiseren leent zich dus vooral voor betrekkelijk grote en soms zeer grote aantallen producten. Figuur 11.13 toont een

Figuur 11.13 Buigautomaat voor massa-fabricage

buigautomaat voor massa-fabricage. Bij de revolverdraaimachine, nog het meest geschikt voor kleine aantallen, is er eigenlijk geen sprake van echte automatisering!

Nogmaals wordt er op gewezen dat de automatisering van het draaien slechts als voorbeeld dient. Dezelfde principes gelden voor vele andere bewerkingen, zowel verspanende als spaanloze. Ook is het mogelijk zelf machines voor specifieke producten op te bouwen uit standaardcomponenten. Men spreekt dan van **low-cost automation**.

Met behulp van starre automatisering zijn hele industrietakken opgebouwd. Het ging en gaat, hierbij steeds om massaproductie, waarvan de auto-industrie het meest aansprekende voorbeeld is. Door deze vorm van automatisering was het mogelijk industriële producten te leveren voor een prijs, die voor een toenemend aantal mensen betaalbaar was. De klant moest dan wel genoegen nemen met het standaard-product zoals dat werd aangeboden. Befaamd is de uitspraak van Henry Ford, die bereid was zijn T-Ford "in iedere kleur te leveren zolang het maar zwart is".

Opmerking: De hier beschreven automatisering beperkt zich grotendeels tot de fabricage van onderdelen en betrekkelijk eenvoudige vormen van montage, zoals de fabricage van gloeilampen. Zelfs met de moderne hulpmiddelen, die hierna aan de orde komen, is het automatisch monteren nog een moeilijk vakgebied, dat zich maar langzaam ontwikkelt. Zie hoofdstuk 10.

Producten die in kleinere aantallen gemaakt worden lenen zich minder goed of helemaal niet voor starre automatisering. Dit betekent dat de kostprijs bij dergelijke producten onevenredig veel hoger is dan bij massaproducten. De fabricage van kleine en middelgrote series vraagt dus om een andere oplossing: **flexibele automatisering**.

11.3 Flexibele automatisering

Starre automatisering hebben we in de voorafgaande paragraaf gedefinieerd als het aan de machine toevoeren van de product-informatie (geometrie en technologie) met mechanische hulpmiddelen. Kenmerkend daarbij zijn de hoge éénmalige en per serie terugkerende kosten.
Bij flexibele automatisering gaat het erom de informatie met behulp van een *gemakkelijk verwisselbare* informatiedrager aan de machine toe te voeren. Hoewel dit in principe niet nodig is, vindt de verwerking van de informatie vrijwel steeds plaats met behulp van elektronica. Het invoeren van de informatie gebeurt door de gegevens over het product te coderen in *getalvorm*. Dit heeft geleid tot de term **numerieke besturing**, meestal aangeduid met de Engelse afkorting **NC (Numerical Control)**.

De winst van numerieke besturing is in de eerste plaats gelegen in het sterk verlagen van de per serie terugkerende kosten, de **inrichtkosten**. De eerste stap in het proces is het omzetten van de informatie van de product-tekening in een voor de besturing van de machine leesbare code, het **programmeren**. Dit was in de periode, dat numerieke besturing werd geïntroduceerd, een langdurig en kostbaar proces. Door verschillende, later te behandelen, ontwikkelingen zijn de kosten hiervan inmiddels aanzienlijk gedaald. Dit betekent dat deze techniek geleidelijk voor steeds kleinere productaantallen een economisch verantwoorde oplossing biedt.

Figuur 11.14 Pijpplaat van een warmtewisselaar

Behalve het productaantal is er nog een tweede parameter die bepalend is voor de toepassing van flexibele automatisering. Dit betreft de **moeilijkheidsgraad** of het **afbreukrisico** van een product of van een proces. De moeilijkheidsgraad kan hoog zijn doordat:

- Veel vorminformatie moet worden verwerkt. De vormen kunnen hierbij op zichzelf eenvoudig zijn, bijvoorbeeld bij een plaat met een groot aantal gaten (figuur 11.14).
- De vormen van het product een ingewikkelde sturing van het gereedschap nodig maken. Zie bijvoorbeeld figuur 11.15.
- Een zeer grote nauwkeurigheid wordt gevraagd. Het is een wijd verbreid misverstand te denken dat automatisch werkende machines in principe nauwkeuriger zijn dan handbediende. De winst wordt verkregen door het uitschakelen van spreiding veroorzaakt door menselijke invloeden en van vergissingen.

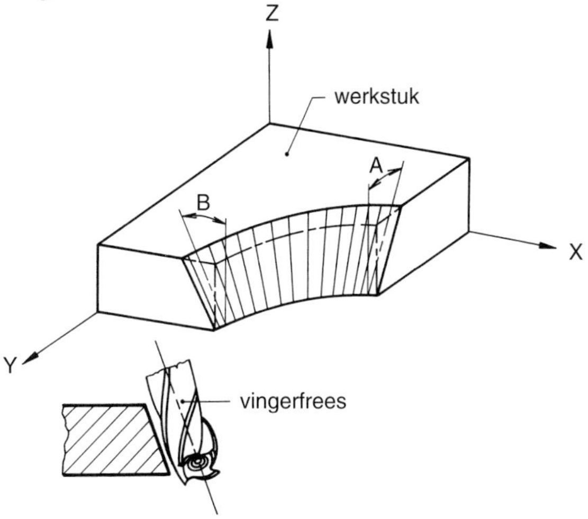

Figuur 11.15 Complexe geometrie vereist 5 bestuurde assen

Bij een eenvoudig product is het afbreukrisico hoog wanneer het product zeer grote afmetingen heeft of het uitgangsmateriaal zeer kostbaar is. Ook hier zit het voordeel in het elimineren van de kans op menselijke fouten. Eén moment van verlies van concentratie van de bedieningsman kan een product onherstelbaar beschadigen.

Het bovenstaande is samengevat in figuur 11.16, waarin de seriegrootte verticaal en de moeilijkheids-

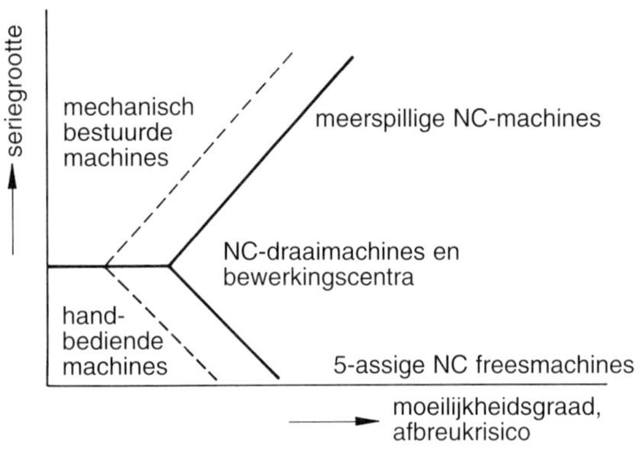

Figuur 11.16 De K-grafiek

graad horizontaal is uitgezet. De schuine lijnen geven de begrenzing van het toepassingsgebied van flexibele automatisering aan. Naar de vorm van de begrenzingslijnen staat deze figuur bekend als de **K-grafiek**.

Door de voortschrijdende ontwikkeling van de machinebesturingen en de techniek van het programmeren verplaatsen de lijnen zich in de loop van de tijd naar links, zoals in figuur 11.16 met stippellijnen is aangegegeven. Dit betekent dat de betekenis van flexibele automatisering geleidelijk toeneemt. Bij de draaimachines is de revolverdraaimachine nagenoeg van het toneel verdwenen, zeker waar het de verkoop van nieuwe machines betreft.
Tegelijkertijd moet worden opgemerkt dat, zowel voor de handbediende machines als voor de star geautomatiseerde machines, altijd een belangrijk toepassingsgebied zal overblijven. Deze gebieden vinden we resp. links onder en links boven in de K-grafiek.

11.4 Historische ontwikkeling van NC-machines

In de vorige paragraaf is de nadruk gelegd op de economische redenen voor het ontwikkelen van numerieke besturing. In eerste instantie is deze techniek echter ontwikkeld voor de fabricage van producten, die niet of nauwelijks op een andere manier konden worden gemaakt. De behoefte hieraan ontstond in de vliegtuigindustrie bij de opkomst van het straalvliegtuig.

Moeilijk te definiëren vormen en steeds hogere nauwkeurigheids-eisen waren met de toen bestaande technieken, vooral het kopieerfrezen, waarbij de vorm werd verkregen door het aftasten van een model van het product, zeer moeilijk te bereiken.
In 1952 werd bij het Massachusetts Institute of Technology (MIT) de eerste NC-freesmachine gebouwd. Hiermee werd meteen het moeilijkste probleem aangepakt, het frezen van 3-dimensionale contouren.

De eerste voor productie bestemde machines werden geïnstalleerd in 1957. Deze werden door de luchtmacht van de Verenigde Staten aangeschaft en ter beschikking gesteld van de vliegtuigindustrie, een duidelijke aanwijzing dat het kostenaspect voorlopig beter maar buiten beschouwing kon blijven.

In een vroeg stadium van de ontwikkeling bleek dat het maken van de werkstuk-programma's een ernstige belemmering vormde. Daarom is al vroeg gestart met de ontwikkeling van een speciale programmeertaal, bestemd voor het maken van werkstukprogramma's, met de naam APT. Natuurlijk moest men ook hier meteen het bewerken van 3-dimensionale oppervlakken aanpakken. De eerste versie van deze taal kwam in 1961 ter beschikking. Verbeterde versies van deze taal worden nog steeds gebruikt. Het programmeren wordt behandeld in paragraaf 11.7.

De jaren zestig kenmerkten zich door een sprongsgewijze toename van de (materiële) welvaart en van de loonkosten. Er traden ernstige tekorten aan vaklieden op. Dit betekende dat de behoefte aan automatisering, ook bij de productie in kleinere aantallen, sterk toenam.
Meer recent, in de jaren 1970-1980, deed zich een sterke stijging van de rentepercentages voor. Bovendien veranderde de markt voor consumentenproducten, vooral onder invloed van de opkomende industrie in Japan. Producten werden aangeboden in een steeds grotere verscheidenheid, en steeds sneller vernieuwd. Beide factoren leidden ertoe dat voorraden werden verminderd, producten in steeds kleinere aantallen moesten worden gemaakt en productiegereedschappen steeds sneller moesten worden geleverd. De behoefte aan flexibele automatisering op zuiver economische gronden werd dus nog eens extra vergroot!

De eerste besturingen waren uitgevoerd met vaste bedradingen ("hard wired"). Hierin waren alle functies onveranderlijk vastgelegd in de elektronische cirquits. Hierdoor waren ze alleen in staat de machine te sturen volgens een op ponsband vastgelegd programma. Deze ponsband moest voor elk werkstuk opnieuw worden "afgespeeld". Door de opkomst van de micro-elektronica in dezelfde periode namen de de mogelijkheden en de betrouwbaarheid van de besturingen zeer sterk toe door het ontwerp ervan te baseren op een microcomputer. Hierdoor ontstonden mogelijkheden om programma's op verschillende manieren in te voeren, te wijzigen en op te slaan. Door gebruik te maken van de rekencapaciteit van de computer werd het mogelijk het programmeren sterk te vereenvoudigen.

Men spreekt hierbij van **CNC (Computer Numerical Control)**.

Vanaf ca. 1980 geldt de numeriek bestuurde fabricage als een gangbaar productieproces. De tegenstelling "conventioneel" of "NC" is uit de tijd.

11.5 Principe van NC-machines

De gegevens over het werkstuk, de geometrie en de technologie worden verwerkt in het **programma**. Dit bestaat uit een alfa-numerieke tekst die wordt vastgelegd op een **informatiedrager**. De besturing van de machine splitst de informatie in **bewegingsinformatie**, die de verplaatsingen van de machine stuurt, en **schakelinformatie** waarmee onder meer toerentallen worden geschakeld, gereedschappen verwisseld, en de koeling wordt aan- en uitgezet.

We illustreren dit aan de hand van een voorbeeld. In figuur 11.17 is te zien dat bij een freesbewerking de relatieve beweging tussen gereedschap en product is samengesteld uit twee orthogonale sledebewegingen

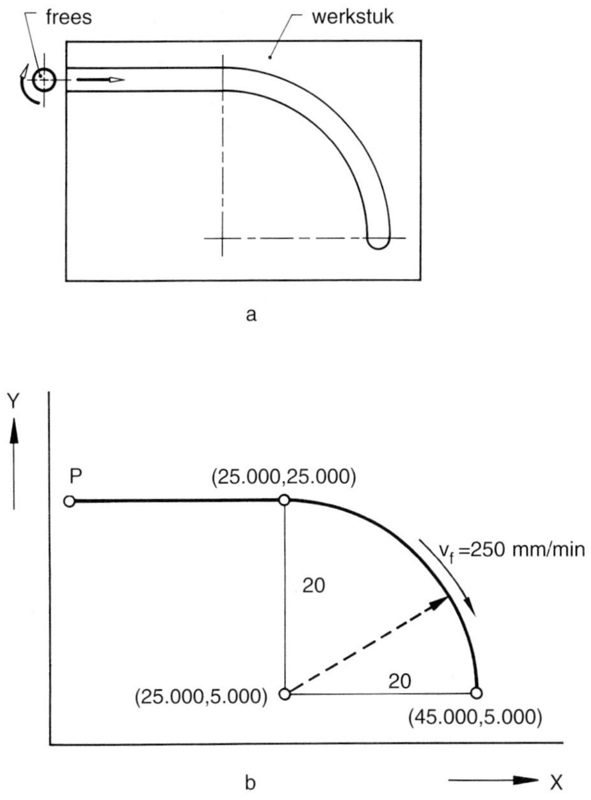

N09	G01	X25.000	Y25.000	F250.0	
N10	G02	X45.000	Y5.000	I25.000	J5.000

Figuur 11.17 Het frezen van een contour: werkstuk (a) en gereedschapbaan (b)

X en Y. (Zie voor de aanduiding van de bewegingsassen van productiemachines ISO 841.) Het zijn deze sledeverplaatsingen die vanuit de besturing tegelijkertijd en gecoördineerd moeten worden gestuurd. Op deze manier kan elke willekeurige contour in het X-Y vlak worden beschreven. Het bewegingsverloop van figuur 11.17 kan als volgt worden omschreven:
Ga vanuit beginpunt P langs een rechte lijn (commando "G01") naar het punt met de coördinaten X=25.000 en Y=25.000 en vervolgens met de klok mee langs een cirkelboog (commando "G02") met middelpunt I=25.000, J=5.000 tot aan het punt X=45.000, Y=5.000. (Maten in mm, kleinste programmeerbare stap 0,001 mm.) Deze beweging moet worden uitgevoerd met een snelheid van 250 mm/minuut (F=250.0).

De vereiste nauwkeurigheid maakt het nodig de gevraagde en de werkelijke positie met elkaar te vergelijken met behulp van een **positie-meetsysteem**. Het verschilsignaal wordt omgezet in elektrische pulsen die de servomotoren aansturen. Deze bewegen de sleden van de machine tot de fout is weggeregeld. Iedere puls vertegenwoordigt een verplaatsing van (in dit geval) 1 μm. Deze besturing staat bekend als een regelsysteem met **terugkoppeling**, zie figuur 11.18. Daarnaast moet de besturing ervoor zorgen dat de snelheden in X- en Y-richting steeds resulteren in de geprogrammeerde baansnelheid van 250 mm/min. Behalve een positie-regelkring is er dus ook een snelheidsregelkring aanwezig. (Niet afgebeeld in figuur 11.18.)

In de onderstaande paragrafen worden de belangrijkste elementen uit deze figuur nader besproken.

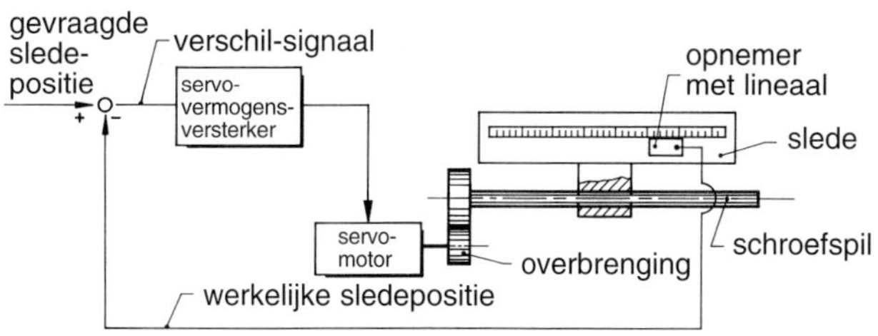

Figuur 11.18 Positieregeling met terugkoppeling

11.5.1 Informatiedrager

In principe verouderd, maar om praktische redenen nog veel gebruikt, is de **ponsband**. De standaard ponsband heeft een breedte van 25,4 mm, (1 inch), 8 sporen voor ponsgaten plus een aandrijfspoor, en een informatiedichtheid van 10 karakters/inch. De band kan de 128 standaard karakters van de ASCII code bevatten. Getallen worden decimaal gecodeerd, dus "geschreven" als decimale getallen met binair gecodeerde cijfers (BCD, Binary Coded Decimal). De ponsbandlezers zijn elektromechanische apparaten met een matige betrouwbaarheid. De meeste werken met optische detectie van het gatenpatroon.

Andere media, zoals de cassetteband en de diskette, zijn gemakkelijker te hanteren maar hebben vaak last van elektro-magnetische storingen, zoals die in de werkplaats-omgeving voorkomen. Een andere mogelijkheid is het met de hand invoeren van het programma in de besturing. De modernste oplossing is een rechtstreekse lijnverbinding met een computer, die als opslagmedium voor een groot aantal programma's fungeert. Deze werkwijze staat bekend als **DNC (Distributed Numerical Control)**.

11.5.2 Besturing

Besturingen van NC-machines zijn te onderscheiden naar de wijze van interpolatie en het aantal bestuurde assen. Figuur 11.19 geeft een overzicht van de verschillende besturingssystemen.

besturingstype	beweging	kenmerk	typische applicaties
puntbesturing	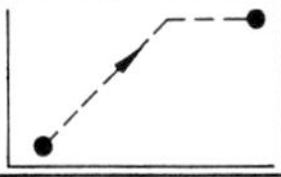	positioneren	- boormachines eenvoudige industriële robots
lijnbesturing	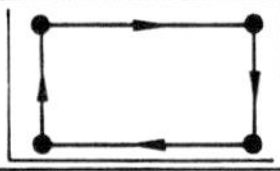	voeding bestuurd in één as tegelijk	- eenvoudige freesmachines
contourbesturing		voeding in meer assen simultaan en gecoördineerd bestuurd	
a) lineaire interpolatie	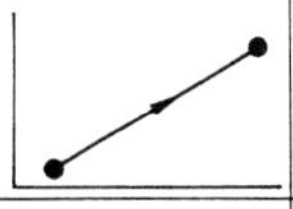	langs een rechte lijn	- eenvoudige draai-en freesmachines - het merendeel van de industr. robots
b) circulaire interpolatie	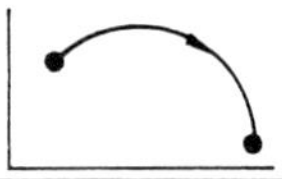	langs een cirkelboog	- freesmachines - draaimachines - tekenmachines - brandsnijmach.
c) hogere orde interpolatie	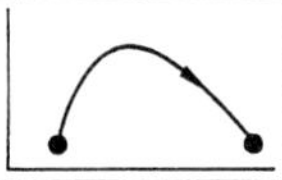	langs een parabool of derdegraads kromme	- contourfrezen in drie of meer assen (profiel)

Figuur 11.19 Overzicht van de elementaire besturingssystemen

Interpolatie

Er zijn drie principieel verschillende werkwijzen te onderscheiden:

Puntbesturing

Bij **puntbesturing** wordt geen **interpolatie**, het berekenen van de posities tussen twee geprogrammeerde punten, toegepast en de bewegingssnelheid wordt niet bestuurd. Het gereedschap beschrijft een in principe willekeurige baan van het huidige naar het volgende geprogrammeerde punt. De besturing is uitsluitend geschikt voor positioneerbewegingen, zoals bij booror ponsmachines.

Lijnbesturing

Ook bij **lijnbesturing** is er geen sprake van interpolatie. De beweging van het gereedschap geschiedt uitsluitend evenwijdig aan één van de assen maar wel met een bestuurde voedingssnelheid. Met deze besturing zijn eenvoudige frees- en draaibewerkingen mogelijk. In de praktijk wordt deze vorm van besturen nauwelijk meer toegepast.

Contourbesturing

Met een **contour-** of **baanbesturing** kan het gereedschap een willekeurige baan beschrijven met een bestuurde voedingssnelheid. De vormgevingsmogelijkheden van dergelijke besturingen worden nu verder bepaald door het aantal bestuurde assen. Voor het interpoleren zijn er nog weer drie mogelijkheden:

Lineaire interpolatie: Het gereedschap beweegt in rechte lijn tussen twee geprogrammeerde punten.
Circulaire interpolatie: Het gereedschap beschrijft een cirkelboog tussen twee geprogrammeerde punten. De straal en oriëntatie van de cirkelboog worden gewoonlijk bepaald door het invoeren van de coördinaten van het middelpunt.
Hogere orde interpolatie: De gereedschapbaan wordt gedefinieerd als een parabool of een hogere-graadskromme.

Met elk van de drie methoden zijn willekeurige contouren te beschrijven. Bij lineaire interpolatie moet voor een nauwkeurige benadering echter een zeer groot aantal punten worden ingevoerd, met hogere orde interpolatie is de vereiste hoeveelheid invoer veel kleiner.

Aantal bestuurde assen

Bij het draaien beschrijft de beitelpunt een baan in een vlak door de hartlijn van de draaimachine. Hiervoor zijn slechts twee bestuurde assen nodig, de X- en de Z-as.

Voor freesbewerkingen evenwijdig aan het XY-vlak is een positioneerbeweging in Z-richting nodig. Dit vereist de aanwezigheid van drie gestuurde assen, maar interpolatie en geprogrammeerde voedingssnelheid zijn alleen nodig voor bewegingen in het XY-vlak. Men spreekt dan wel van een $2^1/_2$D-besturing. Dit geldt ook nog wanneer de besturing naar keuze kan interpoleren in het XY-, YZ- of XZ-vlak. Voor een groot deel van alle te frezen producten is een $2^1/_2$D-besturing voldoende.

Voor het bewerken van willekeurig vormen, schuine vlakken, regel- en dubbelgekromde vlakken, zijn tenminste drie assen nodig, die gecoördineerd gestuurd kunnen worden. Dit vraagt een volwaardige 3D-besturing. De vorm wordt vaak verkregen met een **bolkopfrees**, zie figuur 11.20. Voor een nauwkeurige benadering van de gewenste vorm moeten de banen van de frees zeer dicht bij elkaar liggen. De **schulphoogte** h neemt af bij toenemende bolstraal r van de frees. Het gunstigste is dus een kopfrees. Wanneer men deze wil toepassen moet de freesspil steeds loodrecht op het oppervlak van het werkstuk staan, zie figuur 11.21. Dit vereist het roteren van de spil-as om twee assen, dus een besturing van 5 assen. De rotatie-assen om de X- en Y-as worden respectivelijk de A- en B-as genoemd.

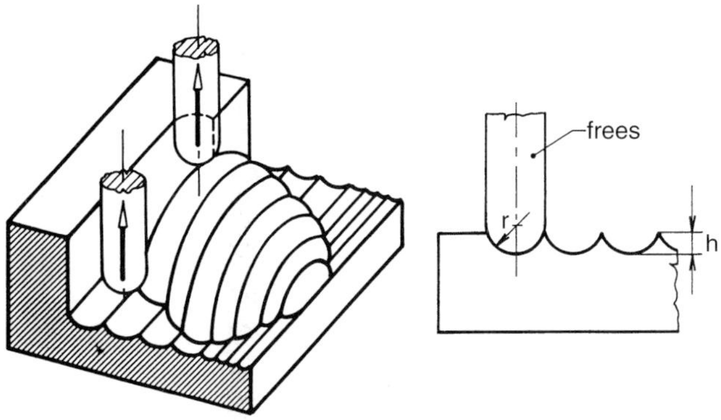

Figuur 11.20 Bewerken 3D-contour met bolkopfrees

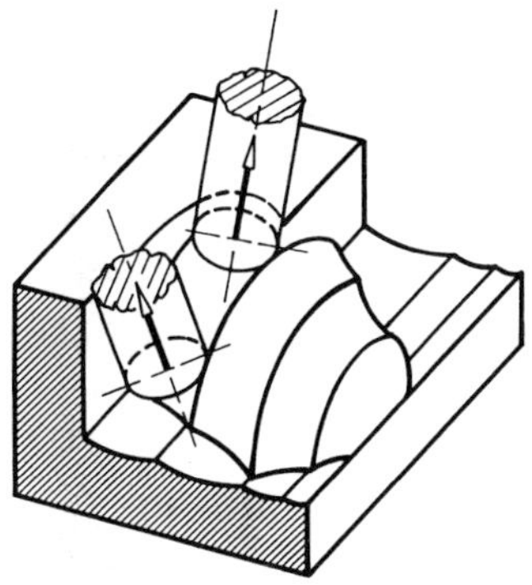

Figuur 11.21 Bewerken 3D-contour met kopfrees. 5-assige besturing

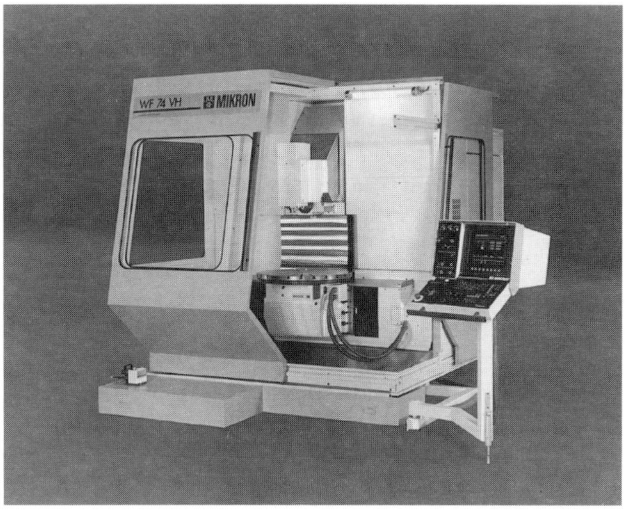

Figuur 11.22 NC-freesmachine met NC-bestuurde draaitafel

In sommige gevallen, vooral in de vliegtuigindustrie, moet de freesspil juist evenwijdig aan het bewerkte vlak staan, zoals in figuur 11.15.

Freesmachines kunnen ook zijn uitgerust met een draaitafel. Vaak maakt deze alleen een indexeerbeweging om werkstukken in dezelfde opspanning van verschillende kanten te kunnen bewerken. In andere gevallen maakt de draaitafel een positioneerbeweging of zelfs een met de gereedschapbewegingen gecoördineerde beweging. Dit laatste vereist dus een gecoördineerde besturing van 4 assen, zie figuur 11.22.

11.5.3 Positie-meetsystemen

Hierboven werd reeds vermeld dat de besturing voortdurend de gevraagde en werkelijke positie vergelijkt en de bewegingen stuurt uitgaande van het **verschilsignaal**. Dit betekent dat er een positie-meetsysteem nodig is. In het verleden is een grote verscheidenheid aan meetsystemen ontwikkeld. Ze zijn te onderscheiden naar:

Meetplaats; direct of indirect meten

De meest nauwkeurige meetmethode is het rechtstreeks, **direct meten** van de positie van de slede ten opzichte van het machineframe. Dit vereist een lineair meetsysteem. Deze systemen zijn betrekkelijk duur en kwetsbaar. Het is nodig te zorgen voor afdoende bescherming tegen spanen en snijvloeistoffen.

Bij een zeer groot deel van alle gereedschapwerktuigen worden de sleden verplaatst door middel van schroefspillen. De stand van de spil is dus een maat voor de positie van de slede. Meten van de stand van de spil is **indirect meten**. Dit maakt het mogelijk een goedkoper en minder kwetsbaar roterend meetsysteem toe te passen. Daar staat tegenover dat spoedfouten en thermische vervormingen van de spil en spelingen tussen spil en slede tot meetfouten leiden. Het is mogelijk spoedfouten op te meten en deze via de besturing te compenseren.

Meetmethode; analoog of digitaal meten

Het meetsignaal verandert continu of stapsgewijs met het veranderen van de positie van de slede.

Referentie; absoluut of incrementeel meten

Bij absolute meting geldt het meetsignaal ten opzichte van een vast nulpunt van de machine. Bij incrementele systemen bestaat het signaal uit telpulsen, waaruit de besturing de positie berekent. Incrementele systemen werken dus steeds digitaal.

Met de bovengenoemde indeling zijn acht varianten mogelijk, die bovendien volgens verschillende fysische meetprincipes kunnen worden uitgevoerd. In de praktijk zijn er daarvan twee overgebleven, die verreweg het meest worden toegepast. Deze worden hier kort behandeld.

Inductief, analoog, absoluut

Figuur 11.23 toont het principe van een **resolver**. Twee statorwikkelingen S en C zijn 90° ten opzichte van elkaar verdraaid. De hoekstand van de rotorwikkeling R wordt bepaald door de rotatie van de leischroef, die een maat is voor de te meten verplaatsing. Een hoogfrequente wisselspanning (frequentie ca. 10 kHz) op de statorwikkelingen, de voedingsspanning, induceert wisselspanningen in de rotor die zowel in de

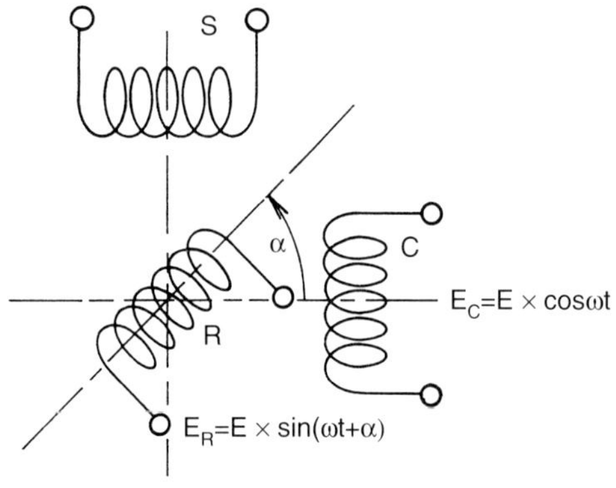

Figuur 11.23 Principe van de resolver

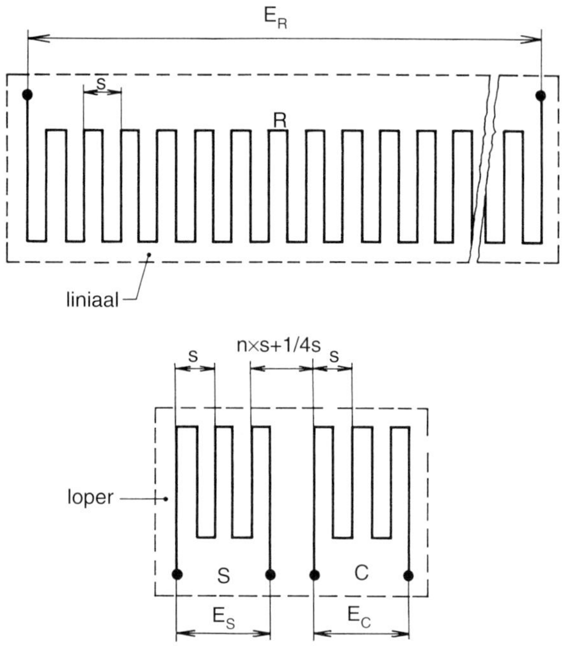

Figuur 11.24 Principe van de inductosyn

piekspanning als in fase afhangt van de hoek α. Deze spanning fungeert als meetsignaal. Ook het omgekeerde (voedingsspanning op de rotorwikkeling en het meetsignaal op de statorwikkelingen) komt voor. Dit is een **cyclisch-absoluut** meetsysteem, dat wil zeggen een systeem dat een absoluut meetsignaal geeft binnen één omwenteling. Het bereikbaar **scheidend vermogen** is 2000 stappen per omwenteling. Met een rechtstreeks gekoppelde resolver en een spoed van de leischroef van 5 mm is de kleinst programmeerbare stapgrootte dus 0,0025 mm.

De **inductosyn**, figuur 11.24, is een lineaire versie van de resolver. De liniaal is vergelijkbaar met de rotorwikkeling, de loper met de statorwikkelingen. De verschuiving van n x s + s/4 van de statorwikkelingen komt overeen met de 90° rotatie bij de resolver. Een verschuiving van s komt overeen met één omwenteling. Bij een steek s van 2 mm is het bereikbaar scheidend vermogen of **resolutie** 0,001 mm.

Optisch, digitaal, incrementeel

Figuur 11.25 is een sterk vereenvoudigde principeschets van een optisch digitaal meetsysteem. Bij het verplaatsen van de liniaal laten de twee achter elkaar geplaatste rasters een tussen nul en een maximum waarde variërende hoeveelheid licht door, die door de fotocellen wordt gemeten. De rastersteek ligt tussen 10 en 40 μm. Het analoge signaal van de fotocellen wordt omgezet in pulsen, dus digitale signalen. Op deze wijze is een scheidend vermogen tot 0,1 μm te

bereiken. Evenals bij de inductieve systemen bestaan er zowel lineaire als roterende optische positie-opnemers.
Bij moderne machines komt het laatsgenoemde systeem verreweg het meeste voor.

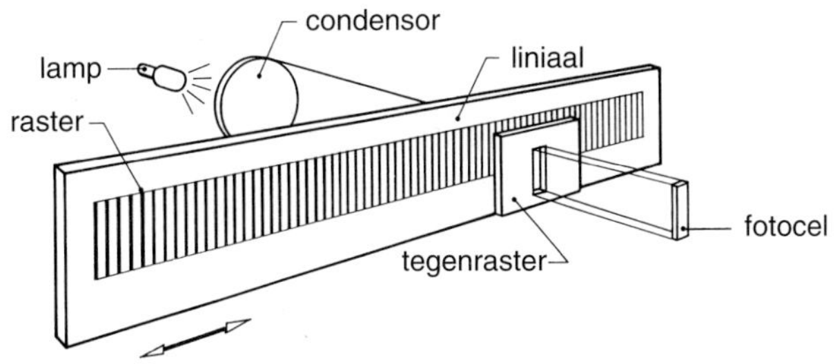

Figuur 11.25 Optisch digitaal meetsysteem

Scheidend vermogen en meetonzekerheid

Het scheidend vermogen is de kleinste verplaatsing die het systeem kan detecteren. De meetonzekerheid is meestal aanzienlijk groter dan het scheidend vermogen. Bij een resolutie van 1 μm kan de meetonzekerheid bijv. ± 7 μm bedragen. Het is zaak de documentatie van machineleveranciers in dit opzicht zorgvuldig te bestuderen. In paragraaf 9.6.4 is dit aspect uitvoeriger besproken.

11.5.4 Constructieve aspecten

Numerieke besturing stelt bijzondere eisen aan de constructie van de machine:

Grote slijtagebestendigheid

Dit is nodig wegens het intensieve gebruik, veroorzaakt door meerploegendienst, door de sterke verkorting van de neventijden en door de grotere optredende krachten. Dit laatste omdat vaker met optimale spaanopbrengst, dit wil zeggen met maximale snededoorsnede, wordt verspaand.

Ontbreken van ***stick-slip***

Bij de gebruikelijke glijlagers van staal-op-gietijzer is de wrijvingscoëfficiënt bij glijden lager dan die bij stilstand. Bij een toenemende kracht komt de slede schoksgewijs op gang, de kracht daalt, de slede stopt weer, etc. De snaren van strijkinstrumenten komen door dit verschijnsel in trilling. Bij NC-machines kan stick-slip de besturing volledig verstoren. Om dit te voorkomen worden glijlagers met een bekleding van kunststof, rollagers of, bij zeer hoge eisen ten aanzien

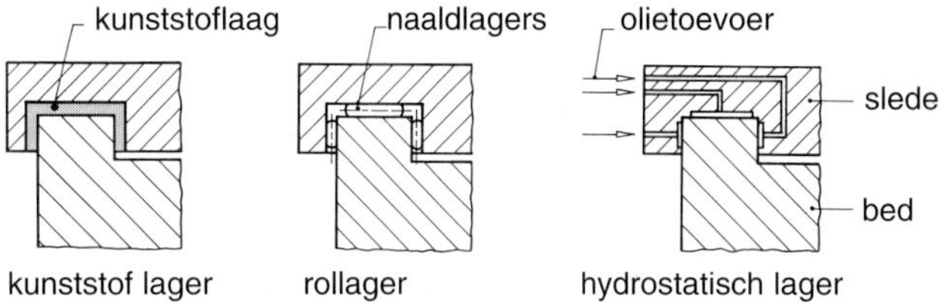

Figuur 11.26 Lagersystemen voor rechtgeleidingen

van trillingvrijheid, **hydrostatische lagers** toegepast (figuur 11.26).

Afwezigheid van spelingen

Bij de handbediende machine compenseert de machinebediener de speling tussen moer en schroefspil door steeds in één richting te positioneren. Bij NC-machines is dit niet mogelijk, zeker niet bij het beschrijven van contouren. De meest toegepaste oplossing hiervoor is de schroefspil met **kogelomloopmoer**, afgebeeld in figuur 11.27. Door de moerhelften naar elkaar toe te trekken wordt de nog resterende speling opgeheven. De lagering met kogels voorkomt dat de wrijving hierdoor te sterk toeneemt.

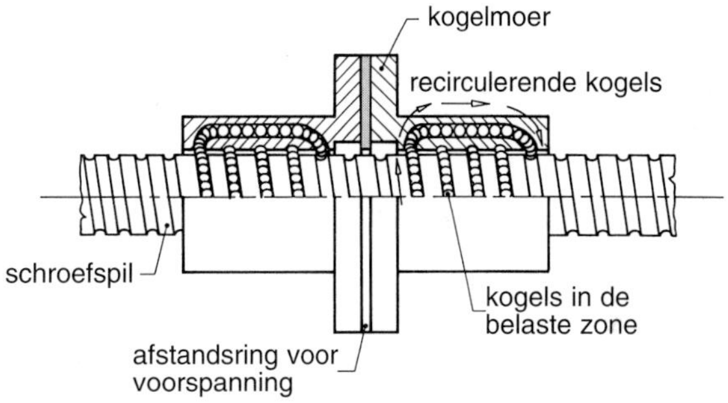

Figuur 11.27 Kogelomloopmoer

11.6 Flexibele fabricagesystemen

11.6.1 Inleiding

In de voorgaande paragrafen zijn de werkingsprincipes van NC-machines uiteengezet. Machines gebouwd volgens deze principes vormen de basis voor **flexibele fabricagesystemen**. De ontwikkeling verloopt langs drie verschillende lijnen:

- Het combineren van verschillende bewerkingen op één machine en, zo mogelijk, in één opspanning.
- Het verhogen van de autonome werking van de machine,
- Het combineren van een aantal machines tot een groep.

11.6.2 Combineren van bewerkingen

Eén van de sterke punten van NC-machines is, zoals we zagen, de mogelijkheid om gecompliceerde bewerkingen uit te voeren. Deze eigenschap kan ook worden gebruikt om bewerkingen, die gewoonlijk met verschillende machines worden uitgevoerd, door één machine te laten verrichten.

Een machine, die verschillende bewerkingen met roterende hoofdbeweging van het gereedschap kan uitvoeren, zoals frezen, boren en ruimen, en is voorzien van een automatische gereedschapwisselaar wordt een **bewerkingscentrum** (figuur 11.28) genoemd. Bewerkingscentra met een horizontale spil zijn vaak voorzien van een draaitafel, waardoor de machine het product van verschillende kanten kan bewerken zonder het opnieuw op te spannen. Sommige machines zijn zelfs uitgerust met een van horizontaal naar verticaal zwenkbare spil, zodat van een blokvormig werkstuk vijf van de zes vlakken in één opspanning kunnen worden bewerkt.

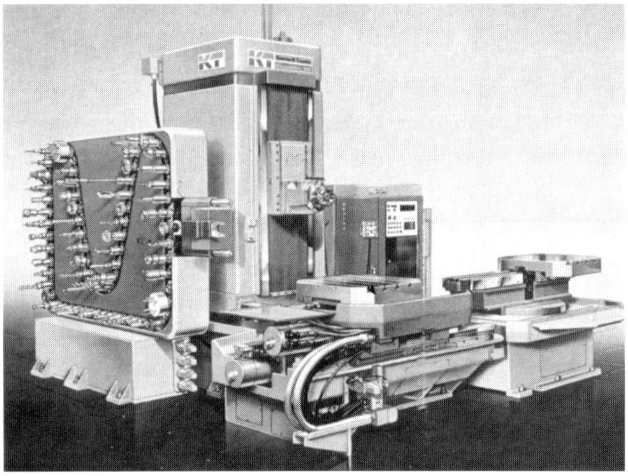

Figuur 11.28 Bewerkingscentrum met kettingmagazijn en palletwisselaar

Van meer recente datum en ook meer opvallend is deze trend bij de draaimachine. Steeds meer NC-draaimachines kennen de mogelijkheid om in de revolverkop roterende gereedschappen op te nemen die booren freesbewerkingen kunnen uitvoeren. Zo'n machine staat bekend als een **draaicentrum** (figuur 11.29). Veel draaiproducten, die vroeger na het draaien op andere machines moesten worden nabewerkt, kunnen nu in één bewerkingsgang geheel worden afgemaakt. Dit betekent wel, dat de besturing een stuk ingewikkelder wordt: Op zijn minst is het nodig de hoekverdraaiing van de hoofdspil om de rotatie-as, de **C-as**, te besturen. Dit kan een positioneerbeweging zijn of een

a

b

Figuur 11.29 Draaicentrum (a) en daarop volledig bewerkte werkstukken (b)

continu gestuurde beweging tijdens het bewerken. Dit laatste is bijvoorbeeld nodig voor het frezen van een spiraalvormige groef. Afhankelijk van de gewenste bewerkingsmogelijkheden kunnen nog meer bestuurde assen nodig zijn.

Mogelijk zal de bewerking op zichzelf minder efficiënt zijn; een frees in de revolverkop van een draaimachine is minder stijf opgespannen en heeft een lager aandrijfvermogen dan die in een freesmachine. Het combineren van bewerkingen biedt echter twee belangrijke voordelen:

- Hogere nauwkeurigheid. Bij het opnieuw opspannen van een product treedt onvermijdelijk verlies aan nauwkeurigheid op. Het is dus gewenst het aantal opspanningen zoveel mogelijk te beperken.

- Kortere **doorlooptijd**. Bij overgang van de ene machine naar de andere treedt altijd een wachttijd op. Deze wachttijd is in de praktijk een veelvoud van de bewerkingstijd. Vaak rekent men per bewerkingsgang een week, ook als de feitelijke bewerking per product slechts enkele minuten kost! Vooral in grote bedrijven is een week de kleinste eenheid waar de productiebesturing mee rekent. Combineren van vier bewerkingen tot één levert dan een verkorting van de doorlooptijd met drie weken op.

11.6.3 Verhogen van de autonome werking

Machines worden voorzien van **randapparatuur** die de autonome werking verder verhoogt, bijv. voor het wisselen van gereedschappen en producten of voor het bewaken van het bewerkingsproces. Dit laatste maakt het mogelijk de machine gedurende langere tijd zonder toezicht (autonoom) te laten werken. Een dergelijk systeem, voorzien van een voorraad werkstukken en gereedschappen, noemen we een **flexibele fabricagecel**.

Hieronder volgt een bespreking van de drie belangrijkste te automatiseren functies, namelijk het wisselen van gereedschappen, dat van werkstukken en het bewaken van het bewerkingsproces.

Wisselen van gereedschappen

a) Draaimachines
Bij draaimachines is het aantal benodigde gereedschappen beperkt. De ervaring leert dat voor ca. 80% van alle werkstukken 8 of minder gereedschappen nodig zijn. In deze gevallen is de revolverkop het meest geschikte hulpmiddel (zie figuur 11.29), vooral wegens de korte wisseltijd, maximaal enkele seconden. Dergelijke revolverkoppen hebben maximaal 12 posities. Zijn toch regelmatig meer gereedschappen nodig dan kunnen twee revolverkoppen worden toegepast. De machine kan daarmee tegelijkertijd twee bewerkingen uitvoeren, waardoor de cyclustijd verder kan dalen. Hiervoor is het wel nodig dat de bewegingen van de revolversleden afzonderlijk gestuurd kunnen worden, wat twee extra bestuurde assen betekent.

Een andere mogelijkheid is het wisselen van gereedschappen met behulp van een industriële robot, zie paragraaf 11.9. Dit is een kostbare oplossing, dus alleen interessant wanneer de robot een aantal machines kan bedienen vanuit een gezamenlijk gereedschapmagazijn, of wanneer de robot ook de werkstukken verwisselt.

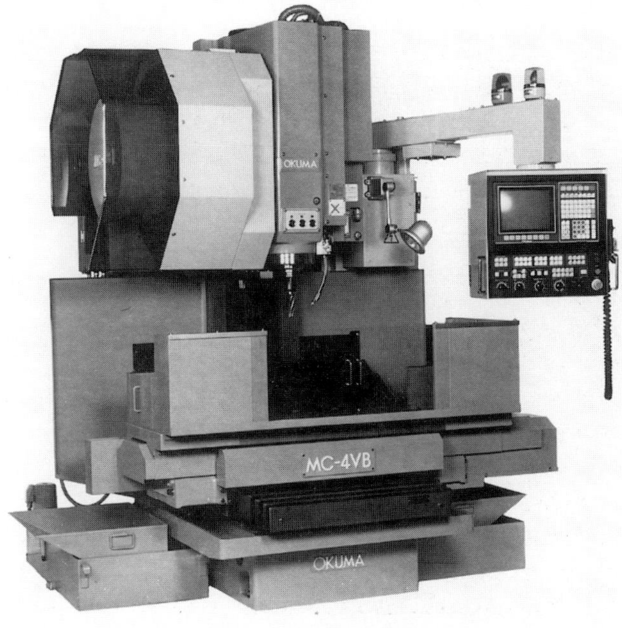

Figuur 11.30 Bewerkingscentrum met trommelmagazijn

b) Bewerkingscentra
Bij een bewerkingscentrum is meestal een betrekkelijk groot aantal gereedschappen nodig. Deze moeten beurtelings in de spil worden geplaatst. De gereedschappen zijn opgenomen in een **gereedschapmagazijn** in de vorm van één of twee **trommelmagazijnen** met maximaal ca. 40 posities elk (figuur 11.30), of van een **kettingmagazijn** (figuur 11.28) met een in principe onbegrensd aantal, maar in de praktijk maximaal ca. 120 posities.

Een mechanisme, zie figuur 11.31, wisselt de gereedschappen. Bij de meeste machines moet de spil zich hiervoor naar een vaste wisselpositie bewegen. Mede hierdoor is de wisseltijd vaak betrekkelijk lang, bijv. 8-10 seconden. De **gereedschapwisselaar** zet het gebruikte gereedschap op de plaats van het nieuwe in het magazijn. Dit betekent dat de besturing van de machine de plaats van het gereedschap moet bijhouden of dat een codering de identiteit van de gereedschappen moet vastleggen.
Ook bij bewerkingscentra kan men industriële robots inzetten. Op deze wijze is er geen beperking van het aantal gereedschappen. Deze oplossing is vooral van belang voor flexibele fabricagesystemen, zie paragraaf 11.6.4.

De verscheidenheid aan benodigde gereedschappen kan belangrijk worden ingeperkt wanneer bij het ontwerpen een strakke standaardisatie wordt toegepast,

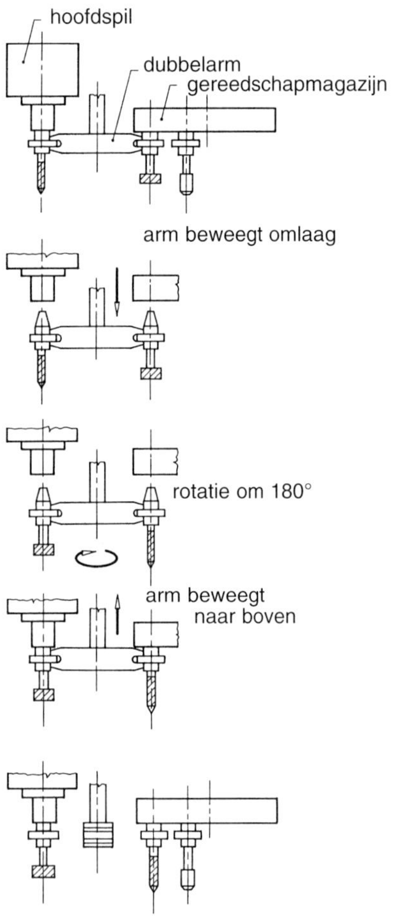

Figuur 11.31 Gereedschapwisselaar

bijv. bij de keuze van gatdiameters, afrondingsstralen en verbindingselementen. Dit leidt tot:

- verlaging van de gereedschapvoorraden,
- kleinere gereedschapmagazijnen,
- minder tijdverlies door gereedschapwisselingen,
- kortere omsteltijden.

Hieruit blijkt weer de overheersende invloed van het ontwerp op de kostprijs van producten en de noodzaak van een goede samenwerking tussen ontwerpers en productievoorbereiders.

Wisselen van producten

a) Draaimachines

Zoals besproken in paragraaf 11.2.2 maakt het een groot verschil of de producten uit een lange, door de holle hoofdspil aangevoerde staaf worden vervaardigd of uit aparte stukken uitgangsmateriaal, bijvoorbeeld afgezaagde stukken stafmateriaal of gietstukken. In het eerste geval wordt de staaf na het afsteken van het voorgaande product over de gewenste lengte doorgeschoven en daarna weer vastgeklemd. Voor grote aantallen is het mogelijk de staven op hun beurt automatisch vanuit een magazijn aan te voeren.

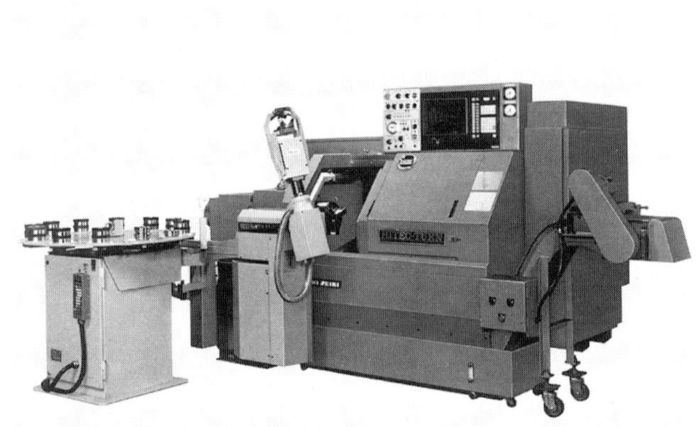

Figuur 11.32 Draaimachine met grijparm

Losse werkstukken spant men meestal in een klauwplaat. Bij deze spanmethode is het automatisch wisselen van producten veel moeilijker te realiseren. Bovendien is het vaak nodig het product om te keren na de eerste opspanning. Er zijn draaimachines leverbaar met een grijparm die deze handelingen kan verrichten (figuur 11.32).

Een tweede mogelijkheid is het inzetten van een afzonderlijk hanteerapparaat met zijn eigen besturing. Dit kan een algemeen inzetbare industriële robot zijn. Op zichzelf is dit een kostbare oplossing maar eenvoudige grijpers hebben weer een afzonderlijk aan- en afvoersysteem nodig omdat ze de producten steeds op dezelfde plaats opnemen en wegzetten. Een robot kan werkstukken uit een rek nemen en de gerede producten weer wegzetten. Natuurlijk is het noodzakelijk dat de besturingen van de draaimachine en de robot met elkaar kunnen communiceren.

b) Bewerkingscentra

Producten die op een bewerkingscentrum worden bewerkt vertonen een dermate grote verscheidenheid dat het spannen nauwelijks te automatiseren is. Vooralsnog blijft dit grotendeels handwerk. Bovendien kan dit spannen een tijdrovende operatie zijn. Men kan de spantijd buiten de kostbare machinetijd houden door de producten te spannen op afzonderlijke spantafels, **pallets**. Tijdens het bewerken wordt de pallet met het eerstvolgende product bij de machine klaargezet; een mechanisme, bijvoorbeeld in de vorm van een zwenkarm, zorgt dan voor het snel verwisselen van de pallets. Zie figuur 11.28.

Een andere oplossing is het toepassen van een lange spantafel. Terwijl aan de ene kant een product wordt bewerkt kan de bedieningsman aan de andere kant een gereed product afspannen en een volgend product opspannen. Dit heet **pendelend** bewerken.

Procesbewaking

Met de hierboven beschreven hulpmiddelen kan een machine in principe een aantal producten achter elkaar bewerken zonder menselijke tussenkomst. De resterende taak van de bedieningsman is echter het **bewaken van het proces**. De belangrijkste aspecten hiervan zijn het uitvoeren van maatcontroles om de nauwkeurigheid te beheersen en het ingrijpen bij het optreden van slijtage of breuk van gereedschappen. Soms moet hij ook het uitgangsmateriaal controleren op afwijkingen. Moderne apparatuur kan deze functies geheel of gedeeltelijk overnemen.

a) Maatcontrole
Door de machine uit te rusten met een **meettaster** kan men de belangrijkste foutenbronnen opsporen. Met de taster kan men hetzij het gereedschap, hetzij het product meten. In het eerste geval constateert men dus gereedschapslijtage of -breuk (boorpunt verdwenen); in het tweede geval controleert men rechtstreeks één of meer kritische maten van het product. Zie figuur 11.33 en 11.34.

Figuur 11.33 Meettaster voor meten van een gereedschap

Meettasters kunnen als een gereedschap worden gewisseld met behulp van de gereedschapwisselaar. Door signaaloverdracht met behulp van infrarood licht omzeilt men problemen met signaalkabels. Geconstateerde afwijkingen kunnen leiden tot het uitvoeren van een maatcorrectie, het uitwisselen van versleten of gebroken gereedschap of tot het onderbreken van het proces.

Figuur 11.34 Meettaster voor meten van een product

b) Bewaking van gereedschappen
De levensduur van gereedschappen als functie van het werkstukmateriaal en de verspaningscondities is bij benadering bekend. Ook de snijtijd van elk gereedschap per product is bekend. De besturing kan er dus voor zorgen dat gereedschappen, die de verwachte levensduur bereikt hebben, tijdig worden verwisseld. Dit stelt wel hoge eisen aan de betrouwbaarheid van het proces; men zal dus een redelijke veiligheidsmarge moeten aanhouden om storingen te voorkomen.

Een andere mogelijkheid is het in de machine opnemen van **sensoren** die één of meer kenmerkende grootheden van het verspaningsproces kunnen meten. Men kan de snijkracht meten met behulp van de stroomsterkte die de aandrijving opneemt of met krachtopnemers in de hoofdspillagers of in de gereedschaphouder. Trillingsopnemers kunnen ongewenste trillingen signaleren. Afwijkingen van het normale gedrag kunnen leiden tot verwisselen van gereedschap, onderbreken van het proces of tot het aanpassen van de verspaningscondities. Bij een bewaakt proces kan men kleinere veiligheidsmarges kiezen.

11.6.4 Combineren van machines tot een groep

Een derde stap bij de opbouw van flexibele fabricagesystemen is het combineren van een aantal soortgelijke of juist verschillende, elkaar aanvullende, machines in een groep. Deze groep machines is voorzien van een gezamenlijke voorraad te bewerken producten, een voorraad gereedschappen, transportsystemen voor gereedschappen en producten, en vaak ook nog een wasinstallatie voor het verwijderen van spanen en een meetmachine. Het geheel wordt gestuurd door een hië-

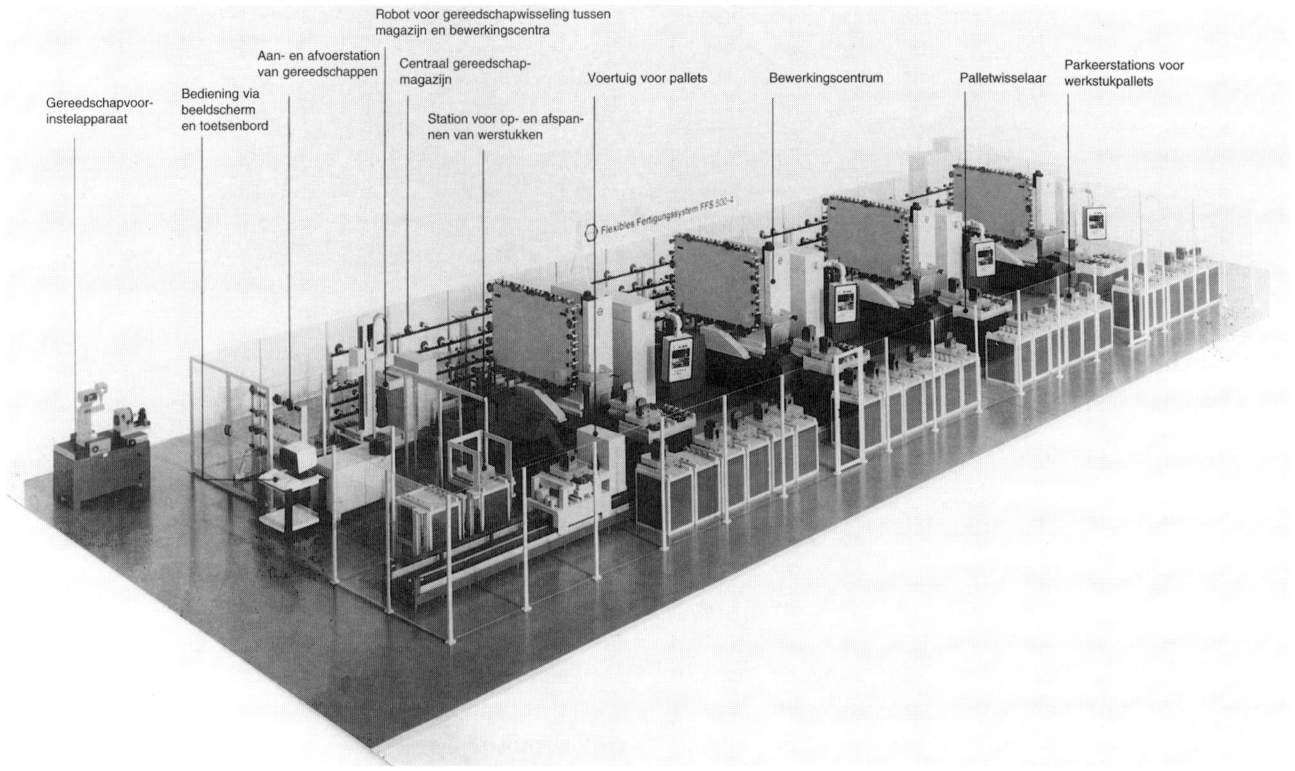

Figuur 11.35 Flexibel Fabricagesysteem (Werner)

rarchisch systeem van computers, die elk een deel van de besturingsfuncties vervullen. Een dergelijke productie-eenheid wordt een **flexibel fabricagesysteem** (Flexible Manufacturing System, **FMS**) genoemd, zie figuur 11.35.

Het doel van zo'n systeem is om een familie van gelijksoortige producten in willekeurige volgorde, dus in principe in "series" van één exemplaar, vergaand geautomatiseerd te bewerken. Het vormen van families van gelijksoortige producten staat bekend als groepentechnologie. Zie hiervoor de hoofdstukken 12 en 13. De zeer hoge investeringen voor een dergelijk systeem zijn alleen verantwoord wanneer de capaciteit daarvan (bijna) volledig, dat wil zeggen 24 uur per dag, wordt benut en wanneer de werkvoorbereidingstaak niet te omvangrijk wordt. Bovendien moeten alle handelingen met een zeer hoge mate van betrouwbaarheid worden uitgevoerd. De hier genoemde eisen beperken in de praktijk de toepassing van deze systemen.

11.7 Programmeren

11.7.1 Inleiding

In hoofdstuk 12 wordt de werkvoorbereiding voor de onderdelenfabricage behandeld. Uitgaande van de tekening bepaalt de werkvoorbereider de methode voor het bewerken van het product. Afhankelijk van de situatie in het bedrijf wordt hierbij een groter of kleiner deel van de beslissingen overgelaten aan de bedieningsvakman. Bij het toepassen van numerieke besturing moet de besturing van de machine tot in het laatste detail worden geïnformeerd over de uit te voeren werkzaamheden. Het programmeren van NC-machines maakt dus deel uit van de meest volledige vorm van werkvoorbereiding. Een aantal van de stappen in het proces is gelijk aan de werkvoorbereiding voor niet NC-machines. Zie ook paragraaf 12.3.1.

De volgende stappen zijn van belang:

1. De keuze van de bewerkingsmethode, dus de te gebruiken machine(s), de bewerkingsvolgorde en de opspanningen,
2. De wijze van opspannen,
3. De keuze van de snijgereedschappen,
4. De keuze van de verspaningscondities, zoals snedoorsnede en snijsnelheid,
5. Het zodanig "vertalen" van de geometrie, bepaald door de tekening, dat de besturing de juiste gereedschapbaan kan realiseren.

De eerste twee punten maken altijd deel uit van de werkvoorbereiding en meestal ook punt 3. De punten

4 en 5 worden, vooral bij kleine series, vaak overgelaten aan de vakman die de machine bedient. Het zijn juist deze punten die bij het eigenlijke programmeren aan de orde komen.

11.7.2 Programmeermethoden

Het programmeren van NC-machines kan op een aantal manieren gebeuren.

Bij het **handprogrammeren** stelt de programmeur het werkstukprogramma, zoals dit op de ponsband of een andere informatiedrager wordt gezet, zelf "met de hand" op.

Bij het **computerondersteund programmeren** voert de programmeur de gegevens van begin- en eindvorm van het product en van de gereedschappen en de verspaningscondities toe aan een computer die los staat van de machine. Computerprogramma's verwerken deze gegevens tot de programma-tekst die dient als invoer voor de machinebesturing. Deze methode komt voor in een aantal, principieel verschillende, varianten.

De opkomst van de CNC-besturingen heeft het mogelijk gemaakt aan de machine te programmeren. Dit **machineprogrammeren** wordt veelal uitgevoerd door de bediener van de machine. In wezen geldt hier precies hetzelfde als bij computerondersteund programmeren met het verschil dat de machinebesturing tevens wordt gebruikt als programmeercomputer.

11.7.3 Handprogrammeren

Het handprogrammeren was in de beginfase van de ontwikkeling van numerieke besturing de enige beschikbare methode. Elke handeling van de machine wordt gestuurd met behulp van een programmaregel, gewoonlijk een **blok** genoemd. In de loop van de tijd

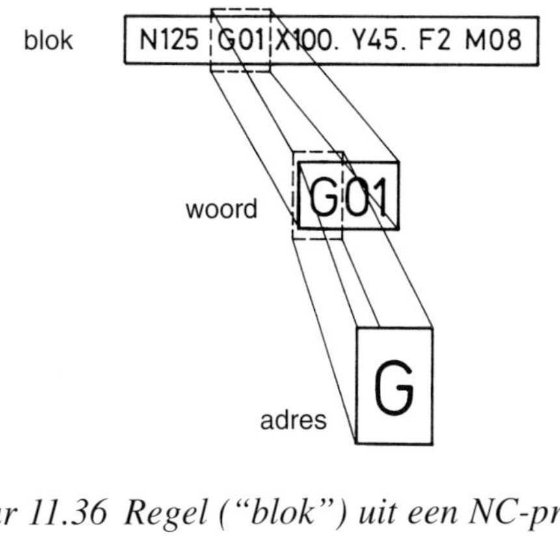

Figuur 11.36 Regel ("blok") uit een NC-programma

zijn verschillende blokformaten gebruikt; tegenwoordig is het "woord-adres variabel" formaat volgens ISO 9683 min of meer standaard. Elk blok bestaat uit een aantal **woorden**, elk woord bestaat uit een letter, het **adres**, en een getalcode. Het adres geeft aan waarop de daarop volgende getalcode betrekking heeft, bijvoorbeeld N: bloknummer, G: wijze van verplaatsen, M: schakelinformatie, S: snijsnelheid of toerental, T: gereedschapnummer.

Woorden, waarvan de inhoud niet wijzigt ten opzichte van die in het voorgaande blok, worden niet vermeld. De lengte van een blok is dus variabel. Figuur 11.36 geeft een voorbeeld van een blok volgens dit formaat, figuur 11.37 een eenvoudig programma.

Handprogrammeren kan voor de programmeur veel rekenwerk met zich meebrengen, zoals de berekening van:
- Compensatie voor de freesdiameter of de afrondingsstraal van de beitelpunt,
- Overgangspunten van een rechte naar een cirkelboog,
- Middelpunten van cirkelbogen,
- X,Y-coördinaten van gaten op een steekcirkel,
- Tussenpunten van een voordraai-cyclus,
- Toerentallen bij een variërende draaidiameter.

Voor het frezen van de buitenomtrek van het in figuur 11.38 afgebeelde product moet de programmeur de coördinaten van de met A tot en met E aangeduide punten berekenen.

Wat moet worden berekend hangt mede af van de mogelijkheden van de betreffende besturing.

Het programma wordt met behulp van een tekstverwerker ingevoerd en na controle overgezet op de ponsband of een andere informatiedrager. Het zal duidelijk zijn dat bij een programma van enige omvang de kans op fouten zeer groot is. Voorafgaand aan het proefdraaien wordt daarom de gereedschapbaan vaak eerst met een plotter getekend. Deze methode is zeer bewerkelijk en wordt dan ook alleen nog toegepast voor zeer eenvoudige programma's.

11.7.4 Computerondersteund programmeren

Talen voor werkstukprogrammering

In paragraaf 11.4 werd er al op gewezen dat handprogrammeren niet geschikt is voor de producten met een complexe geometrie, waar NC-fabricage toch in de

TUDelft, Lab FPA					Programmablad					blad ... van ...
Programma id.:							datum:			
Werkstuk nr.:							opmerking:			
Programmeur:										
N	G	H	X	Y	Z/I	J	F	S	T	M
%										
N0001	G00		X10.	Y10.					T01	M06
N0005	G44	H11			Z0.			S200.		M03
N0010	G92		X10.	Y-10.	Z20.					
N0020					Z10.					
N0030	G41	H01								
N0040			X0.	Y-2.						
N0050	G01			Y11.213			F300.			M08
N0060			X14.393	Y25.607						
N0070	G02		X35.607		I10.607	J-10.607				
N0080	G03		X53.284	Y18.284	I17.677	J17.677				
N0090	G01		X60.							
N0100				Y0.						
N0110			X-2.							
N0120	G40									M09
N0130	G00		X-10.	Y-10.	Z20.					M05
N0140	G92				Z0.					
N0150	G43	H11		Z0.						M06
N0160										M02

Figuur 11.37 Voorbeeld van een NC-programma

Enkele blokken van het getoonde programma worden hier toegelicht:

N 0001: G00: Ga in ijlgang, naar punt X10.(0), Y10., kies gereedschap T01, M06: Start gereedschapwissel.

N 0005: G44: Stel gereedschaplengte-compensatie in met de waarde op geheugenplaats H11, ga naar punt Z0., S200.: Toerental 200 omw/min, M03: Start spil rechtsom.

N 0050: G01: Ga met geprogrammeerde voedingssnelheid naar Y11.213, F300.: Voedingssnelheid 300 mm/min, M08: Zet koeling aan.

N 0800: G03: Ga via cirkelboog tegen de klok in naar X53.284, Y18.284 met middelpunt I17.677, J17.677.

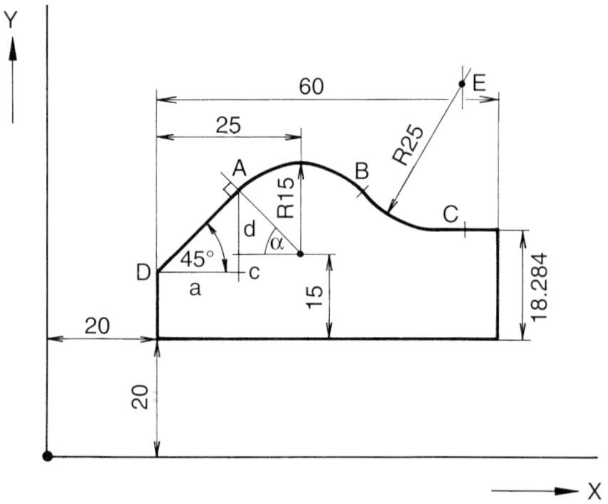

$\alpha = 45°$

$X_D = 20\ mm$

$d = r \times \sin\alpha$

$d = 15 \times \sin 45° = 10{,}607$

$Y_A = 20 + 15 + d = 45{,}607\ mm$

$\alpha = 45° \Rightarrow b = d$

$X_A = 20 + 25 - b = 45 - 10{,}607 = 34{,}393\ mm$

$a = 25 - b = 14{,}393$

$45° \Rightarrow a = d + c$

$c = 14{,}393 - 10{,}607 = 3{,}786$

$Y_D = 20 + 15 - c = 31{,}214\ mm$

Figuur 11.38 Geometrische problemen bij handprogrammeren

eerste plaats voor bedoeld was. In de vorige paragraaf is dat nog nader toegelicht. Al snel kwam men tot de conclusie dat het nodig was de hulp van computers in te roepen.

Het gestelde probleem kan als volgt worden omschreven:

- Definieer de geometrie, als gegeven in de tekening, zodanig dat deze in de computer kan worden ingevoerd,
- Bereken de gereedschapbaan waarmee, rekening houdend met de vorm van het gereedschap en de verspaningscondities, het gedefinieerde product ontstaat,
- Vertaal de gereedschapbaan in een code, die door de machinebesturing gelezen kan worden.

Er zijn verschillende programmeertalen ontwikkeld waarmee deze informatie op een doelmatige wijze kan worden ingevoerd en verwerkt. Ze zijn te verdelen in **geometrisch georiënteerde** en **technologisch georiënteerde programmeertalen**. De eerstgenoemde zijn algemeen toepasbaar, maar de gereedschapkeuze en de keuze van de verspaningscondities worden aan de programmeur overgelaten. Bij de technologisch georiënteerde talen neemt de programmatuur deze zaken geheel of gedeeltelijk voor zijn rekening. Daar staat dan weer tegenover dat deze talen zich beperken tot bepaalde toepassingsgebieden zoals draaien, boren of frezen.

APT (Automatically Programmed Tools)

De oudste en nog steeds belangrijkste taal is **APT**. De taal werd ontwikkeld in de periode 1957-1961 maar

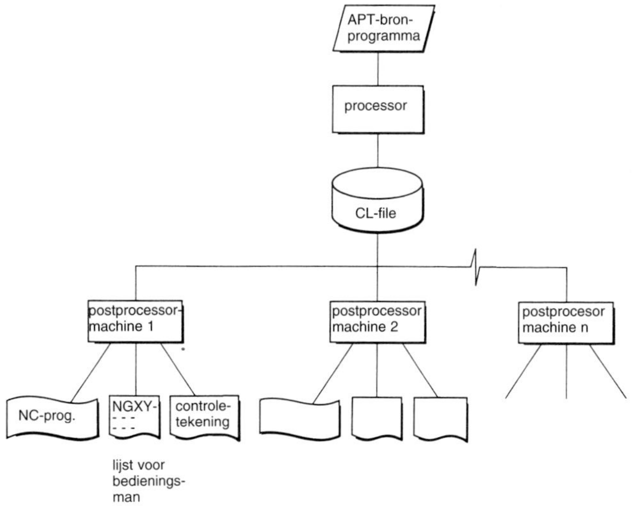

Figuur 11.39 Structuur APT en afgeleide talen

wordt nog steeds gemoderniseerd. Het is een geometrisch georiënteerde taal, geschikt voor de meest complexe geometriën zoals onder andere bij vliegtuigonderdelen voorkomen. De benodigde reken- en geheugencapaciteit maakte het destijds nodig de grootste bestaande computers in te zetten. Dit is de reden dat verschillende APT-varianten met meer beperkte mogelijkheden zijn ontwikkeld, zoals **MINI-APT**. Ook bestaan er varianten waaraan voor bepaalde toepassingsgebieden technologie is toegevoegd, bijvoorbeeld **EXAPT**. Tegenwoordig kan het volledige APT-programma ook op een krachtige PC draaien.

Alle APT-achtige talen bezitten dezelfde structuur, zie figuur 11.39. De **processor** (verwerkingsprogramma) vertaalt de invoer, het **APT-bronprogramma**, naar een algemene, machine-onafhankelijke uitvoer, de **CL-file**. (CL: Cutter Location) De gegevens in de CL-file noemt men **CL-data**. De algemene uitvoer moet nog vertaald worden in voor de betreffende machine leesbare opdrachten. Daarvoor zorgt de machinegebonden **postprocessor**. Naast het vertalen van de CL-file controleert dit programma of de machine niet buiten zijn werkbereik komt, berekent het de machinetijd en maakt het desgewenst een controle-tekening van de berekende gereedschapbanen.

Werkwijze bij APT-achtige talen

Het **bronprogramma** zoals ingevoerd door de werkstukprogrammeur bestaat uit:

- Definitie van de geometrie,
- Bepaling van de gereedschapbaan,
- Keuze van de gereedschappen, van de instelgrootheden en van de machine.

Definitie van de geometrie:
De **geometriedefinitie** van een product kan worden vastgelegd met behulp van eenvoudige basiselementen zoals punten, rechten, cirkels, cilinders en andere wiskundig bepaalde oppervlakken. Het is de taak van de werkstukprogrammeur uit te zoeken uit welke basiselementen het werkstuk moet worden opgebouwd. Elk geometrisch element krijgt een willekeurige symbolische naam en wordt vervolgens met een **APT-woord/modificator** gedefinieerd. Twee regels uit het voorbeeld in figuur 11.40 worden hieronder toegelicht:

Regel 40: STP (naam) = POINT (APT-woord) / -10, -10,20 (modificator). Punt met coördinaten -10, -10, 20.

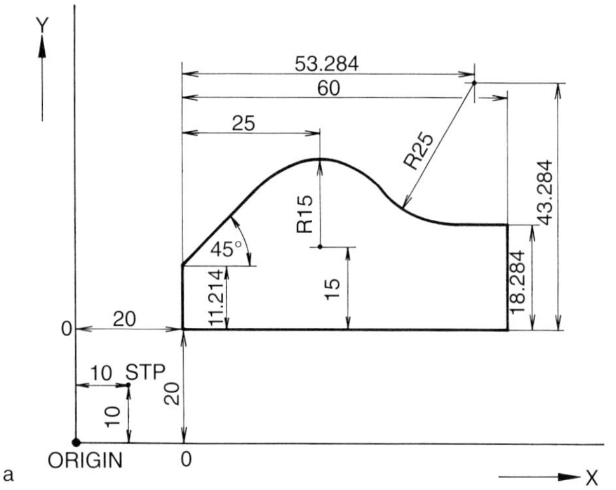

a

```
 10  PARTNO    - FREESWERKSTUK MINIAPT -
 20            MACHIN/FREES1
 30            ORIGIN/-20,-20,0
 40  STP     = POINT/-10,-10,20
 50  L1      = LINE/XAXIS,0
 60  L2      = LINE/YAXIS,0
 70  C1      = CIRCLE/25,15,15
 80  L3      = LINE/(POINT/0,11.213),
               LEFT,TANTO,C1
 90  L4      = LINE/XAXIS,18.284
100  C2      = CIRCLE/YLARGE,L4,XLARGE,OUT,
               C1,RADIUS,25
110  L5      = LINE/YAXIS,60
120            LOADTL/1,11,1,RPM,200,CLW;
               CUTTER/0
130            RAPID; FROM/STP
140            CUTCOM/LEFT
150            GO/TO,L2,ON,(PLANE/10),TO,L1
160            COOLNT/ON
170            FEDRAT/300
180                GOLFT/L2,PAST,L3
190                GORGT/L3,TANTO,C1
200                GOFWD/C1,TANTO,C2
210                GOFWD/C2,TANTO,L4
220                GOFWD/L4,PAST,L5
230                GORGT/L5,PAST,L1
240                GORGT/L1,PAST,L2
250            CUTCOM/OFF; COOLNT/OFF
260            RAPID; GOTO/STP
270            SPINDL/OFF; LOADTL/0
280            FINI
```

b

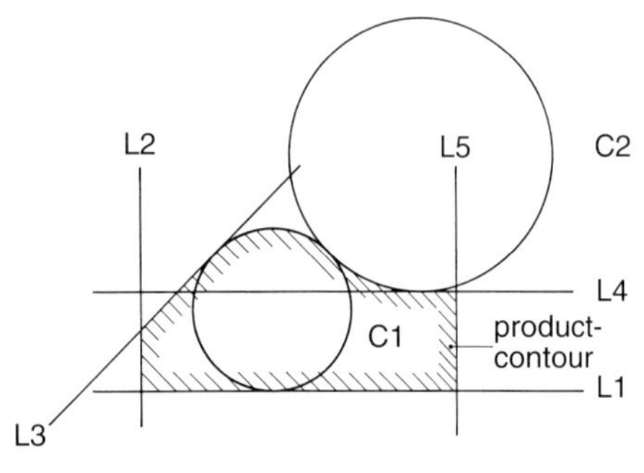

c

Figuur 11.40 Voorbeeld werkstuk (a) met bijbehorend APT-programma (b) en geometriedefinitie (c)

Regel 80: L3 = LINE/(POINT/0, 11.213), LEFT, TANTO, C1: Lijn door punt 0, 11.213 rakend aan (TANTO) cirkel met naam C1. Van de twee mogelijke raaklijnen wordt de linker (LEFT) bedoeld, kijkend in de richting van het punt naar de cirkel.

APT kent vele tientallen manieren om punten, lijnen, cirkels en dergelijke te definiëren. De keuze van de definitie hangt mede af van de wijze waarop de maten op de tekening zijn ingeschreven.

Bepaling van de gereedschapbaan:
De gedefinieerde geometrie bestaat uit onbegrensde lijnen en volledige cirkels. Er is dus meer informatie nodig om de gereedschapbaan vast te kunnen leggen. De programmeur beschrijft daarom de gereedschapbaan vanaf het startpunt (Set Point, STP) langs de geometrische elementen L1-L5 en C1-C2, rekening houdend met de gewenste freesrichting (meeloopfrezen). De machinebesturing compenseert zelf de gereedschapbaan voor de freesdiameter (Regel 140: CUTCOM/LEFT).

Begonnen wordt met de **opstartcommando's**, regel 130: RAPID; FROM/STP en regel 150: GO/TO, L2,ON,(PLANE/10),TO,L1. Ga in ijlgang vanaf STP tot aan L2 langs het vlak op 10 mm boven het XY-vlak tot aan L1. Daarna stuurt de programmeur de frees met de **bewegingscommando's** GOLFT, GORGT (linksaf, rechtsaf) en GOFWD, GOBACK (voorwaarts, achterwaarts) langs de geometrie-elementen (Regel 180-240).
Tenslotte gaat de frees in ijlgang terug naar STP (regel 260).

Keuze van de gereedschappen, van de instelgrootheden en van de machine:
Regel 120 geeft de gereedschapkeuze (LOADTL/1,11,1), de snijsnelheid (RPM,200), de rotatierichting van de frees (CLW), rechtsom en de freesdiameter (CUTTER/10). Regel 170 geeft de voedingssnelheid in mm/min (FEDRAT/300), regels 160 en 250 schakelen de koeling aan en uit (COOLNT/ON,OFF).

Nadat het bronprogramma is ingevoerd berekent de **processor** de CL-data. Deze worden opgeslagen in de CL-file.
De machinegebonden postprocessor, opgeroepen in regel 20 (MACHIN/FREES1), maakt het voor de betreffende machine geschikte stuurprogramma en desgewenst een afdruk en een controletekening daarvan voor de bedieningsvakman.

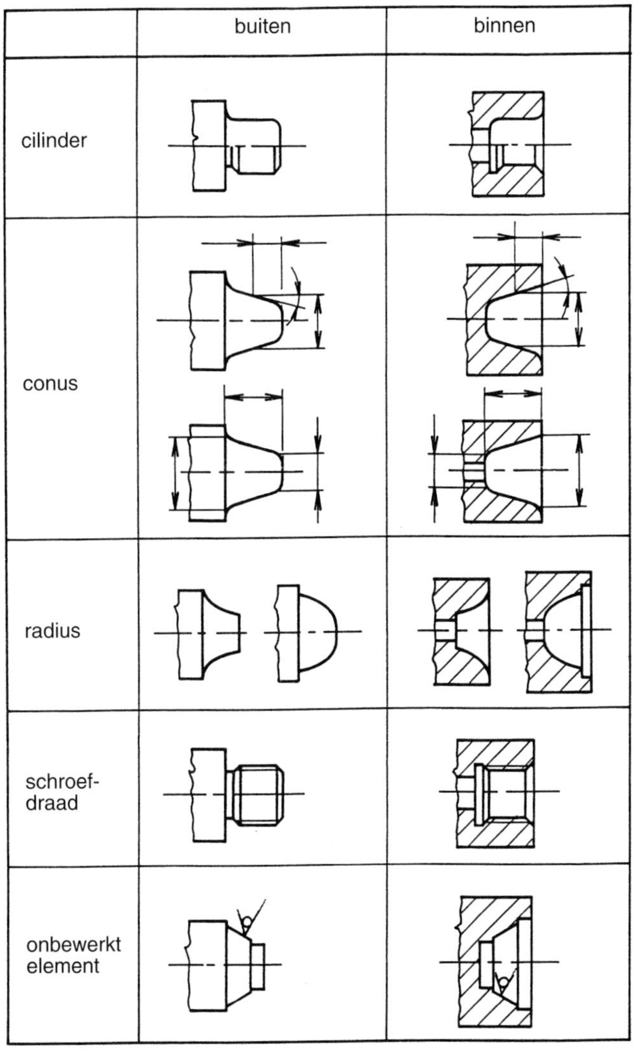

Figuur 11.41 De hoofdelementen van MITURN

MITURN

MITURN is een voorbeeld van een technologisch georiënteerde programmeertaal voor draaidelen, van Metaalinstituut TNO. De doelstelling van MITURN is om met een minimum aan invoer het besturingsprogramma zoveel mogelijk automatisch te generen. De uitgangspunten van MITURN zijn:

Geometrische informatie:
De geometrie van omwentelingslichamen is altijd op te bouwen uit een klein aantal hoofdelementen zoals cylinders en kegels, zie figuur 11.41. Ieder element is te definiëren met een aantal parameters, waaronder die voor tolerantie en oppervlaktekwaliteit. De hoofdelementen kunnen nog voorzien zijn van nevenelementen, zoals groeven, afrondingen en afschuiningen. Met behulp van deze elementen kan de programmeur de vorm van het uitgangsmateriaal en van het product op eenvoudige wijze invoeren.

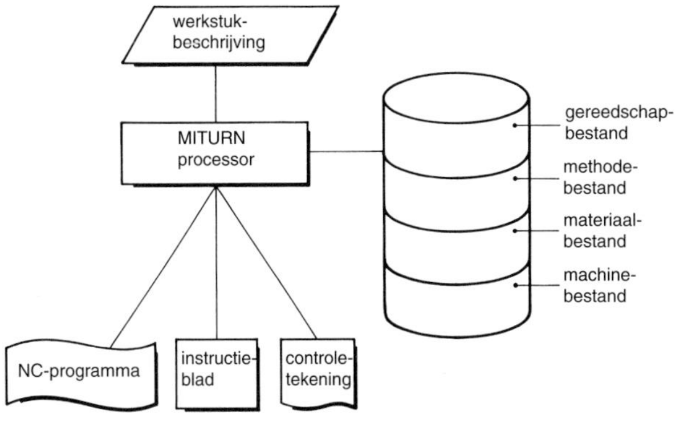

Figuur 11.42 De werkwijze bij MITURN

Technologische informatie:
De keuze van de verspaningscondities wordt bepaald door werkstukmateriaal, het gebruikte gereedschap en de mogelijkheden van de gekozen machine. Het programma gebruikt hiervoor per bedrijf aangepaste bestanden. De technologische kennis van het draaien ligt vast in een methodebestand.

Na invoer van begin- en eindgeometrie (inclusief de kwaliteitseisen), materiaal- en machinecode en de opspangegevens bepaalt MITURN geheel automatisch de gereedschapbaan en kiest het de gereedschappen en de verspaningscondities. De werkwijze is weergegeven in figuur 11.42.

Werkplaatsprogrammeren

Bij **werkplaatsprogrammeren** gebruikt men een **programmeerplaats**. Dit is een computergesteund programmeersysteem dat nauw aansluit op één bewerkingsproces, zoals draaien, en meestal zelfs op één bepaald machinefabrikaat. De programma's zijn dan ook meestal ontwikkeld door leveranciers van NC-machines. Soms is het invoerpaneel zelfs een replica van het bedieningspaneel van de machine. De werkwijze sluit daarom nauw aan bij het programmeren aan de machine zelf, zie paragraaf 11.7.5. De programmeerplaats wordt dan ook meestal in de fabricage-afdeling opgesteld. Invoer van de benodigde informatie vindt gewoonlijk plaats in dialoogvorm, zodat de vakman zonder veel kennis van programmeertalen op efficiënte wijze een programma kan maken.

Programmeren met behulp van een CAD/CAM systeem

CAD/CAM staat voor **Computer Aided Design/Manufacturing**. Bij CAD definieert de ontwerper een product interactief op een grafisch beeldscherm. Dit betekent dat de geometrie van het product wordt vastgelegd in het geheugen van de computer. Het is dus niet meer nodig deze stap nog een keer te herhalen bij het maken van het werkstukprogramma.

Het bepalen van de opspanningen, het kiezen van de gereedschappen en het aangeven van de gereedschapbaan verloopt op dezelfde, grafisch interactieve, wijze als bij het ontwerpen. De programmeur wijst de vormelementen van het product aan op het beeldscherm. Het inschrijven van maten op de tekening is dan ook (in principe) overbodig. De berekende gereedschapbaan wordt meteen op het beeldscherm getoond. De keuze van gereedschap en de verspaningscondities vindt plaats in dialoogvorm. Het eindresultaat is een CL-File zoals ook door APT wordt gemaakt. Tenslotte moet dan weer een machinegebonden postprocessor worden opgeroepen.

Wanneer bij het programmeren de keuze van gereedschappen en verspaningscondities een belangrijke rol speelt is het van belang om, gegeven de vorm en het materiaal van het product, de werkvoorbereiding en de programmering geheel of grotendeels automatisch te laten verlopen. Hiervoor is programmatuur ontwikkeld die bekend staat als **CAPP (Computer Aided Process Planning).** Omstreeks 1994 zijn de eerste systemen hiervoor op de markt gekomen. Het gebruik in de praktijk is nog beperkt tot experimentele toepassingen. Zie ook hoofdstuk 12.

Verwacht mag worden dat de CAD/CAPP/CAM werkwijze in de toekomst steeds belangrijker zal worden.

11.7.5 Machineprogrammering

In de voorgaande paragrafen zijn programmeermethoden besproken waarbij een programma wordt gemaakt dat daarna met behulp van een informatiedrager of een lijnverbinding aan de machinebesturing wordt overgedragen. Door de ontwikkeling van CNC-besturingen, uitgerust met beeldscherm en toetsenbord, werd het mogelijk programma's rechtstreeks met de hand in de besturing in te voeren. Dit noemen we machineprogrammering.

Door de ontwikkeling van dialoog-programma's en grafische beeldschermen, die het gedefinieerde product en de gereedschapbaan zichtbaar maken, is deze werkwijze in veel gevallen een aantrekkelijk alternatief. De hoeveelheid informatie die de programmeur, meestal tevens de bedieningsvakman, moet invoeren wordt sterk beperkt doordat de programmatuur in de besturing over krachtige vaste cycli, zoals voordraaien, draadsnijden en gatenpatronen, beschikt. Ook technologische gegevens zijn soms in de software ingebouwd.

Een andere vorm van machineprogrammering is mogelijk bij machines met een **teach-in** besturing. Dit zijn machines die met de hand kunnen worden bediend. De tijdens het maken van het eerste product uitgevoerde handelingen worden in het geheugen van de besturing opgeslagen en bij de volgende producten van de serie automatisch herhaald. Desgewenst kan het programma ook voor herhaalopdrachten worden bewaard. Men verkleint hiermee de stap van handbediende naar NC-machines.

Machineprogrammeren kent een aantal voor- en nadelen:

Voordelen:
- Er is geen programmeerafdeling nodig. Dit is vooral een voordeel voor kleine bedrijven met één of enkele machines. Het programma wordt gemaakt door de man met de beste kennis van de betreffende machine.
- Snelle reactietijd is mogelijk doordat programmeren, testen en bewerken elkaar onmiddellijk opvolgen. Dit kan bijvoorbeeld bij reparatiewerkplaatsen zeer belangrijk zijn. Bij het optreden van fouten in programma's kan de bedieningsman meteen ingrijpen en hoeft gedurende de nachtdienst niet eerst een programmeur van huis gehaald te worden.
- De bedieningsman krijgt een grotere taakinhoud. Dit kan leiden tot een hogere arbeidsmotivatie.

Nadelen:
- Gedurende het programmeren wordt er niet geproduceerd. De machine fungeert als een zeer dure programmeerplaats. **Parallelprogrammeren**, het programmeren terwijl de machine produceert, is tegenwoordig veelal mogelijk; in de praktijk wordt deze mogelijkheid nauwelijks gebruikt. Dit hoeft geen bezwaar te zijn wanneer de machine een lage bezettingsgraad heeft.
- Er worden hoge eisen gesteld aan kennis en vaardigheden van de bedieningsman. Hij kan dan ook aanspraak maken op een hogere salarisschaal. Teach-in besturingen zijn ontwikkeld om dit bezwaar te ondervangen.
- De programma's zullen vaak niet optimaal zijn. Ze zijn sterk persoonsgebonden. De werkplaats is ook

niet de ideale omgeving om de voor het programmeren benodigde concentratie op te brengen.
- Elke besturing kent een andere programmeertaal. Naarmate een bedrijf meer NC-machines aanschaft neemt de kans op verwarring toe.

Daarnaast gelden beperkingen voor de moeilijkheidsgraad van de producten. Bij het tekenen moet de wijze van maatinschrijving zo goed mogelijk worden afgestemd op de programmeermethode van de betreffende besturing.

11.8 NC bij niet-verspanende bewerkingen

De overgrote meerderheid van de NC-machines bestaat uit verspanings-machines. Bij veel niet-verspanende bewerkingen is de informatie betreffende het product vastgelegd in de gereedschappen, zoals gietvormen, snij- en dieptrekstempels. NC-besturing wordt hier nog het meeste toegepast bij scheidende bewerkingen zoals behandeld in hoofdstuk 4.

Enkele voorbeelden van toepassingen zijn:

- De revolverponsmachine (figuur 4.15). De meeste van deze machines kunnen zowel ponsen als knabbelen.
- Snijmachines, zoals brand-, waterstraal- en lasersnijmachines (figuur 11.43).
- Machines, die een aantal verschillende snijdende bewerkingen kunnen uitvoeren, bijvoorbeeld ponsen, knabbelen en lasersnijden.
- De draadvonkmachine (figuur 11.44). Voor het principe van draadvonken zie hoofdstuk 6. Door de draadgeleiders aan boven- en onderzijde van het werkstuk onafhankelijk van elkaar te besturen kunnen schuine vlakken en regelvlakken zoals kegels worden gesneden. Zonder NC-besturing is dit proces ondenkbaar.

Figuur 11.43 NC-lasersnijmachine

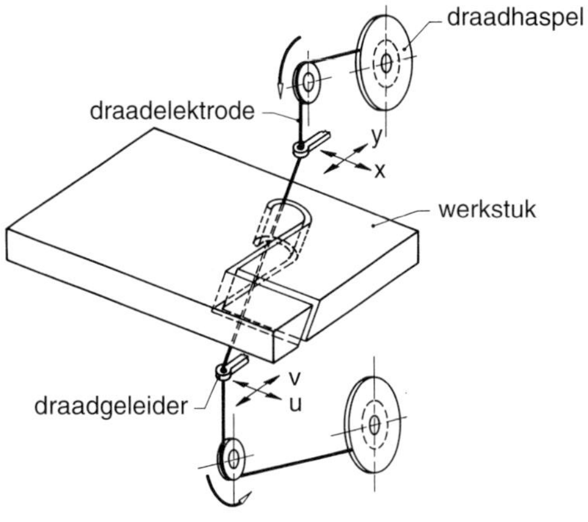

Figuur 11.44 Principe van NC-draadvonkmachine

Een bekende toepassing bij het omvormen is de NC-kantpers, figuur 11.45. Zie voor het principe van de kantpers hoofdstuk 3. Bij het vrijbuigen bepaalt de indrukdiepte van het stempel de buighoek, en de ingestelde positie van de achteraanslag de plaats van de buiglijn. Deze waarden moeten voor elke bocht opnieuw worden ingesteld. Bij het kanten van een serie producten zal men daarom bij de handbediende machine van alle producten eerst bocht 1 en vervolgens van alle producten bocht 2 buigen, enzovoort. De bedieningsman moet dus alle producten X keer opnemen en weer wegleggen. Met een NC-programma kunnen alle bochten van een product achter elkaar worden afgewerkt. Voor het hanteren van de plaat kan eventueel een robot worden ingezet.

Figuur 11.45 NC-kantpers

Bij het buigen van pijpen, bijv. hydraulische leidingen, moeten voor elke bocht 3 waarden worden ingesteld: de plaats van de bocht, (translatie in lengterichting van de pijp, Y) het vlak waarin de bocht ligt (rotatie om de

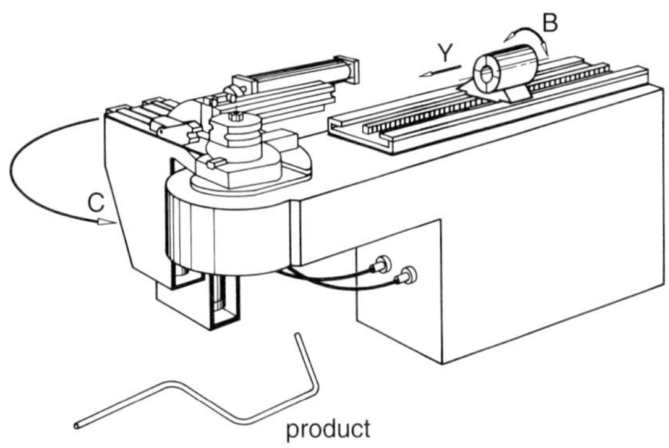

Figuur 11.46 NC-pijpenbuigmachine

hartlijn van de pijp, B) en de buighoek (rotatie van het buiggereedschap, C). Zie figuur 11.46. Bij de handbediende machine gebeurt dit door het instellen van aanslagen. Door het optreden van terugvering is het instellen van de buighoek altijd een "trial and error" proces. Bij NC-pijpenbuigmachines wordt het programma, na het maken van enkele proefbochten, nog gecorrigeerd voor de terugvering van de betreffende partij uitgangsmateriaal.

11.9 Industriële robots

11.9.1 Inleiding

De **industriële robot** maakt deel uit van een grote familie van hanteerapparaten ofwel **manipulatoren**. Het overzicht in figuur 11.47 laat zien dat alleen vrij programmeerbare manipulatoren onder de in de westerse wereld gebruikelijke definitie van industriële robots vallen. Bovendien ziet men universele bruikbaarheid, dus inzetbaarheid voor zeer uiteenlopende taken als een kenmerk voor industriële robots. Dit laatste betekent dat de robot het gehanteerde voorwerp langs willekeurige banen naar elke gewenste positie

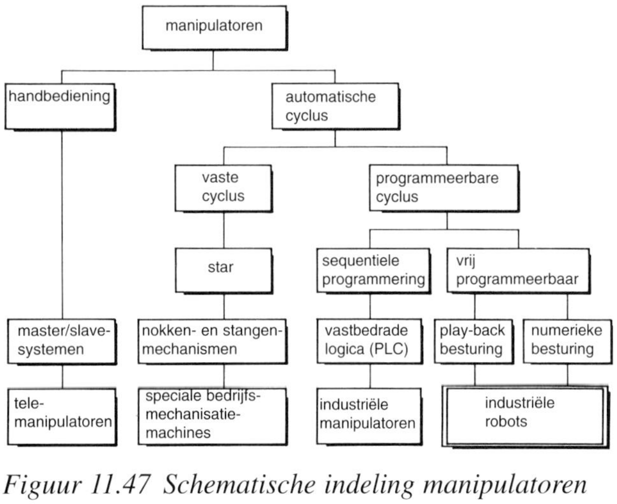

Figuur 11.47 Schematische indeling manipulatoren

binnen zijn werkbereik moet kunnen brengen. Hiervoor moet de robot in principe over 6 vrijheidsgraden beschikken. In een aantal gevallen kunnen 5 vrijheidsgraden voldoende zijn, bijv. bij het hanteren van roterend gereedschap of rotatiesymmetrische producten. In Japan gebruikt men vaak een veel ruimere definitie. Men moet dus voorzichtig zijn met het vergelijken van aantallen robots in Japan en westerse landen.

11.9.2 Robotsysteem

Een volledig **robotsysteem**, zie figuur 11.48, bestaat uit drie subsystemen:

- Robot,
- Besturing,
- Periferie.

Robot

Het mechanisme van de robot moet, zoals reeds vermeld, binnen een gegeven werkgebied, het product of het gereedschap in elke gewenste positie en oriëntatie kunnen brengen. Van de benodigde 5 of 6 vrijheidsgraden zijn er 3 nodig om het **polsgewricht** op de juis-

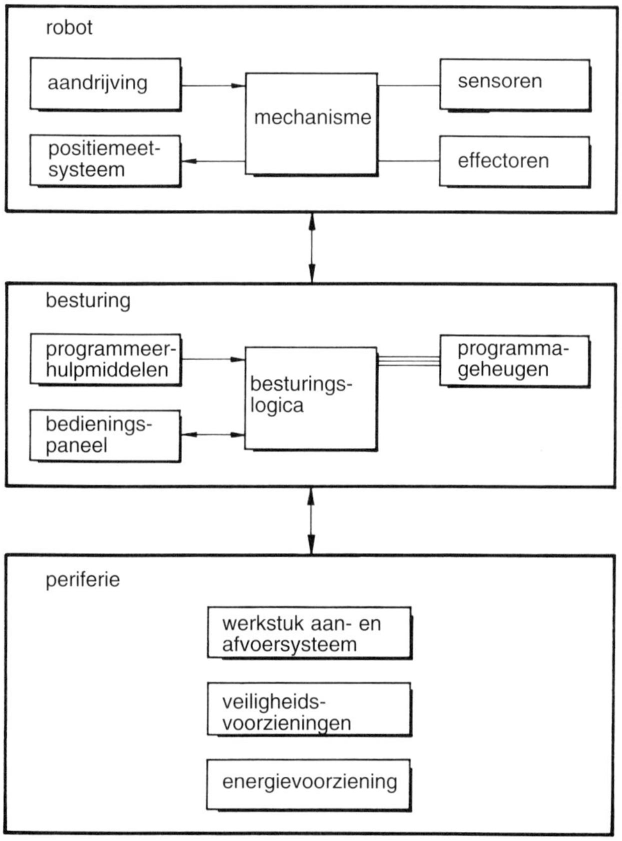

Figuur 11.48 Functioneel blokschema van een robotsysteem

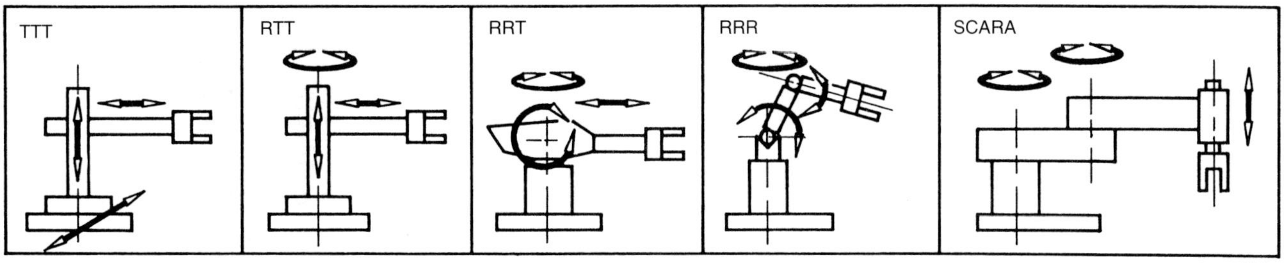

Figuur 11.49 De meest voorkomende robotconfiguraties

te plaats te brengen. De bewegingen kunnen translaties (T) of rotaties (R) zijn. Van de mogelijke combinaties zijn de meest gangbare afgebeeld in figuur 11.49. De aanduiding geeft, rekenend vanaf de vaste basis, de volgorde van de translerende en roterende elementen aan. Het meest voorkomende type, RRR, staat ook wel bekend als de **antropomorfe** (mensvormige) robot wegens de overeenkomst met de menselijke arm. De afkorting **SCARA** staat voor Selectively Compliant Assembly Robot Arm. De arm bestaat uit twee segmenten, elk met een verticale rotatie-as. Hierdoor beweegt de arm in een horizontaal vlak. Deze configuratie is speciaal geschikt voor montagewerk doordat de arm in het zojuist genoemde vlak een zekere flexibiliteit, **compliantie** bezit. Hierdoor kan de betrekkelijk onnauwkeurige robot zelfcentrerende nauwkeurig passende delen op hun plaats brengen. Het polsgewricht zorgt voor de oriëntatie van de

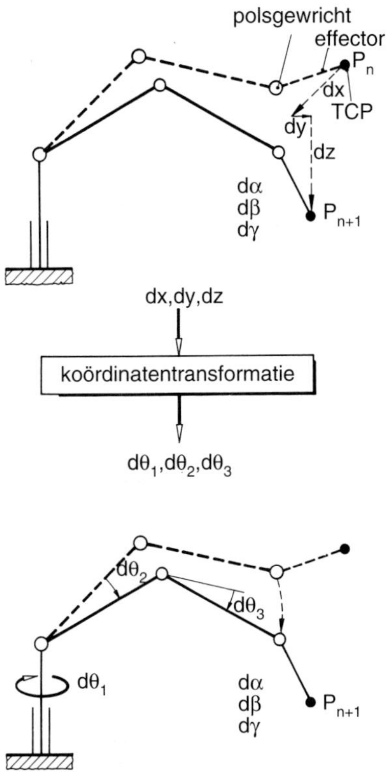

Figuur 11.50 Principe van coördinatentransformatie (TCP = "Tool Center Point")

effector, dit is de verzamelnaam voor grijpers voor producten en bewerkingsgereedschappen, zoals een laspistool, verfspuit of slijptol. Dit gewricht heeft dus twee of drie rotatie-assen.

Sensoren zijn de "zintuigen" van de robot. Ze maken het mogelijk dat de robot zijn bewegingen of verdere handelingen aanpast aan optredende variaties. Een bekend probleem in dit verband is het volgen van een lasnaad. Door verschillende oorzaken kan de plaats en/of de breedte van de lasnaad variaties vertonen. De robot moet zijn baan en/of de lasparameters, zoals voortloopsnelheid en stroomsterkte, daarbij aanpassen. De toepassing van sensoren staat overigens nog in de kinderschoenen.

Aandrijving en positiemeetsysteem zijn te vergelijken met die van NC-gereedschapwerktuigen. We vermelden hier slechts dat verreweg de meeste robots een elektrische aandrijving hebben. Alleen zeer zwaar belaste uitvoeringen zijn voorzien van een hydraulische aandrijving.

Besturing

De besturingen van industriële robots verschillen principieel niet van de gebruikelijke NC-besturingen. Een verschil wordt gevormd door de gecompliceerde coördinatentransformaties die de besturing met hoge snelheid moet berekenen. Zie figuur 11.50. Het programma vraagt een verplaatsing (dx, dy, dz) van het uiteinde van de effector langs een gegeven baan, en eventueel ook nog een variërende oriëntatie. De besturing van een RRR-robot moet dit voortdurend omrekenen naar de benodigde hoekverdraaiingen ($d\theta 1$, $d\theta 2$, $d\theta 3$, $d\alpha$, $d\beta$, $d\gamma$) van 6 scharnieren.

Een uitzondering hierop vormt de **play-back besturing** Bij dit type besturing wordt het bewegingspatroon éénmalig opgenomen doordat de programmeur de bewegingen met de hand "voordoet". Bij het "afspelen" van het programma herhaalt het bewegingspatroon zich. De play-back besturing verhoudt zich tot de "gewone" numerieke besturing als een video-opname tot een computeranimatie.

Periferie

De **periferie** wordt gevormd door de inrichtingen voor het opspannen en positioneren van producten en/of voor het aan- en afvoeren daarvan. De robotbesturing moet zorgen voor de coördinatie van de activiteiten van de robot en de periferie. Een goed voorbeeld is een lasinstallatie, figuur 11.51. De robot beweegt de lastoorts. De periferie bestaat uit een opspanmal, waarin de onderdelen van het werkstuk ten opzichte van elkaar worden gepositioneerd en een **lasmanipulator**, die de opspanmal in de gunstigste stand draait. Dit betekent dat de robot nog drie extra rotatie-assen moet besturen. Ook de beveiligingen die het personeel en de installatie moet beschermen tegen onverwachte bewegingen van de robotarm behoren tot de periferie. De robot met zijn besturing is in het algemeen een standaardproduct, met uitzondering van de effectoren. Deze laatste zijn sterk afhankelijk van de toepassing van de robot en worden meestal per geval ontwikkeld of aangepast. Veelal gebeurt dit in samenwerking met de robotleverancier. Hetzelfde geldt voor de periferie. De investeringen in effectoren en periferie overtreffen vaak ruimschoots de catalogusprijs van de "kale" robot. Een vuistregel zegt dat de prijs van een robotsysteem het drievoudige van de robot zelf (inclusief besturing) bedraagt.

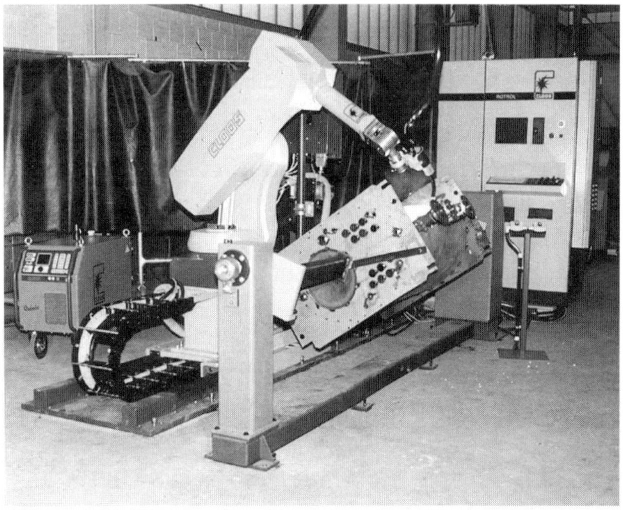

Figuur 11.51 Voorbeeld van lasinstallatie uitgerust met een industriële robot

11.9.3 Programmering

Er bestaan drie principieel verschillende manieren om robots te programmeren:

Play-back programmeren

Play-back programmeren is uiteraard van toepassing voor play-back besturingen. De programmeur, in dit geval meestal specialist op het gebied van de betreffende bewerking, voert met de hand het vereiste bewegingspatroon uit. De bewegingen van de elementen van het robotmechanisme worden geregistreerd en naderhand "afgespeeld". De robot kan zo de soepele bewegingen van de menselijke hand maken. Programmeerkennis is niet vereist. Een belangrijk nadeel is dat het corrigeren van fouten, net zoals bij een beeldopname, nauwelijks mogelijk is. De methode is niet geschikt voor nauwkeurige bewegingen. De meest gangbare toepassing is het verfspuiten.

Teach-in programmeren

Bij **teach-in programmeren** beschikt de programmeur over een bedieningskastje, dat met een lange kabel verbonden is met de besturing. Hiermee stuurt hij de effector van de robot naar het gewenste punt. Vervolgens legt hij dit punt met een druk op de knop vast in het programmageheugen. Daarnaast kunnen andere commando's betreffende de af te leggen baan, het openen of sluiten van de grijper, het starten van de lasboog en dergelijke worden vastgelegd. Het is mogelijk te werken met subroutines en voorwaardelijke sprongen, zoals in een computerprogramma.

Deze methode vraagt veel meer kennis betreffende het programmeren. Voordelen zijn de grotere mogelijkheden ten aanzien van de bereikbare nauwkeurigheid, het maken van programma's waarbij de robot zich aanpast aan variabele omstandigheden, en het corrigeren van fouten. Teach-in programmeren is momenteel de meest toegepast methode.

Voor beide methoden geldt als nadeel dat de robot tijdens het programmeren niet productief is.

Off-line programmeren

Off-line programmeren gebeurt los van de robot met behulp van een gespecialiseerde computertaal. De methode is te vergelijken met het programmeren van NC-gereedschapwerktuigen met een hogere programmeertaal, zie paragraaf 11.7.4. Door de gecompliceerde bewegingsmogelijkheden van een robot is dit een lastige opgave. Er worden hoge eisen gesteld aan het ruimtelijk voorstellingsvermogen van de programmeur, vooral om te voorkomen dat ergens botsingen tussen de robot en zijn omgeving optreden. Grafische simulatie op een beeldscherm kan hierbij zeer nuttig zijn. Het off-line programmeren komt nog maar langzaam uit het experimentele stadium.

11.9.4 Toepassingen van robots

Een industriële robot is voor vele doeleinden te gebruiken. Een robotsysteem daarentegen, is altijd bestemd voor een bepaald toepassingsgebied. De bekendste toepassingsgebieden zijn, ruwweg in volgorde van belangrijkheid:

- puntlassen, vooral in de auto-industrie,
- booglassen,
- monteren,
- hanteren van producten, laden en lossen van machines, palletiseren (geordend stapelen),
- verfspuiten,
- lijmen, kitten (aanbrengen van een rups lijm of kit bij het monteren),
- testen en kwaliteitscontrole,
- lichte bewerkingen zoals boren, afbramen of scheidende bewerkingen, bijv. waterstraalsnijden.

De flexibiliteit van de robot wordt duur betaald. Een compleet systeem vergt een investering tussen *f* 100.000,- en *f* 500.000,- en soms nog hoger. Uit oogpunt van kosten kan men robots alleen inzetten waar deze flexibiliteit wordt benut voor:

- Het fabriceren van kleine series,
- Het uitvoeren van handelingen die te complex zijn om op andere wijze te automatiseren. Denk bijvoorbeeld aan de bewegingen nodig voor het puntlassen van een auto-carrosserie.

Ook in deze gevallen is de robot meestal alleen rendabel wanneer deze tenminste in twee-ploegendienst werkt.

Andere redenen om robots in te zetten kunnen zijn:
- Het uitvoeren van gevaarlijke, ongezonde of geestdodende werkzaamheden,
- Het opvangen van tekorten aan vakbekwaam personeel, bijv. lassers,
- Het bereiken van een constante kwaliteit, bijv. bij laswerk.

11.10 Gevolgen van automatisering voor het personeel

Ter afsluiting van dit hoofdstuk volgen hier enige opmerkingen over de **sociale aspecten** van de automatisering van de productie. Automatisering grijpt sterk in op de werksituatie van de werknemers. Dit geldt trouwens niet alleen in een productie-omgeving maar ook, en misschien nog wel sterker, voor administratieve werkzaamheden.

Automatiseren betekent het overnemen van werkzaamheden van de mens door de machine. Dit betekent dat de functie, zoals deze tot dan toe werd vervuld, geheel of gedeeltelijk verloren gaat. Al in paragraaf 1.1 werd gesproken over de weerstand van de werknemers tegen de invoering van automatisch werkende weefgetouwen uit vrees voor verlies van hun baan.

Sinds het begin van de industriële revolutie is de **productiviteit**, dus de hoeveelheid producten, die een werknemer per tijdseenheid kan fabriceren gestegen met een factor van tenminste 100. Toch heeft dit, gezien op lange termijn, niet geleid tot massale werkloosheid. Hogere productiviteit leidt tot de mogelijkheid om hogere lonen te betalen, dus tot meer koopkracht en behoefte aan producten. In de loop van twee eeuwen heeft dit in de westerse industrielanden geleid tot de huidige materiële welvaart, met alle bijbehorende gevolgen.

Deze paragraaf is niet de plaats om discussies over economische groei en milieu te voeren. Wel dient de vraag aan de orde te komen welke rol verdergaande automatisering speelt op een moment, dat de wenselijkheid van productieverhoging twijfelachtig geworden is.

Productiviteitsverhoging leidt niet alleen tot toename van productie, maar ook tot verschuiving van werkgelegenheid. Zeer duidelijk te zien is dit bijv. in de landbouw, zie figuur 11.52. In de loop van deze eeuw is het

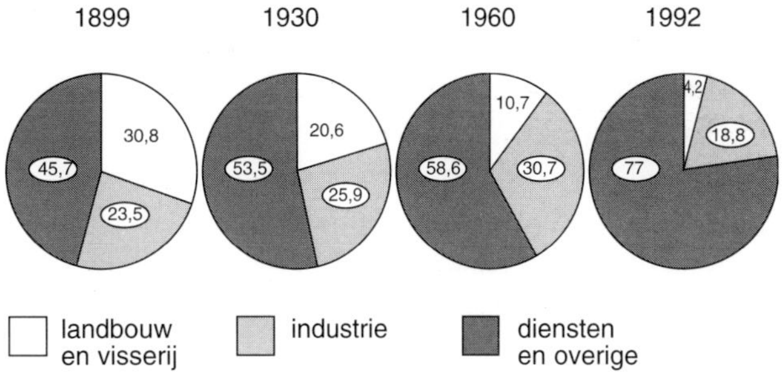

Figuur 11.52 Het verloop van de verdeling van de werkgelegenheid over landbouw/visserij, industrie en dienstverlening tussen 1899 en 1992. (CBS)

percentage werkenden in de landbouw in Nederland gedaald van 31 tot 4. Deze daling gaat nog steeds verder en is aanvankelijk opgevangen door de groei van de industrie. Later is ook in deze sector een daling opgetreden, zij het minder sterk, en werden de particuliere dienstverlening en de overheid de groeisectoren. Maar ook in deze sectoren wordt op grote schaal geautomatiseerd. Het is moeilijk te overzien welke nieuwe groeisectoren er nog kunnen ontstaan. Misschien moet verdergaande arbeidstijdverkorting het werkgelegenheidsprobleem oplossen.

Bovenstaande overwegingen gelden op de lange termijn, en zijn weinig richtinggevend voor een bedrijf, dat op een gegeven moment een keuze moet maken voor een automatiseringsproject. Hier zullen, naast de economische en technische aspecten, de gevolgen voor de huidige werknemers, maar ook de beschikbaarheid van mensen die in de nieuwe situatie nodig zijn, beschouwd moeten worden. Vragen, die hierbij een rol spelen zijn:

Werkgelegenheid:
- Kunnen de overbodig geworden werknemers elders in het bedrijf worden geplaatst, eventueel na omscholing?
- Leidt de verbeterde concurrentiepositie tot een vergroot marktaandeel en dus productieverhoging, die het verlies aan werkgelegenheid compenseert? (In dat geval verschuift het verlies aan banen naar elders.)

Kwaliteit van het werk:
- Wat is de inhoud van het na het automatiseren resterende werk? De invoering van NC kan leiden tot verlaging van de taakinhoud wanneer het programmeren geheel in de werkvoorbereiding plaatsvindt en daarmee het vakmanschap van de machinebediener overbodig wordt. Toepassen van werkplaatsprogrammering levert juist een grote taakverruiming op. Kan het aanwezige personeel dit aan?
- Hoe veranderen de werkomstandigheden? Bij een gedeeltelijk geautomatiseerde montagelijn kan de afstand tussen de resterende werknemers zo groot worden dat het onderlinge contact verloren gaat. Juist dit contact maakt het op zichzelf geestdodende, repeterende werk voor veel mensen aanvaardbaar.

In veel gevallen levert automatisering een aantal hoogwaardige functies op en daarnaast werk met een zeer laag niveau. Het gevaar is aanwezig dat een midden-categorie werknemers tussen de wal en het schip raakt. Het is zaak de wijze van automatisering hierop af te stemmen: wat wel, wat niet te automatiseren, wat worden de beslissingsbevoegdheden van de betreffende werknemer?

In zijn algemeenheid moet de vraag gesteld worden in hoeverre de automatisering past bij de ontwikkeling van de beroepsbevolking. Aan de ene kant zien we bij de beroepsbevolking een toenemend opleidingsniveau, aan de andere kant een tekort aan functies voor laaggeschoold personeel, alsmede een tekort aan vaklieden en hooggeschoold personeel. Wat is het effect van het dalend aantal jonge mensen dat op de arbeidsmarkt beschikbaar komt? Is het werk aantrekkelijk genoeg om jonge mensen ervoor te motiveren? Automatiseringsbeleid is niet los te maken van personeelsbeleid.

Betrokkenheid van de werknemers

Het is van groot belang om zowel bij de voorbereiding als bij de uitvoering van automatiseringsprojecten de mensen, die uiteindelijk het werk moeten doen, reeds in een vroeg stadium volledig bij het project te betrekken. Projecten waarbij geen optimaal gebruik wordt gemaakt van hun kennis zijn meestal tot mislukken gedoemd, niet zozeer door tegenwerking, maar vooral omdat de automatiseerders nooit alle details kunnen overzien. Deze stelling wordt weliswaar door iedereen onderschreven; in de praktijk blijkt echter maar al te vaak dat het toch weer fout gelopen is!

Het is de taak van het management kennis en intelligentie van de werknemers zo goed mogelijk te gebruiken. Dit geldt zowel tijdens het automatiseringsproces zelf als bij het ontwerpen van de uiteindelijke werksituatie.

Bij goed opgezette projecten blijkt dat de moderne werknemer graag bereid en in staat is zijn bijdrage te leveren en dat hij zeer goed begrijpt dat een goede concurrentiepositie van zijn bedrijf ook in zijn belang is.

SAMENVATTING

De structuur van gereedschapwerktuigen volgt logisch uit de functies van de componenten en uit de daaraan gestelde eisen.

Bij de starre automatisering wordt de informatie over het product en de bewerking ingevoerd met mechanische middelen, bij de flexibele automatisering met snel verwisselbare informatiedragers. Hierdoor is de toepasbaarheid van automatisering uitgebreid naar kleine productaantallen.
Ook producten met een hoge moeilijkheidsgraad zijn op deze wijze te verwerken.

Numeriek bestuurde machines worden gekenmerkt door:

- Het aantal bestuurde assen,
- De mogelijkheden van de besturing,
- De aard van het meetsysteem,
- De mate waarin het bewerkingsproces is geautomatiseerd,
- De mate waarin meerdere machines met elkaar zijn verbonden.

Programmeren van numeriek bestuurde machines kan plaatsvinden:

- Met de "hand", alleen geschikt voor zeer eenvoudige toepassingen;
- Computergesteund, los van de machine, met de varianten:
  hogere programmeertalen, algemeen toepasbaar,
  programmeerplaats, sterk machinegebonden,
  CAD/(CAPP)/CAM systeem, algemeen toepasbaar, sterk in opkomst;
- Machineprogrammering, het in de werkplaats rechtstreeks programmeren van de machine.

Industriële robots zijn vrij programmeerbare manipulatoren. Een robotsysteem bestaat uit de robot met de effector, de besturing en de periferie.
Het programmeren van robots kan plaatsvinden volgens:

- Play-back methode, het met de hand "voordoen" van de bewegingen,
- Teach-in methode, het met een bedieningspaneel verplaatsen van de effector en de bereikte punten opslaan als elementen van de af te leggen baan,
- Off-line programmeren, het los van de robot programmeren met een speciale computertaal.

Bij het automatiseren in productiebedrijven is het noodzakelijk de gevolgen voor het personeel te beschouwen ten aanzien van:

- de werkgelegenheid,
- de kwaliteit van het werk,
- de vereiste kwalificaties van het personeel.

Een automatiseringsproject kan alleen slagen wanneer de rechtstreeks betrokken werknemers vanaf het begin van het project meewerken aan de opzet en de uitwerking ervan.

LITERATUUR

[11.1] Reijers L.N., De Haas H.J.L.M., Flexibele Produktie Automatisering,
deel 1: Numerieke besturing, De Vey Mestdagh, 1991, ISBN 90-6376-037x
deel 2: Produktiesystemen, De Vey Mestdagh, 1990, ISBN 90-6376-0329
deel 3: Industriële robots, De Vey Mestdagh, 1989, ISBN 90-6376-0264.

[11.2] Deckers J.W., Schellekens R., Verspaningstechnologie, Educaboek, ISBN 90-11-020677.

OEFENVRAGEN

11.1 Omschrijf het begrip flexibiliteit. Op welke manier wordt flexibiliteit verkregen bij a) enkel- en kleinseriefabricage, b) grootserie- en massafabricage. Welke van deze productiewijzen stelt de hoogste eisen aan de flexibiliteit?

11.2 Schets de schematische opbouw van a) een centerdraaimachine, b) een rondslijpmachine. Verklaar de verschillen in kinematische opbouw aan de hand van de proceskenmerken en functionele eisen aangegeven in resp. figuur 11.1 en 11.2.

11.3 Wat zijn neventijden? Geef twee voorbeelden van inrichttijden en twee van cyclische neventijden, die optreden bij verspanende bewerkingen.

11.4 Noem de 4 afzonderlijke kostenposten, die bepalend zijn voor de inzet van de verschillende typen draaimachines als functie van de product-aantallen. Vergelijk in één grafiek de productkosten als functie van het product-aantal voor een revolverdraaimachine en een meerspilautomaat.

11.5 Omschrijf het verschil tussen starre en flexibele automatisering. Bespreek dit aan de hand van het verschil tussen het speelwerk van een carillon en het draaiorgel. Waarom is er steeds meer behoefte aan flexibele vormen van automatisering?

11.6 Schets een "K-grafiek". Geef de betekenis van de assen aan. Noem twee factoren die bepalend kunnen zijn voor de waarde, aangegeven op de horizontale as.

11.7 Voor een draaiproduct moet worden gekozen tussen produceren met een automaat, een NC-machine of een centerdraaimachine.
Gegeven:

Kosten	Draai-automaat	NC-draai-machine	Centerdraai-machine
Voorbereiding	Fl 2500,-	Fl 500,-	Fl 200,-
Inrichten	Fl 600,-	Fl 200,-	Fl 100,-
Cyclische	Fl 10,-	Fl 20,-	Fl 30,-

Schets een grafiek die voor de drie methoden het verband geeft tussen de grootte van de fabricageserie en de kostprijs per stuk. Het aantal fabricageseries bedraagt 4.
Bepaal de seriegroottes waarbij de lijnen elkaar snijden.

11.8 Zie vraag 11.7. Voor een ander product gelden de volgende waarden:

Kosten	Draai-automaat	NC-draai-machine	Centerdraai-machine
Voorbereiding	Fl 1500,-	Fl 500,-	Fl 200,-
Inrichten	Fl 500,-	Fl 200,-	Fl 100,-
Cyclische	Fl 10,-	Fl 20,-	Fl 22,-

Het aantal series bedraagt 4.

Teken weer de in vraag 11.7 bedoelde grafiek. Wat is uw conclusie over het verschil tussen de producten in beide vragen? Denk daarbij aan de K-grafiek.

11.9 Omschrijf het begrip terugkoppeling.

11.10 Er moet een cirkelvormige baan met een straal R en een tolerantieveld ± t worden gefreesd. Laat met schetsen zien dat het aantal te programmeren blokken in sterke mate afhangt van de aard van de besturing (lijnbesturing of baanbesturing) en de wijze van interpoleren (lineaire of circulaire interpolatie).

11.11 Omschrijf de volgende begrippen:
Direct en indirect meten,
Absoluut, cyclisch absoluut en incrementeel meten,
Scheidend vermogen en meetonzekerheid.

11.12 Wat wordt bedoeld met een bewerkingscentrum en wat met een draaicentrum? Noem twee voordelen van deze typen machines, die niet rechtstreeks met de fabricagekosten te maken hebben en verklaar deze voordelen. Schets een voorbeeld van een product dat geschikt is om te bewerken op een draaicentrum.

11.13 Beschrijf een mechanisme om gereedschappen automatisch te wisselen bij een draaimachine. Waarom is zo'n mechanisme minder geschikt voor een bewerkingscentrum?

11.14 Bereken de coördinaten van de punten B, C en E van figuur 11.38.

11.15 Wat wordt bedoeld met computergesteund programmeren en wat met machineprogrammeren? Noem de belangrijkste voor- en nadelen van computergesteund programmeren ten opzichte van machineprogrammeren.

11.16 In welke stappen verloopt het computergesteund programmeren met een hogere programmeertaal? Wat is hierbij de rol van de "postprocessor"? Wat is het verschil tussen geometrisch en technologisch georiënteerde programmeertalen?

11.17 Welke zijn de drie belangrijkste soorten elementen in APT? Waarvoor worden deze gebruikt? Wat wordt bedoeld met de CL-file? In welke fase van het proces komt deze tot stand?

11.18 Geef de definitie van een industriële robot. Wat betekent de term "RRT-robot"? Schets de kinematische opbouw en de werkruimte van zo'n robot en ook die van een RRR-robot.

11.19 Teken een blokschema van een robotsysteem en omschrijf de functie van de elementen van dit schema. Wat zijn de verschillen tussen de besturingen van NC-machines en van robots? Geef enkele voorbeelden van de periferie van een robot voor montagewerk.

11.20 Omschrijf de drie programmeersystemen voor robots. Geef globaal de toepassingsgebieden van deze systemen aan.

11.21 Geef drie voorbeelden van de toepassing van robotsystemen. Noem ook drie situaties waarin de hoge investeringskosten van een robotsysteem acceptabel zijn.

11.22 Welke argumenten spelen een rol bij het beantwoorden van de vraag of het sociaal verantwoord is werkgelegenheid te vernietigen door het invoeren van geautomatiseerde productiemethoden?

PRODUCTIEVOORBEREIDING

12

DOEL VAN DIT HOOFDSTUK:

Het geeft het belang aan van de productievoorbereiding in uiteenlopende situaties.
Het beschrijft de taken van de productievoorbereiding.
Het beschrijft de werkwijze bij het bepalen van de fabricagemethode van eenvoudige onderdelen. Het geeft concrete richtlijnen voor het uitwerken van een gedetailleerde werkvoorbereiding voor het verspanend bewerken van giet- en smeedstukken.
Het behandelt de automatisering van de werkvoorbereiding.
Het hoofdstuk wordt afgesloten met de behandeling van twee uitgewerkte voorbeelden van de werkvoorbereiding voor het gieten en verspanend bewerken van een eenvoudig werkstuk en voor het uitsnijden en buigen van een plaatwerkstuk.

12.1 De betekenis van de productievoorbereiding

Producten worden gemaakt door een opeenvolging van bewerkingen. Men noemt dit de **fabricagemethode**.

Het ontwerpen van producten en het ontwerpen van fabricagemethoden om die producten te maken, hebben veel overeenkomsten. Aan producten worden veel uiteenlopende eisen gesteld. De belangrijkste daarvan is dat het product optimaal is afgestemd op de behoeften van de klant. Ook aan de fabricagemethoden worden veel uiteenlopende eisen gesteld. De belangrijkste hiervan is dat de fabricagemethode optimaal is afgestemd op de beschikbare mogelijkheden, dus de machines, de mensen en de overige hulpmiddelen, en op de kenmerken van het product.

Opmerking: De aanwezigheid van een groep goed ingewerkte mensen, die goed kunnen samenwerken is ongetwijfeld de belangrijkste bijdrage aan het goed functioneren van een productiebedrijf. Mensen zijn echter relatief zeer universeel inzetbaar. Daardoor worden in de praktijk de mogelijkheden toch meestal grotendeels bepaald door de aanwezige productiemiddelen. Dat is de reden dat zij toch eerst genoemd worden.

De bedrijfsprocessen ontwerpen van de producten en ontwerpen van de fabricagemethoden gaan beide vooraf aan de eigenlijke fabricage. Zij behoren tot de (éénmalige) voorbereidende activiteiten. Bij beide activiteiten komen zowel creatieve als routinematige werkzaamheden voor. In beide gevallen is er een aantal opeenvolgende fasen te onderscheiden. Beide activiteiten hebben een sterk iteratief karakter; terugspringen naar eerdere fasen komt regelmatig voor omdat een genomen beslissing verderop tot problemen blijkt te leiden.

Het ontwerpen van fabricagemethoden wordt meestal aangeduid met **productievoorbereiding** of **fabricagevoorbereiding**.

Opmerking: In het Engels spreekt men van Process Planning. Het woord "planning" heeft hier dus een andere betekenis dan het "Nederlandse" woord "planning".

Het is een veelzijdig vakgebied, dat meestal wordt uitgeoefend door werktuigbouwkundigen op MBO- of HBO-niveau. Naast algemene kennis van de productietechniek is een ruime bedrijfservaring en een gedetailleerde kennis van de mogelijkheden van het betreffende bedrijf nodig. De bedrijfsfunctie productievoorbereiding neemt een centrale plaats in binnen productiebedrijven. Zij heeft contacten naar vele andere bedrijfsfuncties zoals ontwerp, productiebesturing, kostprijsberekening, fabricage, inkoop en kwaliteitsdienst, zie figuur 13.3. Omdat de **maakbaarheid** van producten grote invloed heeft op de kostprijs moet met name de ontwerper een goed inzicht hebben in de consequenties van materiaalkeuze en vormgeving voor de fabricagemethode. Omdat het hem aan gedetailleerde kennis zal ontbreken, moet hij daarnaast intensieve contacten met de productievoorbereiding onderhouden.

Bij de productievoorbereiding kunnen zich twee uiteenlopende situaties voordoen:

- Men moet het beschouwde product, of een familie van producten, maken met reeds beschikbare middelen waarvan men de mogelijkheden dus goed kent. In deze situatie heeft de fabricagevoorbereiding een vrij sterk routinematig karakter, al blijft veel creativiteit een vereiste. Men kan gebruik maken van eerdere ervaringen, die soms gedeeltelijk zijn vastgelegd in regels, tabellen en computerprogramma's. Men spreekt nu van **werkvoorbereiding**.

- Men zoekt naar de best mogelijke fabricagemethode voor een nieuw product, of een nieuwe familie van producten, en men wil zich daarbij niet op voorhand beperken tot de reeds beschikbare capaciteiten. Nu moet men op een creatieve wijze de mogelijkheden van allerlei in aanmerking komende fabricagemethoden onderzoeken en daaruit een keuze maken. Dit kan belangrijke investeringen in nieuwe gereedschappen, machines en zelfs hele fabrieken tot gevolg hebben. Deze activiteit wordt vaak aangeduid met **productie-ontwikkeling**.

De eerste situatie doet zich vooral voor bij de kleinseriefabricage van nieuwe leden van bestaande productfamilies. Dit is de typische situatie in machinefabrieken waar kapitaalgoederen, zoals productiemachines, scheepsdieselmotoren of specialistische apparatuur voor ziekenhuizen en laboratoria worden vervaardigd. De tweede situatie treedt op wanneer geheel nieuwe producten of productfamilies gefabriceerd moeten worden. Dit kunnen producten zijn met afwijkende vormen of productafmetingen, of hogere nauwkeurigheden of producten bestaande uit nieuwe materiaalsoorten. Het kan ook voorkomen dat een nieuw ontwerp, vaak een consumentenproduct, bijvoorbeeld een personenauto, in zeer grote aantallen vervaardigd moet worden. Het is dan zinvol de fabricagemethode naar de nieuwste inzichten te optimaliseren. Soms maken nieuwe ontwikkelingen in de productietechniek het nodig om, ook bij bestaande producten, de productiemethode ingrijpend te herzien. Dit doet zich bijvoorbeeld voor in de auto-industrie. Voor nieuwe modellen wordt vaak een geheel nieuwe fabriek gebouwd. Daarom is de investering in een nieuw model personenauto vaak enkele miljarden guldens.

Vroeger was het vaak zo dat de productievoorbereiding zich pas ging verdiepen in de fabricagemethode als het ontwerp helemaal gereed was. Thans streeft men ernaar om product- en productie-ontwikkeling zoveel mogelijk gelijktijdig en in nauwe samenwerking te laten verlopen. Men duidt dit aan met **simultaneous engineering**.

Dit hoofdstuk is in hoofdzaak gericht op de werkvoorbereiding, dat wil zeggen het vaststellen van de fabricagemethode bij beschikbare capaciteiten.

12.2 Stadia in het voortbrengingsproces

Er bestaat een oneindige verscheidenheid aan producten en fabricagemethoden. Toch is er in de fabricage een aantal stadia te onderkennen die steeds terugkomen. Deze stadia zijn:

- Materiaalbereiding, de winning en bereiding van het primaire materiaal.

- Primaire vormgeving, het verwerken van het materiaal in een halffabrikaat door middel van oervormen en omvormen. Dit is behandeld in hoofdstuk 2 en 3. Onder primaire vormgeving kan men echter ook verstaan het samenvoegen van stukken voorgevormd metaal door lassen, solderen of lijmen. Zo ontstaat een machineframe door het aaneenlassen van stukken staalplaat. Dit ruwe onderdeel wordt vervolgens verder bewerkt. Ook de in hoofdstuk 6 behandelde aangroeitechnieken horen in deze groep thuis.

- Secundaire vormgeving, het bewerken van een halffabrikaat tot een onderdeel. Dit kan gebeuren door omvormen, hoofdstuk 3, scheiden, hoofdstuk 4 of afnemen, hoofdstuk 5. Een aantal "niet-conventionele" methoden voor materiaalbewerking is verzameld in hoofdstuk 6.

- Materiaalbehandeling, het bereiken van de voor de bewerking of de functie van het product vereiste materiaaleigenschappen.

- Oppervlaktebehandeling, het realiseren van de gewenste eigenschappen van het werkstukoppervlak door het aanbrengen van lagen of het veranderen van de eigenschappen van de oppervlaktelaag. Bij de oppervlaktebehandelingen behoren ook het afbramen en het reinigen.

- Montage, het combineren van onderdelen tot een samengesteld product. De verbindingstechnieken zijn behandeld in hoofdstuk 8, het monteren in ruimere zin in hoofdstuk 10.

Een fabricagemethode bestaat dus uit een aantal opeenvolgende bewerkingsstappen. Het aantal stappen kan variëren van 1 tot meer dan 50. Het is noodzakelijk de stappen zorgvuldig op elkaar af te stemmen. Het resultaat van een bepaalde stap wordt vaak in hoge mate bepaald door dat van de voorafgaande stappen. Dit geldt voor de beheersing van zowel de materiaaleigenschappen als van de geometrie.

12.3 Werkvoorbereiding

12.3.1 Taken van de werkvoorbereiding

De werkvoorbereiding geeft min of meer gedetailleerd aan welke bewerkingsmethoden in de opeenvolgende stadia toegepast zullen worden. De materiaalbereiding op zich staat daar meestal buiten. De keuze van het uitgangsmateriaal en de primaire vormgevingsmethode worden vaak reeds bepaald door de ontwerper, bijvoorbeeld de keuze tussen een gegoten of een gelast machineframe. De ontwerper legt hiermee in feite de fabricagemethode in hoofdlijnen vast, echter zonder dit uitdrukkelijk te vermelden. Men noemt dit wel de **conceptuele werkvoorbereiding**. Overigens kunnen ook schijnbaar onbelangrijke details van een ontwerp in hoge mate bepalend zijn voor de fabricagemethode, bijvoorbeeld de wijze waarop een maat met de bijbehorende toleranties wordt ingeschreven op de tekening.

De afdeling werkvoorbereiding moet de ideeën van de ontwerper, die zijn vastgelegd in de vormgeving van het te maken product, verder uitwerken. De eerste beslissing is de keuze van de primaire vormgevingsmethode wanneer deze nog niet vastligt. Een stalen as kan vervaardigd worden uit gewalst stafmateriaal door verspanen (in hoofdzaak draaien). Een alternatief is eerst smeden en dan verspanen. Een belangrijke vraag hierbij is of het product in eigen bedrijf zal worden vervaardigd of dat het werk beter geheel of gedeeltelijk bij een gespecialiseerd bedrijf kan worden uitbesteed. Dit staat bekend als de **make-or-buy** beslissing.

In het onderstaande zullen wij ons in het bijzonder richten op een verspanende afdeling, waar een aantal vlakken van smeed- en gietstukken nog moet worden bewerkt, omdat bij de vervaardiging van deze halffabrikaten niet voldaan kan worden aan de eisen betreffende de geometrische nauwkeurigheid of oppervlaktekwaliteit.

Achtereenvolgens moet de werkvoorbereiding vaststellen:
- in welke volgorde de benodigde bewerkingen dienen te worden uitgevoerd,
- welke machines, opspanmiddelen, verspanende gereedschappen en verspaningscondities daarvoor het beste kunnen worden gebruikt.
- welke instel- en bewerkingstijden bij de gekozen bewerkingsmethode benodigd zijn, dit ten behoeve van de afdelingen calculatie en planning.
- welke gereedschappen en halffabrikaten moeten worden aangeschaft, of ontworpen en vervaardigd.

Uiteraard probeert men de kostprijs van de producten zo laag mogelijk te houden. Dit alles kan niet goed gebeuren als men geen totaaloverzicht heeft van wat er in de productie-afdeling aanwezig is en gebeurt, en dat overzicht niet bijhoudt.
In de resterende paragrafen van dit hoofdstuk richten we ons voornamelijk op verspanende bewerkingen. Voor andere bewerkingsmethoden gelden soortgelijke richtlijnen.

12.3.2 Het bewerkingsplan

Het bewerkingsplan is te verdelen in de **macro-** en **microwerkmethode**. De macro-werkmethode is het deel van het bewerkingsplan dat alleen door de werkvoorbereider kan worden gemaakt omdat alleen hij het totaaloverzicht over alle bewerkingsstappen heeft. Dit betekent dat hij de bewerkingsstappen per opspanning aangeeft, inclusief de eventueel benodigde productgebonden spangereedschappen. De micro-werkmethode omschrijft de bewerkingsvolgorde binnen de verschillende opspanningen, de keuze van niet productgebonden gereedschappen en de verspaningscondities. Bij de kleinseriefabricage wordt de bepaling van de micro-werkmethode meestal aan de bedieningsvakman overgelaten. Dit geldt ook bij het werkplaats- en machineprogrammeren van NC-machines, zoals beschreven in hoofdstuk 11.

In de massafabricage is het nodig dat de werkvoorbereiding ook de micro-werkmethode verregaand optimaliseert. Hand- of computerprogrammering van NC productiemachines gebeurt eveneens binnen de werkvoorbereiding.

Bij de keuze van de werkmethode spelen vele aspecten een rol. Hiertoe behoren:

- de grootte van de totaalserie en van de fabricageserie, zie hoofdstuk 14,
- het werkstukmateriaal (in verband met de keuze van de snijmaterialen en de verspaningscondities),
- de afmetingen en vorm van het werkstuk (zowel de uitgangsvorm van het halffabrikaat als de gewenste eindvorm van het product zijn van belang),
- de geometrische eisen aan de te bewerken vlakken:
  - maatnauwkeurigheid,
  - vormnauwkeurigheid,
  - plaatsnauwkeurigheid,
  - ruwheid,
- de af te nemen hoeveelheid werkstukmateriaal,
- de beschikbare capaciteiten:
  - personeel (kennis, ervaring),
  - machines (soorten, afmetingen van de werkruimte, nauwkeurigheid),
  - gereedschappen (universeel, speciaal),
  - ruimte (transport, tussenopslag),
- de levertijd,
- het totale werkaanbod.

12.4 Vereenvoudigde richtlijnen

Om voldoende inzicht in de werkwijze van de werkvoorbereider te verwerven zal de student zelf in staat moeten zijn voor eenvoudige gevallen een werkvoorbereiding te maken. Omdat dit hoofdstuk niet bedoeld is als een versnelde opleiding voor werkvoorbereiders hanteren we hierbij een aantal sterk vereenvoudigde richtlijnen, die bij het uitwerken van oefenvragen kunnen worden gebruikt. Deze richtlijnen betreffen het spannen, de bereikbare maatnauwkeurigheden en oppervlaktekwaliteiten en de bewerkingsstappen die nodig zijn om deze resultaten te verkrijgen. De gedetailleerde keuze van gereedschappen en verspaningscondities blijft buiten beschouwing.

12.4.1 Het spannen van werkstukken

Bij verspanende bewerkingen moeten de werkstukken bevestigd worden op het gereedschapwerktuig. Men noemt dit **spannen**. Het bepalen van de juiste spanmethode is een essentieel onderdeel van de werkvoorbereiding. Reeds bij het ontwerpen van een product moet men er rekening mee houden dat het werkstuk zodanig moet kunnen worden opgespannen dat de gewenste eindvorm, zonder al te veel moeite en met voldoende nauwkeurigheid, kan worden gerealiseerd. Dit is vooral van belang bij giet- en smeedstukken. Deze kunnen bijvoorbeeld van speciale nokken ten behoeve van het opspannen worden voorzien.

Het spannen moet drie hoofdfuncties vervullen, namelijk:
- **positioneren:** (op zijn plaats brengen),
- **klemmen:** (op zijn plaats houden),
- **ondersteunen:** (tegengaan van elastische of plastische vervormingen).

Het spangereedschap moet:
- het werkstuk nauwkeurig en eenduidig positioneren,
- voldoende klemkracht leveren,
- weerstand bieden tegen beschadiging van oplegpunten en -vlakken en tegen vervormingen,
- het mogelijk maken producten snel en gemakkelijk te wisselen,
- het mogelijk maken spanen en koelmiddel gemakkelijk te verwijderen,
- een veilige werksituatie bieden voor de bedieningsman,
- zonodig zorgen voor de balancering van de opspanning van draaidelen,
- geschikt zijn voor een grote verscheidenheid aan producten; dit geldt uiteraard niet voor productgebonden spanmiddelen (stelstukken).

Positioneren

Het positioneren heeft tot doel de plaats en de stand van het werkstuk tijdens het bewerken ondubbelzinnig

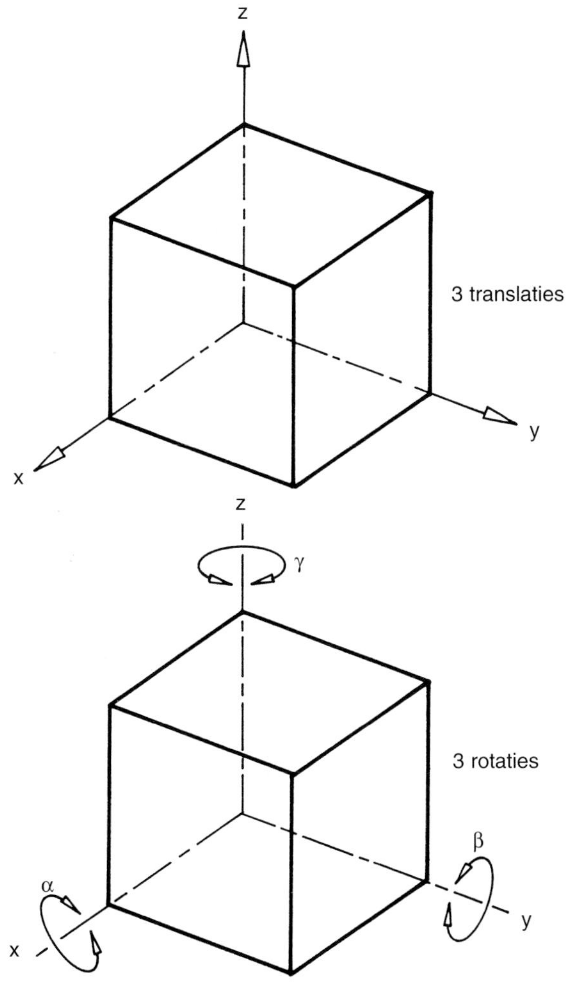

Figuur 12.1 De zes vrijheidsgraden

vast te leggen. De spaninrichting moet vooral bij serie- en massafabricage zodanig zijn geconstrueerd dat alle werkstukken bij het opspannen in dezelfde positie komen.

Een lichaam in de ruimte heeft 6 vrijheidsgraden, 3 translaties en 3 rotaties. Als voorbeeld kiezen we het blokje van figuur 12.1. Men kan de positie van dat blokje aangeven door de coördinaten van een punt (x, y en z) en door de hoeken α, β en γ. Men kan het blokje positioneren met 6 oplegpunten, zoals getoond in figuur 12.2.

Daar is de positie van het ondervlak bepaald door de **oplegpunten** 1, 2 en 3 (1 translatie en 2 rotaties geblokkeerd). De positie van een zijvlak is bepaald door de oplegpunten 4 en 5 (1 translatie en 1 rotatie geblokkeerd). Tenslotte ontneemt oplegpunt 6 het blokje alle bewegingsvrijheid (laatste translatie geblokkeerd). Dit staat bekend als de **3-2-1-methode**. Dit is een **statisch bepaalde oplegging**.

Om een voorwerp ondubbelzinnig te positioneren, moeten de 6 vrijheidsgraden worden geblokkeerd.

Als hulpmiddel kiest de werkvoorbereider aan het werkstuk drie vlakken, de **referentievlakken**. Dit zijn drie onderling loodrechte vlakken, die als basis voor de maatvoering van het werkstuk dienen.
De **aanslagvlakken** van het werkstuk zijn de vlakken die bij het spannen de oplegpunten raken. Ze kunnen wel of niet tevens als referentievlak dienen. Wanneer de posities van de aanslagvlakken van het werkstuk onnauwkeurig zijn ten opzichte van de te bewerken vlakken, zoals kan voorkomen bij giet- of smeedstukken, kan het nodig zijn de oplegpunten van het spangereedschap instelbaar te maken. Op deze wijze kan men de referentievlakken **uitlijnen** ten opzichte van de machinebewegingen.

Klemmen

Door klemmen moet het werkstuk tijdens het bewerken tegen de 6 oplegpunten blijven rusten. De richting en de grootte van de **klemkracht** moet zodanig zijn dat het werkstuk niet onder invloed van de bewerkingskrachten verschuift of zelfs losschiet. De door klemmen veroorzaakte wrijvingskrachten kunnen het mogelijk maken één of meer oplegpunten te laten vervallen. Dit is bijv. het geval bij het spannen in een machineklem (figuur 12.10b) of met behulp van V-blokken, zie figuur 12.3.

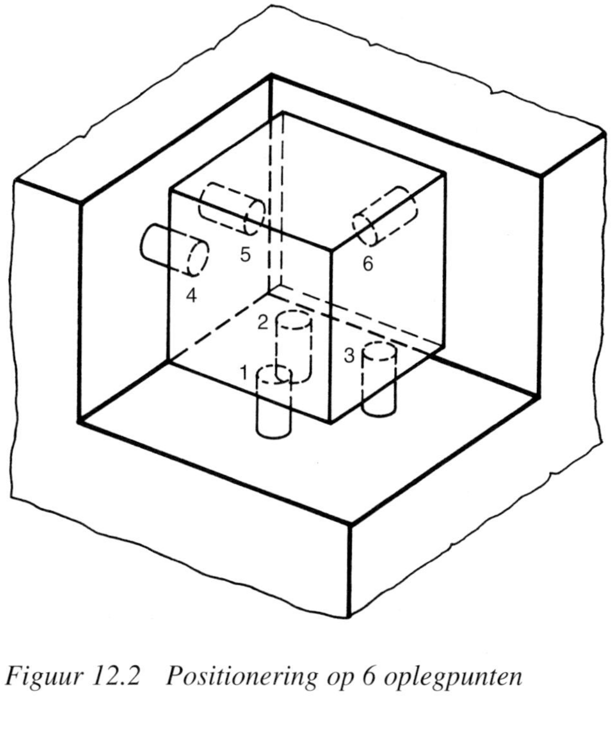

Figuur 12.2 Positionering op 6 oplegpunten

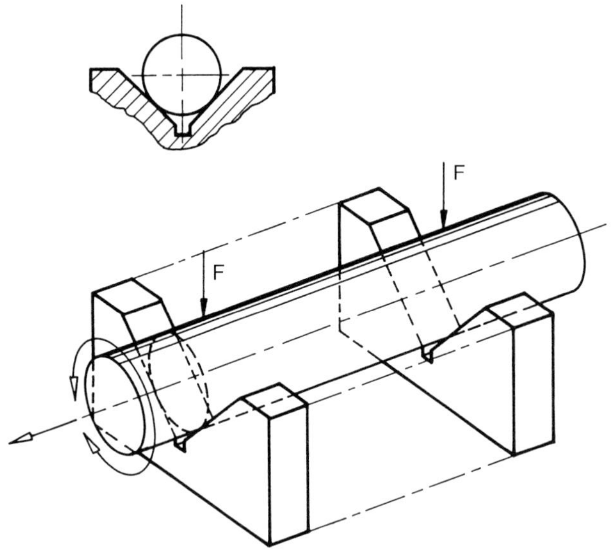

Figuur 12.3 Opspanning in V-blokken

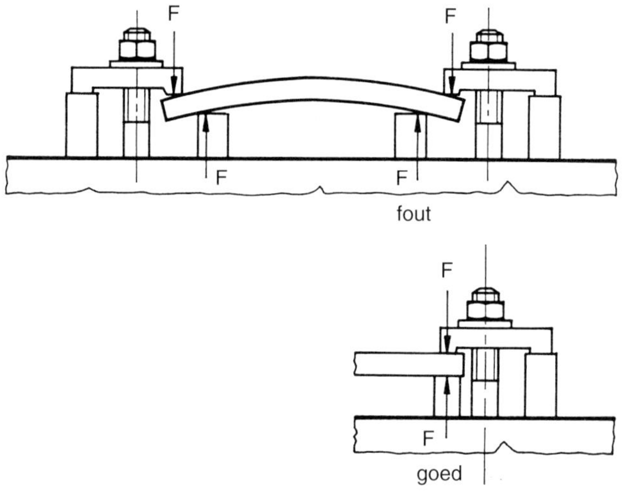

Figuur 12.4 Het voorkomen van doorbuiging door spankrachten

Bij het klemmen is het nodig de krachten zoveel mogelijk rechtstreeks door te leiden naar de oplegpunten. Dit voorkomt het doorbuigen van het werkstuk, zie figuur 12.4.

Ondersteunen

Tot dusver is aangenomen dat het werkstuk onder invloed van het eigen gewicht, de klemkracht en de verspaningskracht niet vervormt. In veel gevallen is dat onjuist. We moeten dan extra **steunpunten** aanbrengen of zelfs één of meer oplegpunten vervangen door **oplegvlakken**, zie figuur 12.5. In tegenstelling tot de statisch bepaalde oplegging bij 6 oplegpunten is in deze gevallen sprake van een **statisch onbepaalde oplegging**. De volgende alinea geeft enkele voorbeelden hiervan, van toepassing voor draaibewerkingen. Bij een dergelijke oplegging is het onvermijdelijk dat de klemkracht het werkstuk vervormt. Steunpunten zijn daarom veelal instelbaar. Oplegvlakken mogen alleen worden gebruikt voor nauwkeurige, meestal reeds verspanend bewerkte vlakken.

Spanmiddelen voor draaibewerkingen

Waar mogelijk zal men universele, in de handel verkrijgbare spanmiddelen toepassen. Voor gecompliceerde delen of voor grotere aantallen kan het noodzakelijk, resp. doelmatig zijn om productgebonden spanmiddelen te maken. Deze kan men dan vaak weer opbouwen met standaardcomponenten.

Bij een **zelfcentrerende drieklauw** (figuur 12.6) worden zowel de positionering als de klemkracht door de

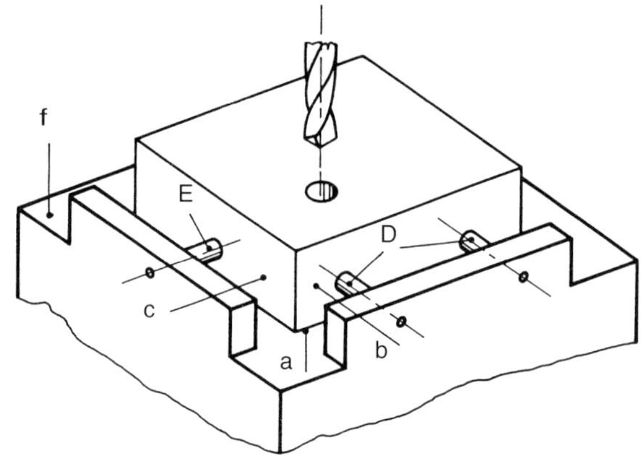

a, b, c: voorbewerkte aanslagvlakken
D en E: oplegpunten
f: oplegvlak

Figuur 12.5 Werkstuk statisch onbepaald opgelegd op vlak 'a'

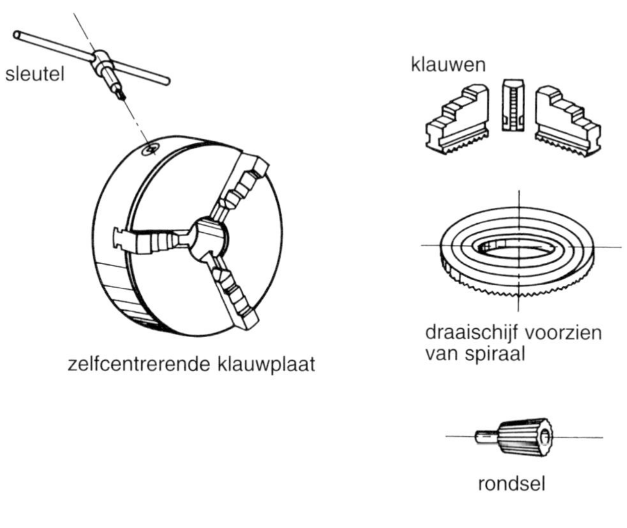

Figuur 12.6 Zelfcentrerende klauwplaat

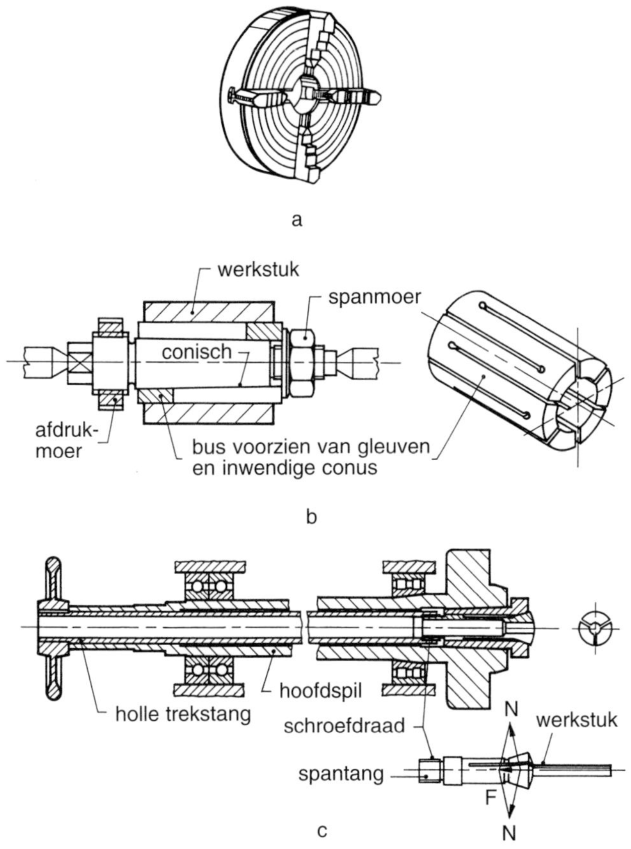

Figuur 12.7 Spanmiddelen voor draaidelen: vierklauw (a), spandoorn (b), spantang (c)

drie radiale oplegpunten van de bekken geleverd. De verspaningskracht wordt grotendeels door wrijving opgenomen. Bij stilstaande machine moet de klemkracht extra groot zijn omdat bij hoge toerentallen de kracht afneemt door de centrifugaalkrachten op de spanbekken. Dunwandige werkstukken zullen door de sterk geconcentreerde klemkrachten ontoelaatbare vervormingen ondergaan. Door de klemkracht beter over de omtrek van het werkstuk te verdelen, kan de

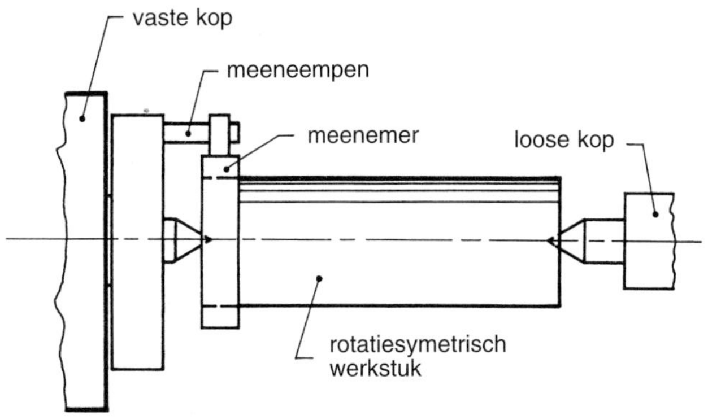

Figuur 12.8 Volledig gecentreerde opspanning van een draaiwerkstuk

vervorming worden beperkt. Dit is het doel van de **spantang** en de **spandoorn**, zie figuur 12.7.

Figuur 12.8 toont de opspanning van een cilindrisch werkstuk tussen de centers van een draaimachine. Hiermee is het werkstuk eenduidig gepositioneerd, maar voor lange werkstukken is deze opspanning niet voldoende. Onder invloed van de verspaningskracht zou zo'n werkstuk teveel doorbuigen (figuur 5.41). Daarom gebruikt men extra steunpunten in een bril, zie figuur 12.9. Deze **bril** dient dus als ondersteuning en is niet bedoeld om het werkstuk te positioneren.

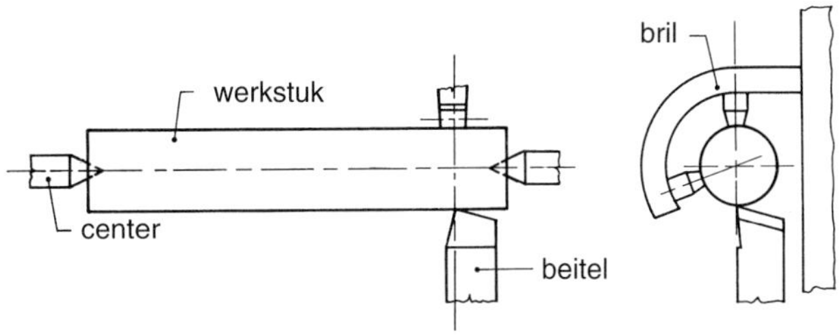

Figuur 12.9 Voorkomen van vormfout bij een lang draaiwerkstuk door ondersteuning met een meelopende bril

Een drieklauw met **zachte bekken**, figuur 12.27e, wordt bij draaidelen toegepast om beschadiging van reeds bewerkte vlakken te voorkomen. Een drieklauw wordt voorzien van verwisselbare opzetklauwen die vervolgens op de diameter van het spanvlak worden afgedraaid.

Spanmiddelen voor niet roterende werkstukken

Bij de bewerkingen, waarbij het snijgereedschap de hoofdbeweging uitvoert, zijn de meest toegepaste spanmiddelen de **spanplaat** met **T-bouten** en de **machineklem**, zie figuur 12.10a en b. In sommige gevallen is het nodig een product op een verticaal vlak te spannen terwijl de machinetafel horizontaal staat, of omgekeerd. Dit is op te lossen met de **hoekplaat**, figuur 12.10c. Zie voor een toepassingsvoorbeeld paragraaf 12.7.2, figuur 12.27d. De magnetische spanplaat, figuur 12.10d, wordt met name op slijpmachines toegepast, daar een beperkte spankracht hier voldoende is om het werkstuk tegen de bewerkingskrachten vast te houden.

Enkele voorbeelden van productgebonden spanmiddelen zijn:

- **Boormal**, zie figuur 5.63. De mal heeft een extra functie, namelijk het geleiden van het bewerkingsgereedschap.

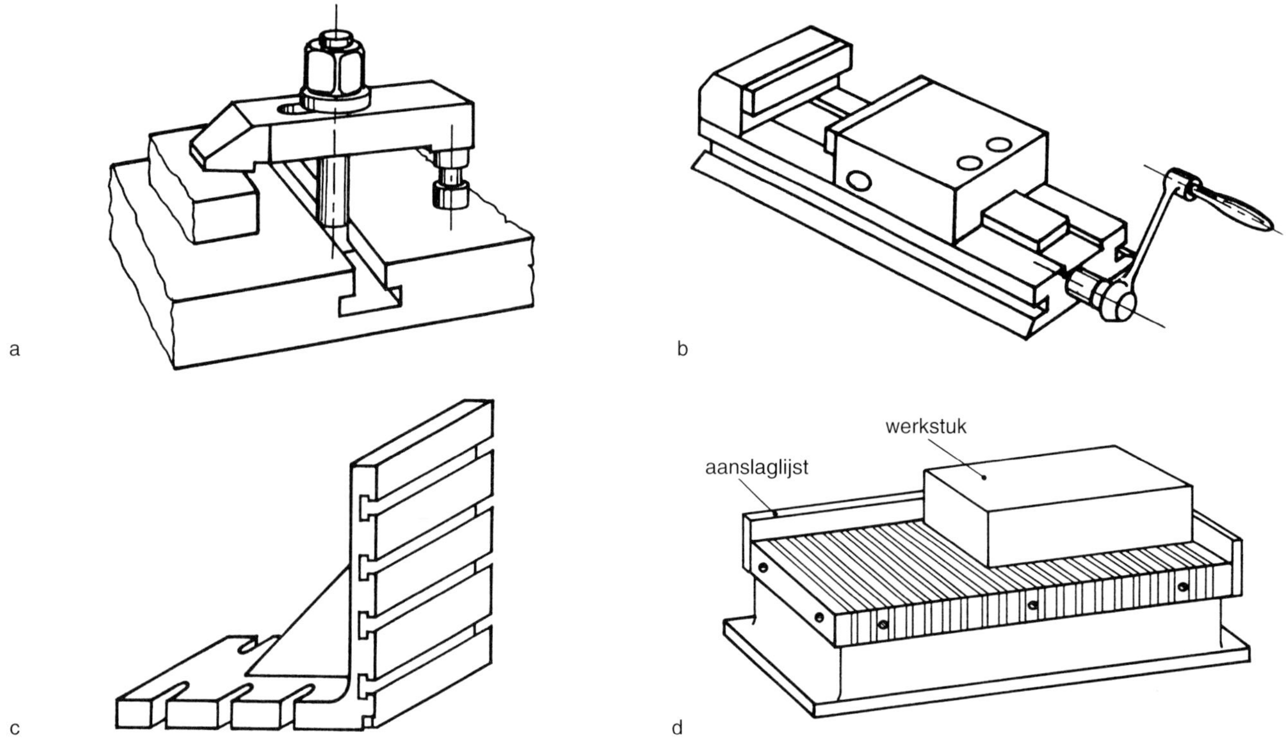

Figuur 12.10 Spanmiddelen voor niet roterende werkstukken: spanplaat met T-bout (a), machineklem (b), hoekplaat (c) en magnetische spanplaat (d)

- **Stelstuk**, opgebouwd uit standaardcomponenten, figuur 12.11.

- **Vacuümspanmal** voor een product met een groot oplegvlak, figuur 12.12. Dit maakt het product in alle richtingen op één na bereikbaar voor bewerking.

Voor het vergroten van de klemkracht en voor het verkorten van de opspantijd maakt men gebruik van hulpmiddelen als schroefspillen, hefbomen en excenters, figuur 12.13. Ook maakt men gebruik van pneumatische en hydraulische cilinders en elektromagneten waarmee **centrale bediening**, eventueel gestuurd vanuit het gereedschapwerktuig, mogelijk wordt. Belangrijk is dat bij het wegvallen van de druk of de spanning de spankracht behouden blijft.

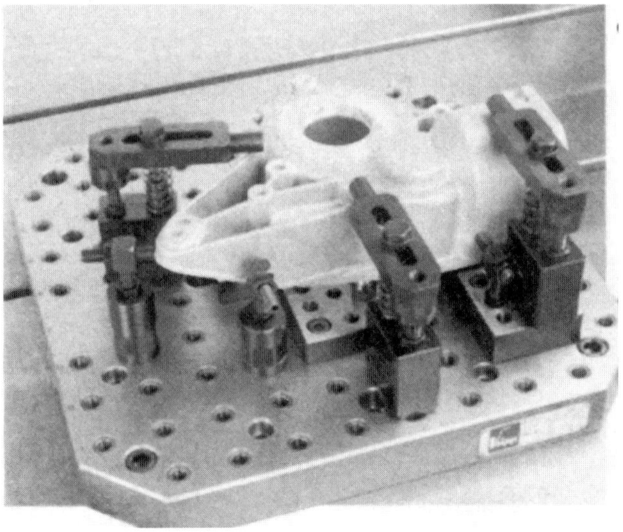

Figuur 12.11 Werkstuk opgespannen op een spanmiddel opgebouwd uit standaardcomponenten

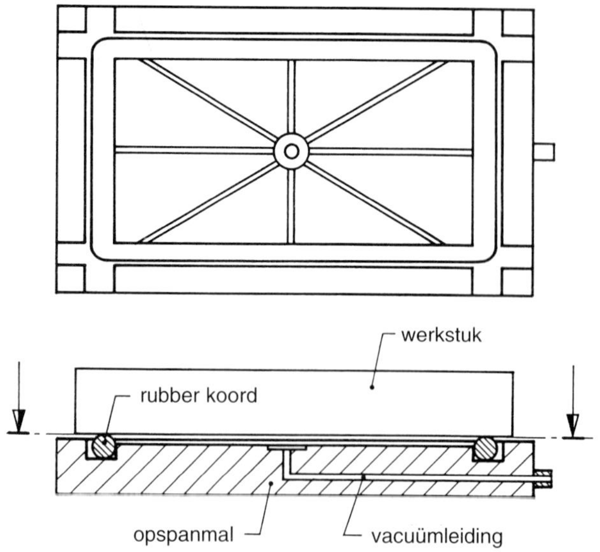

Figuur 12.12 Vacuümspanmal

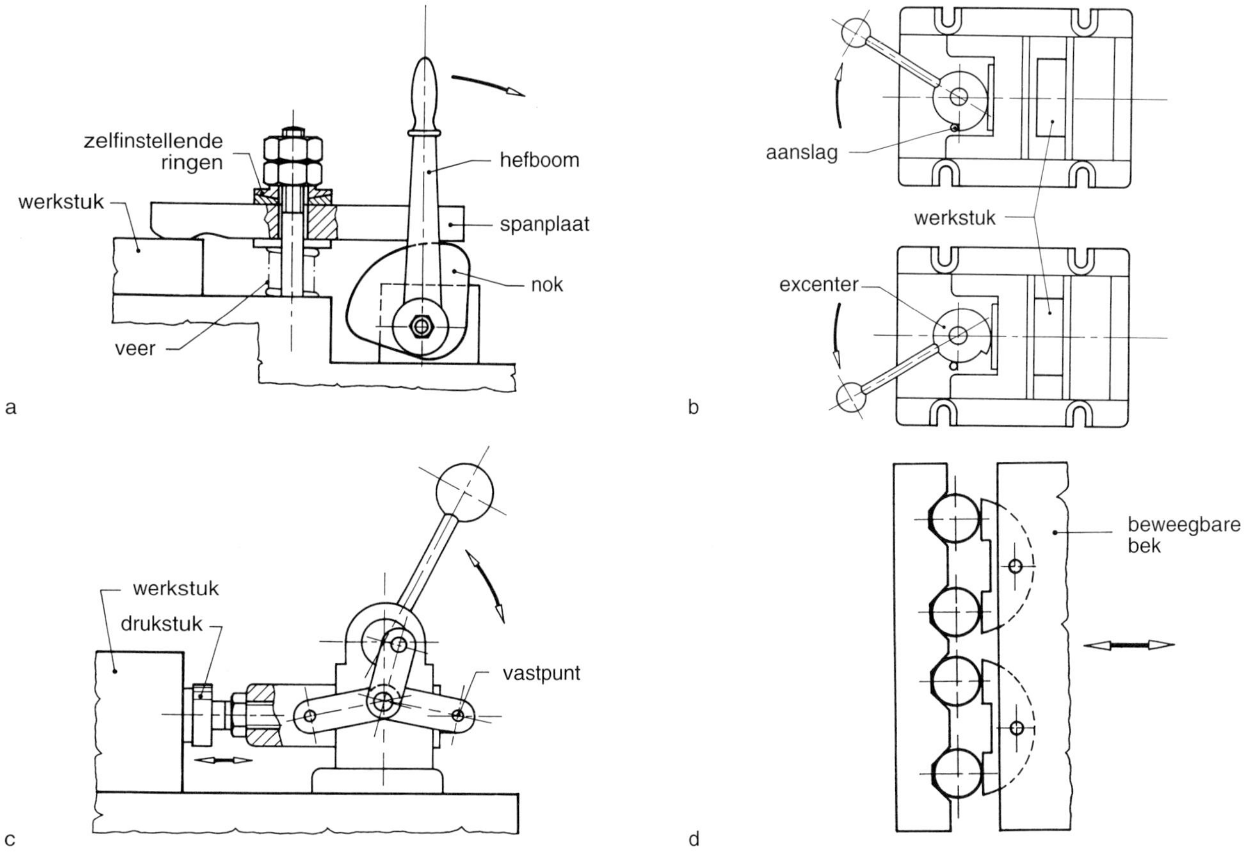

Figuur 12.13 Verschillende snelspaninrichtingen met snelspanmechanisme

Roterende spantafels

Door het gebruik van roterende spantafels is het mogelijk producten aan verschillende zijden te bewerken zonder omspannen. Bovendien levert dit extra vormgevingsmogelijkheden. Te onderscheiden zijn:

- Tafels met één of twee rotatie-assen.
- **Indexerende tafels**, tafels die een aantal vaste posities kunnen innemen. Tijdens het roteren is bewerking niet mogelijk. Zie figuur 5.96.
- **Draaitafels**, die elke willekeurige stand kunnen innemen.
- **Handbediende draaitafels**. Deze tafels worden in een gegeven stand vastgezet. Ook hier is bewerking tijdens het roteren niet mogelijk.
- **Numeriek gestuurde draaitafels**, zie figuur 11.22. Deze tafels kunnen met behulp van de numerieke besturing van de machine ook tijdens het bewerken roteren om één as of zelfs om twee assen. Deze oplossing biedt zeer veel vormgevingsmogelijkheden, maar is ook uiterst kostbaar.

De spanmiddelen voor het bewerkingsgereedschap blijven buiten beschouwing. Sommige gereedschappen, draaibeitels en sommige typen frezen, worden rechtstreeks op de machine bevestigd. Meestal zijn er echter allerlei koppel- en verloopstukken nodig. Aan deze gereedschapdelen worden hoge eisen gesteld voor wat betreft nauwkeurigheid, stijfheid en duurzaamheid.

12.4.2 Keuze van de opspanningen

De keuze van het vlak dat het eerst moet worden bewerkt is van groot belang. Dit vlak moet liefst zo worden gekozen dat het gebruikt kan worden als aanslagvlak of referentievlak voor volgende bewerkingen. Bij elke volgende opspanning ontstaan opspanfouten. Productgebonden opspanmiddelen zijn kostbaar en het omspannen kost tijd en dus geld. Men streeft daarom steeds naar een zo klein mogelijk aantal opspanningen. Hiertoe dienen de te bewerken vlakken in groepen bijeengebracht te worden. Zoals hierna nog zal worden toegelicht, baseert men zich hierbij op de vorm van het product en op de vormen van de te bewerken vlakken. Het gevolg van deze aanpak is meestal reeds een zeer sterke beperking in de mogelijke bewerkingen, dus machines en gereedschappen. Bij moderne NC-machines, zoals bewerkingscentra en van een seriegrootte van 16 stuks en roestvast staalplaat 1,5 mm dik. Er worden gladde randen vereist.

12.8.1 Het genereren van de uitslag

In veel gevallen heeft het productmodel (de werkstuktekening of het CAD-model) alleen betrekking op de gebogen toestand van het product. Uit dit model moet de hieraan voorafgaande vlakke toestand, de **uitslag** van het product, worden afgeleid. Sommige CAD-systemen doen dit automatisch. In andere gevallen moet de ontwerper het zelf doen. Soms wordt dit echter aan de werkvoorbereiding overgelaten. De uitslag van het voorbeeldproduct is gegeven in figuur 12.33b.

Ook wanneer de uitslag reeds is getekend, is het soms nog nodig kleine correcties in de afmetingen ervan door te voeren. Dit hangt af van de keuze van het buigproces, zie paragraaf 12.8.3. Omgekeerd heeft de nauwkeurigheid van de gekozen scheidende bewerking invloed op de keuze van het buigproces.

12.8.2 Het vervaardigen van de uitslag

Keuze van de scheidende bewerking

De in aanmerking komende scheidende bewerkingen zijn behandeld in de paragrafen 4.1 en 4.3. Wegens de kleine seriegrootte komt ponsen met een productgebonden stempel niet in aanmerking. De deelserie beslaat maar een beperkt plaat-oppervlak. Daarom worden producten uit verschillende series **genest**, samengevoegd in een plaat van standaard-afmetingen, figuur 12.34. Dit verkort de stuktijden en levert vaak een gunstiger materiaalgebruik op.

De processen om willekeurige contouren uit te snijden zonder productgebonden gereedschap zijn:
- brandsnijden,
- plasmasnijden,
- ponsen/knabbelen,
- lasersnijden,
- draadvonken,
- waterstraalsnijden.

Brandsnijden en plasmasnijden vallen af wegens de materiaalsoort en de eisen aan de rand. Draadvonken en waterstraalsnijden vallen af wegens de lage bewerkingssnelheid. Daarnaast wordt draadvonken vooral toegepast bij grote plaatdikten en enkelstuksproductie. De keuze gaat dus tussen ponsen/knabbelen en lasersnijden.
Een belangrijk criterium is de vorm van de producten. Figuur 4.16 toont hoe een willekeurig product met behulp van één rechthoekig ponsgereedschap en één knabbelstempel bewerkt wordt. Wanneer de contouren van de verzameling producten (**nest**) veel verschillende gereedschappen vereisen is de capaciteit van het gereedschapmagazijn van de machine veelal te klein. Bovendien zijn dan veel gereedschapwisselingen nodig. Het is van groot belang dat ontwerpers zoveel mogelijk uitgaan van een beperkt aantal standaardgereedschappen. Wanneer dit niet mogelijk is vormt lasersnijden een goed alternatief. Het lasersnijden wordt vooral toegepast als de series zeer klein zijn (bijv. enkele stuks voor prototypen) of wanneer er veel grillige vormen in de producten voorkomen. Uiteraard moet er voor gezorgd worden dat in één plaat alleen te snijden of alleen te ponsen/knabbelen producten genest worden. In uitzonderingsgevallen kunnen beide bewerkingsprocessen nodig zijn. Er bestaan machines die in één opspanning beide processen kunnen uitvoeren. Voor het voorbeeldproduct zou lasersnijden nodig zijn indien er geen ponsgereedschap beschikbaar is voor de scherpe hoeken van de trapeziumvormige gaten in de vlakken J en K. Ook als de dambreedte (zie ook figuur 4.10) tussen de sleuven in vlak K te klein is, kunnen deze gaten niet geponst worden.

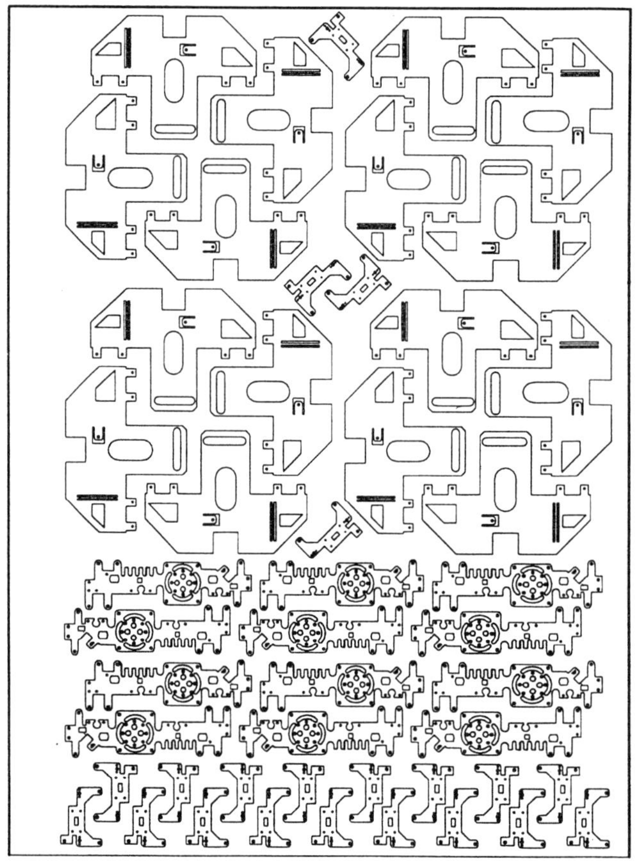

Figuur 12.34 Voorbeeld van een geneste plaat

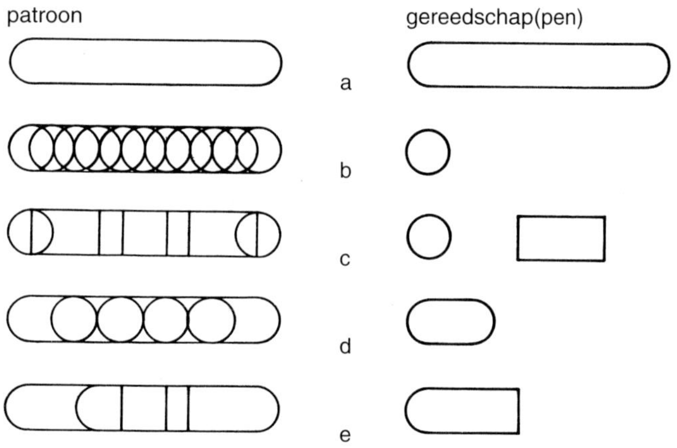

Figuur 12.35 Mogelijkheden voor het ponsen/knabbelen van een sleuf

Lasersnijden

Ook bij lasersnijden vereisen de hierboven genoemde details bijzondere aandacht: Bij een scherpe hoek moet de snijsnelheid vaak worden gereduceerd in verband met traagheids-effecten ('uit de bocht lopen') van de machine. Bij smalle ribben moet de warmteontwikkeling (warmte-beïnvloede zone, zie paragraaf 4.3) binnen de perken blijven, door het terugregelen van het vermogen dat door de laser geleverd wordt. Het bepalen van de bewerkingsvolgorde is betrekkelijk eenvoudig: meestal worden eerst van alle producten de binnencontouren uit de plaat gesneden, vervolgens de buitencontouren. Op deze wijze blijft de plaat zo lang mogelijk stijf waardoor de nauwkeurigheid verhoogd wordt.

Ponsen/knabbelen

Voor het voorbeeldproduct kan de hele buitencontour geknabbeld worden met een rechthoekige pons, indien deze geroteerd kan worden om de schuine zijden te bewerken. Indien dit laatste niet mogelijk is, kunnen de schuine zijden geknabbeld worden met een ronde pons, of eventueel met een rechthoekige pons die onder de juiste hoek in zijn houder is gemonteerd. Als de hele buitencontour met één pons bewerkt wordt, dan worden de maximale afmetingen van die pons begrensd door de afstand tussen de vlakken A en B, en door de afstand tussen producten in de plaat, zie figuur 12.34. Wanneer de sleuven in vlak K met dezelfde pons worden bewerkt, dan zal men een pons kiezen waarvan de breedte overeenkomt met die van de sleuven.

Het bewerken van het afgeronde sleufgat in vlak H kan op verschillende manieren gedaan worden:

- Met een ponsgereedschap van precies die vorm en afmetingen. Dit kan wanneer het ontwerp wordt afgestemd op een bestaande pons, figuur 12.35a.
- Knabbelen met een ronde pons, figuur 12.35b.
- De uiteinden met een ronde pons en het tussenliggende deel knabbelen met een vierkante of rechthoekige pons, figuur 12.35c.
- Knabbelen met een aan twee zijden afgeronde rechthoekige pons, figuur 12.35d.
- Met een rechthoekige pons met één afgeronde kant, figuur 12.35e. Het gereedschap moet 180° kunnen worden geroteerd.

Het hangt van de beschikbare gereedschappen en van de capaciteit van het gereedschapmagazijn van de machine af, welke oplossing uiteindelijk gekozen wordt. Ook de toelaatbare ruwheid kan een rol spelen.

Grote gaten, zoals het gat in de vlakken I en L, leveren een extra probleem op. Deze gaten kunnen vaak niet in één keer geponst worden. Er is bijvoorbeeld geen ponsgereedschap van de juiste vorm en afmetingen beschikbaar, of de kracht van de ponsknabbelmachine is niet toereikend. Wanneer alleen de contour geknabbeld wordt, blijft er een stuk materiaal uit het midden van het gat achter. Sommige machines beschikken over een voorziening om dat af te voeren. Een andere mogelijkheid is om die delen handmatig uit te nemen, de machinebediende moet er dan wel voortdurend goed op letten. Een derde mogelijkheid is het geheel verschrotten van het gat, dat wil zeggen dat in het midden begonnen wordt met knabbelen en geleidelijk naar buiten toe geknabbeld wordt tot het hele gat is bewerkt.

12.8.3 Buigen

Het buigproces

In hoofdstuk 3 is een aantal buigprocessen behandeld. Strijkbuigen en zwenkbuigen zijn vooral geschikt voor het buigen van producten met lange buig-assen, zoals kastwanden en panelen.

Het grote voordeel van vrij buigen boven matrijsbuigen is dat met één set gereedschappen platen van verschillende dikten gebogen kunnen worden. Tevens kunnen verschillende buighoeken gerealiseerd worden door de keuze van de stempelverplaatsing. Vooral in de kleinserie-fabricage levert dat een reductie van inrichttijden op. Om deze redenen wordt voor het voorbeeldproduct vrij buigen gekozen. Men noemt dit ook wel kanten. Steeds vaker gebeurt dit met numeriek bestuurde kantpersen (figuur 11.45), omdat alleen bewerkings- en behandeltijden en de vervaardigingskosten (voorcalculatie).

Daarna moet een order in de tijd worden gepland. Aan de hand van verzamelde gegevens over machinebezetting, de voorgeschreven machines en de berekende bewerkings- en insteltijden wordt de order gepland tussen de reeds lopende orders, waarbij de overeengekomen levertijd als uitgangspunt dient en rekening wordt gehouden met de benodigde tijd voor assemblage en beproeving. De mate van detail waarin gepland wordt is afhankelijk van de omstandigheden, zoals het type werk en het scholingsniveau van het uitvoerend personeel. Het resultaat is een werkplan.

De volgende stap is de werkuitgifte. Vóór het gereedkomen van de voorgaande werkopdracht ontvangt het werkstation de volgende opdracht met de daarbij behorende materialen, hulpmiddelen en documenten. In de verschillende fabricagecellen worden de binnenkomende halffabrikaten gecontroleerd, bewerkt, opnieuw gecontroleerd en vervolgens verzonden naar het magazijn of de volgende fabricagecel. Wegens afstemmingsproblemen, zoals verschillen in seriegrootte en taaktijden, storingen of machinebezettingen, is op verschillende punten tussenopslag nodig.

Tenslotte arriveren de volledig bewerkte onderdelen in de assemblage-afdeling waar ze samen met de inmiddels van buiten toegeleverde en van het magazijn aangevoerde onderdelen tot eindproducten worden samengesteld. De samengestelde producten worden hierna beproefd en na goedkeuring voor verzending gereedgemaakt en opgeslagen. Tenslotte vindt de aflevering aan de klant plaats, waarvan de afdeling verkoop op de hoogte wordt gesteld.

Voor de volledigheid worden hier ook nog de activiteiten die niet tot de feitelijke productie horen genoemd, te weten de ondersteuning van het product tijdens het gebruik zoals het leveren van gebruiksinstructies en reservedelen, reparatie en onderhoud, en, aan het eind van de levensduur van het product, de inname, milieuvriendelijke sloop en hergebruik van materialen of componenten. Om dit laatste mogelijk te maken moet de ontwerper van het product hiermee al rekening houden, zie hoofdstuk 15.

13.3.3 Groepentechnologie

De **groepentechnologie** maakt gebruik van de overeenkomsten van verschillende productonderdelen. Aan de hand van de overeenkomsten deelt men de producten in groepen in. De indelingscriteria kunnen verschillen al naar gelang het toepassingsgebied. De methode om tot de gewenste indeling te komen hangt af van de mate van verfijning van de indeling. Een zeer globale indeling kan met een enkel woord gebeuren, bijv. "assen", "schijven". Ook is het mogelijk producten in te delen naar de voornaamste bewerking, zoals gebogen of diepgetrokken producten. Voor een meer gedetailleerde indeling wordt aan de hand van meerdere, soms enkele tientallen, kenmerken een **classificatienummer** toegekend. Producten met hetzelfde classificatienummer komen in hoge mate met elkaar overeen.

Groepentechnologie bevordert standaardisatie in het gebruik van processen en productiemiddelen. Een andere belangrijke doelstelling is een betere structurering en vereenvoudiging van de informatieverwerking in ontwerp en werkvoorbereiding.

Bij het ontwerpen kan men groepentechnologie toepassen om het geheel opnieuw ontwerpen van (vrijwel) overeenkomstige producten te voorkomen. De ontwerper maakt een globale ontwerpschets en kent aan de hand daarvan een classificatie toe. Vervolgens zoekt hij met behulp daarvan in het archief naar delen die zonder meer, of met kleine aanpassingen, voor zijn ontwerp bruikbaar zijn. Dit stimuleert ook het gebruik van standaard-delen. Classificatiesystemen, ontwikkeld ten behoeve van het ontwerpen, zijn bijv. gericht op het gebruik van overeenkomsten in geometrie. Daardoor zijn ze minder geschikt voor het bepalen van overeenkomstige fabricagemethoden.

Een andere toepassing is het vormen van **productfamilies**, die met één groep machines, al dan niet in dezelfde volgorde, bewerkt kunnen worden. Deze werkwijze wordt toegepast met het oog op het werken in een productgerichte structuur en het vereenvoudigen van de productiebesturing.

13.3.4 Terugkoppeling en procesbeheersing

Om een goede integratie van de verschillende deelsystemen van een productiesysteem te bereiken, is een goede communicatie, besturing en vooral ook een goede **terugkoppeling** van informatie tussen de verschillende besturingsniveaus vereist (figuur 13.8). De teruggekoppelde statusinformatie wordt vergeleken met de geplande situatie. Wanneer er verschillen worden gesignaleerd, kunnen, afhankelijk van de omstandigheden en de oorzaak, dezelfde plannen, werkopdrachten of instructies worden aangepast of nieuwe alternatieven worden gegenereerd.

Problemen die optreden tijdens de fabricage en assemblage kunnen in een vroeg stadium worden gesignaleerd of zelfs worden voorkomen, als de informatie over maakbaarheid en kosten systematisch wordt geëvalueerd en teruggekoppeld naar de ontwerpafdeling. Het kunnen beschikken over deze informatie draagt bovendien bij tot een meer zinvolle en realistische keuze uit alternatieven bij het ontwerpen. Dit is een aspect van het **fabricagegericht ontwerpen**, zie hoofdstuk 15.

Tijdens het uitvoeren van een werkplan kunnen storingen optreden die de materiaalstroom lokaal onderbreken. Op basis van teruggekoppelde informatie kunnen nieuwe werkopdrachten worden uitgegeven en wordt het werkplan, indien nodig, aangepast om de gevolgen van de storing zo veel mogelijk te beperken. Om langdurige onderbrekingen van de goederenstroom te voorkomen dient de noodzakelijke informatie over de storing (plaats, oorzaak, geschatte duur) zo snel mogelijk beschikbaar te komen.

Het gebruik van teruggekoppelde informatie stimuleert de organisatie om de in het bedrijf aanwezige kennis vast te leggen, te structureren en toegankelijk te maken voor gebruik (**formaliseren**). Het formaliseren van kennis is een eerste vereiste voor de automatisering van bedrijfsprocessen.
Gezien de enorme samengesteldheid van de te verwerken informatie is de behoefte aan automatische informatieverwerkende apparatuur groot. Dit is met name het geval bij een groot aantal productvarianten en veel wijzigingen in het productenpakket.

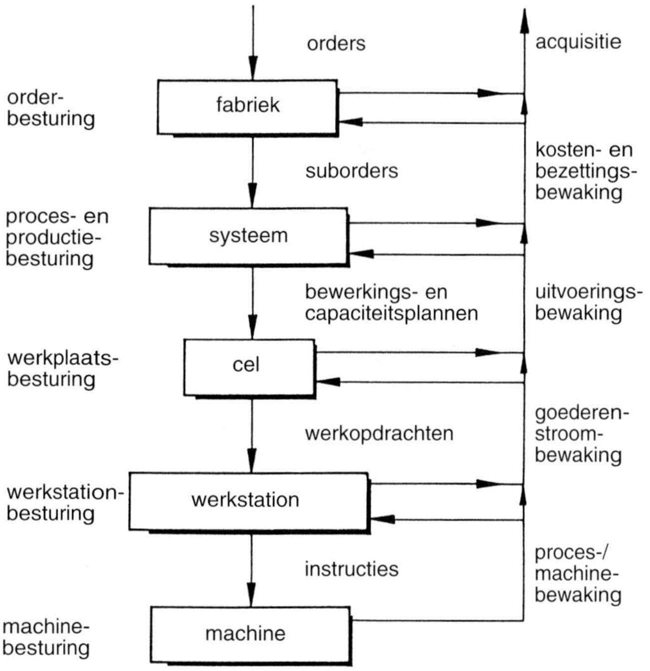

Figuur 13.8 Terugkoppeling van informatie tussen de verschillende besturingsniveaus

Een hoge flexibiliteit stelt hoge eisen aan de werkvoorbereiding, de capaciteitsplanning en de productiebesturing. Automatisering van de informatieverwerking op en tussen de verschillende niveaus is een voorwaarde om de flexibiliteit verder te kunnen verhogen. In het algemeen dient een compromis tussen productiviteit en flexibiliteit te worden gevonden. Hierbij is de seriegrootte van de producten de bepalende factor. Figuur 13.9 geeft een overzicht van verschillende typen fabricagesystemen in relatie tot productiviteit en flexibiliteit.

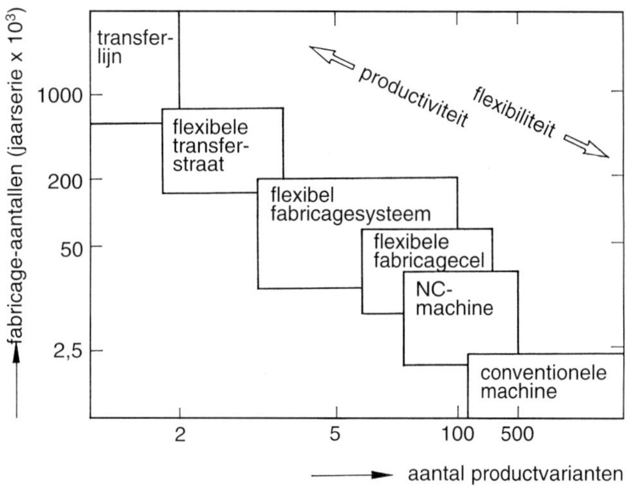

Figuur 13.9 Productiviteit en flexibiliteit van fabricagesystemen

13.4 Goederenstroom- en werkplaatsbesturing

13.4.1 Besturingsniveaus

Het besturen van het productieproces vindt plaats op verschillende niveaus. Deze niveaus en de bijbehorende activiteiten zijn aangegeven in onderstaand schema.

- strategisch niveau
  - ondernemingsplan
  - hoofdproductieplan (HPP)

$$K_{Fi} = F_{OF} \times \left(K_U + \frac{K_{HO}}{X_i} + \frac{K_{VB}}{Y} \right) \quad \text{met} \quad Y = \sum_{i=1}^{k} X_i$$

In de praktijk zullen de fabricageseries X_i niet altijd even groot zijn. De invloed hiervan op de productiekostprijs K_{Fi} is duidelijk in de formule te zien.

14.2.2 Uitvoeringskosten of repeterende kosten

Bij de bepaling van de repeterende kosten K_U voor de fabricage van een onderdeel spelen de volgende kostenfactoren een rol:

a) **Materiaalkosten**

In de kostprijsopbouw van een product leveren de materiaalkosten veelal de grootste bijdrage. Bij kleinserie-fabricage is het aandeel van de materiaalkosten vaak al ca. 50 % (zie figuur 14.3) en bij massafabricage kan dit nog beduidend hoger zijn.

De kiloprijs van uitgangsmateriaal is niet alleen van de samenstelling afhankelijk, maar ook van de vorm. De materiaalkosten K_{MAT} per onderdeel bepaalt men door de gemiddeld in totaal benodigde materiaalhoeveelheid per onderdeel te vermenigvuldigen met de materiaalprijs k_{MAT} per massa-eenheid.

Hierbij dient rekening gehouden te worden met het **afval,** dat bij de bewerking ontstaat en meestal in een percentage wordt uitgedrukt. Bij gieten ontstaat afval in de vorm van gietsystemen en opkomers, bij smeden in de vorm van bramen, bij plaatbewerking in de vorm van overtollig plaatmateriaal en bij verspanen in de vorm van spanen. In figuur 14.4 is het globale afvalpercentage V'_{AF} voor enkele bewerkingsprocessen weergegeven. In sommige gevallen kunnen deze percentages nog veel groter zijn dan in de tabel aangegeven. Het verkregen afval vertegenwoordigt meestal een **restwaarde** die sterk afhankelijk is van de vorm en de plaats waar het beschikbaar komt. Binnen de gieterij wordt het afval direct gerecirculeerd en heeft per kilo vrijwel dezelfde waarde als het ingekochte materiaal. Dit wil overigens niet zeggen dat het "produceren" van afval hier niets kost; het verzamelen, sorteren en opnieuw smelten kost wel degelijk geld. De waarde van metaalspanen is soms nog maar enkele procenten van de waarde van het uitgangsmateriaal. Wanneer de restwaarde aanzienlijk is, zoals voor koper en koperlegeringen, dan zullen de berekende materiaalkosten hiervoor worden gecorrigeerd. In andere gevallen moet weer rekening gehouden worden met **afvoerkosten.**

Uitgaande van een bruto werkstukvolume V_{MAT}, een soortelijke massa ρ, een restwaarde k_R per kg en afvoerkosten k_{AFV} per kg, kunnen de materiaalkosten K_{MAT} als volgt in formulevorm worden uitgedrukt:

$$K_{MAT} = V_{MAT} \times \rho \times \left[k_{MAT} - V'_{AF} \left(k_R - k_{AFV} \right) \right]$$

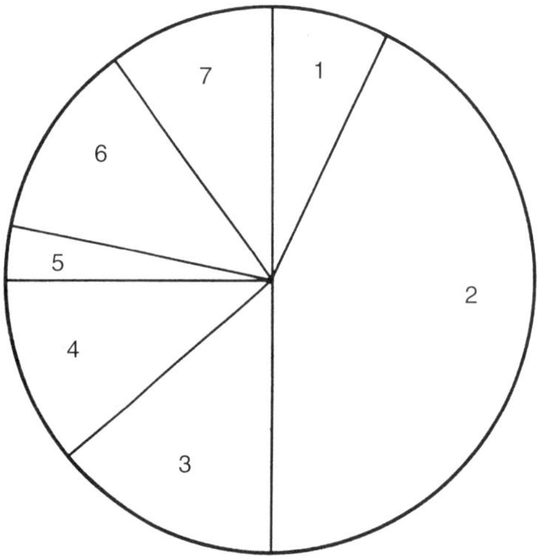

1 = Ontwerpkosten
2 = Materiaalkosten
3 = Fabricagekosten
4 = Assemblagekosten
5 = Testkosten
6 = Verkoopkosten
7 = Overheadkosten

Figuur 14.3 Kostprijsopbouw van een product

BEWERKINGS-PROCES	AFVALPERCENTAGE V'_{AF} (%)
Verspanende processen	10 - 60
Gieten in zand	40 - 50
Plaatbewerkingsprocessen	10 - 25
Extrusie en smeden	10 - 25
Spuitgieten	10 - 50
Poedermetallurgie	< 10

Figuur 14.4 Overzicht van afvalpercentages

b) **Machinekosten**

De machinekosten K_{Mi} voor één bewerking aan een productonderdeel vindt men door de cyclustijd van de bewerking te vermenigvuldigen met het **machine-uurtarief** M_{1i}. De berekening van het machine uurtarief wordt in paragraaf 14.3.1 verder toegelicht. De cyclustijd t_C van een bewerking is samengesteld uit de hoofdtijd t_H en de som van de cyclische neventijden t_{Ni}, zodat geldt:

$$t_C = t_H + \sum_{i=1}^{j} t_{Ni}$$

De hoofdtijd wordt gebruikt voor de feitelijke bewerking op de machine en gedurende de neventijden vinden de overige cyclische handelingen plaats, zoals op- en afspannen van werkstukken, sledeverplaatsingen zonder dat er gesneden wordt, meten, wisselen van gereedschap, etc. Indien een onderdeel op m verschillende machines vervaardigd wordt, geldt voor de totale machinekosten K_{Mt}:

$$K_{Mt} = \sum_{i=1}^{m} \left(t_{Ci} \times M_{1i}\right)$$

c) **Directe arbeidskosten**
De directe arbeidskosten of menskosten K_A voor één bewerking aan een productonderdeel worden op vergelijkbare wijze bepaald door de voor de bewerking benodigde cyclustijd te vermenigvuldigen met het betreffende **mens-uurtarief** M_2. De berekening van dit tarief is in paragraaf 14.3.2 verder uitgewerkt. In de praktijk wordt vaak met een gecombineerd **mens-machine-uurtarief** gerekend. Wanneer een machine gemiddeld door a mensen wordt bediend dan is het mens-machine-uurtarief M_T gelijk aan:

$$M_T = M_1 + a \times M_2$$

De waarde van a kan zowel groter als kleiner dan 1 zijn.

d) **Gereedschapkosten**
Bij het gebruik van universeel gereedschap zal bij de samenstelling van de uitvoeringskosten voor iedere bewerking ook een aandeel van de gereedschapkosten in rekening gebracht moeten worden. Wanneer bij snijdend gereedschap de gereedschapkosten voor een scherpe snijkant K_{GS} bedragen en het gereedschap bij de instelling van het proces een standtijd T heeft bij een hoofdtijd t_H, dan geldt voor de gereedschapkosten K_G per bewerking:

$$K_G = K_{GS} \times \frac{t_H}{T}$$

Een gereedschap met een nieuwwaarde K_{NW} kan in het algemeen een aantal malen worden gereconditioneerd, bijvoorbeeld door naslijpen of napolijsten. Bij een gereedschap dat b maal gereconditioneerd wordt met K_{REC} als reconditioneringskosten en dat uiteindelijk een restwaarde K_R overhoudt, kunnen de gereedschapkosten per snijkant K_{GS} als volgt worden bepaald:

$$K_{GS} = \frac{\left(K_{NW} - K_R\right) + b \times K_{REC}}{b+1}$$

Bij het gebruik van productgebonden gereedschap zullen de gereedschapkosten als éénmalige kosten over de totaalserie moeten worden afgeschreven. Figuur 14.5 laat een overzicht zien van de aanschafprijs van een aantal zeer gangbare gereedschappen. De slijpkosten voor het naslijpen van een vingerfrees van ø 25 mm bedragen in de orde van grootte van *f* 15,— en die voor het naslijpen van een kopfrees van ø 100 mm ca. *f* 30,—. Bij snelstalen standaard gereedschap ligt de standtijd in de orde van grootte van 1 à 2 uur en de snijkant van hardmetalen wisselplaatje heeft onder optimale verspaningscondities een standtijd van ca. 10 minuten.

GEREEDSCHAP	AANSCHAFPRIJS (*f*)
Snelstalen mesbeitel	40 - 100
Beitelhouder voor wisselplaatjes	150 - 200
Hardmetalen wisselplaatje (met 3 of 4 snijkanten)	12 - 30
Gecoat hardmetalen wisselplaatje	18 - 40
Keramisch wisselplaatje	30 - 50
Boriumnitride wisselplaatje	300 - 800
Wisselplaatje met diamanten punt	300 - 400
Snelstalen boor ø 25 mm	120
Snelstalen vingerfrees ø 12 mm	40 - 50
Hardmetalen vingerfrees ø 32 mm	500 - 600
Kopfrees ø 100 mm met 10 hardmetalen wisselplaatjes	~1.500
Eenvoudig productgebonden ponsgereedschap	~10.000
Productgebonden volgstempel	> 100.000

Figuur 14.5 Aanschafprijzen (excl. B.T.W.) van gereedschappen

e) **Gereedschapwisselkosten**
Wanneer gereedschap tijdens de fabricage van een serie onderdelen zijn standtijd bereikt, zal dit gewisseld moeten worden. De hiermee samenhangende gereedschapwisselkosten maken deel uit van de uitvoeringskosten. De gereedschapwisselkosten per bewerking K_{GW} kunnen als volgt in de gereedschapwisseltijd t_{GW}, het mens-machine-uurtarief M_T, de standtijd T van het gereedschap en de hoofdtijd t_H worden uitgedrukt:

$$K_{GW} = t_{GW} \times M_T \times \frac{t_H}{T}$$

Hierbij wordt er in het algemeen voor gezorgd, dat het gereedschap niet tijdens de bewerking van een onderdeel behoeft te worden vervangen.
De gereedschapwisseltijd van een draaibeitel bedraagt één of enkele minuten.

De uitvoeringskosten K_{Ut} voor de vervaardiging van een onderdeel zijn gelijk aan de som van de materiaalkosten en de bewerkingskosten K_{BEW}:

$$K_{Ut} = K_{MAT} + K_{BEW}$$

Daar de bewerkingskosten uit de de mens-machinekosten, de gereedschapkosten en de gereedschapwisselkosten zijn samengesteld, kunnen de uitvoeringskosten K_{Ut} voor m deelbewerkingen als volgt in formulevorm worden weergegeven:

$$K_{Ut} = K_{MAT} + \sum_{i=1}^{m}\left[M_{Ti} \times t_{Ci} + \frac{t_{Hi}}{T_i} \times \left(K_{GSi} + t_{GWi} \times M_{Ti}\right)\right]$$

14.2.3 Kosten voor herhaalopdrachten

De kosten voor herhaalopdrachten K_{HO} zijn opgebouwd uit:
- kosten voor de **administratieve werkvoorbereiding** K_{AWV}
- **inrichtkosten** K_{IN}
- **aanloopkosten** K_{AL}

$$K_{HO} = K_{AWV} + K_{IN} + K_{AL}$$

Bij een herhaling van de fabricageserie zal de werkvoorbereiding de nodige administratieve handelingen, zoals het uitschrijven van orderbegeleidingsbonnen, moeten uitvoeren. De technische werkvoorbereiding heeft reeds bij de eerste fabricageserie plaatsgevonden; de toen vastgelegde methoden en gegevens kunnen opnieuw worden gebruikt.

Voorbeelden van inrichtkosten op de machine K_{INM} zijn:
- kosten voor het plaatsen van seriegebonden span- en/of bewerkingsgereedschappen op de machine,
- kosten voor het afstellen van een pers met gereedschap,
- kosten voor het uitwisselen van de nokkensets en het afstellen van de aanslagen bij een nokkengestuurde automaat.

Voorbeelden van inrichtkosten buiten de machine K_{INA} zijn:
- kosten voor het voorinstellen van gereedschap op een gereedschapinstelapparaat,
- kosten voor het plaatsen van opspanmiddelen op pallets.

Tijdens het inrichten van de machine door een machinebediende of machinesteller kan de machine niet voor andere werkzaamheden gebruikt worden; de hiermee samenhangende kosten worden dus bepaald door het product van de inrichttijd t_{IN} en het mens-machine-uurtarief M_T. Zeker bij NC-machines met een hoog machine-uurtarief wordt er naar gestreefd om zo veel mogelijk instelwerk, zoals het voorinstellen van gereedschap, buiten de machine te doen. Voor de totale inrichtkosten K_{IN} kan dus geschreven worden:

$$K_{IN} = K_{INA} + K_{INM} = K_{INA} + t_{IN} \times M_T$$

Bij de start van een nieuwe fabricageserie zal in het algemeen met aanloopkosten rekening gehouden moeten worden. Voordat een spuitgietproces bijvoorbeeld goed verloopt zullen de nodige proefspuitingen moeten worden uitgevoerd, naar aanleiding waarvan de machine wordt bijgesteld tot er een goed product ontstaat. Deze aanloopkosten zijn onder meer afhankelijk van de aanlooptijd, het mens-machine-uurtarief en de kosten van het "verspilde" materiaal.

14.2.4 Voorbereidingskosten

Bij de éénmalige voorbereidingskosten K_{VB} dient weer onderscheid gemaakt te worden tussen:
- kosten voor de **technische werkvoorbereiding** K_{TWV}
- kosten voor **productgebonden uitrusting** K_{PU}

$$K_{VB} = K_{TWV} + \sum_{i=1}^{l} K_{PUi}$$

Ook wanneer de fabricageserie van een bepaald onderdeel met tussenpozen herhaald wordt behoeft de technische werkvoorbereiding slechts éénmaal te worden uitgevoerd, in tegenstelling tot de administratieve werkvoorbereiding. De NC-programma's worden slechts éénmaal gemaakt.

Voorbeelden van productgebonden uitrusting zijn:
- speciaalgereedschappen, zoals gietmodellen, smeed- en spuitgietmatrijzen en elektroden voor zinkvonken.
- productgebonden span- en hulpgereedschappen.
- nokken voor een nokkengestuurde automaat.

14.2.5 Kosten van assemblage

Indien een geassembleerd product uit n onderdelen is samengesteld dan zal de productiekostprijs K_{Ft} bepaald worden door de productiekostprijs K_{Fi} van de n afzonderlijke onderdelen alsmede door de kosten van assemblage. Net als bij de onderdelenfabricage bestaan de assemblagekosten K_{AS} per product weer uit repeterende kosten, kosten welke over de fabricageserie moeten worden afgeschreven en kosten welke over de totaalserie moeten worden afgeschreven. Bij de assemblage van een nieuw product zal met het inleereffect (zie paragraaf 10.3.5) rekening gehouden moeten worden. Ter verrekening van de overheadkosten voor de productiefaciliteiten worden ook hier de nominale assemblagekosten K_{AS} met de overheadfactor fabricage F_{OF} vermenigvuldigd. Voor de productiekostprijs van een geassembleerd product geldt dus:

$$K_{Ft} = F_{OF} \times K_{AS} + \sum_{i=1}^{n} K_{Fi}$$

14.2.6 Indirecte kosten

Zoals reeds in paragraaf 14.2.1 is opgemerkt dienen de kosten van alle niet direct productiegebonden afdelingen als toeslag in de prijs van de gefabriceerde producten te worden doorberekend. Meestal wordt dit met op gemiddelden gebaseerde overheadfactoren gedaan. Bij een computerondersteunde bedrijfsvoe-ring kunnen de toeslagen per product meer in detail berekend worden.
Met de indirecte kosten voor productiefaciliteiten, zoals uitgedrukt in de overheadfactor fabricage F_{OF}, worden de algemene kosten van de productie-ondersteunende afdelingen doorberekend.

De fabricagekostprijs K_{Ft} van het geassembleerde product wijkt in belangrijke mate af van de verkoopprijs K_V. Zoals ook schematisch in figuur 14.6 is weergegeven, moet hier nog met de volgende toeslagen worden gecorrigeerd.

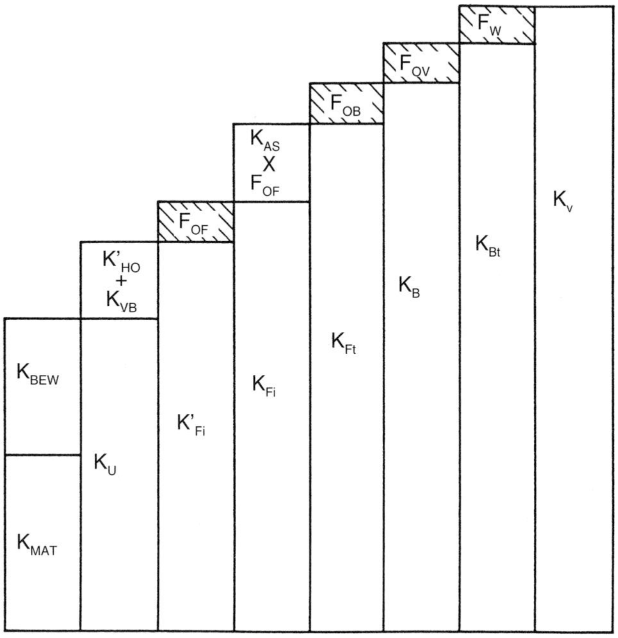

K_{BEW}	=	*Bewerkingskosten (onderdelen)*
K_{MAT}	=	*Materiaalkosten*
$K'_{HO}+K_{VB}$	=	*Aandeel kosten voor herhaalopdrachten en voorbereidingskosten*
K_U	=	*Uitvoeringskosten (onderdelen)*
K'_{Fi}	=	*Productiekostprijs zonder overhead*
K_{Fi}	=	*Productiekostprijs met overhead voor productiefaciliteiten (onderdelen)*
$K_{AS} \times F_{OF}$	=	*Assemblagekosten incl. overhead voor productiefaciliteiten*
K_{Ft}	=	*Productiekostprijs (geassembleerd product)*
K_B	=	*Bedrijfskostprijs*
K_{Bt}	=	*Totale (bedrijfs)kostprijs*
K_V	=	*Verkoopprijs*
F_{OF}	=	*Overheadfactor voor productiefaciliteiten*
F_{OB}	=	*Overheadfactor voor algemene bedrijfskosten*
F_{OV}	=	*Overheadfactor voor verkoopkosten*
F_W	=	*Winstfactor*

Figuur 14.6 Kostprijsopbouw van een product

a) **Overheadfactor bedrijf**
Met deze overheadfactor F_{OB} worden de kosten van de afdelingen, die zich niet direct met de fabricage bezighouden, doorberekend in de verkoopprijs van het product. Het betreft hier bijvoorbeeld afdelingen als kwaliteitsdienst, personeelszaken, boekhouding en management. Voor de bedrijfskostprijs K_B van een product geldt dus:

$$K_B = F_{OB} \times K_{Ft}$$

b) **Overheadfactor verkoop**
Met deze overheadfactor F_{OV} worden alle kosten, die direct samenhangen met de verkoopactiviteiten van het bedrijf, doorberekend in de verkoopprijs van het product. Bij producten, die uit voorraad geleverd worden, maken de voorraadkosten hiervan een belangrijk deel uit.
Ook de kosten voor aflevering van de producten, de nazorg en de eventuele commissies voor wederverkopers zijn in deze factor verdisconteerd. De

totale kostprijs K_{Bt} van een product kan dus als volgt worden weergegeven:

$$K_{Bt} = F_{OV} \times K_B$$

Sommige bedrijven berekenen deze verkoopkosten door via de overheadfactor bedrijf F_{OB}.

c) **Winstfactor**

In het algemeen is het voor productiebedrijven niet voldoende om kostendekkend te produceren; er zal een zekere winst gemaakt moeten worden. De winstfactor F_W is de verhouding tussen de verkoopprijs van het product en de totale productkosten.

De verkoopprijs van een product kan dus als volgt in formulevorm worden uitgedrukt:

$$K_V = F_W \times K_{Bt} = F_w \times F_{OV} \times F_{OB} \times K_{Ft}$$

14.3 Uurtarieven

14.3.1 Machine-uurtarief

Bij de aanschaf van een nieuwe machine zal steeds naar de reële kosten voor een bedrijfsklare machine gekeken moeten worden.
Dit betekent dat de **aanschafkosten** K_{NW} zullen moeten worden vermeerderd met de **opstellingskosten** K_{OP} voor de fundatie, plaatsing, aansluitingen en keuring.
Door het doen van deze uitgaven verandert het bedrijfskapitaal van een onderneming in feite niet.
Het financiële vermogen van het bedrijf neemt weliswaar af, maar het nieuwe productiemiddel gaat door "activering" tot het bedrijfskapitaal van de onderneming behoren. Figuur 14.7 laat een overzicht zien van de aanschafprijs van een aantal productiemiddelen.

PRODUCTIEMIDDEL	AANSCHAFPRIJS (k*f*)
Draaimachine	20 - 200
Freesmachine	20 - 500
Rondslijpmachine	80 - 300
Vlakslijpmachine	40 - 200
Bewerkingscentrum	200 - 2000
Flexibel fabricagesysteem	> 2000
Mechanische pers	20 - 500
Spuitgietmachine	60 - 500
Puntlasmachine	20 - 100
Industriële robot (excl. periferie)	100 - 400

Figuur 14.7 Aanschafprijzen van productiemiddelen

Van de waarde van productiemiddelen wordt jaarlijks een gedeelte afgeschreven. De afschrijftermijn wordt bepaald door de geschatte levensduur van de machine. Hierbij wordt nog onderscheid gemaakt tussen de **technische** en **economische levensduur.** In het eerste geval is de levensduur verstreken als de machine versleten is en in het tweede geval is de machine nog wel bruikbaar, maar (technisch)-economisch achterhaald. De kortste van beide, aangegeven met L_{MIN}, is maatgevend voor de jaarlijkse afschrijving. In veel gevallen heeft het productiemiddel aan het eind van de afschrijfperiode nog een restwaarde K_R. De jaarlijkse **afschrijvingskosten** M_{Aj} zijn dus gelijk aan:

$$M_{Aj} = \frac{K_{NW} + K_{OP} - K_R}{L_{MIN}}$$

Voor productiemachines wordt dikwijls een afschrijftermijn van 10 jaar gehanteerd.

Het in een productiemiddel geïnvesteerd vermogen moet, evenals geld op de bank, rente opbrengen. De **kapitaalkosten** verbonden aan de investering in een machine bestaan dan ook uit afschrijving en rente. Het kapitaalbeslag van een nieuwe machine zal bij aanschaf gelijk (K_{NW} + K_{OP}) zijn en met het verstrijken van de afschrijftermijn lineair teruglopen naar de restwaarde K_R. Globaal kan gesteld worden, dat de jaarlijkse **rentekosten** M_{Rj} gemiddeld over de helft van de aanschafprijs met opstellingskosten berekend dient te worden. Bij een rentepercentage P_R geldt er dus:

$$M_{Rj} = P_R \times \frac{(K_{NW} + K_{OP})}{2}$$

In de praktijk worden vaak ook andere, meer complexe, methoden gebruikt voor afschrijving en renteberekening.
Ook de huisvesting van de machine in een gebouw met alle benodigde voorzieningen, zoals verlichting, verwarming en leidingen voor elektra, lucht en water, kosten geld en dienen door de exploitatie van de machine te worden opgebracht. De rente en afschrijving op het gebouw met voorzieningen worden meestal naar een "vierkante meter prijs" omgerekend. Deze kosten M_{Hj} per m^2 per jaar (vaak ca. *f* 250,—/m^2 per jaar) alsmede het aantal vierkante meters H dat het productiemiddel in beslag neemt, bepalen de **huisvestingskosten** van de machine.

De kapitaalkosten en huisvestingskosten zijn onafhankelijk van het aantal uren dat men de machine per jaar gebruikt. Zij worden daarom **vaste kosten** genoemd. Kosten welke lineair met het aantal gebruiksuren van de machine toenemen, zoals energiekosten en kosten voor koel- en smeermiddelen, noemt men daarentegen **variabele kosten.**

Ook de jaarlijkse **onderhoudskosten** voor de machine dienen in het machine-uurtarief te worden doorberekend. In het algemeen wordt hiervoor een toeslagpercentage P_{ON} van de investeringskosten in rekening gebracht. In de praktijk varieert dit percentage tussen de 3% en 6%.

Bij het vaststellen van een machine-uurtarief zullen de jaarlijkse vaste kosten van een machine moeten worden afgeschreven over een geschat aantal netto bedrijfsuren Z op jaarbasis. Het is van wezenlijk belang dat deze taakstelling gehaald wordt. Wanneer het geschatte aantal netto bedrijfsuren niet gehaald wordt, werkt men in feite met een te laag machine-uurtarief en treedt er een **onderbezettingsverlies** op. Een overschrijding van het aantal geschatte uren leidt tot winst. Ook bij een machinebezetting van bijvoorbeeld 50% kan er dus best met winst geproduceerd worden.

Bij de vaste kosten zal nog een post voor de variabele kosten moeten worden opgeteld. Het betreft hier de kosten M_{VAR} per uur voor het gebruik van **energie** en **hulpstoffen,** zoals koel- en smeermiddelen, reinigingsmiddelen, lossingsmiddelen, diëlektrica, etc. Bij deze verbruiksstoffen, die niet zondermeer in het milieu gestort kunnen worden, zal men ook met afvoerkosten rekening moeten houden.

Tenslotte wordt het uiteindelijke machine-uurtarief M_1 gevonden door de som van de jaarlijkse afschrijvingskosten, rentekosten, onderhoudskosten en huisvestingskosten te delen door het geschat aantal netto bedrijfsuren per jaar, en dit bedrag te vermeerderen met de variabele kosten per uur.

$$M_1 = \frac{M_{Aj} + (1/2 \, x \, P_R + P_{ON}) \times (K_{NW} + K_{op}) + M_{Hj} \times H}{Z} + M_{VAR}$$

14.3.2 Mens-uurtarief

Het mens-uurtarief wordt primair bepaald door de loonkosten op jaarbasis, de **sociale lasten** welke door de werkgever betaald moeten worden, alsmede het **netto aantal werkuren per jaar.**
De berekening van dit tarief zal aan de hand van een voorbeeld worden uitgewerkt.

Uitgegaan wordt van een machinebediende, die bruto een bedrag van *f* 40.000,— per jaar verdient. Door de werkgever dient nog eens 30% à 32% van deze loonkosten aan premies en overige werkgeverskosten betaald te worden. De totale kosten op jaarbasis bedragen dus:

Bruto loon per jaar	: *f* 40.000,—
Overige werkgeverskosten per jaar	: *f* 12.500,—
Menskosten per jaar	: *f* 52.500,—

Het aantal werkuren per jaar wordt berekend uit het aantal werkdagen, dat jaarlijks gelijk is aan:

Aantal werkdagen per jaar = 52 x 5 =	260 dagen
Vakantie-, ADV- en feestdagen :	43 dagen
	217 dagen
Ziekteverzuim (ca. 10%)	22 dagen
Aantal werkdagen per jaar	195 dagen

Uitgaande van 8 werkuren/dag zal het aantal werkuren per jaar dus 195 x 8 = 1560 uren bedragen. Met deze gegevens zijn de bruto loonkosten per uur te bepalen. Dit tarief moet nog wel met enkele toeslagen worden gecorrigeerd. In dit voorbeeld gaan we ervan uit dat de machinebediende 12% van de tijd aan **persoonlijke verzorging** besteed. Verder worden de kosten van het leidinggevend personeel verwerkt in de vorm van een toeslag, bijvoorbeeld van 20%. In het geval van meerploegendienst dient nog een correctiefactor te worden gehanteerd; bij het werken in drieploegendienst liggen de loonkosten in de orde van grootte van 25% hoger dan bij een normale dagdienst.
Het mens-uurtarief M_2 bij het werken in normale dagdienst is in dit voorbeeld gelijk aan:

$$M_2 = \frac{1,2}{0,88} \times \frac{f\,52.500,-}{1560} = f\,45,90$$

14.4 Kostenoptimalisatie

In paragraaf 14.1 is reeds gesteld dat de uiteindelijke keuze van de meest geschikte fabricagemethode en productiemiddelen in het algemeen een proces van kostenoptimalisatie is. Omdat voor verschillende fabricagemethoden resp. bewerkingsmachines de éénmalige kosten, de kosten voor herhaalopdrachten en de uitvoeringskosten niet gelijk zijn, zal de vraag welke methode resp. welke machine tot de gunstigste fabricagekostprijs leidt, sterk afhankelijk zijn van de seriegrootte (totaalserie en fabricageserie).

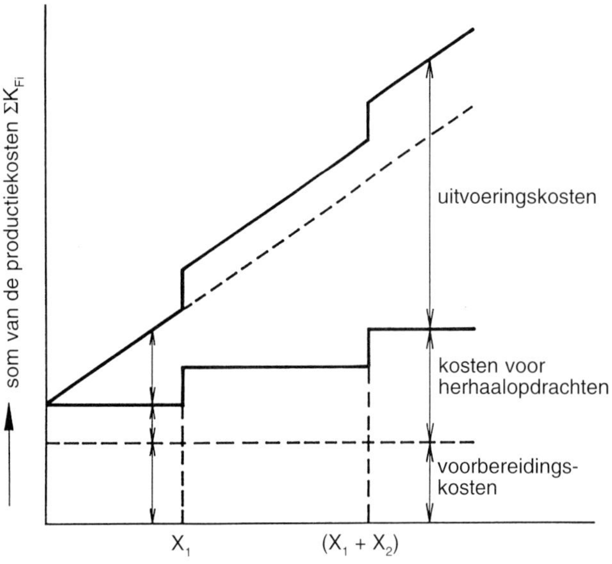

Figuur 14.8 Cumulatieve productiekosten als functie van het aantal gefabriceerde werkstukken

In figuur 14.8 is voor een serie onderdelen, die volgens een bepaalde methode vervaardigd zijn, de som van de productiekosten uitgezet als functie van het aantal onderdelen. De kostenkromme in de grafiek is cumulatief samengesteld uit de vaste voorbereidingskosten K_{VB}, de semivaste kosten K_{HO} voor herhaalopdrachten en de variabele uitvoeringskosten K_U. Figuur 14.9 laat een dergelijk kostenverloop zien voor twee verschillende fabricagemethoden. Methode I kenmerkt zich door relatief geringe éénmalige kosten en hogere uitvoeringskosten en kosten voor herhaalopdrachten. Bij methode II is dit juist omgekeerd. Bij

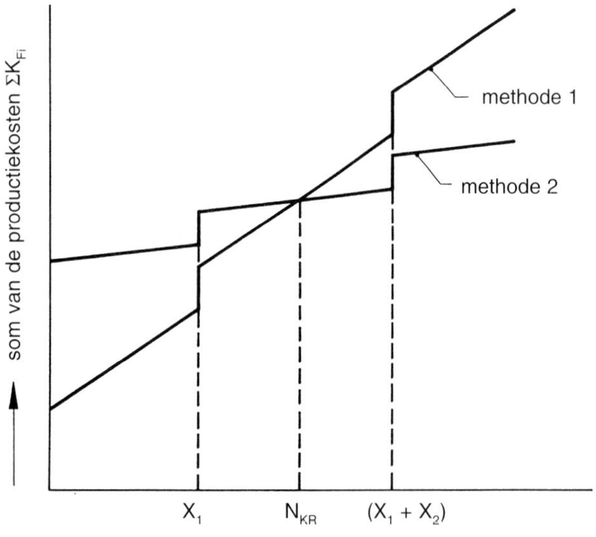

Figuur 14.9 Kostenverloop voor twee verschillende fabricagemethoden

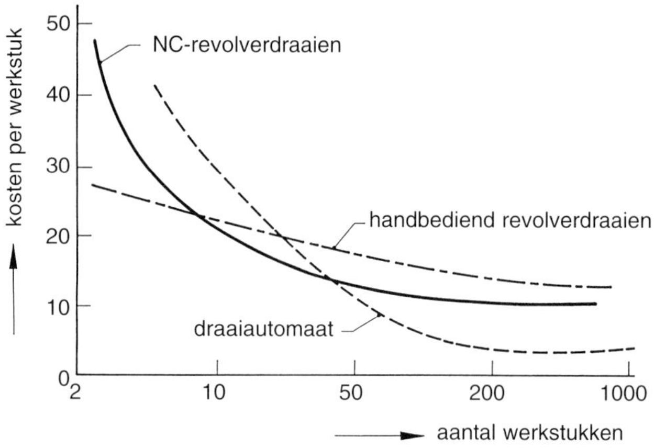

Figuur 14.10 Verloop van de kosten per werkstuk op verschillende typen machines

de fabricage van N_{KR} werkstukken zijn de beide methoden juist even duur; het bijbehorende aantal producten wordt het **kritische productaantal** (break-even point) genoemd. Bij aantallen kleiner dan N_{KR} zal voor methode I gekozen worden, en bij aantallen groter dan N_{KR} voor methode II.

Een andere vorm om het seriegrootte-effect te illustreren is een grafiek waarin de fabricagekostprijs per werkstuk is uitgezet tegen de seriegrootte. In figuur 2.35 is dit reeds gedaan voor het gieten en smeden van een drijfstang, waarbij de fabricageserie gelijk is aan de totaalserie. In verband met de hoge matrijskosten wordt het smeden, vergeleken met het gieten in zand, pas bij meer dan 20.000 onderdelen goedkoper. In figuur 14.10 zijn op vergelijkbare wijze in één grafiek de kostenkrommen weergegeven voor een handbe-

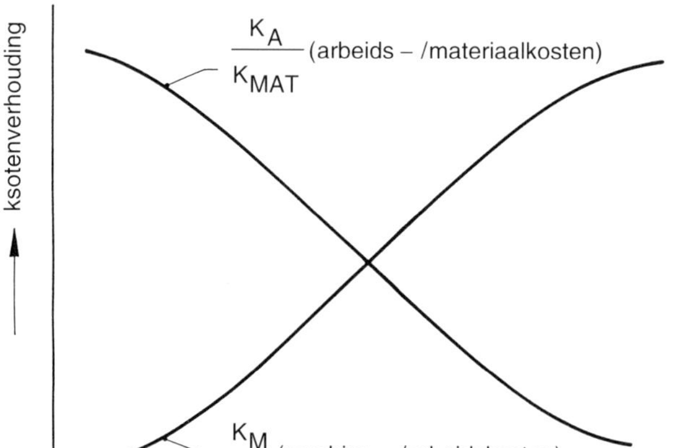

Figuur 14.11 Vergelijking van arbeids-, materiaal- en machinekosten als functie van het productievolume

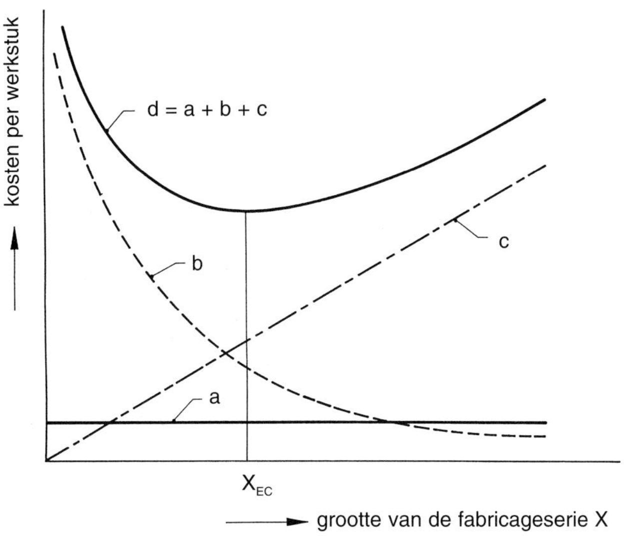

a = vaste voorraadkosten
b = kosten voor herhaalopdrachten per werkstuk (K_{HO}/X)
c = variabele voorraadkosten
d = totale kosten per werkstuk

Figuur 14.12 Bepaling van de economische seriegrootte

diende revolverdraaimachine, een NC-revolverdraaimachine alsmede een draai-automaat.

Als algemene regel kan gesteld worden dat de productiekostprijs per werkstuk met het productievolume afneemt. Dit als gevolg van het feit dat het aandeel van de gereedschapkosten en machinekosten in de fabricagekostprijs geringer wordt.
Een andere algemene trend is, dat bij een toenemend productievolume het aandeel van de directe loonkosten in verhouding tot de materiaalkosten kleiner wordt, alsmede dat het aandeel van de machinekosten in verhouding tot de directe loonkosten toeneemt (zie figuur 14.11).

Bij een bedrijf dat een "eigen" product uit voorraad levert en dus op voorraad produceert, is de grootte van de fabricageserie vrij te kiezen. De optimale grootte van deze serie wordt weer door kostenoptimalisatie gevonden. In dit geval zorgt men ervoor dat de voorraadkosten en de met de productie samenhangende kosten tezamen minimaal zijn. Dit leidt dan tot de **economische seriegrootte** X_{EC} (zie figuur 14.12).

14.5 Uitgewerkte voorbeelden

In deze paragraaf wordt een tweetal voorbeelden uitgewerkt. Het gestanste onderdeel, waarvan in paragraaf 14.5.1 de productiekostprijs wordt berekend, kan als een voor de massafabricage karakteristiek voorbeeld worden gezien. In paragraaf 14.5.2 wordt voor het onderdeel uit figuur 12.24 de meest geschikte bewerkingsmethode op basis van bewerkingskosten geselecteerd.

14.5.1 Bepaling van de productiekostprijs van een geperst onderdeel

De "snap spring" uit de scheerkop van een elektrisch scheerapparaat (zie onderdeel nr. 4 in figuur 1.7) wordt geperst uit bandmateriaal van 0,38 mm dik en 48,6 mm breed op een 800 kN pers, die 8000 slagen per uur kan maken. De totaalserie bestaat uit 28 miljoen stuks en jaarlijks worden 4,8 x 10^6 onderdelen vervaardigd. Omdat gedurende het gehele jaar hetzelfde onderdeel op de pers gemaakt wordt zijn omstelkosten, e.d. niet aan de orde. Na het persen worden de onderdelen in een wasinstallatie van bramen en overtollig smeermiddel ontdaan. De productiekostprijs is in dit geval opgebouwd uit materiaalkosten, gereedschapkosten, machine- en arbeidskosten voor het persen en de nabewerking (wassen), en overheadkosten.

Het materiaal, met een soortelijke massa van $\rho = 7800$ kg/m^3, wordt aangevoerd met een opschuiflengte van l = 46,9 mm. De netto massa van het onderdeel bedraagt 2,56 gr. Het bandmateriaal kost *f* 7,94/kg en de schrotprijs is gelijk *f* 0,83/kg. In verband met beschadigingen, e.d. wordt gerekend met een uitvalspercentage van 4,2 %. Op de materiaalkosten wordt een toeslag van 5,5 % doorberekend, om op deze wijze de kosten voor inkoop, keuring en opslag te verdisconteren. Uit de bovenstaande gegevens volgt voor de massa m van het uitgangsmateriaal:

$$m = \rho \times l \times b \times s =$$
$$7800 \times 46,9 \times 48,6 \times 0,38 \times 10^{-9} = 6,76 \times 10^{-3} kg$$

De materiaalkosten K_{MAT} zijn als volgt samengesteld:

- Bruto materiaalkosten: 6,76 x 10^{-3} x *f* 7,94 = *f* 0,0537
- Correctie voor uitval : 4,2 % x *f* 0,0537 = *f* 0,0022
- Toeslag : 5,5 % x {*f* 0,0537 + *f* 0,0022} = *f* 0,0031

f 0,0590

- Schrootwaarde :
{6,76 - 2,56} x 10^{-3} x 1,042 x *f* 0,83 = *f* 0,0036

Materiaalkosten K_{MAT} : *f* 0,0554

Voor de vervaardiging van de totaalserie van 28 miljoen onderdelen zijn de volgende investeringen t.b.v. de persgereedschappen gedaan:

- Ontwerpen en vervaardigen van een eerste persgereedschap:	*f* 137.000,00
- Vervaardigen van een tweede persgereedschap:	*f* 113.000,00
- Reserve-onderdelen:	*f* 25.000,00
- Diverse speciale voorzieningen:	*f* 15.500,00
Totale investering:	*f* 290.500,00

Gereedschapkosten (per onderdeel)

$$K_G = \frac{f\,290.500,00}{28.000.000} = f\,0,0104$$

De 800 kN pers met een machine-uurtarief van *f* 49,04/uur wordt bediend door een machinebediende, waarvoor een mens-uurtarief geldt van *f* 71,12/uur. Hoewel de pers 8000 slagen/uur kan maken, blijken gemiddeld ca. 6400 onderdelen per uur geperst te worden; het rendement is dus 80%. Het uitvalspercentage bedraagt 3%. Na 28000 persslagen wordt het gereedschap schoongemaakt en nagesteld; dit onderhoud vraagt ca. 70 minuten. De mens- en machinekosten voor de persbewerking zijn als volgt samengesteld:

- Machinekosten (pers) : $\frac{f\,49,04}{0,97 \times 6400} =$ *f* 0,0079

- Arbeidskosten (pers) : $\frac{f\,71,12}{0,97 \times 6400} =$ *f* 0,0115

- Onderhoud: $\frac{70}{60} \times \frac{\{f\,49,04 + f\,71,12\}}{0,97 \times 28000} =$ *f* 0,0052

Mens- en machinekosten voor het persen *f* 0,0246

In de wasinstallatie wordt in 2 minuten een partij van 2000 onderdelen gewassen. Het mens-machine-uurtarief van de installatie bedraagt *f* 202,30/uur. Er geldt dus:

Waskosten : $\frac{2}{60} \times \frac{f\,202,30}{0,97 \times 2000} =$ *f* 0,0035

De overheadkosten voor fabricagefaciliteiten worden in dit geval berekend door een percentage van 29,1 % van de mens- en machinekosten te nemen, en zijn dus gelijk aan :

29,1 % x {*f* 0,0246 + *f* 0,0035} = *f* 0,0082

Dat de materiaal- en gereedschapkosten hierbij buiten beschouwing gelaten worden is een kwestie van bedrijfsstrategie.

De uiteindelijke productiekostprijs van de "snap spring" is dus als volgt opgebouwd:

- Materiaalkosten	: *f* 0,0554	(54,3 %)
- Gereedschapkosten	: *f* 0,0104	(10,2 %)
- Bewerkingskosten op de pers	: *f* 0,0246	(24,1 %)
- Nabewerkingskosten (wassen)	: *f* 0,0035	(3,4 %)
- Overheadkosten	: *f* 0,0082	(8,0 %)
Totale productiekosten	: *f* 0,1021	

14.5.2 Bepaling van de meest economische bewerkingsmethode

In paragraaf 12.7.2 zijn drie bewerkingsmethoden behandeld voor de verspanende nabewerking van het messing gietstuk, dat in figuur 12.24 is afgebeeld. In een fabricageserie worden 25 onderdelen bewerkt en de totaalserie bestaat uit 400 werkstukken. In de kostprijsvergelijking zullen de kostenposten, die voor alle drie methoden (nagenoeg) gelijk zijn, zoals de kosten van het te bewerken gietstuk, de gereedschapkosten en de overheadfactor, buiten beschouwing worden gelaten. De productiekostprijs K_F wordt bepaald door de bewerkingskosten K_{BEW}, de kosten voor herhaalopdrachten K_{HO} en de éénmalige voorbereidingskosten K_{VB}.

$$K_F = K_{BEW} + \frac{K_{HO}}{X} + \frac{K_{VB}}{Y}$$

De beschouwde bewerkingsmethoden zijn:
- Methode 1 : Conventioneel bewerken met de eerste opspanning op een draaimachine en de overige op een freesmachine.
- Methode 2 : Bewerken op een NC-draaicentrum
- Methode 3 : Bewerken op een NC-bewerkingscentrum

De bewerkingskosten K_{BEW} worden bepaald door de cyclustijden en de mens-machine uurtarieven M_T. De voor de ideale situatie gecalculeerde cyclustijd t_C wordt vermeerderd met een toeslag voor verlies- en wachttijden, correctie van fouten, etc. In de gegeven situatie zijn de volgende waarden van toepassing:

Methode	Machine	M_T (per uur)	t_C	Toeslag
1	draaimachine	*f* 60,—	10 min	20 %
1	freesmachine	*f* 70,—	24 min	20 %
2	draaicentrum	*f* 125,—	17 min	10 %
3	bew. centrum	*f* 130,—	14 min	10 %

De kosten voor herhaalopdrachten zijn samengesteld uit de kosten voor de administratieve werkvoorbereiding à *f* 50,— en de instelkosten. Bij alle machines wordt uitgegaan van een insteltijd van 30 minuten; bij het draaicentrum komt daar nog een extra insteltijd van 30 minuten bij op het moment dat de klauwplaat door een spantang vervangen moet worden.

De éénmalige voorbereidingskosten, die in de beschouwing meegenomen worden, zijn:

- Algemene kosten voor de technische werkvoorbereiding (methode 1,2 en 3) : *f* 80,—
- Programmeerkosten (methode 2 en 3) : *f* 280,—
- Productgebonden uitrusting in de vorm van stelstukken:
  - Stelstuk voor methode 1 : *f* 600,—
  - Stelstuk voor methode 3 : *f* 1600,—

Methode 1

$$K_F = 1,2 \times \frac{10}{60} \times 60 + 1,2 \times \frac{24}{60} \times 70 + \frac{\left(50 + \frac{30}{60} \times 60 + \frac{30}{60} \times 70\right)}{25} + \frac{80 + 600}{400}$$

$$K_F = f\,12,00 + f\,33,60 + f\,4,60 + f\,1,70 = f\,51,90$$

Methode 2

$$K_F = 1,1 \times \frac{17}{60} \times 125 + \frac{1}{25}\left(50 + \frac{2 \times 30}{60} \times 125\right) + \frac{80 + 280}{400}$$

$$K_F = f\,38,96 + f\,7,00 + f\,0,90 = f\,46,86$$

Methode 3

$$K_F = 1,1 \times \frac{14}{60} \times 130 + \frac{1}{25}\left(50 + \frac{30}{60} \times 130\right) + \frac{80 + 280 + 1600}{400}$$

$$K_F = f\,33,37 + f\,4,60 + f\,4.90 = f\,42,87$$

Kennelijk leidt de nabewerking op het bewerkingscentrum tot de gunstigste productiekostprijs. In figuur 14.13 is de productiekostprijs voor de drie bewerkingsmethoden uitgezet als functie van de grootte van de totaalserie Y, uitgaande van een fabricageserie X = 25 stuks. Hieruit blijkt dat methode 2 het meest economisch is tot een totaalserie van 200 stuks, en dat daarboven methode 3 voordeliger wordt. Ga zelf na waarom methode 1 in vergelijking met methode 2 systematisch tot een hogere kostprijs leidt.

14.6 Slot

In de paragrafen 14.2 en 14.3 is aangetoond hoe de productiekostprijs van onderdelen en producten berekend kan worden en in paragraaf 14.4 is aangegeven hoe met een kostprijsvergelijking tot de meest geschikte proces- resp. machinekeuze gekomen kan worden. Toch dient hierover een relativerende opmerking gemaakt te worden. De formules wekken wellicht de indruk dat een nauwkeurige calculatie mogelijk is. In de praktijk blijken er evenwel vaak aanzienlijke verschillen op te treden tussen de door verschillende calculatoren berekende tijden en kosten, en hierbij is een onderlinge afwijking van 100 % zeker geen uitzondering!

De oorzaak van deze onderlinge verschillen moet in de eerste plaats gezocht worden in de toe te passen productiemethode, die weer afhankelijk is van de beschikbare productiemiddelen. In het geval van dezelfde productiemethode zullen afwijkingen ontstaan door verschillen in de gevoerde bedrijfsstrategie, de gehanteerde uurtarieven, alsmede de kennis en ervaring van de betreffende calculatoren.

Tenslotte is hier nog een tweede relativerende opmerking op zijn plaats. In paragraaf 14.2 en in het bijzonder in figuur 14.6 is aangegeven hoe de uiteindelijke verkoopprijs door de verschillende kostenfactoren wordt beïnvloed. Marktstrategisch gezien is het evenwel niet aan te raden om de verkoopprijs van een pro-

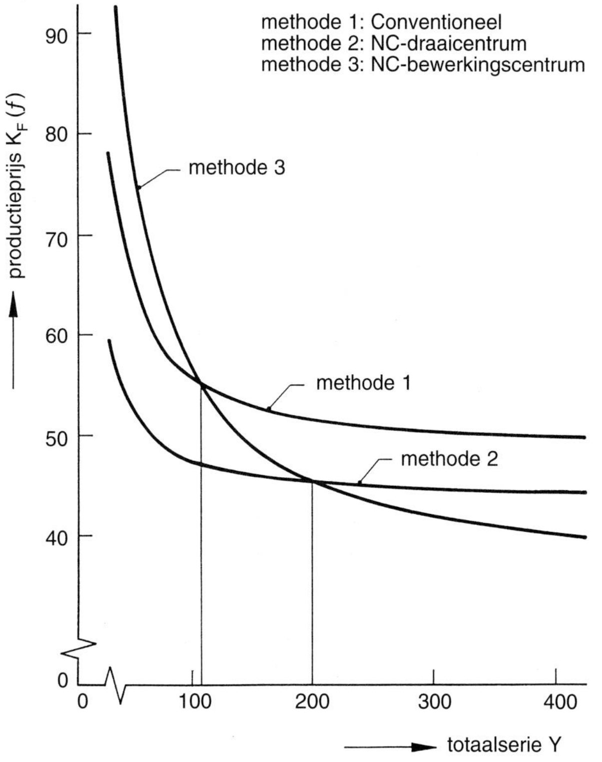

Figuur 14.13 Kostenverloop als functie van de grootte van de totaalserie voor drie verschillende bewerkingsmethoden bij een fabricageserie van 25 stuks

duct eenvoudig vast te stellen als rekensom van de diverse kostenposten en -factoren. Het is veel verstandiger om bij de prijsstelling uit te gaan van wat de markt wil betalen. In feite dus een **prijsbepaalde kostencalculatie** in plaats van een **kostenbepaalde prijscalculatie.** Bedrijven, die hierin een verkeerde strategie volgen, lopen het risico een wezenlijk deel van hun markt te verliezen, of dienen alsnog aanzienlijke aanpassingen aan te brengen om hun artikelen voor de gedicteerde marktprijs winstgevend te kunnen maken. Voorbeelden hiervan zijn ondermeer te vinden op het gebied van de consumentenelektronica, auto's en gereedschapwerktuigen.

SAMENVATTING

De productiekostprijs van een productonderdeel is samengesteld uit de uitvoeringskosten, een aandeel van de kosten voor herhaalopdrachten, een aandeel van de éénmalige voorbereidingskosten, alsmede uit overheadkosten voor beschikbare productiefaciliteiten. Bij de bepaling van de uitvoeringskosten spelen de materiaalkosten, de machinekosten, de directe arbeidskosten, de gereedschapkosten en de gereedschapwisselkosten een rol. De kosten voor herhaalopdrachten worden bepaald door de kosten van de administratieve werkvoorbereiding, de inrichtkosten alsmede de aanloopkosten. Bij de éénmalige voorbereidingskosten is onderscheid gemaakt tussen de kosten voor de technische werkvoorbereiding en die voor productgebonden uitrusting.

De productiekostprijs van een geassembleerd product is samengesteld uit de productiekostprijs van de afzonderlijke onderdelen alsmede de kosten van assemblage.
De uiteindelijke verkoopprijs wordt bepaald door de productiekostprijs van het geassembleerde product met diverse factoren (overheadfactoren en winstfactor) te vermenigvuldigen.

Het machine-uurtarief is berekend door de som van de jaarlijkse afschrijvingskosten, rentekosten, onderhoudskosten en huisvestingskosten te delen door het geschat aantal netto bedrijfsuren per jaar, en dit bedrag te vermeerderen met de variabele kosten per uur. De bepaling van het mens-uurtarief is aan de hand van een rekenvoorbeeld toegelicht.

De keuze van de meest geschikte fabricagemethode en productiemiddelen is in het algemeen een proces van kostenoptimalisatie. Het uiteindelijk resultaat blijkt sterk afhankelijk van de te vervaardigen seriegrootte.

LITERATUUR

[14.1] Boer P. de, Brouwers M.P., Koetzier W., Basisboek Bedrijfseconomie, Wolters-Noordhoff, Groningen, 1995. ISBN 90-01-09377-9.
[14.2] Klein Nagelvoort R.M., Kosten en offers, (8ste druk), Educaboek, Culemborg, ISBN 90-11-0191130.
[14.3] Ostwald P.F., Cost estimating for engineering and management, Prentice-Hall, ISBN 0-13-181131-2.
[14.4] Blommaert, A.M.M., Blommaert, J.M.J., Bedrijfseconomische analyses, Stenfert Kroese, Leiden, 1995. ISBN 90-207-2597-1.

SYMBOLENLIJST

Indices

i = Waarde i uit een reeks
j = Waarde op jaarbasis
t = Totale waarde

Symbolen

a	= Aantal mensen dat een machine bedient	[-]
b	= Aantal keren dat een gereedschap wordt nageslepen	[-]
F_{OB}	= Overheadfactor bedrijf	[-]
F_{OF}	= Overheadfactor fabricage	[-]
F_{OV}	= Overheadfactor verkoop	[-]
F_{W}	= Winstfactor	[-]
H	= Benodigd oppervlak voor plaatsing machine	[m^2]
k_{AFV}	= Afvoerkosten per massa-eenheid	[*f*/kg]
k_{MAT}	= Materiaalprijs per massa-eenheid	[*f*/kg]
k_{R}	= Restwaarde per massa-eenheid	[*f*/kg]
K_{A}	= Arbeidskosten of menskosten	[*f*]
K_{AL}	= Aanloopkosten	[*f*]
K_{AS}	= Assemblagekosten	[*f*]
K_{AWV}	= Kosten voor de administratieve werkvoorbereiding	[*f*]
K_{B}	= Bedrijfskostprijs	[*f*]
K_{BEW}	= Bewerkingskosten	[*f*]
K_{Bt}	= Totale (bedrijfs)kostprijs	[*f*]
K_{Fi}	= Fabricagekostprijs van een onderdeel	[*f*]
K_{Ft}	= Fabricagekostprijs van een geassembleerd product	[*f*]
K_{G}	= Gereedschapkosten per bewerking	[*f*]
K_{GS}	= Gereedschapkosten per snijkant	[*f*]
K_{GW}	= Gereedschapwisselkosten per bewerking	[*f*]
K_{HO}	= Kosten voor herhaalopdrachten	[*f*]
K_{IN}	= Inrichtkosten	[*f*]
K_{INA}	= Inrichtkosten anders dan op de machine	[*f*]
K_{INM}	= Inrichtkosten op de machine	[*f*]
K_{M}	= Machinekosten	[*f*]
K_{MAT}	= Materiaalkosten	[*f*]
K_{NW}	= Nieuwwaarde van een gereedschap of machine	[*f*]
K_{OP}	= Bijkomende kosten voor fundatie, aansluiting, etc.	[*f*]
K_{PU}	= Kosten voor productgebonden uitrusting	[*f*]
K_{R}	= Restwaarde van een productiemiddel	[*f*]
K_{REC}	= Reconditioneringskosten van een gereedschap	[*f*]
K_{TWV}	= Kosten voor technische werkvoorbereiding	[*f*]
K_{U}	= Uitvoeringskosten of repeterende kosten	[*f*]
K_{V}	= Verkoopprijs	[*f*]

K_{VB}	= Voorbereidingskosten of éénmalige kosten	[f]
L_{MIN}	= Kortste levensduur van een machine	[jaar]
M_{Aj}	= Jaarlijkse afschrijfkosten	[f/jaar]
M_{Hj}	= Jaarlijkse huisvestingskosten per m^2	[f/jaar]
M_{Rj}	= Jaarlijkse rentekosten	[f/jaar]
M_T	= Mens-machine-uurtarief	[f/uur]
M_{VAR}	= Variabele kosten per uur	[f/uur]
M_1	= Machine-uurtarief	[f/uur]
M_2	= Mens-uurtarief	[f/uur]
N_{KR}	= Kritische seriegrootte	[-]
P_{ON}	= Toeslagpercentage voor onderhoudskosten	[%]
P_R	= Rentepercentage	[%]
Q	= Jaarproductie	[aantal/jaar]
t_C	= Cyclustijd	[uur]
t_{GW}	= Gereedschapwisseltijd	[uur]
t_H	= Hoofdtijd	[uur]
t_{IN}	= Inrichttijd	[uur]
t_N	= Neventijd	[uur]
T	= Standtijd van een gereedschap	[uur]
V_{MAT}	= Bruto werkstukvolume	[m3]
V'_{AF}	= Afvalpercentage	[%]
X	= Seriegrootte van een fabricageserie	[-]
X_{EC}	= Economische seriegrootte	[-]
Y	= Seriegrootte van de totaalserie	[-]
Z	= Geschatte aantal netto bedrijfsuren/jaar	[uur/jaar]
ρ	= Soortelijke massa	[kg/m^3]

OEFENVRAGEN

14.1 Voor een spuitgietmachine met een maximaal "shot"-gewicht van 5 kg en een maximale sluitkracht van 10 MN zijn de volgende gegevens van toepassing:

- Investering (incl. opstellingskosten) : f 900.000,—
- Bezetting in aantal ploegen per dag : 3
- Afschrijfperiode : 5 jaar
- Restwaarde na 5 jaar : verwaarloosbaar
- Netto aantal bedrijfsuren per jaar : 4800
- Rentepercentage : 12 %
- Onderhoudskosten per jaar : 6 %
- Energiekosten per ploeg per jaar : 4 %
- Benodigd bruto vloeroppervlak : 80 m^2
- "Vierkante meter prijs" per jaar : f 250,—

Bereken het machine-uurtarief van de betreffende machine.

14.2 Op de spuitgietmachine uit vraag 14.1 moet een kist van 750 x 600 x 300 mm met een wanddikte van 2,5 mm uit slagvast polystyreen (PS) vervaardigd worden. Verder zijn de volgende gegevens van toepassing:

- Productmassa : 3,1 kg
- Materiaalkosten per kg : f 2,50
- Mens-uurtarief machinebediende : f 36,—/uur
- Mens-uurtarief machinesteller : f 48,—/uur
- Insteltijd (éénmalig) : 10 uur
- Gemiddeld aantal producten per uur : 80
- Matrijskosten : f 200.000,—
- Uitvalpercentage : 1 %
- Overheadkosten productiefaciliteiten : 15 %

Bereken de productiekostprijs van het betreffende product als de totaalserie 25000 stuks bedraagt.

14.3 Indien van de polystyreen kist uit opgave 14.2 alleen een proefserie van bijv. 20 stuks vervaardigd moet worden dan zal spuitgieten veel te duur zijn. Geef aan welk kunststofverwerkingsproces hiervoor dan veel geschikter zal zijn en vermeld tevens welke van de kostprijsbepalende factoren nu duidelijk hoger resp. duidelijk lager zullen liggen als bij het spuitgieten.

14.4 Bij de vraag of een werkstuk beter door verspanen of door omvormen vervaardigd kan worden, zijn de volgende gegevens van toepassing:

Proces	Verspanen	Omvormen
- Materiaalkosten (*f*/stuk)	1,25	0,50
- Mens-machine-uurtarief (*f*/uur)	48,00	48,00
- Gereedschapkosten per werkstuk (*f*)	0,10	-
- Eénmalige gereedschapkosten (*f*)	-	20.000,00
- Cyclustijd (s)	300	6

Bereken vanaf welke seriegrootte beter van verspanen op omvormen kan worden overgestapt.

14.5 Een werkstuk dient op een NC-bewerkingscentrum vervaardigd te worden in een fabricageserie van 100 stuks. Deze fabricageserie wordt later, met tussenpozen, nog tweemaal herhaald. De fabricage vindt automatisch met 6 verschillende gereedschappen in één opspanning plaats. Verder is nog gegeven dat:

- Hoofdtijd per werkstuk	: 15 minuten
- Gereedschapwisseltijd	: 15 seconden
- Op- en afspantijd per werkstuk	: 90 seconden
- Insteltijd per serie	: 2 uur
- Mens-machine-uurtarief	: *f* 150,—
- Materiaalkosten per werkstuk	: *f* 50,—
- Gereedschapkosten per werkstuk	: *f* 5,—
- Programmeerkosten	: *f* 600,—
- Overheadkosten	: 15 %

Bereken de productiekostprijs van het betreffende werkstuk.

14.6 In figuur 5.24 is in grafiekvorm het verband weergegeven tussen de snijsnelheid v_c en de uit diverse kostenposten opgebouwde productiekostprijs van een werkstuk. Wanneer dit voor zowel een conventionele draaimachine als een NC-draaimachine gedaan wordt, zal dit tot twee verschillende grafieken leiden. Ga na waar significante verschillen zullen optreden.

14.7 Een draaibewerking wordt uitgevoerd met een draaibeitel van *f* 60,—, die 10 keer kan worden nageslepen. De naslijpkosten bedragen *f* 5,— per keer. Het mens-machine-uurtarief is gelijk aan *f* 54,—/uur. Het draaiwerkstuk met een diameter d = 100 mm wordt afgedraaid over een lengte L = 325 mm met een voeding van f = 0,3 mm/omw. De economische standtijd bedraagt T_{EC} = 40 min. en de economische snijsnelheid, waarmee ook verspaand wordt, is gelijk aan v_{EC} = 1 m/s. De neventijd bedraagt 4 minuten en de gereedschapwisseltijd is gelijk 4 minuten. Bereken de voor dit draaiproduct benodigde bewerkingskosten.

14.8 Indien men de draaibewerking uit opgave 14.7 met een snijsnelheid van 1,1 m/s wil uitvoeren en gegeven is dat het betreffende beitelmateriaal een exponent van Taylor gelijk n = 0,15 heeft, wordt gevraagd met welk bedrag de bewerkingskosten als gevolg van deze verandering zullen toenemen.

14.9 In figuur 14.12 is de grootte van de economische seriegrootte bij het op voorraad produceren grafisch bepaald. Indien er een continue afname van het product door verkoop plaats vindt, wordt gevraagd een formule voor de economische seriegrootte X_{EC} af te leiden als functie van de jaarproductie Q van het product, de bedrijfskostprijs K_B van het product, de kosten voor herhaalopdrachten K_{HO} en het rentepercentage P_R.

14.10 In figuur 14.9 worden twee fabricagemethoden vergeleken. Hoe kan men N_{KR} vergroten zonder de verschillende kostenfactoren te veranderen?

14.11 Met de offertecalculatie wordt de voor de klant bindende verkoopprijs van een produkt vastgelegd. Licht toe welk nut het heeft om na de offertecalculatie een voor- en een nacalculatie uit te voeren, zonder dat de door de klant te betalen prijs nog beïnvloed kan worden.

15 Productiegericht ontwerpen

DOEL VAN DIT HOOFDSTUK:

Het geeft een beschrijving van het productontwikkelingsproces en van het belang van het productiegericht ontwerpen.

Het omschrijft twee belangrijke aspecten van het productiegericht ontwerpen, de productstructurering en de standaardisatie.

Tenslotte geeft het een aantal ontwerpregels.

15.1 Inleiding

In de voorgaande hoofdstukken is ingegaan op productietechnieken en -middelen. Deze worden gebruikt om producten te vervaardigen die in een bepaalde behoefte van de markt voorzien. Het vertalen van deze behoefte in een productspecificatie en het omzetten daarvan in een productontwerp noemt men productontwikkeling. Omdat tijdens het ontwerpen van een product voor een aanzienlijk deel wordt bepaald hoe het product gemaakt moet worden, is het van groot belang al in de fase van het productontwerp rekening te houden met het fabriceren en monteren van het product. Hoe dit gerealiseerd kan worden is het onderwerp van dit hoofdstuk.

15.2 Productontwikkeling

Een van de hoofdfuncties van een zelfscheppende onderneming is de productontwikkeling, zoals reeds aangegeven in hoofdstuk 1. **Productontwikkeling** omvat de productplanning en het productontwerpen, zie figuur 15.1. De **productplanning** houdt in het signaleren van behoeften van de markt en het genereren van ideeën en concepten voor nieuwe generaties van producten. Het **productontwerpen** betekent het uitwerken van de concepten tot gedetailleerde ontwerpen.

Het uitgangspunt voor productplanning is de markt; het heeft geen zin producten voort te brengen waar geen vraag naar is. In de productplanningsfase wordt op grond van de marktbehoefte vastgelegd op welk moment een bedrijf met welke producten de markt zal betreden. In deze fase worden de gegevens vastgelegd over de eigenschappen van het product, de verwachte productaantallen en de doelprijsstelling. Voor het maken van een realistische specificatie is het vaak nodig in deze fase reeds een **conceptontwerp** te maken. Productplanning is primair een marketingfunctie.

De gegevens die tijdens de productplanning worden vastgelegd vormen het startpunt voor het productontwerp. In deze fase wordt een **gedetailleerd ontwerp** gemaakt van het te vervaardigen product. Dit ontwerp wordt vastgelegd in de vorm van technische tekeningen of in de computer opgeslagen productmodellen. Het ontwerp geeft informatie over de vorm en afmetingen van de onderdelen van het product en over de toegepaste materialen en bewerkingsprocessen. Dit bepaalt in hoge mate hoe de onderdelen moeten worden vervaardigd en vervolgens samengesteld tot een eindproduct. Om die reden is het van belang al tijdens het ontwerpen van het product rekening te houden met de manier waarop het product vervaardigd zal worden. Hiertoe is continu informeel overleg nodig met de productievoorbereiding (hoofdstuk 12). Daarnaast worden ook formele ontwerp-evaluaties verricht.

In het algemeen kan het product niet ontworpen worden zonder de nog komende fasen van de **levenscyclus** van het product bij het ontwerpen te betrekken. De levenscyclus van een product begint met de productontwikkeling; de volgende fasen zijn (zie figuur 15.1) productie, distributie/verkoop, gebruik/onder-

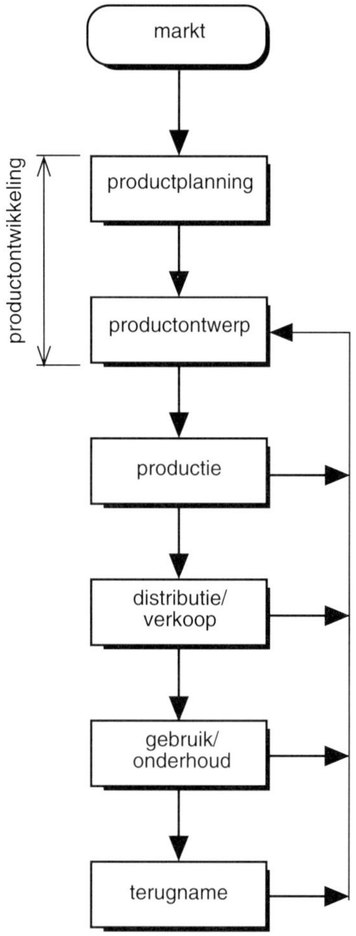

Figuur 15.1 De levenscyclus van een product. Tijdens het ontwerpen van het product moet rekening worden gehouden met overwegingen vanuit iedere fase van de levenscyclus

houd, en tenslotte de terugname uit de markt. Zo kunnen bijvoorbeeld die onderdelen van het product die aan slijtage onderhevig zijn op een eenvoudig (de)monteerbare plaats binnen het product worden gepositioneerd met het oog op onderhoud.

Tegenwoordig wordt steeds meer rekening gehouden met de terugname uit de markt. Aan het eind van de levensduur zijn er drie mogelijkheden voor het verwerken van het product of delen daarvan. Als eerste mogelijkheid kan het als afval worden afgevoerd. Een gunstiger mogelijkheid is het hergebruik van het materiaal. De ontwerper dient hierop in te spelen door het scheiden van onderdelen van verschillend materiaal mogelijk te maken (**Design for recycling**). Gegalvaniseerde onderdelen, bijvoorbeeld, zijn vanuit milieuoogpunt nadelig. De gunstigste vorm van recycling is het hergebruik van onderdelen, eventueel na revisie (**Design for re-use**). Vaak zullen bepaalde onderdelen van het product nog bruikbaar zijn, hoewel het product als geheel zijn functie niet meer kan vervullen. De ontwerper moet er voor zorgen dat die onderdelen zonder ernstige beschadiging eenvoudig gedemonteerd kunnen worden. Dit geldt vooral voor niet of slechts beperkt aan slijtage onderhevige delen, zoals de benzinetank van een auto.

Het vervolg van dit hoofdstuk gaat in op de relatie tussen productontwerp en productie.

15.3 Productontwerp en productie

15.3.1 Definitie en belang van productiegericht ontwerpen

Productiegericht ontwerpen betreft dat aspect van het ontwerpen dat ten doel heeft het ontwerp zo goed mogelijk af te stemmen op de fabricage- en montagemogelijkheden. Het te ontwerpen product moet niet alleen aan de functionele eisen voldoen, dus aan datgene wat de klant verlangt, het moet ook met een aanvaardbare inspanning goed te realiseren zijn.

Binnen het productiegericht ontwerpen (**Design For Production, DFP**) kan nog onderscheid worden gemaakt tussen:

- **fabricagegericht ontwerpen (Design For Manufacturing, DFM),**
- **assemblagegericht ontwerpen (Design For Assembly, DFA),**
- **logistiekgericht ontwerpen (Design For Logistics, DFL).**

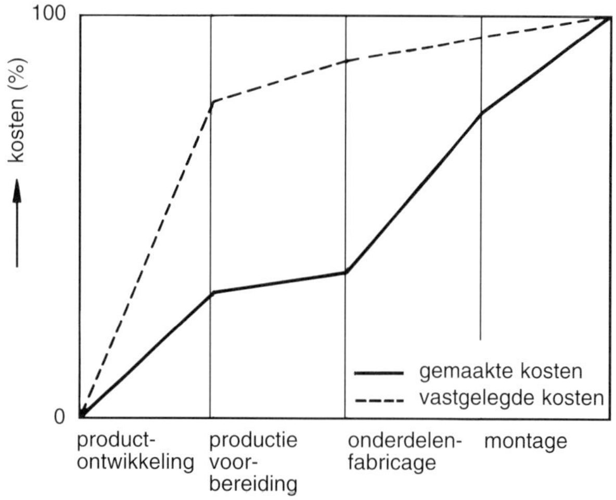

Figuur 15.2 Schematisch verloop van de vastgelegde en gemaakte kosten als functie van de activiteiten in de voortbrengingsketen

Deze ontwerptechnieken zijn gericht op het optimaliseren van het productontwerp met betrekking tot criteria als doorlooptijd en kosten. Toepassing van deze technieken draagt in de regel ook bij aan verbetering van de productkwaliteit.

Daar het productontwerp aan het begin van de levenscyclus van een product staat, is het te verwachten dat beslissingen die in die fase genomen worden van grote invloed zullen zijn op de volgende fasen van de levenscyclus. Dit wordt geïllustreerd in figuur 15.2 (gelijk aan figuur 1.7, zie voor de toelichting aldaar). Uit de figuur blijkt dat het ontwerpen zelf niet de grootste kosten *veroorzaakt*, maar wel het grootste deel (tot 80%) van de productkosten *vastlegt*. Anderzijds blijkt uit de figuur dat bij de fabricage en de montage de daadwerkelijk gemaakte kosten verreweg het grootste zijn.

Afstemming van het ontwerp op de productie dient zo vroeg mogelijk in het ontwerpproces te geschieden. In deze fase kan de ontwerper nog gemakkelijk wijzigingen aanbrengen. De kosten van een wijziging zijn nog laag. Dit verandert naarmate het ontwerp verder is uitgewerkt. Wijzigingen zijn niet meer gemakkelijk door te voeren, omdat het ontwerp het resultaat is van vele afwegingen. De kosten van het doorvoeren van een wijziging zijn dan hoog. Zeker als al machines en gereedschappen zijn aangeschaft en de fabriek is ingericht, is het doorvoeren van een ingrijpende productwijziging een kostbare aangelegenheid.

Tegenwoordig groeit steeds meer het bewustzijn dat het ontwerpen van het product, het ontwerpen van de productiemiddelen en het inrichten van de productie in onderlinge samenhang en dus zoveel mogelijk gelijktijdig, **overlappend**, moet verlopen, zie figuur 15.3. In veel bedrijven zijn deze activiteiten nog teveel **sequentieel** geschakeld, d.w.z. de volgende activiteit start pas als de voorgaande volledig is afgerond. In het laatste geval is er sprake van lange terugkoppellussen naar de ontwerper. Aanpassen is nog maar beperkt mogelijk en kostbaar. Overschrijding van het budget en van de levertijd zijn dan moeilijk te vermijden. Onder invloed van de tijdsdruk moet dan vaak besloten worden het ontwerp maar te laten voor wat het is, en moet men genoegen nemen met een minder gunstig productieproces.

Bij de overlappende werkwijze, ook wel aangeduid met **Concurrent Engineering**, treden, door de kortere terugkoppellussen, deze gevaren veel minder op. Als gevolg van de kortere totale ontwikkeltijd kan het

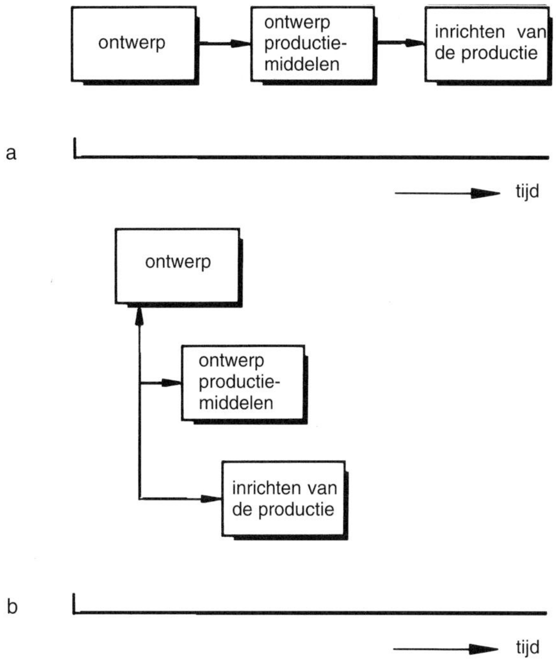

Figuur 15.3 Sequentieel (a) versus overlappend (b) uitvoeren van het ontwerp- en voortbrengingstraject

product eerder op de markt verschijnen. Dit kan een zeer belangrijk concurrentie-voordeel opleveren.

Om deze manier van werken te kunnen realiseren zijn ingrijpende organisatorische veranderingen noodzakelijk. Een scheiding van het ontwerpen, de werkvoorbereiding en het ontwerpen van productiemiddelen, moet worden voorkomen. Daarvoor is een goede communicatie tussen deze activiteiten onmisbaar. Dit kan bijvoorbeeld gebeuren in de vorm van **design reviews**, waarbij deskundigen van verschillende disciplines met elkaar om tafel gaan zitten om een ontwerp ten aanzien van de verschillende aspecten te beoordelen. Een nog verder gaande oplossing is het vormen van multidisciplinaire teams, **design-build teams**. Een dergelijk team pakt gezamenlijk een compleet project aan. De organisatievorm is hierbij de matrix-organisatie, behandeld in hoofdstuk 13.

Een andere voorwaarde voor een goed verlopend ontwikkelingsproces is dat alle betrokkenen steeds over de zelfde, meest recente informatie kunnen beschikken. Productconfiguratie-beheerssystemen zijn hiervoor een belangrijk hulpmiddel. Met zo'n systeem wordt voortdurend bijgehouden wat de status (geldigheid) is van de afzonderlijke ontwerpdocumenten, welke wijzigingen worden toegelaten e.d. Het systeem zorgt er ook voor dat belangrijke handelingen, zoals wijzigen en goedkeuren alleen door bevoegde personen kunnen worden verricht.

15.3.2 Beoordelingsgrootheden en evaluatieprocedures

Tijdens het ontwerpproces moet het ontwerp meerdere keren worden beoordeeld. Belangrijke aspecten hierbij zijn:

- functievervulling,
- maakbaarheid,
- onderhoudbaarheid,
- milieuvriendelijkheid,

Daarvoor zijn beoordelingsgrootheden en evaluatieprocedures nodig. Sommige daarvan zijn wettelijk voorgeschreven. Voorbeelden van beoordelingsgrootheden zijn:

Maakbaarheid

Het gaat hier om het opsporen van geometrieën, die niet of moeilijk zijn te realiseren met de beschikbare technieken, en met de aanwezige machines en gereedschappen. Enkele voorbeelden: Met gieten in zandvormen kunnen geen nauwe toleranties worden gehaald; er is dan een nabewerking nodig. Bij boorbewerkingen moet de ontwerper rekening houden met de in het bedrijf gangbare boordiameters; hij moet geen gat voorschrijven van 5 of 7 mm wanneer 6 mm gangbaar is.

Betrouwbaarheid

De betrouwbaarheid van processen hangt in belangrijke mate af van de staat van ontwikkeling van de processen en de ervaring die het bedrijf daarmee heeft opgebouwd. Men kan ervoor kiezen bepaalde processen uit te besteden aan gespecialiseerde toeleveranciers die wel over de vereiste kennis en ervaring beschikken.

Capaciteitsbeslag

Iedere uit te voeren bewerking legt beslag op de beschikbare capaciteit. Een schatting van het capaciteitsbeslag, dat een bepaald ontwerp veroorzaakt, kan leiden tot een beslissing om de capaciteit uit te breiden of om werk uit te besteden.

Complexiteit

Als maatstaf voor de complexiteit kunnen onder meer de volgende aspecten worden gebruikt:

- het aantal verschillende bewerkingen dat bij de vervaardiging van een onderdeel moet worden uitgevoerd;
- het aantal benodigde opspanningen;
- de complexiteit van de afzonderlijke handelingen;
- het aantal te monteren onderdelen.

In het algemeen leidt een hogere complexiteit tot hogere kosten en een grotere tijdsduur van het voortbrengingsproces.

Kosten

De kosten verbonden met de vervaardiging van een product is een van de meest belangrijkste beoordelingsgrootheden. Gedurende het hele ontwerptraject moeten kostenschattingen en -berekeningen gemaakt worden. In hoofdstuk 14 is ingegaan op kostenberekeningen.

Tijd

De tijd die nodig is om onderdelen te vervaardigen en samen te voegen tot een product is onder meer van belang voor het schatten van de benodigde productiecapaciteit. De doorlooptijd wordt overwegend bepaald door het aantal bewerkingsstappen en slechts in geringe mate door de bewerkingstijden zelf; dit is een gevolg van de grote wachttijden tussen de bewerkingsstappen.

Afhankelijk van de productie-omgeving en het toepassingsgebied kunnen ook nog andere specifieke maatstaven gehanteerd worden. Wanneer automatische montage wordt nagestreefd, kan het percentage automatisch monteerbare onderdelen als maatstaf gelden. Een ander voorbeeld van een specifieke maatstaf is het aantal kernen dat nodig is om een gietproduct te vervaardigen.
Een aantal van deze beoordelingsgrootheden, zoals kosten en tijd, is in principe kwantificeerbaar. Over andere grootheden, zoals betrouwbaarheid, is vaak alleen een kwalitatieve uitspraak mogelijk.
Naast beoordelingsgrootheden en de daarbij behorende criteria zijn evaluatieprocedures nodig om een ontwerp te kunnen beoordelen. Hoofdstuk 14 behandelt methoden om de kostprijs te berekenen. Ter illustratie behandelen we hier een analysemethode waarmee assemblagetijden geschat kunnen worden.

Twee factoren zijn bepalend voor de assemblagetijd:

- het aantal te maken verbindingen,
- de moeilijkheidsgraad van iedere afzonderlijke verbinding.

Een van de methoden om de moeilijkheidsgraad van een assemblagehandeling te vertalen naar de tijd die

TIJDEN VOOR HANDMONTAGE (seconden)
voor eenvoudig handgereedschap, "niet direct vast"

		geen vasthouden nodig na montage om plaats en oriëntatie te behouden				vasthouden nodig na montage om plaats en oriëntatie te behouden			
		plaatsen en uitlijnen bij montage eenvoudig		plaatsen en uitlijnen bij montage moeilijk		plaatsen en uitlijnen bij montage eenvoudig		plaatsen en uitlijnen bij montage moeilijk	
		geen weerstand bij insteken	weerstand bij insteken	geen weerstand bij insteken	weerstand bij insteken	geen weerstand bij insteken	weerstand bij insteken	geen weerstand bij insteken	weerstand bij insteken
het onderdeel zelf of andere onderdelen worden niet onmiddellijk bevestigd		0	1	2	3	6	7	8	9
montageplaats makkelijk te bereiken	0	1.5	2.5	2.5	3.5	5.5	6.5	6.5	7.5
montageplaats moeilijk te bereiken: door belemmering in ruimte of blikveld	1	4.0	5.0	5.0	6.0	8.0	9.0	9.0	10.0
montageplaats moeilijk te bereiken: door belemmering in ruimte en blikveld beide	2	5.5	6.5	6.5	7.5	9.5	10.5	10.5	11.5

Figuur 15.4 Deel van een tabel voor het schatten van tijden voor handmatige assemblage [15.3]

het kost om die handeling uit te voeren is de DFA (Design For Assembly) methode van Boothroyd en Dewhurst. De methode maakt gebruik van tabellen om tijdschattingen te maken van het uitvoeren van een handmatige montagehandeling. Een voorbeeld van zo'n tabel is gegeven in figuur 15.4. De tabellen zijn gebaseerd op een classificatie van assemblagehandelingen, waarbij voor iedere handeling de benodigde tijdsduur gegeven wordt. De tijden zijn verkregen door het uitvoeren van zeer veel metingen.

De afgebeelde tabel laat zien dat een assemblagehandeling gekarakteriseerd is door:
- de vraag of een onderdeel direct bevestigd of alleen gepositioneerd wordt,
- de bereikbaarheid en de zichtbaarheid van de montagepositie,
- de noodzaak het onderdeel wel of niet vast te houden na het plaatsen,
- de eenvoud van positioneren,
- de ondervonden weerstand tijdens de montagehandeling.

Ieder onderdeel moet op bovenstaande, en nog een aantal niet afgebeelde, aspecten beoordeeld worden. Het op deze wijze gevonden vakje geeft de tijd, benodigd om het onderdeel te monteren. Door de afzonderlijke assemblagetijden op te tellen is het mogelijk een schatting te maken van de assemblagetijd voor een samengesteld product.

15.4 Methoden en regels bij het productiegericht ontwerpen

Productiegericht ontwerpen kent vele aspecten. Deze paragraaf behandelt twee belangrijke werkmethoden bij het productiegericht ontwerpen, productstructurering en standaardisatie. Vervolgens geeft het een aantal voorbeelden van regels voor de vormgeving van een product.

15.4.1 Productstructurering

De productstructuur is een weergave van de samenhang van de verschillende onderdelen van een product. Het laagste niveau in de structuur wordt gevormd door de afzonderlijke onderdelen. Onderdelen kunnen in één of meer stappen samengesteld worden tot grotere eenheden, subassemblages (zie hoofdstuk 10). De samenstelling van de subassemblages vormt het totale product. Op deze wijze ontstaat een hiërarchische productstructuur, zie figuur 15.5b. Indien mogelijk moet een subassemblage zo worden ontworpen dat deze als afzonderlijke eenheid kan functioneren en ook kan worden beproefd.

Voorbeeld: Het rompvoorstuk van de Fokker 100 wordt als losse component getest op lekdichtheid. Na het samenbouwen van de complete romp is het vrijwel onmogelijk om lekkages alsnog af te dichten door de inmiddels ingebouwde installaties.

De productstructuur vormt ook het uitgangspunt voor de planning van de in te kopen materialen en componenten alsmede voor de besturing van de materiaalstroom door het bedrijf met behulp van MRP, zie hiervoor hoofdstuk 13.
Het alternatief is een structuur waarbij het product rechtstreeks opgebouwd wordt uit individuele onderdelen, een **platte productstructuur**, zie figuur 15.5a. De hiërarchische structuur biedt de volgende voordelen:

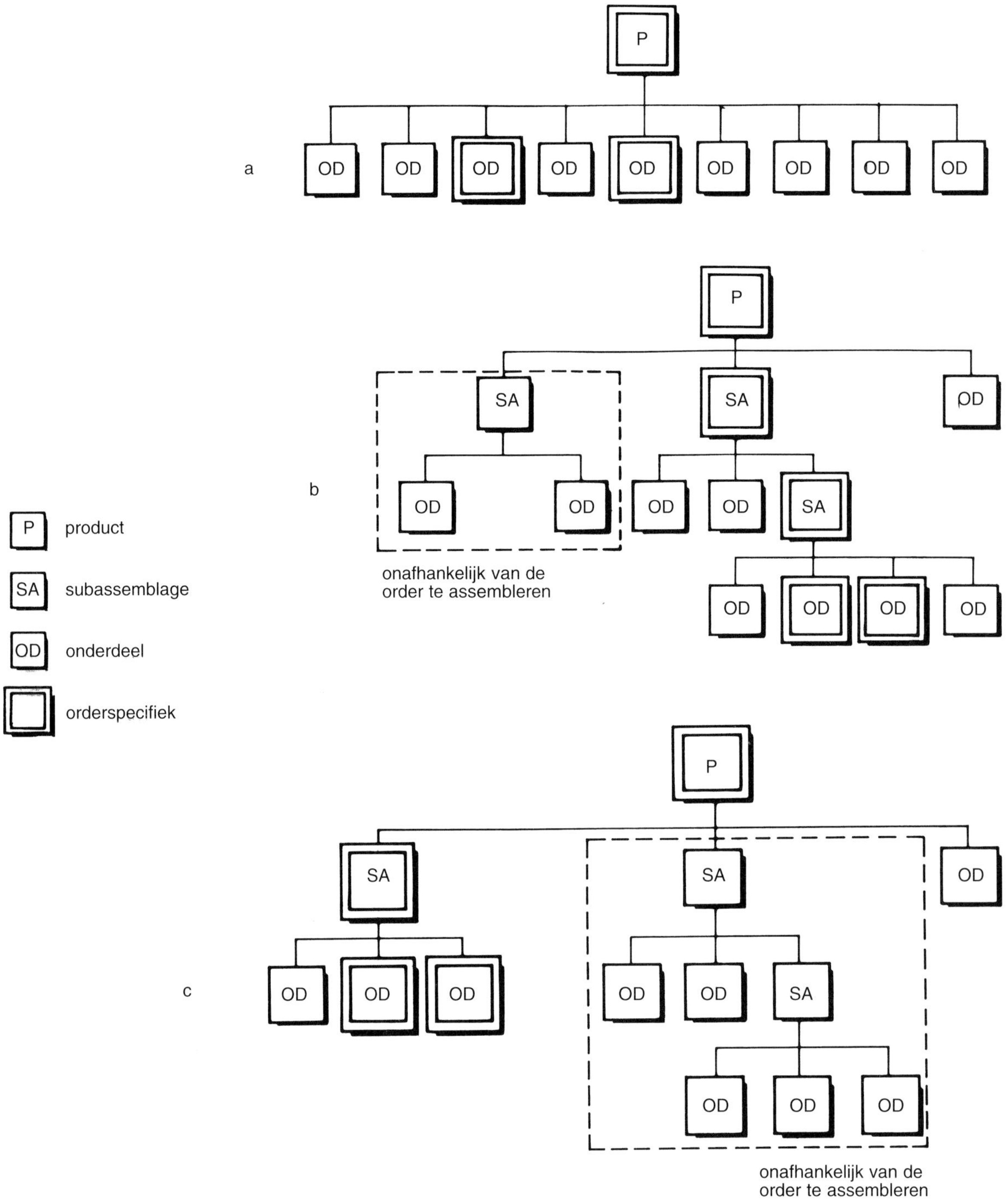

Figuur 15.5 Platte productstructuur (a), hiërarchische productstructuur, waarin de orderspecifieke subassemblages vroeg (b) en laat (c) worden gemonteerd

- **Modulaire productopbouw;** op deze wijze kan men uit standaard-componenten een verscheidenheid aan producten samenstellen. Een leverancier kan op deze manier flexibel reageren op klantenwcnscn. Zic hicrvoor ook paragraaf 13.2.2.
- Een subassemblage kan in principe als een afzonderlijke module worden ontwikkeld. Dit maakt het gelijktijdig ontwikkelen van verschillende subassemblages mogelijk, wat bijdraagt tot een verkorting van het ontwerptraject.
- Subassemblages kunnen afzonderlijk en gelijktijdig gemonteerd en beproefd worden. Dit leidt tot een verkorting van de montagetijd van het eindproduct. Bovendien zullen het beproeven en het in bedrijf stellen van het eindproduct veel sneller verlopen.

In veel gevallen maakt een product deel uit van een familie van producten. Een familie van producten bestaat uit een aantal productvarianten, opgebouwd uit een voor alle producten gelijk deel en een variant-specifiek deel, dat afhankelijk is van de klantenorder. Een voorbeeld van een familie is een type personenauto, dat in een groot aantal varianten leverbaar is. Sommige producten, onder andere in de sfeer van de consumenten-elektronica, zijn functioneel zelfs identiek. Alleen de buitenzijde en het prijskaartje zijn variantspecifiek! Omgekeerd kunnen standaard-componenten in verschillende product-families worden toegepast. In een aantal families van scheerapparaten kan hetzelfde elektromotortje worden gebruikt.

Dit biedt de volgende voordelen:
- De seriegrootte van de standaard-componenten neemt toe.
- Het orderspecifieke deel heeft slechts een beperkte invloed op het gehele productieproces.

Het verdient aanbeveling het variant-specifieke deel dusdanig in de productstructuur te positioneren dat het zo laat mogelijk gefabriceerd en ingebouwd kan worden, zie figuur 15.5c. Dit leidt tot kortere doorlooptijden, dus een snellere reactie op de markt.

15.4.2 Standaardisatie

Standaardisatie kent twee aspecten: standaardisatie van componenten en standaardisatie van productieprocessen.
Om functies te vervullen, zoals verbinden, lageren, aandrijven, en geleiden, staan de ontwerper vele, vaak genormaliseerde, standaard-onderdelen ter beschikking. Het gebruik van dergelijke onderdelen heeft ten alle tijde de voorkeur, zowel uit oogpunt van kosten, kwaliteit als onderhoud. Daarnaast is het vaak mogelijk de onderdelen die de onderneming zelf maakt te classificeren naar overeenkomst in vorm en/of bewerkingen (Groepentechnologie, zie ook paragraaf 13.3.2). Dit maakt een rationalisatie van het productenpakket mogelijk, zodat het aantal verschillende onderdelen kan worden gereduceerd. Verder kan men zo de productieprocessen vereenvoudigen en beter beheersen.
Een andere vorm van standaardisatie in de productie is het doelbewust verminderen van het aantal gereedschappen. Standaardisatie biedt de mogelijkheid om met een beperkte verzameling van gereedschappen een groot scala aan producten te maken. Als voorbeeld kwam al de beperking in het aantal verschillende gatdiameters ter sprake.

15.4.3 Voorbeelden van ontwerpregels

Bij de vormgeving van het product gaat het om het vastleggen van de geometrie van de onderdelen, inclusief de bematingen, de oppervlaktegesteldheid en de toleranties en het kiezen van de materiaalsoort. Enkele van deze aspecten zullen nader belicht worden.

De geometrie van de onderdelen moet afgestemd zijn op de processen waarmee de onderdelen vervaardigd en geassembleerd zullen worden. Iedere bewerkingstechniek heeft zijn specifieke mogelijkheden en beperkingen als het gaat om het genereren van vormen. Voorbeelden hiervan zijn o.a. behandeld in de hoofdstukken over gieten, omvormen en verspanen. Veel van deze kennis is samengevat in ontwerpregels. Figuur 15.6 toont een aantal regels voor zowel het fabricage- als het assemblagegericht ontwerpen.

Een beperking van ontwerpregels is dat het aantal ervan vrijwel onbeperkt is uit te breiden en het overzicht dus verloren gaat. Daarnaast wordt het aan de beoordeling van de ontwerper over gelaten wanneer

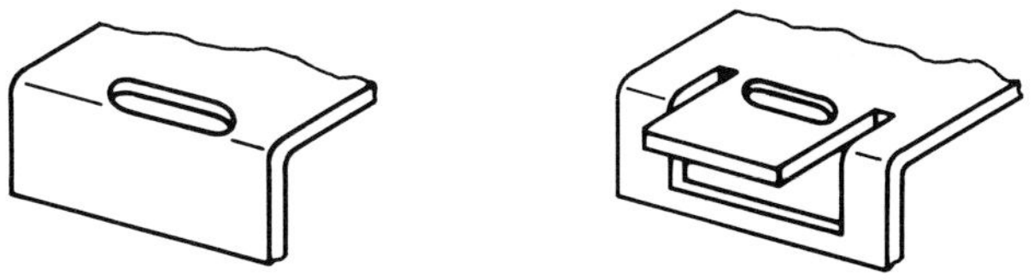

a plaatwerk: breng voldoende afstand aan tussen van te voren aangebrachte gaten en de buiglijn

b boren: vermijd niet loodrecht intreden van een boor

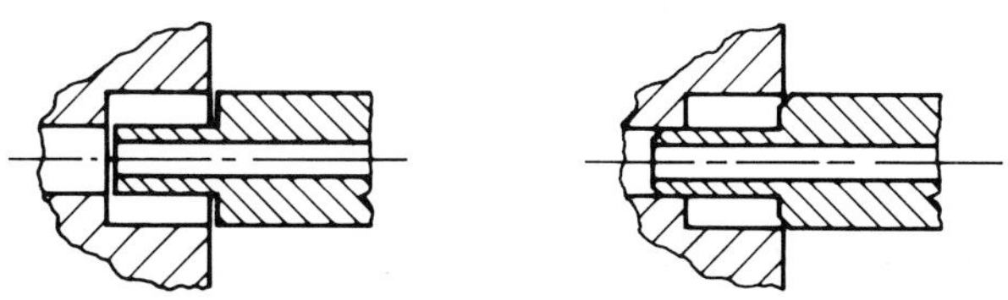

c assemblage: voorzie onderdelen van afschuiningen en vermijd gelijktijdig ingrijpen

d assemblage: voorzie onderdelen van centreerranden

Figuur 15.6 Voorbeelden van ontwerpregels voor productiegericht ontwerpen welke regel toegepast moet worden; het toepassen van 'alle' regels zonder meer leidt niet automatisch tot een goed ontwerp. Daarnaast draagt het toepassen van ontwerpregels het gevaar van suboptimaliseren in zich, doordat slechts op die aspecten wordt gelet waarop de ontwerpregels betrekking hebben. Het is ook mogelijk dat ontwerpregels elkaar tegenspreken. Als voorbeeld: vanuit het oogpunt van assemblage is minimalisatie van het aantal onderdelen gewenst. Dit leidt echter tot meer complexe onderdelen, wat ongunstig is vanuit het oogpunt van de onderdelenfabricage.

Vaak kan de gewenste productfunctie op verschillende manieren gerealiseerd worden, zodat een keuze gemaakt moet worden. Figuur 15.7 toont twee functioneel identieke ontwerpen van een tandwiel, die productietechnisch gezien totaal verschillend zijn.
Bij ontwerp A worden de tandwielen afzonderlijk gefabriceerd met een verspanende bewerking en vervolgens met bouten aan elkaar bevestigd. Ontwerp B gaat uit van sinteren; de voordelen zijn: geen afval, kortere bewerkingstijden en geen assemblage. Een nadeel is de dure productgebonden matrijs.

Figuur 15.8 geeft een voorbeeld van twee alternatieve ontwerpen, één opgebouwd uit 10 betrekkelijk eenvoudige plaatdelen en 42, deels genormaliseerde, verbindingsmiddelen, het andere bestaande uit een complex spuitgietdeel en 10 losse delen. Tegenover de hoge matrijskosten voor het gietstuk staan de com-

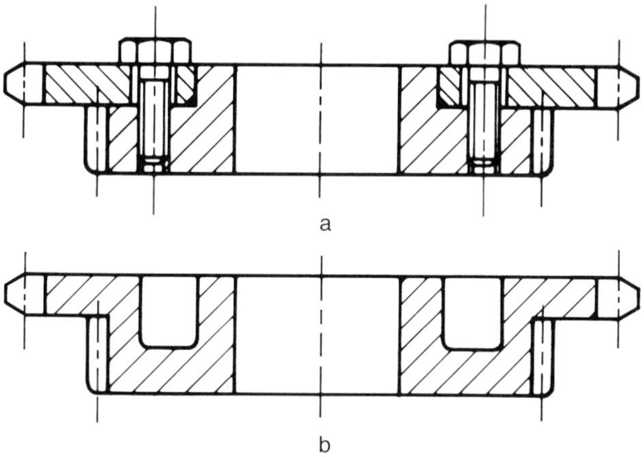

Figuur 15.7 Twee functioneel identieke ontwerpen van een combinatie van twee tandwielen met productietechnische verschillen

pleetstempels voor de 10 plaatdelen, de verlaging van het aantal onderdelen en de lagere montagekosten.

Tot slot van dit hoofdstuk nog enkele opmerkingen over het gebruik van toleranties. De ontwerper schrijft toleranties voor om daarmee een bepaalde functievervulling te garanderen. Voor de fabricage-afdeling is de tolerantie een eis, waaraan de gekozen vervaardigingsmethode moet voldoen. In de assemblage-afdeling zijn de werkelijk gerealiseerde afmetingen mede bepalend voor het verloop van het montageproces. Voor de meetafdeling tenslotte, vormen de toleranties de gegevens waarop de fabricage getoetst moet worden.

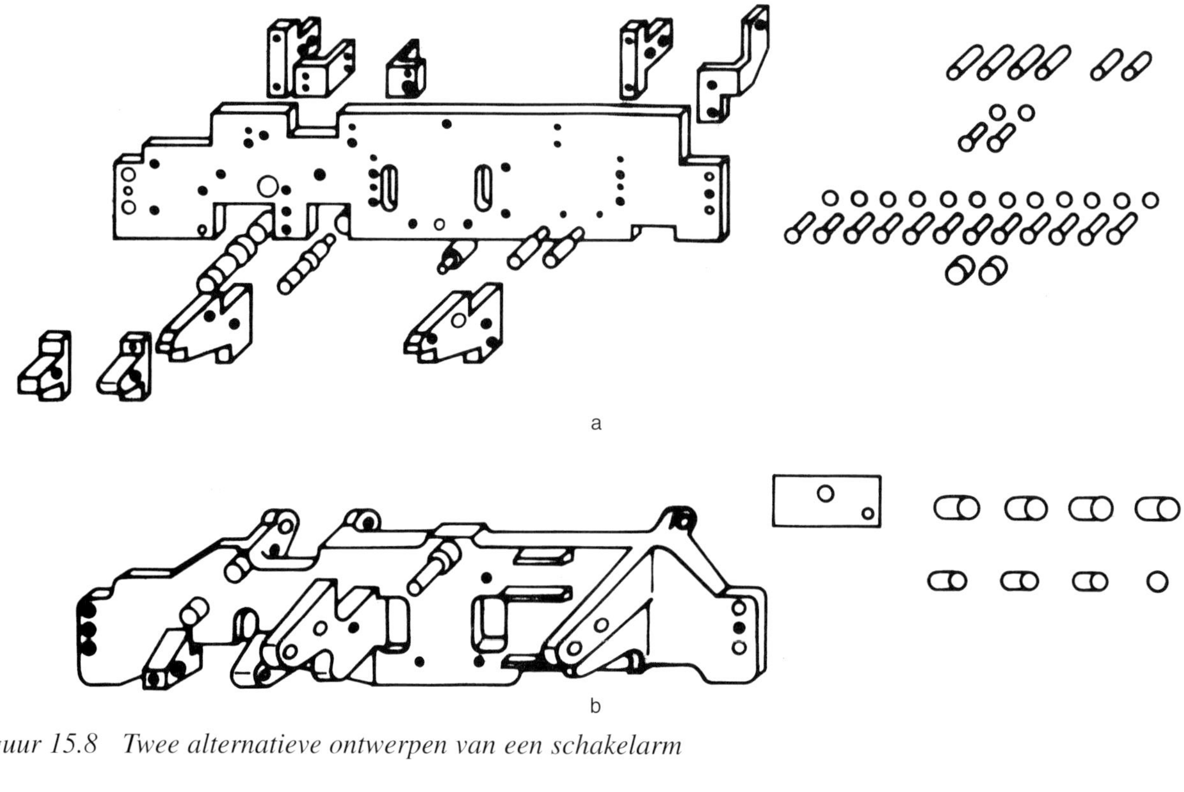

Figuur 15.8 Twee alternatieve ontwerpen van een schakelarm

SAMENVATTING

Productiegericht ontwerpen betreft het afstemmen van het productontwerp op de mogelijkheden van het vervaardigen en het monteren van het product. Dit is noodzakelijk vanwege de grote invloed van de beslissingen, die tijdens het ontwerpen genomen worden, op de kosten en de voortgang van de productie. Productie-overwegingen dienen vroeg in het ontwerpproces betrokken te worden; dit kan gerealiseerd worden door het samenhangend en overlappend uitvoeren van ontwerp, werkvoorbereiding, ontwerp en vervaardiging van de productiemiddelen en van de productieplanning.

Criteria die aangelegd worden om de productievriendelijkheid van een ontwerp te bepalen hebben betrekking op het maakbaar zijn van het ontwerp. Bepalende grootheden zijn kosten, tijd, betrouwbaarheid, capaciteitsbeslag en complexiteit.

Enkele belangrijke aspecten die een grote rol spelen bij het productiegericht ontwerpen zijn productstructurering, standaardisatie en vormgeving.

LITERATUUR

Ontwerpen, algemeen:

[15.1] Roozenburg, N.F.M., Eekels, J., Produktontwerpen, structuur en methoden, Uitgeverij Lemma, Utrecht, 1991, ISBN 90-5189-067-2.

Productiegericht ontwerpen:

[15.2] Andreasen, M.M., Kähler, S., Lund, T., Swift, K., Design for Assembly, IFS Publications/ Springer-Verlag, Kempston, 1988, 2e druk, ISBN 0-948507-79-9.
Geeft veel aandachtspunten voor een assemblagevriendelijk ontwerp.

[15.3] Boothroyd, G., Dewhurst, P., Product Design for Assembly, Boothroyd Dewhurst Inc., 1989.
Beschrijft een product-analyse gereedschap om assemblagegerichtheid te beoordelen.

[15.4] Kalpakjian, S., Manufacturing Engineering and Technology, Addison-Wesley, 1995.
ISBN 0-201-53846-6.
Geeft, verspreid over het boek, ontwerpregels voor fabricagegericht ontwerpen.

OEFENVRAGEN

15.1 Noem de belangrijkste stadia in het proces van productontwikkeling.

15.2 Noem de fasen van de levenscyclus van een product.

15.3 Wat wordt met concurrent engineering beoogd?

15.4 Noem de twee belangrijkste aspecten van concurrent engineering; hoe kan concurrent engineering worden gerealiseerd.

15.5 Beredeneer de samenhang tussen de doorlooptijd van een order en methoden zoals DFM en DFA.

15.6 Wat wordt bedoeld met productconfiguratiebeheer?

15.7 Voor het monteren van een deksel staat een ontwerper een tweetal alternatieven ter beschikking: 1) montage van een plaatdeel met behulp van een aantal boutjes, 2) montage van een kunststof deel door middel van een klikverbinding, die geïntegreerd is in het kunststof deel. Evalueer deze alternatieven met betrekking tot onderdelenfabricage, assemblage, logistiek, en onderhoud.

15.8 Wat is de functie van de productstructuur en waar wordt de productstructuur voor gebruikt?

15.9 Wat zijn de voordelen van een modulaire productopbouw?

15.10 Wat is het doel van standaardisatie in het productontwerp?

15.11 Noem de voor- en nadelen van het gebruik van ontwerpregels.

Antwoorden op de oefenvragen

ANTWOORDEN HOOFDSTUK 1

1.1 Belangrijke kennisgebieden waren: De mechanica, de sterkteleer, de materiaalkunde, en de fabricagetechniek. Wat de fabricagetechniek betreft is met name de mogelijkheid om zuigers en cilinders met de vereiste nauwkeurigheid te bewerken en om veilige stoomketels te bouwen van groot belang.
De stoommachine leverde een grote hoeveelheid mechanische energie, die niet over grote afstanden was te verplaatsen. Het gebruik van de stoommachine leidde ook tot een grotere inzet van kapitaal, wat de ambachtelijke ondernemer niet kon opbrengen. Beide factoren leidden tot het ontstaan van grotere ondernemingen. De op één plaats vervaardigde producten konden door betere transportmiddelen over grotere afstanden worden geleverd.

1.2 De omvang van het bedrijf, de omvang van het geïnvesteerde kapitaal, de verhouding werkgever-werknemer, de mate van opsplitsing van taken en specialisatie en de daarmee samenhangende communicatieproblemen, enkel- en kleinseriefabricage tegenover grootserie- en massafabricage.

1.3 Het probleem van het ontwerpen en bouwen van een dergelijk vliegtuig is in de eerste plaats het beperken van het gewicht. De belangrijkste factor is daarom de kennis van het construeren met vezelversterkte kunststoffen en hoogwaardige foliematerialen. Daarnaast is het ontwerpen van een aandrijving met een zeer hoog rendement van belang. De benodigde kennis van de aerodynamica was reeds lang beschikbaar, de topsport brengt de vlieger met de benodigde fysieke capaciteiten voort.

1.4 De kosten voor het tot stand brengen van een product bestaan weliswaar voor ca. 75% uit fabricagekosten, maar deze worden voor ca. 80% al vastgelegd tijdens het ontwerpen. De ontwerper is dus degene die niet alleen de eigenschappen maar ook de kostprijs en daarmee de kansen van het product op de markt bepaalt.

1.5 De ontwikkelingskosten van een geheel nieuw vliegtuigtype zijn zeer hoog (Boeing 777: $ 4 miljard in de jaren '90) en moeten door een betrekkelijk klein aantal exemplaren worden opgebracht. Het ontwikkelen van een geheel nieuw type is dus pas te rechtvaardigen wanneer de daarmee te bereiken verbeteringen zeer groot zijn. Men kiest er daarom eerder voor om de bestaande typen voortdurend te verbeteren.

1.6 Oervormen:
Het vervaardigen van een halffabrikaat of eindproduct uit vormloos materiaal. Er is dus sprake van het ontstaan van samenhang.
Omvormen:
Het veranderen van de vorm van materiaal met behoud van de samenhang. De massa blijft constant.
Scheiden:
Het verwijderen van materiaal zonder de structuur ervan te wijzigen. Samenhang en massa nemen af.
Afnemen:
Het verwijderen van materiaal waarbij de vorm en de structuur van het verwijderde materiaal ingrijpend veranderen. Dit materiaal is niet meer als zodanig bruikbaar. Massa en samenhang nemen af, de samenhang zelfs zeer sterk.

1.7 Pen/gatverbindingen:
De pen brengt een trekkracht en/of dwarskracht over. Pen/gatverbindingen zijn verder in te delen in losneembare verbindingen (bout-moer verbindingen) en blijvende verbindingen (vooral klinkverbindingen).
Lasverbindingen:
Verbindingen waarbij het materiaal van de delen plaatselijk in vloeibare (of deegachtige) toestand wordt gebracht. De verbinding wordt dus gevormd door het materiaal van de delen zelf.
Verbindingen met behulp van een tussenlaag:
De tussenlaag hecht aan de te verbinden delen. Bij een tussenlaag van metaal spreekt men van solderen, bij een tussenlaag uit organisch materiaal van lijmen.
Verbindingen door plastisch of elastisch vervormen:
De belangrijkste hiervan zijn de felsverbindingen (plastisch) en pers- en krimpverbindingen (elastisch, vaak met moeite en ten koste van beschadigingen losneembaar).

1.8 Doelstellingen zijn:
- Verbetering van de duurzaamheid, bijvoor beeld het tegengaan van aantasting door de

omgeving of verhoging van de slijtagebestendigheid;
- Verbetering van de fysische eigenschappen van het oppervlak, zoals de wrijving;
- Verfraaiing van het uiterlijk.

1.9 De "oude" benadering is het milieuvriendelijk verwerken van schadelijke afvalstoffen, de "nieuwe" het voorkomen dat schadelijke afvalstoffen ontstaan of worden gebruikt.

1.10 Milieufactoren:
- De gebruikte grondstoffen,
- De fabricageprocessen, energieverbruik en schadelijke uitstoot daarbij,
- De mogelijkheden tot hergebruik van het pro duct of de grondstof, resp. de verwerking van het afval,
- Energieverbruik voor transport en het ontstaan van afvalstoffen bij het reinigen voor hergebruik van flessen.

Economische factoren:
- De directe kosten verbonden aan beide processen,
- Transportschade,
- Opslagruimte (leeg verpakkingsmateriaal, tijdens transport, bij verkooppunten, bij gebruiker).

1.11 Fabricageserie:
Het aantal exemplaren dat in één keer achter elkaar wordt gefabriceerd.
Totaalserie:
Het totaal van alle fabricageseries van een bepaald product.

Eénmalige kosten:
Kosten verbonden met de totaalserie.
Voorbeelden: Kosten van productgebonden gereedschappen, programmeerkosten.
Inrichtkosten:
Kosten verbonden met de fabricageserie.
Voorbeelden: Administratiekosten van de order, het instellen van een machine voor de fabricageserie.
Repeterende kosten:
Kosten verbonden met elk product.
Voorbeelden: Energieverbruik van de machine, slijtage van het gereedschap.

Seriegrootte-effect:
De invloed van de seriegrootte op de bewerkingskosten:
- bij grotere aantallen worden de niet-repeterende kosten verdeeld over een groter aantal producten,
- bij grotere aantallen kiest men een andere, voor grotere aantallen geschikte fabricagemethode.

1.12 Flexibiliteit is het vermogen om snel te reageren op veranderingen van de vraag uit de markt zowel voor type als voor aantallen producten. Dit is vooral van belang wanneer een grote verscheidenheid aan producten wordt vervaardigd. Dit belang neemt toe omdat de markt steeds meer verscheidenheid vraagt en bovendien steeds kortere en meer betrouwbare levertijden.

1.13 Kwaliteit is de mate waarin het product of de aangeboden dienst in overeenstemming is met de verwachtingen van de klant. Belangrijke aspecten zijn de functionele eigenschappen van het product in relatie met de kostprijs, de betrouwbaarheid, de toegankelijkheid voor reparaties en onderhoud en de ondersteuning in de vorm van gebruiksaanwijzingen en levering van reservedelen.
Verhoging van de productkwaliteit kan samengaan met een verlaging van de productkosten.

ANTWOORDEN HOOFDSTUK 2

2.1 Furaanzand wordt gebruikt voor het maken van complexe, relatief grote gietstukken. Een gietvorm van furaanzand heeft een relatief hoge sterkte en daardoor hoeft geen vormkast te worden gebruikt en kan de gietvorm opgebouwd worden uit een aantal in elkaar passende zandblokken. Het maken van de zandblokken gebeurt veelal met de hand of er wordt enige vorm van mechanisatie gebruikt. De methode is derhalve niet geschikt voor het maken van grote aantallen gietstukken.

2.2 a) De maatnauwkeurigheid bij zandvormen wordt bepaald door:
- de afmetingen en de vorm van het gietstuk. Hoe groter het gietstuk des te groter zijn de maatafwijkingen. De maatnauwkeurigheid in vlakken loodrecht op de vormdeling is kleiner dan die in vlakken evenwijdig aan de vormdeling. Dit heeft te maken met de verdichting van het zand.
- wanneer het gietstuk in één vormkast (onderkast) is gevormd, zal dit een grotere maatnauwkeurigheid opleveren dan wanneer een deel van het gietstuk in de onderkast en het andere deel in de bovenkast is gevormd.
- de maatnauwkeurigheid neemt toe met de verdichtingsgraad van het zand. Hoe dichter de zandvorm des te sterker is het zand. De dichtheid kan echter niet te ver opgevoerd worden, omdat anders de gasdoorlaatbaarheid van de zandvorm te gering wordt.
- bij het machinaal vormen wordt een grotere maatnauwkeurigheid bereikt dan bij het handvormen, waar het model met de hand moet worden uitgenomen.
- het gebruik van kernen voor het realiseren van holtes in een gietstuk en het gebruik van uitwendige kernen zal in het algemeen tot een grotere maatonnauwkeurigheid leiden.
- de keuze van het materiaal van het model speelt ook een rol bij de seriematige productie. Een metalen model zal minder slijten dan een houten model en een houten model minder dan een kunststof model.

b) De maatnauwkeurigheid bij de verloren-wasmodelmethode wordt bepaald door:
- de grootte en de vorm van het gietstuk. Hoe complexer het gietstuk des te groter zijn de maatafwijkingen, omdat bij complexe gietstukken het model uit was uit meer onderdelen moet worden opgebouwd.
- de maatnauwkeurigheid en nog meer de oppervlaktegesteldheid wordt eveneens bepaald door de korrelgrootte van de gebruikte keramische fractie waaruit de schil is opgebouwd. Het gaat hier uiteraard om de binnenste laag van de schil.

2.3 De gevolgen van slink zijn slinkholtes. Ten eerste kan de ontwerper, door materiaalopeenhopingen te voorkomen, slinkholten in een gietstuk beperken. Ten tweede kan, door de wanddikte van het gietstuk in de richting van de opkomer geleidelijk te laten toenemen, ervoor gezorgd worden dat de slink in de opkomer terechtkomt (gerichte stolling). Ten derde door de keuze van een gietlegering met weinig slink, dit echter alleen als de materiaalkeuze nog vrij is.

2.4 Het gebruik van kernen kan leiden tot maatafwijkingen, zie ook antwoord op vraag 2.2.
Bij handmatig vormen en gieten kunnen kernen op eenvoudige wijze in de vorm worden geplaatst. Bij het volledig geautomatiseerd vormen leidt het inleggen van kernen tot productievertraging. Vooral bij het Disamatic-systeem, met zijn verticale vormdeling, is het inleggen van kernen lastig, zodat dit zo veel mogelijk wordt beperkt.

2.5 Zinklegeringen hebben een veel lagere smelttemperatuur dan aluminiumlegeringen. Bij zinklegeringen kan het inspuitkanaal continu ondergedompeld zijn in het vloeibare metaal, bij aluminiumlegeringen daarentegen is dit niet toelaatbaar. Vloeibaar aluminium tast het gietsysteem aan. Om die reden worden zinklegeringen via de warm-portaal- en aluminiumlegeringen via de koud-portaalmethode gegoten.

2.6 Poederpersen wordt toegepast voor kleine en eenvoudige producten. Met name producten uit materialen die moeilijk zijn te bewerken (hoge hardheid en slijtvastheid) of die een zeer hoge smelttemperatuur hebben, worden door sinteren vervaardigd. Materialen die niet in vloeibare toestand zijn te mengen worden eveneens door sinteren vervaardigd. Als laatste voorbeeld kunnen de poreuse materialen (bijv. voor filters en zelfsmerende lagers) worden genoemd, die door deze techniek elke gewenste graad van poreusheid kunnen krijgen.

2.7 Materiaalopeenhopingen veroorzaken bij metalen poreusheid in de vorm van micro- en macroslinkholtes en hebben een nadelige invloed op de mechanische eigenschappen.
Bij kunststoffen leidt dit meestal tot het inzakken van het oppervlak wat, ook om esthetische redenen, ongewenst is. Bij kunststoffen zijn de mechanische eigenschappen en de krimp sterker afhankelijk van de afkoelsnelheid dan bij metalen. (De afkoelsnelheid is onder meer afhankelijk van de wanddikte.)
Wanddikteverschillen leiden bij kunststoffen tot grotere maatafwijkingen dan bij metalen.

2.8 Als gevolg van de snelle stolling die optreedt bij het spuitgieten is navoeding van het gietstuk ter voorkoming van slink onmogelijk. Gietstukken met een wanddikte van ca. (meer dan) 6 mm zullen poreusheid vertonen. Verder neemt met toenemende wanddikte van het gietstuk de warmtebelasting van de matrijs toe. Als gevolg daarvan ontstaan er scheuren in de matrijs waardoor de levensduur afneemt.

2.9 Coquille- en zandgieten zijn de meest aangewezen technieken. De uiteindelijke keuze hangt af van de gewenste oppervlaktegesteldheid en maatnauwkeurigheid, de afmetingen, de vorm en het aantal te vervaardigen gietstukken.
Bij kleine aantallen en voor complexe vormen wordt in het algemeen voor zandgieten gekozen, waarbij de minder goede maatnauwkeurigheid en oppervlaktegesteldheid voor lief worden genomen.

2.10 Smelten en inspuiten van het materiaal:
Aluminium kan alleen via de koud-portaal methode worden verspoten. Het vloeibare aluminium wordt vanuit de koude kamer met behulp van een plunjer via de spuitopening met hoge snelheid en grote druk in de matrijs gespoten.
Kunststoffen (thermoharders en thermoplasten) worden in de vorm van een granulaat aan de wormplunjer toegevoerd. Door inwendige wrijving en uitwendige verwarming wordt de kunststof vloeibaar. Door een axiale beweging van de wormplunjer wordt de vloeibare kunststof aan het einde van de cyclus in de matrijs gespoten.

Constructie van de matrijs:
Bij aluminium wordt gegoten in een relatief koude matrijs.
Bij thermoharders wordt de kunststof in een verwarmde matrijs gespoten omdat polymerisatie in de matrijs plaatsvindt. Bij thermoplasten wordt van een gekoelde matrijs gebruik gemaakt. De aanspuitopening voor beide materialen verschilt enigszins omdat bij kunststoffen een zo geleidelijk mogelijke vulling moet plaatsvinden in verband met de hoge viscositeit van dit materiaal.

Constructie van de spuitgietmachine:
Bij het spuitgieten van kunststoffen zijn grote drukken nodig als gevolg van de hoge viscositeit van dit materiaal. De constructie moet dus sterker zijn dan de spuitgietmachine voor aluminium. Verder zijn er geen grote verschillen in de constructie van beide machines.

2.11 a) Het coquillegieten of het machinaal vormen in kleigebonden vormzand met behulp van een vormautomaat zijn de twee aangewezen methoden voor dit gietstuk bij dit aantal.

b) Handvormen valt af vanwege het grote aantal van 3000 stuks.
Schaalvormen valt af vanwege de te grote wanddikte van het gietstuk en de noodzaak tot het gebruik van een kern, die bij deze vorm lastig is aan te brengen in de schaalvorm. Bovendien is deze methode duur en het toepassen hiervan levert geen voordelen op, zoals bijv. bij ribben van cilinders.
De verloren-wasmodelmethode is niet geschikt. Het is te duur voor een dergelijk eenvoudig product. De maatnauwkeurigheid van het verloren wasproces is niet nodig voor dit gietstuk.
Gieten in CO_2-zand en in furaanzand wordt gedaan voor kleine series van relatief grote gietstukken, dit gietstuk is daarvoor te klein. Het kost te veel tijd om de zandvormen te maken.
Spuitgieten is geen goede oplossing. De wanddikte inclusief de bewerkings- en krimptoeslag is te groot voor dit proces. Bovendien rechtvaardigt de seriegrootte de aanmaak van de spuitgietmatrijs niet.

Coquillegieten is gezien het aantal, de gevraagde oppervlaktekwaliteit en de wanddikte uitstekend geschikt voor dit gietstuk. Bij dit proces kan van een zandkern gebruik worden gemaakt. Wegens het niet al te grote aantal (3000) zijn de kosten van de coquille (matrijs) per werkstuk relatief hoog.

Machinaal vormen in kleigebonden vormzand door middel van een Disamatic-systeem is een goed alternatief voor dit gietstuk. Waarschijnlijk is dit de goedkoopste oplossing.

c) Voor de coquille (matrijs) zie de tekening.
Opmerking: De gietlegeringen AlSi8Cu4 en AlSi7Mg vertonen veel slink waardoor het plaatsen van opkomer(s) altijd noodzakelijk is. Voor de gietlegering AlSi12 (slinkt relatief weinig) is een opkomer niet direct noodzakelijk.

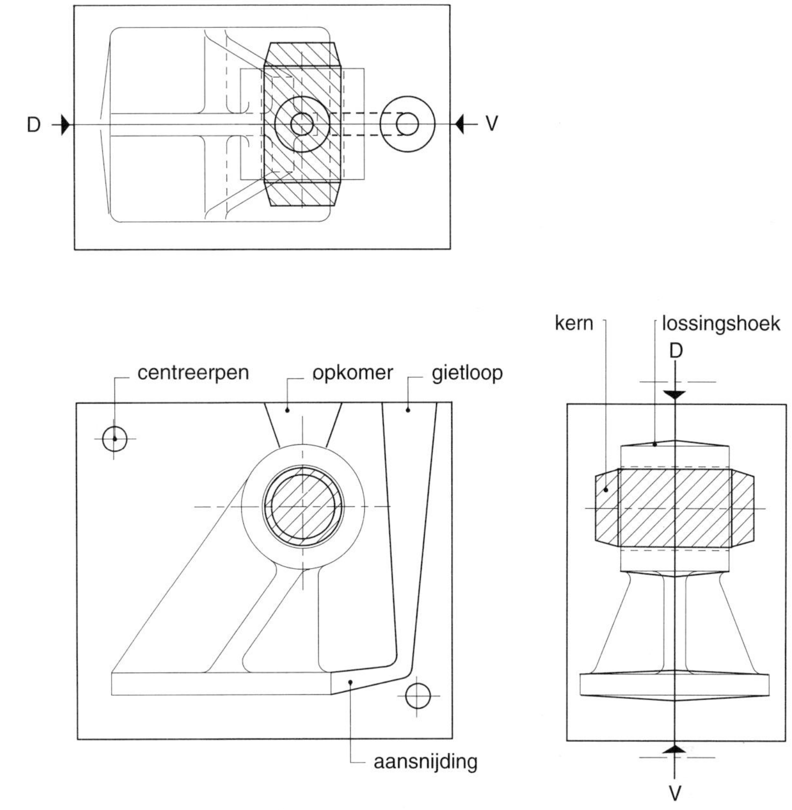

Figuur bij antwoord 2.11c

2.12 a,b) Gezien het kleine aantal, de vereiste oppervlakteruwheid (25µm) en de globale afmetingen (klein gietstuk) valt de keuze op machinaal vormen in kleigebonden vormzand. Het vormen gebeurt waarschijnlijk met de schokpers-wentelvormmachine, omdat het inleggen van de hier benodigde kernen betrekkelijk lastig is en het aantal niet al te groot is, waardoor vormen met de Disamatic vormautomaat niet sneller en waarschijnlijk niet rendabel is.

c) Er zijn verschillende mogelijkheden voor een deelvlak, het is echter niet mogelijk een vlak deelvlak zo te kiezen dat geen ondersnijding optreedt. De ondersnijding kan bijv. met behulp van uitwendige kern(en) worden opgeheven. Zie een oplossing in onderstaande figuur.

d) Voor de ene modelhelft van de gegeven oplossing raadpleeg onderstaande figuur. De afmetingen van het model moeten de toeslagen voor krimp, bewerking en lossing bevatten. De andere modelhelft heeft twee centreergaten.

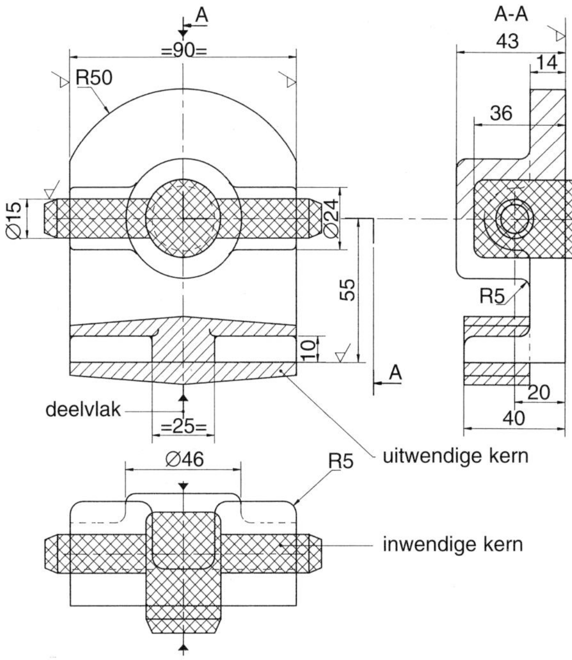

Figuur bij antwoord 2.12c

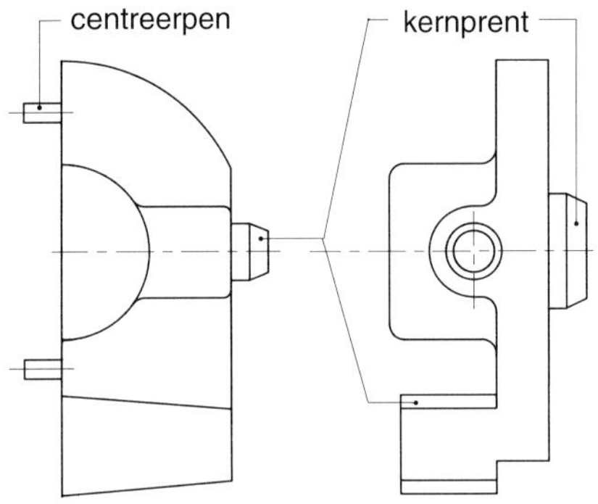

Figuur bij antwoord 2.12d

e) Als het doorlopende gat ∅15 mm hoeft niet te worden voorgegoten, is het vormen zeer eenvoudig: met deelvlak E, zie bijgaande figuur, is slechts een eenvoudige kern nodig en er is geen ondersnijding meer. Ook zal het gietstuk nauwkeuriger zijn, want de deling valt buiten het gietstuk. (Let op de ondersteuning van de kern in de onderkast met behulp van een metalen kernsteun, dat met het vloeibaar metaal meesmelt.) Dit gat heeft een betrekkelijk klein diameter, waardoor de winst bij het vormen zeker meer oplevert dan wat de extra verspanende bewerkingen, het centeren en het boren, kosten.

Een andere oplossing kan zijn het steunen met één doorlopende voet te gieten, de voet over de afstand 25 mm door te trekken. Dan kan met een deelvlak volgens oplossing (c) zonder ondersnijding en dus zonder uitwendige kern een gietvorm worden gemaakt. Zonodig moet het materiaal tussen de voeten alsnog worden verwijderd met verspanende bewerking (frezen).

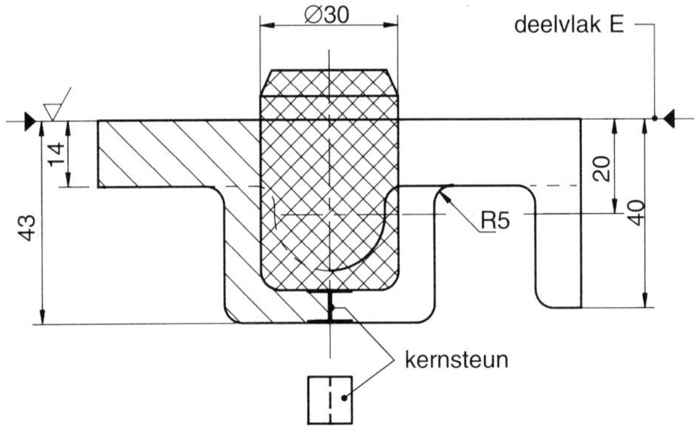

Figuur bij antwoord 2.12e

ANTWOORDEN HOOFDSTUK 3

3.1 Trekken, dieptrekken en duntrekken.
Bij processen die onder trekspanningen verlopen is versteviging van wezenlijk belang, waardoor ze op kamertemperatuur moeten worden uitgevoerd.

3.2 Walsen, rolbuigen, rolprofileren.
Bij deze processen wordt het materiaal door de wrijving in de spleet getrokken.

3.3 a) Zie bijgaande tekening.

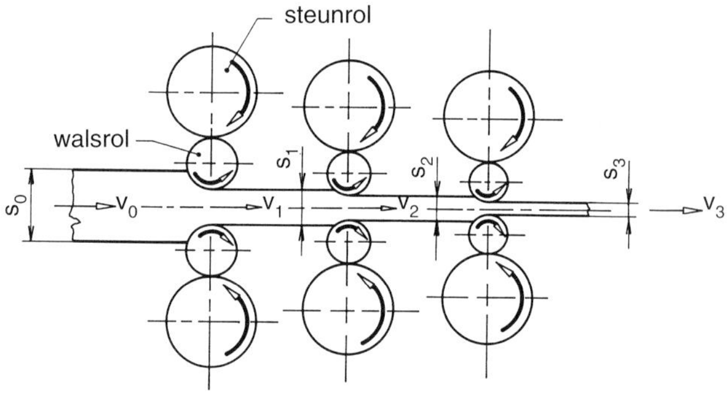

Figuur bij antwoord 3.3a

b) $s_o = 10$ mm $\quad s_3 = 2{,}5$ mm $\quad v_o = 5$ m/s
$\varepsilon_1 = 3/2 \times \varepsilon_2$ en $\varepsilon_2 = \varepsilon_3$
V = constant en b = constant
$\rightarrow s_o \times l_o$ = constant
en ε is optelbaar dus:
$\varepsilon_{tot} = \ln(l_3/l_o) = \ln(s_o/s_3)$
$\varepsilon_{tot} = \ln(10\text{mm} / 2{,}5\text{mm}) = 1{,}386$
$\varepsilon_{tot} = \varepsilon_1 + \varepsilon_2 + \varepsilon_3 = \varepsilon_1 + 2/3 \times \varepsilon_1 + 2/3 \times \varepsilon_1$
$\varepsilon_1 = 3/7 \times \varepsilon_{tot} = 0{,}594$
$\varepsilon_2 = \varepsilon_3 = 2/3 \times \varepsilon_1 = 0{,}396$
ook: $\varepsilon_i = \ln(s_{i-1}/s_i)$ waardoor:
$\varepsilon_1 = \ln(s_o/s_1) \rightarrow s_1 = \underline{5{,}52\text{ mm}}$
$\varepsilon_2 = \ln(s_1/s_2) \rightarrow s_2 = \underline{3{,}72\text{ mm}}$
controle: $\varepsilon_3 = \ln(s_2/s_3) \rightarrow s_3 = 2{,}5$ mm

c) volumestroom = const. en b = const.
$\rightarrow s_o \times v_o$ = constant
dus: $v_1 = s_o \times v_o / s_1$
$v_1 = (10\text{ mm} \times 5\text{ m/s}) / 5{,}52\text{ mm}$
$= \underline{9{,}06\text{ m/s}}$
$v_2 = (10\text{ mm} \times 5\text{ m/s}) / 3{,}72\text{ mm}$
$= \underline{13{,}44\text{ m/s}}$
$v_3 = (10\text{ mm} \times 5\text{ m/s}) / 2{,}5\text{ mm}$
$= \underline{20\text{ m/s}}$

3.4 De kracht, zuiver voor het omvormen benut:
$F_{omv} = R_e \times \pi \times d_1^2/4$

de uitgeoefende kracht, inclusief de wrijving:
F_{stuik}, zie paragraaf 3.4.4
het rendement dus:

$$\eta_k = \frac{F_{omv}}{F_{stuik}} = \frac{1}{1+\frac{\mu \times d_1}{3 \times h_1}}$$

3.5 a) R_e = 145MPa E = 70GPa = 7 x 10^4 MPa
uit de figuur:
s_o = 3 mm r_b = 3 mm
α_b = 180°- 45° = 135°
l_1 = 20 mm l_3 = 35 mm
l_2 = (r_b + 1/3 x s_o) x 2 x π x 135°/360°
= 9,4 mm
l = $l_1 + l_2 + l_3$ = 64,4 mm

b)

$$\alpha_t = 3 \times \frac{R_e}{E} \times \frac{r_b + 1/3 \times s_o}{s_o} \times \alpha_i$$

$$\alpha_t = 3 \times \frac{145MPa}{7 \times 10^4 MPa} \times \frac{3mm + 1/3 \times 3mm}{3mm} \times 135° = 1,12°$$

en $\alpha = 45° + \alpha_t$ dus: α = 46,1°

Opmerking: De verschuiving van de neutrale lijn van 1/2 naar 1/3 plaatdikte dient ook in de formule voor de terugveerhoek te worden meegenomen.

3.6 A: walsen
Geschetst is een U-profiel volgens de norm (handelsafmeting). De dure gereedschappen (meerdere geprofileerde walsrolparen) zijn door de grote serie c.q. kwantiteit rendabel.
Genormaliseerd stafmateriaal wordt door Hoogovens vervaardigd.
B: extruderen
Het betreft een klantspecifiek profiel. Het gereedschap is een extrusiematrijs, dit is aanzienlijk goedkoper dan in geval A waardoor kleinere series rendabel zijn.
Een bedrijf gespecialiseerd in extrusieproducten.
C: buigen
Het kan uit plaatmateriaal. Wegens de kleine hoeveelheid moet dit zonder productgebonden gereedschap worden vervaardigd. Dat kan bijvoorbeeld op een kantpers.
Veel bedrijven beschikken over een kantpers; zo niet, kan het worden uitbesteed aan een bedrijf dat in het verwerken van plaat gespecialiseerd is.

3.7 d_1 = 6,3 mm s_o = 0,2 mm r = 0,15 mm
h = 10,35 mm β_{max} = 2,1
R_m = 450MPa = 450N/mm²

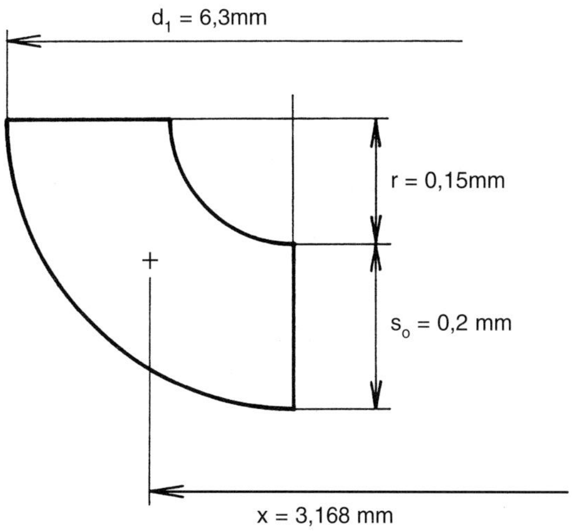

Figuur bij antwoord 3.7

a) volume blijft constant: $V_o = V_1$
$V_o = d_o^2 \times \pi/4 \times s_o$
$V_1 = V_{mantel} + V_{afronding} + V_{bodem}$
$V_{mantel} = [(d_1+2xs_o)^2 - d_1^2] \times \pi/4 \times (h-s_o-r)$
= 40,84 mm³
de afronding: (raadpleeg bijgaande figuur)
doorsnede: A = 1/4 x $[(r+s_o)^2 - r^2] \times \pi$
= 0,0785 mm³
afstand massamiddelpunt tot hartlijn van de beker:

$$x = \frac{1}{2} \times D_1 - r + \frac{4}{3 \times \pi} \times \frac{(r+s_o)^3 - r^3}{(r+s_o)^2 - r^2} = 3,168mm$$

bijbehorende 'afgelegde' baan:
2xπxx = 19,90 mm
$V_{afronding}$ = A x 2 x π x x = 1,56 mm³
V_{bodem} = $(d_1 - 2 \times r)^2 \times \pi/4 \times s_o$ = 5,65 mm³
opgesommd: V_1 = 48,05 mm³
dus: $d_o = [4 \times V_1 / (\pi \times s_o)]^{1/2}$ = 17,49 mm

b) $\beta = d_o / d_1$ = 17,49 mm / 6,3 mm = 2,78
dat is: $\beta > \beta_{max} \rightarrow$ het product kan niet in één trek worden gemaakt.

c) Als β' = 0,85 x β_{max} = 1,785
dan wordt $d_1' = d_o / \beta'$ = 9,8 mm
$F_d = d_1' \times \pi \times s_o \times R_m \times (d_o/d_1' - 0,7)$
F_d = 9,8 mm x π x 0,2 mm x 450N/mm² x (1,785-0,7)
F_d = 3006 N

3.8 a) Het volume van de geëxtrudeerde huls:

$$V_1 = \frac{(40^2 - 30^2) \times \pi}{4} \times (100 - 5) + \frac{40^2 \times \pi}{4} \times 5$$

$$= 58512\,(mm^3)$$

Bij hulsextrusie is de uitgangsdiameter gelijk aan de buitendiameter van het product:
$V_o = 40^2 \times \pi/4 \times s_o$.
Het volume blijft constant: $V_o = V_1$, waardoor de dikte van het uitgangsmateriaal:
$s_o = (58512 \times 4) / (\pi \times 40^2) = 46{,}6$ (mm).
De bodem van de huls is 5 mm dik, dus de pers moet over een slag van 41,6 mm kracht uitoefenen.

b) Voor de geometrie van de krukmechanisme zie figuur 3.69a, daaruit volgt:

$$\frac{r - s_o}{r} = cos\,(180° - \alpha)$$

$$cos\,(180° - \alpha) = \frac{200 - 47}{200}$$

$$180° - \alpha = 40°$$

$$\alpha = \underline{140°}$$

3.9 Uitleg bij de grafiek:
Begrenzingslijn A:
De temperatuur begint te laag te worden om het product nog tot aan de matrijswand op te blazen; het materiaal begint als het ware voortijdig "in te vriezen". Bij het snel opblazen van de geëxtrudeerde buis kan de temperatuur in verhouding lager zijn dan bij een lage vervormingssnelheid.

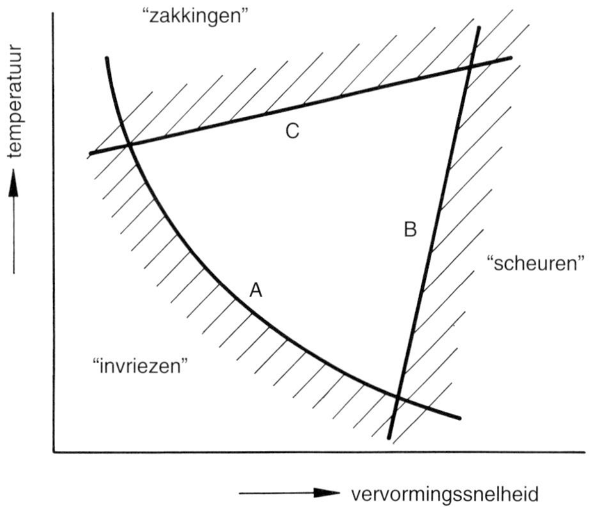

Figuur bij antwoord 3.9

Begrenzingslijn B:
Bij een te hoge vervormingssnelheid zal de thermoplastische "buis" gaan scheuren. Bij een relatief lage temperatuur zal dit gevaar het grootst zijn.

Begrenzingslijn C:
Bij een te hoge temperatuur zal het materiaal nog onvoldoende "stevigheid" hebben om als een "buis" opgeblazen te worden. Onder invloed van de zwaartekracht treedt er tijdens het blazen nog te veel zakking van materiaal op, waardoor een product ontstaat met een ontoelaatbaar wanddikteverloop.

ANTWOORDEN HOOFDSTUK 4

4.1 De belangrijkste kwaliteitskenmerken zijn gladheid van de rand, grootte van de deformatiezone, afronding van de randen van de deformatiezone en de hoogte van de braam. Factoren van invloed op de kwaliteit: snijspleet, gereedschapgeometrie en -slijtage, ductiliteit en dikte van het plaatmateriaal.

4.2 Bij scheurgevoelige materialen, die aan wisselende belastingen bloot staan, bijv. bij vliegtuigplaatdelen.

4.3 Brandsnijden, waterstraalsnijden, lasersnijden, plasmasnijden, draadvonken.

4.4 Van de ponsvorm, en de stapgrootte. Bij een roteerbaar rechthoekig gereedschap kan een veel minder ruwe contour aan een werkstuk worden gerealiseerd. Zie schets.

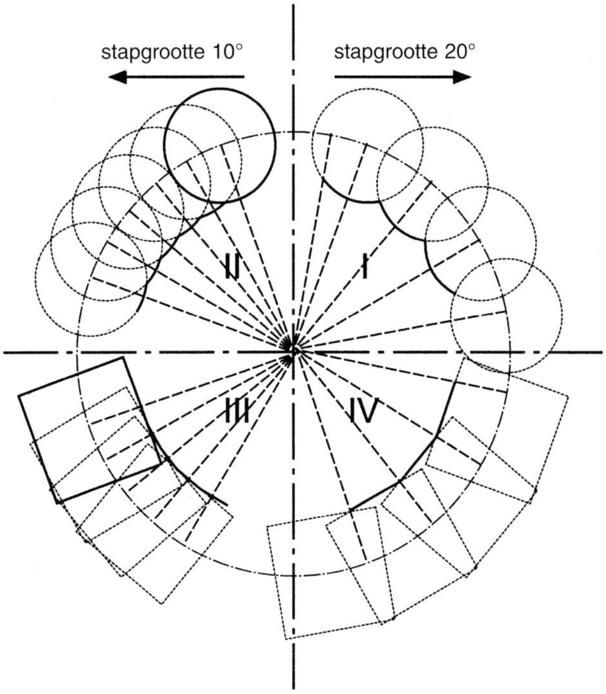

Figuur bij antwoord 4.4

4.5 a) Brandsnijden
Omdat de plaatdelen erg groot en moeilijk transporteerbaar zijn, terwijl de snijbrandinstallatie relatief gemakkelijk vervoerd kan worden.

b) Knippen, knabbelen
Voor een enkel werkstuk is het beter een universele machine te gebruiken. Voor scheidende plaatbewerkingen is dat een snijmachine (schaar)/ponsmachine.

c) Omtrek- (Router)frezen
In de vliegtuigindustrie zijn knippen en ponsen niet toegestaan omdat door deze bewerkingen kleine scheurtjes in de werkstukomranding kunnen ontstaan. Bij dynamische belasting kan dit leiden tot grote scheurvorming.

4.6 Slagschaar, draaischaar, zie de bijgaande schetsen, en rolschaar, zie figuur 4.8b. De slagschaar is vooral geschikt voor beperkte lengten, terwijl de laatste twee geschikt zijn voor lange snedes (bijv. bij bandmateriaal).

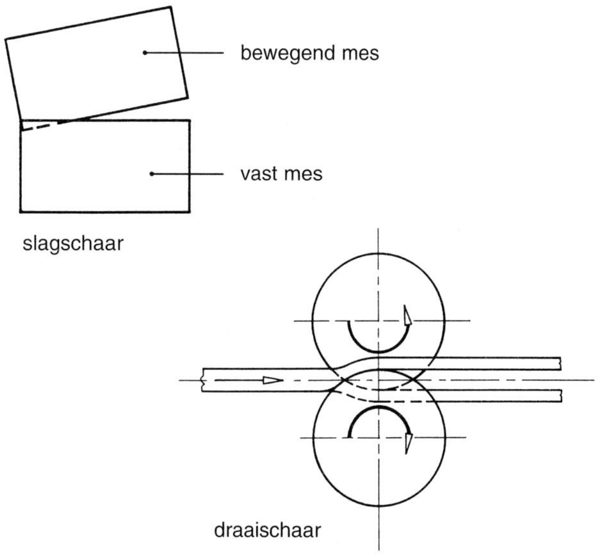

Figuur bij antwoord 4.6

4.7 Groot buigend moment op de plaat dat de plaat doet kantelen, braamvorming, grote ruwheid van het geknipte oppervlak; 5 à 10 % van de plaatdikte.

4.8 Vermindering van de wrijving tussen de messen en het plaatmateriaal waardoor de levensduur van de messen toeneemt.

4.9 Bij beugelzagen hebben we te maken met een heen en weer gaande beweging: één van deze twee is dus een "dode" slag waarbij niet wordt gezaagd. Bij een lintzaag is dit niet aan de orde.

Een lintzaagblad is dunner dan een beugelzaagblad, daarom treedt minder zaagverlies op. Dit is bij het afzagen van dunne schijven een voordeel.

4.10 Door het "zetten" is de breedte van de zaagsnede groter dan de dikte van het zaagblad. Hierdoor worden wrijving tussen het zaagblad en het te zagen materiaal en het klemmen van het zaagblad voorkomen.

4.11 a) Guillotineschaar
b) Guillotineschaar
c) Strokenschaar
d) Bij a en b zal standaardplaatmateriaal worden gebruikt. Bij c kan beter van rollen plaatmateriaal worden uitgegaan.

4.12 De methoden die afvallen zijn: brandsnijden (verbrandingstemperatuur hoger dan smelttemperatuur), waterstraalsnijden en lasersnijden (slechts plaatdikte tot 5 mm economisch mogelijk). Blijven over: plasmasnijden en draadvonken. In dit geval is plasmasnijden de beste methode, omdat deze met hoge snelheid kan werken, terwijl draadvonken slechts geschikt is voor kleine series vanwege de lage snijsnelheid.

4.13 Gebruikt wordt de formule uit paragraaf 4.1.1. Verondersteld dat $\tau = 0{,}8 \times R_m$, bedraagt de ponskracht:
$F_{th} = 0{,}8 \times 800\text{N/mm}^2 \times \pi \times 20\text{mm} \times 1{,}6\text{mm}$
$F_{th} \approx \underline{64340\text{ N}}$.

4.14 Het volume van het weg te vonken materiaal is:
$1000 \times 0{,}4 \times 20 = 8000\ (\text{mm}^3)$.
De productietijd is dan:
8000 / 0,5 = <u>16000 s</u>, ofwel bijna 4,5 uur!

ANTWOORDEN HOOFDSTUK 5

5.1 Redenen om verspanend bewerken toe te passen:
- De vereiste nauwkeurigheid of oppervlaktegesteldheid,
- De vereiste materiaaleigenschappen,
- De eenmalige en repeterende kosten,
- De levertijd, met name van het eerste product.

Nadelen:
- Verspilling van materiaal en energie,
- Vervuiling door spanen en snijvloeistoffen.

5.2 Genereren:
Het verkrijgen van de gewenste vorm door het gereedschap te bewegen ten opzichte van het werkstuk.
Reproduceren:
Het verkrijgen van de gewenste vorm door deze eenmalig in het gereedschap aan te brengen.
Bewerkingsmethoden die de vorm reproduceren zijn in het algemeen meer geschikt voor grote aantallen. De eenmalige kosten van deze processen zijn vaak hoog, de repeterende kosten laag.

5.3 Zie figuur 5.2.

5.4 De bepalende factoren zijn:
- Het werkstukmateriaal, de snijkracht neemt toe met toenemende hardheid;
- De geometrie van de snijkant, de snijkracht neemt toe met afnemende spaanhoek;
- De snededoorsnede, de snijkracht neemt minder dan recht evenredig toe met de snededikte, en recht evenredig met de snedebreedte;
- De snijsnelheid, de snijkracht neemt (in geringe mate) af met toenemende snijsnelheid.

5.5 Warmhardheid is de mate waarin de hardheid van gereedschapmateriaal behouden blijft bij toenemende temperatuur.
Een slijtage-criterium geeft de hoogst toelaatbare waarde van de kolkdiepte (KT) of van de vrijloopvlakslijtage (VB) aan. Zie bijgaande figuur.
De standtijd is de gebruiksduur van een snijkant totdat het slijtage-criterium is bereikt. Deze

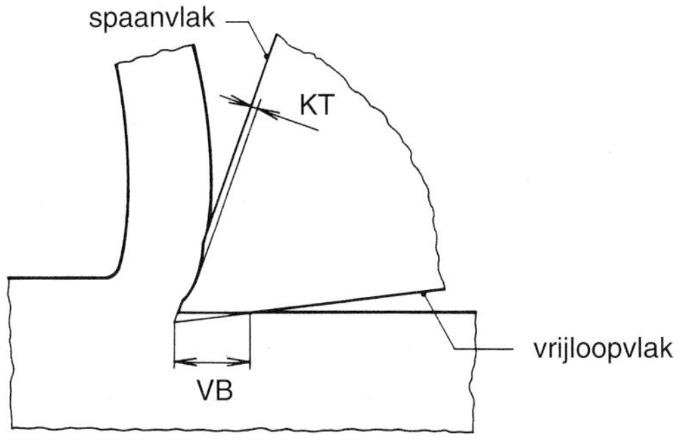

Figuur bij antwoord 5.5

standtijd hangt voor een gegeven combinatie van gereedschap- en werkstukmateriaal af van de gekozen snededoorsnede en snijsnelheid.

5.6 Snelstaal is een legering van ijzer waarin de legeringselementen tijdens het fabricageproces metaalcarbiden vormen. De belangrijkste legeringselementen zijn wolfram, chroom, vanadium en molybdeen. De snijsnelheden voor het bewerken van staal liggen in de orde van 0,3 à 1m/s.

5.7 Hardmetaal is een legering van metaalcarbiden met het metaal kobalt (maximaal 10%) als bindmiddel.
De eigenschappen van het hardmetaal zijn aan het te bewerken materiaal aan te passen door de mengverhouding tussen de verschillende metaalcarbiden te variëren. Aanpassing aan de bewerkingsomstandigheden is mogelijk door bij gunstige omstandigheden weinig en bij ongunstige omstandigheden meer bindmiddel toe te voegen.
Coatings worden toegepast om een harde, slijtvaste laag te combineren met een taaie kern, die goed bestand is tegen grote en wisselende krachten. Op deze wijze kan men bij dezelfde snijsnelheid een hogere standtijd bereiken of bij dezelfde standtijd een hogere snijsnelheid.

5.8 Zie figuur 5.11. Voor de toelaatbare temperaturen geldt:

Gereedschapstaal:	200°C,
Snelstaal:	500-600°C,
Hardmetaal:	1200°C,
Keramisch snijmateriaal:	1500°C.

5.9 Voor het draaien van gietijzer komen de materialen met ISO-aanduiding HC-K15, HC-K25, HW-K15 en CC-K15 in aanmerking.
Wegens de ongunstige belasting (onderbroken snede) moet hieruit het materiaal met het hoogste cijfer voor het toepassingsbereik worden gekozen. Het meest geschikte materiaal is daarom dan <u>HC-K25</u>.

5.10 De formule luidt $v_c \times T^n = C$. Voor de grafiek raadpleeg figuren 5.22 en 5.23.

5.11 $v_{c1} \times T_1^n = v_{c2} \times T_2^n \quad met \quad v_{c2} = 1,5 \times v_{c1}$

$$\frac{v_{c1}}{v_{c2}} = \frac{1}{1,5} = \left(\frac{T_2}{T_1}\right)^{0,125}$$

$$\frac{T_2}{T_1} = \left(\frac{1}{1,5}\right)^8$$

$$K = \underline{0,039}$$

Conclusie: De nieuwe standtijd is ca. 4% van de oude standtijd.

5.12 De standlengte L kan in de standtijd T en de voedingssnelheid v_f worden uitgedrukt:

$$L = T \times v_f = T \times f \times n = T \times f \times \frac{v_c}{\pi \times d}$$

dus:

$$v_c \times \left(T \times f \times \frac{v_c}{\pi \times d}\right)^m = C_2$$

$$v_c^{m+1} \times T^m = C_2 \times \left(\frac{\pi \times d}{f}\right)^m = C_3$$

$$v_c \times T^{\frac{m}{m+1}} = C_4$$

De Taylor-exponent: $n = \dfrac{m}{m+1}$

5.13 Gebruik de formules uit paragraaf 5.7.1.

	a = 2mm f = 0,2mm/omw	a = 6mm f = 0,6mm/omw
n	10,48 omw/s	7,14 omw/s
F_c	957 N	6545 N
v_c	2,63 m/s	1,8 m/s
P_n	2,52 kW	11,7 kW
M_c	38,3 Nm	262 Nm
Q	1054 mm^3/s	6458 mm^3/s

5.14

Uitgangsdiameter:	d_0	= 100mm
Te draaien lengte:	l	= 210mm
Snedediepte:	a_{max}	= 5mm
Snijsnelheid:	v_c	= 2m/s = constant
Voeding:	f	= 0,5mm/omw.

Het aantal sneden:

$$\frac{\frac{1}{2}\times(d_o - d)}{a_{max}} = \frac{100-55}{2\times 5} = 4,5$$

Er zijn dus 5 sneden nodig. Er wordt gekozen voor 4 snedes van 5mm snedediepte en voor de laatste snede blijft 2,5mm over.

De bewerkingstijd voor snede i:

$$t_i = \frac{l}{v_{fi}}$$

waar $v_{fi} = f \times n_i$

$$n_i = \frac{v_c}{\pi \times d_i}$$

snede i=	d_i (mm)	n_i (1/s)	v_{fi} (mm/s)	t_i (s)
1	100	6,366	3,183	65,97
2	90	7,074	3,537	59,37
3	80	7,958	3,979	52,78
4	70	9,095	4,548	46,17
5	60	10,610	5,305	39,58

De totale verspaningstijd is:
$t = \sum t_i = 263,87$ s = $\underline{4,4 \text{ min}}$.

5.15 $v_c = 1$ m/s = 1000 mm/s, f = 0,3mm/omw, per seconde bewerkt de beitel dus een oppervlak van 300 mm^2. Het te bewerken oppervlak is: $\pi/4 \times (1000^2 - 400^2)$ mm^2.
De bewerkingstijd bedraagt:

$$\frac{\frac{\pi}{4}\times(1000^2 - 400^2)}{300} = 2199 s = \underline{37 min}.$$

5.16 Zie bijgaande schetsen:
a) schematische opbouw van een conventionele draaimachine,
b) aandrijfmechanisme voor het draadsnijden.

5.17 In figuur 5.49 is af te lezen dat

$$tan\ \sigma = \frac{f}{\pi \times d}$$

De spoedhoek bedraagt resp. 0,18°, 0,36°, 1,82° en 90°.

5.18 $F_{f\,max} = 4000$N, d = 25mm
Uit paragraaf 5.8.1: $C_f = 1500$, $x_f = 0,8$, $y_f = 0,8$.
Let op: het gaat om een empirische formule, de

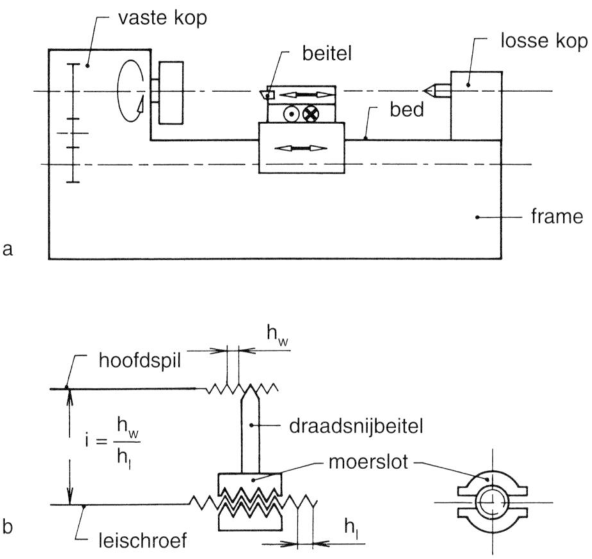

Figuur bij antwoord 5.16

waarden van C_f, x_f en y_f gelden mits F_f in N en d in mm zijn uitgedrukt.

$$F_{f\,max} = C_f \times d^{x_f} \times f_{max}^{y_f}$$

$$4000 = 1500 \times 25^{0,8} \times f_{max}^{0,8}$$

$$f_{max} = \left(\frac{4000}{1500 \times 25^{0,8}}\right)^{\frac{1}{0,8}} = 0,203^{1,25}$$

$$f_{max} = \underline{0,136\, mm/omw}$$

5.19 Kotteren is te vergelijken met inwendig draaien, waarbij het gereedschap echter de hoofdbeweging uitvoert. Het gereedschap kan een axiale of een radiale voedingsbeweging maken, waar-

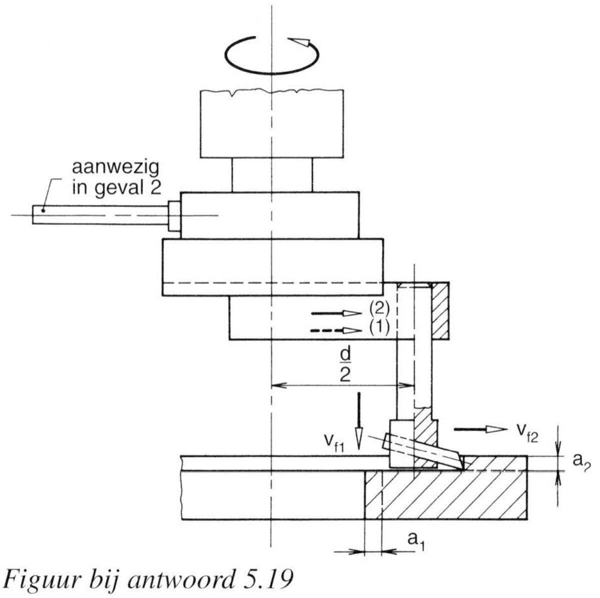

Figuur bij antwoord 5.19

door resp. een cilindervlak of een plat vlak ontstaat. Zie bijgaande schets.

5.20 Zie bijgaande figuur en het overzicht in paragraaf 5.9.1.

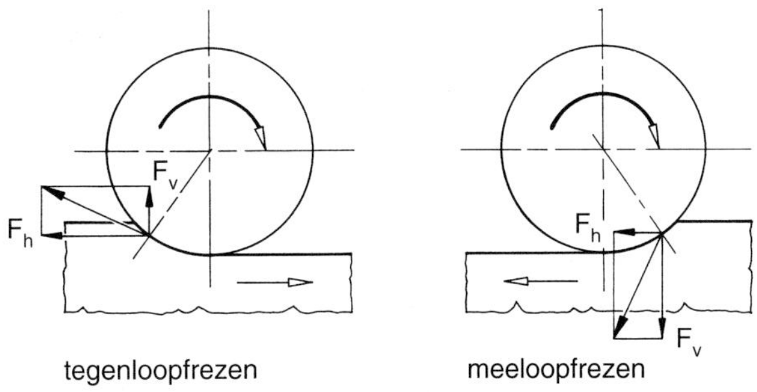

Figuur bij antwoord 5.20

5.21 Zie figuur 5.87. De hardheid van de slijpschijf geeft aan hoe sterk de korrels in de schijf zijn gebonden. Een hoge hardheid betekent dat alleen betrekkelijk botte korrels uitbreken. De structuur geeft de grootte van de poriën aan in verhouding tot het volume van de schijf. Een schijf met een open structuur heeft betrekkelijk grote poriën. Men kiest een zachte steen bij hard werkstukmateriaal, en een dichte structuur bij het afnemen van kleine spaantjes, dus bij kleine korrels en/of een geringe contactlengte.

5.22 De belangrijkste functies van snijvloeistoffen zijn smeren en koelen. Een belangrijke nevenfunctie is het afvoeren van spanen. Wanneer smeren het belangrijkste is worden minerale of plantaardige oliën toegepast, wanneer de nadruk op koelen ligt past men waterige oplossingen of emulsies toe.

5.23 Voor het draaidiagram zie de grafiek hieronder. Het maximum netto vermogen wordt bereikt bij een voeding van 0,38 mm/omw, het maximum aandrijfmoment bij 0,54 mm/omw.
De afnamesnelheid bedraagt maximaal 3298 mm^3/s (bij f=0,54mm/omw).

5.24 a) Zie de figuur, waarbij
het werkstuk elastisch,
de opspanning van het gereedschap stijf,
de lagering van de centers stijf is.
b) Zie de figuur, waarbij
het werkstuk stijf,
de opspanning van het gereedschap stijf,
de lagering van de centers elastisch is.

c) Zie de figuur, waarbij
het werkstuk stijf,
de opspanning van het gereedschap elastisch,
de lagering van de centers stijf is.

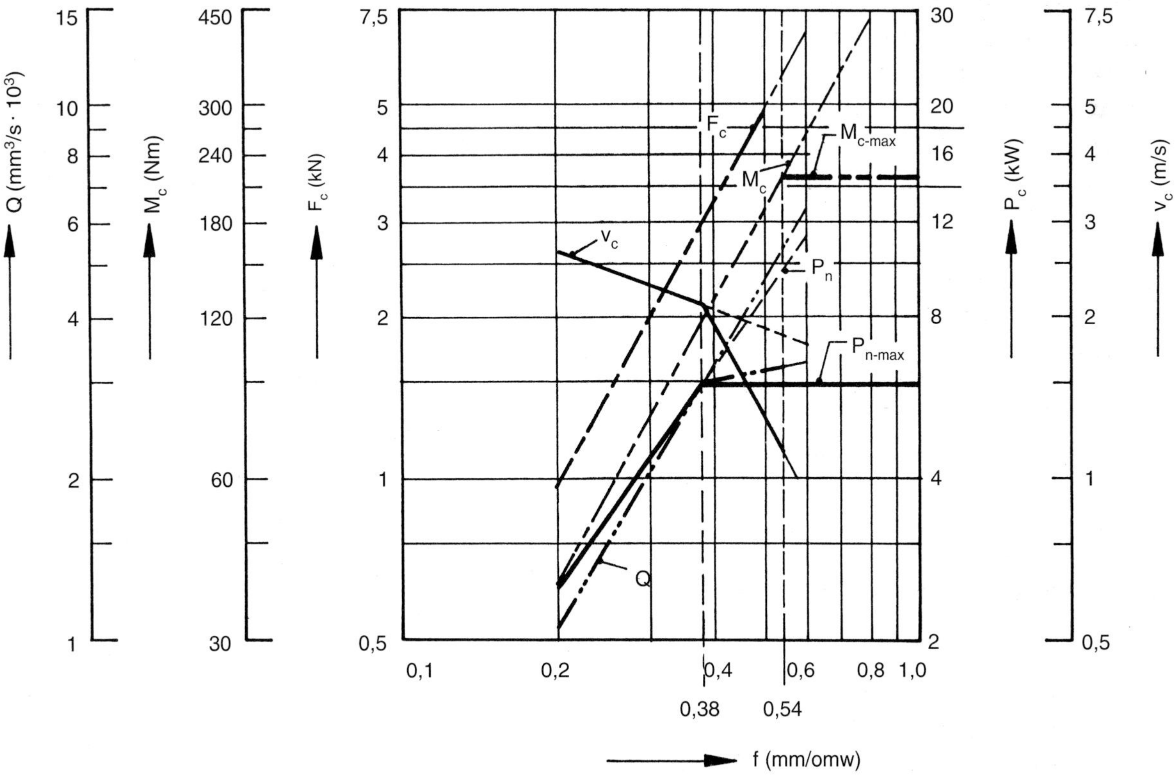

Figuur bij antwoord 5.23

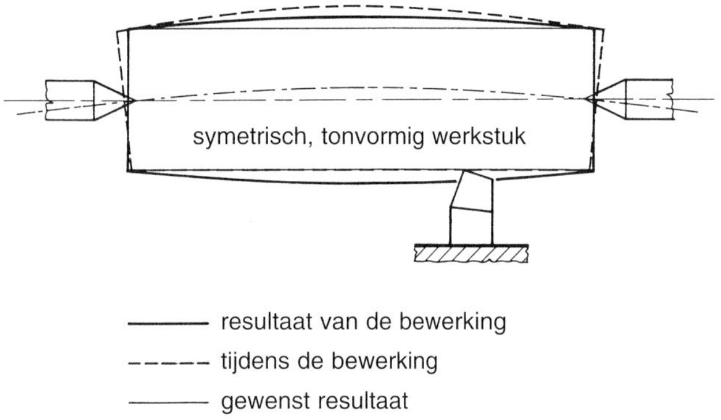

Figuur bij antwoord 5.24a

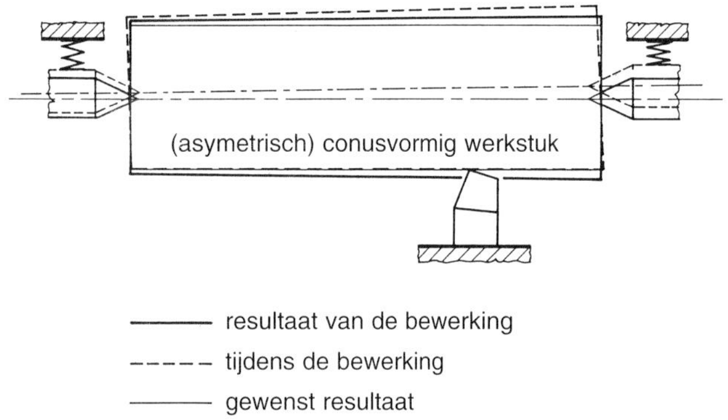

Figuur bij antwoord 5.24b

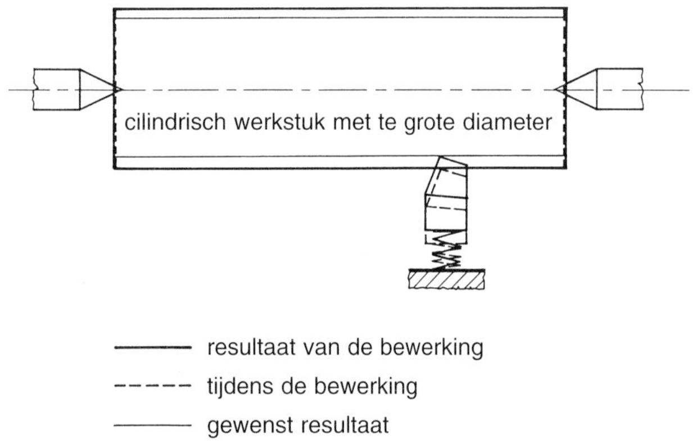

Figuur bij antwoord 5.24c

ANTWOORDEN HOOFDSTUK 6

6.1
- Het maskermateriaal moet gemakkelijk aan te brengen zijn en goed hechten op het werkstukmateriaal.
- Het moet lichtgevoelig zijn en na belichten selectief gevoelig voor het oplosmiddel.
- Het moet bestand zijn tegen de etsvloeistof.
- Het moet oplosbaar zijn in een middel dat het werkstukmateriaal niet aantast.
- Het moet makkelijk te verwijderen zijn na gebruik.
- Het moet goedkoop zijn.
- Het mag in geen van de procesfasen schadelijk zijn voor mens of milieu.

6.2
- Het elektrisch isoleren van wekstuk en elektrode.
- Het afvoeren van het verwijderde materiaal.
- Het koelen van het werkstuk en de elektrode.

6.3 Met beide processen kunnen harde, elektrisch geleidende materialen bewerkt worden.
Vonkverspanen is aanmerkelijk nauwkeuriger dan elektro-chemisch bewerken. Bij vonkverspanen treedt elektrodeslijtage op, bij elektrochemisch bewerken niet.
Elektro-chemisch bewerken is een veel sneller proces; het is daarom beter geschikt voor seriefabricage.
Er bestaat geen elektro-chemische variant van het draadvonken.

Gedetailleerde vergelijking:

EDM	ECM
- kleine stroompulsen	- grote continue stroom
- elektrodeslijtage	- geen elektrodeslijtage
- beheerst door thermische eigenschappen	- beheerst door chemische eigenschappen
- afnamesnelheid laag max. ca. 10 mm^3/s bij ruwheid $R_a = 10$ μm	- afnamesnelheid hoog max. ca. 500 mm^3/s bij ruwheid $R_a = 5$ μm
- min. ruwheid 1 μm	- min. ruwheid 0,1 μm
- specifieke energie ca. 1000 J/mm^3	- specifieke energie ca. 250 J/mm^3
- enkelstuksfabricage bijv. gereedschappen	- seriefabricage bijv. onderdelen van vliegtuigmotoren.

6.4 Werkstuk:
- elektrisch geleidend,

Elektrode:
- elektrisch geleidend,
- hoge erosieweerstand (hoog smeltpunt, hoge specifieke warmte, hoge warmtegeleidingscoëfficiënt),

- goed bewerkbaar (om goedkoop en nauwkeurig de gewenste elektrodevormen te kunnen vervaardigen),
- goede warmtegeleiding en kleine uitzettingscoëficiënt (om tijdens het vonken vormstabiel te blijven),
- fijne structuur,
- lage kosten.

6.5
- De opkomst van nieuwe, met de tot dusver ter beschikking staande technieken moeilijk bewerkbare materialen.
- De toenemende eisen betreffende nauwkeurigheid en oppervlaktekwaliteit.
- Het vermijden van de noodzaak van productgebonden gereedschappen.
- Het voortdurende streven naar doorlooptijdverkorting en kostprijsverlaging.

6.6 De materiaalaangroeitechnieken maken het mogelijk om relatief snel op basis van een productmodel uit een CAD-systeem een prototype of zelfs een kleine serie proefproducten te maken. De tijdsduur voor het ontwikkelen van producten wordt daardoor verkort en de kans op mislukte producten vermindert.

6.7 Door aanpassing van de straalintensiteit, de grootte van de bundel en de duur van blootstelling van het materiaal aan de straal kan men grote verschillen in afmetingen van de zone met verhoogde temperatuur en de temperatuurverdeling in die zone verkrijgen. Bovendien heeft men nog keuze in het medium. Men bereikt daardoor dat het werkstukmateriaal plaatselijk verhit doch in vaste toestand blijft ofwel smelt kan verbranden of kan worden weggeblazen.

6.8 Het is door het verblijf van het werkstuk in een vacuümruimte een zeer schone bewerking en men verkrijgt lassen van hoge kwaliteit.
Met elektronenstraallassen zijn de hoogste energiedichtheden mogelijk. Daardoor is het mogelijk tot ca. 160 mm dik te lassen, doch ook zeer geringe materiaaldikten zijn goed te lassen. Uiteenlopende materialen kunnen aan elkaar worden gelast (in hoofdstuk 8 wordt duidelijk gemaakt dat dit met de meeste lastechnieken niet goed mogelijk is).
Door het noodzakelijke vacuüm is de bescherming van het vloeibare lasmetaal nagenoeg perfect. Dit vacuüm maakt de installatie duur en veroorzaakt tevens lange cyclustijden.

6.9 a) uit de figuur: s_A = 2mm - 1mm = 1000 μm
v = 1 μm/s

$t = s/v \Rightarrow t_A = 1000\ s = \underline{16,67\ min.}$

b) uit de figuur: l_B = 200 mm
s_B = 2mm - 0,5mm = 1500 μm
v = 1 μm/s $\Rightarrow$ t_B = 1500 s
dus:

$$v_B = \frac{l_B}{t_B} = \frac{200mm}{1500s} = \underline{0,13\ mm/s}$$

6.10 a) $Q_w = 0,5\ mm^3/s$
$f = 100\ kHz = 10^5\ Hz$

$$q_w = \frac{Q_w}{f} = \frac{0,5}{10^5} = \underline{5 \times 10^{-6}\ mm^3/puls}$$

b) Het elektrodeoppervlak: A=10x10= 100mm^2

$$f' = \frac{f}{A} = \frac{10^5}{100} = \underline{10^3\ Hz/mm^2}$$

c) Het volume van het te vonken gat:
$V_w = 10x10x40 = 4000\ mm^3$

$$t_{gat} = \frac{V_w}{Q_w} = \frac{4000}{0,5} = 8000s = \underline{2,22uur}$$

d) De elektrodeslijtage: $V_e = 0,02xV_w = 80\ mm^3$
de slijtage aan één kant (10mm) van de elektrode:

$$V_s = r_e^2 \times 10 - \frac{\pi \times r_e^2}{4} \times 10 = \left(1 - \frac{\pi}{4}\right) \times r_e^2 \times 10$$

vereenvoudigd berekend is $V_e = 4 \times V_s$, dus:

$$r_e^2 = \frac{V_e}{(4-\pi)\times 10} = \frac{80}{(4-\pi)\times 10} = 9,32$$

$$re = \underline{3,05mm}$$

e) $E_p = 60\ mJ = 6 \times 10^{-2}\ J$

$$e' = \frac{f \times E_p}{Q_w}$$

$$e' = \frac{10^5 Hz \times 6 \times 10^{-2} J}{0,5 mm^3/s} = \underline{1200\ J/mm^3}$$

6.11 a) uit vraag 6.10: $Q_w = 0{,}5 \text{ mm}^3/\text{s}$

$$Q_w = I \times q \quad dus:$$
$$I = \frac{Q_w}{q}$$
$$I = \frac{0{,}5 mm^3/s}{0{,}02 mm^3/A.s} = \underline{25A}$$

b) $I_{max} = A \times i = 10 \times 10 \text{ mm}^2 \times 5 \text{ A/mm}^2 = 500\text{A}$
$Q_{max} = I_{max} \times q = 500 \times 0{,}02 = \underline{10 \text{ mm}^3/\text{s}}$

c) $E = U \times I = 12 \times 25 = 300 \text{ W}$

$$e' = \frac{E}{Q_w} = \frac{300}{0{,}5} = \underline{600 \ J/mm^3}$$

ANTWOORDEN HOOFDSTUK 7

7.1 Bij het plastisch omvormen van metalen blijft het volume constant. Een lengtevermeerdering in de ene richting zal dus altijd gecompenseerd moeten worden door een lengtevermindering in een andere richting.

7.2 We beschouwen een dun schijfje in het midden van de insnoerzone met diameter d en dikte dl. Voor deformatie van de trekstaaf had dit schijfje een diameter d_o en een dikte dl_o.

Constant volume:

$$\frac{\pi}{4} \times d_o^2 \times dl_o = \frac{\pi}{4} \times d^2 \times dl$$
$$\frac{dl}{dl_o} = \left(\frac{d_o}{d}\right)^2$$

Voor de trekrichting geldt:

$$\varepsilon_1 = ln\frac{dl}{dl_o} = 2 \times ln\frac{d_o}{d}$$

Uit symmetrie en constant volume volgt:

$$\varepsilon_2 = \varepsilon_3 = ln\frac{d}{d_o} = -\frac{1}{2}\varepsilon_1$$

$$\bar{\varepsilon} = \sqrt{\frac{2}{3}\left(\varepsilon_1^2 + \varepsilon_2^2 + \varepsilon_3^2\right)} =$$

$$= \sqrt{\frac{2}{3}\varepsilon_1^2 \times \left(1 + \left(-\frac{1}{2}\right)^2 + \left(-\frac{1}{2}\right)^2\right)} =$$

$$= \varepsilon_1 = 2\, ln\frac{d_o}{d}$$

7.3 Stel het cilindrische blokje heeft een momentane hoogte h en een momentane diameter d. In analogie met oefenvraag 7.2 is voor de verhouding tussen de rekken af te leiden:

$$\varepsilon_1 : \varepsilon_2 : \varepsilon_3 = -1 : \frac{1}{2} : \frac{1}{2} \quad met \quad \varepsilon_1 = -ln\frac{h_o}{h}$$

De effectieve rek:

$$\bar{\varepsilon} = ln\frac{h_o}{h}\sqrt{\frac{2}{3}\left((-1)^2 + \left(\frac{1}{2}\right)^2 + \left(\frac{1}{2}\right)^2\right)} = ln\frac{h_o}{h}$$

$$\dot{\bar{\varepsilon}} = \frac{d\bar{\varepsilon}}{dt} = \frac{d}{dt}\left(ln\frac{h_o}{h}\right) = -\frac{1}{h}\frac{dh}{dt} = \frac{v_{st}}{h}$$

$$omdat \ v_{st} = -\frac{dh}{dt}.$$

Omdat de hoogte h momentaan kleiner wordt, zal de reksnelheid tijdens het persen steeds groter worden.

7.4 De belangrijkste reden is dat bij de trekproef en de torsieproef de wrijving geen invloed heeft. De proeven zijn goed reproduceerbaar.

7.5 a) Voor de bij de trekproef behorende maximale effectieve rek bij breuk geldt:

$$\bar{\varepsilon} = 2 \times ln \frac{d_o}{d} = 2 \times ln \frac{10}{6,2} = 0,956$$

$$\bar{\sigma} = C \times \bar{\varepsilon}^n = 750 \times (0,956)^{0,2} = \underline{743MPa}$$

b) Vanuit $\bar{\varepsilon}$ = 0,96 wordt een lijn verticaal omhoog getrokken tot deze de lijn van n = 0,20 snijdt. Vanuit dit snijpunt wordt horizontaal een lijn getrokken naar de triaxialiteits-as, waarop een waarde van ca. <u>0,68</u> kan worden afgelezen.

7.6 Bij de trekproef uit oefenvraag 7.5 is de gemiddelde spanning

$$\sigma_m = 0,68 \times 743 = 505MPa.$$

Indien de trekproef in een drukvat met een hydrostatische druk van 1000 MPa wordt uitgevoerd dan wordt de gemiddelde spanning

$$\sigma_m = 505 - 1000 = -495MPa.$$

De triaxialiteit wordt dan

$$\sigma_m/\bar{\sigma} = -495/743 = \underline{-0,67.}$$

Het ductiliteitsdiagram laat zien, dat hierdoor de maximale breekrek aanzienlijk (in de orde van grootte van enige malen) toeneemt.

7.7 Het wezenlijke verschil tussen de grensvervormingskromme en het ductiliteitsdiagram is dat de grensvervormingskromme informatie verstrekt over procesbegrenzingen en het ductiliteitsdiagram over materiaalbegrenzingen. In het eenvoudige geval van de trekproef ligt de procesbegrenzing bij het punt waar de insnoering, en dus de plastische instabiliteit (zie paragraaf 3.2.3), begint; het materiaal bezwijkt echter pas op het moment van breuk.

7.8 Eerst dient de triaxialiteit van het dieptrekproces bepaald te worden. Bij een gegeven triaxialiteit kan uit het ductiliteitsdiagram - als snijpunt met de ductiliteitsgrens - de maximale effectieve rek tot breuk $\bar{\varepsilon}_{max}$ gevonden worden.

Vervolgens moet de effectieve rek per trek ($\bar{\varepsilon}_a$, $\bar{\varepsilon}_b$, $\bar{\varepsilon}_c$, ...) worden uitgerekend. Deze effectieve rekken zijn optelbaar. Het aantal trekken moet nu zodanig gekozen worden dat de som van de effectieve rekken ($\bar{\varepsilon}_a$, $\bar{\varepsilon}_b$, $\bar{\varepsilon}_c$, ...) kleiner zal zijn dan de maximale rek tot breuk $\bar{\varepsilon}_{max}$, en dat met een voldoende veiligheidsmarge.

7.9 Het tussengloeien zal in de vorm van rekristallisatiegloeien gebeuren. De versteviging verdwijnt geheel en als gevolg van de forse deformatie bij de verschillende trekken zal een fijnkristallijne structuur ontstaan.
De waarde van C zal niet exact gelijk blijven. Het plastisch materiaalgedrag is immers afhankelijk van de korrelgrootte en de textuur en deze zullen voor en na het rekristallisatiegloeien niet precies gelijk zijn.

7.10 In het beschouwde reksnelheidsgebied vinden de gangbare omvormprocessen plaats. De betreffende superplastische legering is geschikt voor de grootserie en massafabricage, bijvoorbeeld in de auto-industrie, mits de legering redelijk betaalbaar is.

7.11 Bij een extra hoge isostatische spanning zal een materiaal, dat onder normale omstandigheden plastisch vervormt, bros gaan breken. De isostatische spanning kan verhoogd worden door middel van een alzijdige trek.
Bij een voldoend lage (negatieve) isostatische spanning kan elk materiaal plastisch vervormen zonder dat brosse breuk optreedt.
De bovenstaande beweringen kunnen direct vanuit het ductiliteitsdiagram worden verklaard.

ANTWOORDEN HOOFDSTUK 8

8.1

Verbindings-principe	Verbindingsmateriaal			Verbindingselement		Vormverbindingen		
	lassen	solderen	lijmen kitten	met elastische vervorming	met plastische vervorming	met elastische vervorming	met plastische vervorming	
geometrie ➤	lijn	vlak (punt)	vlak	punt	punt	punt	lijn	punt
losneembaar				x		x		
beperkt losneembaar		x	x		x			x
niet losneembaar	x		x				x	x

8.2 Belangrijke kenmerken bij de keuze van een verbinding zijn:

- Losneembaarheid; van belang bij onderdelen die bij reparatie vervangen moeten kunnen worden.
- Niet losneembaar; van belang bij verbindingen, die bij ondeskundige demontage gevaar kunnen opleveren.

- Verbinding van onderdelen van (vrijwel) gelijke materialen; lassen en solderen zijn mogelijk.
- Verbinding van onderdelen van ongelijke materialen; lassen en solderen zijn niet mogelijk, lijmen en kitten zijn wel mogelijk.

- Tijdens gebruik van de constructie treden hoge temperaturen op; lijmen en solderen zijn niet mogelijk; bij andere verbindingsmethoden moet gelet worden op het optreden van vervormingen en spanningen als gevolg van verschillen in uitzetting.

- Tijdens gebruik van de constructie treden lage temperaturen op; bij het lassen moet extra gelet worden op het ontstaan van brosheid van het materiaal in of nabij de lasnaad.

- De verbinding moet vloeistof of gasdicht zijn; er is een sterke voorkeur voor vlak- of lijnverbindingen; puntverbindingen behoeven vaak een extra afdichtmiddel (vloeibare pakking) of afdichtelement (vaste pakking).

- Het aanrakingsoppervlak tussen de te verbinden onderdelen is groot ten opzichte van de wanddikte; kies voor lijmen, solderen of puntlassen.

- Het aanrakingsoppervlak tussen de te verbinden delen is klein; kies voor een verbindingselement.

- Stroomgeleiding; Het verbindingsmateriaal of verbindingselement moet dan elektrisch geleidend zijn en de contactvlakken tussen de onderdelen en het verbindingselement moeten goed schoon zijn.

- Elektrische isolatie; Geleidende onderdelen mogen elkaar niet raken; de verbindingselementen moeten dan isolerend zijn. Een speciale reden om de verbindingselementen van de onderdelen te isoleren is het voorkomen van corrosie door potentiaalverschillen tussen verschillende metalen.

8.3 Voor- en nadelen van de in figuur 8.29 getoonde boutverbindingen zijn:

a) v: de goedkoopste uitvoering,
   n: geen goede aanligging van kop en moer; benadering van beide zijden is noodzakelijk; moeilijk af te dichten.
b) v: montage van een zijde mogelijk,
   n: duur gat (schroefdraad) in onderste deel.
c) v: vlak oppervlak, montage van een zijde mogelijk, goede aanligging van de boutkop,
   n: dure voorbewerking van beide delen.
d) v: goede aanligging van de moer,
   n: dure voorbewerking van beide delen.

8.4 a) eis: gaten moeten redelijk in elkaars verlengde liggen,

door: nauwkeurige fabricage van de onderdelen of boren tijdens de montage.

b) eis: soms moet schroefdraad gas- of vloeistofdicht zijn,

door: nauwkeurige schroefdraad en eventueel gebruik van speciale lijm.

c) eis: bout moet aangedraaid kunnen worden,

door: gebruik van boutkop met binnenzeskant.

d) eis: de te verbinden delen mogen niet te veel verzwakt worden,

door: gebruik van delen van voldoende dikte.

8.5 Andere uitvoeringsvormen van puntverbindingen zijn (zie ook bijgaande tekeningen):

a) puntlas:

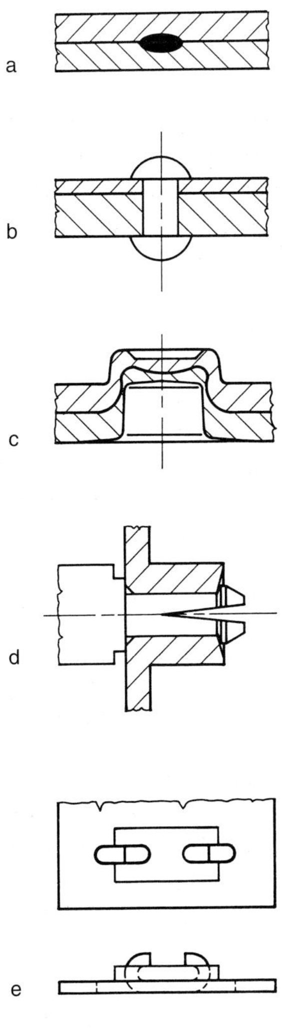

Figuur bij antwoord 8.5

v: geen voorbewerking nodig; zeer snel aan te brengen,

n: niet losneembaar.

b) klinknagel:

v: sneller aan te brengen dan bout en moer,

n: niet losneembaar.

c) drukvoegverbinding:

v: geen losse verbindingselementen, geen voorbewerkingen nodig, snel aan te brengen,

n: alleen mogelijk in ductiele materialen.

d) klikverbinding:

n: alleen goed mogelijk indien het te vervormen onderdeel van kunststof is.

e) buiglipverbinding:

n: alleen goed mogelijk als het te vervormen onderdeel van metaalplaat is.

8.6 a) Voor het verbinden van metalen en keramische voorwerpen aan elkaar komen geen van de hier behandelde las- en soldeermethoden in aanmerking omdat het keramiek niet smelt en het soldeer zich niet goed aan keramiek hecht. Het maken van de verbinding door het aanbrengen van klinknagels of door plastische vervorming van de metalen delen geeft grote kans op scheuren in de brosse keramische delen.

Goed toepasbaar zijn kitten. Kit hecht goed aan zowel het metaal als aan het keramiek. De kit kan maat- en vormfouten van de onderdelen compenseren. Het resultaat is een niet losneembare verbinding. Bij nauwkeurige passende onderdelen kan men ook lijmen. Wenst men een losneembare verbinding dan is een boutverbinding of een klemconstructie te overwegen. Men moet spanningsconcentraties in het keramiek voorkomen door een nauwkeurige afwerking van de contactvlakken tussen de metalen en de keramische onderdelen of door het aanbrengen van een zachte tussenlaag. Een nadeel is dat meer onderdelen moeten worden aangebracht.

b) Bij de vervaardiging van grote keramische onderdelen door oervormen kan men bevestigingsgaten aanbrengen, waarin men de noodzakelijke verbindingselementen kan plaatsen. Kleine keramische onderdelen zal men liever niet van gaten voorzien, zij zullen dus bij voorkeur door kitten, lijmen of eventueel klemmen worden bevestigd.

8.7 a) Voordelen van het puntlassen in de massafabricage zijn:
- geen voorbewerking van onderdelen nodig,
- zeer snelle verbindingsmethode,
- geen verbindingselementen of toevoegmaterialen nodig,
- lichte en stijve constructie mogelijk; de verbindingen veroorzaken geen extra gewicht, door het grote aantal verbindingen kunnen de onderdelen dun en licht zijn en is de constructie toch voldoende sterk, stijf en bestendig tegen vermoeiing uit te voeren,
- de methode is goed te automatiseren.

b) Hoofdtijd lascyclus: openen en sluiten van de lastang, stroomdoorgang.
Neventijd per las: positioneren lastang.
De totale lastijd is te verlagen door met meer dan één lastang te werken.
Neventijd per werkstuk: aanvoeren, positioneren en eventueel klemmen van de onderdelen of het werkstuk, het brengen van de lasstang naar de eerste lasspositie.

c) Het lassen gebeurt in een "straat", waarin op een aantal achtereenvolgende stations soms meerdere lasrobots tegelijkertijd, de lassen plaatsen. Elke 90s schuift de carrosserie een station op. Wanneer dit 10s duurt blijven 80s over voor het lassen. Stel 1s per las, dan zijn 10000/80 = 125 robots nodig. Wanneer per station 4 robots werken zijn dus ca. 30 stations nodig.

8.8 Verbindingen kunnen om de volgende redenen noodzakelijk zijn:
- voor het goed functioneren van de constructie is het gebruik van materialen met uiteenlopende eigenschappen nodig,
- het vervaardigen van onderdelen met moeilijke vormen is duur,
- het benodigde materiaal of de bewerkingsmachine is niet in de vereiste afmetingen beschikbaar,
- de afmetingen van de producten worden beperkt door het transport,
- onderdelen moeten tijdelijk verwijderd of vervangen kunnen worden voor onderhoud,
- verbindingen maken het het mogelijk componenten op verschillende locaties te fabriceren.

8.9 Montagemallen dienen als hulpmiddel om de onderdelen met de vereiste nauwkeurigheid te positioneren en op hun plaats te houden. Het positioneren en klemmen moet snel gaan. Zij mogen de toegang voor de verbindingselementen of -materialen en voor de gereedschappen niet belemmeren. Zij moeten bestand zijn tegen de tijdens het monteren optredende belastingen, zoals krachten, temperaturen en chemische aantasting. Zij moeten het werkstuk in de gewenste stand kunnen draaien, bijv. om een lasnaad in horizontale stand te plaatsen, om goed zicht op de werkplek te krijgen of om in een gunstige werkhouding te kunnen werken.

8.10 De kosten van lijmverbindingen zijn zelden nauwkeurig te berekenen. Men zou hierin moeten opnemen:
- De kosten van extra bewerkingen ten behoeve van de te maken verbindingsvlakken,
- De kosten van de lijm,
- De kosten van het maken van de verbinding. Hiertoe behoren de kosten van de voorbehandeling, het aanbrengen van de lijm, het samenstellen van het product, het aanbrengen van druk, het uitharden en het nabehandelen, zoals het verwijderen van overtollige lijmresten en van de kwaliteitscontrole.

Bij elk van die deeltaken heeft men te maken met loonkosten, kosten van gereedschappen en installaties, kosten van hulpstoffen, zoals reinigingsmiddelen en andere chemicaliën, en energiekosten.

ANTWOORDEN HOOFDSTUK 9

9.1 Kwaliteit is de mate waarin het product overeenkomt met de verwachtingen van de klant.
Kwaliteitszorg omvat alle activiteiten die erop gericht zijn een zo hoog mogelijke kwaliteit te bereiken.
Kwaliteitsborging is het zeker stellen dat alle voorschriften betreffende de kwaliteitszorg op de juiste wijze worden uitgevoerd.

9.2 Taken van de kwaliteitsafdeling:
- Het opstellen en bijstellen van de bij de kwaliteitsbeheersing te hanteren regels en voorschriften,
- Het doen van voorstellen voor verbeteringen van het kwaliteitsbeleid,
- Het verzorgen van de hulpmiddelen, benodigd bij het uitvoeren van de hierboven genoemde regels,
- Het ondersteunen van de uitvoering van de werkzaamheden ten behoeve van de kwaliteitsbeheersing door voorlichting en opleidingen,
- Het regelmatig verifiëren of de uitvoerende afdelingen zich aan de gestelde regels houden, de kwaliteitsborging.

Het vaststellen van het kwaliteitsbeleid is een taak van de hoogste leiding van het bedrijf, het uitvoeren van de controlewerkzaamheden moet door de uitvoerders van de te controleren werkzaamheden worden gedaan.

9.3 Een interne leverancier-klantrelatie houdt in dat de verbinding tussen twee stappen van het voortbrengingsproces wordt bekeken alsof een leverancier een product levert aan een klant, die tevreden gesteld dient te worden. In het laatste deel van de keten betreft dit voor een belangrijk deel bewerkte producten, vooraan in de keten is het geleverde product vrijwel steeds informatie. Twee voorbeelden voor de ontwerpafdeling van een productiebedrijf zijn:

Leverancier:	Klantenservice,
Klant:	Ontwerpafdeling,
Product:	Systematisch verzamelde storingsmeldingen.
Leverancier:	Tekenkamer,
Klant:	Werkvoorbereiding,
Product:	Productierijpe, goedgekeurde tekeningen.

9.4 Pareto-analyse geeft inzicht in de belangrijkste storingsbronnen en geeft, eventueel aangevuld met gegevens over de bijbehorende kosten, aan welke onderwerpen met de hoogste prioriteit moeten worden aangepakt. Vervolgens kan men met een visgraat-diagram trachten de oorzaken van de afwijkingen te achterhalen. Deze aanpak moet voortduren worden herhaald om het kwaliteitsniveau steeds verder te verbeteren.

9.5 Enkele voorbeelden van oplossingen om tot een robuust ontwerp te komen:
- Het monteren van lagers met lijm in plaats van het gebruik van perspassingen,
- Het inbouwen van voorzieningen om verbindingsdelen, zoals scharnieren, instelbaar te maken,
- Het gebruiken van flexibele koppelingen, waardoor het niet nodig is aandrijfassen nauwkeurig uit te lijnen.

9.6 Een mogelijk visgraatdiagram ziet er als volgt uit:

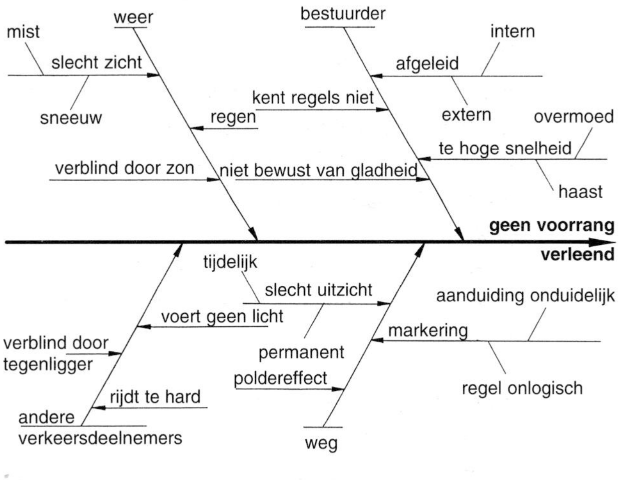

Figuur bij antwoord 9.6

Nota Bene: Dit diagram is niet de enige goede oplossing!

9.7 De proceshaalbaarheid C_p is de breedte van het tolerantieveld gedeeld door $6 \times \sigma$, waarin σ de standaardafwijking van het proces is. Deze waarde moet bij voorkeur groter dan 1,3 zijn. In dit geval is het toelaatbaar dat een bewerkingsproces niet steeds perfect gecentreerd is en zal meetonzekerheid niet meteen tot ten onrechte goed- of afkeuren leiden. Zie bijgaande schets.

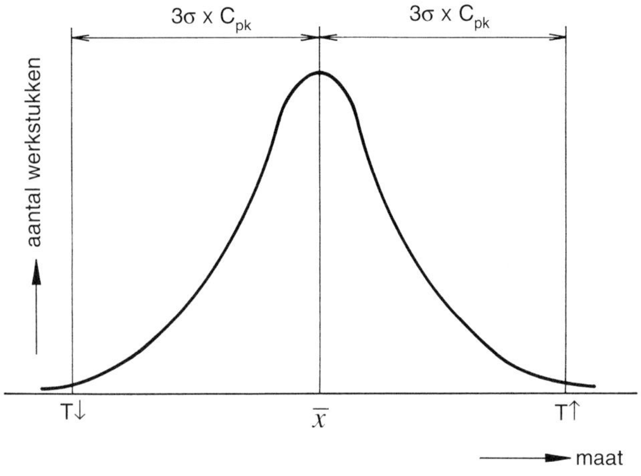

Figuur bij antwoord 9.7

9.8 Het zuiver meetresultaat is het meetresultaat gecorrigeerd voor de bekende systematische afwijkingen.
Voor een zo nauwkeurig mogelijk meetresultaat moet men:
- Het meetgereedschap kalibreren,
- De meetresultaten corrigeren voor de bekende systematische afwijkingen,
- De omstandigheden waaronder wordt gemeten zo maken dat de waarde van de correctiefactor W zo laag mogelijk is.

9.9 Dit is mogelijk bij betrekkelijk langzaam verlopende dynamische afwijkingen, zoals temperatuur-invloeden, mits deze bekend zijn.

9.10 Zie figuur 9.9. $\bar{x}$ is de gemiddelde waarde van een steekproef en dus een maat voor de centrering van het proces. Wanneer $\bar{x}$ een van de regelgrenzen bereikt moet het proces worden bijgesteld.
R is de spreiding van de steekproef en geeft aan in hoeverre het proces beheerst is. Wanneer R de maximaal toelaatbare waarde bereikt moet het proces worden onderbroken tot de oorzaak van de afwijkingen is verholpen.

9.11 Kalibers leveren alleen een goed-fout indicatie. Ze zijn dus maar beperkt geschikt om het proces bij te stellen. De resultaten kunnen niet voor statistische procesbeheersing worden gebruikt. Voordelen zijn de snelheid en eenvoud van de keuring.

9.12 Het vlak waarin de scheur ligt moet een zo groot mogelijke hoek maken met de richting waarin de geluidsgolven lopen. Bij plaatmateriaal is de methode dus vooral geschikt voor het vinden van scheuren die in het vlak van de plaat liggen.

9.13 Magnetisch onderzoek is alleen geschikt voor magnetiseerbare materialen, dus de meeste staalsoorten. Scheuren zullen alleen worden gevonden wanneer de magnetische krachtlijnen ongeveer loodrecht op de richting van de scheur staan. Bij een geschikt werkstuk zal een aanwezige scheur snel worden gevonden.
Ultrasoon onderzoek is geschikt voor veel materiaalsoorten. Grote oppervlakken, zoals plaatmateriaal kunnen worden onderzocht. Wel is het nodig het gehele oppervlak af te tasten. Scheuren dicht bij het materiaaloppervlak zijn niet te vinden doordat de daarbij behorende reflecties niet zijn te onderscheiden van de zendpuls of de echo van de achterzijde.

ANTWOORDEN HOOFDSTUK 10

10.1 Niet uitwisselbare componenten (monodelen en/of subassemblages) moeten tijdens het montageproces worden aangepast aan hun "omgeving". Door de delen uitwisselbaar te maken is elk onderdeel zonder verdere aanpassing te monteren in elke samenstelling.

10.2 Mogelijke voorbeelden:

a) Swatch horloge, variabelen:
behuizing, wijzerplaat, wijzers, armband;
voor de productstructuur zie de tekening.

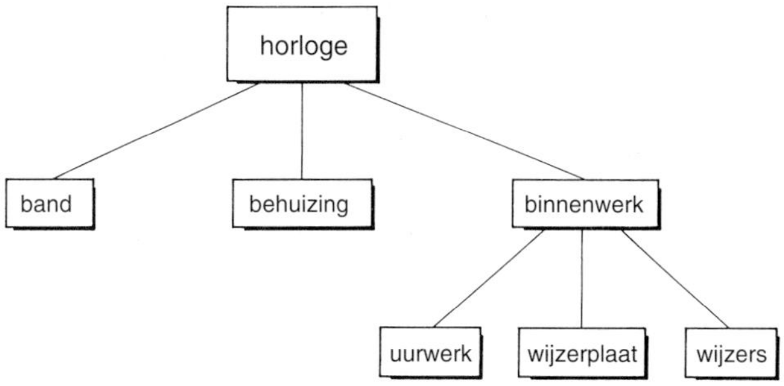

Figuur bij antwoord 10.2a

b) Opbouwkeuken, opgebouwd uit standaardelementen, variabelen:
de technische uitvoering van de elementen, vorm en kleur van de kastfronten, keuze van de apparatuur.

c) Personenauto, variabelen:
carroserievorm (aantal deuren), motortype, stuur links/rechts, bekleding, accessoires.

10.3 Een gunstige productstructuur kenmerkt zich door een modulair ontwerp, dit betekent:
- Afzonderlijk te monteren en te testen componenten,
- Een minimaal aantal verbindingen,
- Klantspecifieke componenten zo hoog mogelijk in de productstructuur.

10.4 Bij ongeordende aanvoer zijn de delen los in een container gestort, waardoor zowel de locatie als de oriëntatie van ieder onderdeel willekeurig is.
Voor het ordenen van de delen kan een trilvuller worden toegepast. Door de beweging van de trilvuller schuiven de delen door een goot. Deze heeft een zodanige vorm dat alle delen, die niet de gewenste oriëntatie hebben, terugvallen in de voorraadbak. De juist georiënteerde delen komen via een aanvoergoot bij de montageplaats.

10.5 Dit is een manipulator die beweegt tussen twee vaste punten. Deze is dus inzetbaar wanneer de te hanteren delen tussen twee vaste posities worden verplaatst.

10.6 Wanneer stations sequentieel worden geplaatst, moeten bij een storing alle stations in de lijn wachten totdat de fout is hersteld. Bij parallele montage kan op de overige stations worden verder gewerkt.
Bij de sequentiele lijn is de beschikbaarheid:

$$\left(1-\frac{4}{60}\right)^9 = 0{,}54 \quad \text{dat is } 54\%.$$

Bij parallelle montage:

$$1-\frac{4}{60} = 0{,}93 \quad \text{dat is } 93\%.$$

Parallel monteren is bij het optreden van fouten dus efficiënter.

10.7 Dit is een montagelijn waarbij de productdragers tijdens de montagehandelingen stilstaan en waarbij het transport ervan tussen de montagestations niet gelijktijdig plaatsvindt.

Voorwaarden voor toepassing zijn:
- er moeten buffers aanwezig zijn voor tussentijdse opslag,
- de gemiddelde cyclustijd moet voor alle stations in de lijn gelijk zijn.

10.8 Het inleereffect houdt in dat bij het herhaald uitvoeren van werkzaamheden de benodigde tijdsduur blijft afnemen.
De wetmatigheid zegt dat bij verdubbeling van het aantal bewerkte producten de tijdsduur per product met een constant percentage afneemt.

10.9 Bij parallel monteren verwerkt elk station maar een deel van de producten. Het inleerproces verloopt dus trager, de daling van het benodigd aantal mens-uren verloopt langzamer. Dit leidt tot een hogere kostprijs per product. Hier staat wel tegenover dat door de bredere taak met een langere cyclustijd de arbeidsmotivatie kan toenemen. Dit kan het bovengenoemde effect in belangrijke mate compenseren.

10.10 De kans op goede producten is te berekenen als volgt:

$$\left(1-\frac{1}{100}\right)^{20} = 0,82 \quad \text{dat is } 82\%.$$

10.11 De belangrijkste factoren die de keuze met het oog op de montage bepalen:
- de cyclustijd,
- de positionering die nodig voor de montage is,
- de kosten van de assemblage-handeling,
- extra voorzieningen (vormgeving van de onderdelen bij klikken, extra materiaal bij lijmen en lassen, etc.),
- de kosten van de afzonderlijke onderdelen,
- klikken is eventueel losneembaar uit te voeren, lassen en lijmen niet.

ANTWOORDEN HOOFDSTUK 11

11.1 Flexibiliteit is het vermogen om snel en tegen lage kosten om te schakelen van het produceren van één product naar het produceren van een ander product. Ook het vermogen om het productievolume snel aan te passen aan de marktvraag kan tot de flexibiliteit gerekend worden.
Bij de enkel- en kleinseriefabricage wordt flexibiliteit verkregen door bij het besturen van de universele gereedschappen een snel verwisselbare informatiedrager toe te passen, zoals bij numerieke besturing. Bij de grootserie- en massafabricage moet men dit bereiken door voorzieningen om productgebonden gereedschappen snel te verwisselen.
De hoogste eisen worden gesteld bij de enkelstuks- en kleinseriefabricage wegens de grote invloed van de herhaalkosten en de grote verscheidenheid aan producten.

11.2 Voor de schematische opbouw van een centerdraaimachine zie de figuur bij antwoord 5.16 en die voor een rondslijpmachine hieronder. De kinematische structuur is voor beide machines in figuur 11.5 te vinden.

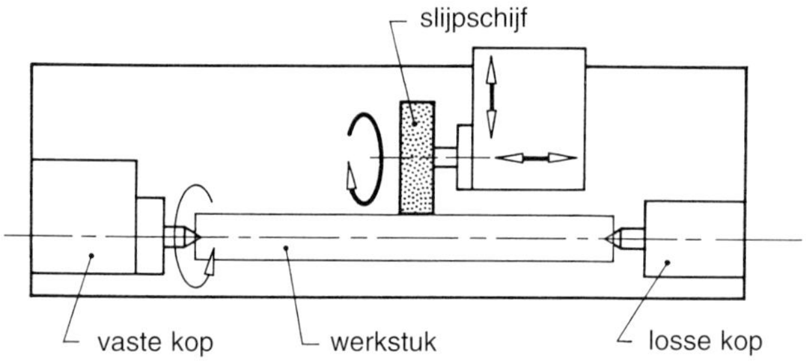

Figuur bij antwoord 11.2

De verschillen zijn te verklaren uit de hoge nauwkeurigheidseisen die aan slijpmachines gesteld worden. De opeenstapeling van bewegingsmogelijkheden bij de slede van de draaimachine is daarom bij slijpmachines ontoelaatbaar.

11.3 Neventijden zijn alle voor de bewerking noodzakelijke handelingen waarbij geen bewerking wordt uitgevoerd.
Inrichttijden:
- het bestuderen van de werkstuktekening,
- het plaatsen van de voor een opdracht benodigde gereedschappen op de machine.

Cyclische neventijden:
- het op- en afspannen van het werkstuk,
- het tussentijds opmeten van het werkstuk.

11.4 Kostenposten:
- mens-machine-uurtarief,
- voorbereidingskosten,
- kosten voor herhaalopdracht,
- cyclische kosten.

Voor de grafiek raadpleeg figuur 11.12.

11.5 Bij starre automatisering wordt de productinformatie met mechanische hulpmiddelen aan de machine toegevoerd, bij flexibele automatisering met gemakkelijk verwisselbare informatiedragers. Bij het carillon is er sprake van een speeltrommel, die met behulp van instelbare nokken de klokken bedient, bij het draaiorgel is het muziekstuk vastgelegd in het "boek" met daarin geponste gaten. Dit boek is even gemakkelijk te verwisselen als een cassettebandje in een walkman.

11.6 Zie figuur 11.24. Bepalende factoren voor de complexiteit zijn onder andere: zeer grote afmetingen, of een grote hoeveelheid geometrische elementen.

11.7 Het snijpunt van de grafieken (zie bijgaande figuur) voor centerdraaimachine en NC-draaimachine ligt bij een seriegrootte van 18. Voor NC-draaimachine en draaiautomaat ligt dit snijpunt bij een seriegrootte van 90.

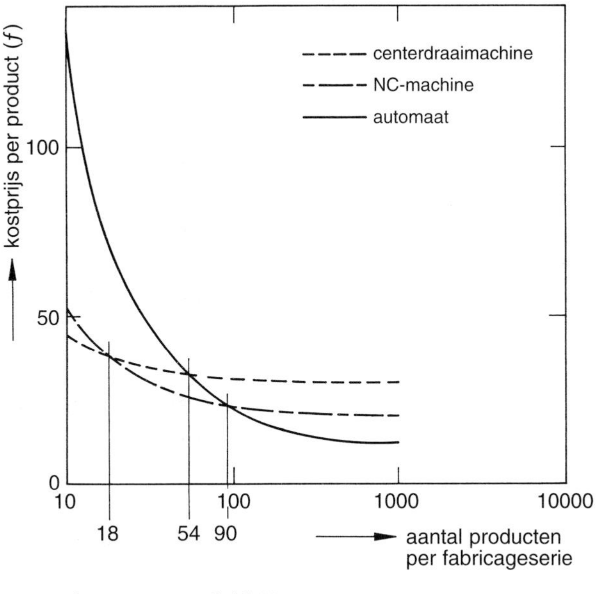

Figuur bij antwoord 11.7

11.8 Bij kleine series is de centerdraaimachine het voordeligst, bij een seriegrootte van 62 stuks is de draaiautomaat voordeliger. De NC draaimachine is bij elke seriegrootte te duur, zie bijgaande figuur.

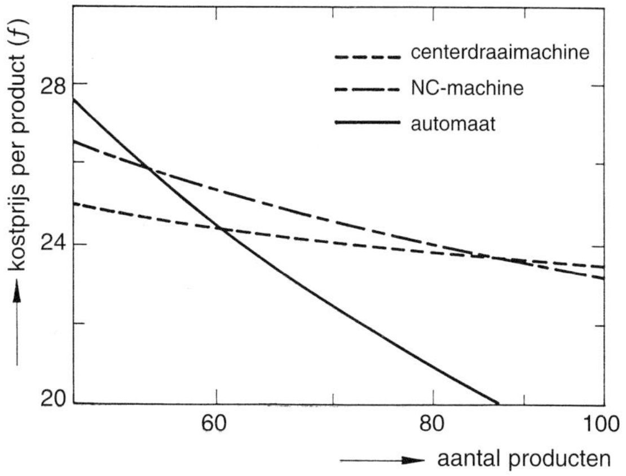

Figuur bij antwoord 11.8

In de K-grafiek ligt dit product links van de begrenzingslijnen van het NC-toepassingsgebied, met andere woorden, de moeilijkheidsgraad van het product is zo gering dat numerieke besturing niet in aanmerking komt.

11.9 Terugkoppeling houdt in dat het werkelijke resultaat van een proces wordt vergeleken met het gewenste resultaat. Het proces wordt aan de hand van deze vergelijking gecorrigeerd.

11.10 Zie de bijgaande figuren.

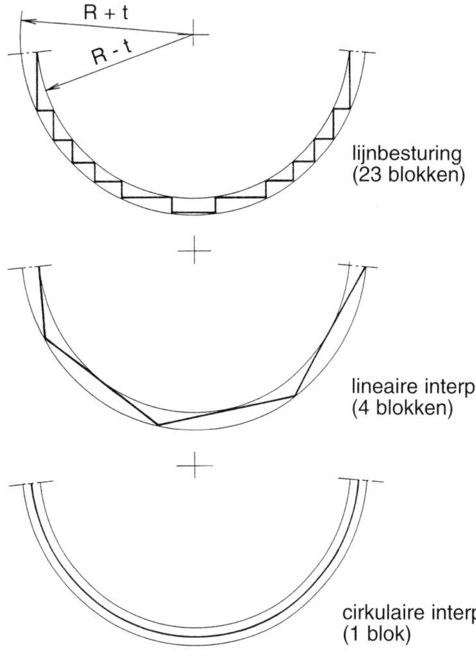

Figuur bij antwoord 11.10

11.11 Direct meten:
Het meten van de te bepalen grootheid.
Indirect meten:
Het meten van de te bepalen grootheid door het meten van een, daarvan afhankelijke, andere grootheid.
Absoluut meten:
De meetwaarde heeft een vast referentiepunt over het volle meetbereik.
Cyclisch absoluut meten:
De meetwaarde heeft een vast referentiepunt over een beperkt deel van het meetbereik. Bij een verdere verplaatsing is er sprake van incrementeel meten.
Incrementeel meten:
De meetwaarde is de verplaatsing ten opzichte van de voorgaande meetwaarde.
Scheidend vermogen:
De kleinste verandering van de te meten waarde die door het systeem kan worden gedetecteerd.
Meetonzekerheid:
Schatting van het gebied waarbinnen de werkelijke waarde van een gemeten grootheid ligt, vaak gedefinieerd als de 2σ-grenzen van het meetproces. Zie verder paragraaf 9.6.4.

11.12 Een bewerkingscentrum kan verschillende bewerkingen uitvoeren met een roterende hoofdbeweging van het gereedschap. Het is tenminste voorzien van een automatische gereedschapwisselaar.
Een draaicentrum kan behalve draaien ook andere bewerkingen uitvoeren waarbij het gereedschap een roterende hoofdbeweging uitvoert.
Voordelen van deze machines zijn:
- Grotere nauwkeurigheid omdat de bewerkingen zoveel mogelijk in één opspanning worden uitgevoerd.
- Kortere doorlooptijd omdat één machine een groot aantal bewerkingsstappen uitvoert.

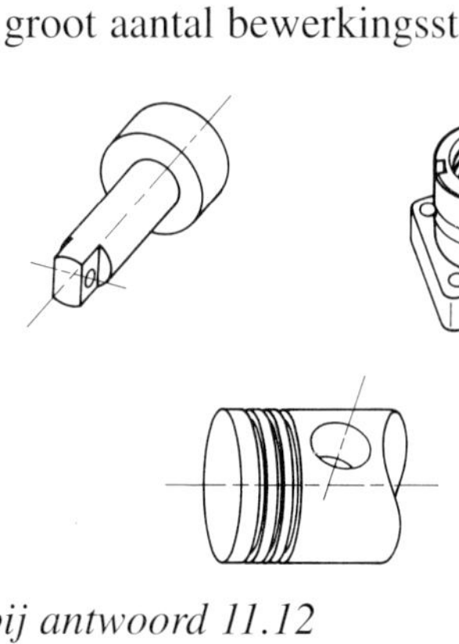

Figuur bij antwoord 11.12

De bijgaande schetsen geven voorbeeldproducten die geschikt zijn voor het bewerken op een draaicentrum.

11.13 Het meest gebruikte mechanisme is de revolverkop, een roterende gereedschaphouder. De houder heeft maximaal ca. 12 gereedschapposities. Het wisselen van gereedschappen kost hiermee enkele seconden. De revolverkop van een bewerkingscentrum beweegt, in tegenstelling met die van een revolverdraaimachine, zowel in Z- als in X-richting.
Een bewerkingscentrum heeft veel meer verschillende gereedschappen nodig. Bovendien moet daar het gereedschap de roterende hoofdbeweging uitvoeren. Dat is met een revolverkop moeilijker te verwezenlijken.

11.14 a = 18,284 - 15 = 3,284 (mm)

$$sin\,\varphi = \frac{R+a}{R+r}$$

$$sin\,\varphi = \frac{25+3,284}{25+15} = 0,7071$$

$$\varphi = 45^\circ$$

b = (R + r) x cosφ
b = (25 + 15) x cos 45° = 28,284

x_E = 20 + 25 + b = 73,284 (mm)
y_E = 20 + 18,284 + 25 = 63,284 (mm)

x_C = x_E = 73,284 (mm)
y_C = 20 + 18,284 = 38,284 (mm)

x_B = 20 + 25 + r x cosφ
x_B = 45 + 15 x cos 45° = 55,607 (mm)
y_B = 20 + 15 + r x sinφ
y_B = 35 + 15 x sin 45° = 45,607 (mm)

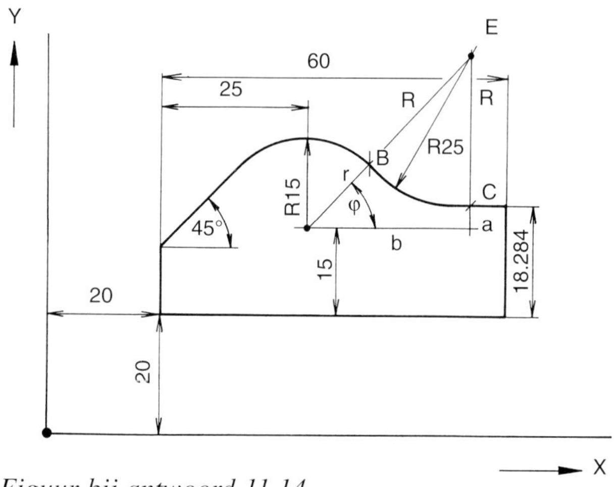

Figuur bij antwoord 11.14

11.15 Bij computerondersteund programmeren gebruikt men een computersysteem dat los staat van de machine. Het programma wordt met een informatiedrager of een lijnverbinding naar de machine overgebracht.
Bij machineprogrammeren voert de programmeur de gegevens over het werkstuk rechtstreeks in bij de machinebesturing.

Voordelen van machineprogrammering:
- Geen programmeerafdeling nodig,
- Snelle doorlooptijd van opdracht tot gereed product,
- Interessante taak voor de bedieningsvakman.

Nadelen van machineprogrammering:
- Machinestilstand gedurende het programmeren,
- Minder optimale en sterk persoonsgebonden programma's,
- Alleen geschikt voor producten met een betrekkelijk eenvoudige geometrie,
- Kennis van het programmeren vereist voor uitvoerend personeel,
- Meer variatie in programmeermethoden naarmate het aantal verschillende NC-machines toeneemt.

11.16 Stappen bij computerondersteund programmeren bij gebruik van een speciale programmeertaal:
- Het definiëren van de geometrie,
- Het bepalen van de gereedschapbaan en de verspaningscondities,
- Het berekenen van de CL-file,
- Het omzetten van de CL-file in een voor de betreffende machine geschikt NC-programma.

Deze laatste stap wordt verricht door de postprocessor, een machinegebonden programma.
Geometrisch georiënteerde programmeertalen zijn in principe algemeen toepasbaar, technologisch georiënteerde programmeertalen zijn bestemd voor één soort bewerking (bijv. draaien).

11.17 De belangrijkste elementen in APT zijn:
- Geometriedefinities. Hiermee worden geometrische elementen van uitgangsmateriaal en werkstuk vastgelegd.
- Start- en bewegingscommando's. Hiermee wordt het gereedschap langs de geometrie-elementen gestuurd.
- Commando's voor het bepalen van de gereedschappen en de verspaningscondities.

Het werstukprogramma, zoals dit door de programmeur is opgesteld, wordt door de APT-processor verwerkt tot de CL-file. Dit is een werkstukprogramma dat de postprocessor nog moet vertalen in het machinegebonden programma.

11.18 Een industriële robot is een hanteerapparaat dat in meer (minimaal 5) assen vrij programmeerbaar is.
Een "RRT"-robot heeft, gerekend van de vaste basis, achtereenvolgens twee rotatie-assen en één translatie-as. Voor de configuraties zie figuur 11.49. De werkruimtes zijn hieronder geschetst.

a
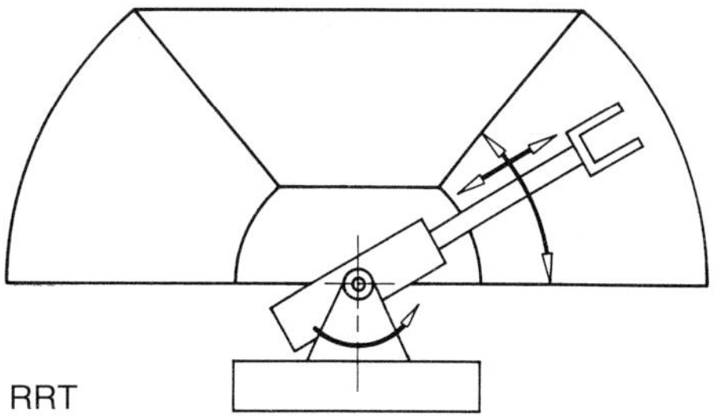

b
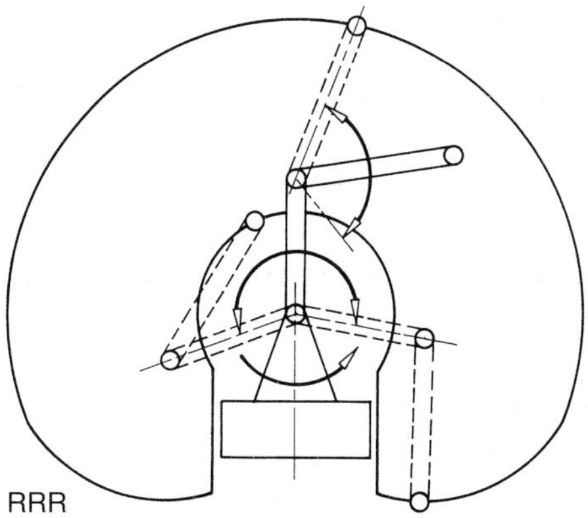

Figuur bij antwoord 11.18

11.19 Voor het blokschema zie figuur 11.48. De meeste termen in deze figuur zijn voldoende duidelijk.
Sensoren: Apparatuur die door het waarnemen van de buitenwereld aanpassingen aan de werkelijke situatie mogelijk maakt.
Effectoren: Aan het polsgewricht bevestigde grijpers of bewerkingsgereedschappen.
Periferie: Hulpmiddelen voor aan- en afvoeren van materiaal, voor het opspannen en positioneren van werkstukken en voor het beveiligen van de omgeving van de robot.

Een robotbesturing moet een groot aantal assen besturen. Bovendien is de vereiste rekensnel-

heid groot omdat de combinatie van rotaties en translaties de positie en de stand van de effector bepaalt.
De periferie bij montagewerk kan bestaan uit aanvoermechanismen, zoals een lopende band en trilvullers, rekken met onderdelen en gerede producten en/of een afvoermechanisme voor gerede producten.

11.20 De programmeersystemen zijn:
- Play-back programmeren, het opnemen van een handgestuurd bewegingspatroon, in het bijzonder toegepast voor verfspuiten.
- Teach-in programmeren, het aansturen van punten uit het bewegingspatroon met behulp van een besturingskastje. Deze punten worden in het programmageheugen vastgelegd. Algemeen toegepast.
- Off-line programmeren, programmeren los van het robotsysteem met behulp van een speciale programmeertaal, vaak met grafische ondersteuning om het bewegingspatroon zichtbaar te maken. Verkeert in de ontwikkelingsfase.

11.21 Voorbeelden van robot-toepassingen:
- Puntlassen van auto-carosserieën, wegens het zeer gecompliceerde bewegingspatroon en ook om zo verschillende uitvoeringen van de carrosserie op dezelfde assemblagelijn in willekeurige volgorde te kunnen bouwen.
- Het "in verband" stapelen van dozen op pallets. Ook hier is een ingewikkelde bewegingspatroon nodig. Verder zijn de stapelpatronen afhankelijk van de afmetingen van de dozen.
- Het verrichten van laswerk volgens het MIG/MAG principe (zie hoofdstuk 8). Vooral van belang bij wisselende producten in kleine series en voor het opvangen van een tekort aan vakbekwame lassers.

Robotsystem kunnen economisch verantwoord zijn bij:
- Een variabel productenpakket in kleine series.
- Gecompliceerde bewegingspatronen.
- Werkzaamheden in een ongezonde of gevaarlijke omgeving.

11.22 Belangrijke punten ter overweging:
- De gevolgen voor de concurrentiepositie bij een beslissing om niet te automatiseren.
- De kwaliteit van de arbeidsplaatsen in de nieuwe situatie.
- De werkgelegenheid van het aanwezige personeel.

ANTWOORDEN HOOFDSTUK 12

12.1 Naarmate de seriegrootte toeneemt zal de werkvoorbereiding de werkmethode verder in detail uitwerken. Dit omdat de doelmatigheid van de uitvoering van de bewerkingen dan steeds belangrijker wordt.

12.2 Het positioneren zorgt voor een nauwkeurige plaatsing en oriëntatie van het werkstuk ten opzichte van de machine. Het ondersteunen dient om vervormingen ten gevolge van span-, bewerkings- en massakrachten zoveel mogelijk tegen te gaan.

12.3 De "3-2-1 methode" is de logische volgorde in het beperken van het aantal vrijheidsgraden.
- Opleggen op 3 punten legt 3 vrijheidsgraden vast, 1 translatie en 2 rotaties,
- Aansluiten op 2 punten legt 2 vrijheidsgraden vast, 1 translatie en 1 rotatie,
- Opsluiten op 1 punt legt 1 vrijheidsgraad vast, 1 translatie.

Hiermee zijn dus alle vrijheidsgraden, 3 translaties en 3 rotaties, statisch bepaald vastgelegd.

12.4 Volgens de tabel in figuur 12.15 is de breedte van het tolerantieveld 30 μm.

12.5 Voorfrezen levert IT kwaliteit 12, zie figuur 12.15. Hierna zijn volgens de globale regel nog 3 bewerkingen nodig: nafrezen (IT 10), voorslijpen (IT 8) en naslijpen (IT 6).

12.6 Belangrijke gegevens uit de werktekening zijn:
- geometrie,
- materiaalsoort,
- toleranties,
- oppervlaktekwaliteit.

De belangrijkste keuze-aspecten zijn:
- benodigde bewerkingen,
- keuze bewerkingsmachine,
- keuze opspanningen,
- verdeling van de bewerkingen over de opspanningen,
- bewerkingsvolgorde per opspanning,
- keuze van bewerkingsgereedschappen en de bewerkingscondities.

12.7
- Minimaal aantal opspanningen,
- Het in één opspanning combineren van het bewerken van vlakken die nauwkeurig aan elkaar gerelateerd zijn,
- De relaties tussen de aanslagvlakken en de te bewerken vlakken.
- Het uitstellen van nauwkeurige nabewerkingen totdat de bewerkingen waarbij veel materiaal wordt verwijderd zijn uitgevoerd.

12.8 De buighoek wordt bepaald door:
- verticale verplaatsing van het buiggereedschap,
- terugvering; deze wordt op zijn beurt bepaald door:
  - materiaaldikte,
  - buigstraal,
  - rekgrens en versteviging van het materiaal,
  - elasticiteitsmodulus van het materiaal.

Spreiding in één of meer van deze parameters veroorzaakt dus spreiding in de buighoek.

De plaats van de buiglijnen wordt bepaald door de instelling van de achteraanslag en door de nauwkeurigheid waarmee de plaatrand tegen deze aanslag wordt geplaatst.

12.9 De maten A en B kunnen elkaar alleen nauwkeurig benaderen wanneer deze in één opspanning worden gebogen. Uit de uitslag blijkt dat dat inderdaad mogelijk is. Deze buigbewerking kan alleen als eerste worden uitgevoerd. Na deze eerste buiging kunnen dan in nader te bepalen volgorde de buiglijnen 2 en 3 worden gerealiseerd.

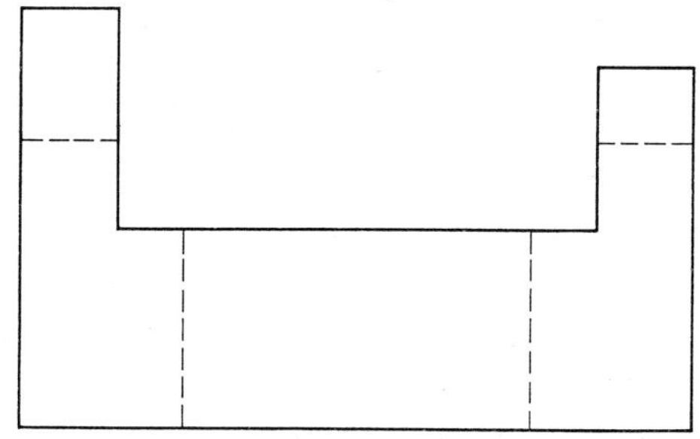

Figuur bij antwoord 12.9

12.10 a) Buiglijn 2 wordt tegen de aanslag gelegd omdat hiermee de positie van buiglijn 3, dat is maat C wordt bepaald.

b) Door het eindvlak 5 tegen de aanslag te leggen. Hiermee wordt de plaats van de buiging en daarmee de maat D bepaald.

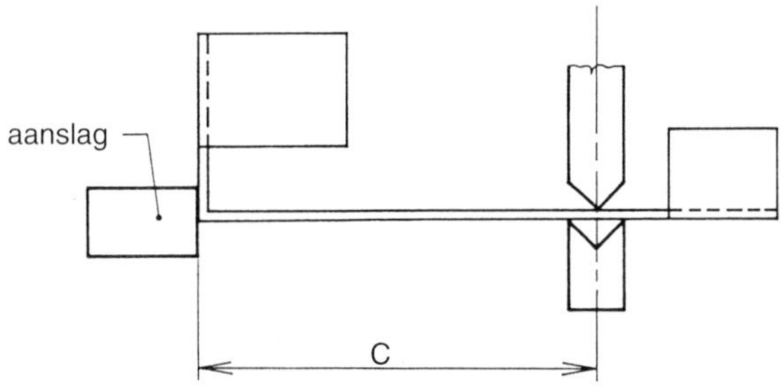

Figuur bij antwoord 12.10a

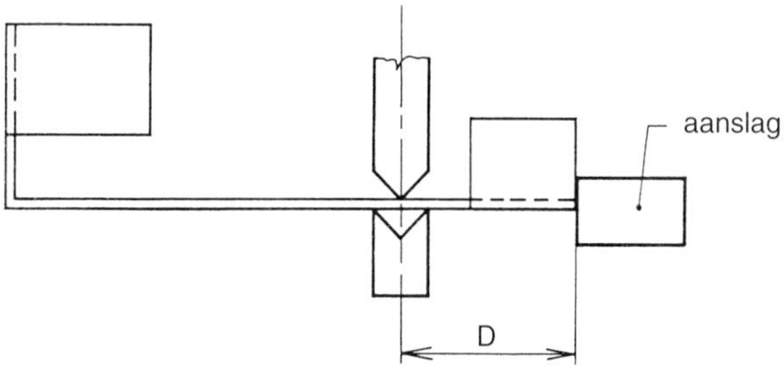

Figuur bij antwoord 12.10b

12.11 Deze buiging is niet uit te voeren vanwege botsing van het werkstuk met het gereedschap of met de machine.

Opmerking: De gelijkheid van de maten A en B kan niet worden gegarandeerd.

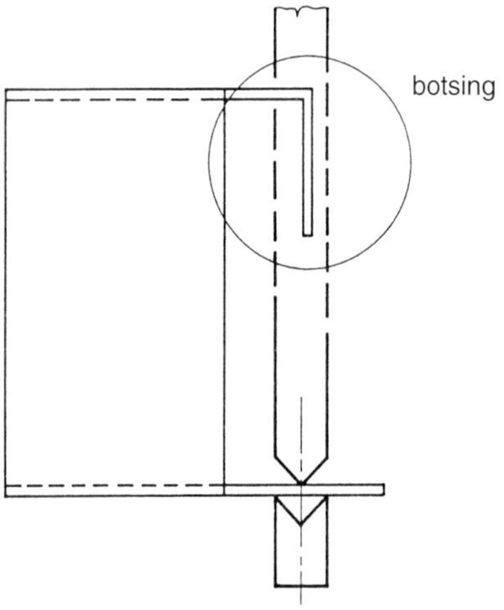

Figuur bij antwoord 12.11

12.12 Bij reproducerende bewerkingen moet de werkvoorbereider een productgebonden gereedschap ontwerpen, bij genererende bewerkingen maakt hij gewoonlijk een keuze uit standaardgereedschappen en definieert hij de gereedschapbaan, of controleert hij of de vorm van het product zodanig is dat de machine-bediende dit zonder problemen kan uitvoeren.

12.13 De conceptuele werkvoorbereiding bestaat uit de keuzen, die de ontwerper bij de vormgeving van het product maakt, waarbij de fabricagemethode en dus ook de kostprijs van het product in grote lijnen wordt vastgelegd. Voorbeelden van deze keuzen zijn:
- Materiaalkeuze, bijvoorbeeld metaal of kunststof?
- Enkelvoudig of samengesteld deel?
- Gietstuk, smeedstuk, gelaste plaatconstructie of verspaand uit massief materiaal?

12.14 Het variant-principe is vooral van toepasbaar wanneer de producten een sterke verwantschap vertonen, waardoor een vorm van groepentechnologie kan worden toegepast. Wanneer er een grote verscheidenheid optreedt komt de generatieve werkwijze meer in aanmerking.

12.15 Geometrie van het gereedschap:
- diameter,
- afrondingsstraal,
- uitsteeklengte.

Het gedrag van de combinatie van gereedschap en werkstukmateriaal als functie van de verspaningscondities wat betreft:
- standtijd,
- optreden van trillingen,
- bereikbare maattoleranties en oppervlaktekwaliteit.

12.16 Beoordelingsgrootheden van algemeen belang:
- Kosten, in samenhang met de grootte van deel- en totaalserie,
- Haalbare en vereiste nauwkeurigheid en oppervlaktekwaliteit,
- Doorlooptijd,
- Beschikbaarheid van de verschillende machines en/of de mogelijkheid tot uitbesteding.

12.17 De bewerkingsstappen voor het niet voorgegoten gat ø25H7 met R_a=0,8μm:

Bewerking	Bewerkingstoegift (mm)	Resulterende diameter (mm)	IT	Tolerantieveld (μm)	Ruwheid R_a (μm)
Naruimen	0,1	25	7	21	0,8
Voorruimen	0,2	24,8	9	52	2,5
Naboren	1	24	11	130	6,3
Opboren	10	22	13	330	12,5
Volboren	—	12	13	270	12,5
Centerboren	—	—	—	—	25

12.18 Volg de aanwijzingen in paragraaf 12.5.

Gegeven is dat de bewerkingen uitgevoerd moeten worden op een horizontaal bewerkingscentrum. Als we op de machinetafel van het bewerkingscentrum een draaitafel (indexeertafel) monteren kan dit product zodanig worden opgespannen dat alle bewerkingen in één opspanning kunnen worden gerealiseerd. Zie bijgaande tekening voor de gekozen opspanning.

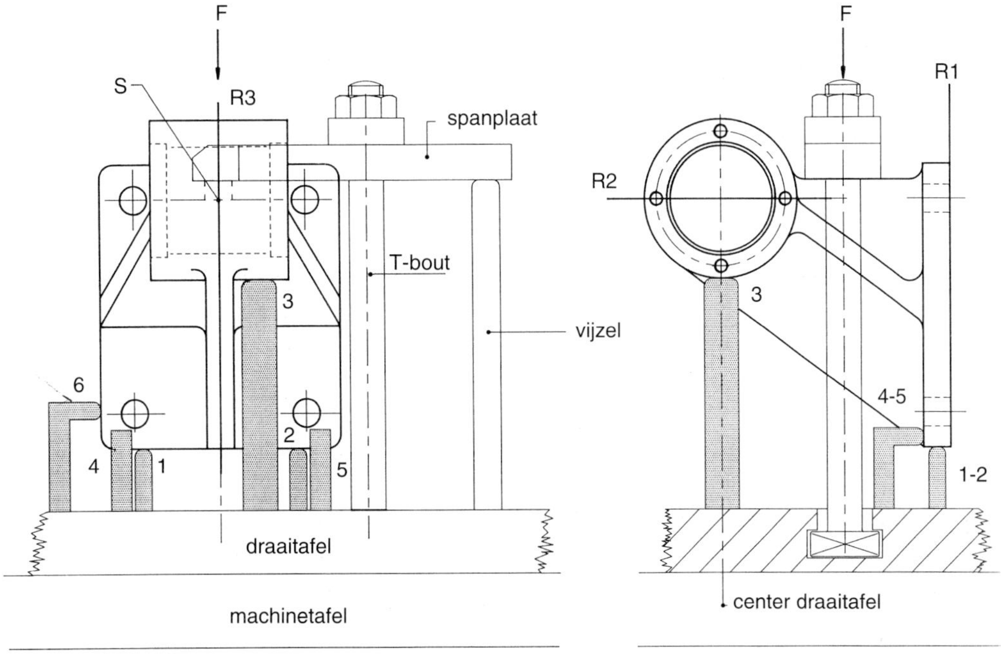

Figuur bij antwoord 12.18

De maatvoering van het werkstuk gaat uit van de hartlijn van de boring D en van het symmetrievlak. Vlak A is bepalend voor de vormtolerantie van gat D, het gaat om de evenwijdigheid van de hartlijn aan vlak A. Daarom worden de aangegeven vlakken R1, R2 en R3 als referentievlakken gekozen.

Om de maatvoering (programmering) zoveel mogelijk te vereenvoudigen wordt het snijpunt van R1, R2, en R3 in de rotatie-as van de draaitafel geplaatst, zie schets.

De bewerkingen zijn:
- Vlakfrezen van de vlakken A, B, C. Dit kan worden uitgevoerd met een kopfrees.
- Kotteren van boring D en de kamers E en H.
- Boren van de gaten G en boren en tappen van de gaten F. Gezien de tolerantie van ±0,2 mm op de positie van de gaten, is bovendien centerboren noodzakelijk.

Opmerking: De nauwe plaatstolerantie van de gaten G lijkt niet logisch, gezien de diametertolerantie van ±0,5 mm. Het ligt dus voor de hand de constructeur te vragen of deze plaatstolerantie werkelijk nodig is.

De bewerkingsvolgorde wordt bepaald door:
- De noodzaak om referentievlak A als eerste te bewerken. Pas daarna kan men de vlakken B en C op de juiste afstand van R3 brengen, de boring D bewerken en de gaten G ten opzichte van R2 en R3 of de gaten F ten opzichte van D positioneren.
- Toleranties. De diameter ø 30 van boring D en ø 32 van de kamers E en H hebben de nauwste tolerantie (50μm dus IT 8) en maken voor- en nakotteren noodzakelijk. De nabewerking hiervan is dus de laatste bewerking.
- Oppervlaktekwaliteit. De gevraagde oppervlaktekwaliteit van de vlakken B en C en van de boring D maakt bewerken in twee stappen noodzakelijk.
- Tijden voor gereedschapwisselen en voor het indexeren, resp. verdraaien van de spantafel. Het indexeren verloopt meestal sneller dan het wisselen van gereedschap, bij gebruik van een draaitafel is dit minder duidelijk. We kiezen hier voor het minimaliseren van het aantal gereedschapwisselingen.

Dit leidt tot de bewerkingsvolgorde zoals aangegeven in de onderstaande tabel:

Bewerkingsblad						
Naam onderdeel: Stoel				Datum: 31-05-96		Bladnr.: 1/1
Behorende bij tekening: B1218				Gemaakt door: Moulijn		
Onderdeelnr.: B1218			Aantal: 30		Materiaal: A357	
Hoofdafmeting uitgangsmateriaal: 80x70x92mm (gietstuk)						
Bewerkingsvolgorde:						
Volg-nummer	Vlak	Bewerking	Bewerkingstoeslag (mm)	Wijziging machine en/of opspanning	Verspanend gereedschap	Opmerkingen
1	A	Vlakfrezen	2		Kopfrees	Eindbewerking
2	B	"	2	Indexeren 90°	"	Voorfrezen
3	B	"	0,5		"	Nafrezen t.o.v. R3, R_a=3,2μm
4	C	"	2	Indexeren 180°	"	Voorfrezen
5	C	"	0,5		"	Nafrezen t.o.v. R3, R_a=3,2μm
6	D	Kotteren	ø 4		Kotterkop, ø 29	Voorkotteren t.o.v. R1
7	H	"	ø 4		Kotterkop, ø 31	"
8	E	"	ø 4	Indexeren 180°	"	"
9	F	Centerboren (4x)			Centerboor	Steekcirkel t.o.v. vlak D
10	G	"		Indexeren -90°	"	Posities t.o.v. R2, R3
11	F	"		Indexeren -90°	"	Steekcirkel t.o.v. vlak D
12	F	Boren			Spiraalboor ø 3,2	
13	F	Boren (4x)		Indexeren 180°	"	
14	F	Tappen			Machinetap M4	
15	F	Tappen (4x)		Indexeren 180°	"	
16	G	Boren (4x)		Indexeren 90°	Spiraalboor ø 8	
17	D	Kotteren	ø 1	Indexeren 90°	Kotterkop, ø 30	Nakotteren, R_a=1,6μm
18	E	"	ø 1		Kotterkop, ø 32	"
19	H	"	ø 1	Indexeren 180°	"	"

Opmerking: Als uw oplossing niet overeenkomt met de hier beschreven en door de auteur optimaal gevonden, betekent het nog niet dat uw denkwijze fout is. Er zijn immers meer goede oplossingen.

ANTWOORDEN HOOFDSTUK 13

13.1 De systeembeschouwing is een hulpmiddel bij de beschrijving van complexe processen waarbij de beschouwing van deelprocessen kan worden uitgevoerd in samenhang met het geheel zonder het functioneren van de andere deelprocessen direct daarbij te betrekken. Het productiebedrijf is op te vatten als een zeer complex systeem en het gebruik van de methode vergemakkelijkt de bestudering ervan aanzienlijk.

13.2 Een aspectsysteem beschrijft een categorische groep van relaties tussen de subsystemen van een systeem. Deze relaties bepalen welke, in de verschillende subsystemen voorkomende, activiteiten gecoördineerd moeten worden.

13.3 De duur van respectievelijk productontwikkeling, voortbrenging en gebruik, weergegeven voor enkele karakteristieke producten:

Tijdsduur → Product ↓	Productontwikkeling	Voortbrengingstijd per product in serie	Gebruiksduur
Vliegtuig	5 jaar	2,5 jaar	30 jaar
Schip	2 maanden	0,75 jaar	25 jaar
Scheerapp.	1 jaar	1 dag	7 jaar
Draagbare telefoon	1 jaar	0,5 week	10 jaar

13.4 Bij massafabricage wordt op afzetprognose geproduceerd en niet op order zoals bij kleinseriefabricage. Vooraf is gepland welke productiecapaciteit nodig is en deze wordt in de regel naar vermogen gebruikt. Uit ervaring weet men welke bezettingsgraad gerealiseerd kan worden. Bovendien wordt bij lijnfabricage, welke karakteristiek is voor de massafabricage, een continue stroom van producten onderhouden waardoor niet elk werkstation apart behoeft te worden aangestuurd.

13.5 Een snel reagerende, flexibel opererende, productiebesturing heeft up-to-date informatie nodig van de toestand op de werkplaatsvloer zoals de actuele beschikbaarheid van de productiemachines. Op celniveau en lager moeten beslissingen kunnen worden genomen binnen enkele minuten, terwijl een MRP-berekening al vlug enige uren in beslag kan nemen.

13.6 De werkvoorbereiding wordt beschouwd als een bottleneck in de kleinseriefabricage; zij moet de informatie voortbrengen die de basis vormt voor het opstellen van het werkplan, compleet met alle bewerkingsinstructies. De laatstgenoemde informatie komt ter beschikking in de vorm van bewerkingsplannen. Bij het opstellen van een werkplan moet vervolgens rekening worden gehouden met de actuele beschikbaarheid van machines. Het opstellen van een op actuele beschikbaarheidsgegevens gebaseerd werkplan, bestaande uit een reeks van aan machines toegewezen bewerkingsopdrachten, vereist een snel verlopende werkvoorbereiding en werkplaatsbesturing. Indien zich storingen voordoen in de productievoortgang op de werkplaatsvloer, zijn vaak gewijzigde of nieuwe bewerkingsplannen nodig die in zeer korte tijd ter beschikking moeten komen. Automatisering van de werkvoorbereiding en de werkplaatsbesturing kan bijdragen tot een aanmerkelijke versnelling van het opstellen en wijzigen van bewerkings- en werkplannen. Met deze automatisering kunnen tevens veel fouten worden voorkomen die anders tijdens de productievoortgang op de werkplaatsvloer tot aanzienlijke vertragingen zouden leiden.

13.7 Het produceren op order heft de noodzaak op om producten in voorraad te moeten houden met de daaraan verbonden kosten van opslag en kapitaalbeslag. Ook voorkomt men hiermee dat men met onverkoopbare voorraden blijft zitten.

13.8 JIT behoort tot de voorraadgestuurde productiebesturingsmethoden. De besturingsmethode is te karakteriseren als een pull-methode.

13.9 Groepentechnologie wordt toegepast in de kleinseriefabricage, bij de voortbrenging van families van producten waarbinnen een grote overeenkomst bestaat voor wat betreft het ontwerp en/of de fabricage c.q. montage. De voordelen die bij de toepassing van groepentechnologie worden nagestreefd zijn:
- Standaardisatie van productontwerpen, bewerkingsprocessen en productiemiddelen.
- Een meer effectieve werkplaats lay-out met daaraan gekoppeld een meer eenvoudige productiebesturing.
- Een snellere en beter beheersbare informatieverwerking.

13.10 Bij lean production spelen de volgende aspecten een belangrijke rol:

- Het behouden van die productie-activiteiten welke betrekking hebben op (zelf ontwikkelde) geavanceerde technologie en de basis vormen voor de marktvraag.
- Het uitbesteden van die productie-activiteiten waarmee men op basis van kosten moet concurreren met anderen en die men dus ook gemakkelijk kan uitbesteden.
- Het in eigen hand houden van die productie-activiteiten die een strategische waarde bezitten met betrekking tot flexibiliteit en snelheid.

ANTWOORDEN HOOFDSTUK 14

14.1

Afschrijvingskosten:	1/5 x *f* 900.000,— =	*f* 180.000,—
Rentekosten:	1/2 x 12 % x *f* 900.000,— =	*f* 54.000,—
Onderhoudskosten:	6 % x *f* 900.000,— =	*f* 54.000,—
Energiekosten:	3 x 4 % x *f* 900.000,— =	*f* 108.000,—
Huisvestingskosten:	80 x *f* 250,— =	*f* 20.000,—
Totaal:		*f* 416.000,—

Het machine-uurtarief: $M_1 = \dfrac{f\ 416.000,\text{—}}{4800} = f\ \underline{86{,}67}$

14.2

Materiaalkosten:	3,1 x *f* 2,50	= *f* 7,75
Mens-machinekosten:	$\dfrac{f\ 36{,}00 + f\ 86{,}67}{80}$	= *f* 1,53
Aandeel gereedschapkosten:	$\dfrac{f\ 200.000,\text{-}}{25.000}$	= *f* 8,00
Aandeel instelkosten:	$\dfrac{10 \times (f\ 48{,}00 + f\ 86{,}67)}{25.000}$	= *f* 0,05
Subtotaal:		*f* 17,33
Toeslag voor uitval en overhead: 16 %		*f* 2,77
Productiekostprijs		*f* <u>20,10</u>

14.3 Thermovormen (zie paragraaf 3.7) is een geschikt proces om het betreffende product in kleine series uit PS plaat te vervaardigen. De benodigde matrijs kan zelfs van hout gemaakt worden en daarmee kunnen de gereedschapkosten van *f* 200.000,— tot ca. *f*2.000,— worden teruggebracht. Ook het machine-uurtarief is bij het thermovormen veel gunstiger. Daarentegen moet met een aanzienlijk langere cyclustijd rekening gehouden worden (alleen de opwarmtijd van de plaat bedraagt ca. 7,5 min). Het aandeel van de gereedschapkosten in de productiekostprijs heeft hier evenwel een doorslaggevende invloed.

14.4 Stel dat het break-even point bij een seriegrootte X ligt. Hiervoor geldt nu:

$$K_{MAT\,1} + t_{c1} \times M_{T1} + K_{G1} = K_{MAT\,2} + t_{c2} \times M_{T2} + K_{G2}$$

$$1{,}25 + \frac{48{,}00}{60} \times \frac{300}{60} + 0{,}10 = 0{,}50 + \frac{48{,}00}{60} \times \frac{6}{60} + \frac{20000}{X}$$

4,77 x X = 20000 → X = <u>4193</u> werkstukken

14.5 De uitvoeringskosten:

$$K_U = K_{MAT} + M_T \times \left(t_H + 6 \times t_{GWi} + t_N\right) + K_G$$

$$K_U = f50,- + \left(15 + 6 \times \frac{15}{60} + \frac{90}{60}\right) \times \frac{f150,-}{60} + f5,-$$

$K_u = f100,-$

Voor de productiekostprijs K_{Fi} geldt nu dat:

$$K_{Fi} = F_{OF} \times \left(K_U + \frac{K_{HO}}{X_i} + \frac{K_{VB}}{Y}\right)$$

$$K_{Fi} = 1{,}15 \times \left(f100,- + \frac{2 \times f150,-}{100} + \frac{f600,-}{3 \times 100}\right)$$

$K_{fi} = \underline{f\ 120{,}75}$

14.6 Het machine-uurtarief zal bij de NC-machine hoger zijn (grotere investering) en de lijn voor de mens-machinekosten zal bij NC derhalve hoger beginnen, maar ook sterker dalen. De lijn voor de gereedschapkosten zal bij NC in de regel steiler verlopen dan in het geval van conventionele verspaning. De snelheidsonafhankelijke kosten zullen bij NC lager zijn (minder productgebonden hulpstukken en gereedschap). In vergelijking met conventioneel verspanen zal de economische snijsnelheid bij NC groter zijn en de daarbij behorende productiekostprijs lager (anders heeft NC weinig zin). De lijn voor de totale productiekostprijs loopt zowel links als rechts van het minimum steiler dan in het conventionele geval; aan de nauwkeurigheid van de procesinstelling worden bij NC dus hogere eisen gesteld.

14.7 Voor de gereedschapkosten per snijkant geldt:

$$K_{GS} = K_{NW} + \frac{b \times K_{REC}}{b+1}$$

$$K_{GS} = f60,- + \frac{10 \times f5,-}{10+1} = f10,-$$

Met $v_c = \pi \times d \times n \rightarrow 1 = \pi \times 0{,}1 \times n$ volgt voor het toerental n = 3,183 omw/s.

De hoofdtijd, nodig voor de verspaning, kan nu berekend worden met:

$$t_H = \frac{L}{n \times f} = \frac{325}{3{,}183 \times 0{,}3} = 340{,}3\ s = 5{,}672\ min$$

Voor de cyclustijd geldt nu:
$t_C = 5{,}672 + 4 = 9{,}672$ min.

Met een hoofdtijd van $t_H = 5{,}672$ min en een economische standtijd van 40 minuten kunnen afgerond 7 werkstukken met één snijkant worden vervaardigd.
De bewerkingskosten kunnen als volgt berekend worden:

$$K_{BEW} = t_c \times M_T + \frac{t_H}{T_{ec}}\left(K_{GS} + t_{GW} \times M_T\right)$$

$$K_{BEW} = 9{,}672 \times \frac{f54,-}{60} + \frac{1}{7}\left(f10,- + 4 \times \frac{f54,-}{60}\right)$$

$K_{BEW} = \underline{f\ 10{,}65}$

14.8 Door een verandering van de snijsnelheid zal de standtijd eveneens veranderen, en wel als volgt:

$$v \times T^n = const.$$

$$1 \times 40^{0{,}15} = 1{,}1 \times T^{0{,}15}$$

$$T = 21{,}19\ min$$

De hoofdtijd wordt nu $t_H = 5{,}156$ min, de cyclustijd wordt $t_C = 9{,}156$ min en met één snijkant kunnen nu afgerond 4 werkstukken gedraaid worden.
Voor de bewerkingskosten gaat nu gelden:

$$K_{BEW} = 9{,}156 \times \frac{f54,-}{60} + \frac{1}{4}\left(f10,- + 4 \times \frac{f54,-}{60}\right)$$

$K_{BEW} = \underline{f\ 11{,}64}$

Er is dus een verschil van $\underline{f\ 0{,}99}$ per werkstuk (9,3 %).

14.9 Stel de grootte van de fabricageserie is gelijk X. Het aantal producten van de serie zal continu afnemen van X naar nul. Gemiddeld zijn er dus X/2 producten op voorraad. Voor de kosten per jaar geldt nu:

$$\Sigma K_j = Q \times K_B + \frac{X}{2} \times P_R \times K_B + \frac{Q}{X} \times K_{HO}$$

De economische seriegrootte X_{EC} wordt nu gevonden door deze kosten per jaar te differentiëren naar X en de eerste afgeleide gelijk nul te stellen.

$$\frac{d\left(\Sigma K_j\right)}{d_X} = \frac{1}{2} \times P_R \times K_B - \frac{Q}{X^2} \times K_{HO} = 0$$

Hieruit kan voor de economische seriegrootte direct worden afgeleid:

$$X_{EC} = \sqrt{\frac{2 \times Q \times K_{HO}}{P_R \times K_B}}$$

14.10 Het kritische productaantal N_{KR} kan worden vergroot door de fabricageserie te vergroten, en wel zodanig dat $X_1 > N_{KR1}$. In de onderstaande figuur is aangegeven hoe N_{KR2} voor de grotere fabricageserie kan worden bepaald. De productiekosten bij N_{KR2} zijn lager dan bij N_{KR1}. Omdat bij N_{KR2} met een grotere fabricageserie geproduceerd wordt, zullen de gemiddelde voorraadkosten evenwel ook groter zijn dan bij N_{KR1}.

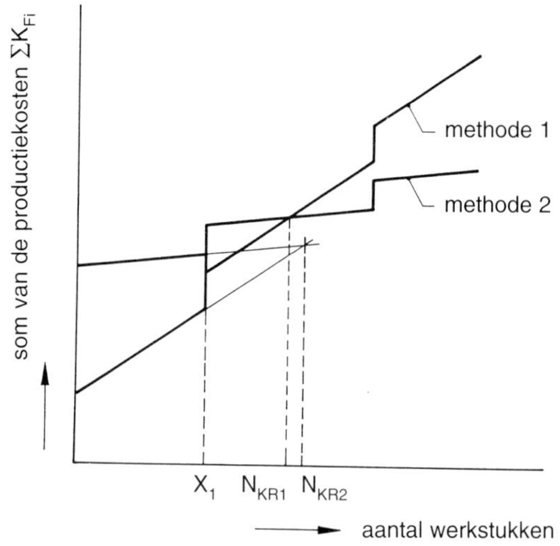

Figuur bij antwoord 14.10

14.11 De offertecalculatie wordt in het algemeen gemaakt aan de hand van een globale productanalyse, zonder dat bewerkingsplannen voor de diverse onderdelen worden opgesteld. De offerteprijs komt tot stand op basis van een inschatting van de benodigde materiaalhoeveelheden, een globale beschouwing van de uit te voeren bewerkingen en de vereiste toleranties, alsmede veel ervaring. Zeker voor kleinserieproducten dient deze calculatie snel en dus weinig gedetailleerd te gebeuren. De voorcalculatie heeft primair tot doel de materiaalbehoefte in te plannen en op grond van de berekende bewerkings- en behandelingstijden de benodigde productiecapaciteit vast te leggen. Hiervoor dienen de diverse bewerkingsplannen door de afdeling werkvoorbereiding te zijn uitgewerkt. Als de materiaalbehoefte en de benodigde productiecapacateit in detail bekend zijn is het eenvoudig de hiermee samenhangende kosten te berekenen, maar dit is niet het hoofddoel van de voorcalculatie. Na het gereed komen van het product kan op grond van alle relevante, vastgelegde gegevens een nacalculatie worden uitgevoerd. Deze nacalculatie heeft primair tot doel om na te gaan of de bij de offerte- en voorcalculatie gehanteerde regels en procedures tot voldoend nauwkeurige resultaten leiden en - zo nodig - de betreffende regels en procedures aan te passen of verfijnen.

ANTWOORDEN HOOFDSTUK 15

15.1 Productplanning en productontwerp. Productplanning is het signaleren van marktbehoefte en het vertalen van de marktbehoefte in productideeën. Tijdens productontwerp wordt het productidee omgezet in een gedetailleerd ontwerp.

15.2 De levenscyclus van een product bestaat uit de volgende fasen: productontwikkeling, productie, distributie/verkoop, gebruik/onderhoud, en terugname uit de markt.

15.3 Door het samenhangend en overlappend uitvoeren van ontwerpactiviteiten wordt een reductie van de ontwikkeltijd beoogd, een verhoging van de kwaliteit van het product, en een verlaging van de productkosten.

15.4 De twee belangrijkste aspecten van concurrent engineering zijn het samenhangend en overlappend uitvoeren van ontwerpactiviteiten. Concurrent engineering kan o.m. gerealiseerd worden door het gebruik van multidisciplinaire teams. Deze kunnen ingezet worden bij design reviews, of zelfs verantwoordelijk zijn voor de ontwikkeling van een (deel van een) product. In dat geval spreken we van design build teams.

15.5 Methoden als DFM en DFA beogen het productontwerp te optimaliseren ten aanzien van respectievelijk onderdelenfabricage en assemblage. Een verkorting van de doorlooptijd van een order op de werkvloer is dan ook te verwachten door het toepassen van dergelijke methoden.

15.6 Productconfiguratiebeheer moet ervoor zorgen dat de meest recente informatie betreffende het ontwerp voor alle betrokkenen beschikbaar is, dat duidelijk is aangegeven wat de geldigheid van een document is, en dat alleen bevoegde personen een document kunnen wijzigen of goedkeuren.

15.7 Ontwerp 2) vergeleken met ontwerp 1) ten aanzien van:

Onderdelenfabricage:
speciaal gereedschap maken (spuitgietmatrijs) voor het deksel. Het hangt af van seriegrootte of dat economisch verantwoord is.

Assemblage:
minder handelingen, dus gunstiger.

Logistiek:
minder onderdelen aan te voeren en op te slaan, dus gunstiger.

Onderhoud:
als het deksel de toegang verschaft tot een onderdeel waaraan onderhoud verricht moet worden, moet de klikverbinding reversibel (losneembaar) zijn. Is dat niet het geval, dan is de klikverbinding ongunstig met het oog op onderhoud.

15.8 De productstructuur is een weergave van de samenhang van de verschillende onderdelen van een product. De productstructuur geeft inzicht in het verloop van het montageproces, en wordt gebruikt voor de planning van de in te kopen materialen en componenten, alsmede voor de besturing van de materiaalstroom door het bedrijf met behulp van MRP.

15.9 Modulaire productopbouw maakt het mogelijk een verscheidenheid aan producten op te bouwen uit standaard-componenten. Daarnaast kunnen modules in principe afzonderlijk ontwikkeld, geassembleerd en getest worden, wat leidt tot een verkorting van het ontwerptraject en de doorlooptijd op de werkvloer.

15.10 Standaardisatie beoogt de verscheidenheid aan componenten en modules, en de verscheidenheid aan productieprocessen, gereedschappen e.d. te reduceren.

15.11 Ontwerpregels helpen de ontwerper bij het afstemmen van het ontwerp ten aanzien van de vervaardiging. Nadelen van ontwerpregels zijn het vrijwel ongelimiteerde aantal, de onduidelijkheid wanneer welke rege l moet worden toegepast, en de mogelijke tegenspraak tussen de regels.

TREFWOORDEN-REGISTER

TREFWOORDENLIJST

R

W

X

Z

Verantwoording Afbeeldingen

Alle gebruikte tekeningen werden speciaal voor dit boek vervaardigd door Technisch Tekenbureau Pehleman te Schiedam. De gebruikte foto's werden onder meer beschikbaar gesteld door:

Alzmetall, Altenmarkt (D)
Bihler, Halblech-Füssen (D)
Boley, Esslingen (D)
Brabant Alucast, Oss
Bühler AG, Uzwil (CH)
CEA, Lecco (I)
Cirex, Almelo
CME, Deba-Itziar (E)
EMA, Novara (I)
Fokker Aircraft, Amsterdam en Papendrecht
Fritz Werner, Berlijn (D)
Haco, Rumbeke (B)
Harrison, Heckmondwike (GB)
Heinrich Kipp, Sulz (D)
Hembrug, Haarlem
Hitachi Seiki Europe, Krefeld (D)
Howmet, Whitehall, Michigan (USA)
Kearney & Trecker, (USA)
Mikron, Biel (CH)
Nederlands Textielmuseum Tilburg
Okuma, Ogushi-Cho (J)
Philips DAP, Drachten
Precisiewerk, Zierikzee
Renishaw, New Mills (GB)
Seco Tools, Gorinchem
SIP, Genève (CH)
Techniek Museum Delft
Technische Universiteit Delft
TNO Metaalinstituut, Apeldoorn
Trumpf, Ditzingen (D)
Universiteit Twente
Widia Nederland, Rotterdam

AANTEKENINGEN

Aantekeningen